V&R

Novum Testamentum Patristicum

Edited by
Andreas Merkt, Tobias Nicklas
and Joseph Verheyden

Founded by
Carl Andresen †, Gerhard May †,
Kurt Niederwimmer and Basil Studer †

Volume 26

Vandenhoeck & Ruprecht

Jean-Michel Roessli / Tobias Nicklas (ed.)

Christian Apocrypha

Receptions of the New Testament in Ancient Christian Apocrypha

Vandenhoeck & Ruprecht

Bibliographic information published by the Deutsche Nationalbibliothek
The Deutsche Nationalbibliothek lists this publication
in the Deutsche Nationalbibliografie;
detailed bibliographic data available online: http://dnb.d-nb.de.

ISBN 978-3-525-54016-9
ISBN 978-3-647-54016-0 (e-book)

Printed and bound in Germany by Hubert & Co, Göttingen

Printed on non-aging paper.

Table of Contents

Tobias Nicklas

Das „unbekannte Evangelium“ auf P.Egerton 2 und die „Schrift“

Die Veröffentlichung von P.Egerton 2 – oder P.London.Christ. 1 – im Jahr 1935 durch H.I. Bell und T.C. Skeat bedeutete eine Sensation.[1] Mit dem von den beiden Herausgebern auf die Mitte des 2. Jahrhunderts datierten Fragment eines unbekannten Evangeliums lag das bis dahin älteste bekannte Manuskript eines christlichen Textes vor: Zwar wurde bereits wenige Monate nach der Edition von P.Egerton 2 P.Ryl. 3.457 herausgegeben – und P.Egerton 2 verlor seinen Status als älteste bekannte christliche Handschrift.[2] Letzteres Manuskript ist unter Neutestamentlern ja besser bekannt als P^{52}, ein Fragment des Johannesevangeliums (Joh 18,31–33.37–38), das womöglich bereits in die Regierungszeit Hadrians zu datieren ist. Obwohl P.Egerton 2 heute zudem etwas später datiert wird, als es die ursprünglichen Herausgeber vermuteten – man rechnet etwa mit dem Jahr 200 für die Entstehung der Handschrift, von der inzwischen in der Papyrussammlung zu Köln ein weiteres Fragment entdeckt und herausgegeben wurde[3] – gehört das Manuskript weiterhin zu den ältesten materialen Zeugnissen, die wir vom frühen Christentum besitzen.[4]

Als solches ist es in mehrfacher Hinsicht von hohem historischen Interesse. Dabei beziehe ich mich keineswegs auf die immer wieder behauptete These, das „unbekannte Evangelium“ sei womöglich ein wichtiger Zeuge für die Rückfrage nach dem historischen Jesus. Zu diesem Thema habe ich mich anderen Orts mit großer Zurückhaltung geäußert.[5] Ich halte an diesem Text weniger

[1] H.I. Bell/T.C. Skeat, *Fragments of an Unknown Gospel and Other Early Christian Papyri* (London: Trustees, 1935), 1–41.

[2] C.H. Roberts, *An Unpublished Fragment of the Fourth Gospel in the John Rylands Library* (Manchester: University Press, 1935).

[3] Zu den Gründen einer späteren Datierung vgl. M. Gronewald, „255: Unbekanntes Evangelium oder Evangelienharmonie (Fragment aus dem ‚Evangelium Egerton‘)“, in id., *Kölner Papyri (P.Köln) 6* (ARWAW.PapyCol. VII; Opladen: Westdt. Verlag, 1987), 136–145, sowie im Anschluss an Gronewald T. Nicklas, „The Unknown Gospel on P.Egerton 2“, in T.J. Kraus/M. Kruger/id., *Gospel Fragments* (OECGT; Oxford et al.: University Press, 2008), 11–120.

[4] Allgemein weiterführend zur Bedeutung materialer Zeugnisse für das Verständnis des frühen Christentums vgl. nun die grundlegenden Ausführungen bei L.W. Hurtado, *The Earliest Christian Artifacts: Manuscripts and Christian Origins* (Grand Rapids/Cambridge: Eerdmans, 2006).

[5] Hierzu zuletzt R.L. Webb, „Jesus Heals a Leper: Mark 1.40–45 and *Egerton Gospel* 35–47“, in *Journal for the Study of the Historical Jesus* 4.2 (2006) 177–202. Vgl. aber meine kritischen Anmerkungen zur Frage in Nicklas, „Unknown Gospel“, sowie id., „Traditions about Jesus in Apocryphal Gospels (with the Exception of the *Gospel of Thomas*)“, in T. Holmén/S.E. Porter (ed.), *Handbook of the Historical Jesus* (Leiden et al.: Brill, 2008), 2081–2118.

für interessant, was er inhaltlich über Jesus von Nazaret, sein Leben und seine Botschaft aussagt. Viel wichtiger erscheint es mir, die pragmatische Frage zu stellen, welche Hinweise denn dieser fragmentarische Text (aber auch das konkrete Manuskript) über die Menschen des 2. Jahrhunderts bietet, die ihn verfassten und ihn lasen.[6]

Eine auf mehreren Ebenen interessante Dimension dieser Fragestellung liegt sicherlich in dem Problem, wie dieses „apokryph gewordene" Evangelium[7] sein Verhältnis zur „Schrift" bestimmt – und welche historischen Erkenntnisse sich daraus ergeben.

Diese grundlegende Frage besitzt mindestens zwei Dimensionen, die ich konkret folgendermaßen umschreiben möchte:

1. *Welche Rolle spielen für das „unbekannte Evangelium" die Heiligen Schriften des Judentums, also die Texte, die wir heute als Altes Testament bezeichnen würden?* Diese Frage kann in zweierlei Unterfragen aufgegliedert werden:

1.1 *In welcher Weise verarbeitet der erhaltene Text des „unbekannten Evangeliums" alttestamentliche Texte, Motive und Bilder?*

Dabei geht es mir nicht alleine um die Frage, ob und wann welche alttestamentlichen Texte im „unbekannten Evangelium" zitiert oder angespielt werden und welche Textformen dabei als Vorlage dienten. Ich möchte vielmehr noch etwas weiter gehen und die Frage stellen, inwiefern der Text einen Leser voraussetzt, der alttestamentliche Texte, Motive und Bilder „einspielt", um das unbekannte Evangelium in angemessener Weise verstehen zu können.

1.2 *Welche Rolle spielen die Schriften Israels als Autorität hinter dem Text „unbekanntes Evangelium"?*

2. *Welche Rolle spielen für das „unbekannte Evangelium" Texte, die heute als Teil des Neuen Testaments angesehen werden?*

In diesem Zusammenhang sind natürlich vor allem die Evangelien des Neuen Testaments von Belang. Auch diese Frage muss weiter ausdifferenziert werden:

2.1 *In welchem literarischen Verhältnis steht das „unbekannte Evangelium" zu den kanonischen Evangelien?*

---

[6] Die Datierung des Manuskripts bietet natürlich nur einen ganz groben Anhaltspunkt für die Datierung des eigentlichen Textes, von dem ich denke, dass er in der ersten Hälfte, womöglich dem ersten Drittel des 2. Jahrhunderts entstanden sein dürfte. Zur Argumentation vgl. Nicklas, „Unknown Gospel", sowie knapper id., „Papyrus Egerton 2 – The Unknown Gospel", in *ExpTim* 118 (2006/07) 261–266, hier 266.

[7] Zu dieser Redeweise vgl. D. Lührmann, *Fragmente apokryph gewordener Evangelien in griechischer und lateinischer Sprache* (MThSt 59; Marburg: Elwert, 2000), sowie id., *Die apokryph gewordenen Evangelien: Studien zu neuen Texten und zu neuen Fragen* (NovT.S 112; Leiden et al.: Brill, 2004), 2.

Die Antwort auf diese, noch immer kontrovers diskutierte Fragestellung liefert womöglich auch Impulse zur Beantwortung einer zweiten, damit eng zusammenhängenden Problematik:

2.2 *Inwiefern kann das „unbekannte Evangelium“ als Zeugnis dafür angesehen werden, dass die genannten Evangelien des Neuen Testaments mehr und mehr als „Schrift“ angesehen wurden?*

Oder in anderen Worten:

Inwiefern bezeugt das „unbekannte Evangelium“ die Entstehung (und Akzeptanz) eines „Vierevangelienkanons“ bereits in der Mitte des 2. Jahrhunderts?

Allen weiteren Überlegungen vorangeschickt sei, dass natürlich alle exegetischen Diskussionen um das „unbekannte Evangelium“ unter dem Vorbehalt zu betrachten sind, dass hier nur ein äußerst fragmentarisch vorliegender Text beurteilt wird, aus dem nur mit größter Vorsicht weiterführende Schlüsse gezogen werden sollten – jeder Textneufund könnte schließlich die Sachlage verändern:[8]

1. Das „unbekannte Evangelium“ (UE)[9] und die Schriften Israels

1.1 Verarbeitung alttestamentlicher Texte und Vorstellungen – einige Beispiele

1.1.1 Nur an einer einzigen Stelle wird in den erhaltenen Fragmenten des UE konkret aus den Schriften Israels zitiert. Fragment 2 recto erzählt eine Szene, die zumindest auf den ersten Blick an die Frage nach der kaiserlichen Steuer in den synoptischen Evangelien (Mk 12,13–17 par. Mt 22,15–22 par. Lk 20,20–26; vgl. auch EvThom 100) erinnert. Als ihm eine nicht mehr erhaltene Gruppe von Gegnern die Frage stellt, ob es erlaubt sei, den Königen Abgaben zu leisten, antwortet Jesus mit den folgenden Sätzen:[10]

---

[8] Wie sehr bereits der Fund von P.Köln 255 die Beurteilung des “unbekannten Evangeliums” verändert hat, zeigt exemplarisch D. Lührmann, „‚Und sündige nicht mehr‘: Das neue Fragment des PEgerton 2 (PKöln 255)“, in id., *Die apokryph gewordenen Evangelien*, 125–143.

[9] Die Bezeichnung des Textes ist schwierig. Da er bisher keinem ansonsten bekannten apokryphen Text zugeordnet werden könnte, kursieren verschiedene Bezeichnungen, von denen im Grunde keine ganz überzeugen kann: Wo man vom „Egerton-Evangelium“ spricht, besteht die Gefahr, nicht nur den Papyrus, sondern auch den originalen apokryphen Text in irgendeiner Weise mit dem Mäzen des Britischen Museums, Earl Francis Henry Egerton (1756–1829), dessen Stiftung den Ankauf wichtiger Manuskripte ermöglichte, in Verbindung zu bringen. Die Bezeichnung P.Egerton 2 (+ P.Köln 255) wiederum bezieht sich auf das Manuskript, nicht aber auf das ursprüngliche Apokryphon, von dem das erhaltene Manuskript (mit größter Wahrscheinlichkeit) nur eine fragmentarisch erhaltene Abschrift bietet. Ich verwende deswegen die ebenfalls nicht vollkommen unproblematische Bezeichnung „unbekanntes Evangelium“, auch wenn umstritten bleibt, ob hier wirklich im Vollsinn von einem „Evangelium“ gesprochen werden kann und ob nicht der Begriff „unbekannt“ Assoziationen weckt, die nicht angemessen sind.

[10] Die Übersetzungen stammen, soweit nicht anders vermerkt, von mir.

Was nennt ihr mich mit eurem Mund Lehrer, hört aber nicht, was ich sage! Schön hat Jesaja über euch prophezeit: Dieses Volk ehrt mich mit seinen Lippen, ihr Herz aber ist weit weg von mir – umsonst verehren sie mich ... Gebote ...

Dies ist natürlich nicht wirklich eine Antwort auf die gestellte Frage, sondern bezieht sich auf die Absicht der Fragenden, Jesus auf die Probe zu stellen, sowie auf das als heuchlerisch gezeichnete Bekenntnis der Fragesteller eingangs:

Lehrer Jesus, wir wissen, dass du von Gott gekommen bist. Denn was du tust, legt Zeugnis ab über alle Propheten hinaus.

So ist zumindest zu vermuten, dass Jesu Antwort im ursprünglichen Text noch weiterging. Interessant für unsere Fragestellung aber ist die Tatsache, dass das „unbekannte Evangelium“ hier explizit Jes 29,13 zitiert, um die Fragenden als Repräsentanten des Volkes zu kritisieren.

Ist diese Passage aber tatsächlich aus Jesaja übernommen oder geht sie vielleicht auf die Zitate desselben Textes bei Mk 7,6 und/oder Mt 15,7 zurück? Äußerst auffallend ist immerhin, wie sehr die jeweiligen Einleitungen des Zitats sich gleichen:

P.Egerton 2:		καλῶς Ἠσαΐας περὶ ὑμῶν ἐπροφήτευσεν
Mk 7,6:		καλῶς ἐπροφήτευσεν Ἠσαΐας περὶ ὑμῶν τῶν ὑποκριτῶν
Mt 15,7:	ὑποκριταί,	καλῶς ἐπροφήτευσεν περὶ ὑμῶν Ἠσαΐας λέγων

Kann diese Übereinstimmung (bei kleinen Unterschieden in der Wortfolge) ein Zufall sein? Eine vergleichbare Einleitung findet sich jedoch auch in Apg 28,25, worauf ein Zitat von Jes 6,9 folgt:

Apg 28,25:	καλῶς τὸ πνεῦμα τὸ ἅγιον ἐλάλησεν διὰ Ἠσαΐου τοῦ προφήτου ...

Ein Blick in die genaue Textform der jeweiligen Zitate allerdings offenbart, dass der Text des UE – auch wenn er zumindest teilweise rekonstruiert ist – näher an der LXX-Version von Jes 29,13 als die beiden synoptischen Parallelen liegt:

LXX:	καὶ εἶπε κύριος· Ἐγγίζει μοι	<u>ὁ λαὸς οὗτος</u>, τοῖς χείλεσιν <u>αὐτῶν τιμῶσί</u> με,
Eg. 2:		<u>ὁ λαὸς οὗτος</u> τοῖς [χείλ]εσιν <u>αὐτ[ῶν τιμῶσίν</u>] με
Mk 7,6:		οὗτος ὁ λαὸς τοῖς χείλεσίν με τιμᾷ,
Mt 15,8:		<u>ὁ λαὸς οὗτος</u> τοῖς χείλεσίν με τιμᾷ,

LXX:	ἡ δὲ καρδία αὐτῶν πόρρω ἀπέχει ἀπ ἐμοῦ.
Eg. 2:	ἡ [δὲ καρδία] αὐτῶ[ν πόρρω ἀπέ]χει ἀπ ἐ[μου
Mk 7,7:	ἡ δὲ καρδία αὐτῶν πόρρω ἀπέχει ἀπ’ ἐμοῦ·
Mt 15,9:	ἡ δὲ καρδία αὐτῶν πόρρω ἀπέχει ἀπ’ ἐμοῦ·

LXX:	μάτην δὲ σέβονται με διδάσκοντες ἐντάλματα ἀνθρώπων ...
Eg. 2:	μ]άτη[ν (δὲ) σέβονται με ... ἐντάλ[ματα ...]
Mk 7,7:	μάτην δὲ σέβονταί με διδάσκοντες διδασκαλίας ἐντάλματα ἀνθρώπων.
Mt 15,9:	μάτην δὲ σέβονταί με διδάσκοντες διδασκαλίας ἐντάλματα ἀνθρώπων.

Wie lässt sich dieses Bild erklären? Soll davon ausgegangen werden, dass der Autor des UE die Vorlage aus Mk und/oder Mt mehr oder minder übernommen und in seinen neuen Kontext eingebaut hat? Dies wäre zumindest denkbar. Es würde allerdings bedeuten, dass er zwar die jeweilige Einleitung seiner Vorlage Mk (oder Mt) entnommen, dann aber den Inhalt des Zitats entsprechend der LXX korrigiert hat.[11] Ein derartiges Verfahren ist möglich, scheint mir aber wenig wahrscheinlich: Da Jes 29,13 zu den Texten der Schriften Israels gehört, die im frühen Christentum an verschiedenen Kontexten in den Debatten gegen (nicht an Jesus glaubende) Juden verwendet wurde[12] und da auch die Einleitung *Schön hat Jesaja über euch prophezeit* sich nicht nur in Mk und Mt findet, halte ich es für deutlich plausibler, dass Jes 29,13 ohne direkten Einfluss der Synoptiker in diesen Kontext platziert wurde.[13] Dabei lässt sich nicht mehr entscheiden, ob der Text nun aus einer Vorlage mit dem Text des gesamten Jesajabuches oder einer Sammlung von Testimonien entnommen wurde. Vielleicht ist zumindest daran zu denken, dass dem Autor bekannt war, dass Jesu 29,13 immer wieder in Auseinandersetzungen mit dem Judentum verwendet werden konnte. Der Bezug des Zitats zum Jesajabuch bleibt allerdings aufgrund seiner Einleitung in jedem Falle bestehen.

Diese These wird auch durch die Beobachtung gestützt, dass Kontext und Funktion des im UE anders als in den Synoptikern zu bestimmen sind: Laut Mk 7,5 par Mt 15,1 wird Jesus von Pharisäern und Schriftgelehrten die Frage nach dem Waschen der Hände vor dem Essen gestellt. Darüber hinaus bezieht sich das Zitat bei Mk/Mt nicht so sehr auf die Diskrepanz zwischen äußerer Aussage

---

[11] So argumentiert F. Neirynck, „The Apocryphal Gospels and the Gospel of Mark“, in F. Van Segbroeck (ed.), *Evangelica II. Collected Essays 1982–1991* (BEThL 99; Leuven: Peeters, 1991), 715–772, hier 758. – Vgl. aber schon C.H. Dodd, „A New Gospel (1936)“, in id., *New Testament Studies* (New York ^{3}1978), 12–52, hier 37: „It is clear, therefore, that if the author did get the quotation from Matthew, he has verified it for himself from the LXX text. It is perhaps simpler to suppose that he took the quotation either directly from the LXX, or from some collection of *testimonia*, independently of the canonical Gospels.“ Ähnlich G. Mayeda, *Das Leben-Jesu-Fragment Papyrus Egerton 2 und seine Stellung in der urchristlichen Literaturgeschichte* (Bern: Haupt, 1946), 50: „Der Unterschied des Papyrus von den Synoptikern spricht dafür, daß er nicht direkt von ihnen abhängig ist.“

[12] Vgl. hierzu auch K. Erlemann, „Papyrus Egerton 2: ‚Missing Link‘ zwischen synoptischer und johanneischer Tradition“, in *NTS* 42 (1996) 12–34, hier 24.

[13] Immerhin spielte Jes 29,13 offensichtlich öfter eine Rolle in frühchristlichen Kontroversen – vgl. neben den synoptischen Texten auch Kol 2,22 und Justin, *dial.* 78,11. – Völlig unwahrscheinlich erscheint mir dagegen die These, das Jes 29,13-Zitat sei aus dem unbekannten Evangelium in den Mk 7-Kontext transferiert worden, wie J.D. Crossan, *Four Other Gospels: Shadows on the Contours of the Canon* (San Francisco et al.: Harper & Row, 1985), 86–87, meint.

und innerer Haltung wie im UE, sondern auf das Gegenüber von echter Gottesbeziehung und der Orientierung an menschlichen Geboten.[14]

1.1.2 Mindestens genauso interessant wie die Beobachtung, dass das UE zumindest an einer erhaltenen Stelle Jesaja zitiert und dies auch als Zitat markiert, ist die Tatsache, dass der Text zu seinem Verständnis an einigen Stellen ganz offensichtlich die Einspielung alttestamentlicher Texte, Bilder, Motive und Vorstellungen verlangt. Erneut findet sich ein Beispiel auf Fragment 2 recto: Bei genauem Hinsehen ist die Frage der Gegner Jesu hier aber deutlich anders akzentuiert als in den synoptischen Parallelen:

Lehrer Jesus, wir wissen, dass du von Gott gekommen bist. Denn was du tust, legt Zeugnis ab über alle Propheten hinaus. Sag uns also: Darf man den Königen abgeben, was der Obrigkeit zusteht? Sollen wir ihnen Abgaben leisten oder nicht?

Der erste Teil der Aussage erinnert deutlich an Joh 3,2, das Bekenntnis, das Nikodemus bei seinem nächtlichen Besuch gegenüber Jesus ausspricht. Ihre Begründung findet allerdings keine Parallele im Johannesevangelium, ja die Formulierung „über alle Propheten hinaus“ könnte gar als „unjohanneisch“ bezeichnet werden.[15] Auch die eigentliche Frage[16] ist anders formuliert als in den Synoptikern: Dort geht es um das Problem, ob es erlaubt sei, *dem* (*konkreten*) „Kaiser“ (*in der konkreten Situation*)[17] den Census (Mk 12,14 par. Mt 22,17) bzw. den Tribut (Lk 20,22) zu zahlen. Die Formulierung auf dem Papyrus ist viel offener, sie ist als allgemeines Problem formuliert und erinnert sogar eher an Mt 17,25: „... von wem erheben *die Könige dieser Welt* Steuern und Zölle?“ Zentrales *Thema* dieser Frage ist also nicht die Problematik der Fremdherrschaft über Israel, sondern viel allgemeiner das Verhältnis zur staatlichen Macht, was durch die parallelen Worte „die Könige“ und „die Obrigkeit“ ausgedrückt wird.[18] Dass diese ethische Fragestellung aber eine Frage von durchaus theologischer Dimension ist, kann der Leser nur dann verstehen, wenn er sich an die in den Schriften Israels vielfach bezeugte Idee erinnert, dass der *eigentliche König Israels, aber auch der Welt, Jahwe, der Herr,* ist (vgl. hierzu z.B. Ps 24; 29; 47; 93; 95–99; Obadja 21; Micha 2,13; Zeph 3,15; Jes 52,7–10;

---

[14] Hierzu z.B. L. Schenke, *Das Markusevangelium: Literarische Eigenart – Text und Kommentierung* (Stuttgart: Kohlhammer, 2005), 183.

[15] Die Konstruktion ὑπέρ + Akk. findet sich nicht im Johannesevangelium.

[16] Der Text lässt sich hier auf zweierlei Weisen übersetzen. Zumindest der erste Teil *Darf man den Königen abgeben, was der Obrigkeit zusteht?* könnte grammatikalisch auch als Aussage *Man darf den Königen abgeben, was der Obrigkeit zusteht* aufgefasst werden. Wahrscheinlicher aber erscheint die Doppelfrage. Zur Diskussion vgl. bereits M. Dibelius, Rezension: Bell/Skeat, Unknown Gospel, in *DLZ* 57 (1936) 3–11, hier 6.

[17] Lk 20,22 drückt dies am deutlichsten durch die Einfügung des Pronomens ἡμᾶς aus.

[18] Mayeda, *Leben-Jesu-Fragment*, 45, schreibt: „Die Frage der jüdischen Frömmigkeit ist nun zu der der allgemeinen Ethik geworden“ und fügt eine Parallele aus Justin (*apol.* I 17,64) an. Ob man die diachrone Perspektive Mayeda in diesem Zusammenhang beibehalten kann, wage ich aber zu bezweifeln.

Sach 14).[19] Die Frage der Gegner lässt sich vor diesem Hintergrund also folgendermaßen umformulieren:

Bedeutet die Idee, dass unser Gott König Israels ist, dass wir als glaubende Juden trotzdem den konkreten Königen, die über uns herrschen, Steuern zahlen dürfen?

Jesus wird also als der von Gott, dem aus biblischer Sicht *eigentlichen* König *Israels bzw. der Welt*, Gesandte angesprochen, der entscheiden soll, ob *von gläubigen Juden* Verpflichtungen gegenüber den Königen *dieser Welt* zu leisten sind.[20]

Die gesamte Erzählung aber erhält noch eine weitere Dimension, wenn über die Bedeutung der Worte „über alle Propheten“ nachgedacht wird. Damit wird natürlich implizit gesagt, dass Jesus größer als alle Propheten ist. Spielt man Dtn 34,10–12, den Schluss des Pentateuch, ein, dann heißt dies, dass Jesus selbst als größer als Mose gesehen wird. Der Blick in Dtn 34,10–12, vor allem in die LXX-Version des Textes, ist aber auch aus anderen Gründen aufschlussreich:

Die Aussage, dass Mose als der größte Prophet, der jemals in Israel aufgetreten ist, zu gelten habe, wird dort folgendermaßen begründet:
– der *Herr* kannte ihn von Angesicht zu Angesicht (vgl. Num 12,6–8)
– der *Herr* sandte ihn, um in Ägypten am Pharao, seinen Dienern und seinem ganzen Land Zeichen und Wunder zu *tun*
– Mose habe vor ganz Israel große Wundertaten und eine kraftvolle Hand *getan.*

Interessant ist, dass auch die Gegner Jesu im UE ihr Urteil über die Bedeutung Jesu mit seinen Taten begründen. Bedenkt man, dass das „unbekannte Evangelium“ mehrfach Jesus als den „Herrn“ bezeugt, öffnet sich die eigentliche Abgründigkeit der Szene: Als „der Herr“ ist Jesus *natürlich* dem Mose überlegen, da sich Mose Größe ja erst aus seiner Beziehung zum „Herrn“ ergibt. Besonderen Tiefgang aber erhält die Szene, wenn man bedenkt, dass die Gegner nun im Grunde von „Angesicht zu Angesicht“ vor dem *Herrn* stehen und ihn „auf die Probe stellen“ wollen! Natürlich ist nicht mehr zu beweisen, ob der Autor des UE in der Tat diese Interpretation seines Textes konkret anzielte – sie wird aber durch seinen Text durchaus getragen, einen Text, der deutlich gewinnt, wenn er vor dem Hintergrund alttestamentlicher Intertexte gelesen wird.

---

19 Zur folgenden Argumentation vgl. auch meine Ausführungen in Nicklas, „Unknown Gospel“.

20 Im erhaltenen Text wird nicht explizit gesagt, dass es sich bei den Fragenden um Juden handelt; dies wird aber durch den Inhalt ihrer Aussage sowie durch die restlichen Fragmente äußerst wahrscheinlich gemacht.

1.2 Das Alte Testament als „Schrift“

Mit den Beobachtungen aus 1.1 ist aber noch keineswegs die Frage beantwortet, inwiefern der Text des UE das „Alte Testament“[21] – bzw. die Heiligen Schriften des Judentums – als Autorität versteht. Eine Schlüsselszene in diesem Zusammenhang ist sicherlich das Streitgespräch zwischen Jesus und den „Führenden des Volkes“, das auf Fragment 1 verso erzählt wird.[22] Während der fragmentarische Zustand des Textes es nicht zulässt, den genauen Inhalt des Disputs zwischen Jesus und den Gesetzeskundigen in den ersten Zeilen des Fragments zu rekonstruieren, ist der Text des zweiten Teils, einer Auseinandersetzung Jesu mit den „Führenden des Volkes“, weitgehend erhalten. Jesus wirft diesen hier im Grunde vor, die Schriften Israels nicht ausreichend zu kennen. Diese Schriften legten nämlich Zeugnis über Jesus ab.

Erforscht die Schriften, in welchen ihr meint, Leben zu haben! Jene sind es, die über mich Zeugnis ablegen.

Als Jesus im Folgesatz so weit geht, zu behaupten, Mose klage seine Gegenüber an, greifen diese dies auf:

Wir wissen, dass zu Mose Gott gesprochen hat. Von dir aber wissen wir nicht, woher du bist.

Jesu nun folgende Antwort bedeutet im Grunde keinen echten Fortschritt gegenüber seiner ersten Aussage:

Nun wird angeklagt eure Untreue gegenüber dem von ihm Bezeugten. Denn wenn ihr Mose glauben würdet, hättet ihr auch mir geglaubt. Denn über mich hat jener euren Vätern geschrieben.

Die beiden Parteien im Streit miteinander können sich im Grunde nicht annähern, weil sie von zwei verschiedenen hermeneutischen Prinzipien ausgehen. Jesus wie seine Gegner setzen voraus, dass die Schriften Israels – nicht sicher ist, ob damit die Tora oder bereits ein größeres Corpus an Texten gemeint ist – von unhinterfragbarer Autorität sind. Diese Schriften werden mit Mose in Verbindung gebracht – sie gehen aber im Grunde auf Gottes Wort zurück. Dieser Aussage der Gegner Jesu wird nicht widersprochen, sehr wohl aber der Aussage „Von dir aber wissen wird nicht, woher du bist.“ Der entscheidende Unterschied zwischen beiden gegnerischen Gruppierungen – im Grunde die entscheidende Differenz zwischen antik jüdischer und christlicher Schrifthermeneutik schlechthin – besteht darin, dass Jesus behauptet, die Schriften Israels legten Zeugnis über ihn ab bzw. Mose habe den Vätern über Jesus geschrieben, was seine Gegner nicht akzeptieren können.

---

[21] Natürlich gehe ich nicht davon aus, dass dem Autor ein „Altes Testament“ in unserem Sinne als erster Teil einer christlichen Bibel vorgelegen habe.

[22] Einige knappe Gedanken zu diesem Text habe ich auch in meinem Beitrag T. Nicklas, „Christliche Apokryphen als Spiegel der Vielfalt frühchristlichen Lebens: Schlaglichter, Beispiele und methodische Probleme“, in *ASE* 23 (2006) 27–44, hier 30–33, geäußert.

Impliziert aber wird in der gesamten Argumentation noch ein zweiter Punkt, der sich in der Geschichte jüdisch-christlicher Auseinandersetzungen immer wieder als fatal erwiesen hat: die Idee, dass das Zeugnis der Schriften eineindeutig sei und dass jedermann, der die Schriften nur mit den richtigen Augen „erforsche“, zu dem gleichen Urteil kommen müsse: Die Schriften zeugen von Jesus. Nur unter dieser Voraussetzung ist es möglich, denen, die die Schriften Israels nicht als Zeugnis auf Jesus hin zu lesen, „Untreue“ bzw. „Unglauben“ gegenüber dem Zeugnis der Schriften vorzuwerfen. Das UE erkennt also weiterhin die Autorität der Schriften Israels an, deutet diese aber als unmissverständliches, eindeutiges Zeugnis auf Jesus hin, das damit aber den jüdischen Gegenübern, die den Text anders lesen und verstehen, letztlich entrissen wird.

2. Das UE und die Evangelien des Neuen Testaments

2.1 Literarische Abhängigkeiten

Noch viel mehr als die Frage nach dem Verhältnis zu den Schriften Israels wurde in der Forschung zum UE immer wieder die Problematik möglicher literarischer Abhängigkeiten von den Evangelien des Neuen Testaments diskutiert. Von der Antwort auf diese Frage hängt nicht nur die Möglichkeit einer frühen oder späten Datierung des Textes ab: Je nachdem, wie man sich entscheidet, können sich natürlich auch weiterführende Argumente für den Wert des Textes etwa im Hinblick auf die Rückfrage nach dem historischen Jesus oder unser Verständnis der frühesten Anfänge des Christentums ergeben.

Tatsächlich ist eine konkrete Antwort äußerst schwierig zu geben – und sie hängt auch ein Stück weit von konkreten exegetischen Entscheidungen ab. Dies sei an einigen Beispielen illustriert.

2.1.1 Johannesevangelium

Vielleicht am klarsten ist noch die Frage nach dem literarischen Verhältnis des UE im Verhältnis zum Johannesevangelium zu beantworten. Vor allem im bereits erwähnten Streitgespräch in Fragment 1 verso gehen die Korrespondenzen des apokryphen Textes mit mehreren Passagen des Johannesevangeliums so weit, dass sie sich nicht mehr durch puren Zufall und m.E. auch nicht mehr aufgrund reiner Vermittlung durch Traditionen erklären lassen. Die Beispiele sind seit langer Zeit bekannt:[23]

---

23 Sie werden im Grunde schon bei L. Cerfaux, „Parallèles canoniques et extra-canoniques de'évangile inconnu (Pap.Egerton 2)“, in *Mus.* 49 (1936) 55–77, diskutiert.

(i) Erforscht die Schriften, in welchen ihr meint, Leben zu haben. Jene sind es, die über mich Zeugnis ablegen.

Eg. 2:
ἐραυνᾶτε τὰς γραφάς ἐν αἷς ὑμεῖς δοκεῖτε ζωὴν ἔχειν ἐκεῖναί εἰσιν αἱ μαρτυροῦσαι περὶ ἐμοῦ.

Joh 5,39:
ἐραυνᾶτε τὰς γραφάς, ὅτι ὑμεῖς δοκεῖτε ἐν αὐταῖς ζωὴν αἰώνιον ἔχειν· καὶ ἐκεῖναί εἰσιν αἱ μαρτυροῦσαι περὶ ἐμοῦ·

Allerdings dürfte anders als Joh 5,39 (Indikativ) die Verbform ἐραυνᾶτε im UE wegen des gegenüber Joh unterschiedlichen Anschlusses mit einem Relativsatz (bei Joh ὅτι), des Fehlens von καί vor ἐκεῖναι und des Fehlens des joh Satzes καὶ οὐ θέλετε ἐλθεῖν ... ἔχητε als Imperativ zu übersetzen sein.[24] Gleichzeitig entsteht eine Parallele zwischen den Imperativsätzen ἐραυνᾶτε ... μὴ νομίζετε ... und den Indikativsätzen ἐκεῖναί εἰσιν sowie ἔστιν ὁ κατηγορῶν. Der Imperativ findet sich jedoch bei einigen antiken Textzeugen von Joh 5,39: Origenes, Tertullian sowie Handschriften der *Vetus Latina* (a, b, d).[25]

Auch zu einigen weiteren Varianten im Text des UE finden sich Parallelen in der Textgeschichte des Johannesevangeliums.[26] Für den Anschluss an ἐραυνᾶτε sind die folgenden Lesarten bekannt:

- ὅτι ἐν αὐταῖς	A B C W S Θ Origenes et al., f c r r^2 j, Vulgata, Syr^h Sah
- ἐν αἷς	Irenäus, Eusebius, Cyprian, Augustinus, Ambrosius, Tertullian, Syr^p, Boh, Äth. et al.

Einige lateinische Zeugen bieten zudem die Variante *in ipsis* an.

Für das Fehlen von αἰώνιον kann immerhin auf einige altlateinische Zeugen (a b und ff^2) verwiesen werden, die die Phrase in verdoppelter Form bieten. Dabei steht im zweiten Teil anstatt von *uitam aeternam* nur *uitam:*

Vgl. z.B. den Text von a:[27]

Scrutate scriptura in quibus uos ecistimatis in illis uitam aeternam habere. Illae sunt quae testimonium dicunt de me in quibus putatis uos uitam habere. Hae sunt quae de me testificantur.

---

24 Zur Argumentation vgl. schon Mayeda, *Leben-Jesu-Fragment*, 19.

25 Eine gute weiterführende Übersicht findet sich *ibid.*, 19–20.

26 Vgl. hierzu auch die gute Übersicht bei U. Gallizia, „Il P.Egerton 2“, in *Aeg.* 36 (1956) 29–72.178–234, hier 56–57.

27 Zur Erklärung für diese Dublette vgl. Mayeda, *Leben-Jesu-Fragment*, 20: „1. Die beiden Lesungen können in verschiedenen Handschriften des Joh gestanden haben und ein Kommentar kann die zweite Lesung an den Rand des ursprünglichen Textes hinzugefügt haben, die spätere Abschreiber in den Text selbst aufgenommen zu haben scheinen. 2. Ein Kommentator kann die Worte aus unserm Papyrus als Parallele zu Joh zitiert haben, und zwar mit einem ähnlichen Resultat, wie oben bei Nr. 1 vermerkt.“

(ii) Meint nicht, dass ich gekommen bin, um euch anzuklagen vor meinem Vater. Es gibt einen, der euch anklagt: Moses, auf den ihr eure Hoffnung gesetzt habt.

Eg. 2:

Μὴ νομίζετε ὅτι ἐγὼ ἦλθον κατηγορῆσαι ὑμῶν πρὸς τὸν πατέρα μου·
ἔστιν ὁ κατηγορῶν ὑμῶν Μωϋσῆς εἰς ὃν ὑμεῖς ἠλπίκατε

Joh 5,45:

Μὴ δοκεῖτε ὅτι ἐγὼ κατηγορήσω ὑμῶν πρὸς τὸν πατέρα·
ἔστιν ὁ κατηγορῶν ὑμῶν Μωϋσῆς εἰς ὃν ὑμεῖς ἠλπίκατε.

Anders als im vorherigen Fall sind die Unterschiede – siehe Markierung – hier nur minimal. Belege für die im UE zu findenden Lesarten aus der Textgeschichte des Johannesevangeliums sind hier m.W. nicht bekannt.

(iii) *Wir wissen, dass zu Mose Gott gesprochen hat. Von dir aber wissen wir nicht, woher du bist.*

UE:

οἴδαμεν ὅτι Μωϋσεῖ ἐλάλησεν ὁ θεός
σὲ δὲ οὐκ οἴδαμεν πόθεν εἶ

Joh 9,29:

ἡμεῖς οἴδαμεν ὅτι Μωϋσεῖ λελάληκεν ὁ θεός,
τοῦτον δὲ οὐκ οἴδαμεν πόθεν ἐστίν.

Verschiedene Textzeugen des JohEv bieten zudem die Variante ἐλάλησεν (A Θ 053).[28]

Die dritte, im Text des UE beinahe unmittelbar folgende Parallele zeigt wieder weitestgehende wörtliche Übereinstimmungen mit dem Johannesevangelium – ein großer Teil der Unterschiede erklärt sich aus den unterschiedlichen Kontexten – in Joh 9,29 wird ja nicht Jesus angesprochen, sondern der geheilte Blindgeborene, der Jesus gegenüber den Pharisäern verteidigt. Auffallend ist aber auch, dass die drei im UE direkt hintereinander folgenden Sätze im Johannesevangelium keineswegs miteinander verbunden sind, sondern der letzte von ihnen gar in einem vollkommen anderen Kontext begegnet.

Wie lässt sich dieser Befund erklären? Ich denke, dass die Übereinstimmungen zumindest dieser Szene bis in wörtliche Details zu Texten des Johannesevangeliums so weit gehen, dass sie sich nicht mehr ohne die Annahme literari-

[28] Vgl. hierzu *ibid.*, 25: „Bei Θ erklärt sich die Variante durch seine Tendenz, andere Verbalformen zu gebrauchen, bei A als einer seiner zahlreichen Fehler, und bei 053, der auf des [sic] IX. oder X. Jahrhundert datiert wird und wo Text und Kommentar abwechselnd geschrieben sind, ebenfalls durch Verschreibung.“

scher Abhängigkeit erklären lassen.[29] Wie aber kann diese näher beschrieben werden?

Sicherlich wäre es grundsätzlich denkbar, dass Johannesevangelium und UE auf gemeinsame schriftliche Quellen zurückgehen. Diese Hypothese ist aber mit einer solch großen Zahl an Fragezeichen belastet, dass sie kaum für sinnvoll zu halten ist: So wird heute die Frage nach möglichen schriftlichen Quellen des Johannesevangeliums (außerhalb der Synoptiker) wohl zu Recht mit zunehmender Zurückhaltung beantwortet. Zudem müsste man davon ausgehen, dass hypothetisch angenommene Quellen zumindest eine so weitgehende Verbreitung erfuhren, dass sie beiden Autoren unabhängig voneinander zur Verfügung standen.

Auffällig ist, dass der Text des UE Fragment 1 verso im Vergleich zu Joh 5,39 bloßes ζωή anstelle des johanneischen ζωὴ αἰώνιος bietet. Lässt sich daraus folgern, dass der apokryphe Text für eine primitivere Theologie steht, die als Vorstufe zum johanneischen Denken aufzufassen wäre? Diese Frage ist in zwei Teilen zu beantworten: Zunächst einmal erlauben die wenigen erhaltenen Fragmente des UE kein letztgültiges Urteil darüber, welche soteriologische Bedeutung der Begriff der ζωή im ursprünglichen Gesamttext des UE hatte – diese kann durchaus, muss aber nicht unbedingt hoch entwickelt gewesen sein. Selbst aber wenn das UE eine im Vergleich zum Johannesevangelium weniger reflektierte Idee von ζωή bezeugen sollte, muss das wiederum nicht heißen, dass diese älter als die komplexere des Johannesevangeliums sei – und erst recht nicht, dass Joh seine eigenen Vorstellungen aus denen des UE entwickelt haben müsste. Eine derartige Argumentation würde ja nur einlinige Entwicklungen von der jeweils „einfacheren" zur „komplexeren" Gedankenwelt zulassen. Dass dies keineswegs der Fall sein muss, ist klar. Der Unterschied kann die verschiedensten Gründe haben – seien es nun unbewusste Fehler (z.B. im Zitat aus dem Gedächtnis) oder bewusste Abänderungen (eventuell wird im Zusammenhang mit den Gegnern wird nicht von „ewigem Leben" gesprochen).

Bereits die allgemeine Überlieferungslage des Johannesevangeliums im Vergleich zu der des UE, eines Textes, der kaum Spuren hinterlassen zu haben scheint, macht es sicherlich wahrscheinlicher, dass das UE literarisch abhängig vom Johannesevangelium ist als umgekehrt.[30] Trotzdem lohnt sich auch noch ein Blick auf die Kohärenz des apokryphen Textes:[31] Und hier scheint mir doch

---

[29] Zu diesem Urteil kommt etwa auch J.W. Pryor, „Papyrus Egerton 2 and the Fourth Gospel", in *ABR* 37 (1989) 1–13, hier 9, der auf die Übereinstimmung der Wortfolge in insgesamt drei Fällen verweist. Diese schließe rein mündliche Tradition aus.

[30] So auch D.F. Wright, „Apocryphal Gospels: The ‚Unknown Gospel' (Pap. Egerton 2) and the Gospel of Peter", in D. Wenham (ed.), *Jesus Traditions Outside the Gospels* (GoPe 5; Sheffield: University Press, 1984), 207–232, hier 212–213.

[31] Einen Kohärenzvergleich beider Texte unternehmen auch z.B. Pryor, „Egerton 2", und E. Norelli, „Le Papyrus Egerton 2 et sa localisation dans la tradition sur Jésus. Nouvel examen du fragment 1", in D. Marguerat et al. (ed.), Jésus de Nazareth. Nouvelles approches d'une enigme (MoBi 38; Genève: Labor et Fides 1998), 397–435, hier 418. Sie alle kommen zum selben Ergebnis. Natürlich ist

die Aussage *Meint nicht, dass ich gekommen bin, um euch anzuklagen* ... kaum mit der vorangehenden *Erforscht die Schriften* ... verbunden zu sein. In der ersten Aussage ist ja weder von einer Anklage, noch vom Kommen Jesu, noch von seinem Vater die Rede. Erst der Folgesatz *Es gibt aber einen, der euch anklagt* ... stellt durch die Wiederholung von κατηγορέω, aber auch das Motiv vom „Hoffen auf Mose“ die Kohärenz des Textes her.

So ist doch mit größter Wahrscheinlichkeit davon auszugehen, dass der Autor des UE das Johannesevangelium in schriftlich vorliegender Form kannte. Bei dieser Beobachtung sollte aber nicht stehen geblieben werden: Bereits die Tatsache, dass die vorhandenen Parallelen zu Joh keineswegs einer zusammenhängenden Passage entnommen sind, ist aufschlussreich. Hinzu kommt der Blick auf die Unterschiede in Details. Der Autor des UE scheint das Johannesevangelium zu kennen – er geht mit dessen Text aber äußerst souverän um. Das Johannesevangelium ist ihm keineswegs Vorlage, von der her er seinen Text konzipiert und an der er ihn ausrichtet – er schafft vielmehr seine eigene Komposition, für die er Texte des Johannesevangeliums verwendet und kombiniert.

Die Struktur des damit entstehenden Textes unterscheidet sich klar von Joh 5 und Joh 9:[32] Weder spielt das Thema der „Ehre“ in der erhaltenen Passage des UR eine Rolle, noch ist das Motiv des „Zeugnisses“ auch nur annähernd wie in Joh 5 ausgefaltet. Stattdessen fällt die „straffe Bündelung des Stoffes auf das Thema Bezeugung der Identität aus Mose und den Schriften“ und die „Verbindung des Motivs der Verklagung durch Mose und die Berufung auf die Autorität des Mose“[33] auf. Der Autor des UE nutzt vielmehr johanneische Formulierungen, um seine eigenen theologischen Gedanken in einer neuen Komposition zum Ausdruck zu bringen.[34]

Dabei halte ich es für wenig wahrscheinlich, dass er bei der Zusammenstellung seines eigenen Textes regelmäßig in ein schriftlich vorliegendes Johannesevangelium blickte und dieses wie einen Steinbruch nutzte, um daraus die Einzelteile seines neuen Mosaiks zu holen. Wahrscheinlich erscheint mir, dass es ihm um die narrative Umsetzung einer eigenen Szene ging, die ihm mit Hilfe

---

auch bei dieser Überlegung ein gewisses Maß an Subjektivität nicht auszuschließen. Crossan, *Four Other Gospels*, 75, schreibt immerhin (ohne Detailuntersuchung der Kohärenzstrukturen des UE Fragment 1 verso): „Note, for example, how smoothly the sequence moves ... in the debate with the authorities on fragment 1 verso. Those may be phrases borrowed from different places in John, but they entirely read like a very well integrated composition.“

32 Vgl. allerdings T. Heckel, *Vom Evangelium des Markus zum viergestaltigen Evangelium* (WUNT 120; Tübingen: Mohr Siebeck, 1999), 303. – Pryor, „Egerton 2“, 10 geht so weit zu sagen, dass die Szene des UE „synoptic-like structure“ besitze: „He [= the author of the UE; TN] is not interested in presenting Johannine discourses but in portraying a conflict incident in Jesus’ ministry.“

33 Erlemann, „Papyrus Egerton“, 18. Ähnlich H. Koester, „Apocryphal and Canonical Gospels“, in *HThR* 73 (1980) 105–130, hier 120–121.

34 Pryor, „Egerton 2“, 11, beobachtet zudem, dass das UE keine Tendenz zeige, synoptische mit johanneischen Traditionen zu vermischen. Es stellt sich allerdings grundsätzlich die Frage, ob die Trennung „synoptisch“ – „johanneisch“ (im heute verwendeten Sinne) einem antiken Autor wirklich bewusst war.

von Aussagen, die ihm aus dem Johannesevangelium bekannt waren, gelingen konnte.

2.1.2 Synoptiker

Noch einmal deutlich schwieriger als die Frage nach dem literarischen Verhältnis des UE zum Johannesevangelium ist die nach dem zu den – welchen? – synoptischen Evangelien zu beantworten. Es ist hier nicht der Raum, um den gesamten Text des UE auf mögliche Abhängigkeiten zu untersuchen – ich möchte mich deswegen auf die Erzählung von der Heilung eines Aussätzigen im 2. Teil von Fragment 2 recto konzentrieren.[35] Der Text lautet folgendermaßen:

Und siehe: Ein Aussätziger geht auf ihn zu und sagt: Lehrer Jesus, mit Aussätzigen wanderte ich und aß mit ihnen in der Herberge, da wurde auch ich selbst aussätzig. Wenn du nun willst, werde ich rein. Darauf sagte der Herr zu ihm: Ich will es. Werde rein. Und sofort verschwand der Aussatz von ihm. Jesus aber sagte zu ihm: Geh hin und zeig dich selbst den Priestern und bringe für die Reinigung hinauf, wie Mose es angeordnet hat und sündige nicht mehr ...

Dass hier eine Parallele zu den synoptischen Erzählungen von der Heilung eines Aussätzigen in (Mk 1,40–45 par. Mt 8,1–4; Lk 5,12–16) vorliegt, ist klar.[36]

Bei genauerem Hinsehen aber haben die insgesamt vier Texte nur das ganz grobe Gerüst der Erzählung – im Grunde das, was unbedingt notwendig ist, um die Heilung eines Aussätzigen zu erzählen – gemeinsam:

– Ein Aussätziger kommt auf Jesus zu (Mk 1,40; Mt 8,2; UE). Mk 1,40 verwendet das Verbum ἔρχομαι + πρός, Mt 8,2 und UE προσέρχομαι. Vgl. aber Lk 5,12: Καὶ ἐγένετο ἐν τῷ εἶναι αὐτὸν ἐν μιᾷ τῶν πόλεων και ἰδοὺ ἀνὴρ πλήρης λέπρας (Lk 5,12 D: ἀνὴρ λέπρος)

– Der Aussätzige bittet in allen synoptischen Fassungen der Erzählung (Mk 1,40 par. Mt 8,2; Lk 5,12) mit den folgenden Worten um seine Heilung: ἐὰν θέλῃς δύνασαί με καθαρίσαι. Dem entspricht im UE der folgende Wortlaut: ἐὰν οὖν σύ θέλῃς καθαρίζομαι.

– Jesus antwortet in allen vier Texten mit den Worten θέλω, καθαρίσθητι.

– Der Aussatz verschwindet sofort. Mk 1,41 verwendet in diesem Zusammenhang die Verben ἀπέρχομαι und καθαρίζω, von denen Lk 5,13 das erste, Mt 8,3 das zweite übernimmt. Das UE bietet ἀφίστημι.

– Jesus fordert den Geheilten auf, sich dem Priester bzw. den Priestern (UE) zu zeigen und das vorgeschriebene Opfer zu bringen.

---

[35] Zu den anderen relevanten Stellen vgl. die entsprechenden Passagen in Nicklas, „Unknown Gospel".

[36] Eine Übersicht über gemeinsam verwendete Wörter findet sich bereits bei Dodd, „New Gospel", 33–34, der allerdings P.Köln 255 noch nicht kennt; eine ausführliche Analyse bietet auch Gallizia, „P.Egerton 2", 179–183.

Interessant aber ist auch, dass das UE gegenüber den Synoptikern eine erhebliche Anzahl von Unterschieden im Detail aufweist. Der genaue Vergleich der Texte wird zudem eine Vielzahl von Varianten innerhalb der Synoptikertexte erschwert.[37]

– Im UE wird Jesus als „Lehrer Jesus" angesprochen, während bei Mk 1,40 die Anrede fehlt und Jesus in Mt 8,2 und Lk 5,12 als κύριος bezeichnet wird.

– Anders als bei allen drei synoptischen Parallelen wird im unbekannten Evangelium nicht erzählt, dass der Kranke vor Jesus niederfällt.[38]

– Jesus heilt in der Erzählung des „unbekannten Evangeliums" ohne Ausstreckung der Hand (Mk 1,41; Mt 8,3; Lk 5,13: ἐκτείνας τὴν χεῖρα). Der Kranke wird nicht berührt (Mk 1,41; Mt 8,3; Lk 5,13: ἥψατο), ein Schweigegebot am Ende (Mk 1,44; Mt 8,4; Lk 5,14) fehlt bzw. ist nicht erhalten.

– Das „unbekannte Evangelium" bietet eine ausführliche Schilderung der Gründe der Erkrankung, die in den synoptischen Texten fehlt.

– Die allein im Markusevangelium begegnenden Züge des Mitleids bzw. Zorns (1,41: σπλαγχνισθείς bzw. ὀργισθείς)[39] sowie des Ergrimmens Jesu (1,43: ἐμβριμησάμενος, auch als das „Erteilen einer strengen Weisung" übersetzbar) fehlen nicht nur in den synoptischen Parallelen, sondern auch in der Erzählung des „unbekannten Evangeliums".

– Offensichtlich befiehlt Jesus im UE dem Geheilten, sich „den Priestern" zu zeigen.[40] Der Text der synoptischen Parallelen hat hier stattdessen den Singular τῷ ἱερεῖ.[41]

Die Frage nach dem literarischen Verhältnis des Textes zu den synoptischen Parallelen Mk 1,40–44 par. ist auch deswegen so schwierig zu beantworten, weil der Text des UE diesen gegenüber gegenläufige Tendenzen aufweist: Einerseits ist die Beschreibung der Not deutlich umfangreicher als in den meisten anderen frühchristlichen Wundergeschichten – man hat in diesem Zusammenhang immer wieder von einer Tendenz zu „novellistischer Erweiterung" des Textes gesprochen. Andererseits ist die Erzählung des UE insgesamt deutlich kürzer, knapper als die der Synoptiker.

---

[37] Zum allgemeinen Problem des Vergleichs zwischen apokryphen Fragmenten und neutestamentlichen Texten vgl. meinen Beitrag T. Nicklas, „Fragmente christlicher Apokryphen und die Textgeschichte des Neuen Testaments", in *ZNW* 96 (2005) 129–142. Konkret zur Stelle vgl. C. Kellas, „The Healing of the Leper: The Accounts in the Synoptic Gospels and Papyrus Egerton 2, Papyrus Köln 255", in IBSt 16 (1994) 161–173, hier 170.

[38] Dort begegnen unterschiedliche Formulierungen: Mk 1,40 καὶ γονυπετῶν (fehlend allerdings in B D W); Mt 8,2 καὶ προσεκύνει; Lk 5,12 πέσων ἐπὶ πρόσωπον.

[39] Zur textgeschichtlichen Problematik der Varianten in Mk 1,41 vgl. B.D. Ehrman, „A Leper in the Hands of an Angry Jesus", in id., *Studies in the Textual Criticism of the New Testament* (NTTS 33; Leiden et al.: Bill, 2006), 120–141.

[40] Der Text ist hier teilweise rekonstruiert.

[41] Zu beachten ist allerdings, dass Lk 5,14 nicht eindeutig überliefert ist: Einige altlateinische Handschriften, sy^{s,p}, die persische Evangelienharmonie, die *Const.Apost.* 6,19,3, Clemens v. Alexandrien, Augustinus und Ephräm bieten die Lesart im Plural.

Wichtig erscheint mir auch die Beobachtung, dass sich die Übereinstimmungen des apokryphen Fassung des Textes weitestgehend auf Elemente erstrecken, die für den Grundaufbau der Erzählung unentbehrlich sind. *Ein Aussätziger sagt zu Jesus: Wenn du willst, kann ich rein werden. Jesus sagt: Ich will. Werde rein. Da verlässt der Aussatz sofort den Kranken. Jesus fordert ihn nun auf, sich dem bzw. den Priestern zu zeigen und das von Mose geforderte Opfer darzubringen.*[42] Doch selbst wenn man diese Kurzfassung zugrunde legt, ergeben sich Detailunterschiede: Aufgrund des Zueinanders dieser Beobachtungen scheint es sich m.E. nicht nahe zu legen, den Text des UE aufgrund von literarischer Abhängigkeit von den Synoptikern zu erklären. Die vielen Unterschiede zum Text jedes einzelnen der Synoptiker machen es zumindest äußerst unwahrscheinlich, dass der Autor des „unbekannten Evangeliums“ einen oder mehrere von ihnen als konkrete Vorlage verwendete, als er seinen Text niederschrieb.[43]

Wie auch immer man in dieser Frage entscheiden mag: Auffallend ist erneut das eigenständige Gepräge der Erzählung des UE. Deutlich wird auch der vollkommen unterschiedliche Kontext, in dem sich die jeweiligen Szenen in den Synoptikern und im UE finden. Auch dies spricht m.E. gegen die Vorstellung, dass hier ein Autor des 2. Jahrhunderts die Synoptiker als konkrete, ihn leitende schriftliche Vorlagen heranzieht, aus ihnen Einzelteile wählt und diese in überarbeiteter Form wie einem Puzzle neu zusammensetzt. Wahrscheinlicher erscheint mir, dass der Text Traditionen verarbeitet, die parallel zu denen der Synoptiker liefen und in denen womöglich die Verbindung Krankheit – Sünde bereits eine größere Rolle spielte als bei den Synoptikern. Möglich – vielleicht wegen der Parallele zu Joh 5,14 gar wahrscheinlicher – ist aber auch, dass diese Dimension, die sich ja auch in der breit formulierten Darstellung der Not zeigt, erst vom Autor eingefügt wurde.

Diese These bedeutet nicht, dass zur Zeit der Entstehung dieser Traditionen nicht bereits schriftlich vorliegende Synoptikererzählungen vorlagen – dies könnte womöglich auch die Parallelen sowohl zu den Erzählungen aus Mk 1,40–44 par. als auch zu Lk 17 erklären. Insgesamt aber scheint es höchst unwahrscheinlich, dass der Autor des „unbekannten Evangeliums“ bei der Formu-

---

42 Die Beobachtung bietet auch Kellas, „Healing of the Leper“, 167–168.

43 Trotz einer Vielzahl interessanter Detailbeobachtungen kann auch Neiryncks These nicht ganz überzeugen: Neirynck vermutet, der Autor des „unbekannten Evangeliums“ habe den barmherzigen Samariter aus Lk 10 mit dem dankbaren Samariter aus Lk 17 assoziiert: Vgl. F. Neirynck, „Papyrus Egerton 2 and the Healing of the Leper“, in id., *Evangelica II. Collected Essays 1982–1991* (BEThL 99; Leuven: Peeters, 1991), 773–783, hier 775. Vgl. auch Erlemann, „Papyrus Egerton“, 21: „Die Annahme einer doppelt abgeleiteten Assoziation überzeugt indes nicht. Die Wortwahl in Egerton ist stimmig und ungezwungen.“ – Kritisch gegenüber Neirynck zeigt sich auch Norelli, Papyrus Egerton, 412, der wegen der völlig unterschiedlichen Kontextualisierung des Wortes πανδοχεῖον den Bezug auf Lk 10,34–35. ablehnt. Die Bezüge, die er zu beiden Szenen entdeckt, sind deutlich zu schwach, um eine solch weitreichende Hypothese stützen zu können. Zudem stellt sich die Frage, warum dann der Text des „unbekannten Evangeliums“ nicht den geringsten Hinweis darauf bietet, dass die zwei lukanischen *Samariter*-Texte im Hintergrund stehen.

lierung seiner Erzählung von der Heilung des Aussätzigen schriftliche Exemplare eines oder mehrere der synoptischen Evangelien heranzog.

Die Frage nach dem Verhältnis des Textes zu den synoptischen Evangelien ist aber damit noch nicht vollständig beantwortet. Es fehlt hier leider der Raum, um auch die anderen Szenen des Textes in gleicher Weise zu behandeln – die Ergebnisse wären vergleichbar.[44]

Interessant aber ist eine andere Beobachtung auf anderer Ebene: Das literarische Profil des Textes erinnert, soweit dies heute noch beurteilt werden kann, an die synoptischen Evangelien: Wie diese entfaltet der Text narrativ Ausschnitte des Lebens Jesu.[45] Dass dieser Text mit einiger Wahrscheinlichkeit eine Passion Jesu kannte und diese womöglich gar erzählerisch vorbereitete, zeigt sich auf Fragment 1 recto, wo im Zusammenhang mit einem Versuch, Jesus festzunehmen, davon die Rede ist, dass die „Stunde seiner Auslieferung“ noch nicht gekommen sei.

Zwar ist nur an einer Stelle (Fragment 1 recto, zwischen versuchter Festnahme und Heilung des Aussätzigen) ein noch dazu recht abrupter Übergang zwischen zwei Szenen erhalten; andererseits zeigen sich zumindest Indizien dafür, dass der Text an einigen Stellen Verknüpfungen über konkrete Einzelszenen hinaus kennt.[46] So wird, wie bereits angedeutet, womöglich auf die Passion Jesu vorausverwiesen, wohl aber auch die „Herkunft Jesu“ mehrfach thematisiert – etwa im Bekenntnis derer, die auf Fragment 2 recto nach dem rechten Verhalten gegenüber der Obrigkeit fragen, und in der Aussage der Führenden des Volkes (Fragment 1 verso), dass Jesu Herkunft unbekannt sei.

Weiter zeigen sich zumindest an einigen Stellen Verbindungslinien, die den Text als mehr denn eine lose Abfolge von Perikopen erscheinen lassen.[47] Zu nennen sind mögliche motivische Verknüpfungen wie die Rede von der Anklage durch Mose und die (womöglich darauf folgende) versuchte Festnahme Jesu, oder die Verwendung des Wortes χεῖλος in den Szenen auf Fragment 2 recto und verso,[48] das Auftreten der Führenden des Volkes in verschiedenen Szenen

[44] Für eine vergleichbare Argumentation im Zusammenhang mit der Steuerfrage auf Fragment 2 recto vgl. Nicklas, „Unknown Gospel“.

[45] Anders urteilt Wright, „Apocryphal Gospels“, 220, der das UE alleine als „selection of Gospel passages for a particular readership without calling it a ‚gospel‘“ auffasst. Mayedas Gründe (id., *Leben-Jesu-Fragment*, 89), den Text nicht als „Evangelium“ anerkennen zu wollen, hängen mit seiner Definition von „Evangelium“ zusammen, die im Grunde nur die kanonischen Texte als solche akzeptieren kann.

[46] Erlemann, „Papyrus Egerton“, 27–28, spricht gar von der kompositorischen und thematischen Kohärenz des Textes.

[47] Vgl. auch *ibid.*, 28: „Egerton erzeugt ... den Eindruck eines formal und inhaltlich sorgfältig durchstrukturierten Werkes, nicht den einer wahllosen oder mosaikartigen Aneinanderreihung von Logien.“

[48] Wright, „Apocryphal Gospels“, 218–219, spricht von „catchword connections“, die z.T. auch über einzelne Perikopen hinausgingen. Auf ihn (219) geht auch die Idee der Verbindung der beiden Erwähnungen von χεῖλος zurück.

(Fragment 1 verso und recto) oder die mehrfach zu beobachtende Verwendung der Titel „Lehrer“ und „Herr“ für Jesus.

Insgesamt wird deutlich, dass das UE weder die Grundstruktur des Johannesevangeliums übernimmt, noch sich am Aufriss der Synoptiker zu orientieren scheint. Trotzdem aber zeigen sich deutliche Indizien dafür, dass hier ein Text kreiert wurde, der sich an einem Genre „Evangelium“ orientierte, ein Text, der sicherlich nicht in der gleichen dichten Weise wie das Johannesevangelium durchkomponiert war, sondern literarisch eher mit den Synoptikern zu vergleichen ist.[49] Vielleicht spricht zumindest diese letzte Beobachtung doch dafür, dass der Autor des UE zumindest eines der synoptischen Evangelien kannte, ohne dessen Text bei der Abfassung seines „Evangeliums“ vor sich zu haben (bzw. konkret heranzuziehen). Will man dies als „literarische Abhängigkeit“ bezeichnen, dann nur in dem oben beschriebenen sehr weiten Sinne.

2.2 Das unbekannte Evangelium – Zeugnis eines sich entwickelnden Vierevangelienkanons?

Die letzte mit unserem Thema zusammenhängende Frage lässt sich aufgrund der vorangegangenen Überlegungen nun recht kurz und bündig beantworten. Das UE sollte nicht als Zeugnis für einen angeblich bereits in der Mitte des 2. Jahrhunderts zumindest in Ägypten anerkannten „Kanon von vier Evangelien“ ausgewertet werden.[50] Dagegen sprechen die folgenden Beobachtungen:

2.2.1 Selbst wenn meiner These nicht gefolgt wird, dass sich eine konkrete Verwendung eines oder mehrerer der synoptischen Evangelien als bei der Niederlegung des Textes vorliegende literarische Vorlage des UE nicht nachweisen lässt, muss davon ausgegangen werden, dass das UE keineswegs als eine alleine auf den vier kanonisch gewordenen Evangelien basierende Evangelienharmonie anzusehen ist. Der Text verwendet (oder kreiert) vielmehr neben Traditionen und Texten, die ihre mehr oder weniger entfernten Parallelen auch in den kanonischen Evangelien finden, auch ganz eindeutig solche, die ansonsten unbekannt sind. Das klarste Beispiel hierfür ist die rätselhafte Szene auf Frag-

---

[49] So auch Pryor, „Papyrus Egerton 2“, 3–4. Ich würde aber nicht so weit gehen wie Dodd, „New Gospel“, 21, der besonders den literarischen Charakter des lukanischen Evangelientyps wiederzuerkennen glaubt.

[50] Anders Heckel, *Evangelium nach Markus*, 308, der das Verhältnis zu kanonischen Texten anders bestimmt als ich: „Noch bevor die Vierevangeliensammlung kanonische Geltung erringen konnte, war sie bereits durch ihre faktische Bedeutung eine Quelle von herausragendem Wert.“ – Für eine ähnliche Sicht der Entwicklung des Kanons vgl. auch L.W. Hurtado, „The New Testament in the Second Century: Text, Collections and Canon“, in J.W. Childers/D.C. Parker (ed.), *Transmission and Reception. New Testament Text-Critical and Exegetical Studies* (Texts and Studies 4; Piscataway: Gorgias Press, 2006), 3–27, hier 24–27. Dagegen vgl. die Beiträge bei G. Aragione/É. Junod/E. Norelli (ed.), *Le canon du Nouveau Testament. Regards nouveaux sur l'histoire de sa formation* (MoBi 54; Genève: Labor et Fides, 2005).

ment 2 *verso*, ein Text, der womöglich ursprünglich über ein Wunder Jesu am Fluss Jordan erzählte.[51]

2.2.2 Zumindest genauso wichtig aber erscheint die Beobachtung, wie denn das UE etwa mit dem Johannesevangelium umgeht: Dieses wird keineswegs als sakrosankter Text begriffen, in den nicht eingegriffen werden kann – der Umgang mit diesem Text ist vielmehr ein sehr freier: Entscheidend scheint nicht die Vorlage, sondern die – sicherlich durch andere Texte beeinflusste – eigene Konzeption. Sollte das UE – konkreter als hier angenommen – synoptische Texte als bei der Niederschrift vorliegende literarische Vorlagen verwenden, gilt auch hier das gleiche.

3. Fazit

Das Fazit kann knapp gehalten werden:

3.1 Das UE zitiert nicht nur aus dem Alten Testament, es setzt bei seinen Lesern auch wichtige theologische Gedanken aus dem Alten Testament – wie etwa das Königtum Gottes – voraus. Die Schriften Israels werden zudem als unhinterfragbare, eineindeutig interpretierbare Autorität angesehen, die auf Jesus hinweise (und wohl auch aus dieser Sicht zu lesen sei). Deswegen wird gefolgert, dass die Führenden des Volkes, die Jesus nicht anerkennen bzw. behaupten, seine Herkunft nicht zu kennen, die Schriften Israels nicht in ausreichender Form studiert hätten. Durch diese Leseweise werden dem Judentum im Grunde seine Heiligen Schriften entzogen und für das Christentum dienstbar gemacht.

3.2 Während mit größter Wahrscheinlichkeit davon auszugehen ist, dass der Autor des UE das Johannesevangelium in schriftlicher Form kannte, lässt sich dies im Hinblick auf die synoptischen Evangelien deutlich schwerer sicherstellen. Hier ist weniger der klassische literarkritische Vergleich Ausschlag gebend als vielleicht die Beobachtung, dass das UE sich von seinem Genre her wohl eher an Evangelien synoptischen Typs anlehnt denn an andere Texte. Trotzdem ist der freie und eigenständige Umgang des UE mit dem johanneischen Text, die keineswegs zur sklavisch kopierten, strukturbildenden Vorlage wird, zu notieren. Es entsteht weder eine redaktionell überarbeitete Neuausgabe eines der kanonisch gewordenen Evangelien, noch eine Evangelienharmonie. Selbst wo man davon ausgehen wollte, dass das UE alle der vier kanonischen Evangelien gekannt hätte, sollte das UE deswegen und aufgrund der Aufnahme von Traditionen, die sich nicht im Neuen Testament finden, nicht als Zeuge für einen bereits im ersten Drittel bzw. der ersten Hälfte des 2. Jahrhunderts entstehenden (und mehr und mehr anerkannten) Vierevangelienkanon herangezogen

---

51 Zur Interpretation vgl. z.B. H.-J. Klauck, *Apokryphe Evangelien. Eine Einführung* (Stuttgart: KBW, 2002), 39.

werden. Der Autor scheint sich vielmehr (noch) frei genug zu fühlen, seine eigene Jesuserzählung zu komponieren und dabei Texte wie Traditionen zu verwenden, von denen zumindest einige auch in den Evangelien des Neuen Testaments zu finden sind.[52]

[52] Ich habe eine Kurzfassung des Manuskripts in einer Seminarsitzung der SNTS-Tagung in Sibiu vorgestellt. Den Teilnehmerinnen und Teilnehmern, v.a. dem Seminarleiter Herrn Prof. Dr. Ferdinand Prostmeier, sei für kritische Rückfragen und weiterführende Impulse gedankt. Der Beitrag erschien erstmals in SNTU 33 (2008) 41–65.

André Gagné

The *Gospel according to Thomas* and the New Testament

The *Gospel according to Thomas* (*Gos. Thom.*) is undoubtedly the tractate which received the most attention of all of the Nag Hammadi collection. Early on, researchers have tried to understand the relationship between *Thomas* and the New Testament writings, more specifically the rapport this non-canonical text has with the synoptic gospels. On the one hand, scholars agree that a large number of the 114 sayings found in the *Gos. Thom.* are also present in the New Testament. On the other, there is still a debate concerning the possible sources used by the author/compiler of *Thomas*. Are similar sayings between *Thomas* and the New Testament proof of dependence on the canonical writings?[1] Can it be that the genre *logoi sophon* found in *Thomas* favors its independence from the synoptic gospels?[2] Is the state of the Thomasine *logia* indicative of a collection which stands between orality and textuality, where the precise identification of sources becomes problematic?[3] What makes matters even more compli-

---

1 For example, R.M. Grant and D.N. Freedman, The Secret Sayings of Jesus (Garden City: Doubleday, 1960); W. Schrage, Das Verhältnis des Thomas-Evangeliums zur synoptischen Tradition und zu den koptischen Evangelienübersetzungen. Zugleich ein Beitrag zur gnostischen Synoptikerdeutung (Beihefte zur Zeitschrift für die neutestamentliche Wissenschaft 29; Berlin: Töpelman, 1964); M. Fieger, Das Thomasevangelium. Einleitung Kommentar und Systematik (Neutestamentliche Abhandlungen 22; Münster: Aschendorff, 1991). For recent attempts arguing in favor of dependency (or familiarity) on the New Testament writings, see S. Gathercole, The Composition of the Gospel of Thomas. Original Language and Influences (Society for New Testament Studies Monograph Series 151; Cambridge: Cambridge University Press, 2012) and M. Goodacre, Thomas and the Gospels. The Making of an Apocryphal Text (London: SPCK, 2012).

2 J.M. Robinson, "LOGOI SOPHON: On the Gattung of Q", in J.M. Robinson/H. Koester (ed.), *Trajectories through Early Christianity* (Philadelphia: Fortress, 1971), 71–113; H. Koester, "GNOMAI DIAPHOROI: The Origin and Nature of Diversification in the History of Early Christianity", in Robinson/Koester, *Trajectories*, 114–157 (especially 127–143); S.J. Patterson, *The Gospel of Thomas and Jesus* (Sonoma, CA: Polebridge Press, 1993); R. Nordsieck, *Das Thomas-Evangelium* (Neukirchen-Vluyn: Neukirchener Verlag, 2004); S.L. Davies, *The Gospel of Thomas and Christian Wisdom* (Oregon House, CA: Bardic Press, [2]2005).

3 See R. Uro, "Thomas and the Oral Gospel Tradition", in id. (ed.), *Thomas at the Crossroads. Essays on the Gospel of Thomas* (Studies of the New Testament and Its World; Edinburgh: T & T Clark, 1998), 8–32; id., "Orality and Textuality", in id. (ed.), *Thomas. Seeking the Historical Context of the Gospel of Thomas* (New York: T & T Clark, 2003), 106–33; A.J. Dewey, "'Keep Speaking Until You Find…': *Thomas* and the School of Oral Mimesis", in R. Cameron/M.P. Miller (ed.), *Redescribing Christian Origins* (Society of Biblical Literature Symposium Series 28; Atlanta: SBL, 2004), 109–132. DeConick favors a combination of "oral-literate" and "redactional" models. She views *Thomas* as a "rolling corpus" which grew over a period of time; see A.D. DeConick, *Recovering the Original Gospel of Thomas. A History of the Gospel and Its Growth* (Library of New Testament Studies 286; London: T & T Clark, 2005), 39–61.

cated is that the *Gos. Thom.* is sometimes understood as being "gnostic"[4] in character, and seems to contain ideas which are closely related to other tractates of the Nag Hammadi collection.[5]

Comparing the *Gos. Thom.* to the New Testament gospels is a complicated task. Which New Testament version should *Thomas* be compared to? Scholars who used the Coptic versions of the New Testament to understand the relationship between *Thomas* and the synoptic tradition[6] have been accused of faulty methodology.[7] As a result, research has been made on comparing *Thomas* to the Greek New Testament. But this can also lead to uncertain conclusions, since none have access to the "original" text of the New Testament.[8] The question

---

4 There is much ongoing debate concerning Gnosticism (and terms such as Gnosis and Gnostic). There are several typologies that one can adhere to. For example, according to A. Marjanen's basic typology, one can understand a text to be "Gnostic" if it refers to an "evil or ignorant world creator(s) separate from the highest divinity", and to the idea that "the human soul or spirit originates from a transcendental world and, having become aware of that, has the potential of returning there after life in this world." (A. Marjanen, "Gnosticism", in S.A. Harvey/D.G. Hunter (ed.), *Oxford Handbook of Early Christian Studies* (New York: Oxford University Press, 2008), 210–211. Others, such as D. Brakke, believe that the adjective "Gnostic" should be understood as to describe "an early Christian movement whose members were properly known as 'the Gnostics' and who share a distinct mythology and ritual [...], a group that recognized itself as such – and was so recognized by others." (D. Brakke, *The Gnostics. Myth, Ritual, and Diversity in Early Christianity* [Cambridge, Mass: Harvard University Press, 2010], 27). For more on the recent debates surrounding the definition of "Gnosticism" and associated terms, see M.A. Williams, *Rethinking 'Gnosticism'. An Argument for Dismantling a Dubious Category* (Princeton: University Press, 1996); K.L. King, *What is Gnosticism?* (Cambridge, Mass: Belknap Press of Harvard University Press, 2003); C. Markschies, *Gnosis. An Introduction* (trans. J. Bowden; London: T & T Clark, 2003); A. Marjanen (ed.), *Was There a Gnostic Religion?* (Publications of the Finnish Exegetical Society 87; Helsinki: Finnish Exegetical Society/University of Helsinki, 2005).

5 Concerning the Nag Hammadi texts as a coherent "gnostic" collection, A. Pasquier wrote: "Tout d'abord, s'il existe bien, dans la bibliothèque copte de Nag Hammadi et dans le codex de Berlin 8502, des écrits ou des fragments non spécifiquement gnostiques, comme les *Sentences de Sextus*, le *Fragment de la République de Platon* (588b–589b), les textes et fragments hermétiques et l'*Acte de Pierre*, les commentaires effectués sur ces écrits dans la collection BCNH insistent tous, soit sur la réinterprétation gnostique 'active' que l'on peut y déceler, soit sur l'intérêt évident de ce genre de textes pour un gnostique. […] Autrement dit, les textes en questions (la BCNH) seraient susceptibles de s'intégrer à un enseignement gnostique ou encore d'accompagner d'autres traités en s'imprégnant de leur caractère lorsqu'ils sont joints à eux." (A. Pasquier, "La 'bibliothèque' de Nag Hammadi: traces d'un enseignement gnostique cohérent", in L. Painchaud/id. (ed.), *Les textes de Nag Hammadi et le problème de leur classification. Actes du colloque tenu à Québec du 15 au 19 septembre 1993* [Bibliothèque copte de Nag Hammadi, section "études" 3; Québec: Presses de l'Université Laval; Louvain/Paris: Peeters, 1995], 87–88).

6 For example, Schrage's method consisted on comparing the Coptic *Gos. Thom.* with the Coptic New Testament; see his *Das Verhältnis des Thomas-Evangeliums.*

7 This has been surveyed in C. Tuckett's article, "Thomas and the Synoptics", in *Novum Testamentum* 30 (1988) 132–157 (especially 134–135).

8 D.C. Parker speaks of this issue in relation to theories surrounding the synoptic problem and that of the Q source: "Unfortunately, much of modern debate on the Synoptic Problem seems to have become so enamoured of the critical text that it believes not only that it presents the text as it was written by Matthew, Mark and Luke but also that it contains Mark's text as it was known to Matthew and to Luke, and so on. In fact, unless we had grounds for arguing that Matthew and Luke had access to the same copy of Mark, one sure statement is that the version of Mark known to Matthew was not

one might raise is, which Greek New Testament serves as the basis for comparison? If the comparative text is that of the NA^{27}, there is still the issue that this eclectic edition did not exist at the time of *Thomas'* redaction.[9]

Be that as it may, the *Gos. Thom.* does share common themes and traditions with the New Testament. Leaving aside the question of dependence/independence, it can still be beneficial to examine similar themes or *logia* between *Thomas* and the New Testament. Such an inquiry has the merit of uncovering how the *Gos. Thom.* interprets sayings differently from the synoptic tradition. The purpose of this article is to analyze two *logia* of both traditions containing similarities and differences. The promise of everlasting life (John 8:52; *Gos. Thom.* 1) will first be examined. After comparing the expression **ϫⲓ ϯⲡⲉ ⲁⲛ ⲙ̄ⲡⲙⲟⲩ** with its Greek equivalent in *John*, an analysis will be made of all the occurrences of this phrase in *Thomas*. The second example will focus on Jesus' saying concerning taxes paid to Caesar (Mark 12:17 par.; *Gos. Thom.* 100). A close examination of this *logion*, yields some interesting insights into possible references to a demiurge and criticisms of the material world. In order to isolate the meaning of these two *logia* in the context of the *Gos. Thom.*, both sayings will also be read intra-textually.

1. "Not Tasting Death": The Promise of Everlasting Life

There are several *Thomasine* sayings that speak of "not tasting death". The first *logion* of the *Gos. Thom.*,[10] establishes the purpose of the collection. Finding for the meaning of the hidden words (*incipit*: **ⲛ̄ϣⲁϫⲉ ⲉⲑⲏⲡ**) of Jesus, guarantees one will "not taste death":

ⲁⲩⲱ ⲡⲉϫⲁϥ ϫⲉ ⲡⲉⲧⲁϩⲉ ⲉⲑⲉⲣⲙⲏⲛⲉⲓⲁ ⲛ̄ⲛⲉⲉⲓϣⲁϫⲉ ϥⲛⲁϫⲓ ϯⲡⲉ ⲁⲛ ⲙ̄ⲡⲙⲟⲩ

And he said: Whoever finds the interpretation of these words will not taste death.

The idea of "not tasting death" as a reference to eternal life is also attested in the New Testament. John 8:52 closely parallels *logion* 1 of the *Gos. Thom.*:

identical to that known to Luke. What we do not know is how much these copies differed from each other. It is even more remarkable that attempts to reconstruct the supposed document 'Q' (the lost collection used by both Matthew and Luke postulated by those who argue that Matthew and Luke are independent) use text-critical terminology to describe their activities. However, since all they are doing is making selections from a twentieth-century printed text, which does not even presume to confidently provide the text of the four Gospel collection, never mind that of the independent first-century texts, this use of language must be dismissed as illusory." (D.C. Parker, *An Introduction to the New Testament Manuscripts and Their Texts* [Cambridge: University Press, 2008], 314).

9 Neither was it the case at the time of *Thomas*' translation into Coptic.

10 The Coptic text of the *Gos. Thom.* is taken from B. Layton, "The Gospel according to Thomas", in id. (ed.), *Nag Hammadi Codex II, 2–7 together with XIII, 2*, Brit. Lib. Or. 4926(1), and P.Oxy. 1, 654, 655* (Nag Hammadi 20; Leiden et al.: Brill, 1989), 52–93.

ἐάν τις τὸν λόγον μου τηρήσῃ, οὐ μὴ γεύσηται θανάτου εἰς τὸν αἰῶνα.

If anyone keeps my word, he shall never taste death.

The Coptic compound verbal expression ϫⲓ-ϯⲡⲉ ⲁⲛ ⲙ̄ⲡⲙⲟⲩ clearly corresponds to οὐ μὴ γεύσηται θανάτου.[11] Early on, scholars have noticed that the idiom "to taste death" was not only attested here, but also in Hellenism and Judaism.[12] Despite this similarity between the Thomasine and Johannine traditions, there is no reason to assume the dependence of one text upon another. The Thomasine gospel omits the temporal reference of the prepositional phrase εἰς τὸν αἰῶνα, which is also absent in the Western text of John 8:52.[13] It seems that εἰς τὸν αἰῶνα is a secondary element purposefully aligned with John 8:51.[14] Be that as it may, *logion* 1 of the *Gos. Thom.* differs from John with respect to its meaning. John 8:52 should be understood as a parody of Jesus' saying found in v.51. The Jewish authorities react to Jesus' promise to his disciples that they would "never see death" (θάνατον οὐ μὴ θεωρήσῃ εἰς τὸν αἰῶνα).[15] The criticism of the opponents was probably due to the fact that even Abraham and the prophets had died. The last part of John 8:52 is also found in Mark 9:1 and parallels. This rendition of what was understood to be the condition reserved for immortal figures such as Enoch and Elijah,[16] became for early Christian writers, Jesus' own promise to his disciples.[17] This is also how the author/compiler of the *Gos. Thom.* came to understand the Jewish parody of Jesus' promise in John 8:52.[18] In the synoptic tradition, the saying is in relation to the coming of the Kingdom, but in *Thomas*, the promise is in relation to the

---

11 Note that the idea of "not tasting death" is also found in Mark 9:1: ἀμὴν λέγω ὑμῖν ὅτι εἰσίν τινες ὧδε τῶν ἑστηκότων οἵτινες οὐ μὴ γεύσωνται θανάτου ἕως ἂν ἴδωσιν τὴν βασιλείαν τοῦ θεοῦ ἐληλυθυῖαν ἐν δυνάμει. The use of οὐ μὴ γεύσωνται θανάτου is also in Matthew 16:28 and Luke 9:27.

12 For a list of specific references see, R. Le Déaut, "Goûter le calice de la mort", in *Biblica* 43 (1962) 83–86; J. Behm, "Γεύομαι", in *TDNT* 1 (1964) 676–677; B.F. Miller, "A Study of the Theme of 'Kingdom' in the Gospel according to Thomas: Logion 18", in *Novum Testamentum* 9 (1967) 52–60; J.-É. Ménard, *L'Évangile selon Thomas* (Nag Hammadi Studies 5; Leiden et al.: Brill, 1975), 77–78; B.D. Chilton, "'Not to Taste Death': A Jewish, Christian and Gnostic Usage", in E. Livingston (ed.), *Studia Biblia 1978; II: Papers on The Gospels: Sixth International Congress on Biblical Studies, Oxford 3–7 April 1978* (Supplement to the Journal for the Study of the New Testament 2; Sheffield: JSOT Press, 1980), 29–36; A.D. DeConick, *The Original Gospel of Thomas in Translation* (London: T & T Clark, 2007), 47–48.

13 This is also the case in Mark 9:1 and its synoptic parallels.

14 See Schrage, *Das Verhältnis des Thomas-Evangeliums*, 28–29 which was followed by Ménard, *L'Évangile selon Thomas*, 77.

15 In the *Gos. Thom.*, the expression "never *see* death" (ⲛⲁⲩ ⲁⲛ ⲉⲙⲟⲩ) is only found in *logion* 111: "... and the living one (who comes) out from the living one will not see death". In the present article, only references to ϫⲓ-ϯⲡⲉ ⲁⲛ ⲙ̄ⲡⲙⲟⲩ will be examined.

16 See 4 Ezra 6:26 in B. Metzger "Fourth Book of Ezra", in J.H. Charlesworth (ed.), *Old Testament Pseudepigrapha. Vol. 1. Apocalyptic Literature and Testaments* (Garden City, N.Y.: Doubleday, 1983), 516–559.

17 Chilton notes that the expression οὐ μὴ γεύσηται θανάτου "refers to special, immortal figures" in the likes of Enoch and Elijah; see id., "'Not to Taste Death,'" 31.

18 *Ibid.*

sayings of Jesus. This is where the Thomasine and Johannine traditions agree: both refer to "not tasting death" in the context of the words of Jesus.

According to *logion* 1, the promise is for those who *interpret* the hidden sayings of Jesus. This is the most significant difference between *John* and *Thomas*. This emphasis on knowledge as a condition for "not tasting death" is found again in *logia* 18 and 19 of the *Gos. Thom*. These two sayings can actually be read together.[19] In *logion* 18, the disciples question Jesus on how their end will come about. Jesus' response, however, does not concern their end but leads to another question about the beginning (ⲁⲣⲭⲏ) and the end (ϩⲁⲏ). Knowledge of the end is only possible when one knows and stands at the beginning. The final outcome is that he who knows the end will "not taste death". *Logion* 19 provides a clue into what is meant by the beginning and the end. The blessing is given to one who was before coming into being. The final promise is that those who know the five unmoveable trees in paradise will "not taste death". There are clearly common thematic parallels in both *logia*:

A *Blessed* (ⲙⲁⲕⲁⲣⲓⲟⲥ) is he who will stand at the beginning
B He will *know* (ⲥⲟⲩⲱⲛ) the end and he will *not taste death* (ϫⲓ-ϯⲡⲉ ⲁⲛ ⲙ̄ⲡⲙⲟⲩ)
A′ *Blessed* (ⲙⲁⲕⲁⲣⲓⲟⲥ) is he who was before he came into being
B′ He who will *know* (ⲥⲟⲩⲱⲛ) them will *not taste death* (ϫⲓ-ϯⲡⲉ ⲁⲛ ⲙ̄ⲡⲙⲟⲩ)

The two makarisms (A//A′) share the same basic ideas: standing at the beginning corresponds to the moment before one came into being. Knowledge of the end (B) is parallel to the knowledge one has of the five trees[20] in paradise (B′), and in both cases, the result is the same: ϫⲓ-ϯⲡⲉ ⲁⲛ ⲙ̄ⲡⲙⲟⲩ. These two *logia* implicitly refer to the prelapsarian condition of Adam in paradise, a time when primordial man had not yet "tasted death". Standing at the beginning signifies a return to the paradisiacal state of humankind. This condition is analogous to a

---

19 Both sayings contain a macarism (ⲙⲁⲕⲁⲣⲓⲟⲥ) and use the verb ⲥⲟⲩⲱⲛ and the expression ϫⲓ-ϯⲡⲉ ⲁⲛ ⲙ̄ⲡⲙⲟⲩ.

20 Various interpretations of the "five trees" have been suggested. P. Nagel is of the opinion that the saying contains a translation error and should read "middle" instead of "five". In his opinion, *logion* 19 refers not to five trees but to the Tree of Life which was in the middle of the garden of Eden, but such an interpretation is doubtful; see P. Nagel, "Erwägungen zum Thomas-Evangelium", in F. Altheim/R. Stiehl (ed.), *Der Araber in der alten Welt* 5:2 (Berlin: de Gruyter, 1969), 382. J. Doresse followed by J.-É. Ménard mention the reference to the "five trees in paradise" from *Manichaean Psalm-Book* 161:17–18 (J. Doresse, *L'Évangile selon Thomas ou les paroles de Jésus* [Paris: Plon, 1954], 152; Ménard, *L'Évangile selon Thomas*, 107). Ménard also connects the "five trees" to the five sacraments of the *Gospel according to Philip* (*Gos. Phil.* 67). M. Lelyveld believes that the "five trees" are five aspects of the "intellect" or *nous*, whereas A.D. DeConick thinks that the trees represent five virtues found in Pseudo-Macarius, *Homilies* 37.8; see M. Lelyveld, *Les logia de la vie dans l'Évangile selon Thomas. À la recherche d'une tradition et d'une rédaction* (Nag Hammadi Studies 34; Leiden et al.: Brill, 1987), 44–49; A.D. DeConick, *Seek to See Him: Ascent and Vision Mysticism in the Gospel of Thomas* (Supplements to Vigiliae Christianae 33; Leiden et al.: Brill, 1996), 80–86.

return to the Kingdom, the place of origin of the solitary (*logion* 49).[21] It is also comparable to the Light, the place from which the elect originate (*logion* 50).

The use of **ⲡⲉⲧⲛⲁⲱϩⲉ ⲉⲣⲁⲧϥ** ... **ϥⲛⲁϫⲓ-ϯⲡⲉ ⲁⲛ ⲙ̄ⲡⲙⲟⲩ** (*logion* 18) echoes τῶν ἑστηκότων (ἑστώτων) ... οὐ μὴ γεύσωνται θανάτου in Mark 9:1 (//Matthew 16:28; Luke 9:27). In the synoptic tradition, the promise is unconditional and its fulfillment depends on when the Kingdom of God will be established. In *logion* 18, however, the eschatological moment is not unconditional, an action is required: one must "stand" in the beginning in order to "not taste death".

The expression **ϫⲓ-ϯⲡⲉ ⲁⲛ ⲙ̄ⲡⲙⲟⲩ** is also found in *logion* 85. Adam would have "not tasted death" had he not lost his original state of perfection.[22] Adam had come forth from a great power and a great wealth (**ⲟⲩⲛⲟϭ ⲛ̄ⲇⲩⲛⲁⲙⲓⲥ ⲙⲛ̄ ⲟⲩⲛⲟϭ ⲙ̄ⲙⲛ̄ⲧⲣⲙ̄ⲙⲁⲟ**). This most certainly refers to paradise, which is also to be understood as the "beginning and end" (*Gos. Thom.* 18–19), the "Kingdom" (*Gos. Thom.* 49), and the "Light" (*Gos. Thom.* 50).[23] Adam's loss of paradise is the cause of his unworthiness and death.[24] Adam is said to be unworthy of "you" (**ⲙⲱⲧⲛ̄**), a direct reference to the readers, superior to him since they can live forever.[25]

Unworthiness is a characteristic of the world (*Gos. Thom.* 56; 80; 111), of those who do not follow Jesus (*Gos. Thom.* 55), and of the female element in humankind (*Gos. Thom.* 114).[26] In order to "not taste death," one must be "worthy" (**ⲙ̄ⲡϣⲁ**; *Gos. Thom.* 85), and this, according to *Thomas*, is possible only to those who find the interpretation of the hidden sayings of Jesus (*logion* 1). It

---

21 For more details on the solitary (**ⲙⲟⲛⲁⲭⲟⲥ**) in the *Gos. Thom.*, see M. Harl, "À propos des *LOGIA* de Jésus: Le sens du mot ΜΟΝΑΞΟΣ", in *Revue des études grecques* 73 (1960) 464–474; A.F.J. Klijn, "'The Single One' in the Gospel of Thomas", in *Journal of Biblical Literature* 81 (1962) 271–278; F.-E. Morard, "Monachos, Moine. Histoire du terme grec jusqu'au 4e siècle. Influence bibliques et gnostiques", in *Freiberger Zeitschrift für Philosophie und Theologie* 20 (1973) 332–411; "Monachos: une importation sémitique d'Égypte? Quelques aperçus nouveaux", in E.A. Livingston (ed.), *Papers Presented at the 6th International Conference on Patristic Studies held in Oxford 1971* (Texte und Untersuchungen 115; Berlin: Akademie-Verlag, 1975), 242–246; "Encore quelques réflexions sur Monachos", in *Vigiliae Christianae* 34 (1980) 395–401.

22 Ménard, Lelyweld and DeConick recall Jewish apocalyptic traditions on Adam as the luminous and glorious primordial man; Ménard, *L'Évangile selon Thomas*, 186–187; Lelyveld, *Les logia*, 49–54; A.D. DeConick, *The Original Gospel of Thomas*, 250–251.

23 Davies, *The Gospel of Thomas and Christian Wisdom*, 73.

24 In the *Liber Graduum* (601.1; 604. 10–12; 613.22), Adam ruled over all things by means of the power of God, but after the fall, Adam and Eve became impoverished and lost their heavenly wealth. According to *logion* 3 of the *Gos. Thom.*, "poverty" (**ⲙⲛ̄ⲧϩⲏⲕⲉ**) – which is in opposition to wealth (**ⲙⲛ̄ⲧⲣⲙ̄ⲙⲁⲟ**) – is for those who do not know (**ⲥⲟⲩⲱⲛ**) themselves; B. Gärtner, *The Theology of the Gospel of Thomas* (New York: Harper & Brothers Publishers, 1961), 195–197; Ménard, *L'Évangile selon Thomas*, 187.

25 P. Pokorný, *A Commentary on the Gospel of Thomas. From Interpretations to the Interpreted* (Jewish and Christian Texts 5; London: T & T Clark, 2009), 130.

26 See also *Gos. Thom.* 62, where **ⲙ̄ⲡϣⲁ** is used in a positive sense to qualify Jesus' followers. If one accepts Layton's restoration of part of this *logion*, Jesus tells his mysteries to those who are worthy (**ⲛⲉⲧⲙ̄ⲡϣⲁ**) of his mysteries; see Layton, "Gospel according to Thomas", 76.

is through such knowledge that one "stands at the beginning" to uncover "the end" (*logion* 18), and "knows the five trees in paradise" (*logion* 19).[27] This is the ultimate eschatological moment.

There is also a difference between *Thomas* and *John* in the condition associated with the words of Jesus. The Johannine conditional subordinate clause stresses on the importance of "keeping" (τηρέω) the word of Jesus. In the Fourth Gospel, "keeping" the word of Jesus is synonymous to "believing" (πιστεύω) that he is the plenipotentiary of the Father, fulfilling the will of the One who sent him.[28] Eternal life is promised to those who have such faith (John 3:16–18).[29] The Johannine author ends his gospel by stating the purpose of his writing: "... but these are written that you may believe that Jesus is the Christ, the Son of God, and that believing you might have life in his name" (John 20:31). Johannine Christians had to continue believing[30] in Jesus, the Christ and Son of God – this is what is meant by "keeping" the word of Jesus – in order to experience eternal life.[31]

If John 8:52 stresses the importance of *keeping* Jesus' word, the *Gos. Thom.* requires various actions from those who hope of "not tasting death". One must find (ϩⲉ ⲉ-) the interpretation of the hidden words of the Living Jesus (*logion* 1), stand at the beginning to know the end (*logion* 18), know the five trees in paradise (*logion* 19), and be worthy (*logion* 85). Do all these prerequisites point in the same direction? The common thread between these Thomasine sayings seems to be knowledge, a significant motif for the author/compiler of the collection.[32] The quest for the meaning into the hidden sayings of Jesus awakens one to the heavenly origin and return of the elect to the Kingdom and the Light, the place where one will "not taste death."[33]

---

27 U.-K. Plisch, *The Gospel of Thomas. Original Text with Commentary* (trans. G. Schenke Robinson; Stuttgart: Deutsche Bibelgesellschaft, 2008), 195.

28 See John 3:16–18; 3:34–35; 5:21–23.26; 6:38–40; 7:16–18; 10:30.38; 12:44–45; 13:3.20; 17:10.

29 In the Fourth Gospel, eternal life is defined as the knowledge of God and of the one whom he sent, Jesus Christ (John 17:1–3).

30 This is quite possible, if one understands the author's intention as corresponding to the subjective present of πιστεύω rather than the subjunctive aorist.

31 This gospel was certainly not a missionary tract to convince non-believers to adhere to the Christian message; rather, it was most probably destined to the Johannine community who had already believed in Jesus. Believers needed to be strengthened in their Christian faith, following a strong opposition from Jewish authorities at the end of the first century CE.

32 The verb "to know" (ⲤⲞⲞⲨⲚ, ⲤⲞⲨⲚ-, ⲤⲞⲨⲰⲚ-, ⲤⲞⲨⲰⲚ=) is found 24x in the collection. The noun "gnosis" (ⲄⲚⲰⲤⲒⲤ) and adjective "ignorant" (ⲀⲦⲤⲞⲞⲨⲚ) are each found once.

33 *Logion* 84 mentions the "images" (ϨⲒⲔⲰⲚ) that were before "you" (ⲦⲈⲦⲚ) and that do not die. There seems to be some parallels with the Platonic doctrine of ideas (*Timaeus* 51d–52b); see S.J. Patterson, "Jesus Meets Plato: The Theology of the *Gospel of Thomas* and Middle Platonism", in J. Frey/E.E. Popkes/J. Schröter (ed.), *Das Thomasevangelium: Entstehung, Rezeption, Theologie* (Beihefte zur Zeitschrift für die neutestamentliche Wissenschaft und die Kunde der älteren Kirche 157; Berlin et al.: de Gruyter, 2008), 193–195.

2. "Give to Caesar what is Caesar's. Give to God what is God's"

The episode concerning taxes paid to Caesar is found in both Thomasine and synoptic traditions (*Gos. Thom.* 100; Mark 12:13–17//Matthew 22:15–22; Luke 20:20–26).[34] An examination of Jesus' response will suffice to show the similarities and differences between *Thomas* and the canonical gospels.[35] Here is how Jesus' saying is presented in Mark 12:17 and *Gos. Thom.* 100.2–4:

ὁ δὲ Ἰησοῦς εἶπεν αὐτοῖς· τὰ Καίσαρος ἀπόδοτε Καίσαρι καὶ τὰ τοῦ θεοῦ τῷ θεῷ.

Jesus said to them: Give to Caesar the things that are Caesar's and to God the things that are God's.[36]

[2] **ⲡⲉϫⲁϥ ⲛⲁⲩ ϫⲉ ϯ ⲛⲁ ⲕⲁⲓⲥⲁⲣ ⲛ̄ ⲕⲁⲓⲥⲁⲣ** [3] **ϯ ⲛⲁ ⲡⲛⲟⲩⲧⲉ ⲙ̄ⲡⲛⲟⲩⲧⲉ** [4] **ⲁⲩⲱ ⲡⲉⲧⲉ ⲡⲱⲉⲓ ⲡⲉ ⲙⲁⲧⲛ̄ⲛⲁⲉⲓϥ**

[2] He said to them: Give to Caesar what is Caesar's. [3] Give to God what is God's [4] and what is mine, give it to me.

The context of each saying is slightly different.[37] In the synoptic gospels, those who ask the question concerning taxes paid to Caesar are Jesus' opponents, and it is done in order to trap him.[38] The evil disposition of the opponents is also noted.[39] But no question is asked in *logion* 100. Even if the identity of those who speak first is not given,[40] one might assume that they are Jesus' own disciples (*Gos. Thom.* 99). A coin is presented to Jesus in both accounts. While the synoptics refer to a δηνάριον (Mark 12:15; Matthew 22:19; Luke 20:24),

---

[34] See also *Apology* 1.17.2, *Pistis Sophia* 3.113 and *Sentences of Sextus* 20.

[35] For an extensive analysis of the differences between *Thomas* and the synoptic tradition, see E. Cuvillier, "Marc, Justin, Thomas et les autres. Variations autour de la péricope du denier à César", in *Études théologiques et religieuses* 67 (1992) 329–344, and S. Arai, "Caesar's, God's and Mine: Mk 12:17 par. and Gos. Thom. 100", in H. Preissler/H. Seiwert (ed.), *Gnosisforschung und Religionsgeschichte: Festschrift für Kurt Rudolph zum 65. Geburtstag* (Marburg: Diagonal-Verlag, 1994), 43–48.

[36] Here are the minor differences in Matthew and Luke in the NA[27]: <u>τότε λέγει</u> αὐτοῖς· ἀπόδοτε <u>οὖν</u> τὰ Καίσαρος Καίσαρι καὶ τὰ τοῦ θεοῦ τῷ θεῷ (Matthew 22:21); ὁ δὲ εἶπεν <u>πρὸς</u> αὐτούς· <u>τοίνυν</u> ἀπόδοτε τὰ Καίσαρος Καίσαρι καὶ τὰ τοῦ θεοῦ τῷ θεῷ. (Luke 20:25).

[37] DeConick (*The Original Gospel of Thomas*, 275–276) correctly notes that Gärtner, Kasser, Schrage, and Grant and Freedman all favor the idea that here *Thomas* depends on the synoptic tradition, whereas Sieber, Quispel and Koester think that the saying comes from an independent tradition. One can add Ménard and Fieger on the side of dependence and Patterson and Plisch on that of independence; see Ménard, *L'Évangile selon Thomas*, 200; Fieger, *Das Thomasevangelium*, 255–256; Plisch, *The Gospel of Thomas*, 219; S.J. Patterson, *The Gospel of Thomas and Jesus* (Sonoma, CA: Polebridge Press, 1993), 69.

[38] The question if one should be paying taxes to the authorities is also found in *Papyrus Egerton* 2, fragment 2 recto.

[39] The evil motives are described as ὑπόκρισις (Mark 12:14), πονηρία (Matthew 22:18) or πανουργία (Luke 20:23).

[40] Patterson, *The Gospel of Thomas and Jesus*, 69.

Thomas mentions a ⲚⲞⲨⲂ (*Gos. Thom.* 100.1).[41] But the most significant difference between the Thomasine and synoptic tradition is Jesus' last words: ⲀⲨⲰ ⲠⲈⲦⲈ ⲠⲰⲈⲒ ⲠⲈ ⲘⲀⲦⲚ̄ⲚⲀⲈⲒϤ. For some scholars, this little *addendum* is a reflection of the high Christology of the Thomasine tradition, where Jesus is basically equated to God.[42] The saying would have even been added shortly around the time of Constantine, when the emperor was intensively involved in the controversies surrounding the identity of Jesus.[43]

But is this statement really about equality between Jesus and God? One notes that the singular word ⲚⲞⲨⲦⲈ (< θεός) is only found here,[44] and that Jesus always refers to ⲈⲒⲰⲦ (< πατρός) when speaking positively of his Father.[45] There are problems with interpreting ⲚⲞⲨⲦⲈ (*logion* 100) as a way to designate the Father of Jesus. In the preceding series of *logia* (*Gos. Thom.* 96–99) ⲈⲒⲰⲦ is always used to speak of what in many synoptic parallels is a clear reference to God. How can one explain the sudden change from ⲈⲒⲰⲦ (*Gos. Thom.* 96–99) to ⲚⲞⲨⲦⲈ (*Gos. Thom.* 100)? The four previous *logia* most probably formed a complex of sayings on the Kingdom of the Father (*logia* 96–99). Two of these have no synoptic parallels (*logia* 97–99). What is particularly interesting is that the Coptic formula found in *logion* 99, ⲠⲞⲨⲰϢ Ⲙ̄ⲠⲀⲈⲒⲰⲦ, corresponds to Matthew's version of τὸ θέλημα τοῦ πατρός μου (Mt 12:50), rather than Mark's τὸ θέλημα τοῦ θεοῦ (Mk 3:35).[46] Can the use of ⲚⲞⲨⲦⲈ in *logion* 100 be an indication that the term is not to be equated with ⲈⲒⲰⲦ? If this is the case, Jesus' Father would not be the "God" of *logion* 100. The noun ⲚⲞⲨⲦⲈ could be understood as part of a progression, describing one being in a chain of charac-

---

41 The difference between the denarius and the piece of gold has been addressed by scholars; for example see J. Guey, "Comment le denier à César de l'Évangile a-t-il pu devenir une piece d'or?", in *Bulletin de la société française de numismatique* 15 (1960) 478–479. More recently, S. Witetschek argues against Guey's proposal of a Syrian *milieu* for the *Thomasine logion.* Witetschek is of the opinion that the Coptic vocabulary used to describe the coin handed to Jesus speaks for a context following the reforms brought about by Diocletian, when gold currency was established throughout the empire. According to Witetschek, it is also possible that the final Christological statement of *logion* 100 stems from when Christian emperors after Constantine were personally involved in ecclesiastical and political debates of the times; S. Witetschek, "Ein Goldstück für Caesar? Anmerkungen zu *EvThom* 100", in *Apocrypha* 19 (2008) 112–120.

42 DeConick, *The Original Gospel of Thomas*, 275; Plisch, *The Gospel of Thomas*, 223.

43 According to Witetschek, this Christological statement can well be understood in the context of the 4th century, a time of intense debates concerning the person of Jesus. Witetschek also notes that the ending of *logion* 100 is formulated differently than the two preceding lines and could have been added by the translator or writer of the Codex II. He admits, however, that this remains speculative, since there is no extant Greek version of this saying; S. Witetschek, "Ein Goldstück für Caesar?" 121.

44 The noun ⲚⲞⲨⲦⲈ is also found twice in *logion* 30; however, it has a plural meaning: "… where there are three gods, they are gods… "

45 R. Kasser, *L'évangile selon Thomas* (Bibliothèque théologique; Neuchâtel: Delachaux & Niestlé, 1958), 111; H.-C. Puech, *En quête de la gnose II. Sur l'évangile selon Thomas* (Bibliothèque des sciences humaines; Paris: Gallimard, 1978), 245; see also *logia* 3; 27; 40; 44; 50 (2x); 57; 61; 64; 69; 76; 79; 83; 96; 97; 98; 99 (2x); 113.

46 Luke 8:21 reads: οἱ τὸν λόγον τοῦ θεοῦ ἀκούοντες καὶ ποιοῦντες.

ters ranked from lowest to highest: Caesar, God, Jesus.[47] In this case, "God" would be inferior to Jesus. It is most probably a reference to the demiurge, the creator and ruler of the material world.[48]

If the "God" of *logion* 100 is a reference to the demiurge, the saying could also be implicitly speaking against the material world and the visible heavens. This would certainly be in line with other Thomasine *logia* where the world is compared to a corpse (*Gos. Thom.* 56), and must be renounced (*Gos. Thom.* 110). Jesus also speaks of the destruction of the heaven and the earth, where both will be rolled up like a scroll and pass away (*Gos. Thom.* 11; 111). With this in mind, one can better understand the role of James the Just in *Gos. Thom.* 12. After Jesus' departure, the disciples will follow James for whom the heaven and the earth were created (**ⲡⲁⲉⲓ ⲛ̄ⲧⲁ ⲧⲡⲉ ⲙⲛ̄ ⲡⲕⲁϩ ϣⲱⲡⲉ ⲉⲧⲃⲏⲧϥ**). Contrary to the opinion of some scholars,[49] James cannot be a positive leadership figure in this saying. He finds himself in the same category as Peter and Matthew, representing communities with an inadequate vision of Jesus and his message.[50] As the leader traditionally associated to the Jerusalem Church, James stands for Jewish Christianity and those who follow the prescriptions of the Law. Since Judaic practices and beliefs are strongly criticized in *Thomas* (*logia* 6; 14; 27; 39; 52; 89; 102),[51] such a characterization of the figure of

---

47 J.-M. Sevrin correctly noted that the *Gos. Thom.* "transforme une opposition binaire en une énumération. Jésus étant à la pointe de l'énumération, la position de Dieu devient problématique, sans doute inférieure" (id., "Évangile selon Thomas", in J.-P. Mahé/P.-H. Poirier (ed.), *Écrits gnostiques. La bibliothèque de Nag Hammadi* (Bibliothèque de la Pléiade 538; Paris: Gallimard, 2007), 326.

48 This is the conclusion of Sevrin in "L'*Évangile selon Thomas* comme exercice spirituel", in J.-P. Mahé/P.-H. Poirier/M. Scopello (ed.), *Les textes de Nag Hammadi: histoire des religions et approches contemporaines. Actes du colloque international réuni les 11 et 12 décembre 2008 à la Fondation Simone et Cino del Duca et à l'Académie de Inscriptions et Belles-Lettres* (Paris: AIBL, 2010), 212.

49 For example, part of DeConick's reconstruction of the history of the *Thomasine* community is based on *logion* 12. She is of the opinion that "this logion, counter the Synoptic tradition where Jesus grants Peter the keys of leadership, entitles James, Jesus' brother. It appears that the community, even in its latest stage which recognized the authority of Judas Thomas, remained connected with the Jerusalem church and looked to Jesus' family for leadership. The primacy of James connects the *Thomasine* community with the teachings and traditions of the Jerusalem Church and Aramaic Christianity" (DeConick, *The Original Gospel of Thomas*, 81). C. Gianotto's verdict on the figure of James in *Gos. Thom.* 12 is not clear. In an article dealing with anti-Judaic polemics in the *Gos. Thom.*, he recognizes that James is associated to the Jerusalem Church and that *Thomas* speaks out against the practices of these early Christians (see, "Quelques aspects de la polémique anti-juive dans l'*Évangile selon Thomas*", in L. Painchaud/P.-H. Poirier (ed.), *Colloque international "L'Évangile selon Thomas et les texts de Nag Hammadi" Québec, 29–31 mai 2003* [Bibliothèque copte de Nag Hammadi, section "études" 8; Québec: Presses de l'Université Laval; Louvain/Paris: Peeters, 2007], 173). In a more recent article on the figure of James, brother of Jesus in Gnostic writings, Gianotto briefly notes the references to James in *logion* 12, but will not specifically address this saying, since it is "un texte très discuté, mais qui, du moins à mon avis, n'est pas, à proprement parler, gnostique et, par conséquent, ne nous intéressera ici que de façon indirect." ("Jacques, frère du Seigneur dans les écrits gnostiques", in *Apocrypha* 19 [2008] 44).

50 Sevrin, "Évangile selon Thomas", 311.

51 Gianotto, "Quelques aspects", 157–173.

James cannot be positive. He is to be understood in connection to the demiurge, the creator of the material world responsible for the Jewish Law.

The idea that Jesus is portrayed as the highest ranked character in *logion* 100 is consistent with other Thomasine sayings where he is presented as being above everything in existence. For example, *logion* 77a, Jesus the "light" is referred to as the "All" (ⲡⲧⲏⲣϥ). The saying also states that the "All" came forth from Jesus and will return to him. The expression ⲧⲏⲣϥ, especially used with the definite article, could be understood as a technical term designating the Pleroma.[52] Other texts found at Nag Hammadi, such as *Gospel of Truth* 18.31—19.10, contain similar ideas to those of *logion* 77a with respect to the "All":[53]

As for the incomprehensible, inconceivable one, the Father, the perfect one, the one who made the All, within him is the All and of him the All has need (ⲡⲉⲉⲓ ⲛ̄ⲧⲁϩⲧⲉⲛⲟ ⲙ̄ⲡⲧⲏⲣϥ̄ ⲉⲣⲉⲡⲧⲏⲣϥ̄ ⲛ̄ϩⲏⲧϥ̄ ⲁⲩⲱ ⲡⲧⲏⲣϥ̄ ⲉϥϣⲁⲁⲧ ⲙ̄ⲙⲁϥ). Although he retained their perfection within himself which he did not give to the All (ⲡⲧⲏⲣϥ̄), the Father was not jealous. What jealousy indeed (could there be) between himself and his members? For, if this aeon had thus [received] their [perfection], they could not have come [...] the Father. He retains within himself their perfection, granting it to them as a return to him and a perfectly unitary knowledge. It is he who fashioned the All, and within him is the All and the All was in need of him (ⲛ̄ⲧⲁϥⲧⲥⲉⲛⲟ ⲙ̄ⲡⲧⲏⲣϥ̄ ⲁⲩⲱ ⲡⲧⲏⲣϥ̄ ⲉϥⲛ̄ϩⲏⲧϥ̄ ⲁⲩⲱ ⲛⲉⲣⲉⲡⲧⲏⲣϥ̄ ϣⲁⲁⲧ ⲙ̄ⲙⲁϥ ⲡⲉ).

The content of this passage is slightly more elaborate, but the overall perspective is the same as that of the *Gos. Thom*. What is of particular interest is that the *Gos. Truth* describes the "All" as the place where the emanations, in need of the Father, must return (*Gos. Truth* 17.5–6; 27.11; 41.17). This is similar to *logion* 77a where the "All" comes forth from Jesus and will return to him. As seen in the previous section, the idea also resonates with *Gos. Thom.* 49–50: the solitary/elect originated from the Kingdom and will return to it. Standing at the beginning in order to know the end (*logion* 18) is again in the same line of thought. All these ideas basically refer to the place of origin and return.

---

52 See H. Ludin Jansen, " Der Begriff ⲡⲧⲏⲣϥ, 'das All' im Evangelium Veritatis", in *Acta Orientalia* 31 (1968) 115–118; U. Bianchi, "Le problème des origines du gnosticisme", in id. (ed.), *Le origini dello gnosticismo. Colloquio de Messina 13–18 aprile 1966* (Leiden et al.: Brill, 1970), 24–25; A.B. Logan, "The Meaning of the Term, 'the All', in Gnostic Thought", in E.A. Livingston (ed.), *Studia Patristica, Vol. XIV: Papers presented to the Sixth International Conference on Patristic Studies held in Oxford 1971; Part III: Tertullian, Origenism, Cappadocian Fathers, Augustiniana* (Berlin: Akademie-Verlag, 1976), 203–208; L. Painchaud/M.-P. Bussières/M. Kaler, "Le syntagme ⲡⲙⲁ ⲧⲏⲣϥ̄ dans quelques textes de Nag Hammadi", in L. Painchaud/P.-H. Poirier (ed.), *Coptica – Gnostica – Manichaica. Mélanges offerts à Wolf-Peter Funk* (Bibliothèque copte de Nag Hammadi, section "études" 7; Québec: Presses de l'Université Laval; Louvain/Paris: Peeters, 2006), 621.

53 The translation of this portion of the *Gos. Truth*, except for slight modifications, is that of H.W. Attridge and G.W. MacRae, "The Gospel of Truth", in H.W. Attridge (ed.), *Nag Hammadi Codex I (the Jung Codex). Introduction, Texts, Translations, Indices* (Nag Hammadi Studies 22; Leiden et al.: Brill, 1985), 84–85.

The difference between Mark 12:17 and *Gos. Thom.* 100.2–4 precisely lies with the question of the return to the place of origin. What does Jesus refer to when he says: "what is mine" (**ⲡⲉⲧⲉ ⲡⲱⲉⲓ**)? A better understanding of this request can be found in a complex intra-textual network of themes in *Thomas*. As stated previously, some have understood this to be simply a request for equality between Jesus and God, either as an expression of the community's devotion to Jesus or a statement reflecting the intense Christological debates of the fourth century C.E. One must keep in mind, however, that *logion* 100 describes a progression from lowest to highest and that Jesus is seen as being superior to "Caesar" and "God". As noted, the pre-eminence of Jesus is also mentioned in the context of the origin and return of the elect (*Gos. Thom.* 18; 19; 49; 50). This is seen in the parallel concerning the imagery of "light" in sayings 50 and 77a. Therein, "light" is a reference to the place of origin and of return. In *Gos. Thom.* 50, the elect of the living Father are the son of the "light". But what exactly is this "light"? It is the place from where the elect originate. But more specifically, the answer is given in *logion* 77a: **ⲡⲉϫⲉ ⲓ̅ⲥ̅ ϫⲉ ⲁⲛⲟⲕ ⲡⲉ ⲡⲟⲩⲟⲉⲓⲛ**. As the "light", Jesus is the origin of the elect, the sons of light.[54] *Logion* 50 also emphasizes the return to the place of light, a similar idea also found in 77a, where the "All" is said to have come from and return to Jesus. This intra-textual network of themes uncovers the significance of **ⲡⲉⲧⲉ ⲡⲱⲉⲓ** (*Gos. Thom.* 100.4).

These two examples of comparison between the *Gos. Thom.* and the synoptic gospels exemplify how each saying is interpreted differently. This does not necessarily mean that the Thomasine tradition depended on the New Testament or modified the canonical gospel sayings. What the comparative analysis demonstrated is that similar *logia* are to be read in another light, depending on the context in which they are found.

When comparing the *Gos. Thom.* with the New Testament gospels, one can clearly detect similarities and differences between both traditions. In the case of *logia* 1 and 100, similarities with the gospels of *John* and *Mark* are at the level of common language. The expression **ϫⲓ-ϯⲡⲉ ⲁⲛ ⲙ̅ⲡⲙⲟⲩ** is basically equivalent to what is found in John 8:52. The Coptic version of the *Gos. Thom.* seems to emphasize knowledge.[55] In *Thomas*, knowledge is the *sine qua non* for "not tasting death", whereas the *Johannine* tradition focuses on the idea of faith as requirement for eternal life. Both traditions share a common expression, but its meaning varies in the context of each text.

Even if *Gos. Thom.* 100 roughly corresponds to a large portion of Mark's saying on the necessity of paying taxes to Caesar (Mark 12:17), it nevertheless

---

54 *Logia* 50 and 77a use similar language in reference to the origin of those who come from the light: **ⲛ̅ⲧⲁⲛⲉⲓ ⲉⲃⲟⲗ ϩⲙ̅ⲡⲟⲩⲟⲉⲓⲛ** (*logion* 50); **ⲛ̅ⲧⲁⲡⲧⲏⲣϥ ⲉⲓ ⲉⲃⲟⲗ ⲛ̅ϩⲏⲧ** (*logion* 77a).

55 P.-H. Poirier would speak here of gnosticizing tendencies, "La bibliothèque copte de Nag Hammadi: sa nature et son importance", in *Studies in Religions/Sciences religieuses* 15 (1987) 308–309.

shows some variation with its synoptic counterpart. While the Markan *logion* presents God in a positive light, the *Thomasine* version does not seem to share such a perspective. Jesus being placed above God can be an indication that ⲚⲞⲨⲦⲈ (< θεός) is a reference to the demiurge, the creator of the material world. *Logion* 100 serves as a way to devalue the demiurge and his creation. Jesus' superiority over all things is also seen elsewhere in *Thomas* (*logia* 50; 77a) and helps one better understand the closing words of the saying: ⲠⲈⲦⲈ ⲠⲰⲈⲒ ⲠⲈ ⲘⲀⲦⲚ̄ⲚⲀⲈⲒϤ. The idea of the return of the elect also seems present in Jesus' request.

It is difficult to say whether or not *Thomas* directly used the synoptic gospels as a source. Maybe one should favor a middle-ground position, where *Thomas* stands between orality and textuality. Rather than strictly focusing on the quest for sources, future comparative studies between the *Gos. Thom.* and the New Testament should give more attention to the particularities of the *Thomas* gospel.[56]

[56] J.-M. Sevrin, "L'interprétation de l'*Évangile selon Thomas*, entre tradition et rédaction", in J.D. Turner/A. McGuire (ed.), *The Nag Hammadi Library After Fifty Years. Proceedings of the 1995 Society of Biblical Literature Commemoration.* (Nag Hammadi and Manichaean Studies 44; Leiden et al.: Brill, 1997), 347–360.

Andrew Gregory

Jewish-Christian Gospel Traditions and the New Testament

This essay is an attempt to reflect on what, if any, relationship may be discerned between the fragmentary texts usually referred to as Jewish-Christian gospel traditions and the writings now contained in the New Testament. Two critical questions make this exercise less than straightforward. First, we have no access to Jewish-Christian gospel tradition, save in so far as its fragmentary remains are quoted and in that way preserved in the writings of certain early Christian authors whose texts are extant today. This means that we have access only to passages that these authors chose to quote for purposes of their own. Therefore it seems likely that these excerpts may not be representative of the gospels from which they have been cited, especially if they have been chosen in order to discredit the text from which they came, or those who were said to use it. Some of the passages quoted may tell us as much, if not more about the interests and hermeneutical strategies of those who chose to cite them than they do of the text or texts from which they have been taken. Second, there is continuing debate about the number and nature of texts to which these fragments should be attributed. The dominant hypothesis in Anglo-Saxon scholarships posits three such gospels,[1] but a significant minority, especially in French and Italian scholarship, continues to postulate two.[2] The "one gospel hypothesis", which was dominant from the time of Jerome to the beginning of the last century, has little support today.[3]

---

1 Most recently J. Frey, "Judenchristliche Evangelien", in C. Markschies/J. Schröter/A. Heiser, *Antike christliche Apokryphen in deutscher Übersetzung* I: Evangelien und Verwandtes (Tübingen: Mohr Siebeck, 2012), 560–660, who offers a very careful and nuanced defence of this position. Other important advocates of this hypothesis include P. Vielhauer and G. Strecker, "Judenchristliche Evangelien", in W. Schneemelcher (ed.), *Neutestamentliche Apokryphen* I (Tübingen: Mohr Siebeck, ^{6}1990), 114–147, and A.F.J. Klijn, *Jewish-Christian Gospel Tradition* (SuppVC 17; Leiden: Brill, 1992).

2 E.g. S.C. Mimouni, *Le judéo-christianisme ancien: essays historiques* (Patrimoines; Paris: Les Éditions du Cerf, 1998), 209–211; id., Les Fragments Évangéliques Judéo-Chrétiens 'Apocryphisés' (CahRB 66; Paris: Gabalda, 2006), 13–19, and M. Erbetta, "Vangeli Giudeo-Cristiani" in id. (ed.), *Gli Apocrifi del Nuovo Testamento*, 1.1 (Turin: Marietti, 1975), 111–136. See also A. de Santos Otero, *Los Evangelios Apocrifos* (BAC; Madrid: Ed. Catolica, ^{9}1996), 29–52.

3 But note the careful comments of W.L. Petersen, *Tatian's Diatessaron: Its Creation, Dissemination, Significance, and History in Scholarship* (SuppVC 25; Leiden: Brill, 1994), 39–41 and the polemical position of P.L. Schmidt, "'Und es war geschrieben auf Hebräisch, Griechisch und Lateinisch': Hieronymus, das Hebräer-Evangelium und seine mittelalterliche Rezeption", in *Filologia mediolatina* 5 (1998) 49–93. See also P.F. Beatrice, The "'*Gospel according to the Hebrews*' in the Apostolic Fathers", in *Novum Testamentum* 48.2 (2006) 147–195, esp. 191, 195.

The *Gospel of the Ebionites*

Most of this essay will concentrate on the excerpts attributed to the text known by the modern title of the *Gospel of Ebionites*. Whereas the passages attributed to the *Gospel according to the Hebrews* are found in a number of authors and those attributed to the *Gospel of the Nazoraeans* are found in a number of texts, albeit mainly written by Jerome, those attributed to the *Gospel of the Ebionites* all appear not only in the work of just one author, Epiphanius, but also in a single book of his *Panarion*. The fact that Epiphanius is interested in this gospel only in order to expose its deficiencies and to refute the heresiological beliefs that he attributes to the Ebionites with whom he associates it underlines the point that he can hardly be expected to give his readers a fair or representative sample of its contents. Nevertheless, the fact that we have several quotations from this text, most of them appearing in quick succession after each other in a single book written by a single author, does hold out the prospect that it may be possible to draw some reasonably confident conclusions about the nature of this text and its use of New Testament texts, at least in so far as these fragments will allow. Epiphanius' *Panarion* was written in the late 370s, so that date provides our *terminus ad quem* for the composition of this gospel. The fragments include the redactional work of Matthew and Luke, so the date of the composition and circulation of the synoptic gospels offers the *terminus a quo* for the composition of this gospel whose author clearly engages with at least Matthew and Luke, but by no means submits to them as authoritative texts that he cannot rework or challenge.

Epiphanius appears to cite seven passages from the *Gospel of the Ebionites*. I shall consider them here in the order in which they appear in his *Panarion*, which differs only in one substantial respect from the order in which we might have expected them to appear if we were to arrange them in the light of their parallels in the synoptic gospels. Only after I have discussed each excerpt will I consider what conclusions, if any, might be made about the gospel as a whole and the way in which its author appears to have related to and used New Testament texts.

The one passage that is most difficult to assign a relative position in any attempted reconstruction of the *Gospel of the Ebionites* is the first passage that Epiphanius cites. The way in which he introduces it reminds us that he is no disinterested witness to its text, but that he presents it only in so far as it supports his own heresiological agenda, which is to show that this text is deficient both in its content and its in form. "Indeed in the gospel that they have, that they call according to Matthew, that is not whole and not complete, but falsified and mutilated, this one that they call Hebrew, it says this", he writes, before presenting the gospel's account of Jesus' call of his disciples.

ἐν τῷ γοῦν παρ' αὐτοῖς εὐαγγελίῳ κατὰ Ματθαίον ὀνομαζομένῳ, οὐχ ὅλῳ δὲ πληρεστάτῳ, ἀλλὰ νενοθευμένῳ καὶ ἠκρωτηριασμένῳ, 'Εβραϊκὸν δὲ τοῦτο καλοῦσιν, ἐμφέρεται ὅτι ἐγένετό τις ἀνὴρ ὀνόματι 'Ινσοῦς, καὶ αὐτὸς ὡς ἐτῶν τριάκοντα, ὃς ἐξελέξατο ἡμᾶς. Καὶ ἐλθὼν εἰς Καφαρναοὺμ εἰσῆλθεν εἰς τὴν οἰκίαν Σίμωνος τοῦ ἐπικληθέντος Πέτρου καὶ ἀνοίξας τὸ στόμα αὐτοῦ εἶπεν· παρερξόμενος παρὰ τὴν λίμνην Τιβεριάδος ἐξελεξάμην 'Ιωάννην καὶ 'Ιάκωβον, υἱοὺς Ζεβεδαίου, καὶ 'Ιουδαν τὸν 'Ισκαπιώτην, καὶ σὲ τὸν Ματθαῖον καθεζόμενον ἐπὶ τοῦ τελωνίου ἐκάλεσα καὶ ἠκολούθησας μοι. 'Υμᾶς οὖν βούλομαι εἶναι δεκαδύο ἀποστόλου εἰς μαρτύριον τοῦ 'Ισραήλ. (*Pan.* 30,13,2–3)

Epiphanius' introductory remarks must be read in the light of what he has previously said about the gospel used by the Nazoraeans, whom he identifies as the school from which Ebion and the Ebionites emerged (*Pan.* 30,1,1). The Nazoraeans, he claims, have the Gospel according to Matthew in its entirety in Hebrew, as it was originally written. However, he adds, he does not know whether they have removed just the genealogies from Abraham to Christ (*Pan.* 29,9,4). Clearly Epiphanius is dependent on heresiological tradition for these claims, not on direct contact with the text of the gospel to which he refers. Like the Nazoraeans, Epiphanius continues, the Ebionites use only the Gospel according to Matthew and (like the Cerinthians and Merinthains) they too use it alone. They call it, he adds, the "*Gospel according to the Hebrews*" (*Pan.* 30,3,7), although here, in the introduction to this citation, he tells us that they call it the "Gospel according to Matthew" and "Hebrew" (*Pan.* 30,13,2).

Epiphanius makes no attempt to explain why he presents his citations in the order that he includes them, but he follows this excerpt with two passages about John the Baptist, one of which he describes as "the beginning of the gospel" (*Pan.* 30,13,6, cf. 30,14,3, on which see further below). Had Epiphanius not referred to that later excerpt in that way, it may have been natural to suppose that he quoted this excerpt first because it came from an earlier part of the gospel than the quotations that follow, and because it appears to present Jesus as an as yet unknown protagonist. That possibility cannot be excluded, but another reason why Epiphanius may have chosen to quote this passage first was that he thought it the part of the gospel best suited to provide some sort of segue between his previous statements about the nature and content of the gospel used by the Ebionites and the apparently quite different text that he now begins to quote. If this is correct, it may be that Epiphanius has chosen to quote this passage first because it includes a reference to Matthew by name and therefore provides a link between his earlier statement that this gospel was called Matthew and the excerpts that he now presents. If so, this might suggest that Epiphanius struggled to find any other passage that would provide a stronger and more obvious link between this gospel and his earlier apparently derivative and clearly mistaken description of it. Similarly, it is possible that in order to demonstrate how this gospel was "not whole and not complete, but falsified and mutilated" Epiphanius may have wished to draw attention to the list of names of the disciples found in this text and the differences that this list exhibits from canonical Matthew. If so, the difference between the list of names given in the *Gospel of the Ebionites* and those given in Matthew may suggest that the sorts of differences between this gospel and canonical Matthew were much less significant than modern readers might expect loaded and perjorative terms such as "incomplete and mutilated" to signify. Certainly, either reason could explain why Epiphanius may have wished to cite this particular passage at the beginning of his account of this gospel.

Another possible reason why Epiphanius quotes this fragment first may also be offered on the basis of its content. Its use of the second person plural is unusual, and does not fit easily with the third person narrative of the other fragments. Therefore, as Jörg Frey has suggested, it is attractive to see this passage as some form of incipit or preamble, rather than part of the narrative proper of the gospel.[4] If so, its emphasis on Jesus' calling of the twelve, and his command that they are to be "apostles for testimony to Israel" are given a prominent place in this gospel and function as strong claims about its authority. If this is correct, then it suggests that the author of the *Gospel of the Ebionites* was willing to make use of the synoptic tradition as the basis of his narrative, at least in part, but also to change it or add to it when his own theological agenda required him to do so. As I shall note below, a similar pattern of extensive but free and unfettered use of the synoptic gospels may be seen also in some of the other excerpts that Epiphanius presents.

As for the issue of precisely how the author of this text did or did not draw on the text of the synoptic gospels, the question of whether there was a direct and unmediated literary relationship between the *Gospel of Ebionites* and the Synoptic Gospels is at its most complicated in this pericope. Thus Neirynck has noted that, in this respect, this is certainly the most problematic fragment,[5] and Mattila has argued convincingly that the complexities involved in any purely literary model of how the author of this text combined his alleged sources are such as to raise doubts about the way in which this text has been labelled as a Gospel Harmony.[6] Taking this pericope as her base, she notes both the different parallels that have been posited as sources by scholars who see the *Gospel of Ebionites* as a conflation or harmony of earlier written sources, and also the extremely complicated compositional technique that each account presupposes. Given the range of sources on which he is said to have drawn, the question of how the author "wove them together" takes on crucial significance. Part of the answer, suggests Mattila, may be to move from a written to an oral model. Drawing on scholarship on compositional techniques among classical authors, Mattila

4 Frey, "Judenchristliche Evangelien", 611.

5 F. Neirynck, "The Apocryphal Gospels and the Gospel of Mark", in J.-M. Sevrin (ed.), *The New Testament in Early Christianity* (BETL 86; Leuven et al.: Peeters, 1989) 123–175, on 160. "This complex composition is not simply a harmony of parallel versions", he notes. "It contains reminiscences of different synoptic texts on the call of the disciples".

6 S.L. Mattila, "A Question Too Often Neglected", in *NTS* 41 (1995) 199–217, esp. 200–203.

suggests that ancient authors may have preferred to rely more often on their memory than modern scholars may wish to allow. More recent work on compositional conventions and the balance between direct/visual literary dependence and the use of memory supports this view,[7] and Köhler and Verheyden draw attention to the particular difficulties posed by regarding this passage simply as a harmony of earlier traditions (although the former considers this more problematic than the latter).[8] Thus it is likely that the author of the *Gospel of the Ebionites* has combined traditions from at least Matthew and Luke, and perhaps also from Mark and possibly even John, although it is much more likely that he has drawn on these sources from memory than that he had them open before him as he wrote his own account. This supports the likelihood that although he was writing an account in which he drew on more than one written version of the synoptic tradition, it was his intention to write a new gospel rather than simply to conflate or to harmonize those that already existed. Rather than label this text too quickly as a harmony, it may be better to think of it as a gospel in its own right, albeit a rival or competing gospel that makes extensive use of its canonical counterparts when it suits its author to do so, just as also it subverts or contradicts them too.

Epiphanius' second excerpt refers to the ministry of John and describes his clothing and diet.

ἐγένετο Ἰωάννης βαπτίζων, καὶ ἐξῆλθεν πρὸς αὐτὸν Φαρισαῖοι καὶ ἐβαπτίσθησαν καὶ πᾶσα Ἱεροσόλυμα. Καὶ εἶχεν ὁ Ἰωάννης ἔνδυμα ἀπὸ τριχῶν καμήλου καὶ ζώνην δερματίνην περὶ τὴν ὀσφὺν αὐτοῦ. Καὶ τὸ βρῶμα αὐτοῦ, φησί, μέλι ἄγριον, οὗ ἡ τοῦ μάννα, ὡς ἐγκρις ἐν ἐλαίῳ, ἵνα δῆθεν μεταστρέψωσι τὸν τῆς ἀληθείας λόγον εἰς ψεῦδος καὶ ἀντὶ ἀκρίδων ποιήσωσιν ἐγκρίδι ἐν μέλιτι. (*Pan.* 30,13,4–5)

It follows immediately after his first excerpt (*Pan.* 30,13,2–3, on which see above) and immediately before his third (*Pan.* 30,13,6 [cf. 30,14,3], on which see further below), also about John, which Epiphanius goes on to describe as the beginning of the gospel. This would suggest that in its original setting in the *Gospel of the Ebionites* this passage about John's diet came after the passage about his family line (*Pan.* 30,13,6). This makes sense, for the present passage may easily be read as an account of one particular occasion on which John was baptising, in which case it may be a discrete pericope that follows, either directly or indirectly, the earlier introduction to John and the summary

---

7 See, for example, A. Kirk, "Memory, Scribal Media, and the Synoptic Problem", R.A. Derrenbacker, "The External and Psychological Conditions under which the Synoptic Gospels Were Written: Ancient Compositional Practices and the Synoptic Problem", and A. Gregory, "What is Literary Dependence?", each with further bibliography, all in P. Foster et al. (ed.), *New Studies in the Synoptic Problem* (BETL 239; Leuven: Peeters, 2011).

8 W.-D. Köhler, *Die Rezeption des Matthäusevangeliums in der Zeit vor Irenäus* (WUNT 2,24; Tübingen: Mohr Siebeck, 1987), 276–277; J. Verheyden, "Epiphanius on the Ebionites", in P.J. Tomson/D. Lambers-Petry (ed.), *The Image of the Judaeo-Christians in Ancient Jewish and Christian Literature* (WUNT 158; Tübingen: Mohr Siebeck, 2003), 182–208, on 194–196.

of his activity as baptising a baptism of repentance. If so, this would suggest that Epiphanius had some reason for quoting this passage before he quoted the passage that he describes as the beginning of the gospel. As I argued above, in reference to the first passage that he cites, a reasonable explanation would be that Epiphanius chose to cite this passage now because he considered it to illustrate a particularly egregious example of the sorts of fault that he finds in this text. This is borne out by the way in which he refers to the text's depiction of John's diet of honey cake rather than of locusts as evidence that those who used this text "change the word of truth into a lie". Once again, the author of the *Gospel of the Ebionites* appears to have drawn heavily on the synoptic gospels (and possibly on John) for the general outline of his account, but here he appears to have made a deliberate alteration to the text of his sources, presumably for theological reasons of his own. Thus not only is he willing to adapt earlier traditions by adding new material to them, but also to adapt them by changing what they said. Once again, the *Gospel of the Ebionites* makes significant use of canonical tradition, but its author is willing to change it for his own ends.

A similarly flexible approach on the part of the author of the *Gospel of the Ebionites* to what appear to have been his major sources may be seen in the passage that Epiphanius quotes twice, in slightly varying forms.

ἐγένετο ἐν ταῖς ἡμέραις Ἡρῴδου βασιλέως τῆς Ἰουδαίας ἦλθεν Ἰωάννης βαπτίζων βάπτισμα μετανοίας ἐν τῷ Ἰορδάνῃ ποταμῷ, ὃς ἐλέγετο εἶναι ἐκ γένους Ἀαρὼν τοῦ ἱερέως, παῖς Ζαχαρίου καὶ Ἐλισάβετ καὶ ἐξήρχουντο πρὸς αὐτὸν πάντες. (*Pan.* 30,13,6)

ἐγένετο, φησίν, ἐν ταῖς ἡμέραις Ἡρῴδου βασιλέως τῆς Ἰουδαίας ἐπὶ ἀρχιερέως Καϊάφα, ἦλθεν τις Ἰωάννης ὀνόματι βαπτίζων βάπτισμα μετανοίας ἐν τῷ Ἰορδάνῃ ποταμῷ καὶ τὰ ἑξῆς. (*Pan.* 30,14,3)

Once again, as can be seen especially in the way that he introduces his second quotation, Epiphanius quotes this passage not as a disinterested witness to the text of this gospel but in order to demonstrate his claim that it is a corrupted version of Matthew:

For, having removed the genealogies according to Matthew, they begin its opening, as I have said before …

Παρακόψαντες γὰρ τὰς παρὰ τῷ Ματθαίῳ γενεαλογίας ἄρχονται τὴν ἀρχὴν ποιεῖσθαι ὡς προείπομεν. (*Pan.* 30,14,3)

Epiphanius' statement that the Ebionites have removed/omitted the genealogy from Matthew is presumably dependent on his acceptance of earlier heresiological tradition and the absence of any genealogy from the text of the gospel before him. It seems extremely unlikely that there would have been any internal evidence of such excision in his copy of the *Gospel of the Ebionites*, so it is safe to assume that this is Epiphanius' own supposition. His insistence that Matthew's genealogy has been removed is in some tension with the impression of the text itself, for given the way in which it appears to parallel Luke 1:5 and Luke 3:1–2 it might seem more natural to draw attention to the way in which the author of the gospel has (whether by accident, or design, and certainly confusing two different Herods in the process) elided the birth, infancy and childhood narratives of Luke. The author's parallels with Luke in this excerpt and elsewhere underscore the point that this gospel draws on a wide range of earlier traditions; it is not simply a radical recension of Matthew, as Epiphanius appears to claim.

If the *Gospel of the Ebionites* has made rather confused use of Luke in setting the historical context in which John appears, its author seems to have been less inclined to follow the way in which Luke appears to emphasize not the person of John but the word of God that comes upon him as John begins his public ministry. Luke's presentation of John in this verse is in keeping with an overall Lucan pattern in which he parallels but subordinates John to Jesus. But, in presenting John as a subject who comes onto the public stage in his own right, the *Gospel of the Ebionites* seems closer to the portrayal of John in Matthew, Mark and John. Even here, however, the distinctive perspective of the author of this gospel, and his willingness to mould earlier traditions according to his own agenda, may be seen. John, he writes, baptized (as opposed to proclaimed) a baptism of repentance. Once again, a minor modification to the text of the synoptic gospels appears to be made in order to accentuate the particular claims of this gospel writer. Further, we may note, John's baptism is described as a baptism of repentance, as also in Mark and in Luke. But whereas Mark and Luke go on to describe this baptism of repentance as being for the forgiveness of sins, the *Gospel of the Ebionites* does not. Of course, too much should not be made to rest upon such a silence, especially when we cannot be certain whether such an "omission" reflects the text of the *Gospel of the Ebionites* or merely the summarized manner in which Epiphanius may have cited it. Yet the point remains that, once again, the author of this gospel appears to have used the synoptic gospels to make the points that he wished to make, but did not consider himself constrained simply to replicate what they said, or simply to reflect the theological beliefs that they presented.

The next passage that Epiphanius presents is an account of the baptism of Jesus.

Καὶ μετὰ τὸ εἶπειν πολλὰ ἐπιφέρει ὅτι τοῦ λαοῦ βαπτισθέντος ἦλθεν καὶ Ἰνσοῦ καὶ ἐβαπτίσθη ὑπὸ τοῦ Ἰωάννου. Καὶ ὡς ἀνῆλθε ἀπὸ τοῦς ὕδατος, ἠνοίγησαν οἱ οὐρανοὶ καὶ εἶδεν τὸ πνεῦμα τὸ ἅγιον ἐν εἴδει περιστερᾶς, κατελθούσης καὶ εἰσελθούσης εἰς αὐτόν. Καὶ φωνὴ ἐκ τοῦ οὐρανοῦ λέγουσα· σύ μου εἶ ὁ υἱὸς ὁ ἀγαπητός, ἐν σοὶ ηὐδόκησα, καὶ πάλιν· ἐγὼ σήμερον γεγέννηκα σε. Καὶ εὐθὺς περιέλαμψε τὸν τόπον φῶς μέγα. Ὁ ἰδών, φησίν, ὁ Ἰωάννης λέγει αὐτῷ, σὺ τίς εἶ, κύριε; καὶ πάλιν φωνὴ ἐξ οὐρανοῦ πρὸς αὐτόν· Οὗτος ἐστίν ὁ υἱός μου ὁ ἀγαπητός, ἐφ' ὃν εὐδόκησα. Καὶ τότε, φησίν, ὁ Ἰωάννης προσπεσὼν αὐτῷ ἔλεγεν· Δέομαί σου, κύριε, σύ με βάπτισον. Ὁ δὲ ἐκώλυσεν αὐτὸν λέγων· Ἄφες, ὅτι οὕτως ἐστὶ πρέπον πληρωθῆναι πάντα. (*Pan.* 30,13,7–8)

Epiphanius quotes it immediately after his quotation concerning the ministry and lineage of John, which he says is the beginning of the gospel (*Pan.* 30,13,6). Thus it is difficult to know what to make of his curious statement that this extract follows after "many" things have been said. If taken at face value, it suggests that the narrative concerning John may have been much longer than similar narratives in the synoptic tradition, or that some other material was placed between the opening account of John and the present account of the baptism of Jesus. This reminds us that we cannot exclude the possibility that the author of this gospel included material not parallel to the canonical gospels, but no longer available to us. Against this, however, it does seem strange that Epiphanius would not make more of the use of such material if it had no canonical counterpart, so perhaps we should not make too much of what may be no more than a transitional and possibly throwaway remark.

Turning to the content of Epiphanius' quotation, it is striking to observe the way in which the author of the *Gospel of the Ebionites* seems to have drawn on all three synoptic gospels, yet to have woven together and subtly altered his sources in order to create his own carefully structured and coherent narrative which is much greater than the sum of the different sources that he appears to have used. Not only does he preserve the word spoken by the heavenly voice as they are recorded, but he presents them as part of an unfolding apocalyptic scene that leads to (rather than, as in Matthew, follows) a dialogue between Jesus and John that makes perfect narrative sense in the light of the theophany that precedes it.

Further, as Henne demonstrates at some length,[9] careful attention to the subtle but pervasive differences between the text of the *Gospel of the Ebionites* and its synoptic counterparts allows its characteristic Christology to emerge. Apparently unencumbered by any prior birth narratives that might affect the way in which its hearers and readers approached its account of Jesus' baptism, this gospel (like Mark) can present the baptism of Jesus as the moment at which Jesus was first publicly acknowledged as the son of God. Unlike the synoptic gospels, however, it is unambiguous as presenting Jesus' baptism as the moment that he actually became the son of God: it is by descending on the human Jesus and entering into him that the Spirit makes him God's beloved son, as the heavenly voice testifies that he now is. Here, it would appear, the text of the *Gospel of the Ebionites* does support precisely the non-orthodox Christology that Epiphanius wishes to expose and to refute, although it refers to the Spirit where he refers to Christ: "they mean that Jesus is really a man, as I said, but that Christ, who descended in the form of a dove, has entered him – as we have found already in other sects – {and} been united with him" (*Pan.* 30,14,4).

---

[9] P. Henne, "L'Évangile des Ebionites: Une Fausse Harmonie, Une Vraie Supercherie", in A. Kessler/T. Ricklin/G. Wurst (ed.), *Peregrina Curiositas: Eine Reise durch den orbis antiquus* (NTOA 27; Göttingen: Vandenhoeck & Ruprecht, 1994), 57–75.

Thus the author of this gospel draws on material that he finds in the synoptic gospels, but uses it to subvert the christological claims that they were used to sustain: This description of the dove entering Jesus, with the implication that this is the beginning an ongoing union between God and man, is in stark contrast to the accounts of Jesus' baptism in Matthew and Luke, although it is easier to reconcile with Mark, which may easily be read in an adoptionist way and which, in some witnesses refers to the dove coming down εἰς αὐτόν. (The same variant is found in some witnesses to Matthew, but there the inclusion of the birth narratives make it less natural to read the baptism in an adoptionist way.)

As Henne argues, this apparent gulf between the Christology of the *Gospel of the Ebionites* and that of at least Matthew and Luke makes it difficult to consider it as no more than a harmony of earlier traditions, although its debts to them are clear: "par petites touches, par de subtiles transformations, l'auteur apocryphe adapte et manipule les différentes données des récits évangéliques en une narration illustrant ses theses heretiques: Jésus n'est qu'un homme investi de la dignité messianique lors de son baptême."[10] Thus, he concludes, "L'Evangile des Ebionites, tel qu'Epiphane le rapporte, est un bon example d'adaptation discrete mais efficace de traditions préexistantes. Le baptême de Jésus, qui embarrasse les Evangiles synoptiques, devient sous la plume de l'auteur apocryphe un récit narrant l'investiture messianique de Jésus et rejetant sa possible nature divine."[11]

The import of Epiphanius's next citation, Jesus's saying about the identity of his brothers, mother and sisters is more difficult to assess:

Πάλιν δὲ ἀρνοῦνται εἶναι αὐτὸν ἄνθρωπον, δήθεν ἀπὸ τοῦ λόγου οὗ εἴρηκεν ὁ σωτὴρ ἐν τῷ ἀναγγελῆναι αὐτῷ ὅτι τίς μού ἐστι μήτηρ καὶ ἀδελφοί; καὶ ἐκτείνας τὴν χεῖρα ἐπὶ τοῦς μαθητὰς ἔφη· οὗτοί εἰσιν οἱ ἀδελφοί μου καὶ ἡ μήτηρ καὶ ἀδελφαὶ οἱ ποιοῦντες τὰ θελήματα τοῦ πατρός μου. (*Pan.* 30,14,5)

It follows closely after Epiphanius's presentation of the gospel's account of the baptism of Jesus (*Pan.* 30,13,6) and his repeated quotation from the beginning of the gospel, where John and his baptism of repentance is introduced (*Pan.* 30,14,3) and Epiphanius clearly presents these preceding quotations and the present excerpt as thematically related: all three are evidence of the heterodox christological views that he considers the *Gospel of the Ebionites* to exhibit. Thus, he tells us, this saying about Jesus's family, is further evidence of the way in which they deny his humanity, but there is nothing in the text that he cites which provides unequivocal support for the way in which he claims that it supports the Ebionite Christology that he seeks to refute. The quotation itself does not differ significantly from the synoptic tradition on which it appears to

10 Henne, "L'Évangile des Ebionites", 57.
11 Ibid., 75

be based and it his understanding of the Ebionites' interpretation of this excerpt, not its wording, to which Epiphanius objects. Thus it seems more likely that Epiphanius has chosen this passage to illustrate his prior conviction that the Christology of this gospel is docetic than that he reached this conclusion on the basis of reading this excerpt in its immediate literary context (of which he gives us no indication). If so, it seems striking that the third passage that he uses in order to illustrate the supposedly docetic Christology of the text as a whole might easily, and certainly more naturally, be interpreted in a non-docetic way. If this is correct, it might suggest that Epiphanius could find only a small number of passages that the Ebionites used to support their docetic beliefs. Alternatively, if there was something clearly docetic about the way in which these sayings were presented in Epiphanius' source, their similarity in wording to that of the synoptic gospels might suggest that the author of this text was largely conservative in his use of the synoptic tradition, in that he has chosen to draw on existing synoptic tradition rather than introducing or creating other material to bolster the docetic Christology that he held.

Koch notes that Resch and Holl raise the question of whether this passage should be considered a quotation or a paraphrase of Epiphanius' source.[12] Holl points to Epiphanius use of δῆθεν, which certainly should not be ignored, but it is not clear that Epiphanius is any more likely to be paraphrasing here than elsewhere in his presentation of this gospel. Certainly he quotes selectively, as seen in the way he moves from the words of those addressing Jesus to his response to them (which reminds us that all his excerpts are presented in order to make a particular point, not in order to give an accurate account of the wording of this gospel that might facilitate its reconstruction). The fact that the excerpt is so close in its wording to the synoptic parallels should not mean that it could not appear in the *Gospel of the Ebionites* in the form in which Epiphanius presents it, but neither may we exclude the possibility that Epiphanius has been influenced by the canonical gospels in the way in which he presents this excerpt. The likelihood that it did not follow immediately after the passages that he has been quoting about John and the baptism of Jesus might be thought to support the likelihood that he is quoting from memory, even if he had had a written text of his earlier excerpts open before him as he wrote or dictated his own work.

Much more obvious differences between the text of the *Gospel of the Ebionites* and those of the synoptic gospels may be seen in the last two excerpts that Epiphanius attributes to this text. The first is a logion in which Jesus announces that he has come to abolish sacrifices (ἦλθον καταλῦσαι τὰς θυσίας, καὶ ἐὰν μὴ παύσησθε τοῦ θύειν, οὐ παύσεται ἀφ' ὑμῶν ὀργή, *Pan.* 30,16,5)

---

[12] G.A. Koch, "A Critical Investigation of Epiphanius' Knowledge of the Ebionites: A Translation and Critical Discussion of *Panarion* 30" (unpublished PhD, Pennsylvania, 1976), 341, citing K. Holl (ed.), Epiphanius, *Ancoratus und Panarion Haer. 1–33* (GCS 25, Leipzig: Hinrichs, 1915), 351.

The form of the saying ("I have come" plus infinitive) is familiar from the synoptic tradition, although its other content is without parallel. The echo of Matthew 5:17, albeit now in the form of a positive statement referring to the cult rather than to the Law, seems unmistakeable. Nevertheless, the lack of any more substantial synoptic parallel does distinguish this saying from the other excerpts that Epiphanius attributes to the gospel used by the Ebionites. From this excerpt it seems clear that the author of this gospel was willing to include material not attested in the writings that would be canonized as the New Testament. It seems impossible to say whether he drew on an existing tradition for the saying, or composed it himself, but there are certainly parallels to such anticultic sentiment in other texts that have been associated with the Ebionites.[13]

It is also all but impossible to reach a confident conclusion as to how many other sayings without canonical parallels may have been included in the *Gospel of the Ebionites*. We do not know whether Epiphanius did not quote any others because he was not aware of them, or because he thought that he had already quoted enough material to demonstrate what he took to be the deficiencies of this text. Here the question of the relative location of such a saying in the *Gospel of the Ebionites* might have some bearing on the question of whether it is more likely to have been the first of many that Epiphanius could have encountered if he read this text sequentially from its beginning to its end, or if it were the only one. If we were to assign this passage to a context with a synoptic parallel, perhaps it would fit most neatly in an eschatological discourse towards the end of the gospel, assuming that Jesus would have traveled to Jerusalem only once, and that he was most likely to be presented as saying such words when he was near the Temple. If so, and if Epiphanius had read as far as this passage before finding another text that he wished to cite in order to demonstrate the deviance of this gospel from its catholic counterparts, this might suggest that most of what it presented between its account of the baptism of Jesus and his journey to Jerusalem was largely similar to material found in one or more of the three synoptic gospels, either with or without additional material found in John. Yet, it is also possible that this logion might have occurred much earlier in the gospel, for if anti-sacrificial ideas played an important role in his theology he may have wished to introduce them as early as possible, just as the author of John introduces Jesus' words about the Temple towards the beginning rather than towards the end of his gospel.

The second of these excerpts, and the final text that Epiphanius attributes to this gospel, might also be thought to have belonged towards the end of this gospel, if it included a last supper scene set at Passover. Once again, however, it is not possible to be confident that that was so. The saying in question is Jesus' statement that he "did not earnestly desire to eat meat" with his disciples at Passover.

---

[13] E.g. *Ps.-Clem. Rec.* 1,37, 39, 54.

Αὐτοὶ δὲ ἀφανίσαντες ἀφ' ἑαυτῶν τὴν ἀληθείας ἀκολουθίαν ἤλλαξαν τὸ ῥητόν, ὅπερ ἐστὶ πᾶσι φανερὸν ἐκ τῶν συνεζευγμένων λέξεων, καὶ ἐποίησαν τοὺς μαθητὰς μὲν λέγουντες· ποῦ θέλεις ἑτοιμάσωμέν σοι τὸ Πάσχα φαγεῖν, καὶ αὐτὸν δῆθεν λέγοντα· μὴ ἐπιθυμίᾳ ἐπεθύμησα κρέας τοῦτο τὸ Πάσχα φαγεῖν, μεθ' ὑμῶν. Πόθεν δὲ οὐ θωραθήσεται ἡ αὐτῶν ῥᾳδιουργία, τῆς ἀκολουθίας κραζούσης ὅτι τὸ μῦ καὶ τὸ ἦτά ἐστι πρόσθετα; 'Αντὶ τοῦ γὰρ εἰπεῖν ἐπιθυμίᾳ αὐτοὶ προσέθεντο τὸ μὴ ἐπίρρημα. Αὐτὸς δὲ ἀληθῶς ἔλεγεν ἐπιθυμίᾳ ἐπεθύμησα τοῦτο τὸ Πάσχα φαγεῖν μεθ' 'υμῶν. (*Pan.* 30,22,4–5).

Here the *Gospel of the Ebionites* includes a saying found also at Luke 22:15, but makes it mean the opposite of what Jesus is recorded as saying in Luke by adding the words "not" and "meat", as Epiphanius explains indignantly to the hearers and readers of his *Panarion*. In this fragment, more clearly than in any of the others, we may see the way in which the author of the *Gospel of the Ebionites* draws on earlier tradition from the New Testament, but changes its meaning altogether. By adding only these two words the author of this gospel has been able to change completely the meaning of the saying that he has otherwise reproduced so faithfully. This inversion of meaning introduced by the addition of μή, with which the author gives his text an opposite meaning to that of its apparent source, may be compared with Jesus's saying that he has come to do away with sacrifice (*Pan.* 30,16,5). The change of meaning brought about by the introduction of a type of food, κρέας, may be compared with the gospel's claim that John ate not locusts but cakes.

What emerges most clearly from this survey of Epiphanius's citations from the *Gospel of the Ebionites* is the extremely extensive but free and creative use that its author has made of various New Testament texts. He clearly knew the synoptic gospels, and possibly John and Acts, and may perhaps reveal knowledge of resurrection traditions found in Paul. He certainly drew on the synoptic gospels for much of his own presentation of Jesus, but used them as sources that he could reshape freely according to his own theological agenda, not as authoritative texts with which his account had to be consistent.

The *Gospel According to the Hebrews* and the *Gospel of the Nazoraeans*

Ongoing debates as to whether fragments of Jewish-Christian gospel tradition preserved in authors other than Epiphanius should be attributed to one or two gospels make it difficult to draw clear conclusions about the literary attitude to the New Testament of the author of either or both of these texts, for it is precisely their apparent relationship to the synoptic tradition that has been used as one of the criteria to attribute these fragments either to one or to two gospels. Thus the *Gospel according to the Hebrews* is often seen as a text with no significant literary relationship to New Testament texts, whereas the *Gospel of the Nazoraeans* is often said to be dependent upon the synoptic gospels, and on

Matthew in particular, and fragments are attributed to either text at least partly on this criterion.

There is widespread agreement that excerpts preserved in the writings of Clement of Alexandria, Origen and Didymus are to be attributed to the *Gospel according to the Hebrews*, and there is no reason to question this consensus. There is also agreement between advocates of the competing two-gospel and three-gospel hypotheses that some excerpts cited by Jerome are to be attributed to this gospel, largely on the grounds that they (like those preserved in Alexandrian authors) appear to have been written in Greek and to have no parallel in the synoptic tradition. Such agreement evaporates, however in the case of other passages preserved in Jerome (and sometimes also in later authors, probably dependent on him) which appear closer in nature to the synoptic tradition (particularly as preserved in Matthew) and may show signs of having been written in a Semitic language. If these fragments are attributed to the *Gospel according to the Hebrews*, it becomes a gospel that blends together synoptic-like traditions with other traditions not found in the New Testament. If they are attributed instead to the *Gospel of the Nazoraeans*, they amplify the impression that it is a text with strong affinities to the synoptic tradition, particularly in its Matthean form, and that it may be distinguished clearly from the *Gospel according to the Hebrews* which makes little, if any, use of synoptic or other New Testament traditions. In what follows, I shall begin with the core texts widely regarded as belonging to the *Gospel according to the Hebrews*, before moving on to the other two groups of texts to which I have referred above.

References to the *Gospel according to the Hebrews* in Eusebius's *Ecclesiastical History* suggest that it may have been known to Papias (3,39,17) and to Hegesippus (4,22,8), but our earliest access to its text is in the writings of Clement of Alexandria. Clement attributes a quotation only once to the *Gospel according to the Hebrews*, when he cites a saying from that gospel, "He who marvels shall be king and he who is king shall rest" (ᾗ κἀν τῷ καθ' Ἑβραίους εὐαγγελίῳ, ὁ θαυμάσας βασιλεύσει γέγραπται καὶ ὁ βασιλεύσας ἀναπαήσεται, *Stromata* II IX 45 5) in order to support his argument that wonder is the first step to the knowledge which lies beyond it. He also quotes a longer form of the saying elsewhere (*Stromata* V XIV 96 3), but without attribution, and in a form that has a parallel in the *Gospel of Thomas*. Readers familiar with the synoptic tradition may find faint echoes of it in this longer saying (e.g. Mt 7:7//Luke 11:9 and Mt 11:28), but it is more difficult to posit any literary relationship between the shorter saying and the New Testament, although an interest in rest may be paralleled in various canonical texts,[14] and the saying would not be out of place alongside some other logia attributed to Jesus in the canonical gospels.

---

[14] E.g. Matthew 11:28–29 (ἀναπάυσις), 1 Peter 4:14 (ἀναπαύω), Acts 7:49, citing Isaiah 66:1, and Hebrews 3:11, 3:18, 4:1, 4:3, 4:5, 4:10, following Psalm 95:11 (καταπάυσις).

Origen, like Clement, attributes one quotation explicitly to the *Gospel according to the Hebrews*,

ἐὰν δὲ προσιῆταί τις τὸ καθ' Ἑβραίους εὐαγγέλιον ἔνθα αὐτὸς ὁ σωτήρ φησιν· Ἄρτι ἔλαβέ με ἡ μήτηρ μου, τὸ ἅγιον πνεῦμα, ἐν μιᾷ τῶν τριχῶν μου καὶ ἀπήνεγκέ με εἰς τὸ ὄρος τὸ μέγα Θαβώρ, ἐπαπορήσει, πῶς μήτηρ Χριστοῦ τὸ διὰ τοῦ λόγου γεγενημένον πνεῦμα ἅγιον εἶναι δύναται. (*comm. in Ioh.* II,12)

He also appears to cite the same passage a second time, but without attribution, and in a slightly different form,

εἰ δέ τις παραδέχεται τὸ ἄρτι ἔλαβέ με ἡ μήτηρ μου, τὸ ἅγιον πνεῦμα, καὶ ἀνήνεγκέ με εἰς τὸ ὄρος τὸ μέγα τὸ Θαβώρ, καὶ τὰ ἑξῆς. (*hom. in Jer.* XV,4)

As was the case for the passage in Clement, the excerpt quoted by Origen has no clear parallel in the New Testament, although it might easily have been combined with, or stood alongside, traditions included there. The idea of a prophet being lifted by his hair and transported is found in Jewish Scripture (Ezekiel 8:6 and Daniel 14:36) and there is an interesting Diatessaronic reading of Luke 4:29–30 in which Jesus is hurled off the cliff but is miraculously unhurt, perhaps because he flew to safety.[15] Early Christian tradition associates Mount Thabor both with Jesus' temptation and with his transfiguration, so this excerpt might refer to either event. If so, it could fit easily alongside the sort of material that we find in the synoptic tradition and in the fourth canonical gospel.[16]

The final Alexandrian reference to the *Gospel according to the Hebrews* is found in Didymus' *Commentary on the Psalms* (*comm. in Psalm.* III). There he notes that it may be seen in the *Gospel according to the Hebrews* that Matthias, who replaced Judas, is the same person as the Levi mentioned in the gospels. Thus Didymus suggests that the author of this gospel draws on a tradition found in the New Testament only in Acts (cf. Acts 1:23–26), and includes it in his narrative. This suggests a willingness of its author to draw on a wider range of sources than just the canonical gospels for his information about Jesus and his followers, and perhaps also an interest in reconciling differences between them (unless Didymus is witness simply to the result of the gospel's identification of Matthias with Levi, rather than to the purpose of its author in naming Matthias as he appears to have done). Further, since the *Gospel according to the Hebrews* draws on a tradition found in Acts, it is difficult to see why it could not draw also on synoptic tradition. Thus this passage may offer evidence to support the possibility that the this gospel could well have contained material that was similar to that found in the synoptic tradition, and that therefore it may

---

15 See T. Baarda, "'The Flying Jesus', Luke 4:29–30 in the Syriac Diatessaron", in *VC* 40 (1986) 313–41.

16 Another synoptic-like text that some scholars attribute to this gospel, the story of another rich man, is found in the Latin translation of Origen's *Commentary on Matthew*, but not in the Greek original.

have contained other such material found in Jerome that has been assigned to the *Gospel of the Nazoraeans*.

Before turning to the evidence of Jerome, three other excerpts from non-Alexandrian sources that might belong to the *Gospel according to the Hebrews* or the *Gospel of the Nazoraeans* may be considered. It is possible that Eusebius may know this text, for he may quote from it twice. On one occasion (*Theophania syriaca* 4,12) he quotes a saying that illustrates Jesus' saying about how he would be a cause of division in households and families (Matt 10:34–36//Luke 12:51–53. The saying echoes both Johannine and Matthean phraseology ("I choose for myself the good ones, the good ones whom my Father in heaven has given me") and, although consistent with canonical traditions, has no direct parallel with them. Whether it points to its author deliberately glossing canonical traditions, or whether Eusebius simply shows that it could be used in this way, is unclear. On a second occasion, Eusebius refers favourably to a version of the parable of the talents in a gospel that he describes as written in Hebrew letters (*De Theophania* IV, 22). The parable is clearly similar to Matthew's parable (Matt 25:14–30), but Eusebius finds preferable some of the details found in this other text. This suggests that both similarities and differences between this parable and its Matthean counterpart may be noted.[17] If the former comes from a Jewish-Christian gospel, its author may have drawn on Matthew, in which case he appears to have felt able to adapt its text as he saw fit.

Similar conclusions may be drawn from an account of a second rich man, found only in the Latin translation of Origen's Commentary on Matthew, if it is to be attributed to a Jewish-Christian gospel. It too exhibits both similarities and dissimilarities with the text of Matthew, which suggests that its author made use of but did not feel constrained by the synoptic tradition.

Scholars who differentiate between passages in Jerome that they would attribute to the *Gospel according to the Hebrews* and those that they would assign to the Gospel of the Nazorareans usually identify four that belong to the former. [18] These excerpts are, in the chronological order of the composition of the texts in which they are transmitted,

---

[17] For further discussion see Klijn, *Jewish-Christian Gospel Tradition*, 61, where he concludes that this version of the parable is secondary to Matthew's version or the version of his source, but finds it "difficult to decide whether the author of the Jewish-Christian Gospel was acquainted with Matthew."

[18] Thus, for example, P. Vielhauer and G. Strecker, "Das Hebräerevangelium", in W. Schneemelcher (ed.), *Neutestamentliche Apokryphen* (vol. I; Tübingen: Mohr Siebeck, ^{6}1990), 142–147; Klijn, *Jewish-Christian Gospel Tradition*; D.A. Bertrand, "Évangile des hébreux", in F. Bovon/P. Geoltrain (ed.), *Écrits apocryphes chrétiens* (vol. I; Bibliothèque de la Pléiade; Paris: Éditions Gallimard, 1997), 455–462, and J. Frey, "Die Fragmente des Hebräerevangeliums", in C. Markschies/J. Schröter/A. Heiser, *Antike christliche Apokryphen in deutscher Übersetzung* (vol. I: *Evangelien und Verwandtes* (Tübingen: Mohr Siebeck 2012),593–606 ; D. Lührmann/E. Schlarb, *Fragmente apokryph gewordener Evangelien in griechischer und lateinischer Sprache* (MTS 59; Marburg: Elwert, 2000) include the fragments that I number (1), (2) and (4), but not my fragment (3).

(1) a saying in which Jesus tells his disciples to be joyful only when they look on their brothers in love (Et nunquam, inquit, laetis sitis, nisi cum fratrem vestrum videritis in charitate, *in Ephes.* 5.4),

(2) an account of a resurrection appearance to James (Dominus autem cum dedisset sindonem servuo sacerdotis, iit ad Iacobum et apparuit ei [iurauerit enim Iacobus se non comesurum panem ab illa hora qua biberat calicem Domini, donec videratt eum resurgentem a dormientibus] rursumque post pailulum: Adferte, ait Dominus, mensam et panem. Statimque additur: Tulit panem et beedixit et fregit et dedit Iacobo Iusto et dixit ei: Frater mi, comede panem tuum, quia resurrexit Filius hominis a dormientibus, *De vir. ill.* II),

(3) an account of Jesus' baptism in which the Holy Spirit descends on him, rests on him, and addresses him as "my Son" (Factum est autem cum ascendisset Dominus de aqua, descendit fons omnis Spiritus Sancti, et requieuit super eum, et dixit illi: fili mi, in omnibus prophetis expectabam te, ut venires, et requiescerem in te. Tu enim es requies mea, tu es filius meus primogenitus, qui regnas in sempiternum, *in Isa.* IV), and

(4) a statement that grieving one's brother is to be considered a grievous offence (et in euangelio quod iuxta Hebraeos Nazaraei legere consuerunt, inter maxima ponitur crimina: qui fratris sui spiritum contristauerit, *in Hiez.* VI).

As Frey observes, "Auffällig ist, daß alle Fragmente deutliche Distanz zu den kanonischen Evangelien aufweisen oder in diesen ganz ohne Parallele sind."[19] Little can be inferred from Jesus' saying about love, or the text's warning against grieving one's brother about the attitude of the gospel's attitude, or that of its author, to the New Testament. Neither text would seem out of place in the canonical gospels, and there is certainly a conceptual if not verbal parallel between the warning in the *Gospel according to the Hebrews* about not grieving one's brother and Jesus' saying in Matthew about the consequences for anyone who is a stumbling block to a brother (Matthew 18:6; cf. also Matthew 5:23–24).

It is tempting to try to draw more wide-reaching conclusions from the account of a resurrection appearance to James. If James' vow not to eat bread until he had seen Jesus raised is intended to correspond in some way to Jesus' vow in the canonical gospels that he would not drink wine until he drank it again with his disciples in his father's kingdom (Mk 14:25//Matthew 26:29//Luke 22:18), then it might appear that the author of this gospel expected at least some of his readers to recognize this correspondence. There is also a parallel between Jesus' action in taking the bread, breaking it, and giving it to James, and his similar action recorded in the canonical accounts of the Last Supper. Taken together, these parallels might suggest knowledge of the traditional accounts of the Last Supper, in which case the author of this text has reused them freely according to his own Tendenz. Of particular interest is the

---

19 Frey, "Judenchristliche Evangelien".

prominence that this fragment gives to James as a follower of Jesus, for his presence at the Last Supper, where he had promised that "he would not eat bread from the hour in which he had drunk the cup of the Lord" (ab illa hora qua biberat calicem Domini[20]) would suggest that James was already a disciple in the period before his resurrection. This might be considered a gloss upon, or expansion of, New Testament references to the mother and brothers of Jesus during the period of his ministry; canonical texts do not make explicit reference to James as a pre-Easter disciple of Jesus, but they do not explicitly rule it out. Further, the curious detail that the risen Jesus gave his linen cloth to the servant of the priest, before going to James and appearing to him, is presumably intended to emphasize that it was James to whom Jesus first appeared, and that he did so immediately after he was raised. Thus it contradicts rather than just supplements traditions found in the New Testament, both in three of the canonical gospels and in Paul. This strongly suggests that its author, if he knew the gospels and the letters of Paul, did not see them as authoritative texts to which his own account should conform.

Similar, but also limited, conclusions might be drawn from the fourth of these passages, which is the gospel's distinctive account of the words spoken after the baptism of Jesus (*in Isa.* IV). In this fragment there is a clear parallel with a particular event depicted in the canonical gospels, insofar as the Spirit descends and a divine voice addresses Jesus on whom the Spirit rests. Here, however, the voice is that of the Spirit, and the words that the Spirit uses are quite different from (but not without parallel to) those found in some witnesses to the canonical accounts. As Frey observes, "Diese Anrede entspricht der synoptischen Tradition allein in den Worten "mein Sohn", in allen übrigen Teilen geht sie über diese hinaus."[21] Thus, once again, it is the distinctive elements of this account, not its similarities to its New Testament parallels, which are most striking. Such literary and theological indebtedness that it shows is to Jewish Wisdom traditions, not to early Christian texts and (as Jerome implies, by quoting it in his commentary on this verse) its reference to the Spirit resting on Jesus may be explained as much by reference to Isaiah 11:2 as to John 1:32–33. This makes it difficult to draw any firm conclusions about the attitude of its author to the writings contained in the New Testament except to repeat that, if he were aware of them, he appears not to have felt greatly constrained by them. The story that he tells has clear overlaps with that of the canonical gospels (e.g. in that Jesus was baptized, was declared God's Son, taught his disciples, had at least one meal with them, and was raised from the dead) but he tells it in his own way.

---

20 A different tradition appear to be found in a Greek version of Jerome's text, and in later Latin witnesses, in which James makes his oath from the hour in which 'the Lord drank the cup', a likely reference to Jesus' crucifixion rather than to the Last Supper. See Klijn, *Jewish-Christian Gospel Tradition*, 80–84.

21 Frey, Judenchristliche Evangelien.

Two other groups of texts should be considered, albeit very briefly. The first consists of the readings of the so-called Zion Gospel Edition, the Judaikon, which advocates of the three-gospel hypothesis have usually attributed to the *Gospel of the Nazoraeans*. As Jörg Frey had demonstrated,[22] this is no longer tenable, with the result that twelve of the fragments often attributed to the *Gospel of the Nazoraeans*,[23] all apparently related in some way to Matthew, can no longer be assigned to that text. This greatly reduces the evidence for characterizing it as some form of Targumic version of Matthew. The second group consists of further quotations in Jerome that have been similarly construed as coming from a text related to Matthew and identified as the *Gospel of the Nazoraeans*. Frey has argued recently on linguistic grounds that some of these texts cannot be attributed to the *Gospel of the Nazoraeans*[24] and, quite independently, Petri Luomanen has offered other reasons why more of these fragments should also no longer be attributed to this gospel.[25] Their arguments not only reduce the number of fragments to be considered, but also the degree of apparent affinity between such fragments as might be attributed to this text and the Gospel according to Matthew. Thus, if the existence of the postulated *Gospel of the Nazoraeans* is to be maintained, it seems better to conclude that, rather like the *Gospel of the Ebionites* and the *Gospel according to the Hebrews*, "das Evangelium der Nazoräer keine bloße Bearbeitung des kanonischen Mt, sondern ein sehr viel eigenständigeres judenchristliches Evangelium war."[26]

Conclusion

As these fragments show, the author of the *Gospel of the Ebionites* was clearly familiar with the synoptic gospels, and made significant use of them. Yet, far from seeing them as authoritative portrayals of Jesus that he could not alter, he drew on them rather as sources that he could modify and rework in subtle but substantial ways, apparently according to his own theological agenda. Thus there are clear and significant differences between the *Gospel of the Ebionites* and the canonical sources with which its author worked. As for the *Gospel according to the Hebrews*, the evidence is more varied. Its surviving fragments show less dependence on or overlap with canonical traditions, but little or any material that would necessarily put it at variance with them. One possible ex-

---

22 J. Frey, "Die Scholien nach dem 'jüdischen Evangelium' und das sogenannte Nazoräerevangelium", in *ZNW* 94 (2003) 122–137.

23 E.g. in Vielhauer/Strecker, and in Klijn.

24 Frey, "Judenchristliche Evangelien".

25 Luomanen, in fact, argues that there was neither a Jewish-Christian sect called the Nazoraeans nor a Gospel of Nazoraeans. Cf. id., *Recovering Jewish-Christian Sects and Gospels* (VCSupp 110; Leiden: Brill, 2011).

26 Frey, Scholien, 136.

ception, if attributed to this gospel, is the text that appears to present James as the first witness to the resurrection, in contradiction to the canonical gospels and to Paul. A similar conclusion might also be drawn about the *Gospel of the Nazoraeans*, if its existence as a discrete gospel is accepted. It shows more affinity with the synoptic gospels than does the *Gospel according to the Hebrews*, but such fragments as survive appear less to depend on canonical texts than to be broadly consistent with but additional to them. Thus its account of Jesus' baptism might supplement rather than contradict canonical narratives (which show a significant degree of tension between themselves at this point), but this gospel would contradict both the canonical gospels and 1 Corinthians if it were the *Gospel of the Nazoraeans* rather than the *Gospel according to the Hebrews* that presented James as the first witness to Jesus' resurrection.

Thomas R. Karmann

„Rein bin ich und von einem Mann weiß ich nichts!“

Zur Rezeption neutestamentlicher Texte und Motive im *Protevangelium Jacobi*[*]

Einordnung

Beim sog. *Protevangelium Jacobi* handelt es sich um eine der bekanntesten apokryphen Schriften des antiken Christentums. Unter denjenigen Texten dieser Gruppe, welche die Vorgeschichte Jesu zum Inhalt haben, ist er darüber hinaus wohl auch der älteste.[1] In der handschriftlichen Überlieferung ist die Form des Haupttitels recht unterschiedlich tradiert, durchgehend ist dabei aber von der Geburt Mariens die Rede.[2] Der heute in der Wissenschaft gebräuchliche Name geht hingegen auf den französischen Humanisten Guillaume Postel zurück, der die Schrift im christlichen Osten kennengelernt und für das Abendland wiederentdeckt hatte.[3] Der Text selbst nennt einen Jakobus als Verfasser, der die Schrift kurz vor dem Tod des Herodes zusammengestellt habe. Damit ist wohl der Herrenbruder gemeint.[4] Das *Protevangelium* stammt jedoch mit

---

* Herrn Prof. Dr. Dr. Alfons Fürst zum 50. Geburtstag gewidmet.

1 Die Einleitungsfragen können im Rahmen dieses Aufsatzes nur knapp angerissen werden. Vgl. allgemein hierzu S. Pellegrini, „Das Protevangelium des Jakobus“, in C. Markschies/J. Schröter (ed.), *Antike christliche Apokryphen in deutscher Übersetzung. Bd. 1/2: Evangelien und Verwandtes* (Tübingen: Mohr Siebeck, 2012), 903-929. Als Textgrundlage wird hier die zweisprachige Ausgabe von G. Schneider (ed.), *Evangelia infantiae apocrypha/Apokryphe Kindheitsevangelien* (FC 18; Freiburg et al.: Herder, 1995), 95–145 verwendet. Die wichtige Monographie von A. Toepel, *Das Protevangelium des Jakobus. Ein Beitrag zur Diskussion um Herkunft, Auslegung und theologische Einordnung* (FThS 71; Münster: Aschendorff 2013) erschien erst nach Fertigstellung des vorliegenden Beitrags und konnte leider nicht mehr berücksichtigt werden.

2 Der frühe Textzeuge *Pap. Bodmer V* bringt am Anfang und am Ende den Haupttitel Γένεσις Μαρίας (FC 18, 96 u. 144). Vgl. zur handschriftlichen Überlieferung des Titels É. de Strycker, *La forme la plus ancienne du Protévangile des Jacques. Recherches sur le Papyrus Bodmer 5 avec une édition critique du texte grec et une traduction annotée* (SHG 33; Brüssel: Soc. des Bollandistes, 1961), 211–212.

3 Vgl. hierzu I. Bachus, „Guillaume Postel, Théodore Bibliander et le ‚Protévangile des Jacques‘. Introduction historique, édition et traduction française du MS. Londres, British Library, Sloane 1411, 260r–267r“, in *Apocrypha* 6 (1995) 7–65. Mit dem Titel *Protevangelium* scheint die Vorstellung verbunden gewesen zu sein, dieses Werk gehöre als Vorspann zum Mk-Ev., welches ja mit dem Wirken Johannes’ des Täufers einsetzt. Mk 1,2–8 schließt insofern in gewisser Weise direkt an *Protev.* 22,3 (FC 18, 138–140) an.

4 In *Pap. Bodmer V* lautet der Untertitel des Werks Ἀποκάλυψις Ἰακώβ (FC 18, 96 u. 144). Der angebliche Autor geht in 25,1 (FC 18, 142–144) dann auch auf die fiktiven Entstehungsumstände der Schrift ein. Die Autorenangabe Jakobus findet sich allerdings nicht in allen Handschriften. Jedoch

Sicherheit aus dem 2. Jahrhundert, wahrscheinlich aus dessen zweiter Hälfte.[5] Wo der Text entstanden ist, ist kaum zu entscheiden. Vieles scheint jedoch gegen Palästina zu sprechen, manches hingegen für Ägypten, allerdings können auch Syrien oder Kleinasien nicht ausgeschlossen werden.[6]

Die apokryphe Schrift kann in drei größere Abschnitte unterteilt werden: In den ersten zehn Kapiteln wird die Empfängnis und Geburt Marias, der Tochter des reichen Joachim und seiner Frau Anna, ihr Aufwachsen in Elternhaus und Tempel sowie ihre Vermählung mit Josef erzählt. Die Kapitel 11 bis 21 unternehmen anschließend den Versuch, die matthäische und lukanische Vorgeschichte miteinander zu kombinieren. Es werden die Empfängnis und Geburt Jesu dargestellt. Der Fokus liegt dabei auf der Jungfräulichkeit Mariens, die weder durch den Witwer Josef, dem sie durch Los anvertraut ist, noch durch die Geburt Jesu verletzt wird. Die Kapitel 22 bis 24 erzählen schließlich vom Kindermord in Betlehem, der auch Johannes den Täufer gefährdet und zum Tode seines Vaters Zacharias führt. Kapitel 25 kann als Epilog bezeichnet werden, in dem der angebliche Autor der Schrift auf deren Entstehungsumstände eingeht.[7]

---

spricht bereits Origenes von dem Werk als ἡ βίβλος Ἰακώβου; Origenes, *comm. in Mt.* X, 17 (GCS 40, 21); vgl. hierzu de Strycker, *Forme*, 209–210 u. 212–216.

[5] Zur Datierung vgl. u.a. de Strycker, *Forme*, 412–418; P.A. van Stempvoort, „The Protevangelium Jacobi, the Sources of its Theme and Style and their Bearing on its Date", in *StEv* 3/2 = *TU* 88 (1964) 410–426, hier 413–425; H.R. Smid, *Protevangelium Jacobi. A Commentary* (ANT 1; Assen: Van Gorcum, 1965), 22–24; R.F. Hock, *The Infancy Gospels of James and Thomas. With Introduction, Notes, and Original Text Featuring the New Scholars Version Translation* (Santa Rosa: Polebridge Press, 1995), 11–12. Neben der in Anm. 4 erwähnten Notiz bei Origenes wird in der Forschung auch eine Stelle bei Clemens von Alexandrien für die Bestimmung des *terminus ante quem* herangezogen. Clemens spielt hier wohl auf die Jungfräulichkeitsprobe an Maria an, er scheint dabei aber wohl die Hebamme und Salome miteinander gleichzusetzen; vgl. Clemens Alex., *strom.* VII, 16, 93, 7 (GCS 17, 66). Darüber hinaus wird z.T. jedoch auch eine Beziehung zwischen dem *Protev.* und den Schriften Justins vermutet. Zervos nimmt z.B. an, dass Justin das Apokryphon bereits kannte und datiert die Schrift deshalb auf die Zeit vor 150 n.Chr.; vgl. G.T. Zervos, „Dating the Protevangelium of James. The Justin Martyr Connection", in *SBL.SP* 33 (1994) 415–434. Für eine ähnliche Datierung plädiert Zervos auch in „Seeking the Source of the Marian Myth. Have We Found the Missing Link?", in F.S. Jones (ed.), *Which Mary? The Marys of Early Christian Tradition* (SBL.SS 19; Atlanta: SBL, 2002), 107–120.

[6] Zur Lokalisierung vgl. u.a. de Strycker, *Forme*, 419–423; Smid, *Protevangelium*, 20–22 u. 174–176; Hock, *Infancy*, 12–13. Aufgrund der Tatsache, dass der Autor die Geographie Palästinas und das jüdische Brauchtum wohl nur unzureichend kennt, folgert man, dass er weder aus dem Hl. Land stammen, noch Judenchrist gewesen sein kann. Diese Einschätzung wird in der neueren Forschung jedoch z.T. wieder in Frage gestellt. Vgl. hierzu u.a. F. Manns, *Essais sur le judéo-christianisme* (ASBF 12; Jerusalem: Franciscan Print. Press, 1977), 106–114; M. Lowe, „Ἰουδαῖοι of the Apocrypha. A Fresh Approach to the Gospels of James, Pseudo-Thomas, Peter and Nicodemus", in *NT* 23 (1981) 56–90, hier 59–71; T.J. Horner, „Jewish Aspects of the Protevangelium of James", in *JECS* 12 (2004) 313–335.

[7] Vgl. u.a. Schneider, *Kindheitsevangelien*, 22–23; Hock, *Infancy*, 4–8; H.-J. Klauck, *Apokryphe Evangelien. Eine Einführung* (Stuttgart: KBW, [3]2008), 90. Die Schrift unter dem Namen des Jakobus wird in der Forschung ganz unterschiedlich untergliedert, allerdings wird meist von einer Dreiteilung des Werks ausgegangen.

Die Einheitlichkeit des hier zu besprechenden Werkes wurde in der Forschung immer wieder in Frage gestellt. Dabei wurde vor allem darauf verwiesen, dass die Erzählperspektive bei der Schilderung vom Stillstand der Natur während der Geburt Jesu unvermittelt wechselt und dieser Abschnitt bei dem frühen Textzeugen *Papyrus Bodmer V* aus dem 3. oder 4. Jahrhundert fehlt.[8] Jüngere Handschriften beinhalten darüber hinaus ein Gebet der Salome, das sich in diesem Papyrus ebenfalls nicht findet.[9] Außerdem geraten am Ende der Schrift die bisherigen Hauptpersonen aus dem Blickfeld und stattdessen wird die Ermordung des Zacharias geschildert. Dieser Martyriumsbericht wurde teilweise als ursprünglich selbständige, erst später dem Werk hinzugefügte Erzählung betrachtet.[10] In der aktuellen Forschung wird jedoch wieder zunehmend die Einheit der Schrift betont, wobei natürlich zu vermuten ist, dass bereits dem Verfasser unterschiedliche Stoffe vorlagen, die er miteinander zu verbinden suchte.[11]

Umstritten ist daneben auch die Frage nach der Gattung des *Protevangeliums*. Das Werk wird zum Teil als christlicher Midrasch oder als Legendenkranz beschrieben. Daneben wird aber auch die Nähe zur Apologie, zum Enkomion oder zum Roman herausgestellt.[12] Der Text selbst verwendet den Begriff ἱστορία, was in diesem Zusammenhang aber wohl nicht mehr als „Geschichte“ bzw. „Erzählung“ bedeutet.[13] Sicher ist nur, dass es sich bei dieser Schrift an-

---

8 Vgl. *Protev.* 18,2–3 (FC 18, 126–128).

9 Vgl. *Protev.* 20,2 (FC 18, 132–134).

10 Vgl. *Protev.* 22,3–24,4 (FC 18, 138–142). Zur Frage nach einem selbständigen Zacharias-Martyrium vgl. u.a. A. Berendts, *Studien über Zacharias-Apokryphen und Zacharias-Legenden* (Leipzig: Hinrichs, 1895); id., *Die handschriftliche Überlieferung der Zacharias- und Johannes-Apokryphen* (TU 26/3; Leipzig: Hinrichs, 1904); Smid, *Protevangelium*, 178–180; E. Lucchesi, „Martyre de Zacharie et Protévangile de Jacques“, in *Muséon* 101 (1988) 65–76; J.-D. Dubois, „La mort de Zacharie. Mémoire juive et mémoire chrétienne“, in *REAug* 40 (1994) 23–38.

11 Zur Frage nach der Einheitlichkeit des *Protev.* vgl. u.a. A. von Harnack, *Geschichte der altchristlichen Litteratur bis Eusebius. Bd. 2/1: Die Chronologie der Litteratur bis Irenäus* (Leipzig: Hinrichs, ²1897), 598–603; de Strycker, *Forme*, 6–13 u. 377–412; Schneider, *Kindheitsevangelien*, 23–25; Hock, *Infancy*, 13–20. Harnack unterschied z.B. drei verschiedene, urspr. selbständige Teile (*Nativitas Mariae* 1–17, *Apocryphum Josephi* 18–20, *Apocryphum Zachariae* 22–24), die sukzessiv zusammengewachsen seien. Ein solcher Wachstumsprozess lässt sich allerdings nicht belegen, die frühe Textüberlieferung scheint sogar eher dagegen zu sprechen. Darüber hinaus wird auch auf stilistische und formale Aspekte hingewiesen, welche die Einheit des Werks nahezulegen scheinen.

12 Vgl. hierzu u.a. É. Cothenet, „Le Protévangile de Jacques. Origine, genre et signification d'un premier midrash chrétien sur la Nativité de Marie“, in *ANRW* II 25/6 (1988) 4252–4269, hier 4259–4263; Schneider, *Kindheitsevangelien*, 25; Hock, *Infancy*, 15–20; C.L. Quarles, „The Protevangelium of James as an Alleged Parallel to Creative Historiography in the Synoptic Birth Narratives“, in *BBR* 8 (1998) 139–149; O. Ehlen, *Leitbilder und romanhafte Züge in apokryphen Evangelientexten. Untersuchungen zur Motivik und Erzählstruktur (anhand des Protevangelium Jacobi und der Acta Pilati Graec. B)* (AwK 9; Stuttgart: Steiner, 2004), 173–179.

13 Vgl. *Protev.* 25,1 (FC 18, 142–144); J.L. Allen, „The ‚Protevangelium of James‘ as an ‚Historia‘. The Insufficiency of the ‚Infancy Gospel‘ Category“, in *SBL.SP* 30 (1991) 508–517. Die Schrift wird in 25,1 zweimal als ἱστορία bezeichnet. Dieses Lexem findet sich daneben auch noch in *Protev.* 1,1 (FC 18, 96) u. 13,1 (118).

ders, als der moderne Titel vermuten lässt, um kein *Evangelium* handelt, sondern um eine Sammlung von Vorgeschichten. Da über weite Strecken des Werks Maria und nicht Jesus im Vordergrund steht, ist es aber auch fraglich, ob es ganz glücklich ist, diesen Text in die Kategorie *Kindheitsevangelien* einzuordnen.[14]

Die Wirkungsgeschichte des *Protevangelium Jacobi* ist enorm. Das Werk weiß bezüglich der Herkunft Marias, ihrer Kindheit und Jugend eine Menge zu berichten, worüber die Schriften des Neuen Testaments völlig schweigen. Gerade deswegen hat es auf Liturgie und Kunst, aber auch auf das Dogma einen nicht unbeträchtlichen Einfluss ausgeübt. Beispielsweise verdanken die Feste Mariae Empfängnis, Mariae Geburt und Mariae Opferung oder das Fest ihrer Eltern Joachim und Anna ihre Entstehung und Ausformung wohl letztlich diesem Apokryphon.[15] Die große Beliebtheit dieser Schrift im christlichen Osten zeigt sich darüber hinaus aber auch an der stattlichen Anzahl der erhaltenen Handschriften[16] und den zahlreichen Übersetzungen in orientalische Sprachen.[17]

---

[14] Zur Kritik am Begriff *Kindheitsevangelien* vgl. Allen, „Protevangelium", 508–517; U.U. Kaiser, „Jesus als Kind. Neuere Forschungen zur Jesusüberlieferung in den apokryphen ‚Kindheitsevangelien'", in J. Frey/J. Schröter/J. Spaeth (ed.), *Jesus in apokryphen Evangelienüberlieferungen. Beiträge zu außerkanonischen Jesusüberlieferungen aus verschiedenen Sprach- und Kulturtraditionen* (WUNT 254; Tübingen: Mohr Siebeck, 2010), 253–269, hier 253–257.

[15] Vgl. zur Wirkungsgeschichte u.a. L.M. Peretto, „Influsso del Protovangelo di Giacomo nei secoli II–IV", in *Mar.* 19 (1957) 59–78; Schneider, *Kindheitsevangelien*, 28–34; Hock, *Infancy*, 27–28; L. Cross, „The Protevangelium of James in the Formulation of Eastern Christian Marian Theology", in *StPatr* 40 (2006) 381–391; C.B. Horn, „Intersections. The Reception History of the Protoevangelium of James in Sources from the Christian East and in the Qur'ān", in *Apocrypha* 17 (2006) 113–150; I.-C. Gazzola, „La présentation de Marie au Temple. Lorsque la liturgie devient lieu de transmission d'une tradition apocryphe", in F.-M. Humann (ed.), *Les apocryphes chrétiens de premiers siècles. Mémoire et traditions* (ThU 7; Paris: Desclée de Brouwer, 2009), 63–89. Cullmann äußert sich zum *Protev.* z.B. folgendermaßen: „Abgesehen von seiner Bedeutung für die katholische Frömmigkeit und Kunst kann seine dogmengeschichtliche Bedeutung im engeren Sinn im Hinblick auf die neuesten Entwicklungen des Katholizismus nicht stark genug betont werden"; O. Cullmann, „Kindheitsevangelien", in W. Schneemelcher (ed.), *Neutestamentliche Apokryphen. Bd. 1: Evangelien* (Tübingen: Mohr Siebeck, 1990), 330–372, hier 338.

[16] Zur handschriftlichen Überlieferung vgl. u.a. de Strycker, *Forme*, 21–35 u. 319–353; id., „Die griechischen Handschriften des Protevangeliums Iacobi", in D. Harlfinger (ed.), *Griechische Kodikologie und Textüberlieferung* (Darmstadt: WBG, 1980), 577–611. De Strycker zählt insgesamt 140, wenn auch z.T. fragmentarische griechische Handschriften. Leider sind die beiden hierzu an der Duke University entstandenen Dissertationen von B. Daniels, *The Greek Manuscript Tradition of the Protevangelium Jacobi*, 2 Bde., aus dem Jahr 1956 und G.T. Zervos, *Prolegomena to a Critical Edition of the Genesis Marias (Protevangelium Jacobi)*, aus dem Jahr 1986 unveröffentlicht geblieben.

[17] Vom *Protev.* existieren Übersetzungen und Paraphrasen ins Syrische, Koptische, Armenische, Georgische, Arabische, Äthiopische und Slawische. Die große Bedeutung der Schrift in der Ostkirche belegen allein die knapp 170 kirchenslawischen Handschriften. Daneben gibt es aber auch eine alte lateinische und gälische Überlieferung; vgl. hierzu u.a. de Strycker, *Forme*, 35–49 u. 353–373; Cullmann, „Kindheitsevangelien", 335–336; Schneider, *Kindheitsevangelien*, 31–34; J.K. Elliott, *A Synopsis of the Apocryphal Nativity and Infancy Narratives* (NTTS 34; Leiden et al.: Brill, 2006), XXI–XXII u. XXV–XXVII.

Von den lateinischen Übertragungen des *Protevangeliums* sind nur noch spärliche Reste erhalten. Die Gründe liegen wohl darin, dass das *Decretum Gelasianum* die Schrift verurteilte[18] und dass sich im Abendland eine andere Lösung bezüglich der Frage nach den Geschwistern Jesu durchsetzte als die von unserem Apokryphon propagierte. Hieronymus deutet diese nämlich im Sinne von Verwandten Jesu, während Ps.-Jakobus die bis heute im Osten gängige Tradition vertritt, nach der die Brüder Jesu Söhne Josefs aus dessen erster Ehe sind.[19] Trotz der Ablehnung des *Protevangeliums* in der westlichen Kirche waren seine Inhalte im Mittelalter jedoch auch dort bekannt, und zwar durch verschiedene Apokryphen, welche die Schrift des Jakobus aufgriffen und teilweise mit der *Kindheitserzählung des Thomas* verbanden. An erster Stelle ist hierbei das *Pseudo-Matthäusevangelium* zu nennen.[20]

Fragestellung

Der vorliegende Band macht es sich im Rahmen der Reihe *Novum Testamentum Patristicum* zur Aufgabe, die Auslegung oder wohl besser gesagt: die Rezeption neutestamentlicher Texte in der antiken apokryphen Literatur zu untersuchen. Diese Aufgabenstellung führt zunächst aber zu prinzipiellen Fragen. Zum einen: Was sind eigentlich apokryphe Schriften und inwieweit lässt sich das in diesem Beitrag zu besprechende *Protevangelium Jacobi* unter eine mög-

18 Der zweite Teil des sog. *Decr. Gelas.*, das wohl im späten 5. oder frühen 6. Jahrhundert in Südgallien entstanden ist, nennt u.a. eine umfangreiche Liste zu verurteilender Schriften. Von diesen könnten zwei, evtl. sogar drei das *Protev.* oder mit ihm verwandte Texte in den Blick nehmen: *Evangelium nomine Iacobi minoris – Liber de nativitate salvatoris et de Maria vel obstetrice – Liber de infantia salvatoris. Decr. Gelas.* 5, 3, 3; 4, 2; 4, 1 (TU 38/4, 11). Vgl. hierzu auch E. von Dobschütz, *Das Decretum Gelasianum de libris recipiendis et non recipiendis* (TU 38/4; Leipzig: Hinrichs, 1912), 294–297; Klauck, *Evangelien*, 10–12 u. 255–256.

19 Vgl. u.a. *Protev.* 9,2; 17,2 u. 18,1 (FC 18, 112, 124 u. 126); Hieronymus, *virg. Mar.* 13–16 (PL 23, 205–211); *in Math.* II, 12,49 u. 47 (CCL 77, 100–101). Zur vielverhandelten Frage nach den Geschwistern Jesu vgl. u.a. J. Blinzler, *Die Brüder und Schwestern Jesu* (SBS 21; Stuttgart: KBW, 1967); W.A. Bienert, „Jesu Verwandtschaft", in Schneemelcher, *Apokryphen*, 373–386, hier 373–379; J.P. Meier, „The Brothers and Sisters of Jesus in Ecumenical Perspective", in *CBQ* 54 (1992) 1–28; R. Bauckham, *Jude and the Relatives of Jesus in the Early Church* (London: T & T Clark, 2004), 5–133.

20 Zu den lateinischen Kindheitsevangelien vgl. u.a. É. Amann (ed.), *Le Protévangile de Jacques et ses remaniements latins. Introduction, textes, traduction et commentaire* (Paris: Letouzey et Ané, 1910); M.R. James (ed.), *Latin Infancy Gospels. A New Text, with a Parallel Version from Irish* (Cambridge: University Press, 1927); Schneider, *Kindheitsevangelien*, 55–68 u. 197–269; J.-D. Kaestli, „Le Protévangile de Jacques en latin. État de la question et perspectives nouvelles", in *RHT* 26 (1996) 41–102; J. Gijsel/R. Beyers (ed.), *Libri de nativitate Mariae: Pseudo-Matthaei Evangelium/Libellus de nativitate Sanctae Mariae* (2 Bde.; CCA 9–10; Turnhout: Brepols, 1997). In diesem Zusammenhang sei auch auf die irische Tradition verwiesen; vgl. u.a. M. McNamara et al. (ed.), *Apocrypha Hiberniae. Bd. 1: Evangelia infantiae* (2 Tbde.; CCA 13–14; Turnhout: Brepols, 2001). Daneben fanden einzelne Stoffe des *Protev.* aber auch Aufnahme in orientalische Apokryphen, wie das *Arabische* und *Armenische Kindheitsevangelium*, die *Geschichte von Josef dem Zimmermann* oder das *Leben Johannes' des Täufers*; vgl. hierzu z.B. Schneider, *Kindheitsevangelien*, 32–34; Elliott, *Synopsis*.

liche Definition des Begriffs *Apokryphen* subsumieren? Zum anderen: Wie ist das in diesem Band in den Blick genommene Zueinander von apokryphen und neutestamentlichen Texten zu beschreiben und geht es hierbei tatsächlich um die Auslegung des Neuen Testaments? Die angesprochenen Fragen kann und will der vorliegende Aufsatz natürlich nicht grundsätzlich klären, es geht hier lediglich darum, das Arbeitsprogramm vorab ein wenig einzugrenzen.

Da eine wirklich befriedigende und tragfähige Definition des Begriffs *neutestamentliche* bzw. *antike christliche Apokryphen* auch weiterhin nicht in Sichtweite ist,[21] soll hier die Annäherung an das Phänomen apokrypher Literatur von Tobias Nicklas zugrunde gelegt werden. Vor dem Hintergrund aktueller literaturwissenschaftlicher Diskurse werden danach solche Texte sinnvoll als christliche Apokryphen interpretiert, die nicht Teil der Bibel geworden sind, welche aber als Hypertexte zur Heiligen Schrift, vor allem zum Neuen Testament gelesen werden wollen.[22]

Überträgt man dieses Konzept auf das *Protevangelium*, wird schnell deutlich, dass dieser Text als antikes christliches Apokryphon angesehen werden kann. Die Schrift unter dem Namen des Jakobus ist weder Teil der heutigen christlichen Bibel, noch scheint sie trotz ihrer intensiven liturgischen Verwendung jemals irgendwo als solcher betrachtet worden zu sein. Andererseits ist dieser Text ohne die christliche Bibel aber kaum verstehbar. Die auftretenden Personen, die Orts- und Zeitangaben sowie die erzählte Handlung verweisen durchgängig auf die biblischen Schriften. Diese stellen für das *Protevangelium*

---

21 In der Forschung gibt es z.T. recht unterschiedliche Versuche, die kaum überschaubare Fülle antiker christlicher Apokryphen einzugrenzen. Dabei werden inhaltliche und formale Beziehungen dieser Texte zu einzelnen ntl. Schriften, aber auch zum ntl. Kanon als Ganzen in die Diskussion eingebracht. Daneben steht aber auch die Frage nach zeitlichen Abgrenzungen im Fokus des Interesses. Vgl. hierzu u.a. W. Schneemelcher, „Haupteinleitung", in id., *Evangelien*, 1–61, hier 40–52; É. Junod, „Apocryphes du Nouveau Testament: Une appellation erronée et une collection artificielle. Discussion de la nouvelle definition proposée par W. Schneemelcher", in *Apocrypha* 3 (1992) 17–46; C. Markschies, „‚Neutestamentliche Apokryphen'. Bemerkungen zu Geschichte und Zukunft einer von E. Hennecke 1904 begründeten Quellensammlung", in *Apocrypha* 9 (1998) 97–132; S.C. Mimouni, „Le concept d'apocryphité dans la christianisme ancien et médiéval. Réflexions en guise d'introduction", in id. (ed.), *Apocryphité. Histoire d'une concept transversal aux religions du livre. En hommage à P. Geoltrain* (BEHE.SR 113; Turnhout: Brepols, 2002), 1–21; D. Lührmann, „‚Was einem jeden offenbart wird, wollen wir einander erzählen.' Der Kanon und die apokryph gewordenen Evangelien", in id., *Die apokryph gewordenen Evangelien. Studien zu neuen Texten und neuen Fragen* (NTS 112; Leiden et al.: Brill, 2004), 1–54. C. Markschies, „Haupteinleitung", in id./Schröter, *Evangelien*, 1-180.

22 Vgl. T. Nicklas, „Semiotik – Intertextualität – Apokryphität. Eine Annäherung an den Begriff ‚christlicher Apokryphen'", in *Apocrypha* 17 (2006) 55–78. Nicklas geht es hierbei nicht um eine klare Definition, sondern er sucht „vielmehr einen möglichen Blickwinkel auf apokryphe Texte zu beschreiben und dabei gleichzeitig einer ‚radikalen Offenheit' des Apokryphenbegriffs gerecht zu werden"; ibid. 75. Vgl. darüber hinaus auch id., „‚Écrits apocryphes chrétiens': Ein Sammelband als Spiegel eines weitreichenden Paradigmenwechsels in der Apokryphenforschung", in *VigChr* 61 (2007) 70–95, v.a. 90–92; id., „Gedanken zum Verhältnis zwischen christlichen Apokryphen und hagiographischer Literatur. Das Beispiel der Veronica-Traditionen", in *NedThT* 62 (2008) 45–63.

Jacobi privilegierte Hypotexte dar, der Bezug zum Neuen Testament ist für das Verständnis dieser Schrift also äußerst bedeutungsvoll.

Damit ist auch bereits die zweite Frage angesprochen. Christliche Apokryphen und somit auch das Werk des Ps.-Jakobus stellen Hypertexte zur Bibel und vor allem zum Neuen Testament dar, sie sind aber anders als Kommentare oder Homilien zu den biblischen Schriften nicht direkt Metatexte zu diesen. Es geht hier also wohl zumindest nicht in einem engen Sinn um Auslegung, sondern in einem ganz weiten um jede Form der Rezeption bzw. um jegliche Bezugnahme auf das Neue Testament im *Protevangelium*.[23]

Bei diesem Zueinander von Texten können grundsätzlich zwei Ansätze unterschieden werden. Einerseits kann mit Blickrichtung auf die Produktion bzw. Genese apokrypher Texte etwa danach gefragt werden, welche biblischen Schriften der Autor des *Protevangeliums* bei der Abfassung seines Werks im Fokus hatte oder welche er direkt als Quellen heranzog. Andererseits ist es aber auch möglich, die Beziehung zwischen biblischen und apokryphen Texten nicht vom Autor, sondern vom Leser oder Hörer her verstehen zu wollen. Im Zentrum des Interesses steht dabei die Textkonstitution durch den Rezipienten. Es wird also danach gefragt, welche biblischen Texte bei der Lektüre eines Apokryphons eingespielt werden können bzw. welche für das Verständnis sogar letztlich eingespielt werden müssen.[24] Beide Zugangsweisen werden hier nicht konträr betrachtet, sondern komplementär verstanden.[25]

---

23 Die hier verwendete Terminologie geht auf die Intertextualitätstheorie G. Genettes zurück, wobei dieser mit Blick auf Beziehungen von Texten zueinander in einem ganz allgemeinen Sinn allerdings nicht von Inter-, sondern von Transtextualität spricht. Genette unterscheidet fünf Typen transtextueller Beziehungen, den Begriff Intertextualität benutzt er dabei für Zitate und Anspielungen; vgl. id., *Palimpseste. Die Literatur auf zweiter Stufe* (Frankfurt a.M.: Suhrkamp, 1993), 9–18. Es ist allerdings anzumerken, dass sich die fünf Typen nicht trennscharf voneinander abgrenzen lassen, z.T. hängen sie eng miteinander zusammen, ja verschwimmen geradezu ineinander. Vor diesem Hintergrund ist es dann evtl. sogar in gewisser Weise zutreffend, mit F. Bovon von zwei unterschiedlichen Typen antiker Schriftauslegung zu sprechen, und zwar von derjenigen, wie man sie in Kommentaren und Homilien findet, sowie von derjenigen, wie sie uns in apokryphen Schriften begegnet; vgl. id., „Jesus' Missionary Speech as Interpreted in the Patristic Commentaries and the Apocryphal Narratives", in T. Fornberg/D. Hellholm (ed.), *Texts and Contexts. Biblical Texts in their Textual and Situational Contexts. Essays in Honor of L. Hartman* (Oslo et al.: Scandinavian University Press, 1995), 871–886, hier 884.

24 Vgl. z.B. Nicklas, „Semiotik", 66–68 u. 71–73. Die beiden oben genannten Ansätze werden häufig, aber wohl nicht ganz zutreffend mit den Schlagwörtern „Dia-" und „Synchronie" zu beschreiben gesucht, evtl. ist es jedoch hilfreicher, bei der ersten Zugangsweise zwar von einem „zeitlichen Nacheinander" auszugehen, bei der zweiten aber eher ein „räumliches Nebeneinander" anzunehmen.

25 Mit Blick auf das *Protev.* finden sich die beiden intertextuellen Herangehensweisen beispielhaft in einem Beitrag von W.S. Vorster angewandt; vgl. id., „The Protevangelium of James and Intertextuality", in T. Baarda et al. (ed.), *Text and Testimony. Essays on New Testament and Apocryphal Literature in Honour of A.F.J. Klijn* (Kampen: Kok, 1988), 262–275. Anders als bei Vorster richtet sich der Fokus des vorliegenden Aufsatzes allerdings fast nur auf die Bezüge der apokryphen Schrift zu ntl. werdenden bzw. gewordenen Texten.

Hauptteil

Lange Zeit bildete die Edition Tischendorfs die Basis für die Arbeit am *Protevangelium Jacobi.*[26] Durch die Funde einiger Papyrusfragmente und Palimpsestblätter, vor allem aber durch die Entdeckung des *Papyrus Bodmer V*, eines wichtigen Textzeugen wohl aus dem frühen 4. Jahrhundert, ist diese Ausgabe jedoch nicht mehr zeitgemäß. Die neugefundenen Texte, aber auch die alten Übersetzungen der apokryphen Schrift fanden Eingang in die kritische Edition von de Strycker, sie stellt derzeit die zuverlässigste Grundlage für die wissenschaftliche Diskussion dar.[27]

Obwohl das *Protevangelium* zu den bekanntesten Apokryphen gehört, soll das Werk im Folgenden relativ ausführlich vorgestellt werden. Der Schwerpunkt liegt dabei auf den Beziehungen dieser Schrift zu neutestamentlichen Texten. Eine detaillierte Besprechung aller Bezüge zum Neuen Testament, geschweige denn eine durchgängige Kommentierung ist im Rahmen der vorliegenden Untersuchung aber natürlich nicht möglich.[28]

[26] Vgl. K. von Tischendorf (ed.), *Evangelia apocrypha. Adhibitis plurimis codicibus Graecis et Latinis maximam partem nunc primum consultis atque ineditorum copia insignibus* (Leipzig: Mendelssohn, 1853), 1–49. Tischendorf benutzte für seine Edition 17 Handschriften. Zur Geschichte der Textausgaben insgesamt vgl. u.a. de Strycker, *Forme*, 3–6 u. 21–50; Smid, *Protevangelium*, 3–9; Cullmann, „Kindheitsevangelien", 334–336; Schneider, *Kindheitsevangelien*, 29–31, 86 u. 343–344; Hock, *Infancy*, 28–30.

[27] Vgl. de Strycker, *Forme*, 64–191. De Strycker verarbeitete in seiner Edition neben den gedruckten griechischen Texten auch die frühen Versionen, v.a. aber auch den erst drei Jahre zuvor veröffentliche *Pap. Bodmer V.* Diesem frühen Textzeugen, der ja bereits selbst das Ergebnis einer kürzenden Bearbeitung darstellt, maß er dabei große Bedeutung zu. Zu diesem Textzeugen vgl. auch M. Testuz (ed.), *Papyrus Bodmer V. Nativité de Marie* (Cologny et al.: Bibliothèque Bodmer, 1958); T. Nicklas/T. Wasserman, „Theologische Linien im Codex Bodmer Miscellani?", in T.J. Kraus/T. Nicklas (ed.), *New Testament Manuscripts. Their Texts and their World* (TENTS 2; Leiden et al.: Brill, 2006), 161–188, v.a. 171–173. Hier wird die griechisch/deutsche Textausgabe von Schneider, *Kindheitsevangelien*, 95–145 zugrunde gelegt, die auf der Edition de Stryckers beruht, aber anders als diese oder auch Hock, *Infancy*, 32–77 die traditionelle Kapitel- und Paragrapheneinteilung übernimmt. Eine allen Ansprüchen tatsächlich genügende kritische Edition fehlt aber leider weiterhin. Insgesamt bleibt festzustellen, dass die Textüberlieferung des *Protev.* sehr vielschichtig ist. „Theologische Interessen und Volksfrömmigkeit haben dafür gesorgt, daß sich der Text dieser Schrift[en] nicht im gleichen Maße stabilisieren konnte wie der Text der kanonischen Evangelien. Hinsichtlich der ursprünglichen Textgestalt sind wir daher in der Regel auf Vermutungen angewiesen, … ." H. Köster, „Überlieferung und Geschichte der frühchristlichen Evangelienliteratur", in *ANRW* II 25/2 (1984) 1463–1542, hier 1483.

[28] Hinsichtlich der Bezüge des *Protev.* zu biblischen Texten gibt es bereits einige Vorarbeiten; vgl. z.B. L.M. Peretto, „Testi sacri nel Protovangelo di Giacomo", in *RivBib* 3 (1955) 174–178 u. 235–256; de Strycker, *Forme*, 417–418 u. 424–437; Hock, *Infancy*, 21–25. Als Hilfsmittel zur Arbeit an der apokryphen Schrift seien darüber hinaus u.a. noch P. Vannutelli, *Protevangelium Jacobi synoptice* (Rom: 1940) u. A. Fuchs/C. Eckmair, *Konkordanz zum Protoevangelium des Jakobus* (SNTU.B 3; Freistadt: Plöchl, 1978) genannt.

Der Titel

Auch wenn der Haupttitel in den Handschriften eine recht unterschiedliche Form aufweist, so wird durch ihn doch von Anfang an ein Bezug zum Neuen Testament hergestellt. Dies hängt natürlich mit der Protagonistin des Apokryphons zusammen, Maria wird nämlich bereits im Titel genannt. Im *Papyrus Bodmer V* wird dieser Bezug allerdings noch deutlicher, dort lautet die Überschrift nämlich: „Geburt“ bzw. „Geschichte Marias“, und damit ist der Leser schon mit dem ersten Wort auf den Beginn des *Matthäusevangeliums* verwiesen.[29]

Auch der Untertitel dieses Textzeugens weist eine Beziehung zum Neuen Testament auf. Mit der Wendung: „Offenbarung“ bzw. „Apokalypse Jakobs“ wird ein Bezug zum ersten Wort der *Offenbarung des Johannes* hergestellt und auch die Verfasserangabe verweist auf Personen des Namens Jakobus in den neutestamentlichen Schriften. Der Leser könnte den Autor des *Protevangeliums* z.B. mit dem des *Jakobusbriefes* identifizieren. Allerdings wird der Herrenbruder Jakobus zwar in den meisten, aber nicht in allen Manuskripten als Verfasser der Schrift genannt.[30]

Die Eltern Mariens

Zu Beginn des Apokryphons wird Joachim, der künftige Vater Marias, vorgestellt. Er wird als reicher, gerechter und frommer Israelit charakterisiert.[31] An-

---

29 *Protev*. inscr. u. subscr. (FC 18, 96 u. 144): Γένεσις Μαρίας. Vgl. Mt 1,1: Βίβλος γενέσεως Ἰησοῦ Χριστοῦ. Zur Überlieferung des Titels vgl. allgemein de Strycker, *Forme*, 208–216; id., „Le Protévangile de Jacques. Problèmes critiques et exégétiques“, in *StEv* 3/2 = TU 88 (1964) 339–359, hier 354–355; Hock, *Infancy*, 4. Zur Intertextualität des Titels vgl. auch Vorster, „Protevangelium“, 269–271. Natürlich verweist auch der moderne Titel *Protevangelium* auf das NT. Die in der apokryphen Schrift geschilderten Ereignisse gehen ja den in den Evangelien beschriebenen voraus. Das Apokryphon kann man somit wohl durchaus als eine Art Vorspann zum Mk-Ev. lesen. S.o. Anm. 3.

30 *Protev*. inscr. u. subscr. (FC 18, 96 u. 144): Ἀποκάλυψις Ἰακώβ. Vgl. Offb 1,1: Ἀποκάλυψις Ἰησοῦ Χριστοῦ; Jak 1,1. Von 16 vollständigen Handschriften nennen zwölf Jakobus als Autor. Zu den verschiedenen Personen mit Namen Jakobus im NT vgl. z.B. K. Niederwimmer, Art. Ἰάκωβος 1–5, in *EWNT* 2 (²1992) 411–415. „Gemeint kann unter den Trägern dieses Namens nur der Herrenbruder sein. Denn nur er erfüllte eine Bedingung, die für die Glaubwürdigkeit der Schrift von höchster Bedeutung ist: die *Augenzeugenschaft*. (…) Daß gerade er und nicht ein anderer der Mk 6,3 genannten Brüder Jesu gewählt wurde, hängt sicher mit seinem *Bekanntheitsgrad* aufgrund seiner Bedeutung in der frühen Kirche zusammen.“ W. Pratscher, *Der Herrenbruder Jakobus und die Jakobustradition* (FRLANT 139; Göttingen: Vandenhoeck & Ruprecht, 1987), 221–224, hier 223. Vgl. auch id., Art. Jakobus (Herrenbruder), in *RAC* 16 (1994) 1227–1243.

31 Vgl. *Protev*. 1,1 (FC 18, 96). Mit der einleitenden Wendung Ἐν ταῖς ἱστορίαις τῶν ιβ’ φυλῶν wird das hier Berichtete von Anfang an in die Geschichte Israels eingeordnet, d.h. ein direkter Bezug zum AT hergestellt; vgl. Dan 13,4. Der Name Joachim entspricht dem hebr. Jojakim, einem atl. Königs- und Priesternamen. Joachim wird wie eine der Erzvätergestalten gezeichnet. Hinweise auf atl. Texte beziehen sich natürlich durchgängig auf die LXX.

lässlich eines Opfers an einem hohen Festtag wird er aber von einem Landsmann aufgrund seiner Kinderlosigkeit zurückgewiesen.[32] Betrübt entfernt sich Joachim, findet aber im Gedanken an den Patriarchen Abraham, dem Gott noch im hohen Alter einen Sohn schenkte, einen gewissen Trost.[33] Er zieht sich hierauf für 40 Tage und Nächte zu Gebet und Fasten in die Wüste zurück.[34]

Im Anschluss schwenkt der Blickwinkel zu seiner Gattin Anna: Diese betrauert ebenfalls ihre Kinderlosigkeit, gleichzeitig nun aber auch noch ihre temporäre Witwenschaft.[35] Als ihre Magd sie aufheitern möchte, geraten die beiden Frauen aneinander. Anna muss sich dabei ähnliche Vorwürfe wie vorher ihr Mann gefallen lassen. Wie zuvor Joachim erinnert sie sich in dieser Situation an die lange unfruchtbare Erzmutter Sara und betet um Kindersegen.[36] Hierauf geht Anna in den Garten und stimmt dort ein bewegendes mehrstrophiges Klagelied an. Sie stellt dabei die Fruchtbarkeit der Natur ihrer eigenen Unfruchtbarkeit gegenüber.[37]

In den ersten drei Kapiteln des *Protevangeliums* finden sich zwar vor allem Bezüge zum Alten Testament, doch wird der Leser auch schon hier immer wieder auf neutestamentliche Texte verwiesen. Die Kinderlosigkeit Joachims und Annas könnte er beispielsweise mit der Situation des Zacharias und dessen Frau Elisabet in Beziehung setzen.[38]

---

32 Vgl. *Protev.* 1,2 (FC 18, 96). Die Formulierung ἡ ἡμέρα Κυρίου ἡ μεγάλη – noch zweimal in 2,2 (98) – findet sich auch in Joel 2,11 und Apg 2,20, meint dort aber den Tag des Gerichts; vgl. dazu auch Hock, *Infancy*, 33, Anm. 1:4. Es wird nicht ganz klar, welches Fest hier in den Blick genommen ist; vgl. evtl. auch Joh 7,37.

33 Vgl. *Protev.* 1,3 (FC 18, 96–98). Mit dem Namen Abraham wird hier natürlich auf die Erzelternerzählungen verwiesen; vgl. z.B. Gen 18,11–14; 21,1–8. Darüber hinaus könnte der Leser aber auch an Mt 1,1 erinnert werden, wo Jesus ja als „Sohn Abrahams" bezeichnet wird. Ein Hinweis auf die ntl. Stammbäume Jesu (Mt 1,1–17 u. Lk 3,23–38) könnte sich auch in der Wendung; τὴν δωδεκάφυλον τοῦ Ἰσραήλ verbergen, allerdings beinhaltet unser Apokryphon keine Genealogien.

34 Vgl. *Protev.* 1,4 (FC 18, 98). In den Formulierungen: εἰς τὴν ἔρημον und ἐνήστευσεν μ' ἡμέρας καὶ νύκτας μ' findet sich ein Anklang an Mt 4,1–2 u. Lk 4,1–2 (Mk 1,13). Vgl. aber auch Ex 24,18; 34,28; 1 Kön 19,8. Die Wendung: βρώματα καὶ πόματα verweist evtl. auf Joh 4,34 u. Hebr 9,10.

35 Vgl. *Protev.* 2,1 (FC 18, 98). Anna ist wie Joachim ein atl. Name, in der Art ihrer Charakterisierung erinnert die spätere Mutter Marias an mehrere Frauengestalten des AT, v.a. an die gleichnamige Mutter Samuels; vgl. z.B. 1 Sam 1,2.5–7; Tob 1,20. Evtl. besteht auch ein Bezug zur Prophetin Hanna aus Lk 1,36–38.

36 Vgl. *Protev.* 2,2–4 (FC 18, 98–100); Gen 17,15–16; 21,1–3. Zur Auseinandersetzung zwischen Anna und ihrer Dienerin vgl. auch B. Emmi, „Tentativo d'interpretazione del dialogo tra Anna e la serva nel Protovangelo di Giacomo (3,11–5,5)", in *StPatr 7* = TU 92 (1966) 184–193. Das in *Protev.* 2,2 (FC 18, 98) genannte κεφαλοδέσμιον, welches einen χαρακτῆρα ... βασιλικόν besitzt, könnte evtl. auf Annas königlich-davidische Herkunft hinweisen; vgl. hierzu 10,1–2 (112–114).

37 Vgl. *Protev.* 3,1–3 (FC 18, 100–102). Die Formulierung: ἠτένισεν ... εἰς οὐρανόν in 3,1 (100), die auch in 12,2 (116) begegnet, findet sich ähnlich in Apg 1,10 u. 7,55. Einige Wendungen des Klagelieds könnten evtl. ebenfalls als Anklänge an ntl. Stellen verstanden werden, allerdings sind die Parallelen doch sehr vage. Der Ausdruck τὰ πετεινὰ τοῦ οὐρανοῦ aus 3,2 (100) begegnet z.B. in Mt 6,26, jedoch u.a. auch in Gen 1,28. Ähnlich ist es mit der Formulierung: τὰ ἄλογα ζῷα aus 3,2 (100). Sie findet sich zwar in 2 Petr 2,12 u. Jud 10, daneben aber z.B. auch in Weish 11,15.

38 Vgl. Lk 1,5–7. S. aber auch Anm. 32-37. Ausführlichere Kommentierungen zu *Protev.* 1,1–3,3 finden sich u.a. bei Smid, *Protevangelium*, 25–38 u. Ehlen, *Leitbilder*, 102–114.

Die Empfängnis Mariens

In die eben beschriebene Situation greift nun Gott ein. Ein Engel erscheint Anna[39] und verkündet ihr die Geburt eines Kindes: „Anna, Anna, erhört hat Gott, der Herr, dein Gebet. Du wirst empfangen und gebären, und über deine Nachkommenschaft wird auf dem ganzen Erdkreis gesprochen werden.“[40] Dieses knappe Geburtsorakel erinnert formal und sprachlich an andere biblische, vor allem aber auch an die lukanischen Geburtsankündigungen. Anna gelobt hierauf, ihr Kind, sei es ein Junge oder ein Mädchen, dem Tempeldienst zu weihen.[41]

Anschließend berichtet das *Protevangelium* über die Ankunft Joachims mit seinen Herden. Diesem war nämlich ebenfalls ein Engel erschienen, der ihn über die Schwangerschaft seiner Frau informiert und zur Rückkehr aufgefordert hatte. Einige Textzeugen, darunter auch *Papyrus Bodmer V*, erwecken den Eindruck, als habe Anna zu diesem Zeitpunkt, also in Abwesenheit Joachims bereits ein Kind empfangen.[42]

Hierauf ordnet der werdende Vater dann zum Dank ein großzügiges Opfer an und kehrt zu seiner Frau zurück.[43] Diese begegnet ihm mit den Worten: „Nun weiß ich, dass Gott, der Herr mich reich gesegnet hat; denn siehe, die Witwe ist keine Witwe mehr, und die Kinderlose, siehe, ich habe im Leib empfangen.“[44]

---

39 *Protev.* 4,1 (FC 18, 102) beginnt folgendermaßen: Καὶ ἰδοὺ ἄγγελος Κυρίου ἔστη λέγων. Ganz ähnliche Formulierungen finden sich auch in Lk 2,9 u. Apg 12,7.

40 *Protev.* 4,1 (FC 18, 102): Ἄννα Ἄννα, ἐπήκουσεν Κύριος ὁ Θεὸς τῆς δεήσεώς σου. Συνλήμψεις καὶ γεννήσεις, καὶ λαληθήσεται τὸ σπέρμα σου ἐν ὅλῃ τῇ οἰκουμένῃ. In der Wendung: ἐπήκουσεν Κύριος ὁ Θεὸς τῆς δεήσεώς σου klingt Lk 1,13, aber auch Dan 13,44 an. Die Formulierung: συνλήμψεις καὶ γεννήσεις weist u.a. gewisse Berührungen mit Lk 1,13 u. 31 auf. Es ist darüber hinaus auch nicht auszuschließen, dass im letzten Satzteil Formulierungen aus Mt 26,13 u. 24,14 anklingen. Zur Gattung Geburtsorakel vgl. allgemein z.B. D. Zeller, „Die Ankündigung der Geburt. Wandlungen einer Gattung“, in R. Pesch (ed.), *Zur Theologie der Kindheitsgeschichten. Der heutige Stand der Exegese* (München/Zürich: Schnell & Steiner, 1981), 27–48.

41 Vgl. *Protev.* 4,1 (FC 18, 102). Anna verhält sich hier ähnlich wie ihre atl. Namensvetterin Hanna, die Mutter Samuels; vgl. 1 Sam 1,11.28; 2,11.

42 Vgl. *Protev.* 4,2 (FC 18, 102). Die Geburtsankündigung an Joachim wird nur indirekt berichtet. Sprachlich und formal ähnelt sie der an Anna, sie weist somit auch dieselben ntl. Anklänge wie diese auf; vgl. Lk 1,31, daneben aber auch Gen 16,11 u. Ri 13,5.7. Die Wendung: Ἰδοὺ ἡ γυνή σου Ἄννα ἐν γαστρὶ εἴληφεν legt eine bereits erfolgte Empfängnis nahe. Daneben ist als Variante aber auch die futurische Form (λήψεται) belegt. Vgl. hierzu u.a. de Strycker, *Forme*, 80, App. u. 81–82, Anm. 3.

43 Vgl. *Protev.* 4,3 (FC 18, 102). Das hier vorkommende Lexem ἄσπιλος findet sich nach Smid, *Protevangelium*, 42 nicht in der LXX, sondern nur in 1 Petr 1,19, dort aber ebenfalls in Verbindung mit ἄμωμος.

44 *Protev.* 4,4 (FC 18, 104): Νῦν οἶδα ὅτι Κύριος ὁ Θεὸς εὐλόγησέν με σφόδρα. Ἰδοὺ γὰρ ἡ χήρα ουκέτι χήρα, καὶ ἡ ἄτεκνος ἰδοὺ ἐν γαστρὶ εἴληφα. Anstelle der Form εἴληφα, die sich u.a. in *Pap. Bodmer V* und *Cod. Vatikan, Nr. gr. 455* findet, ist auch die Variante λήψομαι überliefert; vgl. de Strycker, *Forme*, 84, App. Selbst die Perfektform muss aber nicht dazu führen, dass man die hier angesprochene Empfängnis ungeschlechtlich versteht; z.T. wird ein sog. *perfectum propheticum* vermutet. Die anschließende Notiz: Καὶ ἀνεπαύσατο Ἰωακεὶμ τῇ πρώτῃ ἡμέρᾳ ἐν τῷ οἴκῳ αὐτοῦ könnte

Am nächsten Tag bringt Joachim das versprochene Opfer dar. Dabei erkennt er am Stirnband des Priesters wie an einer Art Orakel die Vergebung seiner Sünden.[45]

Auch dieser Abschnitt weist wieder zahlreiche Bezüge zu alttestamentlichen Texten auf, daneben aber auch solche zum Neuen Testament. Maria wird durch die beiden Geburtsankündigungen als einzige Frau in die Reihe der biblischen Verheißungsträger eingeordnet. Bei ihr erhalten sogar beide Elternteile ein Geburtsorakel. Eine Parallele dazu findet sich nur bei Jesus, aber auch nur für einen Leser, der Mt 1,18–25 und Lk 1,26–38 miteinander kombiniert. Die Empfängnis Marias ist wunderbar und gottgewirkt, ihre Eltern sind wie Zacharias und Elisabet seit langem kinderlos. In gewisser Weise erinnert die Empfängnis Mariens, zumindest in Teilen der Textüberlieferung, aber sogar an die ihres Sohnes. Denn auch Anna scheint wie später ihre Tochter ohne Zutun eines Mannes ein Kind zu empfangen.[46]

Die Geburt und Kindheit Mariens

Im siebten Monat schenkt Anna einem Kind das Leben.[47] Als sie von der Hebamme erfährt, dass sie ein Mädchen zur Welt gebracht hat, stimmt Anna einen Lobpreis an, der einen Bezug zu den ersten Worten des *Magnificat* aufweist.[48]

---

dann sogar im Sinne eines Geschlechtsverkehrs gedeutet werden. Allerdings kann das Perfekt in seinem urspr. Sinn natürlich auch resultativ verstanden werden. Dafür würde auch folgende Bemerkung in 1,4 (98) sprechen: καὶ οὐκ ἐφάνη τῇ γυναικὶ αὐτοῦ. Vgl. hierzu insgesamt z.B. O. Perler, „Das Protoevangelium des Jakobus nach dem Papyrus Bodmer V“, in *FZPhTh* 6 (1959) 23–35, hier 23–31; Klauck, *Evangelien*, 92.

45 Vgl. *Protev.* 5,1 (FC 18, 104). Es geht hier aus dem Text nicht klar hervor, wie man sich diese Form des Orakels vorzustellen hat; vgl. dazu Ex 28,36–38; Hock, *Infancy*, 39, Anm. 5:1. Der hier begegnende Begriff θυσιαστήριον findet sich übrigens auch in Lk 1,11 u. 11,51. Durch die Formulierungen: κατέβη ... δεδικαιωμένος ... ἐν τῷ οἴκῳ ist darüber hinaus auch ein deutlicher Bezug zu Lk 18,14 hergestellt.

46 „The author antedates the events of the N.T.; that which refers to Christ in the N.T. he transfers to his mother“; Smid, *Protevangelium*, 39. Zu *Protev.* 4,1–5,1 vgl. ausführlicher u.a. ibid., 38–47 u. Ehlen, *Leitbilder*, 115–124.

47 Vgl. *Protev.* 5,2 (FC 18, 104). Es finden sich hier nicht nur durch die Verben πληρόω und γεννάω gewisse Anklänge an Lk 1,57, aber auch an Gen 25,24. Ein Teil der Überlieferung spricht davon, dass Maria im siebten Monat geboren wurde, daneben ist als Variante aber auch der achte oder neunte Monat belegt; vgl. de Strycker, *Forme*, 88, App. Zum Hintergrund vgl. auch P.W. van der Horst, „Sex, Birth, Purity and Asceticism in the Protevangelium Jacobi“, in *Neotest.* 28 (1994) 205–218, hier 206–210.

48 Vgl. *Protev.* 5,2 (FC 18, 104). Die Formulierung; Ἐμεγαλύνθη ἡ ψυχή μου τὴν ἡμέραν ταύτην erinnert sehr stark an Lk 1,46. Interessant ist, dass Anna hier so auf die Geburt eines Mädchens (θήλειαν) reagiert. Dies ist in einem solch quasibiblischen Kontext doch wohl außerordentlich zu nennen. Im Anschluss wird berichtet, dass Anna das Kind „hinlegte“ (ἀνέκλινεν). Hier liegt eine gewisse Ähnlichkeit zu Lk 2,7 vor.

Im Anschluss wird davon berichtet, dass die Mutter sich vom Wochenbett reinigt, das Kind stillt und ihm den Namen Maria gibt.[49]

Hierauf erzählt das *Protevangelium* vom ersten Lebensjahr Mariens:[50] Das Mädchen wächst rein und abgeschieden auf, zu Spielgefährten hat es die „unbefleckten Töchter der Hebräer"[51]. Am ersten Geburtstag des Kindes veranstaltet Joachim schließlich ein großes Fest, wozu er ganz Israel einlädt.[52] Die Priester segnen dabei Maria überreich, und zwar mit Worten, die teilweise an deren eigene in Lk 1,48 erinnern.[53] Anna bringt ihre Tochter anschließend zu Bett, hierbei stimmt sie ein Loblied an, das ebenfalls Anklänge an neutestamentliche Stellen aufweist.[54]

---

49 Vgl. *Protev.* 5,2 (FC 18, 104). Die Wendung: ὠνόμασεν τὸ ὄνομα αὐτῆς Μαρία erinnert in gewisser Weise an Mt 1,25. Als Variante ist auch ἐκάλεσεν belegt; vgl. de Strycker, *Forme*, 88, App. Auffällig ist, dass hier die Mutter dem Kind den Namen gibt. Dies ist evtl. Lk 1,60 ähnlich, auch wenn der Hintergrund dort ein völlig anderer ist. Der Hinweis auf die Reinigung Annas greift natürlich die Vorschriften von Lev 12,5–8 auf. Dadurch besteht aber vielleicht auch eine gewisse Verbindung zu Lk 2,22–24.

50 Vgl. *Protev.* 6,1 (FC 18, 104–106). Mit der Verbform ἐκραταιοῦτο wird ein klarer Bezug zu Lk 2,40 (Jesus) u. 1,80 (Johannes) hergestellt. Ob die Wendung: ἡμέρᾳ δὲ καὶ ἡμέρά, wie de Strycker, *Forme*, 88 u. 437 vermutet, eine Parallele zu 2 Kor 4,16 darstellt, ist allerdings sehr fraglich. Maria wird hier in gewisser Weise als Wunderkind dargestellt, bereits mit einem halben Jahr kann sie stehen und sieben Schritte gehen.

51 *Protev.* 6,1 (FC 18, 106): τὰς θυγατέρας τῶν Ἑβραίων τὰς ἀμιάντους. Vgl. hierzu auch Hock, *Infancy*, 43, Anm. 6:5. Als Reaktion auf die ersten Schritte der kleinen Maria gestaltet Anna ein Art Heiligtum für ihre Tochter (ἁγίασμα ἐν τῷ κοιτῶνι), um zu verhindern, dass das Kind mit Profanem und Unreinem in Berührung kommt. Die Verbindung: καὶ κοινὸν καὶ ἀκάθαρτον erinnert an Apg 10,14 u. 11,8.

52 Vgl. *Protev.* 6,2 (FC 18, 106). Die Formulierung: καὶ ἐποίησεν ... δοχὴν μεγάλην erinnert an Lk 5,19 u. auch an 14,13, greift aber wohl v.a. Gen 21,8 auf. Zu diesem Fest kommen neben dem Volk (vgl. evtl. Apg 13,24), v.a. dessen Führer, die Hohenpriester, die Priester, die Schriftgelehrten und der Ältestenrat.

53 Vgl. *Protev.* 6,2 (FC 18, 106). Maria wird hier zweimal gesegnet, zunächst von den Priestern, dann von den Hohenpriestern. Das ganze Volk schließt sich diesem Segen an. Die Wendung: ἐν πάσαις ταῖς γενεαῖς stellt einen deutlichen Bezug zu Lk 1,48 her. Im Hintergrund könnte darüber hinaus evtl. auch Lk 1,42 stehen. Maria erhält hier den höchst möglichen Segen.

54 Vgl. *Protev.* 6,3 (FC 18, 106–108). „Like Hannah (1 Regn.2), Elisabeth (Lk.1,25) and Mary herself (Lk.1,46) Anna sings to praise the Lord because of the child"; Smid, *Protevangelium*, 54. Die Formulierung: καὶ ἀφεῖλεν ἀπ' ἐμοῦ ὀνειδισμὸν stellt einen direkten Bezug zu Lk 1,25, aber auch zu Gen 30,23 her. Die Wendung καρπὸν δικαιοσύνης erinnert an Phil 1,11 u. Jak 3,18, daneben kommt sie aber auch in Spr 11,30; 13,2 u. Am 6,12 vor. Im Anschluss an den Lobgesang Annas wird berichtet, dass diese die Gäste „bediente". Die Formulierung: καὶ διηκόνει αὐτοῖς ist identisch mit Mk 1,31 (Mt 8,15; Lk 4,39). Beim Abschied der Gäste begegnet die Wendung: ἐδόξασαν τὸν Θεὸν 'Ισραήλ, diese erinnert u.a. an Lk 2,20. Ausführlichere Kommentierungen zu *Protev.* 5,2–6,3 finden sich u.a. bei Smid, *Protevangelium*, 47–56.

Der Tempelgang Mariens

Als Maria zwei Jahre wird, schlägt Joachim vor, das Mädchen dem Tempel zu übergeben, um Annas Gelübde einzulösen. Doch seine Frau erreicht mit einer anrührenden Begründung einen Aufschub um ein weiteres Jahr. Im Alter von drei Jahren bringen die Eltern das Kind dann aber zum Tempel, es wird dabei von fackeltragenden Jungfrauen begleitet.[55]

Ein Priester nimmt Maria in Empfang und segnet sie mit folgenden Worten: „Groß gemacht hat Gott, der Herr, deinen Namen unter allen Geschlechtern. An dir wird der Herr am Ende der Tage die Erlösung für die Söhne Israels offenbar machen."[56] Auch hier liegt wieder eine deutliche Beziehung zum Lobgesang Mariens im Neuen Testament vor. Die heilsgeschichtliche Bedeutung, die dem Mädchen an dieser Stelle zugesprochen wird, ist erstaunlich.[57]

Die kleine Maria tanzt anschließend auf der dritten Stufe des Altars, ganz Israel schließt sie in sein Herz.[58] Joachim und Anna kehren hierauf mit Verwunderung heim. Die Eltern Mariens begegnen dem Leser hier zum letzten Mal im *Protevangelium*. Über die nächsten Jahre erfährt man nur, dass Maria im Tempel rein „wie eine Taube" aufwächst.[59]

---

55 Vgl. *Protev.* 7,1–2 (FC 18, 108). Der hier zu besprechende Abschnitt zeigt starke Parallelen zu 1 Sam 1,21–28. Die Formulierung: Καλέσωμεν τὰς θυγατέρας τῶν Ἑβραίων τὰς ἀμιάντους, καὶ λαβέτωσαν ἀνὰ λαμπάδα in 7,2 erinnert in gewisser Weise an das Gleichnis von den klugen und den törichten Jungfrauen (Mt 25,1–13). Die Wendung: καὶ ἔστωσαν καιόμεναι stellt darüber hinaus evtl. einen Bezug zu Lk 12,35 her. Vgl. hierzu u.a. R. Stichel, „Die Einführung Marias in den Tempel. Vorläufige Beobachtungen", in A. von Dobbeler et al. (ed.), *Religionsgeschichte des Neuen Testaments. Festschrift für K. Berger zum 60. Geburtstag* (Tübingen/Basel: Francke, 2000), 379–406, hier 392–395. Die Fackelträgerinnen sollen verhindern, dass Maria zu ihren Eltern umschaut. Der Teilsatz: ἵνα μὴ στραφῇ εἰς τὰ ὀπίσω weist dabei einen gewissen sprachlichen Bezug zu Joh 20,14 u. evtl. auch zu Lk 9,62 auf. Ob man in der Wendung: Καὶ ἐποίησαν οὕτως, wie bei de Strycker, *Forme*, 98 vermerkt, eine Parallele zu Lk 9,15 sehen soll, ist aber doch fraglich.

56 *Protev.* 7,2 (FC 18, 108): Ἐμεγάλυνεν Κύριος ὁ Θεὸς τὸ ὄνομά σου ἐν πάσαις ταῖς γενεαῖς. Ἐπὶ σοὶ ἐπ' ἐσχάτων τῶν ἡμερῶν φανερώσει Κύριος τὸ λύτρον τοῖς υἱοῖς Ἰσραήλ. Der erste Satz weist einen sehr starken Bezug zu Lk 1,46 u. 48 auf. Im Hintergrund steht darüber hinaus durch die einleitende Verbform εὐλόγησεν wohl auch Lk 1,42. Was Maria im NT selbst über sich sagt, wird hier dem Priester in den Mund gelegt; vgl. daneben z.B. auch Apg 19,17. Die Wendung: ἐπ' ἐσχάτων τῶν ἡμερῶν findet sich u.a. auch in Hebr 1,2 u. 2 Petr 3,3. Das Lexem λύτρον findet sich im NT nur in Mk 10,45 bzw. Mt 20,28, evtl. ist daneben aber auch eine Formulierung wie die in Lk 1,68 als Hintergrund anzusehen

57 „In the N.T. Mary is a person of the second rank, here she is brought into the foreground. She is already important before Christ becomes important. In so far she here stands above Him. (…) The latter days begin here with Mary, not with Jesus as in the N.T. (Heb.1,2; 1 Pet.1,20)"; Smid, *Protevangelium*, 60.

58 Vgl. *Protev.* 7,3 (FC 18, 108). Die Aussage: καὶ ἔβαλλε Κύριος ὁ Θεὸς χάριν ἐπ' αὐτήν könnte beim Leser die Erinnerung an Lk 1,28 u. 30, aber auch an 2,40 u. 52 hervorrufen. Darüber hinaus stellt die Formulierung: καὶ ἠγάπησεν αὐτὴν πᾶς οἶκος Ἰσραήλ einen Bezug zu 1 Sam 2,26; 18,16.28 u. evtl. zu Lk 2,52 her. Vgl. daneben auch Apg 2,36. Zum Tanz Marias vgl. u.a. Stichel, „Einführung", 399–401.

59 Vgl. *Protev.* 8,1 (FC 18, 110): ἐν ναῷ Κυρίου ὡσεὶ περιστερὰ νεμομένα. Nach Mt 10,16 ist die Taube Symbol der Arglosigkeit und Reinheit. Letzteres wird auch dadurch unterstrichen, dass

Der eben referierte Abschnitt des Apokryphons enthält zahlreiche Verweise auf alttestamentliche Texte, vor allem auf die Samuelgeschichte. Daneben bildet aber wohl auch die lukanische Perikope vom zwölfjährigen Jesus im Tempel (2,41–52) den Hintergrund der Erzählung.[60]

Die „Vermählung“ Mariens

Als Maria zwölf Jahre alt wird, muss sie den Tempel verlassen. Die Priester befürchten wohl, ihre beginnende Menstruation könnte das Heiligtum beflekken.[61] Der Hohepriester, der hier den Namen Zacharias trägt und später direkt mit dem Vater des Täufers identifiziert wird, erhält im Allerheiligsten von einem Engel Weisung bezüglich des weiteren Schicksals Marias.[62] Er wird von diesem nämlich beauftragt, die Witwer Israels zusammenzurufen und mithilfe eines Staborakels den künftigen Mann Mariens auszuwählen.[63]

Als einer dieser Witwer begegnet dem Leser nun erstmals in der Erzählung Josef, er wird bereits hier als Handwerker charakterisiert.[64] Als anschließend aus Josefs Stab eine Taube emporsteigt und sich auf seinem Kopf niederlässt – dies erinnert in gewisser Weise an die neutestamentlichen Berichte über die Taufe Jesu –, wird er aufgefordert, Maria in seine Obhut zu nehmen.[65] Dies

---

Maria im Tempel „Nahrung aus der Hand eines Engels erhält“. Die Partizipien θαυμάζοντες καὶ ἐπαινοῦντες καὶ δοξάζοντες verweisen auf Lk 2,33.13 u. 20. Durch die Lexeme γονεῖς und καταβαίνω ist auch ein gewisser Bezug zu Lk 2,41–52 hergestellt.

60 Vgl. Schneider, *Kindheitsevangelien*, 110, Anm. 51. Ausführliche Kommentierungen zu *Protev*. 7,1–8,1 finden sich u.a. bei Smid, *Protevangelium*, 56–65.

61 Vgl. *Protev*. 8,2 (FC 18, 110). Durch die Altersangabe: Γενομένης δὲ αὐτῆς ιβ' ἐτοῦς wird ein gewisser Bezug zu Lk 2,42 hergestellt. Die Tempelpriesterschaft berät, wie weiter mit Maria zu verfahren sei. Die Formulierungen: συμβούλιον ... τῶν ἱερέων und τί οὖν ... ποιήσωμεν erinnern dabei evtl. an die ntl. Passionsgeschichten; vgl. Mk 15,1 (Mt 27,1) u. Mt 27,22. Zum Hintergrund dieser Perikope vgl. auch van der Horst, „Sex“, 211–213.

62 Vgl. *Protev*. 8,2–3 (FC 18, 110). Nicht nur durch den Namen Zacharias, sondern auch durch die Begriffe ἱερεύς, ἄγγελος Κυρίου und θυσιαστήριον wird ein Bezug zu Lk 1,5–25 hergestellt. Anders als in Lk 1,5 ist Zacharias hier aber nicht nur ein einfacher Priester, sondern hat Zugang zum Allerheiligsten. Ein Teil der Handschriften nennt ihn deshalb auch schon in 8,3 direkt ἀρχιερεύς; vgl. de Strycker, *Forme*, 103, App.

63 Vgl. *Protev*. 8,3 (FC 18, 110). Das Apokryphon greift hier wohl Num 17,16–24 auf, ändert das dort beschriebene Staborakel allerdings deutlich ab. In diesem Abschnitt kommen zwei Formulierungen vor, die an ntl. Stellen erinnern: καθ' ὅλου τῆς περιχώρου τῆς Ἰουδαίας an Mk 1,28; Mt 14,35 u. Lk 7,17 sowie σάλπιγξ Κυρίου an 1 Thess 4,16.

64 Vgl. *Protev*. 9,1 (FC 18, 110). Das Auftreten Josefs ist völlig unvermittelt, er wird beim Leser also letztlich als bekannt vorausgesetzt. Die Wendung: ῥίψας τὸ σκέπαρνον stellt wohl einen Bezug zur Berufsbezeichnung Josefs in Mt 13,55 her. Zu Josef vgl. allgemein u.a. W. Bauer, *Das Leben Jesu im Zeitalter der neutestamentlichen Apokryphen* (Tübingen: Mohr, 1909; ND: Darmstadt: WBG, 1967), 4–8; P. Nagel, Art. Joseph (Zimmermann), in *RAC* 18 (1998) 749–761.

65 Vgl. *Protev*. 9,1 (FC 18, 110–112). Hier wird Num 17,23–24 aufgegriffen, doch anders als dort, findet sich an keinem der Stäbe ein „Zeichen“ (σημεῖον). Durch das Stichwort περιστερά entsteht ein gewisser Bezug zu Mk 1,10 (Mt 3,16; Lk 3,22); Joh 1,32. Die Aufforderung des Priesters an Josef:

sucht Josef zunächst mit Verweis auf sein Alter und die Tatsache, dass er bereits Söhne habe, zu verhindern.[66] Erst als ihm der Priester ein Strafgericht Gottes androht, nimmt er Maria in sein Haus auf. Er selbst begibt sich aber sofort auf Reisen, um seinem Beruf nachzugehen.[67]

Im *Protevangelium Jacobi* wird also über das Neue Testament hinausgehend die Art der Ehe zwischen Josef und Maria näher beleuchtet. Josef nimmt Maria zwar zu sich, bewahrt sie gleichzeitig aber als Jungfrau. Die Beziehung zwischen beiden ist durch das Orakel jedoch gottgewollt. Außerdem finden die im Neuen Testament erwähnten Brüder Jesu hier eine Erklärung: Sie sind Söhne des alten Witwers Josef aus dessen ersten Ehe. Maria ist nicht ihre Mutter, sondern „Jungfrau des Herrn"[68].

Der neue Tempelvorhang

Im nächsten Abschnitt wird berichtet, dass die Priesterschaft einen neuen Tempelvorhang anfertigen lassen möchte. Hier könnte vom Leser eine Verbindung zu den neutestamentlichen Passionsgeschichten hergestellt werden, denn genau dieser Vorhang reist ja beim Tode Jesu mitten entzwei.[69] Für diese Aufgabe

---

σὺ κεκλήρωσαι τὴν παρθένον Κυρίου παραλάβαι εἰς τήρησιν αὐτῷ stellt einen Bezug zu Mt 1,20.24 her. Maria wird hier aber, anders als dort, nicht als γυνή σου bzw. αὐτοῦ, sondern als παρθένος Κυρίου bezeichnet; vgl. dazu Mt 1,23.25; Lk 1,27.

66 Vgl. *Protev.* 9,2 (FC 18, 112). Nach Smid, *Protevangelium*, 73 wird Josef hier ähnlich wie in Mt 1,18–25 gezeichnet. Kombiniert man die Aussage, dass er bereits Söhne hat, mit *Protev.* 1,3 (FC 18, 96), wo sich der Hinweis findet, dass alle gerechten Israeliten Nachkommenschaft besitzen, dann wird Josef evtl. auch hier wie in Mt 1,19 als δίκαιος beschrieben. Mit dem Hinweis auf die Söhne Josefs aus erster Ehe, finden die z.B. in Mk 6,3 (Mt 13,55) oder Apg 1,14 genannten Brüder Jesu eine Erklärung, auch wenn man wie unser Apokryphon davon ausgeht, dass Maria zeitlebens Jungfrau blieb. Josef bezeichnet sich hier selbst als πρεσβύτης, dies erinnert evtl. an Lk 1,18. Maria nennt er hingegen νεᾶνις.

67 Vgl. *Protev.* 9,2–3 (FC 18, 112). Hier wird als Warnung für Josef explizit auf Num 16,1–35 verwiesen. Die Rede des Priesters und die Reaktion Josefs darauf stehen nicht nur durch die Verbformen φοβήθητι bzw. φοβηθεὶς und παρέλαβεν in einer gewissen Beziehung zu Mt 1,18–25. Josef tut hier letztlich dasselbe wie in Mt 1,24. Durch seinen sofortigen Weggang wird aber sichergestellt, dass Maria Jungfrau bleibt; vgl. Mt 1,25. Durch die Wendung: οἰκοδομῆσαι τὰς οἰκοδομάς wird Josef hier nochmals als Bauhandwerker (τέκτων) qualifiziert; vgl. Mt 13,55. Dass der Begriff ἀντιλογία in 9,2 eine gewisse Parallele zu Jud 11 darstellt, wie de Strycker, *Forme*, 108 vermutet, ist nicht auszuschließen.

68 *Protev.* 9,1 (FC 18, 112): παρθένος Κυρίου. Maria lebt nach 9,3 (112) fortan zwar im Hause Josefs (ἐν τῷ οἴκῳ μου), sie ist nach 8,3 (110) auch seine Frau (γυνή), aber sie bleibt unberührt. Die Situation ist also letztlich der in Mt 1,24–25 beschriebenen vergleichbar. Allerdings besteht auch ein Widerspruch zu Mt 1,18–25. Dort holt Josef erst die schwangere Maria in sein Haus, hier findet dies lange vor ihrer Empfängnis statt. Während Josefs Abwesenheit empfiehlt dieser Maria Gottes Schutz an; vgl. hierzu evtl. Lk 4,10 (Ps 91,11). Das Haus Josefs wird übrigens nicht näher lokalisiert, es ist aber wohl in Jerusalem zu vermuten. Ausführlichere Kommentierungen zu *Protev.* 8,2–9,3 finden sich bei Smid, *Protevangelium*, 65–75.

69 Vgl. *Protev.* 10,1 (FC 18, 112). Das Stichwort καταπέτασμα τῷ ναῷ stellt einen Bezug zu Mk 15,38 (Mt 27,51; Lk 23,45) her. Dieser Bezug zu den ntl. Passionsgeschichten wird durch die Wendung συμβούλιον τῶν ἱερέων noch verstärkt; vgl. Mk 15,1 (Mt 27,1). Für einen Leser des Apokryphons, der das NT kennt, umspannt der Begriff Tempelvorhang also gleichsam das ganze Leben Jesu von seiner

werden dann „die unbefleckten Jungfrauen aus dem Stamm Davids“[70] auserkoren. Es werden auch sieben gefunden. Doch da erinnert man sich Marias, und auch sie wird herbeigeholt. Bei der Aufteilung der zu verarbeitenden Materialien erhält Maria dann sogar zwei, nämlich Purpur und Scharlach, die sie zuhause verspinnt.[71]

Maria wird hier in zweifacher Weise charakterisiert: Zum einen wird nochmals ihre bleibende Jungfräulichkeit betont. Zum anderen wird aber auch ein neues Thema eingeführt. Maria wird als Davididin qualifiziert. Anders als im Neuen Testament ist Jesus, auch wenn dies nicht ausdrücklich gesagt wird, in diesem Apokryphon nicht über Josef, sondern über seine Mutter Sohn Davids.[72]

Gegen Ende der Perikope werden die beschriebenen Ereignisse dann zeitlich näher eingegrenzt. Es folgt nämlich der Hinweis, dass „zu jener Zeit aber Zacharias verstummte“[73]. Bis er wieder sprechen kann, wird er von einem gewissen Samuel vertreten. Das *Protevangelium* setzt beim Leser die Kenntnis des *Lukasevangeliums* also voraus. Es wird an dieser Stelle somit letztlich deutlich,

---

Empfängnis (Weben) bis zu seinem Tod (Zerreißen). In Hebr 9,3 ist von zwei Vorhängen die Rede, evtl. wird deswegen hier ohne Artikel von einem καταπέτασμα gesprochen. Vgl. hierzu auch Ex 26,31–37; Schneider, *Kindheitsevangelien*, 113, Anm. 64.

70 Vgl. *Protev*. 10,1 (FC 18, 112): τὰς παρθένους τὰς ἀμιάντους τῆς φυλῆς τοῦ Δαυίδ. Die Rede von einem Stamm David ist problematisch, eine ähnliche Formulierung begegnet nur in Sach 12,12 (φυλὴ οἴκου Δαυίδ).

71 Vgl. *Protev*. 10,1–2 (FC 18, 112–114). Zu den genannten Materialien vgl. Ex 26,31; 35,25; 36,35.37; 37,6. Es wird hier nicht ganz klar, wie die sieben Materialien auf sieben Jungfrauen und Maria aufgeteilt werden sollen, wobei Maria ja auch noch zwei erhält; vgl. Schneider, *Kindheitsevangelien*, 114–115, Anm. 67–68. Maria verarbeitet in 10,2 (114) zunächst den Scharlach, in 11,1 (114) dann den Purpur. Die Begriffe ἔλαχε und ἐν τῷ ναῷ Κυρίου in 10,2 (114) stellen evtl. einen Bezug zu Lk 1,9 her.

72 Maria wird in *Protev*. 10,1 (FC 18, 112) als παῖς und als ἀμίαντος τῷ Θεῷ bezeichnet, sie ist also, obwohl sie im Hause Josefs wohnt, weiterhin Jungfrau. Mit dem Stichwort παρθένος ist natürlich ein Bezug zu Lk 1,27 u. Mt 1,18.23.25 hergestellt. Gleichzeitig wird sie als Nachkommin Davids (τῆς φυλῆς τοῦ Δαυὶδ) angesprochen; vgl. hierzu evtl. auch Röm 1,3. In den ntl. Kindheitsgeschichten ist hingegen Josef aus dem Haus David; vgl. Mt 1,6–16; 1,20; Lk 1,27; 2,4; 3,23–31. Die Davidität Josefs spielt hier allerdings keine Rolle. Die königliche Herkunft Marias wird in 10,2 (114) noch dadurch betont, dass sie zwei Materialien erhält, und zwar die königlichen Farben „echten Purpur und Scharlach“. Auffällig ist auch, dass die Virginität und Davidität Mariens hier durch den (Hohe-)Priester herausgestellt werden. Zum Hintergrund vgl. z.B. C. Burger, *Jesus als Davidssohn. Eine traditionsgeschichtliche Untersuchung* (FRLANT 98; Göttingen: Vandenhoeck & Ruprecht, 1970).

73 Vgl. *Protev*. 10,2 (FC 18, 114): Τῷ δὲ καιρῷ ἐκείνῳ Ζαχαρίας ἐσίγησεν, (...), μέχρι ὅτε ἐλάλησεν Ζαχχαρίας. Durch den Namen Zacharias und die Verbformen ἐσίγησεν und ἐλάλησεν wird die im *Protev*. erzählte Handlung in Beziehung zu Lk 1,20.22 u. 64 gesetzt. Der hier als Vertreter des Zacharias erwähnte Samuel ist wohl von dessen atl. Namensvetter inspiriert; vgl. Schneider, *Kindheitsevangelien*, 115, Anm. 70. In einigen Handschriften, z.B. in *Cod. Paris, Coislianus Nr. 152*, wird anstelle Samuels ein gewisser Simeon genannt. Damit ist wohl die aus Lk 2,25–35 bekannte Gestalt gemeint, die dann auch in 24,4 (142) als Nachfolger des Zacharias Erwähnung findet; vgl. de Strycker, *Forme*, 112, App.

dass die neutestamentlichen Kindheitsgeschichten durch die apokryphe Schrift nicht ersetzt, sondern nur ergänzt werden sollen.[74]

Die Verkündigung an Maria

Im folgenden Abschnitt wird die Ankündigung der Geburt Jesu an Maria erzählt. Das *Protevangelium* orientiert sich dabei weitgehend an Lk 1,26–38, ändert die lukanische Version aber z.B. dahingehend ab, dass die Verkündigungsszene zweigeteilt wird. Darüber hinaus werden aber auch Elemente aus der matthäischen Geburtsankündigung an Josef (1,18–25) integriert.[75]

Die Szene beginnt damit, dass Maria zum Wasserholen geht und dabei eine Stimme hört, die sie mit folgenden Worten anspricht: „Sei gegrüßt, du Begnadete, der Herr ist mit dir! Gesegnet bist du unter den Frauen!"[76] Hier werden Lk 1,28 und 1,42 miteinander verbunden. Maria reagiert zunächst verstört auf diese Anrede, kehrt ins Haus zurück und setzt ihre Arbeit am Tempelvorhang fort.[77] Dort erscheint ihr plötzlich ein Engel, der sich mit fast denselben Worten wie in Lk 1,30 an sie wendet: „Fürchte dich nicht, Maria, denn du hast Gnade

---

74 Hier zeigt sich, dass der an sich bereits problematische Begriff Konkurrenzliteratur auf das in diesem Beitrag zu besprechende Apokryphon nicht zutrifft. Das *Protev.* ist Ergänzungs-, nicht Konkurrenzliteratur. Ausführliche Kommentierungen zu *Protev.* 10,1–2 finden sich bei Smid, *Protevangelium*, 75–80 u. Ehlen, *Leitbilder*, 127–130.

75 Ausführlich zu *Protev.* 11,1–3 vgl. Smid, *Protevangelium*, 80–87; W.S. Vorster, „The Annunciation of the Birth of Jesus in the Protevangelium of James", in J.H. Petzer/P.J. Hartin (ed.), *A South African Perspective on the New Testament. Essays by South African New Testament Scholars presented to B.M. Metzger during his Visit to South Africa in 1985* (Leiden et al.: Brill, 1986), 33–53; Ehlen, *Leitbilder*, 130–138. Der Beitrag von Zervos kann hier weitgehend unberücksichtigt bleiben, da dieser sich nicht so sehr mit dem vorliegenden Text auseinandersetzt, als vielmehr dessen mögliche Vorstufen zu rekonstruieren sucht; vgl. G.T. Zervos, „An Early Non-Canonical Annunciation Story", in *SBL.SP* 36 (1997) 664–691.

76 *Protev.* 11,1 (FC 18, 114): Χαῖρε, κεχαριτωμένη· ὁ Κύριος μετὰ σοῦ· εὐλογημένη σὺ εν γυναιξίν. Gegenüber Lk 1,26–28 weist *Protev.* einige Veränderungen auf. Anders als im Lk-Ev. findet sich hier keine genaue Lokalisierung des Ereignisses, Nazaret begegnet im ganzen Apokryphon nicht. Hier ist nur von „ihrem Haus" die Rede, das Maria verlässt, „um Wasser zu schöpfen"; vgl. Gen 24,15. Wo dieses Haus ist, wird nicht gesagt, wahrscheinlich ist aber Jerusalem anzunehmen. Zunächst findet hier auch keine Angelophanie statt, sondern nur eine Audition; vgl. hierzu evtl. 1 Kön 19,13. Maria hört lediglich eine φωνή, die sie mit den Worten Gabriels aus Lk 1,28 begrüßt, dazu aber die Worte Elisabets aus Lk 1,42 hinzufügt. „P.J. is a very early witness for the contamination of Lk.1,42 with Lk.1,28"; Smid, *Protevangelium*, 82.

77 Vgl. *Protev.* 11,1 (FC 18, 114). Die Reaktion Marias wird hier mit ἔντρομος γενομένη ausgedrückt, dies entspricht wohl weitgehend der Reaktion von Lk 1,29. Maria spinnt anschließend im Haus, sie wird damit als ganz normale Frau gezeichnet. Der Umstand, dass sie Purpur verarbeitet und auf einem Thron sitzt, könnte gleichzeitig aber auch nochmals auf ihre königlich-davidische Herkunft hinweisen. Evtl. könnte hier ein gewisser Gegensatz zu Lk 1,48 gesehen werden. Mit der Wendung: ἐκάθισεν ἐπὶ τοῦ θρόνου wird aber wohl Lk 1,32 eingespielt. Evtl. ist hier der Thron Davids angesprochen, auf dem Maria als Davididin sitzt. Dieser Teil der lk. Geburtsankündigung wird ansonsten nicht in *Protev.* 11 aufgenommen. Mit dem Lexem θρόνος könnte evtl. sogar 2 Sam 7,13 eingespielt werden, die Verheißung an David würde sich dann in Maria erfüllen.

gefunden vor dem Allmächtigen!" Hierauf eröffnet ihr der himmlische Bote, dass sie ein Kind „empfangen werde". Anders als in Lk 1,31 wird hier aber stärker das Außerordentliche dieser Empfängnis in den Blick genommen, der Engel fügt nämlich hinzu „aus seinem Wort"[78].

Maria wendet sich daraufhin folgendermaßen an den Engel: „Werde ich vom Herrn, dem lebendigen Gott, empfangen (und gebären), wie jede Frau gebiert?"[79] Der himmlische Bote verneint diese Frage und fährt mit Worten aus Lk 1,35 fort: „Die Kraft Gottes wird dich nämlich überschatten. Deshalb wird auch das Kind heilig genannt werden, Sohn des Höchsten."[80] Hierauf gibt der Engel eine Anweisung zur Namensgebung des Kindes, er verbindet dabei Lk 1,31 mit Mt 1,21: „Und du wirst ihm den Namen Jesus geben, denn er wird sein Volk von seinen Sünden erlösen."[81] Maria antwortet darauf mit Worten, die weitgehend Lk 1,38 entsprechen: „Siehe, ich bin die Magd des Herrn vor ihm, mir geschehe nach deinem Wort."[82]

Zum einen fällt hier die große Übereinstimmung zur Verkündigungsperikope des *Lukasevangeliums* auf, zum anderen werden aber auch gewisse Unterschie-

---

78 *Protev.* 11,2 (FC 18, 114): Μὴ φοβοῦ, Μαρία· εὗρες γὰρ χάριν ἐνώπιον τοῦ πάντων Δεσπότου. Συλλήμψῃ ἐκ Λόγου αυτοῦ. Der Engel ist hier im Gegensatz zu Lk 1,26 namenlos. Dass beim Leser der Name des Engels als bekannt vorausgesetzt wird, geht aus *Protev.* 12,2 (116) hervor, wo Gabriel dann auch namentlich genannt wird. Der Gruß des Engels entstammt Lk 1,30, anstelle von παρὰ τῷ θεῷ findet sich hier aber ἐνώπιον τοῦ πάντων Δεσπότου. Die Ankündigung der Empfängnis orientiert sich mit der Verbform συλλήμψῃ an Lk 1,31, geht dann aber eigene Wege. Die Wendung ἐκ Λόγου αὐτου ist wohl als eine Auslegung von Lk 1,31 anzusehen, welche die Art und Weise der Konzeption Mariens in den Blick nimmt, evtl. ist hier schon die Vorstellung einer Empfängnis durch das Ohr angesprochen; vgl. hierzu z.B. Bauer, *Leben*, 47–54; Smid, *Protevangelium*, 83–84; Vorster, „Annunciation", 49–51; van der Horst, „Sex", 210–211.

79 *Protev.* 11,2 (FC 18, 114): Ἐγὼ συλλήψομαι ἀπὸ Κυρίου Θεοῦ ζῶντος ὡς πᾶσα γυνὴ γεννᾷ; Die Reaktion Marias weicht von der in Lk 1,34 ab, sie frägt nach dem konkreten *Wie* der Empfängnis bzw. Geburt. „Does she here reject the idea of a natural birth? (...) Is the aeiparthenia already her ideal ...?" Smid, *Protevangelium*, 85. Es wird hier auch berichtet, dass Maria auf die Botschaft des Engels hin διεκρίθη ἐν ἑαυτῇ. Die Formulierung erinnert an Lk 1,29, die Wendung selbst findet sich so aber nur noch in Jak 2,4.

80 *Protev.* 11,3 (FC 18, 116): Οὐχ οὕτως, Μαρία. Δύναμις γὰρ Θεοῦ ἐπισκιάσει σοι· διὸ καὶ τὸ γεννώμενον ἅγιον κληθήσεται υἱὸς Ὑψίστου. Lk 1,35 wird hier nur leicht verändert, dort ist nämlich von δύναμις ὑφίστου und υἱὸς θεοῦ die Rede, was aber inhaltlich keinen Unterschied macht. Dass der erste Teil von Lk 1,35 im Apokryphon fehlt, bedeutet ebenfalls keine theologische Differenz, die Geistzeugung wird in *Protev.* 14,2 (120) u. 19,1 (128–130) explizit angeführt. Zur Verbform ἐπισκιάσει vgl. auch Mk 9,7 (Mt 17,5; Lk 9,34); Apg 5,15. In *Pap. Bodmer V* wird zu Beginn von 11,3 (114–116) eine erneute Angelophanie beschrieben, die Verkündigungsszene ist in diesem Textzeugen also sogar dreigeteilt; vgl. de Strycker, *Forme*, 116, App.

81 *Protev.* 11,3 (FC 18, 116): Καὶ καλέσεις τὸ ὄνομα αὐτοῦ Ἰησοῦν· αὐτὸς γὰρ σώσει τὸν λαὸν αὐτοῦ ἐκ τῶν ἁμαρτιῶν αὐτῶν. Der erste Teil entspricht Lk 1,31 (an Maria) u. Mt 1,21 (an Josef), der zweite Teil ist dann identisch mit Mt 1,21. „Unlike Lk.1,31, the name to be given is motivated here"; Smid, *Protevangelium*, 86.

82 *Protev.* 11,3 (FC 18, 116): Ἰδοὺ ἡ δούλη Κυρίου κατενώπιον αὐτοῦ. Γένοιτό μοι κατὰ τὸ ῥῆμά σου. Der Unterschied zu Lk 1,38 besteht nur in der Wendung: κατενώπιον αὐτου. Teile der handschriftlichen Überlieferung schließen hier noch die Notiz vom Weggang des Engels aus Lk 1,38 an; vgl. de Strycker, *Forme*, 116, App. u. 117, Anm. 8.

de deutlich. Gegenüber der lukanischen Version ist die apokryphe Geburtsankündigung knapper und dadurch dialogischer.[83] Außerdem steht hier nicht so sehr das künftige Wirken des verheißenen Kindes, sondern das Wunderbare seiner Empfängnis und Geburt, also letztlich die bleibende Jungfräulichkeit Mariens im Vordergrund.[84]

Der Besuch bei Elisabet

Im Anschluss an die Verkündigung wird im *Protevangelium Jacobi* berichtet, dass Maria ihre Heimarbeit am Tempelvorhang beendet und das fertige Produkt im Heiligtum abliefert. Bei dieser Gelegenheit wird sie von einem Priester gesegnet, und zwar mit Worten, die an die lukanische Perikope vom Besuch Marias bei Elisabet erinnern.[85]

Hierauf wird dieses Treffen zwischen den beiden Frauen dann auch erzählt. Die apokryphe Fassung lehnt sich dabei zwar eng an die des *Lukasevangeliums* an, allerdings ist sie viel knapper, es fehlen vor allem die hymnischen Teile: Maria geht zum Haus ihrer Verwandten Elisabet, die nicht näher eingeführt, sondern beim Leser als bekannt vorausgesetzt wird.[86] Als sie an die Tür klopft,

---

[83] In *Protev.* 11,1–3 (FC 18, 114–116) finden Lk 1,32–34 u. 36–37 keine Aufnahme. Außerdem fehlt im Apokryphon die überbietende Parallelisierung der Ankündigungen der Geburt Jesu und der des Johannes (Lk 1,5–25). Letztere wird zwar in *Protev.* 10,2 (114) vorausgesetzt, aber nicht eigens erzählt. Allerdings findet sich auch in der apokryphen Schrift eine Parallele zu *Protev.* 11,1–3 (114–116), nämlich die Ankündigung der Geburt Mariens an deren Mutter Anna in 4,1 (102). Dieses Geburtsorakel wird in 11,1–3 aber durch die Ankündigung der Geburt Jesu ebenfalls überboten.

[84] „The author of *PJ* used the material of the annunciation stories of the New Testament to propagate the virginal conception, most probably in an attempt to convince his readers of the extraordinary birth of Jesus. (…) In telling the story of the virginal conception, *PJ* is closer to Matthew than to Luke even though he uses Luke's version as his main ‚Vorlage', and despite the christological information Luke's version contains." Vorster, „Annunciation", 49.

[85] Vgl. *Protev.* 12,1 (FC 18, 116). Die Arbeit am Tempelvorhang rahmt gleichsam die Verkündigungsszene. Der Segensspruch: Μαρία, ἐμεγάλυνεν Κύριος ὁ Θεὸς τὸ ὄνομά σου, καὶ ἔσῃ εὐλογημένη ἐν πάσαις ταῖς γενεαῖς τῆς γῆς erinnert an den in *Protev.* 7,2 (108) und stellt wie dieser einen Bezug zu Lk 1,42.46 u. 48 her. „Mary's song is here put into the mouth of the priests. (…) While in the gospels everything turns upon Mary and the child, here only the figure of Mary is left. The person of Mary is considered important in itself." Smid, *Protevangelium*, 87–88. S.o. Anm. 56. Im Hintergrund steht darüber hinaus wohl auch Gen 12,2–3, dies könnte evtl. auch eine gewisse Verbindung zu Mt 1,1 herstellen, wo Jesus ja explizit als „Sohn Abrahams" bezeichnet wird. Die Verheißung an Abraham würde dann aber hier gleichsam auf Maria bezogen sein.

[86] Vgl. *Protev.* 12,2 (FC 18, 116). Lk 1,5–25 wird in unserem Apokryphon nicht erzählt, die Kenntnis der Perikope wird vorausgesetzt. Elisabet wird hier lediglich wie in Lk 1,36 als συγγενίς Marias charakterisiert. Dass sie die Frau des Zacharias und mit Johannes dem Täufer schwanger ist, wird nicht eigens erwähnt. Interessant ist, dass *Protev.* 12,2 berichtet, dass Elisabet beim Eintreffen Marias gerade Scharlach verspinnt. Evtl. ist diese Notiz ein Hinweis darauf, dass Elisabet als Verwandte Mariens ebenfalls zum „Stamm David" gehört; vgl. *Protev.* 10,1–2 (112–114). Damit stünde *Protev.* 12,2 aber in Gegensatz zu Lk 1,5. Vgl. hierzu auch de Strycker, *Forme*, 119, Anm. 2. Das Haus Elisabets wird hier übrigens, anders als in Lk 1,39–40, nicht näher lokalisiert.

wird sie von ihrer Base mit Worten begrüßt, die Lk 1,43f aufnehmen: „Woher (geschieht) mir dies, dass die Mutter meines Herrn zu mir kommt. Denn siehe, das (Kind) in mir hüpfte und segnete dich.“[87] Auffällig ist, dass hier wiederum Maria im Vordergrund steht, der ungeborene Jesusknabe findet anders als in der lukanischen Version nur ganz nebenbei Erwähnung.[88]

Die Reaktion Marias weicht dann ebenfalls von der kanonischen Fassung ab, ihr Lobgesang fehlt hier. Es wird Maria lediglich eine Frage in den Mund gelegt, die an Lk 1,48 erinnert: „Wer bin ich, dass, siehe, alle Frauen der Erde mich seligpreisen?“[89] Diese Frage wird damit begründet, dass Maria die Geburtsankündigung des Engels vergessen habe. Dies soll wohl die nächste Szene, nämlich den Konflikt mit Josef und dessen Lösung durch die Verheißung an Josef, ermöglichen.[90]

Abschließend wird berichtet, dass Maria wie in Lk 1,56 drei Monate bei Elisabet bleibt. Über das *Lukasevangelium* hinausgehend wird aber erzählt, dass sich Maria aufgrund ihrer Schwangerschaft aus der Öffentlichkeit zurückzieht.[91] Außerdem findet sich am Ende des Abschnitts eine Altersangabe Mariens.[92]

---

87 *Protev*. 12,2 (FC 18, 116): Πόθεν μοι τοῦτο, ἵνα ἡ μήτηρ τοῦ Κυρίου μου ἔλθῃ πρὸς ἐμέ; Ἰδοὺ γὰρ τὸ ἐν ἐμοὶ ἐσκίρτησεν καὶ εὐλόγησέν σε. Der erste Satz Elisabets entspricht weitgehend Lk 1,43. Der zweite erinnert nur noch durch die Verbform ἐσκίρτησεν an Lk 1,44. Dass Elisabet und der ungeborene Johannes Maria segnen, hat keinen direkten Anhalt in der lk. Version, greift aber wohl Lk 1,42 auf. Dass Elisabet schwanger ist, wird hier übrigens nicht eigens erzählt, sondern als bekannt vorausgesetzt. Die Reaktion Elisabets auf die Ankunft Marias weicht weitgehend vom lk. Bericht ab, nur die Wendung: Καὶ ἀκούσασα ἡ Ελισάβεδ erinnert stärker an Lk 1,41.

88 In einem Teil der handschriftlichen Überlieferung, z.B. in *Cod. Paris, Bibl. Nat.: 1454*, zu *Protev*. 12,2 (FC 18, 116) wird Lk 1,42 auch direkt zitiert; vgl. Tischendorf, *Evangelia*, 23, App. In *Pap. Bodmer V* fehlt dieser Segensspruch allerdings. Maria rückt damit noch viel stärker ins Zentrum als in Lk 1,42–45.

89 *Protev*. 12,2 (FC 18, 116): Τίς εἰμι ἐγὼ ὅτι ἰδοὺ πᾶσαι αἱ γυναῖκες τῆς γῆς μακαριοῦσίν με. Hier wird Lk 1,48 aufgenommen, allerdings in eine Frage umgewandelt. Anstelle von γυναῖκες ist als Variante auch γενεαί belegt; vgl. de Strycker, *Forme*, 120, App. Durch γυναῖκες wird hier aber wohl ein Bezug zu Lk 1,42 u. 11,27 hergestellt. Vgl. darüber hinaus auch Ex 3,11 u. Gen 30,13. „Here again Mary disguises her high station from the outward world. Mary possesses the virtue of humility.“ Smid, *Protevangelium*, 91.

90 Vgl. *Protev*. 12,2 (FC 18, 116). Hier wird der Name des bisher namenlosen Engels aus 11,2–3 (114–116) erwähnt; vgl. Lk 1,26. Dass Maria nicht an die μυστήρια der englischen Botschaft denkt, erinnert evtl. an Lk 2,33 u. 50. Dieses Vergessen Mariens ist aber erzählerisch wichtig. Denn erst dadurch wird es möglich, die Verheißungen an Maria (Lk 1,26–38) und Josef (Mt 1,18–25) nacheinander in einer Schrift zu erzählen.

91 Vgl. *Protev*. 12,3 (FC 18, 116). Die Formulierungen: τρεῖς μῆνας und ἐν τῷ οἴκῳ αὐτῆς erinnern stark an Lk 1,56. Bei dem Hinweis auf Marias zunehmend sichtbar werdende Schwangerschaft könnte der Leser durch das Lexem γαστήρ auch einen Bezug zu Lk 1,31 herstellen. Erzählerisch bereitet dies aber genau wie die Notiz, dass Maria sich fürchtet und sich deshalb verbirgt, die nächsten Kapitel vor. Durch die Verbform ἔκρυβεν wird darüber hinaus wohl auch eine Beziehung zu Lk 1,24 hergestellt.

92 Vgl. *Protev*. 12,3 (FC 18, 116). Das Alter Marias bei ihrer Empfängnis wird ganz unterschiedlich angegeben, es ist von 17, 16, 15, 14, zwölf, ja sogar zehn Jahren die Rede; vgl. de Strycker, *Forme*, 121, App. Ausführlich zu *Protev*. 12,1–3 vgl. Smid, *Protevangelium*, 87–92.

Die Verkündigung an Josef

Als Josef nach langer Abwesenheit heimkehrt und Maria im sechsten Monat schwanger antrifft, kommt es zu einer ersten Krise.[93] Josef trauert und bezichtigt sich selbst, Maria nicht behütet zu haben. In diesem Zusammenhang stellt er eine Verbindung zwischen der Verführung Evas und einer möglichen Marias her.[94] Hierauf erhebt Josef dann Vorwürfe gegen Maria.[95] Diese weint und erwidert ihm in Anlehnung an Lk 1,34: „Rein bin ich und von einem Mann weiß ich nichts."[96] Auf die Frage nach dem Ursprung ihrer Schwangerschaft antwortet Maria, dies nicht zu wissen.

Im Folgenden überlegt Josef nun, wie er mit Maria verfahren soll. Er erwägt, ihre Schwangerschaft zu vertuschen oder sie doch öffentlich zu machen. Aus Furcht, das Kind könnte von Engeln stammen und Maria würde dann unschuldig bestraft werden, entschließt er sich in Anlehnung an Mt 1,19 aber, „sie heimlich zu entlassen"[97]. Überhaupt wirkt die ganze Szene wie eine breite Entfaltung der in Mt 1,18–19 nur knapp angerissenen Situation Josefs.

---

93 Vgl. *Protev*. 13,1 (FC 18, 118). Josef begegnete dem Leser letztmals in 9,3 (112), er war also mindestens sechs Monate, evtl. aber sogar, je nachdem welche Lesart man für das Alter Mariens in 12,3 (116) annimmt, vier bis fünf Jahre abwesend. Damit soll sichergestellt werden, dass Josef nicht der leibliche Vater Jesu sein kann. Mit der Wendung: ἀπὸ τῶν οἰκοδομῶν αὐτοῦ ist wieder ein Bezug zu Mt 13,55 hergestellt. Das Verbum εὗρεν erinnert in gewisser Weise an Mt 1,18. Die Zeitangabe ς' μήν stellt evtl. einen Bezug zu Lk 1,24.26 u. 36 her.

94 Vgl. *Protev*. 13,1 (FC 18, 118). Die Formulierung: ἔκλαυσεν πικρῶς ist identisch mit Mt 26,75 bzw. Lk 22,62. Sie begegnet auch in 13,3 (118). Die Gegenüberstellung von Eva und Maria nimmt zeitgenössische Auslegungen von Gen 3,13 auf, die auch in 2 Kor 11,3 u. 1 Tim 2,14 anklingen. Die Eva-Maria-Typologie hat ihren Ursprung letztlich in der Gegenüberstellung von Adam und Christus, wie sie sich in Röm 5,12–19 findet; vgl. hierzu u.a. G. Kretschmar, „Natus ex Maria virgine." Zur Konzeption und Theologie des Protevangelium Jacobi, in C. Breytenbach/H. Paulsen (ed.), *Anfänge der Christologie. Festschrift für F. Hahn zum 65. Geburtstag* (Göttingen: Vandenhoeck & Ruprecht, 1991), 417–428, hier 422–428.

95 Vgl. *Protev*. 13,2 (FC 18, 118). Josef stellt hier die gleiche Frage an Maria wie Gott in Gen 3,13 an Eva. Maria wird von Josef aber trotzdem als μεμελημένη Θεῷ bezeichnet, er erinnert sie an ihre Kindheit im Tempel.

96 *Protev*. 13,3 (FC 18, 118): Καθαρά εἰμι ἐγὼ καὶ ἄνδρα οὐ γινώσκω. Der zweite Teil des Satzes entspricht Lk 1,34, darüber hinaus weist die Antwort Marias auch große Ähnlichkeit mit Tob 3,14 auf. „Is this a repeated vow of virginity? At any rate this vow is more in place in the sphere of P.J. than in Lk.1,34." Smid, *Protevangelium*, 98. Maria „weiß" auch gegenüber Josef „nichts" über den Ursprung ihrer Schwangerschaft. „In this the author show us at the same time that the marriage is not a true marriage, Joseph's function is only that of guardian; Mary is far above him." Ibid.

97 Vgl. *Protev*. 14,1 (FC 18, 118–120). Der Satz: Λάθρᾳ αὐτὴν ἀπολύσω ἀπ' ἐμοῦ greift Mt 1,19 auf. Josef bedenkt (διαλογιζόμενος) hier zwei Möglichkeiten: ἐὰν αὐτῆς κρύψω τὸ ἁμάρτημα – ἐὰν αὐτὴν φανερώσω τοῖς υἱοῖς Ἰσραήλ, dies könnte man als eine Ausformulierung der kurzen Notiz: ταῦτα δὲ αὐτοῦ ἐνθυμηθέντος in Mt 1,20 verstehen. Die zweite Möglichkeit erinnert an die Formel: αὐτὴν δειγματίσαι in Mt 1,19. Josef lehnt letztlich beide Möglichkeiten ab. Die erste, weil er nicht gegen das Gesetz verstoßen will; vgl. hierzu u.a. Dtn 22,22–27. Die zweite, weil er Angst hat, das Kind könnte ἀγγελικόν sein. Hier werden Vorstellungen aufgegriffen, die auf Gen 6,1–4 zurückgehen und auch in 1 Kor 11,10 aufscheinen; vgl. hierzu u.a. Smid, *Protevangelium*, 100. Außerdem will Josef Maria nicht „unschuldig einem Todesurteil ausliefern". Die Formulierung: παραδιδοὺς ἀθῷον αἷμα εἰς

Die Krise wird dadurch gelöst, dass Josef im Traum ein Engel erscheint, der ihm eine Botschaft verkündet, die der von Mt 1,20–21 stark ähnelt: „Fürchte dich nicht wegen dieses Mädchens! Denn das (Kind) in ihr ist vom Heiligen Geist. Sie wird dir einen Sohn gebären und du wirst ihm den Namen Jesus geben, denn er wird sein Volk von seinen Sünden erlösen.“[98] Auch die Reaktion Josefs stimmt zum Teil mit der von Mt 1,24 überein. Er nimmt Maria in seine Obhut.[99]

Die Abweichungen zur matthäischen Version erklären sich vor allem durch die unterschiedliche Situation: Maria wohnt im *Protevangelium* ja bereits im Hause Josefs. Die Verkündigung an Josef scheint hier neben der an Maria in erster Linie deswegen erzählt zu werden, um nochmals zu betonen, dass Maria unberührte Jungfrau ist. Das Kind in ihr stammt nicht von Josef, aus einem Ehebruch oder von einem Engel, es stammt vom Heiligen Geist.[100]

Die Prüfung Mariens und Josefs

Am nächsten Tag spitzt sich die Lage nochmals zu, es kommt zu einer zweiten Krise, als der Schriftgelehrte Annas Josef besucht und dabei die Schwanger-

κρίσμα θανάτου stellt einen Bezug zwischen dem Schicksal Mariens und dem Jesu her; vgl. Mt 27,4 u. Lk 24,20. Josef wird durch sein Verhalten hier wohl, auch wenn dies nicht gesagt wird, wie in Mt 1,19 als „gerecht“ qualifiziert. Die einleitende Wendung: ἐφοβήθη ... σφόδρα findet sich übrigens ähnlich z.B. in Mt 17,6 u. 27,54. Die Formulierung: Καὶ κατέλαβεν αὐτὸν νύξ hat evtl. eine gewisse Parallele in einer im *Cod. Sinaiticus* und im *Cod. Bezae Cantabrigiensis* belegten Variante zu Joh 6,17: κατέλαβεν δὲ αὐτοὺς ἡ σκοτία; vgl. de Strycker, *Forme*, 436.

98 *Protev.* 14,2 (FC 18, 120): Μὴ φοβηθῇς τὴν παῖδα ταύτην· τὸ γὰρ ἐν ἑαυτῇ ὂν ἐκ Πνεύματός ἐστιν ἁγίου. Τέξεται δέ σοι υἱὸν καὶ καλέσεις τὸ ὄνομα ἑαυτοῦ Ἰησοῦν· αὐτὸς γὰρ σώσει τὸν λαὸν αὐτοῦ ἐκ τῶν ἁμαρτημάτων αὐτῶν. Zu Mt 1,20–21 gibt es einige kleinere Abweichungen (ἐν ἑαυτῇ ὄν, σοι, ἑαυτοῦ, ἁμαρτημάτων), die inhaltlich kaum Belang haben. Das Pronomen σοι könnte evtl. aus Lk 1,13 stammen. Die apokryphe Fassung unterscheidet sich aber v.a. am Anfang. Josef wird nicht wie in Mt 1,20 aufgefordert, Maria zu sich zu nehmen. Das ist ja in *Protev.* 9,3 (112) bereits geschehen. Außerdem wird Maria hier παῖς und nicht γυνή genannt. Die einleitende Notiz über die Angelophanie entspricht weitgehend Mt 1,20, die einzige kleine Abweichung besteht in dem Ausdruck κατ' ὄνειρον; vgl. auch Mt 2,13. Dass Josef in den meisten Handschriften, anders als in Mt 1,20, nicht als „Sohn Davids“ angesprochen wird, hängt wohl damit zusammen, dass hier nur die Davidität Mariens von Interesse ist; vgl. de Strycker, *Forme*, 128, App.

99 Vgl. *Protev.* 14,2 (FC 18, 120). Josef steht auf, lobt Gott für die ihm erwiesene Gnade und nimmt sich Marias an. Dies erinnert z.B. durch die Formel ἀπὸ τοῦ ὕπνου an Mt 1,24, weicht aber auch davon ab. Josef muss Maria nicht mehr zu sich nehmen, er muss sich nur noch um sie sorgen. „Joseph is not the husband, but the keeper, the guardian of Mary: any kind of conjugal relation is avoided!“ Smid, *Protevangelium*, 103. Die Formel: τὸν Θεὸν τοῦ Ἰσραὴλ τὸν δόντα αὐτῷ τὴν χάριν αὐτοῦ weist Ähnlichkeit mit Jak 4,6 u. 1 Petr 5,5, aber auch mit Spr 3,34 auf. Die Wendung: ἐδόξασεν τὸν Θεὸν τοῦ Ἰσραὴλ erinnert u.a. an Lk 2,20.

100 „It is a defense against mistaken ideas of the conception of Jesus. (…) Mary's innocence is proved as clear as day.“ Smid, *Protevangelium*, 100. Vgl. ausführlich zu *Protev.* 13,1–14,2 ibid. 93–103 u. Ehlen, *Leitbilder*, 139–147.

schaft Mariens entdeckt.[101] Annas wendet sich sofort an den Hohepriester und beschuldigt Josef, mit Maria die Ehe vollzogen, dies aber nicht öffentlich gemacht zu haben. Maria und Josef werden daraufhin herbeigeholt und im Tempel vor Gericht gestellt.[102]

Zunächst macht der Priester Maria Vorwürfe, er erinnert sie dabei an ihre Kindheit im Tempel. Maria weist diese zurück, und zwar wieder in Anlehnung an Lk 1,34 mit folgenden Worten: „So wahr Gott, der Herr, lebt, rein bin ich vor ihm und von einem Mann weiß ich nichts."[103] Anschließend wendet sich der Hohepriester an Josef und beschuldigt ihn des Geschlechtsverkehrs mit Maria. Josef beteuert ebenfalls seine Unschuld und schweigt hierauf, ähnlich wie Jesus vor dem Hohen Rat.[104]

Die Lösung bringt das „Wasser der Überführung". Dieser Ritus wird in Num 5,11–31 geschildert, allerdings nur für eine Frau, die des Ehebruchs verdächtigt wird. In abgewandelter Form wird das sog. Eifersuchtsordal im *Protevangelium Jacobi* nun nacheinander sowohl an Josef als auch an Maria vollzogen. Beide müssen das Prüfungswasser trinken und in die Wüste gehen, beide kehren jedoch wohlbehalten zurück.[105] Der Hohepriester wendet sich daraufhin folgendermaßen an Maria und Josef: „Wenn Gott, der Herr, eure Sünde nicht offenbar gemacht hat, verurteile auch ich euch nicht."[106] Der letzte Teil des Satzes ent-

---

101 Vgl. *Protev.* 15,1 (FC 18, 120). Der Name Annas erinnert evtl. an den späteren Hohepriester gleichen Namens, der z.B. in Lk 3,2 u. Joh 18,13 begegnet. Soll hier eine Feindschaft von Anfang an angedeutet werden? Vgl. Hock, *Infancy*, 59, Anm. 15:1. „Annas is a figure of conflict here: Mary's pregnancy becomes as a miracle of God before the whole people. P.J. goes further here than the stories of the nativity in the N.T.: the need of an apology must certainly have been felt (cf. Celsus)." Smid, *Protevangelium*, 104.

102 Vgl. *Protev.* 15,2 (FC 18, 120). Die Wendung: 'Απόστειλον ὑπηρέτας erinnert an Joh 7,32, also an das Vorgehen der Hohenpriester und Pharisäer gegen Jesus. Auch durch das Lexem κριτήριον wird vom Leser evtl. eine Verbindung zum Prozess Jesu hergestellt.

103 *Protev.* 15,3 (FC 18, 120–122): Ζῇ Κύριος ὁ Θεὸς καθότι καθαρά εἰμι ἐνώπιον αὐτοῦ καὶ ἄνδρα οὐ γινώσκω. Der Schlussteil des Satzes entspricht wieder Lk 1,34; vgl. aber auch Tob 3,14. Maria wird u.a. daran erinnert, dass sie im Tempel den Gesang der Engel hörte. Dies stellt evtl. eine Verbindung zu Lk 2,13 her. „It is characteristic of the apocrypha that they transfer that which refers to Jesus in the gospels, to a subsidiary figure talking the leading part in their story: in this case Mary." Smid, *Protevangelium*, 108.

104 Vgl. *Protev.* 15,4 (FC 18, 122). Um seine Unschuld herauszustellen, verwendet Josef wie vorher schon Maria eine Beteuerungsformel. In Teilen der handschriftlichen Überlieferung wird in dieser neben Gott ὁ Χριστὸς αὐτοῦ und ὁ τῆς ἀληθείας αὐτοῦ μάρτυς genannt. Vgl. hierzu u.a. Lk 9,20; 23,35; Apg 3,18; 4,26 bzw. Joh 15,26; Röm 8,16; de Strycker, *Forme*, 136, App. u. 137, Anm. 7. In der Rede des Priesters an Josef wird Ex 20,16 bzw. Dtn 5,20 zitiert; vgl. dazu auch Mk 10,19 (Mt 19,18; Lk 18,20). Es findet sich hier auch die Formulierung: ὑπὸ τὴν κραταιὰν χεῖραν, dies erinnert u.a. an 1 Petr 5,6. Die Reaktion Josefs wird ganz knapp beschrieben: ἐσίγησεν; vgl. dazu Mk 14,61 (Mt 26,63). „Can we see a parallel in this silence with the silence of Jesus before the high priest ... ?" Smid, *Protevangelium*, 111.

105 Vgl. *Protev.* 16,1–2 (FC 18, 122); Smid, *Protevangelium*, 111–115. Evtl. weist die Formulierung: οὐκ ἐφάνη ἡ ἁμαρτία αὐτῶν einen Bezug zu Röm 7,13 auf.

106 *Protev.* 16,3 (FC 18, 122–124): Εἰ Κύριος ὁ Θεὸς οὐκ ἐφανέρωσεν τὸ ἁμάρτημα ὑμῶν, οὐδὲ ἐγὼ κρίνω ὑμᾶς. In der handschriftlichen Überlieferung ist wie in der zu Joh 8,11 neben κρίνω auch κατακρίνω belegt; vgl. von Tischendorf, *Evangelia*, 30, App. Der Hauptsatz ist geradezu identisch mit

spricht weitgehend den Worten Jesu gegenüber der Ehebrecherin in Joh 8,11. Josef nimmt Maria hierauf zu sich und kehrt voll Freude und Dank mit ihr heim.[107]

Mit der vorliegenden Perikope betont das Apokryphon nochmals eine seiner zentralen Aussagen: Maria bleibt trotz ihrer Schwangerschaft reine Jungfrau, Josef ist nicht der biologische Vater des noch ungeborenen Kindes. Zur Bestätigung dieser Botschaft genügen dem Verfasser die beiden Verkündigungsszenen anscheinend nicht, sie muss auch noch durch ein Gottesurteil in aller Öffentlichkeit belegt und vom Hohepriester bestätigt werden.[108]

Die Reise nach Betlehem

In Anlehnung an Lk 2,1 wird auch im *Protevangelium* vom Befehl des Augustus zur Eintragung in die Steuerlisten berichtet, anders als im *Lukasevangeliums* betrifft dies im *Papyrus Bodmer V* jedoch nur die Einwohner Betlehems.[109] Josef will seine Söhne eintragen lassen, ist aber unschlüssig, wie er Maria registrieren lassen soll. Damit soll wohl nochmals deutlich gemacht werden, dass die Beziehung zwischen Maria und Josef die bekannten Kategorien sprengt.

Joh 8,11. Darüber hinaus bestehen aber auch inhaltliche Berührungen zwischen *Protev.* 15,1–16,3 u. Joh 7,53–8,11, es geht in beiden Textabschnitten z.B. um ein öffentlich gewordenes sexuelles Vergehen. Da die sog. *pericope adulterae* handschriftlich erst spät belegt ist und urspr. wohl kein Bestandteil des Joh-Ev. war, ist fraglich, ob sich das Apokryphon hier auf die joh. Fassung bezieht oder ob evtl. sogar beide auf einen dritten, heute nicht mehr fassbaren Text zurückgehen; vgl. hierzu W.L. Petersen, „Οὐδὲ ἐγώ σε [κατα]κρίνω. John 8:11, the Protevangelium Jacobi, and the History of the Pericope Adulterae“, in id. et al. (ed.), *Sayings of Jesus: Canonical and Non-canonical. Essays in Honour of T. Baarda* (Leiden et al.: Brill, 1997), 191–221. Die Vermutung von Zervos, dass der Ursprung der angeführten Formulierung in einer Vorform des *Protev.* zu suchen ist und die *pericope adulterae* nach diesem Beispiel konzipiert wurde, ist dagegen m.E. weniger wahrscheinlich; vgl. G.T. Zervos, „Caught in the Act. Mary and the Adulteress“, in *Apocrypha* 15 (2004) 57–114. Dass die Verbform ἀπέλυσεν, wie de Strycker, *Forme*, 140 notiert, einen Bezug zu Mk 8,9 (Mt 15,39) herstellt, ist m.E. fraglich.

107 Vgl. *Protev.* 16,3 (FC 18, 124). Das Lexem παρέλαβεν stellt einen Bezug zu Mt 1,24 her. „The original relationship between Joseph and Maria is restored.“ Smid, *Protevangelium*, 116. Die Partizipien χαίρων καὶ δοξάζων erinnern evtl. an Lk 2,10.20. Vgl. aber z.B. auch Lk 5,25; 19,6.

108 Ausführliche Kommentierungen zu *Protev.* 15,1–16,3 finden sich bei Smid, *Protevangelium*, 103–116 u. Ehlen, *Leitbilder*, 147–157.

109 Vgl. *Protev.* 17,1 (FC 18, 124). Durch den Namen Augustus und das Stichwort ἀπογράψασθαι ist ein klarer Bezug zu Lk 2,1 hergestellt. *Pap. Bodmer V* spricht hier jedoch nicht von δόγμα und καῖσαρ, sondern von κέλευσις und βασιλεύς. Augustus wird dort übrigens mit ’Αόστου wiedergegeben. In diesem Textzeugen scheint sich die Anordnung auch nur auf die Einwohner Betlehems zu beziehen: ὅσοι εἰσὶν ἐν Βηθλεὲμ τῆς Ἰουδαίας; vgl. de Strycker, *Forme*, 140, App. Die Ortsangabe erinnert an Mt 2,1. Eine klare Entsprechung zu Lk 2,4 findet sich nur in einem Teil der handschriftlichen Überlieferung, Nazaret wird größtenteils nicht als Ausgangspunkt genannt; vgl. von Tischendorf, *Evangelia*, 30, App. Z.T. wird neben oder sogar anstelle von Augustus auch Herodes genannt; vgl. hierzu Smid, *Protevangelium*, 116–118. Auffällig ist, dass die Davidität Josefs hier, anders als in Lk 2,4, keine Rolle spielt.

Maria ist nicht wie in Lk 2,5 seine Verlobte bzw. künftige Ehefrau, sondern eine ihm nur in Obhut gegebene Jungfrau.[110]

Über das Neue Testament hinausgehend wird anschließend etwas genauer von der Reise nach Betlehem erzählt: Maria reitet auf einem Esel, den einer der Söhne Josefs führt, ein anderer folgt.[111] Maria ist während des Weges einmal voll Trauer, dann wieder voll Freude. Dies wird mit einer Vision Mariens erklärt, sie sieht wohl in Anschluss an Lk 2,34 und Gen 25,23 zwei Völker, nämlich ein klagendes und ein jubelndes. Dies bezieht sich wahrscheinlich auf die Reaktion, welche das noch ungeborene Kind bei den Menschen auslösen wird.[112]

Auf halber Strecke nach Betlehem naht dann die Geburt. Josef hebt Maria vom Esel und sucht in einsamer Gegend nach einem geeigneten Ort für die Entbindung.[113] Als ein solcher wird dann eine Höhle genannt. Josef lässt Maria in und seine Söhne vor der Höhle zurück, er selbst macht sich auf die Suche nach einer Hebamme.[114] Auch hier geht das Apokryphon wieder über die neu-

---

[110] Vgl. *Protev.* 17,1 (FC 18, 124). Hier werden die Söhne Josefs aus erster Ehe genannt, deren Existenz in 9,2 (112) bereits erwähnt wurde. Der Text spricht davon, dass für Maria weder die Kategorie γυνή, noch θυγάτηρ passend ist. Josef bezeichnet sie hier wieder als παῖς. Damit steht der Text in einem gewissen Gegensatz zu Lk 2,5 u. Mt 1,24. Evtl. kann man die Überlegung Josefs, Maria als seine Tochter auszugeben, als Hinweis auf Töchter Josefs und somit auf Schwestern Jesu verstehen; vgl. hierzu Mk 6,3 (Mt 13,56).

[111] Vgl. *Protev.* 17,2 (FC 18, 124). Mit dem Stichwort ὄνος ist evtl. ein Bezug zu Mt 21,2 u. Joh 12,14–15 hergestellt. Einer der Söhne Josefs geht voran, in den meisten Handschriften ist dieser namenlos, z.T. wird er aber mit Jakobus identifiziert. Es folgt u.a. nach *Pap. Bodmer V* ein gewisser Samuel. Unter den in Mk 6,3 u. Mt 13,55 genannten Brüdern Jesu findet sich jedoch kein Sohn Josefs dieses Namens. Daneben sind aber anstelle von Samuel auch die Namen Jakobus, Simon oder Josef überliefert; vgl. de Strycker, *Forme*, 142, App. u. 143, Anm. 7.

[112] Vgl. *Protev.* 17,2 (FC 18, 124). „The author has put the content of Lk.2,34 into the form of Gen.25,23.“ Smid, *Protevangelium*, 121–122. Die beiden Völker (δύο λαοὺς), die Maria schaut, sind nicht Heiden und Juden, sondern Glaubende (ἕνα χαίροντα καὶ ἀγαλλιῶντα) und Ungläubige (ἕνα κλαίοντα καὶ κοπτόμενον). Die Szene wird durch die Bemerkung: καὶ ἤγγισαν ἐπὶ μίλιον τρίτον näher lokalisiert.

[113] Vgl. *Protev.* 17,3 (FC 18, 124–126). Durch die Ortsangabe: Καὶ ἦλθωσιν ἀνὰ μέσον τῆς ὁδοῦ weicht die apokryphe Schrift in gewisser Weise von Lk 2,4.11 u. Mt 2,1 ab. Der Geburtsort Jesu liegt also nicht direkt in Betlehem, sondern ein gutes Stück davor. Aus dem Text geht allerdings nicht hervor, wo der Ausgangspunkt der Reise anzusetzen ist. Aufgrund der in 15,1–16,3 (120–124) beschriebenen Ereignisse ist wohl Jerusalem zu vermuten. Die Angabe verweist evtl. auf die Gegend des Rahelgrabes (Gen 35,16); vgl. hierzu Smid, *Protevangelium*, 123–124. Die Gegend wird folgendermaßen beschrieben: ὅτι ὁ τόπος ἔρημός ἐστιν. Dies erinnert stark an Mk 6,35 (Mt 14,15; Lk 9,12).

[114] Vgl. *Protev.* 18,1 (FC 18, 126). Als Geburtsort Jesu wird hier eine Höhle (σπήλειον) genannt. Damit geht das Apokryphon über die ntl. Berichte hinaus, besser gesagt präzisiert sie. Lk 2,7 macht zum Geburtsort keine genauen Angaben, aus dem Lexem φάτνη entwickelte sich aber die Tradition des Stalles. In Mt 2,11 ist nur ganz allgemein von οἰκία die Rede, dazu steht der apokryphe Text sogar in einem gewissen Widerspruch. Die Höhle hat wohl u.a. die Funktion, die Intimität der Geburt sicherzustellen: ... σκεπάσω σου ἀσχημόσυνην. *Protev.* 17,3 (126). Zum Motiv der Höhle vgl. u.a. Bauer, *Leben*, 61–67; E. Benz, „Die heilige Höhle in der alten Christenheit und in der östlich-orthodoxen Kirche“, in *ErJb* 22 (1953) 365–432; Smid, *Protevangelium*, 125–127. Hier begegnen die Söhne Josefs dem Leser übrigens zum letzten Mal in der Erzählung. Die Wendung: ἐν χώρᾳ Βηθλεέμ erinnert evtl. an Lk 2,8.

testamentlichen Berichte hinaus, ja unterscheidet sich von diesen teilweise sogar deutlich.[115]

Die Geburt Jesu

Im Folgenden weichen die Textzeugen stark voneinander ab, im *Papyrus Bodmer V* fehlen einige Passagen völlig oder sind stark gekürzt.[116] Der Großteil der Handschriften enthält zunächst eine Vision Josefs. Dieser berichtet als Ich-Erzähler auf seiner Suche nach einer Hebamme vom plötzlichen Stillstand der Natur, dadurch soll wohl die Bedeutsamkeit der Geburt Jesu hervorgehoben werden.[117] Dieser Abschnitt stellt zum einen zwar eine deutliche Divergenz zum Neuen Testament dar, andererseits zeigt die Vision aber auch gewisse Berührungen mit der lukanischen Hirtenperikope, die ansonsten im *Protevangelium* fehlt.[118]

Im Anschluss begegnet Josef einer Hebamme. Bevor sie ihm zur Höhle folgt, entspinnt sich zwischen beiden ein Gespräch.[119] Dieses dreht sich um ein bereits mehrfach behandeltes Thema, nämlich um die besondere Beziehung zwischen Maria und Josef. In Anlehnung an die neutestamentlichen Kindheits-

---

[115] Ausführlich zu *Protev.* 17,1–18,1 vgl. Smid, *Protevangelium*, 116–127 u. Ehlen, *Leitbilder*, 158–162. *Cod. Paris, Bibl. Nat. 1454* unternimmt z.B. den Versuch, die in *Protev.* 17,3 (FC 18, 124–126) beschriebenen Ereignisse stärker mit der lk. Geburtsgeschichte in Einklang zu bringen: Καὶ ὡς ἀνέβησαν ἐν τῇ Βηθλεέμ (vgl. Lk 2,4) – ὅτι οὐκ ἔστιν ἡμῖν τόπος εἰς κατάλυμα (vgl. Lk 2,7); von Tischendorf, *Evangelia*, 32, App.

[116] In *Protev.* 18,2–21,3 unterscheidet sich *Pap. Bodmer V* erheblich von der übrigen Textüberlieferung. Die Ausgabe von Schneider, *Kindheitsevangelien*, 126–138 druckt den Text deshalb synoptisch ab. Obwohl *Pap. Bodmer V* ein sehr alter Textzeuge ist, scheint er hier nicht den urspr. Bestand wiederzugeben. Der Papyrus stellt wohl eine nicht immer ganz glatte Kürzung dar. Außerdem ist darauf hinzuweisen, dass ein anderer alter Textzeuge, nämlich das *Papyrusfragment PSI 6*, genau diesen Teil enthält, es umfasst *Protev.* 13,1–23,3; vgl. hierzu u.a. de Strycker, *Forme*, 377–392.

[117] Vgl. *Protev.* 18,2–3 (FC 18, 126–128). Die Erzählperspektive wechselt hier unvermittelt von der dritten in die erste Person. In *Pap. Bodmer V* fehlt dieser Abschnitt gänzlich. Smid, *Protevangelium*, 128 verweist auf einige biblische Texte, die ebenfalls vom Stillstand der Natur berichten. Aus dem NT führt er dabei jedoch nur Mk 4,39 (Mt 8,26; Lk 8,24) an. Der Bezug zur vorliegenden Perikope scheint m.E. aber sehr gering zu sein.

[118] Vgl. *Protev.* 18,2–3 (FC 18, 126–128). Durch die Formulierungen: ἐλαυνόμενα πρόβατα, ποιμήν, ἐρίφους in 18,3 (128) und evtl. auch ἐργάτας ἀνακειμένους in 18,2 (126) ist wohl eine gewisse Beziehung zu Lk 2,8 spürbar. Die Perikope Lk 2,8–20 findet sich in der apokryphen Schrift aber ansonsten nicht. Durch die eben erwähnten Andeutungen scheint ihre Kenntnis beim Leser jedoch vorausgesetzt zu werden. Ein Leser, der Lk 2,8–20 kennt, könnte außerdem die dort beschriebenen Ereignisse als gleichzeitig zu *Protev.* 18,2–3 verstehen. Zu *Protev.* 18,2–3 vgl. allgemein auch F. Bovon, „The Suspension of Time in Chapter 18 of Protevangelium Jacobi“, in B.A. Pearson (ed.), *The Future of Early Christianity. Essays in Honor of H. Köster* (Minneapolis: Fortress, 1991), 393–405.

[119] Vgl. *Protev.* 19,1 (FC 18, 128–130). Der Text von *Pap. Bodmer V* ist hier als eine Art Kurzfassung zu verstehen. Die Hebamme wird folgendermaßen eingeführt: … γυναῖκα καταβαίνουσαν ἀπὸ τῆς ὀρεινῆς. Dies erinnert evtl. an Lk 1,39. Am Ende des Gesprächs sagt Josef zur Hebamme: Δεῦρο καὶ ἴδε. Als Variante dazu ist auch: ἔρχου καὶ ἴδε belegt; vgl. de Strycker, *Forme*, 154, App. Die Formulierung ähnelt Joh 1,46 u. 11,34.

geschichten bezeichnet Josef Maria einerseits zwar als seine Verlobte, ja als seine Ehefrau, zum anderen lehnt er beide Kategorien aber auch in gewisser Weise wieder ab und betont stattdessen, dass „sie ihr Kind vom Heiligen Geist empfangen habe“[120].

Die Hebamme begleitet Josef daraufhin zur Höhle. Dort angekommen, überschattet eine Wolke das Geschehen. Dies erinnert an die Verklärung Jesu, daneben aber vielleicht auch an die Wüstenwanderung Israels.[121] Die Geburtshelferin kommentiert dies mit Worten, die sich teilweise mit dem Lobgesang Simeons berühren: „Erhoben wurde heute meine Seele, denn meine Augen schauten heute Unglaubliches: Israel ist das Heil geboren.“[122] Nachdem sich die Wolke verzogen hat, „erscheint ein helles Licht in der Höhle“[123]. Durch die Lichtmetaphorik wird auf zahlreiche biblische Texte verwiesen, u.a. etwa auf Mt 4,16.

Kurz darauf, als auch das Licht verschwunden ist, „erscheint“ dann das neugeborene Jesuskind, das sich sogleich stillen lässt.[124] Die Hebamme, deren Dienste gar nicht von Nöten waren, spricht in dieser Situation von einem „gro-

---

[120] *Protev.* 19,1 (FC 18, 128–130): σύλλημμα ἔχει ἐκ Πνεύματος ἁγίου. Dies erinnert an Mt 1,18.20 u. Lk 1,35. Josef nennt Maria hier ἡ μεμνηστευμένη μοι. Dies entspricht Lk 1,27; 2,5 u. Mt 1,18. Gleichzeitig sagt er aber auch: Καὶ ἐκληρωσάμην αὐτὴν γυναῖκα. Damit verweist er auf *Protev.* 9,1 (110–112) zurück. Mit dem Stichwort γυνή ist aber auch ein Bezug zu Mt 1,20.24 u. evtl. 1,16 hergestellt. Gleichzeitig betont er aber auch: καὶ οὐκ ἔστιν μου γυνή. Damit widerspricht der Text hier aber Mt 1,16.20.24. „The author again takes the opportunity of producing his exegesis of Mt.1,20. Once more he brings his intentional alteration to the attention of his readers (cf. 9,2).“ Smid, *Protevangelium*, 132.

[121] Vgl. *Protev.* 19,2 (FC 18, 130). Die Wendung: Καὶ ἦν νεφέλη ... ἐπισκιάζουσα τὸ σπήλαιον erinnert an Mk 9,7 (Mt 17,5; Lk 9,34). Die meisten Handschriften sprechen wie Mt 17,5 von einer νεφέλη φωτεινή, *Pap. Bodmer V* dagegen von σκοτεινή; vgl. de Strycker, *Forme*, 154, App. Evtl. stellt der Begriff νεφέλη auch einen Bezug zu Apg 1,9 u. Mk 14,62 (Mt 26,64) her. Daneben ist aber wohl u.a. auch auf Ex 16,10; 19,9; 40,35; Num 9,18; u. 11,25 zu verweisen. „Both the scene of the glorification (Mk.9,7 + par.) and the cloud of Exod.16 are in the background: the nephelè is the form in which the doxa theou reveals itself ... .“ Smid, *Protevangelium*, 134.

[122] *Protev.* 19,2 (FC 18, 130): Ἐμεγαλύνθη ἡ ψυχή σήμερον μου, ὅτι εἶδον οἱ ὀφθαλμοί μου παράδοξα σήμερον, ὅτι ἡ σωτηρία τῷ Ἰσραὴλ γεγέννηται. Der erste Teil des Satzes erinnert an Lk 1,46. Vgl. aber auch *Protev.* 5,2 (104). Dort reagiert Anna mit fast denselben Worten auf die Geburt Marias. Der zweite Teil weist starke Ähnlichkeit mit Lk 2,30.32, aber evtl. auch mit Lk 1,71; 5,26 u. 19,9 auf.

[123] *Protev.* 19,2 (FC 18, 130): ... καὶ ἐφάνη φῶς μέγα ἐν τῷ σπηλαίῳ ... . Durch die Formulierung: φῶς μέγα ist ein deutlicher Bezug zu Jes 9,1 bzw. Mt 4,16 hergestellt, v.a. wenn man zuvor die Lesart νεφέλη σκοτεινή annimmt. Daneben könnte man in gewisser Weise aber auch Joh 1,5.9 oder 8,12 als Parallele nennen; vgl. hierzu auch Smid, *Protevangelium*, 135–137.

[124] *Protev.* 19,2 (FC 18, 130): ... ἕως ἐφάνη βρέφος. Das Lexem βρέφος erinnert an Lk 2,12 u. 16. Im Unterschied zu Lk 2,7 ist hier aber nicht von „gebären“ (ἔτεκεν) die Rede, das Kind „erscheint“ (ἐφάνη) einfach. Um vor diesem Hintergrund eine doketische Interpretation auszuschließen, schließt sich wohl der Hinweis auf das Stillen Jesu an. Auffällig ist aber, dass das Neugeborene hierzu die Initiative ergreift. Das Jesuskind wird also als wirklicher Mensch dargestellt, gleichzeitig soll aber seine Souveränität und das Übernatürliche seiner Geburt herausgestellt werden. Zur Bezeichnung Doketismus vgl. weiterführend u.a. N. Brox, „‚Doketismus‘ – eine Problemanzeige“, in *ZKG* 95 (1984) 301–314.

ßen Tag“ und einem „nie dagewesenen Schauspiel“[125]. Die Geburtsszene weicht zwar stark vom lukanischen Bericht ab, greift andererseits aber durchaus auch neutestamentliche Motive auf.[126]

Die Jungfräulichkeitsprobe

Als die Hebamme die Höhle verlässt, trifft sie eine gewisse Salome. Diese wird nicht näher eingeführt, der Name ist dem Leser aber wohl aus dem *Markusvangelium* bekannt.[127] Ihr erzählt die Geburtshelferin nun von dem „nie dagewesenen Schauspiel“, nämlich dass „eine Jungfrau geboren hat“[128]. Salome antwortet darauf mit Worten, die an den „ungläubigen Thomas“ aus dem *Johannesevangelium* erinnern: „Wenn ich meinen Finger nicht hineinlege und ihren Zustand untersuche, werde ich nicht glauben, … .“[129]

---

125 *Protev.* 19,2 (FC 18, 130): ... μεγάλη ἡ σήμερον ἡμέρα ... τὸ καινὸν θέαμα τοῦτο. Aus dem Text geht nicht klar hervor, was mit καινὸν θέαμα gemeint ist. Hier ist aber, anders als in 19,3 (130), wohl zunächst das „Erscheinen“ des Kindes im Blick. „The maia has nothing to do: neither for Mary, nor for the child; she is only a witness to the whole marvellous occurrence … .“ Smid, *Protevangelium*, 137.

126 In *Protev.* 19,2 (FC 18, 130) stimmt *Pap. Bodmer V* wieder weitgehend mit den übrigen Textzeugen überein. Die kosmischen Wunder bei der Geburt Jesu in 19,1–3 (128–130) (Stillstand der Natur, Wolke, Licht) könnten evtl. mit denen beim Tod Jesu im NT (Finsternis, Erdbeben) korrespondieren; vgl. z.B. Mt 27,45.51. Ausführlich zu *Protev.* 18,2–19,2 vgl. Smid, *Protevangelium*, 127–138; Ehlen, *Leitbilder*, 95–97 u. 162–164. M. Berghorn, „‚Schmücke dich, Höhle, denn die Jungfrau kommt, um zu gebären‘ (Wunderbare Geburt) – Protev 18–20“, in R. Zimmermann (ed.), *Kompendium der frühchristlichen Wundererzählungen. Bd. 1: Die Wunder Jesu* (Gütersloh: Gütersloher Verlagshaus, 2013), 793–798.

127 Vgl. *Protev.* 19,3 (FC 18, 130). Eine Frau namens Salome begegnet in Mk 15,40 u. 16,1 als Jüngerin Jesu, die bei seiner Kreuzigung anwesend ist und zu einer der Erstzeuginnen der Auferstehung wird. Ein Leser, der diese Informationen hier einspielt, sieht Salome darüber hinaus natürlich zugleich auch noch als Zeugin seiner Geburt aus einer Jungfrau an. Vgl. zu Salome u.a. H.R. Balz, Art. Σαλώμη, in *EWNT* 3 (^{2}1992) 539; S. Petersen, *„Zerstört die Werke der Weiblichkeit!“ Maria Magdalena, Salome und andere Jüngerinnen Jesu in christlich-gnostischen Schriften* (NHMS 48; Leiden et al.: Brill, 1999), 195–241 u. 299–301. In 19,3 (130–132) stimmt *Pap. Bodmer V* größtenteils mit der übrigen Texttradition überein.

128 *Protev.* 19,3 (FC 18, 130): παρθένος ἐγέννησεν, ἃ οὐ χωρεῖ ἡ φύσις αὐτῆς. Der erste Teil des Satzes, der am Ende von 19,3 (132) nochmals wiederholt wird, erinnert in gewisser Weise an Jes 7,14 bzw. Mt 1,23: ἰδοὺ ἡ παρθένος ... τέξεται υἱόν … . Evtl. kann man hierin auch eine Auslegung bzw. Weiterführung von Lk 2,7 sehen. „One of the chief aims of the author is to this make accepted: a virgin has given birth.“ Smid, *Protevangelium*, 139. In 19,2 (130) bezieht sich der Begriff καινὸν θέαμα wohl noch ganz allgemein auf die wunderbare Geburt Jesu, hier steht nun exklusiv das jungfräuliche Gebären Mariens im Fokus des Interesses.

129 *Protev.* 19,3 (FC 18, 130–132): ἐὰν μὴ βάλω τὸν δάκτυλόν μου καὶ ἐραυνήσω τὴν φύσιν αὐτῆς, οὐ μὴ πιστεύσω ὅτι ἡ παρθένος ἐγέννησεν. Die Worte Salomes zeigen z.T. wörtliche Übereinstimmungen mit Joh 20,25: ἐὰν μὴ ... βάλω τὸν δάκτυλόν μου ... οὐ μὴ πιστεύσω. Dadurch wird das Wunder der jungfräulichen Geburt in gewisser Weise mit dem der Auferstehung parallelisiert. In der handschriftlichen Überlieferung ist teilweise nicht von τὸν δάκτυλόν μου, sondern von τὴν χεῖρά μου εἰς αὐτὴν die Rede. Aber auch dies erinnert an Joh 20,25: … μου τὴν χεῖρα εἰς … ; vgl. de Strycker, *Forme*, 158, App. „La sage-femme a cru aux signes divins; Salomé, incrédule comme l'apôtre Thomas

Die beiden Frauen gehen hierauf zu Maria in die Höhle, Salome untersucht sie. Aufgrund ihres Unglaubens wird Salomes Hand vom Feuer verzehrt.[130] In einem Gebet, das einige neutestamentliche Formulierungen aufgreift, wendet sie sich daraufhin an Gott und bittet um Vergebung.[131] Ein Engel erscheint und kündet ihr durch die Berührung mit dem Kind Heilung an.[132] Salome nimmt das Neugeborene schließlich auf den Arm und sagt: „Huldigen will ich ihm, denn in ihm wurde Israel ein König geboren.“[133] Einige Formulierungen verweisen bereits hier auf die Magierperikope aus dem *Matthäusevangelium*. Als Salome geheilt die Höhle verlässt, ertönt eine Stimme, die ihr aufträgt, Stillschweigen über das Gesehene zu bewahren, bis das Kind nach Jerusalem kommt. Damit ist wohl die Darstellung Jesu im Tempel aus dem *Lukasevangelium* in den Blick genommen, die in der apokryphen Schrift jedoch gar nicht erzählt, sondern nur angedeutet wird.[134]

---

dont elle reprend les paroles, veut verifier les œuvres de Dieu par des methods humaines.“ Ibid. 159, Anm. 14.

130 Vgl. *Protev.* 20,1 (FC 18, 132). Salome überprüft hier die Jungfräulichkeit Mariens: Καὶ ἔβαλε Σαλώμη τὸν δάκτυλον αὐτῆς εἰς τὴν φύσιν αὐτῆς. Daneben ist z.T. auch τὴν χεῖρα αὐτῆς überliefert; vgl. de Strycker, *Forme*, 160, App. Dadurch wird ein Bezug zu Joh 20,27 hergestellt. Als Hintergrund wird genannt, dass es darüber einen οὐ ... μικρὸς ἀγών gibt. Salome wertet ihr Verhalten dann selbst als ἀνομία und ἀπιστία, die Formulierung: ἐξεπείρασα Θεὸν ζῶντα erinnert u.a. an Dtn 6,16; Mt 4,7; Lk 4,12; Apg 15,10 u. 1 Kor 10,9. In *Protev.* 20,1–4 (132–134) weicht *Pap. Bodmer V* stark von der übrigen Textüberlieferung ab, in diesem Textzeugen wird z.B. auch die Hebamme geheilt. Die Formulierung: καὶ ἰάθη ἡ μαῖα ἐν τῇ ὥρᾳ ἐκείνῃ in 20 *Z* (132) zeigt einen deutlichen Bezug zu Mt 8,13; vgl. de Strycker, *Forme*, 433.

131 Vgl. *Protev.* 20,2 (FC 18, 132–134). Das Gebet Salomes fehlt in *Pap. Bodmer V* völlig. Die Wendung: μνήσθητί μου erinnert u.a. an Lk 23,42, die Selbstbezeichnung Salomes als σπέρμα ... Ἀβραὰμ καὶ Ἰσαὰκ καὶ Ἰακώβ u.a. an Lk 1,55; 13,16; 19,9; Joh 8,33 u. Röm 9,7. Die Formulierung: μὴ παραδειγματίσῃς findet sich ähnlich in Mt 1,19; vgl. auch Hebr 6,6. Am Ende des Gebets stellt sich Salome als mildtätige und fromme Frau dar, die ihr Leben den Armen widmet. Nach de Strycker, *Forme*, 163, Anm. 7 ähnelt sie dabei in gewisser Weise Tabita aus Apg 9,36. Die Textüberlieferung ist hier allerdings sehr uneinheitlich; vgl. de Strycker, *Forme*, 162–163, App. Dass die Formulierung: τὰς θεραπείας ἐπετέλουν tatsächlich an Lk 13,32 erinnert, wie de Strycker, *Forme*, 436 vermutet, ist m.E. doch fraglich.

132 Vgl. *Protev.* 20,3 (FC 18, 134). Die Formulierung: καὶ ἰδοὺ ἄγγελος Κυρίου ἔστη λέγων zeigt gewisse Prallelen zu Lk 2,9 u. Apg 12,7. In der Wendung: ἐπήκουσεν ὁ πάντων Δεσπότης τῆς δεήσεώς σου klingt Lk 1,13 an; vgl. auch *Protev.* 4,1 (102). Der Engel verheißt Salome σωτηρία καὶ χαρά, dies erinnert evtl. an die Worte des Engels an die Hirten in Lk 2,10–11.

133 *Protev.* 20,4 (FC 18, 134): Προσκυνήσω αὐτῷ, ὅτι οὗτος ἐγεννήθη βασιλεὺς τῷ Ἰσραήλ. Die Lexeme προσκυνέω, γεννάω und βασιλεύς stellen einen gewissen Bezug zu Mt 2,1–12, v.a. zu 2,1–2.11 her. Auch die Begriffe χαρά und παιδίον verweisen auf diese Perikope; vgl. Mt 2,10–11. Daneben gibt es evtl. aber auch eine Berührung mit Lk 1,32–33. „Saloome acknowledges the child as the sootèr; indirectly (…) this implies the acknowledgement of Mary as aeiparthenos.“ Smid, *Protevangelium*, 144.

134 Vgl. *Protev.* 20,4 (FC 18, 134). Die Formulierung: παραχρῆμα ἰάθη findet sich ähnlich in Lk 8,47. Das Partizip δεδικαιωμένη erinnert wie in 5,1 (104) an Lk 18,14. Die φωνὴ λέγουσα stellt einen gewissen Bezug zu Mk 1,11 (Mt 3,17; Lk 3,22) u. Mk 9,7 (Mt 17,5; Lk 9,35) her. Auch das Verbot: μὴ ἀναγγείλῃς erinnert evtl. an Mk 9,9 (Mt 17,9; Lk 9,36). Die Wendung: ἕως ἔρθῃ ὁ παῖς εἰς Ἱεροσάλημα verweist auf Lk 2,22–24. Der lk. Bericht wird beim Leser als bekannt vorausgesetzt, im *Protev.* findet sich aber lediglich in 24,4 (142) ein Hinweis auf Lk 2,25–35.

Abschließend ist zu diesem Abschnitt festzustellen, dass zwar durchgehend Motive und Formulierungen aus dem Neuen Testament aufgegriffen werden, dass das *Protevangelium* aber andererseits klar über die kanonischen Kindheitsgeschichten hinausgeht: Hier wird nicht mehr nur die jungfräuliche Empfängnis Mariens herausgestellt, sondern mit Nachdruck betont, dass Maria als Jungfrau gebiert.[135]

Die Huldigung der Magier

Der folgende Abschnitt stellt eine Nacherzählung von Mt 2,1–12 dar. Das *Protevangelium Jacobi* versucht also die beiden kanonisch gewordenen Kindheitsgeschichten miteinander in Ausgleich zu bringen und gleichzeitig zu ergänzen.[136] Der Ausgangspunkt ist hier aber ein anderer als im *Matthäusevangelium*, es wird nämlich berichtet, dass Josef gerade den Aufbruch aus Betlehem vorbereitet,[137] als dort eine „große Aufregung“ entsteht, weil Magier ankommen, die nach dem „König der Juden“ suchen.[138]

Als Herodes, der hier völlig unvermittelt eingeführt wird, davon Kenntnis erhält, „erschrickt er“ und lässt die Sterndeuter zu sich kommen.[139] Gleichzeitig

[135] „Upon her profession of faith Saloome is healed, whereupon she witnesses together with the maia to the permanent virginity of Mary. The author now has his two witnesses.“ Smid, *Protevangelium*, 145. „Mary's enduring virginity, unimpaired by parturition, is empirically proved here.“ Ibid. 142. Zum Hintergrund vgl. u.a. van der Horst, „Sex“, 213–218; ausführlich zu *Protev.* 19,3–20,4 vgl. Smid, *Protevangelium*, 138–145; Ehlen, *Leitbilder*, 164–166; G.T. Zervos, „Christmas with Salome“, in A.J. Levine (ed.), *A Feminist Companion to Mariology* (London: Pilgrim Press, 2005), 77–98.

[136] Ausführliche Kommentierungen zu *Protev.* 21,1–4 finden sich bei Smid, *Protevangelium*, 145–151. In 21,2–3 (FC 18, 136–138) besitzt *Pap. Bodmer V* wieder einen stark gekürzten Text. „The arrival of the astrologers has its canonical source in Matt 2:1–16. The author stays rather close to his source, though there are some departures, especially regarding the description of the star ... .“ Hock, *Infancy*, 71, Anm. 21:1–12.

[137] Vgl. *Protev.* 21,1 (FC 18, 134). Anders als in Mt 2,1, wo wohl Betlehem der Wohnort Marias und Josefs ist, will Josef hier von dort aufbrechen. Das Ziel ist nicht ganz klar, es findet sich die Formulierung: ἐν τῇ Ἰουδαίᾳ bzw. εἰς τὴν Ἰουδαίαν, gemeint ist damit wahrscheinlich Jerusalem. Manche Textzeugen haben aber auch ἐξ bzw. ἐκ τῆς Ἰουδαίας. Damit könnte Nazaret in den Blick genommen sein, der Ort begegnet in der apokryphen Schrift aber ansonsten nirgendwo; vgl. de Strycker, *Forme*, 166–167, App. Evtl. ist aber auch einfach die Situation von Lk 2,22 vorausgesetzt. Josef begegnet hier übrigens zum letzten Mal in der apokryphen Schrift.

[138] Vgl. *Protev.* 21,1 (FC 18, 134–136). Die Ankunft der Magier wird weitgehend in enger Anlehnung an Mt 2,1–2 erzählt. Die Erzählperpektive ist aber doch ein wenig anders als in der mt. Fassung. Es wird nicht wie in Mt 2,1 berichtet, dass die Sterndeuter zunächst nach Jerusalem gekommen waren, sondern es ist davon die Rede, dass es ἐν Βηθλὲμ τῆς Ἰουδαίας ein θόρυβος μέγας gab. Letzteres erinnert an Mk 14,2 (Mt 26,5), ersteres natürlich an Mt 2,1.

[139] Vgl. *Protev.* 21,2 (FC 18, 136). Die Formulierung: Καὶ ἀκούσας ὁ Ἡρώδης ἐταράχθη stimmt weitgehend mit Mt 2,3 überein. Anders als dort fehlt hier aber: καὶ πᾶσα Ἱεροσόλυμα μετ'αὐτοῦ. Soll dies ausdrücken, dass hier, anders als in Mt 2,3, kein Gegensatz von Anfang an zwischen Jesus und Jerusalem besteht? Herodes wird beim Leser einfach als bekannt vorausgesetzt, er wird nicht näher eingeführt. Die Geburt Jesu wird anders als in Lk 1,5 u. Mt 2,1 im *Protev.* nur indirekt in dessen Regie-

versammelt er die Hohenpriester und befragt sie nach dem Geburtsort des Messias. Ihre Antwort fällt knapper als im *Matthäusevangelium* aus, verweist aber natürlich ebenfalls auf Betlehem.[140] Im Anschluss wird ein Gespräch zwischen Herodes und den Magiern über den Stern geschildert, das teilweise keine direkte Vorlage im Neuen Testament besitzt.[141]

Der König beauftragt die Sterndeuter hierauf wie in der matthäischen Version, nach dem Kind zu suchen. Sie folgen dem Stern, der sie zur Höhle führt und über dem Kind stehen bleibt.[142] Abschließend wird knapp davon berichtet, dass die Magier dem Kind Geschenke darbringen und aufgrund einer englischen Weisung „auf anderem Wege" nach Hause zurückkehren.[143]

---

rungszeit datiert; vgl. *Protev.* 25,1 (FC 18, 142–144). Über Mt 2,7 hinausgehend werden hier Diener erwähnt, welche die Magier zum König bringen sollen.

[140] Vgl. *Protev.* 21,2 (FC 18, 136). Das Apokryphon stimmt hier weitgehend mit Mt 2,4–6 überein, es gibt aber auch einige auffällige Abweichungen. Herodes ruft nur die Hohenpriester zusammen, nicht auch die Schriftgelehrten. Die Formulierung: ἀνεκρίνεν αὐτοὺς ἐν τῷ πραιτωρίῳ findet sich nicht in Mt 2,4, weist aber gewisse Bezüge zu den ntl. Passionsgeschichten auf; vgl. Mk 15,16; Mt 27,27; Joh 18,28; 19,9 u. Lk 23,14. Die Frage des Herodes ist etwas ausführlicher als in Mt 2,4, dagegen ist die Antwort der Hohenpriester knapper als in Mt 2,5–6. Mich 5,1.3 wird hier, anders als in Mt 2,6, nicht zitiert.

[141] Vgl. *Protev.* 21,2 (FC 18, 136–138). Das Gespräch zwischen Herodes und den Sterndeutern weicht deutlich von Mt 2,7–8 ab, die Unterredung findet z.B. nicht „geheim" (λάθρᾳ) statt. Anders als in Mt 2,7 fragt der König nicht nach der Zeit des Erscheinens des Sterns, sondern nach der Art des „Zeichens": Τί εἴδετε σημεῖον … . Die Magier stellen den Stern dann ausführlich dar, sie sprechen von einem „überaus großer Stern" (ἀστέρα παμμεγέθη), der so hell leuchtet, dass alle anderen Sterne verblasen. Dies geht deutlich über den kanonischen Text hinaus, ja ist in gewisser Weise als dessen Auslegung anzusehen. Die Magier werten dies als Zeichen dafür, ὅτι βασιλεὺς ἐγεννήθη τῷ Ἰσραήλ. Die Formulierung erinnert an Mt 2,2 u. Lk 1,32–33. Die Wendung: ἤλθομεν προσκυνῆσαι αὐτῷ ist identisch mit Mt 2,2. Die Antwort des Herodes deckt sich v.a. im zweiten Teil mit Mt 2,8.

[142] Vgl. *Protev.* 21,3 (FC 18, 138). Auch hier zeigt die apokryphe Schrift wieder große Ähnlichkeit mit Mt 2,9. Der Stern führt die Magier allerdings zur „Höhle" (ἐν τῷ σπηλαίῳ), Jesus befindet sich also nicht wie in Mt 2,11 in einem „Haus" (εἰς τὴν οἰκίαν). Die Wendung: ἐπὶ τὴν κεφαλὴν τοῦ παιδίου geht über Mt 2,9 hinaus, es sind dafür aber auch Varianten überliefert; vgl. de Strycker, *Forme*, 172, App.

[143] Vgl. *Protev.* 21,3–4 (FC 18, 138). *Protev.* 21,3 ähnelt Mt 2,11 stark, ist aber gegenüber der kanonischen Version wohl als Kurzfassung anzusehen. Auffällig ist z.B., dass die Sterndeuter ihre Geschenke nicht ihren „Schatztruhen" (ἀνοίξαντες τοὺς θησαυροὺς αὐτῶν), sondern einer „Reisetasche" (ἀπὸ τῆς πήρας) entnehmen. *Protev.* 21,4 ist im zweiten Teil identisch mit Mt 2,12. Der erste Teil weicht davon etwas ab, die Magier erhalten hier die Weisung nicht „im Traum" (κατ' ὄναρ), sondern direkt „von einem Engel" (ὑπὸ τοῦ ἀγγέλου); vgl. auch Apg 10,22. Auffällig ist auch die Formulierung: μὴ εἰσελθεῖν εἰς τὴν Ἰουδαίαν, deren Überlieferung aber unsicher ist; vgl. de Strycker, *Forme*, 173, App. Hier ist wohl wie in 21,1 (134) wieder Jerusalem gemeint. Ab 21,4 stimmt *Pap. Bodmer V* wieder weitegehend mit der übrigen Textradition überein.

Die Gefährdung der Kinder

Im Folgenden wird dann in enger Anlehnung an Mt 2,16 berichtet, dass Herodes in Zorn gerät und die Ermordung aller Kinder unter zwei Jahren befiehlt.[144] Die ursprüngliche Überlieferung des *Protevangeliums* erwähnt die Flucht nach Ägypten wohl nicht,[145] sondern erzählt, dass Maria, als sie von der Gefahr hört, das Jesuskind „in Windeln wickelte und in eine Ochsenkrippe legte"[146]. Hier wird also die aus Lk 2,7 bekannte Motivik aufgegriffen, aber völlig anders interpretiert. Die Krippe dient in dem Apokryphon als Versteck, sie ist nicht wie im *Lukasevangelium* Kennzeichen von Platzmangel und Armut. Maria begegnet an dieser Stelle übrigens zum letzten Mal in der Schrift.[147]

Im Anschluss geraten andere ins Blickfeld, die Gefahr gilt nun dem kleinen Johannes und seinen Eltern. Das *Protevangelium* berichtet von der Geburt des Täufers zwar nicht, dies wird beim Leser aber als bekannt vorausgesetzt. Johannes wird hier unvermittelt eingeführt, er ist ebenfalls vom Kindermord des Herodes bedroht.[148] Elisabet flieht deshalb mit ihrem Sohn ins Gebirge. Als sie keinen Zufluchtsort findet, öffnet sich ein Berg als Versteck für Mutter und Kind.[149] Die vorliegende Perikope nimmt ihren Ausgangspunkt zwar in der

---

[144] Vgl. *Protev.* 22,1 (FC 18, 138). Der erste Teil des Paragraphen stimmt völlig mit Mt 2,16 überein und auch das Ende ähnelt stark der mt. Version. Hier fehlt allerdings in vielen Handschriften die lokale Eingrenzung auf die Umgebung von Betlehem, wie sie sich in Mt 2,16 findet; vgl. von Tischendorf, *Evangelia,* 42, App. Auffällig ist auch, dass *Protev.* 22,1 direkt von τοὺς φονευτάς spricht und anstatt τοὺς παῖδας den Ausdruck τὰ βρέφη verwendet. Das Erfüllungszitat von Mt 2,17–18 fehlt völlig.

[145] Vgl. *Protev.* 22,2 (FC 18, 138). Ein Teil der Hanschriften berichtet in enger Anlehnung an Mt 2,13–15 von der Flucht nach Ägypten. *Cod. Venedig, S. Marco: II 82* hat z.B. folgende Kurzfassung: ... ἔλαβεν τὸ παιδίον καὶ ἐπορεύθη εἰς Αἴγυπτον; von Tischendorf, *Evangelia,* 42, App. Z.T. wird die Flucht auch im Anschluss an den Bericht vom Verstecken des Jesuskindes in der Krippe erzählt; vgl. Smid, *Protevangelium,* 154.

[146] *Protev.* 22,1 (FC 18, 138): ... καὶ ἐσπαργάνωσεν αὐτὸν καὶ ἔβαλεν ἐν πάθνῃ βοῶν. Das Apokryphon stimmt hier weitgehend mit Lk 2,7 überein, auch wenn die Begründung eine völlig andere ist. „In Lk.2 the phatnè has a different function than here in P.J. There it is a cradle, here only a temporary hiding-place. The possibility of poor and needy circumstances is avoided, and everything which points in that direction, like the phatnè, is turned aside and given a different funktion." Smid, *Protevangelium,* 154. Die Wendung: ἔλαβεν τὸν παῖδα erinnert ein wenig an Mt 2,13–14.20–21. Auffällig ist, dass hier von φάτνη bzw. πάθνη βοῶν die Rede ist. Evtl. liegt darin eine der Wurzeln für das Motiv von Ochs und Esel an der Krippe. Von einem Esel war ja bereits in 17,2 (124) die Rede; vgl. Schneider, *Kindheitsevangelien,* 139, Anm. 155.

[147] Vgl. *Protev.* 22,2 (FC 18, 138). „The author mentions Mary for the last time. In this final scene Mary takes the initiative, in contrast with Mt.2,14: Mary as the mother protecting the child. The last look at Mary is again a look of veneration." Smid, *Protevangelium,* 153.

[148] Vgl. *Protev.* 22,3 (FC 18, 138–140). Die Geburt des Johannes (Lk 1,57–80) wird hier einfach vorausgesetzt. In 12,2 (116) war zwar beiläufig davon berichtet worden, dass Elisabet schwanger ist, der Name des Kindes wird hier aber erstmals genannt. Ist aus diesem Text zu schließen, dass Elisabet als Verwandte der Davididin Maria in der Nähe Betlehems wohnt oder bezieht sich die Aktion des Herodes pauschal auf alle Kinder unter zwei Jahren?

[149] Vgl. *Protev.* 22,3 (FC 18, 138–140). Die Wendung: ἀνέβη ἐν τῇ ὀρεινῇ erinnert evtl. an Lk 1,39 u. Hebr 11,38. Darüber hinaus könnte das Motiv des sich spaltenden Berges, der Mutter und Kind

matthäischen Erzählung vom betlehemitischen Kindermord, weicht im Folgenden dann aber deutlich von dieser ab.[150]

Das Martyrium des Zacharias

Der letzte Abschnitt des Apokryphons berichtet hierauf von der Ermordung des Zacharias im Tempel durch die Schergen des Herodes. Im Hintergrund steht Mt 23,35 bzw. Lk 11,51. Der dort erwähnte Prophet wird hier mit dem gleichnamigen Vater des Täufers identifiziert.[151]

Die Erzählung beginnt damit, dass der König weiter nach Johannes sucht und deshalb seine Diener zum Hohepriester schickt.[152] Zacharias verweigert aber die Auskunft, was Herodes erzürnt. Dieses Vorgehen wiederholt sich noch ein zweites Mal.[153] Schließlich wird der Hohepriester im Tempelareal ermordert. Auffällig ist, dass Zacharias sich in diesem Zusammenhang selbst als „(Blut-)Zeuge Gottes" bezeichnet. Er wird damit gleichsam in die Reihe der frühchristlichen Märtyrer gestellt, ja geradezu an deren Spitze gesetzt. Mit der Formulierung: „Meinen Geist aber wird der Herr aufnehmen, …"[154] wird überdies auch ein direkter Bezug zur Steinigung des Stephanus geschaffen.

---

aufnimmt, vielleicht mit Offb 6,16 in Verbindung gebracht werden. Dass die vorliegende Passage einen Bezug zu Offb 12,1–6 u. 13–17 aufweist, wie U.-K. Plisch, *Was nicht in der Bibel steht. Apokryphe Schriften des frühen Christentums* (Stuttgart: Deutsche Bibelgesellschaft, ^{2}2006), 60 suggeriert, ist m.E. äußerst fraglich.

[150] Ausführliche Kommentierungen zu *Protev.* 22,1–3 finden sich bei Smid, *Protevangelium*, 151–156 u. Ehlen, *Leitbilder*, 167–169.

[151] Vgl. *Protev.* 23,1–3 (FC 18, 140). In Mt 23,35 heißt es: ... ἕως τοῦ αἷματος Ζαχαρίου υἱοῦ Βαραχίου, ὅν ἐφονεύσατε μεταξὺ τοῦ ναοῦ καὶ τοῦ θυσιαστηρίου; vgl. auch Lk 11,51. Dort wird also Secharja, der Sohn des Jojada, mit Sacharja, dem Sohn des Berechja, gleichgesetzt; vgl. 2 Chr 24,20–22; Sach 1,1.7. Im *Protev.* wird dieser nun überdies noch mit dem Vater des Johannes identifiziert; vgl. Schneider, *Kindheitsevangelien*, 140–141, Anm. 160. Zacharias war dem Leser im Apokryphon zuletzt in 10,2 (114) begegnet. Dort wurde in Anlehnung an Lk 1,20–22 berichtet, dass er verstummt und durch einen gewissen Samuel ersetzt worden war. Mittlerweile muss Zacharias wieder die Sprache erlangt und in sein Amt zurückgekehrt sein; vgl. Lk 1,64. Dies wird aber nirgends erzählt, sondern als bekannt vorausgesetzt. Ausführlich zu *Protev.* 23,1–24,4 vgl. Smid, *Protevangelium*, 156–167 u. Ehlen, *Leitbilder*, 169–173. Weitere Literatur hierzu s.o. Anm. 10.

[152] Vgl. *Protev.* 23,1 (FC 18, 140). Durch die Stichworte: ἐν τῷ θυσιαστηρίῳ, λειτουργὸς ... Θεοῦ und τῷ ναῷ wird Zacharias als Hohepriester qualifiziert und gleichzeitig ein Bezug zu Lk 1,9.11 u. 23 hergestellt. Außerdem wird dadurch auch direkt auf Mt 23,35 bzw. Lk 11,51 verwiesen. Zu λειτουργὸς ... Θεοῦ vgl. evtl. auch Röm 13,6; 15,16; Hebr 8,2. Die Formulierung: προσεδρεύω τῷ ναῷ αὐτοῦ erinnert überdies an 1 Kor 9,13. Das Vorgehen des Herodes wird durch die Verbformen ἐζήτει und ἀπέστειλεν natürlich in Beziehung zu Mt 2,13 u. 16 gesetzt. Die Wendung: ἀπέστειλεν ὑπηρέτας erinnert darüber hinaus auch an Joh 7,32.

[153] Vgl. *Protev.* 23,2 (FC 18, 140). Herodes gerät über die Antwort des Zacharias in Zorn (ὀργισθεὶς), dies erinnert an Mt 2,16. Er befürchtet nämlich, dass Johannes μέλλει βασιλεύειν τοῦ Ἰσραήλ; vgl. Mt 2,2.22. Interessant ist, dass im *Protev.* der Sohn des Hohepriesters wohl als Thronanwärter betrachtet wird.

[154] *Protev.* 23,3 (FC 18, 140): Μάρτυς εἰμὶ τοῦ Θεοῦ. Ἔχε μου τὸ αἷμα. Τὸ δὲ πνεῦμά μου ὁ Δεσπότης δέξεται. Der Schlussteil erinnert stark an Apg 7,59. Im Hintergrund könnte darüber hinaus

Am nächsten Morgen wird die Tötung des Zacharias entdeckt,[155] man findet seinen Leichnam jedoch nicht, sondern nur sein zu Stein gewordenes Blut.[156] Drei Tage später wird ein neuer Hohepriester gewählt, das Los fällt dabei auf einen gewissen Simeon.[157] Dieser wird durch die Aussage, dass ihm „vom Heiligen Geist geoffenbart wurde, er werde den Tod nicht schauen, bis er den Messias im Fleische sehe“,[158] mit dem aus dem *Lukasevangelium* bekannten Greis identifiziert. Die Perikope von der Begegnung des kleinen Jesus mit Simeon wird hier allerdings nicht nacherzählt, sondern beim Hörer bzw. Leser einfach als bekannt vorausgesetzt.

Der Epilog

Im Schlusskapitel meldet sich der angebliche Autor der Schrift in der ersten Person zu Wort: Jakobus. Wer dieser Jakobus ist, wird allerdings nicht näher erläutert. Aufgrund der Erwähnung von Söhnen Josefs aus dessen erster Ehe im *Protevangelium* ist aber wohl anzunehmen, dass der Leser Jakobus mit einem dieser Söhne Josefs und somit mit dem aus dem Neuen Testament bekannten Herrenbruder gleichen Namens identifizieren soll.[159] Damit erhält das Apokry-

---

auch Mt 10,28 (Lk 12,4–5) stehen. Der Begriff μάρτυς hat hier wohl schon die Bedeutung Blutzeuge; vgl. hierzu u.a. N. Brox, *Zeuge und Märtyrer. Untersuchungen zur frühchristlichen Zeugnis-Terminologie* (StANT 5; München: Kösel, 1961), v.a. 232–236. Durch die Formulierung: ὅτι ἀθῷον αἶμα ἐκχύνεις εἰς τὰ πρόθυρα τοῦ ναοῦ Κυρίου wird eine direkte Verbindung zu Mt 23,35 bzw. Lk 11,51 hergestellt.

155 Vgl. *Protev.* 24,1–2 (FC 18, 140–142). Die Situation in 24,1–2 weist gewisse Analogien zu Lk 1,8–23 auf. Hier wartet allerdings nicht das Volk, sondern die Priesterschaft auf Zacharias, der im Heiligtum ist; vgl. de Strycker, *Forme*, 183, Anm. 1. Die Formulierungen: τὴν ὥραν τοῦ ἀσπασμοῦ und ἐν εὐχῇ in 24,1 (140–141) erinnern an Lk 1,10, die Wendungen: προσδοκῶντες τὸν Ζαχαρίαν in 24,1 (142) und χρονίσαντος δὲ αὐτοῦ in 24,2 (142) dagegen an Lk 1,21. Die Ortsangabe: παρὰ τὸ θυσιαστήριον Κυρίου in 24,2 (142) stellt ebenfalls einen gewissen Bezug zu Lk 1,11 her. Zum Ausdruck: δοξάσαι τὸν Ὕψιστον Θεόν in 24,1 (142) vgl. z.B. Mk 2,12 (Mt 9,8; Lk 5,26); Lk 2,20.

156 Vgl. *Protev.* 24,2–3 (FC 18, 142). Einer der Priester „wagt“ (τολμήσας) es in 24,2, das Heiligtum zu betreten. Das Partizip erinnert evtl. an Mk 15,43. Dort findet er nur das geronne Blut des Zacharias; vgl. Mt 23,35; Lk 11,51. Für Aufklärung sorgt eine Audition. In 24,3 werden dann auch die anderen Priester informiert, als Reaktion zereißen sie sich ihre Gewänder. Die Formulierung: αὐτοὶ περιεσχίσαντο ἐπάνωθεν ἕως κάτω stellt evtl. einen Bezug zu Mk 15,38 (Mt 27,51) her. Der Leichnam des Zacharias bleibt unauffindbar.

157 Vgl. *Protev.* 24,4 (FC 18, 142). Die Formulierung: Καὶ ἀνέβη ὁ κλῆρος ἐπὶ Συμεών erinnert evtl. an Apg 1,26. Simeon ist wohl mit der aus Lk 2,25–35 bekannten prophetischen Gestalt gleichzusetzen. Aus dem „gerechten und frommen Menschen“ in Lk 2,26 wird hier nun der neue Hohepriester; vgl. Smid, Protevangelium, 167.

158 *Protev.* 24,4 (FC 18, 142): οὗτος γὰρ ἦν ὁ χρηματισθεὶς ὑπὸ τοῦ ἁγίου Πνεύματος μὴ ἰδεῖν θάνατον ἕως ἂν τὸν Χριστὸν ἐν σαρκὶ ἴδῃ. Dieser Satz ist weitgehend mit Lk 2,26 identisch. Auffällig ist die Ergänzung: ἐν σαρκὶ, sie erinnert an 1 Tim 3,16; 1 Joh 4,2 u. 2 Joh 7.

159 Vgl. *Protev.* 25,1 (FC 18, 142): Ἐγὼ δὲ Ἰάκωβος ὁ γράψας τὴν ἱστορίαν ταύτην ... . Die Söhne Josefs werden in *Protev.* 9,2 (112); 17,1–2 (124) u. 18,1 (126) erwähnt, bleiben aber in den meisten Handschriften namenlos. In einigen Textzeugen, z.B. *Cod. Venedig, S. Marco: 363*, wird in 17,2 aber explizit Jakobus genannt; vgl. von Tischendorf, *Evangelia*, 31, App.; de Strycker, *Forme*,

phon natürlich Authentizität und Autorität. Durch die Zuweisung der Schrift an einen älteren Halbbruder Jesu wird hier nämlich eine Art familiäres Intimwissen über die Ursprünge Jesu und seiner Mutter aus deren nächster Umgebung geboten.[160]

Im Folgenden werden dann die Umstände der Entstehung des Werks angegeben: Das *Protevangelium* ist angeblich in Jerusalem verfasst, und zwar kurz vor dem Tod des Herodes. Als nach seinem Ableben Unruhen ausbrechen, zieht sich der Verfasser in die Wüste zurück. Die Schrift soll also bereits in der frühen Kindheit Jesu entstanden sein, sie gibt sich hier, wie es auch der moderne Titel nahelegt, tatsächlich geradezu als eine Art „Erstevangelium“ aus. Durch diese Angaben werden natürlich außerdem deutliche Bezüge zu neutestamentlichen Ereignissen hergestellt.[161]

Die Schlussworte des Apokryphons sind ganz unterschiedlich überliefert. Im *Papyrus Bodmer V* finden sich beispielsweise Formulierungen, die an neutestamentliche Briefe erinnern.[162] Dieser Textzeuge nennt am Ende auch noch einmal Haupt- und Untertitel.[163]

142, App. u. 143, Anm. 7. In Mk 6,3 u. Mt 13,55 wird Jakobus als erster und damit wohl als ältester unter den Brüdern Jesu genannt. Außerdem wird dieser u.a. in Apg 1,14; 12,17; 15,13; 21,18; 1 Kor 15,7; Gal 1,19 u. 2,9 als eine der führenden Persönlichkeiten des entstehenden Christentums dargestellt. Ein Leser, der das NT kennt, wird wohl all diese Stellen und darüber hinaus wahrscheinlich auch Jak 1,1 mit der Autorenangabe in *Protev.* 25,1 in Beziehung setzen; s. auch o. Anm. 30.

[160] „The author of P.J. poses as James, the (step)brother of Jesus. The object of this identification is to make his story that of an eyewitness, able to complete the account in all ‚necessary‘ points, on the basis of Mt.1 and 2 and Lk.1 and 2.“ Smid, *Protevangelium*, 168. Zum Phänomen der Pseudepigraphie vgl. allgemein z.B. N. Brox, *Falsche Verfasserangaben. Zur Erklärung der frühchristlichen Pseudepigrahie* (SBS 79; Stuttgart: KBW, 1975); id. (ed.), *Pseudepigraphie in der heidnischen und jüdisch-christlichen Antike* (WdF 484; Darmstadt: WBG, 1977); A.D. Baum, *Pseudepigraphie und literarische Fälschung im frühen Christentum. Mit ausgewählten Quellentexten samt deutscher Übersetzung* (WUNT II/138; Tübingen: Mohr Siebeck, 2001); M. Janssen, *Unter falschem Namen. Eine kritische Forschungsbilanz frühchristlicher Pseudepigraphie* (ARGU 14, Frankfurt a.M. et al.: Lang, 2003).

[161] Vgl. *Protev.* 25,1 (FC 18, 142-144). Durch die Ortsangabe wird Jakobus also von Anfang an mit Jerusalem in Verbindung gebracht; vgl. z.B. Apg 1,14; 21,18; Gal 1,19. Nazaret spielt hier überhaupt keine Rolle, dies steht natürlich in einem gewissen Gegensatz zu Mk 6,3 bzw. Mt 13,55. Die Geburt Jesu und die Niederschrift des Werks werden durch die Formulierung: ὅτε ἐτελεύτησεν Ἡρώδης in die Zeit des Herodes datiert; vgl. Mt 2,1; Lk 1,5. Der Tod des Herodes wird auch in Mt 2,19 erwähnt. Dies führt dort zur Rückkehr Jesu aus Ägypten. Aufgrund des Herodes-Nachfolgers Archelaus weichen Jesu Eltern aber mit ihm nach Nazaret aus; vgl. Mt 2,22–23. Jakobus flieht hier hingegen in die Wüste; vgl. evtl. Mk 1,13 (Mt 4,1; Lk 4,1).

[162] Vgl. *Protev.* 25,1–2 (FC 18, 144); de Strycker, *Forme*, 188–190, App. Die Wendung: Δοξάσω τὸν Δεσπότην τὸν δόντα μοι τὴν σοφίαν τοῦ γράψαι τὴν ἱστορίαν ταύτην ähnelt 2 Petr 3,15; vgl. de Strycker, *Forme*, 427. Die Formulierung: Καὶ ἔσται ἡ χάρις μετὰ πάντων τῶν φοβουμένων τὸν Κύριον erinnert an Eph 6,24.

[163] Vgl. *Protev.* 25,2 (FC 18, 144); s.o. Anm. 29–30. Der nur in *Pap. Bodmer V* genannte Untertitel findet evtl. durch *Cod. Paris, Bibl. Nat. 1454* eine gewisse Bestätigung, dort heißt es nämlich in 25,1: ... τὸν δεσπότην θεὸν τὸν ἀποκαλύψαντα ἡμῖν τὰ μυστήρια ταῦτα; von Tischendorf, *Evangelia*, 48, App. Zu *Protev.* 25,1–2 vgl. ausführlicher Smid, *Protevangelium*, 167–171.

Ergebnisse

Der knappe Durchgang durch das *Protevangelium* zeigt überdeutlich, wie stark das Werk unter dem Namen des Jakobus von der christlichen Bibel geprägt ist. Die Hypertextualität zu neu-, aber auch zu alttestamentlich gewordenen Schriften wird nicht nur dadurch sichtbar, dass das *Protevangelium* permanent Bezüge zu biblischen Texten aufweist und durchgängig biblische Traditionen, Motive, Ideen und Charaktere aufgreift, sondern auch dadurch, dass die Sprache des Werks durch und durch von der Heiligen Schrift geprägt ist. Ein Leser bzw. Hörer, der das Neue, aber auch das Alte Testament nicht kennt, wird die apokryph gewordene Schrift teilweise wohl kaum oder zumindest nicht immer angemessen verstehen können.[164]

Trotzdem ist es nicht ganz einfach, den genauen Umfang der zur Entstehungszeit des *Protevangeliums* allmählich neutestamentlich werdenden Schriften, die der Autor des Apokryphons kannte bzw. zur Abfassung seines Werks als Quelle heranzog, zu bestimmen.[165] Sicher ist die Benutzung des *Matthäus-*

---

[164] Z.B. kann man folgende Aussage in *Protev.* 10,2 (FC 18, 114): Τῷ δὲ καιρῷ ἐκείνῳ Ζαχαρίας ἐσίγησεν ohne die Kenntnis von Lk 1,5–25 letztlich nicht verstehen. Zu den atl. Bezügen, die in diesem Beitrag nur nebenbei Beachtung fanden, vgl. u.a. Peretto, „Testi“, 175–178 u. 235–238; de Strycker, *Forme*, 424–425; van Stempvoort, „Protevangelium“, 415–419; Smid, *Protevangelium*, 9–12; Hock, *Infancy*, 21–22. Hier wird eine Haupteigenschaft unseres Apokryphons deutlich, nämlich seine „Biblizität“. Das Werk ist sowohl formal als auch inhaltlich „biblisch“. Vgl. hierzu allgemein auch M. Starowieyski, „Quelques remarques sur la méthode apocryphe“, in *StPatr* 30 (1997) 102–113.

[165] Zur Zeit der Abfassung des *Protev.* gab es noch keine feststehende und abgeschlossene christliche Bibel. Einige der später ntl. gewordenen Schriften hatten sicherlich bereits Autorität, aber auch diese scheinen für den Autor noch nicht normativ-verbindlich im Sinne von unveränderlich gewesen zu sein. Dies zeigt sich z.B. darin, dass Ps.-Jakobus die mt. und lk. Kindheitsgeschichten sehr frei benutzt; vgl. hierzu auch de Strycker, *Forme*, 418. Zur Entwicklung des ntl. Kanons vgl. u.a. B.M. Metzger, *The Canon of the New Testament. Its Origin, Development, and Significance* (Oxford: Clarendon Press, 1987); H. von Lips, *Der neutestamentliche Kanon. Seine Geschichte und Bedeutung* (Zürich: Theologischer Verlag, 2004); L.M. McDonald, *The Biblical Canon. Its Origin, Transmission, and Authority* (Peabody: Hendrickson Publishers, ²2007), v.a. 243–429. Vor diesem Hintergrund ist es durchaus sinnvoll, in Anschluss an D. Lührmann mit Blick auf das *Protev.* von einer „apokryph gewordenen Schrift“ sowie folgerichtig dann auch von „kanonisch gewordenen Schriften“ zu sprechen; vgl. hierzu z.B. id., *Fragmente apokryph gewordener Evangelien in griechischer und lateinischer Sprache* (MThSt 59; Marburg: Elwert, 2000), 1–20. In Fortführung der Gedanken Lührmanns und in Rückgriff auf die Verwendung des Terminus ἀπόκρυφος in der Antike differenziert T. Nicklas neuerdings zwischen „apokryph gewordenen“ und „als apokryph konzipierten Schriften“; vgl. id., „‚Apokryph gewordene Schriften‘? Gedanken zum Apokryphenbegriff bei großkirchlichen Autoren und in einigen ‚gnostischen‘ Texten“, in J.A. van den Berg et al. (ed.), *„In Search of Truth“: Augustine, Manichaeism and other Gnosticism. Studies for J. van Oort at Sixty* (Leiden et al.: Brill, 2011), 547–565. Überträgt man diese Unterscheidung auf die hier zu besprechende Schrift, ist das *Protev.* sicherlich als ein „apokryph gewordener Text“ zu beschreiben. Allerdings trifft auch diese Qualifizierung m.E. nur bedingt zu. Denn trotz mehrfacher Verurteilungen besaß die Schrift, v.a. aber deren Inhalte in Antike und Mittelalter in weiten Teilen des Christentums große Akzeptanz und Bedeutung.

und *Lukasevangeliums*,[166] sehr wahrscheinlich die des *Johannesevangeliums* und der *Apostelgeschichte*.[167] Dass Ps.-Jakobus auch direkt das *Markusevangelium* kannte, ist schwer zu belegen, allerdings auch nicht auszuschließen.[168] Sehr gering scheinen die Berührungen mit dem *Corpus Paulinum*, kaum vorhanden solche mit der *Offenbarung des Johannes*.[169] Ob und welche *Katholischen Briefe* der Autor des *Protevangeliums* kannte und benutze, ist ebenfalls schwer zu sagen. Vor diesem Hintergrund ist es dann m.E. auch nicht ganz unproblematisch, wenn Émile de Strycker die hypothetisch erschlossenen Abfassungszeiten der Spätschriften des Neuen Testaments als *terminus post quem* für die Entstehung des *Protevangeliums* heranzieht.[170]

Von den kanonisch gewordenen Texten benutzt das Apokryphon am intensivsten die beiden neutestamentlichen Kindheitsgeschichten.[171] Diese zwei Erzählzyklen werden im *Protevangelium Jakobi* miteinander harmonisiert. Dies führt aber auch dazu, dass wesentliche Bestandteile der matthäischen und lukanischen Vorgeschichten umgeschrieben, getilgt oder einfach nicht beachtet werden.[172] Der Autor des apokryphen Werks lässt z.B. die neutestamentlichen

---

[166] Peretto bespricht in seinem Beitrag 20 ntl. Zitate im *Protev.*, dabei sind 14 aus dem Lk-Ev. und sechs aus dem Mt-Ev.; vgl. id., „Testi", 238–256. De Strycker stellt 40 Zitate aus dem NT zusammen, dabei 21 aus dem Mt-Ev. und 13 aus dem Lk-Ev.; vgl. id., *Forme*, 429–437.

[167] Ein relativ sicheres Indiz für die Kenntnis des Joh-Ev. ist der Umstand, dass die Jungfräulichkeitsprobe an Maria in *Protev.* 19,3 u. 20,1 (FC 18, 130–132) sehr starke Bezüge zu Joh 20,25 u. 27 aufweist. Nicht ganz so deutlich liegt der Fall bezüglich der Apg, aber u.a. die Berührung von *Protev.* 23,3 (FC 18, 140) mit Apg 7,59 scheint wohl auch die Kenntnis dieser Schrift nahezulegen. Vgl. hierzu auch de Strycker, *Forme*, 426 u. 436.

[168] Für die Kenntnis des Mk-Ev. könnte man evtl. auf folgende Indizien verweisen: *Protev.* 8,3 (FC 18, 110): καθ' ὅλου τῆς περιχώρου τῆς 'Ιουδαίας – Mk 1,28. *Protev.* 16,3 (124): καὶ ἀπέλυσεν αὐτούς – Mk 8,9. *Protev.* 24,2 (142): τολμήσας – Mk 15,43. Daneben könnte man vielleicht auch noch auf Salome in *Protev.* 19,3–20,4 (130–134) verweisen, dieser Name begegnet im NT nämlich nur in Mk 15,40 u. 16,1; vgl. auch de Strycker, *Forme*, 426. Allerdings sind die genannten Stellen nur bedingt beweiskräftig, der Name Salome findet sich z.B. auch in anderen Apokrypha.

[169] Zu den paulinischen Schriften vgl. u.a. de Strycker, *Forme*, 426–427 u. 437. Direkte Bezüge zur Offb sind nicht vorhanden. Der Untertitel ἀποκάλυψις findet sich z.B. nur in *Pap. Bodmer V* und ist zudem auch nicht aussagekräftig; vgl. *Protev.* inscr. u. subscr. (FC 18, 96 u. 144).

[170] Vgl. de Strycker, *Forme*, 417–418 u. 427. Die folgenden Berührungen sind m.E. zu schwach, um die Kenntnis dieser Texte beim Autor zweifelsfrei zu belegen und daraus Konsequenzen für die Datierung des Apokryphons abzuleiten: *Protev.* 3,2 (FC 18, 100): τὰ ἄλογα ζῷα – 2 Petr 2,12; Jud 10; *Protev.* 6,3 (106): καρπὸν δικαιοσύνης – Jak 3,18; *Protev.* 7,2 (108): ἐπ' ἐσχάτων τῶν ἡμερῶν – 2 Petr 3,3; *Protev.* 9,2 (112): διὰ τὴν ἀντιλογίαν αὐτῶν – Jud 11. *Protev.* 15,4 (122): ὑπὸ τὴν κραταιὰν χεῖραν – 1 Petr 5,6; *Protev.* 24,4 (142): ἐν σαρκὶ – 1 Joh 4,2; 2 Joh 7; *Protev.* 25,1 (144): τὸν Δεσπότην τὸν δόντα μοι τὴν σοφίαν τοῦ γράψαι τὴν ἱστορίαν ταύτην – 1 Petr 3,15.

[171] In der älteren Forschung wurden z.T. auch andere Abhängigkeitsverhältnisse postuliert. Resch vermutete z.B. eine den ntl. Kindheitsgeschichten und dem *Protev.* gemeinsame Quelle, während Conrady in unserem Apokryphon sogar die Quelle der kanonischen Vorgeschichten sah; vgl. A. Resch, *Das Kindheitsevangelium nach Lucas und Matthaeus unter Herbeiziehung der aussercanonischen Paralleltexte quellenkritisch untersucht* (TU 10/5; Leipzig: Hinrichs, 1897); L. Conrady, *Die Quelle der kanonischen Kindheitsgeschichte Jesus'. Ein wissenschaftlicher Versuch* (Göttingen: Vandenhoeck & Ruprecht, 1900).

[172] Vgl. hierzu u.a. Hock, *Infancy*, 22–25; J. Becker, *Maria. Mutter Jesu und erwählte Jungfrau* (BG 4; Leipzig: Evang. Verl.-Anst., 2001), 264–267. Die Harmonisierung von Mt 1–2 u. Lk 1–2 führt

Stammbäume beiseite. Dies hat seinen Grund wohl darin, dass er an der davidischen Herkunft Jesu über Josef nicht interessiert ist. Für ihn ist Jesus über seine Mutter Davidide.[173] Außerdem lässt Ps.-Jakobus die Ausführungen des *Lukasevangeliums* zur Herkunft des Täufers fallen. Dass Zacharias, Elisabet und Johannes trotzdem im *Protevangelium* vorkommen, wirkt somit zwar teilweise etwas unmotiviert. Dies macht aber andererseits auch deutlich, dass die Schrift beim Leser die Kenntnis der lukanischen Kindheitserzählungen voraussetzt.[174]

Anstelle der Texte über Johannes schafft der Autor einen völlig neuen Eingangsteil, der etwa ein Drittel des gesamten Apokryphons umfasst. Dieser ist den Eltern Mariens, ihrer Geburt und Jugend sowie ihrer Verbindung mit Josef gewidmet. Auch wenn es sich dabei um gegenüber den kanonischen Vorgeschichten neue Stoffe handelt, so sind auch hier die neutestamentlichen Anleihen deutlich spürbar.[175] Ps.-Jakobus schlägt außerdem einen in gewisser Weise dem *Matthäus-* und *Lukasevangelium* vergleichbaren Weg ein: Diese beiden Schriften stellen dem markinischen Evangelienaufriss ja Kindheitsgeschichten Jesu voran, das *Protevangelium* folgt dieser Linie, geht aber sogar noch einen Schritt weiter. Das Apokryphon ergänzt diese Erzählungen nämlich um eine weitere Vorgeschichte, welche nun die Herkunft Mariens in den Blick nimmt. Allerdings enthält das *Protevangelium* nur Vorgeschichten, ein Evangelium im eigentlichen Sinne folgt ja nicht.[176]

---

natürlich dazu, dass das jeweilige Eigenprofil der beiden ntl. Kindheitsgeschichten weitgehend verloren geht. Zu den Kindheitsgeschichten im NT vgl. u.a. R.E. Brown, *The Birth of the Messiah. A Commentary on the Infancy Narratives in the Gospels of Matthew and Luke* (New York et al.: Doubleday, ²1993); W. Bösen, *In Betlehem geboren. Die Kindheitsgeschichten der Evangelien* (Freiburg et al.: Herder, 1999); M. Gielen, *Geburt und Kindheit Jesu. Biblische und außerbiblischer Erzählungen* (Stuttgart: KBW, 2008); J. Corley (ed.), *New Perspectives on the Nativity* (London: T & T Clark, 2009). Evtl. liegt gerade in den Differenzen zwischen den beiden ntl. Vorgeschichten einer der wichtigsten Motive für die Entstehung des *Protev.*

173 Vgl. Mt 1,1–17; Lk 3,23–38. *Protev.* 10,1 (FC 18, 112). Dass Desintresse an den ntl. Genealogien ist v.a. deswegen auffällig, weil in *Protev.* 1,3 (96) von einem „Register der zwölf Stämme" (*δωδεκάφυλον*) die Rede ist.

174 Vgl. Lk 1,5–25.57–80. Ps.-Jakobus geht von einem Leser aus, der die lk. Kindheitsgeschichten kennt. Ansonsten wäre nämlich z.B. das unvorbereitete Auftreten Elisabets in *Protev.* 12,2–3 (FC 18, 116) schwer verständlich.

175 Vgl. *Protev.* 1–10 (FC 18, 96–114). Z.B. weist die Empfängnis Annas gewisse Parallelen zum NT auf. Anna ist nicht nur wie Elisabet fortgeschrittenen Alters und unfruchtbar, sondern sie wird mit Maria, zumindest in einigen Textzeugen, wie diese mit Jesus ohne das Zutun eines Mannes schwanger; vgl. *Protev.* 4,1–2 u. 4 (102–104); Lk 1,5–25.26–38; Mt 1,18–25.

176 Das Apokryphon übergeht darüber hinaus auch die lk. Hymnen. Diese bilden aber wohl den Anlass, Anna ebenfalls Lobgesänge in den Mund zu legen; vgl. Lk 1,46–55.68–79; 2,29–32. *Protev.* 3,1–3 u. 6,3 (FC 18, 100–102 u. 106–108). Darüber hinaus weist das *Protev.* aber auch noch zahlreiche andere formale Analogien zu den ntl. Kindheitsgeschichten auf. Die apokryph gewordene Schrift benutzt für ihre Darstellung z.B. zum einen atl. Vorbilder als Quelle, andererseits jedoch auch Züge aus dem NT. Ähnliche Kompositionstechniken finden sich wohl auch in den mt. und lk. Vorgeschichten. Quarles nimmt diese Techniken – er selbst spricht in diesem Zusammenhang von „creative historiography" – zwar für das *Protev.* an, lehnt gleiches jedoch für die kanonischen Kindheitserzählungen ab; vgl. id., „Protevangelium", 139–149.

Im Anschluss daran greift Ps.-Jakobus zwei Perikopen aus dem *Lukasevangelium* auf. Er erzählt die Ankündigung der Geburt Jesu an Maria und den Besuch Mariens bei Elisabet, begnügt sich dabei aber nicht mit der Wiedergabe der lukanischen Fassung, sondern stellt seine eigene Version her. Das *Protevangelium* zeigt hier zwar starke Berührungen mit seiner Vorlage, es werden gleichzeitig aber auch die eigenen Akzentsetzungen des Werks spürbar. Die Eigenart der apokryphen Dartsellung besteht vor allem darin, dass Maria gegenüber den kanonischen Vorlagen noch viel stärker in den Mittelpunkt gerückt wird.[177]

Hierauf schwenkt das Apokryphon dann zum *Matthäusevangelium* hinüber. Daraus entnimmt es die Perikope von der Ankündigung der Geburt Jesu an Josef, erzählt diese aber doch ganz anders: Einerseits ist nämlich z.B. der Hintergrund nicht derselbe wie in der matthäischen Fassung. Maria wohnt ja bereits im Hause Josefs. Zum anderen wird den Bedenken Josefs angesichts der Schwangerschaft Mariens und seiner Reaktion darauf viel mehr Raum eingeräumt als in der kanonisch gewordenen Vorlage.[178] Im Folgenden schließt sich dann ein gegenüber den biblischen Kindheitsgeschichten neuer Stoff an, welcher die zentrale Aussage des *Protevangeliums* nochmals unterstreichen soll: Maria ist reine Jungfrau, ihre Schwangerschaft ist geistgewirkt.[179]

Die Schilderung der Geburt Jesu im *Protevangelium Jacobi* greift zunächst die lukanische Perikope von der Steuerschätzung des Augustus auf,[180] geht dann aber völlig eigene Wege: Die Hirtenszene aus dem *Lukasevangelium* wird z.B. fast völlig beiseite gelassen.[181] Stattdessen wird ohne direkte Vorlage, jedoch mit Rückgriff auf neutestamentliche Texte die wunderbare Geburt Jesu aus der Jungfrau Maria in einer Höhle erzählt. Das Apokryphon geht damit entscheidend über die kanonischen Berichte hinaus.[182]

---

177 Vgl. Lk 1,26–38. *Protev.* 11,1–3 (FC 18, 114–116); Lk 1,39–56; *Protev.* 12,2–3 (116).

178 Vgl. Mt 1,18–25. *Protev.* 13,1–14,2 (FC 18, 118–120). Deutlich wird die Arbeitsweise der apokryphen Schrift z.B. darin, dass die knappe Notiz: ταῦτα δὲ αὐτοῦ ἐνθυμηθέντος aus Mt 1,20 relativ breit entfaltet wird. Es kommt dabei dann sogar zu einer direkten Konfrontation zwischen Josef und Maria. Hierbei äußerst sich Maria folgendermaßen: Καθαρά εἰμι ἐγὼ καὶ ἄνδρα οὐ γινώσκω. *Protev.* 13,3 (118). Diese auch als Überschrift für den vorliegenden Beitrag gewählte Aussage ist aufschlussreich. Sie greift nämlich Lk 1,34, aber auch Tob 3,14 auf, tut dies allerdings vor einem von Mt 1,18–25 her inspirierten Hintergrund.

179 Vgl. *Protev.* 15,1–16,3 (FC 18, 120–124).

180 Vgl. *Protev.* 17,1–18,1 (FC 18, 124–126). Das Apokryphon berührt sich hier z.T. mit Lk 2,1–7, allerdings gibt es auch deutliche Abweichungen. Dies wird z.B. bei der Geographie spürbar. Nazaret begegnet im *Protev.* nirgends, außerdem ist hier nicht direkt Betlehem, sondern eine Höhle nahe der Straße nach Betlehem der Geburtsort Jesu.

181 Evtl. finden sich in der Vision Josefs gewisse Anklänge an Lk 2,8–20, die Perikope selbst fehlt aber; vgl. *Protev.* 18,2–3 (FC 18, 126–128).

182 Vgl. *Protev.* 19,1–20,4 (FC 18, 128–134). In 19,3 u. 20,1 (130–132) finden sich z.B. deutliche Bezüge zu Joh 20,25 u. 27. Dadurch wird Salome in gewisser Weise mit dem „ungläubigen" Thomas aus Joh 20,24–29 parallelisiert, gleichzeitig somit aber auch die jungfräuliche Geburt mit der leiblichen Auferstehung Jesu. Ob dies vom Autor so beabsichtigt war, ist nicht mit Sicherheit zu belegen. Dass ein Leser des *Protev.*, der das Joh-Ev. kennt, diese Beziehung herstellt, ist aber naheliegend.

Im Anschluss daran berichtet Ps.-Jakobus in enger Anlehnung an das *Matthäusevangelium* von der Huldigung der Magier.[183] Hierauf findet auch der Kindermord des Herodes Erwähnung, allerdings weicht die apokryphe Schrift dann doch deutlich von der kanonischen Fassung ab. Josef und Maria fliehen nämlich mit dem Jesusknaben nicht nach Ägypten, sondern die Mutter rettet das Kind, indem sie es in einer Krippe versteckt.[184] Anders als im Neuen Testament gerät hier aber auch Johannes ins Visier des Herodes, was schließlich sogar zur Ermordung seines Vaters Zacharias führt. Dies sind gegenüber den kanonisch gewordenen Kindheitsgeschichten völlig neue Stoffe. Das Apokryphon geht damit aber insofern einen ähnlichen Weg wie das *Lukasevangelium*, als es wie dieses die Vorgeschichten Jesu und Johannes' miteinander verbindet, freilich vor einem matthäischen Hintergrund.[185]

Das *Protevangelium* ist also an zahlreichen Stellen eng auf die beiden neutestamentlichen Vorgeschichten bezogen. Es greift eine Reihe von Perikopen aus dem *Matthäus-* und *Lukasevangelium* auf und kombiniert diese miteinander. Der Autor des Apokryphons begnügt sich aber nicht damit, die evangelischen Erzählungen einfach wiederzugeben, sondern er arrangiert sie neu, entwickelt sie weiter und legt sie dadurch aus. Die apokryph gewordene Schrift ist also nicht nur durch das Phänomen der Hypertextualität mit den kanonischen Kindheitsgeschichten verbunden, sondern auch durch eine narrative Form der Metatextualität, die sich allerdings von der antiker Kommentare und Homilien doch grundlegend unterscheidet.[186]

---

183 Vgl. Mt 2,1–12. *Protev.* 21,1–4 (FC 18, 134–138).

184 Vgl. Mt 2,16. *Protev.* 22,1–2 (FC 18, 138). Mt 2,13–15 u. infolge dessen auch 2,19–23 fehlen in der apokryphen Schrift, stattdessen wird hier Lk 2,7 eingespielt, allerdings hat die Krippe eine völlig andere Funktion als im Lk-Ev.

185 Vgl. *Protev.* 22,3–24,4 (FC 18, 138–142). Die Identifikation des Zacharias aus Lk 1,5–25 u. 57–80 mit seinem Namensvetter aus Mt 23,35 bzw. Lk 11,51 führte wohl dazu, dass das Apokryphon in Fortführung von Mt 2,16–18 von der Verfolgung des kleinen Johannes und dem Martyrium seines Vaters erzählt. Evtl. stehen hier auch Mk 6,17–29 (Mt 14,3–12) u. Lk 3,19–20 im Hintergrund.

186 F. Bovon äußert sich zu den beiden hier angesprochenen Auslegungstraditionen des antiken Christentums folgendermaßen: „Just like neighbors who ignore each other yet share the same sunshine and water, the patristic interpretations and the apocryphal narratives have stood side by side down through the centuries. My hypothesis is that this strange phenomenon has biblical roots: the Pauline epistles and the synoptic tradition stand also side by side, ignoring each other. Both are nevertheless in our New Testament because both are legitimate witnesses and legitimate heirs of the Gospel. Patristic interpretation, like the canonical epistles, is a theological, intellectual, and pastoral reception of the message of Jesus. The apocryphal novels, like the canonical Acts of the Apostles, are narrative implements and commentaries of the prescriptions and prophecies of Jesus. Both the patristic commentaries and apocryphal novels are necessary because together they testify to the complementary of words and deeds. To speak and to act – the words and the deeds of Jesus are the structural bi-polarity of the Good News. Without words, the deeds look like mute and unintelligible events; without narratives, the words sound like unreal and unbelievable promises. The Christian faith rests in these two pillars.“ Id., „Speech“, 884. Vgl. hierzu auch T. Nicklas, „Christliche Apokryphen als Spiegel der Vielfalt frühchristlichen Lebens. Schlaglichter, Beispiele und methodische Probleme“, in *ASE* 23 (2006) 27–44.

Die gerade angesprochene Tendenz des *Protevangeliums*, Texte des Neuen Testaments miteinander auszugleichen, sie aber auch fortzuführen, zu ergänzen und zu erweitern sowie Lücken zu füllen, lässt sich auch in Hinblick auf einige neutestamentliche Charaktere feststellen: Zacharias, der Vater des Täufers, der in der lukanischen Kindheitsgeschichte als einfacher Priester auftritt, wird in der apokryphen Schrift z.B. zum Hohepriester und Märtyrer.[187] Josef, der in den kanonischen Vorgeschichten, als künftiger Ehemann Mariens und Davidide begegnet, ist hier ein älterer Witwer, dem Maria in Obhut gegeben wird und der ihre Jungfräulichkeit bewahrt. An seiner Herkunft aus der Familie Davids hat das Apokryphon hingegen kein Interesse.[188] Durch den Hinweis auf seine Söhne aus erster Ehe erhalten zudem die aus dem Neuen Testament bekannten Brüder Jesu eine Erklärung, die mit der Annahme einer dauerhaften Virginität Marias in Einklang steht.[189]

Die Tendenz zur Weiterentwicklung neutestamentlicher Charaktere zeigt sich jedoch vor allem am Beispiel Mariens: Sie steht im Zentrum des *Protevangeliums*, an ihr ist der Erzählfaden des Apokryphons orientiert. Über das Neue Testament hinausgehend berichtet die Schrift von ihren Eltern, von ihrer Empfängnis, Geburt und Kindheit. Maria stammt hier aus vornehmer und reicher Familie, sie ist eine Nachkommin Davids.[190] Sie führt ein von der Welt abgesondertes, reines und keusches Leben.[191] Maria wird Josef anvertraut, wohnt auch in seinem Haus, ist aber nicht seine Ehefrau, zumindest nicht im ursprünglichen Wortsinn.[192] Auffällig ist auch, dass die apokryph gewordene Schrift fast inflationär Segungen und Weissagungen über Maria enthält.[193] Maria erhält hier eine im Vergleich zum Neuen Testament deutlich gesteigerte heilsgeschichtliche Bedeutung: Durch sie wird die Erlösung auf den Weg gebracht.[194]

Auch im Blick auf die Virginität Mariens entwickelt das *Protevangelium Jacobi* die neutestamentlichen Aussagen weiter: Maria empfängt hier nämlich nicht nur als Jungfrau, sondern ihre Jungfräulichkeit bleibt auch während und nach der Geburt Jesu gewahrt. Als reine Jungfrau bringt sie Jesus schmerzfrei und unversehrt zur Welt, sie wird dadurch geradezu zur neuen Eva.[195] Das Ma-

---

[187] Vgl. z.B. Lk 1,5; *Protev.* 10,1–2 u. 23,1–3 (FC 18, 112–114 u. 140).

[188] Vgl. z.B. Mt 1,16.18.20; Lk 1,27; 2,4–5; *Protev.* 9,1–3 (FC 18, 110–112).

[189] Vgl. z.B. Mk 6,3; Mt 13,55; *Protev.* 9,2 (FC 18, 112).

[190] Vgl. z.B. *Protev.* 1,1 u. 10,1 (FC 18, 96 u. 112). Joachim und Anna, die Eltern Mariens, finden sich nirgendwo im NT, ihre Existenz ist natürlich grundsätzlich anzunehmen, sie werden aber nicht eigens erwähnt. Sie begegnen erstmals im *Protev.*, damit wird also eine Lücke der kanonischen Schriften gefüllt.

[191] Vgl. z.B. *Protev.* 6,1 u. 8,1 (FC 18, 106 u. 110).

[192] Vgl. z.B. *Protev.* 9,1–3 u. 17,1 (FC 18, 110–112 u. 124).

[193] Vgl. *Protev.* 4,1; 6,2; 7,2; 11,1 u. 12,1–2 (FC 18, 102; 106; 108; 114 u. 116).

[194] Vgl. v.a. *Protev.* 7,2 (FC 18, 108): Ἐμεγάλυνεν Κύριος ὁ Θεὸς τὸ ὄνομά σου ἐν πάσαις ταῖς γενεαῖς. Ἐπὶ σοὶ ἐπ' ἐσχάτων τῶν ἡμερῶν φανερώσει Κύριος τὸ λύτρον τοῖς υἱοῖς Ἰσραήλ.

[195] Vgl. Mt 1,18–25; Lk 1,26–38; *Protev.* 11,1–3; 13,1–14,2; 15,1–16,3; 19,1–20,1 (FC 18, 114–124 u. 128–132). Das Apokryphon betont nicht nur mehrfach die jungfräuliche Empfängnis Mariens,

rienbild der neutestamentlichen Schriften wird in dem Werk unter dem Namen des Jakobus fortentwickelt, weitergesponnen, aber damit natürlich auch umgeschrieben und verändert.[196]

Abschließend ist nochmals festzustellen, dass das *Protevangelium* durchgehend Bezüge zu neutestamentlich werdenden bzw. aus heutiger Perspektive neutestamentlich gewordenen Schriften herstellt. Texte, Traditionen, Motive, Ideen und Charaktere der christlichen Bibel, vor allem der kanonischen Kindheitsgeschichten werden aufgegriffen, neu erzählt, aber auch weiterentwickelt, verändert und dadurch ausgelegt. Hyper- und Metatextualität verschwimmen hier also geradezu ineinander.

Die Ursachen, Motive und Auslöser für diesen Rezeptionsprozess sind wohl nicht mehr mit Sicherheit zu bestimmen. Sie liegen aber wahrscheinlich einerseits in den neutestamentlichen Texten selbst begründet: Die beiden kanonischen Vorgeschichten mussten z.B. miteinander in Ausgleich gebracht, offen gebliebene Fragen beantwortet, Lücken geschlossen werden. Andererseits ist der Anstoß für diesen Prozess aber wohl auch im historischen Umfeld des Apokryphons zu sehen:[197] Die neutestamentlichen Aussagen zur Herkunft Jesu

---

sondern darüber hinaus auch ihre jungfräuliche Geburt. Dies gipfelt in 19,3 (130) in folgender Aussage: παρθένος ἐγέννησεν, ἃ οὐ χωρεῖ ἡ φύσις αὐτῆς. Maria wird hier also zur *semper virgo*, sie ist Jungfrau *ante, in et post partum*. Zum Hintergrund vgl. u.a. H. von Campenhausen, *Die Jungfrauengeburt in der Theologie der alten Kirche* (SHAW.PH 3; Heidelberg: C. Winter, 1962); M.F. Foskett, *A Virgin Conceived: Mary and Classical Representations of Virginity* (Bloomington: Indiana University Press, 2002); A. Ziegenaus (ed.), *„Geboren aus der Jungfrau Maria.“ Klarstellungen* (MarSt 19; Regensburg: Pustet, 2007). Die Eva-Maria-Typologie wird in 13,1 (118) direkt angesprochen, klingt indirekt aber auch in 19,2 (130) bei der Schilderung der Geburt Jesu an. Maria gebiert nämlich im Gegensatz zu Gen 3,16 schmerzfrei, sie benötigt die Hilfe einer Hebamme nicht.

[196] Neben zahlreichen Einzelmotiven nennt J. Becker vier Hauptaspekte, an denen die Entfernung des Marienbildes unseres Apokryphons vom NT deutlich wird: 1. Die Verselbständigung des Interesses an Maria. 2. Die Verbindung dauerhafter Jungfrauenschaft und Mutterschaft in Maria. 3. Die heilsgeschichtliche Antitypik Eva – Maria. 4. Die Dominanz von kultisch-ritueller Reinheit und Sexualaskese bezüglich des Heiligkeitsverständnisses. Diese Konzeption des *Protev.* wurde für die künftige Entwicklung der Mariologie prägend; vgl. id., *Maria*, 274–279. Zur Mariologie der apokryphen Schrift vgl. auch L.M. Peretto, *La mariologia del Protovangelo di Giacomo* (Rom: Pont. Inst. Angelicum, 1955). Zu Maria im NT vgl. z.B. R.E. Brown et al. (ed.), *Mary in the New Testament. A Collaborative Assessment by Protestant and Roman Catholic Scholars* (London et al.: Chapman, 1978); H. Räisänen, *Die Mutter Jesu im Neuen Testament* (Helsinki: Suomalainen Tiedeakatemia, ^{2}1989); J. Zmijewski, „Maria im Neuen Testament“, in ANRW II, 26/1 (1992) 596–716. Zu Maria in der apokryphen Literatur vgl. v.a. E. Norelli, *Marie des apocryphes. Enquête sur la mère de Jésus dans le christianisme antique* (Genf: Labor et Fides, 2009).

[197] „Zumindest ein Aspekt der Entstehung christlicher Apokryphen scheint in dem durch die kanonisch (bzw. kanonisch werdenden) Schriften selbst angestoßenen Prozess des Weiterspinnens, Neu-Erzählens und Umschreibens von Texten und Traditionen zu bestehen, ein anderer Aspekt in den durch veränderte historische Kontexte gestellten Fragen und Problemen. In wichtigen Zügen ist dieses Phänomen dem Vorgang vergleichbar, der im Zusammenhang mit der Entstehung biblischer Texte als ‚kanonischer Prozess‘ bezeichnet wird. Die durch traditionstragende, sich in neuen Kontexten neu entwerfende, dabei ihre Wurzeln nicht aufgebende Gemeinschaften geschehenen Fortschreibungen tradierter, als autoritativ empfundener Texte in neue Kontexte hinein sind mit dem Abschluss des

scheinen z.B. in jüdischen wie auch in heidnischen Kreisen Kritik hervorgerufen und Polemik ausgelöst zu haben. Darüber hinaus führten sie aber auch innerchristlich zu Diskussionen.[198] Das *Protevangelium Jacobi* kann somit wohl auch als Antwort auf diese veränderte historische Situation und somit als narrative Aktualisierung biblischer Aussagen verstanden werden.[199] Dies führt dann allerdings auch zu veränderten Schwerpunkten und neuen Fokussierungen. Jungfräulichkeit und Reinheit sind die zentralen Themen dieser apokryphen Schrift.[200]

Kanons nicht beendet, sie setzen sich auch jenseits der Bibel – unter anderem in christlichen Apokryphen – fort." Nicklas, „Apokryphen", 43.

198 Zu den Diskussionen über Maria im 2. Jahrhundert vgl. allgemein z.B. Becker, *Maria*, 226–303. Als Beispiel für antichristliche Polemik, welche die Mutter Jesu und seine Herkunft in den Blick nimmt, könnte man u.a. auf Celsus verweisen. Vgl. hierzu Origenes, *Cels.* I, 28, 32 u. 39 (GCS 2, 79, 83 u. 90); E. Norelli, „La tradizione sulla nascita di Gesù nell' 'Ἀληθὴς λόγος di Celso", in L. Perrone (ed.), *Discorsi di verità. Paganesimo, giudaismo e cristianesimo a confronto nel Contro Celso di Origene* (SEAug 61, Rom: Inst. Patristicum Augustinianum, 1998), 133–166; H.E. Lona, *Die „wahre Lehre" des Kelsos* (KfA.E 1; Freiburg et al.: Herder, 2005), 98–105. Vgl. darüber hinaus hierzu u.a. auch Bauer, *Leben*, 458–461.

199 Zur apologetischen Tendenz des *Protev.* vgl. u.a. Smid, *Protevangelium*, 15–17; J. Schaberg, „The Infancy of Mary of Nazareth", in E. Schüssler Fiorenza et al. (ed.), *Searching the Scriptures. Bd. 2: A Feminist Commentary* (London: CMS Press, 1994), 708–727, v.a. 719–721; Hock, *Infancy*, 15–20. Ob man in dem Apokryphon eine direkte Antwort auf die Polemik des Celsus sehen kann, ist m.E. jedoch fraglich; vgl. hierzu van Stempvoort, „Protevangelium", 413–415. Zu den Gründen für die Entstehung apokrypher Texte zur Herkunft, Geburt und Kindheit Jesu vgl. allgemein u.a. auch Cullmann, „Kindheitsevangelien", 330–333; Schneider, *Kindheitsevangelien*, 11–17; Bösen, *Betlehem*, 204–211.

200 Nach Nicklas „können christliche Apokryphen auch als Spiegel der Vielfalt frühchristlichen Lebens und Denkens in unterschiedlichen Kontexten wahrgenommen werden". Diese Schriften geben also auch Auskunft „auf die Frage, welche Eigenschaften bzw. Muster von Eigenschaften aus der Sicht der Gruppe, die die jeweiligen Texte produzierte bzw. überlieferte, Christentum in einer Weise ausmachen, dass es ganz Christentum sein kann"; id., „Apokryphen", 29. Diese „Eigenschaft" besteht für die „Gruppe" hinter dem *Protev.* wohl v.a. in Virginität bzw. Sexualaskese. Hock spricht z.B. von „Mary's purity" als dem „unifying theme" der Schrift; id., *Infancy*, 14. Vgl. hierzu auch M.F. Foskett, „Virginity as Purity in the Protevangelium of James", in Levine, *Companion*, 67–76; L.C. Vuong, *Gender and Purity in the Protevangelium of James* (WUNT II/358; Tübingen: Mohr Siebeck, 2013). Zum Hintergrund vgl. u.a. auch P. Brown, *Die Keuschheit der Engel. Sexuelle Entsagung, Askese und Körperlichkeit im frühen Christentum* (München: dtv 1994); G. Schöllgen, Art. Jungfräulichkeit, in *RAC* 19 (2001) 523–592.

Anna Van den Kerchove

The *Gospel of Judas* Versus New Testament Gospels

The Writing of a New Gospel

The *Gospel of Judas* (*GosJud*) is a Coptic apocryphon transmitted in a late third or early fourth century papyrus codex discovered in the late 1970s in the Al Minya province of Middle Egypt but only published in 2007.[1] This Coptic apocryphon is probably a late third century translation of a Greek apocryphon,[2] whose first version may date from the late second century. Indeed it is the namesake of a text which Irenaeus criticizes in *Adversus Haereses* I 31.1, and the two writings are probably identical or at least related to one another.[3]

If scholars were used to seeing apocrypha highlighting some characters that appear in the background of the Gospel narratives, *GosJud* has generated more feedback than any other apocryphon, because it highlighted the character of Judas. Therefore, as soon as the translation was published under the auspices of the National Geographic, this apocryphon provoked a media wave which is not propitious to the smooth development of research and has been at the heart of an ongoing debate about Judas, "hero or villain".[4] Beyond this debate, scholars

---

1 The first presentation of this codex to the scientific public was made by R. Kasser on July the 1st, 2004, during the Coptic Colloquium held in Paris. For the tumultuous history of the codex, see J.M. Robinson, *The Secrets of Judas, The Story of the Misunderstood Disciple and his Lost Gospel* (San Francisco: Harper, 2006); R. Kasser et al. (ed.), *The Gospel of Judas. Critical Edition* (Washington, DC: National Geographic, 2007), 1–25. See also for the codex and the *GosJud* in general, the acts of the first two colloquia upon this text, held in Paris and Houston, respectively, M. Scopello (ed.), *The Gospel of Judas in Context. Proceedings of the First International Conference on the Gospel of Judas. Paris, Sorbonne, October 27th–28th, 2006* (Leiden; Brill, 2008), and A. DeConick (ed.), *The Codex Judas Papers. Proceedings of the International Congress on the Tchacos Codex held at Rice University, Houston Texas, March 13–16, 2008* (Leiden: Brill, 2009). For the datation of the codex, cf. J.-D. Dubois, "Étude critique: l'Évangile de Judas en question: à propos de quelques livres récents", in *Apocrypha* 20 (2009) 239–249, esp. 241: the Carbon-14 dating of a binding's fragment gives 280, more or less 40 years.

2 For a study of the context of the translation, see D.M. Santos/P. Ubierna, *El Evangelio de Judas y otros textos gnósticos. Tradiciones culturales en el monacato primitivo egipcio del siglo IV* (Buenos Aires: Bergerac Ediciones, 2009).

3 At this point, there does not seem to be consensus about this statement. Some think there could have been another *Gospel of Judas* and that the one of the codex is not related to the one mentioned by Irenaeus; others think that it is a composite text, the *proto* version being known by Irenaeus and to which was later added sethian elements. See L. Jenott, *The* Gospel of Judas. *Coptic Text, Translation, and Historical Interpretation of the "Betrayer's Gospel"* (Tübingen: Mohr Siebeck, 2011), 5–6. Read the first comments on Ireneaus' testimony written by G. Wurst, in R. Kasser et al., *Gospel of Judas* (Washington, DC: National Geographic, 2006), 121–135.

4 It is a title of a division of the Acts of the Paris Colloquium, cf. Scopello, *Gospel of Judas in Context*, 155. The critical edition presents the Judas of the *Gospel of Judas* as a rehabilitated disciple.

were interested in intertextuality. They mainly focused on the New Testament gospels, particularly Mark,[5] and they sometimes spoke of the author's parody or subversive design.[6] Therefore, the study of the exegesis of New Testament writings is well marked. The following pages are not intended to be exhaustive. Their aim is rather to study, through a few examples, how the author works out New Testament material, which consists of both written and oral traditions.[7] To better understand the exegetical work, we have to take into account the twofold conceptual, doctrinal and religious context: first, the religious movement to which the author belongs, as Gesine Schenke Robinson already pointed out: "Since it is a Gnostic text, everything has to be construed from a Gnostic point of view, not seen through a New Testament lens";[8] second, the epoch of the writing, which affects the exegetical work of our author.

If most scholars accept that the Greek version dates from the second half of the second century, there is no consensus for the author's community. It is certainly a Christian one, but it does not seem to belong to what is later called the "Great Church" but rather to what is now called the "Gnostics".[9] Jean-Daniel Dubois noted some connections with Basilidians, without concluding it to be a Basilidian writing.[10] Others considered this text to be more or less related to the "Sethian" tradition.[11] For our own discussion, we consider this writing as a Christian "Gnostic" apocryphon, without specifying the label.

Some scholars, as J. Turner, A. DeConick, L. Painchaud react to this opinion and argue for a "villain" Judas. These two divergent opinions are fully expressed in the Acts of the Paris Colloquium. The second interpretation is well developed in the Acts of the Houston Colloquium, in L. Painchaud, "À propos de la (re)découverte de l'*Évangile de Judas*", in *Laval théologique et philosophie* 62 (2006) 553–568 and in A. DeConick, *The Thirteenth Apostle. What the Gospel of Judas Really Says* (London: Continuum, 2007). Their arguments are based on two statements: the first one on *GosJud* 44.21 ("you are the thirteenth daimon") and the second on 56.18–19 ("you will exceed all of them"), which are interpreted in a negative way.

5 M. Grosso, "Three Days and Eight Days. Chronology in the *Gospel of Judas*", in DeConick, *Codex Judas Papers,* 453–469; DeConick, *Thirteenth Apostle*, 100–103. See also S.E. Porter/G.L. Health, *The Lost Gospel of Judas. Separating Fact from Fiction* (Grand Rapids, WB: Eerdmans, 2007), who think that 13 episodes reflect the use of the four gospels and the Acts.

6 E.g., Grosso, "Three Days", 469; G. Schenke Robinson, „The Relationship of the *Gospel of Judas* to the New Testament and to Sethianism", in *Journal of Coptic Studies* 10 (2008) 63–98, esp. 75.77.

7 J.M. Robinson, "The Sources of the *Gospel of Judas*", in Scopello, *Gospel of Judas in Context*, 59–67, esp. 59–60.

8 G. Schenke Robinson, "The *Gospel of Judas*: Its Protagonist, Its Composition, and Its Community", in DeConick, *Codex Judas Papers*, 75–94, 75.

9 If the use of the term Gnostic is debatable, we continue to use it for lack of another term to denote a set of communities which, beyond some differences, put a particular emphasis on knowledge as a mean of salvation. We do not restrict its use, as does D. Brakke, *The Gnostics: Myth, Ritual and Diversity in Early Christianity* (Cambridge, Mass.: Harvard University Press, 2010).

10 J.-D. Dubois, "L'*Évangile de Judas* et la tradition basilidienne", in Scopello, *Gospel of Judas in Context*, 145–153.

11 J.D. Turner, "The Place of the *Gospel of Judas* in Sethian Tradition", in Scopello, *Gospel of Judas in Context,* 187–237 and id, "The Sethian Myth in the *Gospel of Judas*: Soteriology or Demonology?", in DeConick, *Codex Judas Papers*, 95–135, 95; M. Meyer, "When the Sethians were Young: The *Gospel of Judas* in the second Century", in *ibid.*, 57–73, 57. Compare to Schenke Robinson, "Relation-

In *GosJud*, New Testament borrowings[12] (*emprunts*) are never explicitly statstated. However, in order to fully understand the apocryphon, the audience/readership must have, I think, a common "cultural connivance" (*connivence culturelle*)[13] with the author, with the same "reflex-texts" (*texte-réflexes*)[14] or the same "reflex-tradition" (*tradition-réflexe*).[15] These borrowings are present throughout our apocryphon, but not uniformly. They are sparser in the dialogue section, except for the first day of Jesus' revelation (33.22–36.10), and the quoted speech is quite far from the original context. On the contrary, they are more numerous in the introductory (33.1–21) and concluding (58.[?] – 26) narrative sections, as well as in the portion relating to the first day of Jesus' revelation (33.22–36.10). Therefore, we will focus mostly on these sections.[16]

In these sections, the new context of most of the ideas borrowed from the New Testament gospels is quite close to the original one, and these borrowings compose the narrative of our text by imitating the New Testament gospels.[17] As James M. Robinson has already noted,[18] both the narrative sections and the title introduce *GosJud* as a gospel similar to the New Testament ones. However, in these passages there is an interesting work of rewriting and "work of the quote".[19] Initially, we will focus on the first pages of the new gospel to show how the author introduces his audience/readership to another vision of the figures of Jesus and the disciples, especially Judas, and the events preceding Passover. Then we will look at the end of the writing that concludes the apocryphon by evoking the final act of Judas, his so-called "betrayal".

---

ship", 83: "both Christianity and Sethianism appear short changed" and ead., "*Gospel of Judas*", 89 "the *Gospel of Judas* in its present form appears to be quite a late and distant offshoot of Sethianism."

12 We use this term to note the general presence of part of the New Testament in our apocryphon. This presence can take three forms we adapt from the four forms Genette and Roux-Faucard distinguish in intertextuality: quotation (explicit and literal), reference (non literal, however very near to the original text), allusion (non literal and less explicit than reference). We do not use the fourth category, the "plagiat" because we do not think it is relevant for our text (and for Antiquity in general). All these forms can be modified by a work of rewriting. See G. Genette, *Palimpsestes. La littérature au second degré* (Paris: Seuil, 1982), 8, and G. Roux-Faucard, "Intertextualité et traduction", in *Meta: journal des traducteurs/Meta: Translators' Journal* 51 (2006) 98–118, esp. 102–104.

13 C. Nicolas, "Introduction", in *'Hôs ephat', dixerit quispiam, comme disait l'autre… ' Mécanismes de la citation et de la mention dans les langues de l'Antiquité* (Grenoble: UFR de Lettres classiques et modernes, 2006), 9.

14 *Ibid.*

15 Expression constructed on *texte-réflexe*.

16 This article was already sent to the scientific editors when *Judasevangelium und Codex Tchacos*, E.E. Popkes/G. Wurst (eds.), Tübingen, 2012, was published, with two articles relating to our topic: A. Klostergaard Petersen, "The Gospel of Judas: A Scriptural Amplification or a Canonical Encroachement?" (253–290) and S. Gathercole, "Matthean or Lukan priority? The Use of the New Testament Gospels in the Gospel of Judas" (291–302).

17 We are totally aware that the New Testament itself does not exist at the time of the writing of the Greek Gospel of Judas. It is only a way to qualify the gospels which are now in the New Testament.

18 Robinson, "Sources", 60.

19 To quote a part of the title of the book, A. Compagnon, *La seconde main ou le travail de la citation* (Paris: Seuil, 1979).

A Propedeutic Narration

The beginning of *GosJud* "sounds like a summary of familiar settings from the canonical Gospels."[20] Let us (re)read it, with the incipit, the introductory section and the first day dialog:[21]

The incipit (33.1–6)

ⲡⲗⲟⲅⲟ[ⲥ] ⲉⲧϩⲏⲡ̄ ⲛ̄ⲧⲁⲡⲟⲫⲁ[2]ⲥⲓⲥ ⲛ̄[ⲧⲁ ⲓ̈]ⲏ̄ⲥ̄ ϣⲁϫⲉ ⲙⲛ̄ ⲓ̈ⲟⲩⲇⲁⲥ [3][ⲡⲓ]ⲥⲕⲁⲣⲓⲱⲧ[ⲏⲥ]
ⲛ̄ϩⲏⲧϥ̄ *vac* ⲛ̄[4][ϣ]ⲙⲟⲩⲛ ⲛϩⲟⲟⲩ ϩⲁ ⲑⲏ ⲛ̄ϣⲟ[5][ⲙ]ⲛⲧ̄ ⲛϩⲟⲟⲩ ⲉⲙⲡⲁⲧⲉϥⲣ̄[6]ⲡⲁⲥⲭⲁ

The secret discourse of the proclamation[22] in which Jesus spoke with Judas Iscariot during eight days prior to the three days before he did Pascha.[23]

Introduction: *Retrospect of Jesus' Life* (33.6–21)

ⲛ̄ⲧⲁⲣⲉϥⲟⲩⲱⲛϩ̄ ⲉ[7]ⲃⲟⲗ ϩⲓϫⲙ̄ ⲡⲕⲁϩ ⲁϥⲉⲓⲣⲉ ⲛϩⲛ̄[8]ⲙⲁⲓ̈ⲛ ⲙⲛ̄ ϩⲛ̄ⲛⲟϭ ⲛ̄ϣ[ⲡ]ⲏⲣⲉ
[9]ⲉⲡⲉⲩϫⲁⲓ̈ ⲛ̄ⲧⲙⲛ̄ⲧⲣ[ⲱⲙ]ⲉ: [10]ⲁⲩⲱ ϩ̄ⲟⲓ̈ⲛⲉ ⲙⲉⲛ ⲉⲩ[ⲙⲟⲟ]ϣⲉ [11]ϩⲛ̄ ⲧⲉϩⲓⲏ
ⲛⲧⲇⲓⲕⲁⲓⲟⲥ[ⲩ]ⲛⲏ: [12]ϩⲛⲕⲟⲟⲩⲉ ⲉⲩⲙⲟⲟϣⲉ [ϩ]ⲛ ⲧⲉⲩ[13]ⲡⲁⲣⲁⲃⲁⲥⲓⲥ: ⲁⲩⲙⲟⲩ[ⲧⲉ] ⲇⲉ:
[14]ⲉⲡⲙⲛ̄ⲧⲥⲛⲟⲟⲩⲥ ⲙ̄[ⲙⲁ]ⲑⲏ[15]ⲧⲏⲥ ⲁϥⲁⲣϫ[ⲉⲓ] ⲛϣⲁ[ϫⲉ] ⲛⲙ̄[16]ⲙⲁⲩ ⲉⲙ̄ⲙ[ⲩⲥ]ⲧⲏⲣⲓ[ⲟ]ⲛ
ⲉⲧϩⲓ[17]ϫⲛ̄ ⲡⲕⲟⲥⲙⲟⲥ ⲁⲩⲱ ⲛⲉⲧⲛⲁ[18]ϣⲱⲡⲉ ϣⲁⲃⲟⲗ ⲟⲩⲏⲡⲉ ⲇⲉ [19][ⲛ]ⲥⲟⲡ
ⲙⲁϥⲟⲩⲟⲛϩϥ̄ ⲉⲛⲉϥ[20]ⲙⲁⲑⲏⲧⲏⲥ ⲁⲗⲗⲁ ⲛ̄ϩ̄ⲣⲟⲧ> [21]ϣⲁⲕϩ̄ⲉ ⲉⲣⲟϥ ϩⲛ̄ ⲧⲉⲩⲙⲏⲧⲉ

When he appeared upon the earth, he performed signs and great wonders for the salvation of humanity. While some were walking in the path of righteousness (and) others were walking in their transgression, the twelve disciples were called.[24] And he began to speak with them about the mysteries above the world[25] and what will happen up to the end. On a number of occasions he did not show himself to his disciples, but rather as an (?)[26] one[27] would found him in their midst.

[20] Schenke Robinson, "Relationship", 64.

[21] For the Coptic text and the English translation, we mainly follow Jenott, *Gospel of Judas*.

[22] ⲁⲡⲟⲫⲁⲥⲓⲥ has been translated in various ways: "proclamation", "revelation" or "judgment". For the latter, see Schenke Robinson, "Relationship", 85; J. van der Vliet, "Judas and the Stars. Philological Notes on the Newly Published Gospel of Judas (*GosJud*, Codex Gnosticus Maghâgha 3)", in *The Journal of Juristic Papyrology* 36 (2006) 137–152, 138–140; P. Nagel, "Das Evangelium des Judas", in *Zeitschrift für die neutestamentliche Wissenschaft* 98 (2007) 213–276, 233 and 238 suggests "Unterweisung". Compare with J. Brankaer/H.-G. Bethge (ed.), *Codex Tchacos. Texte und Analysen* (Berlin: de Gruyter, 2007), 263, who do not translate the word ("die verborgene Rede, die Apophasis"). As for A. Gagné, he proposes to translate "denial", "negation" or "exclusion" which would accentuate and make more explicit a negative interpretation of Judas in this apocryphon; cf. id., "A Critical Note on the Meaning of ⲁⲡⲟⲫⲁⲥⲓⲥ in *Gospel of Judas* 33.1", in *Laval théologique et philosophique* 63 (2007) 377–383.

[23] For ⲣ̄ⲡⲁⲥⲭⲁ, I do not adopt Jenott's translation ("keep Passover").

[24] Compare with Nagel, "Evangelium des Judas" (2007), 239 n. 68, who reads ⲁ<ϥ>ⲙⲟⲩ[ⲧⲉ] instead of ⲁⲩⲙⲟⲩ[ⲧⲉ]; he is followed by Schenke Robinson, "Relationship", 85: "<he> called the twelve disciples".

[25] See Brankaer/Bethge, *Codex Tchacos*, 263; Nagel, "Evangelium des Judas" (2007), 239 n. 69 and "Evangelium des Judas" (2009), 112–114.

[26] ϩ̄ⲣⲟⲧ is difficult to translate. We do not follow Jenott's translation that follows the first translators who thought the word to derive from the Bohairic word for "child". Schenke Robinson, "Rela-

First Day – First Dialog (33.22–36.9)

22ⲁⲩⲱ ⲁϥϣⲱⲡⲉ ϩⲛ̄ ϯⲟⲩⲇⲁⲓⲁ 23ϣⲁ ⲛⲉϥⲙⲁⲑⲏⲧⲏⲥ ⲛⲟⲩϩ̄ⲟ24[ⲟ]ⲩ̣ ⲁ̣ϥ̣ϩ̣ⲉ ⲉⲣⲟⲟⲩ
ⲉ̣ⲩϩⲙⲟⲟⲥ 25ⲉⲩⲥⲟⲟⲩϩ̄ ⲉⲩⲣ̄ⲅⲩⲙⲛⲁⲍⲉ 26ⲉⲧⲙⲛ̣̄ⲧⲛⲟⲩⲧⲉ ⲛⲧⲉⲣⲉϥ27.[...]ⲧ ⲉ̣ⲛⲉϥⲙⲁⲑⲏⲧⲏⲥ>
34.1ⲉⲩⲥⲟⲟⲩϩ ⲉⲩϩⲙ̣ⲟⲟⲥ [ⲉ]ⲩⲣ̄ ⲉⲩⲭⲁ2ⲣⲓⲥⲧⲓ ⲉϫⲛ ⲡⲁ̣ⲣⲧⲟⲥ [ⲁϥ]ⲥⲱⲃ̣ⲉ̣ 3ⲙ̄ⲙⲁⲑⲏⲧⲏ[ⲥ ⲇⲉ]
ⲡⲉϫⲁⲩ ⲛ̣[ⲁϥ ϫⲉ] 4ⲡⲥⲁϩ̄ ⲉⲧⲃⲉ ⲟⲩ ⲕⲥⲱⲃⲉ ⲛ̣̄ⲥ̣ⲁ̣ ⲧ̣[ⲉⲛ]5ⲉⲩⲭⲁⲣⲓⲥⲧⲓⲁ ⲏ̣ ⲛⲧⲁⲛⲣⲟⲩ ⲡ[ⲉ]
6ⲡⲉⲧⲉⲥϣⲉ: *vac* ⲁϥⲟⲩⲱϣϥ̄ ⲡ[ⲉ]7ϫⲁϥ ⲛⲁⲩ ⲉⲉⲓⲥⲱⲃⲉ ⲛ̄ⲥⲱⲧⲛ̄ 8ⲁⲛ [ⲟⲩ]ⲇⲉ ⲉⲧⲛⲉⲓⲣⲉ
ⲙ̄ⲡⲁⲉⲓ ⲁⲛ 9ϩ̄[ⲛ ⲡⲉ]ⲧ̣ⲛ̄ⲟⲩⲱ̣ϣ ⲁ̣ⲗ̣ⲗ̣ⲁ ϩⲛ̄ ⲡⲁ̈ⲓ 10ⲉ[ϥⲛⲁϫ]ⲓ ⲥⲙⲟⲩ ⲛ̄ϭⲓ ⲡⲉⲧⲛ̄ⲛⲟⲩ11ⲧ̣ⲉ̣
[: *vac*]*at* ⲡⲉϫⲁⲩ ϫⲉ ⲡⲥ̣ⲁ̣ϩ̣ ⲛⲧⲟⲕ 12..[..]. ⲡ̣ⲉ̣ ⲡ̣ϣⲏ̣ⲣⲉ̣ ⲙ̣̄ⲡ̣ⲉⲛⲛⲟⲩ13ⲧⲉ̣ [: *vac*]*at* ⲡⲉϫ̣ⲁϥ
ⲛⲁ̣ⲩ ⲛ̣ϭ̣ⲓ̣ ⲓ̈ⲏ̣ⲥ̣ 14ϫⲉ ⲉ̣[ⲧⲉⲧ]ⲛⲥⲟ̣ⲟ̣ⲩⲛⲉ̣ ⲙ̣ⲙⲟⲉⲓ 15ϩ̣ⲛ̣̄ ⲟⲩ [ϩ]ⲁⲙⲏⲛ [ϯ]ϫ̣ⲱ ⲙⲙ̣ⲟⲥ
ⲛ̣ⲏ̣16ⲧ̣ⲛ̣̄ ϫ[ⲉ] ⲙ̣ⲛ̣ ⲗⲁⲟ[ⲩ]ⲉ ⲛⲅⲉⲛⲉⲁ̣ ⲛⲁ̣17ⲥⲟⲩⲱⲛⲧ̄ ϩⲛ̄ ⲛ̄ⲣⲱⲙⲉ ⲉ̣ⲧ̣ⲛ̣ϩ̣ⲏ̣ⲧ̣ 18ⲧⲏⲩⲧⲛ̄

One day he came in Judea to his disciples, and found them seated, gathered together, practicing piety[28]. When he [saw/met][29] his disciples gathered together, seated, giving thanks over the bread, [he] laughed. But the disciples said to him: "Teacher, why are you laughing at [our] thanksgiving? What have we done? It is what is right." He responded to them saying: "I am not laughing at you. Nor are you doing this by your will; but rather it is by this that your god [will be][30] praised." They said: "Teacher, you […] are the son of our God." Jesus said to them, "How do [you] know me? Indeed, [I] say to you, 'no generation[31] of the people among you will know me."

ⲛ̄ⲧⲉⲣⲟⲩⲥ̣ⲱ̣ⲧ̣ⲙ̣ [ⲇ]ⲉ̣: 19ⲉⲡⲁ̈ⲓ ⲛ̄ϭⲓ ⲛⲉϥⲙⲁⲑⲏⲧⲏⲥ ⲁ̣[ⲩ]20ⲁⲣϫⲉⲓ ⲛ̣ⲁⲅⲁⲛⲁⲕⲧⲉ̣ⲓ: ⲁⲩⲱ̣ ⲉ[±..]
21ⲟⲣⲅⲏ ⲁⲩⲱ ⲉϫⲓ ⲟⲩⲁ ⲉⲣⲟϥ ϩⲛ̄ 22ⲡⲉⲩϩⲏⲧ: ⲓ̄ⲏ̄ⲥ̄ ⲇⲉ ⲛ̄ⲧⲉⲣⲉϥ23ⲛ̣ⲁ̣ⲩ ⲉⲧⲉⲩⲙⲛⲧⲁ̣ⲧ̣ⲑ̣ⲏ̣ⲧ̣
[ⲡⲉϫⲁϥ] 24ⲛⲁⲩ ϫⲉ ⲉⲧⲃⲉ ⲟⲩ ⲁⲡ̣ϣⲧⲟⲣⲧⲣ̄ 25ⲛ̄ⲡϭⲱⲛⲧ ⲡⲉⲧⲛ̄ⲛⲟⲩⲧⲉ ⲉⲧⲛ̄26ϩⲏⲧⲧⲏⲩⲧⲛ̄
ⲁⲩⲱ ⲛ̣[±.....] 35.1ⲁ̣ⲩⲁⲅⲁ̣ⲛ̣[ⲁⲕ]ⲧⲓ ⲙⲛ̣ ⲛⲉⲧⲛⲯⲩⲭⲏ 2ⲡ̣ⲉⲧ[ⲧ]ⲁ̣[ϫⲣ]ⲏ̣ⲩ ⲛ̄ϩ[ⲏ]ⲧⲧⲏⲩⲧⲛ̄
ⲛ̄ⲛ̄3ⲣⲱⲙⲉ ⲙ̣ⲁ̣[ⲣⲉϥⲣ̄]ⲡ̣ⲁ̣ⲣ̣ⲁ̣ⲅⲉ̣ ⲙ̄ⲡⲣⲱ4[ⲙⲉ] ⲛ̣ⲧⲉⲗⲓⲟⲥ ⲁⲩⲱ ⲛϥⲱϩⲉⲣⲁⲧϥ̄ 5ⲙ̄ⲡⲉⲙ̄ⲧⲟ ⲉⲃⲟⲗ
ⲙⲡⲁⲡⲣⲟⲥⲱ6ⲡⲟⲛ ⲁⲩⲱ ⲁⲩϫⲟ̣ⲟⲥ ⲧⲏⲣⲟⲩ ϫⲉ 7ⲧⲛ̄ϫⲟⲟⲣ ⲁⲩⲱ ⲙ̣ⲡⲉϣⲡⲉⲩⲡ̄ⲛ̄ⲁ̄ 8ⲧⲟⲗⲙⲁ
ⲉⲱϩ̄ⲉⲣⲁⲧϥ̄ ⲙ̄[ⲡⲉϥ]ⲙ̄:9ⲧ̣ⲟ ⲉⲃⲟⲗ ⲉⲓⲙⲏ ⲓ̈ⲟⲩⲇⲁⲥ [ⲡⲓⲥ]ⲕ̣ⲁ10ⲣⲓⲱⲧⲏⲥ: ⲁϥϭⲙϭⲟⲙ ⲙⲉⲛ̣
[ⲉ]ϣ̣11ϩⲉⲣⲁⲧ̣ϥ̄ ⲙ̄ⲡⲉϥⲙ̄ⲧⲟ ⲉⲃ[ⲟⲗ]: ⲙ̄12ⲡⲉϥϭⲙϭⲟⲙ ⲇⲉ ⲉϭⲱϣⲧ̣̄ [ⲉϩ]ⲟ̄ⲩⲛ 13ⲉϩ̄ⲣⲁϥ
ⲛ̄ⲛⲉϥⲃⲁ̣ⲗ: ⲁ̣ⲗ̣ⲗ̣ⲁ̣ ⲛ̄ⲧⲁϥ14ⲕⲧⲉ ϩ̄ⲣⲁϥ ⲉⲡⲁϩ̄ⲟⲩ:

---

tionship", 86 thinks ϩⲣ̄ⲟⲧ is a metathesis of [for?] ϩⲟⲣⲧ and means "appearance". Nagel changed his mind: if he agreed with the translation "child" in 2007, 239, he is no longer sure in 2009, 115, where he translated "and … (?)", suggesting that it could correspond to "himself" (2009, 115–118).

27 We do not adopt the correction made by Jenott, *Gospel of Judas*, who follows Nagel, "Evangelium des Judas" (2007), 239 n. 70 and "Evangelium des Judas" (2009), 115, 118 (correct ϣⲁ<ⲩ>ϩⲉ instead of ϣⲁⲕϩ̄ⲉ). Nagel was also followed by Schenke Robinson, "Relationship", 86: "rather <they> found him."

28 We do not follow Jenott's translation ("practicing godliness"). For "practicing piety," see Nagel, "Evangelium des Judas" (2009), 118–119 (he has changed his position since 2007, 240) and Schenke Robinson, "Relationship", 86. As they noted, this action is relating to religious practice.

29 Generally restored as: ⲛⲧⲉⲣⲉϥⲧ[ⲱⲙ]ⲧ with the translation "when he met"; however, Schenke Robinson, "Relationship", 86 n. 10 thinks this is redundant with the first proposition and she proposes another restoration: ⲛⲧⲉⲣⲉϥϭ̣[ⲱϣ]ⲧ, "when he looked". She is followed by Jenott, *Gospel of Judas*, 136.

30 Generally restored as ⲉ̣[ϥⲛⲁϫ]ⲓⲥⲙⲟⲩ, Schenke Robinson, "Relationship", 86 n. 11 proposed to restore ⲉ̣[ϥϫⲓ ⲡⲉ]ϥⲥⲙⲟⲩ.

31 We do not adopt Jenott's translation, "race" for ⲅⲉⲛⲉⲁ.

When his disciples heard this, [they] began to get contentious and angry[32], and were blaspheming against him in their hearts. But when Jesus saw their foolishness, [he said] to them: "why has confusion brought forth anger? Your god who is within you and [.....][33] have become contentious with your souls. Let the [stable] one among you people bring forth the perfect human and stand before my face." And they all said, "We are strong." But their spirit could not dare to stand in [his] presence, except for Judas [Is]cariot. He could stand before him, but not look into his eyes; instead he turned his face away.

[ⲡⲉϫⲁ]ϥ ⲛⲁϥ [15] ⲛ̄ϭⲓ ⲓ̈ⲟⲩⲇⲁⲥ ϫⲉ̣ ϯⲥⲟ[ⲟⲩ]ⲛⲉ ϫⲉ [16] ⲛ̄ⲧⲕ ⲛⲓⲙ ⲁⲩⲱ ⲛ̄ⲧⲁⲕ[ⲉ]ⲓ ⲉⲃⲟⲗ:
[17] ϩⲛ̄ ⲛⲁϣ ⲙ̄ⲙⲁ: ⲛ̄ⲧⲁⲕⲉⲓ ⲉⲃⲟⲗ ϩⲛ̄ [18] ⲡⲁⲓⲱⲛ ⲛ̄ⲧⲃⲁⲣⲃⲏⲗⲱ ⲡⲁⲑⲁ[19]ⲛⲁⲧⲟⲥ ⲁⲩⲱ
ⲡⲉⲛⲧⲁϥⲧⲁⲟⲩⲟⲕ [20] ⲡⲁ̈ⲓ ⲉⲧⲉ ⲛ̄ϯⲙ̄ⲡϣⲁ ⲁⲛ ⲛ̄ⲧⲁⲟⲩⲟ [21] ⲙ̄ⲡⲉϥⲣⲁⲛ· *vac* ⲓ̈ⲏ̅ⲥ̅ ⲇⲉ
ⲉϥⲥⲟⲟⲩⲛⲉ [22] ϫⲉ ϥⲙⲉⲟⲩⲉ ⲉⲡⲕⲉⲥⲉⲉⲡⲉ ⲉⲧ[23]ϫⲟⲥⲉ ⲡⲉϫⲁϥ ⲛⲁϥ: ϫⲉ ⲡⲱⲣϫ̄ [24] ⲉⲃⲟⲗ
ⲙ̄ⲙⲟⲩ: ⲧⲁϫⲱ ⲉⲣⲟⲕ ⲛ̄[25]ⲙ̄ⲙⲩⲥⲧⲏⲣⲓⲟⲛ ⲛ̄ⲧⲙⲛ̄ⲧⲉⲣⲟ [26] ⲟⲩⲭ̣ ϩ̣ⲓ̣ⲛ̣ⲁ̣ ϫⲉ ⲉⲕⲉⲃⲱⲕ ⲉⲙⲁⲩ
[27] ⲁⲗⲗⲁ ϫⲉ̣ ⲉ̣ⲕⲉⲁϣⲁϩⲟ̄ⲙ ⲛ̄ϩⲟⲩⲟ [36.1] ϫⲉ ⲟⲩⲛ̄ ⲕⲁⲓⲟⲩ̣[ⲁ] ⲅⲁⲣ [ⲛ]ⲁϣⲱⲡⲉ [2] ⲉⲡⲉⲕⲙⲁ
ϩ̄ⲓⲛⲁ ϫⲉ ⲉ̣[ⲣⲉ ⲡ]ⲙⲛ̄ⲧ̄[3]ⲥⲛⲟⲟⲩⲥ ⲛ̄ⲥ[...] ⲟ̣ⲛ̣ ⲉ̣ⲩⲉ[4]ϫⲱⲕ̣ ⲉⲃⲟⲗ ϩⲛ̄ ⲡⲉⲩⲛⲟⲩⲧⲉ [5] ⲁⲩⲱ
ⲡⲉϫⲁϥ ⲛⲁϥ ⲛ̄ϭⲓ ⲓ̈ⲟⲩⲇⲁⲥ [6] ϫⲉ ⲉⲕⲁϫⲉ ⲛⲁ̈ⲓ̣ ⲉⲣⲟⲓ̈ ⲛⲁϣ ⲛ̄[7]ϩⲟⲟⲩ ⲁⲩⲱ ⲛϥϣⲁⲉ ⲛ̄ϭⲓ
ⲡⲛⲟ[ϭ] [8] ⲛ̄ϩ[ⲟⲟ]ⲩ ⲙ̄ⲡⲟⲩⲟⲓ̈ⲛ ⲛ̄ⲧⲅⲉⲛⲉ̣[9]ⲁ [..]

Judas [said] to him: "I know who you are and whence you have come. You have come from the immortal aeon of Barbelo, and he who sent you, I am not worthy to proclaim his name." Now since Jesus knew that he (Judas) was considering something lofty, he said to him: "Separate from them and I will tell you the mysteries of the kingdom; not so you may go there[34], but so that you will mourn deeply. [p. 36] For there is another who will take your place, so that the twelve [....][35] shall be complete in their god." And Judas said to him: "What day will you tell me about this? And when the great day of light dawn for [that] generation[36]?" But after he said this, Jesus left him.

Understanding the narrative framework implies the "cultural connivance" mentioned above. The narrative framework is indeed largely based on some New Testament sections which narrate Jesus' Judean ministry. This framework may have a propedeutic aim; indeed, the pretence of proximity with New Testament traditions only highlights the gap the author imposes in order to gradually prepare his readers/audience to a specific doctrinal tone that will be at the core of his apocryphon.

---

32 Schenke Robinson, "Relationship", 86 n. 12, restores ⲉ̣[ⲣ]ⲟⲣ̣ⲅⲏ. She is followed by Jenott, *The Gospel of Judas*, 138.

33 We do not follow Jenott's translation [his stars] who restores ⲛ̣[ⲛⲉϥⲥⲓⲟⲩ]. See also ⲛ̣[ⲉϥ±...] Kasser, *Gospel of Judas*, followed by Nagel, "Evangelium des Judas" (2007), 240; ⲛ[ⲉϥⲁⲅⲅⲉⲗⲟⲥ] Myszor 2006 (noted in the apparatus of Brankaer/Bethge, *Codex Tchacos*, 264); ⲡ̣ⲉⲧⲛ̄ⲡⲛ̄ⲁ Schenke Robinson, "Relationship", 86 n. 15.

34 Compare with Schenke Robinson, "Relationship", 87 n. 17 who thinks that the reading of the critical edition ⲟⲩⲭ ϩⲓⲛⲁ seems far less convincing than the earlier reading ⲟⲩⲛ ϭ̣ⲟ̣ⲙ̣.

35 We do not follow Jenott's translation made in connection with his restoration of the lacuna by ⲛ̄ⲥ[ⲧⲟⲓⲭ]ⲓⲟ̣ⲛ̣ The critical edition restores ⲛ̄ⲥ[ⲃⲟⲩⲓ̈] and this restoration is adopted also by Brankaer/Bethge, *Codex Tchacos*, 264, and Nagel, "Evangelium des Judas" (2007), 241, whereas Schenke Robinson, "Relationship", 87 n. 18 suggests ⲛ̄ⲥ[ⲓⲟⲩ] and Van der Vliet, "Judas and the Stars", 140–142, ⲛ̄ⲥⲧⲟⲓⲭⲓⲟ̣ⲛ̣.

36 See *supra* n 29.

Make Passover

The distance from New Testament Gospels is marked by the first words of the *incipit*; the former contains three pieces of information:

1) It describes the type and content of what follows: an apocalyptic revelation dialogue.[37]

2) It distinguishes the main characters: Jesus and Judas surnamed [ⲓ]ⲥⲕⲁⲣⲓⲱⲧ[ⲏⲥ], with the spelling attested in Coptic versions of Matt 10.4, Mark 3.19 and Luke 6.16.[38] The author relegates the other disciples to the shadow, even if they are the beneficiaries of a part of revelation,[39] to only highlight Judas. This is the opposite situation than the one presented in the New Testament, where Judas appears only six times and is the recipient of very few of Jesus' words.

3) It defines the time frame of the apocalyptic revelation, which "could be the key to the structure and the composition of the Gospel of Judas".[40] It also could be the key to understand the exegesis the author made of several New Testament passages, especially of the events before Passover such as New Testament and its tradition narrate them. However, the interpretation is not easy, with three problems: 1. the meaning of the eight days, 2. the chronological situation of the three days compared to the eight days and the action ⲣ̄ⲡⲁⲥⲭⲁ, 3. the interpretation of ⲣ̄ⲡⲁⲥⲭⲁ. Should we interpret some of these indications allegorically? How long does the dialogue take place: 8 days or 3 days?[41] What link could we make with the New Testament chronology of events prior to the resurrection? Is there a "subtle reference" to Mark as Matteo Grosso thinks? He indeed is of the opinion that Mark is the only gospel that "sets out the events of Jesus' last days – from Jesus' entrance in Jerusalem to the announcement of his resurrection – in an articulated chronological frame" within eight days, and he thinks the three days dialogue of *GosJud* corresponds

---

37 For the translation of *apophasis*, see *supra* note 20.

38 There is a harmonization of the nickname in the Coptic versions, absent from the Greek versions, Matt 10.4 giving ἰσκαριώτης, Mark 3.19 and Luke 6.16 giving ἰσκαριώθ. For the meaning of this nickname, see especially S.C. Mimouni, "La figure de Judas et les origines du christianisme: entre tradition et histoire. Quelques remarques et réflexions", in Scopello, *Gospel of Judas in Context*, 136.

39 We do not share Schenke Robinson's opinion about two preambles in the *GosJud* to establish each individual recipients. See Schenke Robinson, "*Gospel of Judas*", 76.

40 G. Wurst, in Kasser, *Gospel of Judas. Critical Edition*, 179. See also an equivalent position in Gagné, "Critical Note", 378.

41 The question of three or eight days arises from the fact that the text explicitly mentions three different days (33.23–24, 36.11, 37.20–21). Should we consider that the space vacated by 44.14 means a transition time? How to interpret changes of scene and characters? Based on these indices, both R. Kasser (*Gospel of Judas*, 237) and G. Schenke Robinson ("*Gospel of Judas*", 78–86) propose a different recovery time of revelation over a period of eight days. See the review of these propositions in Grosso, "Three Days", 463–464; as for the latter, he proposes a dialogue on three days (ibid., 465–467), based on Wurst, in Kasser, *Gospel of Judas. Critical Edition*, 180–181. For the moment, there is no consensus on this issue.

to the fourth, the fifth and the sixth days of Mark's chronology.[42] We have to admit our uncertainty about the interpretation to be given to the timeframe – on one hand, the first words suggest a period of eight days for the revelation, on the other hand, indications within the (incomplete) text seem to point to a period of three days – and to the preposition ϩⲁⲑⲏ.

What about ⲣ̄ⲡⲁⲥⲭⲁ which seems to be the key element of the *incipit* and should be linked to New Testament narratives, as well as to the contemporary time of the author. Indeed, during this same period, Jews and Christians differ more and more, especially with regards to Passover, and among Christians themselves a paschal quarrel takes place. Some Christians, "Quartodecimans", who are mainly in Asia Minor and who rely on Polycarp and John, celebrate Passover on a fixed date, 14 Nisan, and, therefore, the Christian Passover coincides with the Jewish Passover. Others, however, celebrate the feast on a fixed day, Sunday (day of resurrection and day of the weekly celebration of the Christian Passover), on 14 Nisan if it is a Sunday or the first following Sunday. Beyond the date quarrel, the controversy relates to the interpretation of the Christian Passover; the first focus on Jesus' suffering and death, the other on Jesus' resurrection.[43] Also in the second half of the second century, the first treatises on Passover were written: Melito of Sardis and his homily *On the Passover*,[44] Apollinaris of Hierapolis, Clement of Alexandria and Hippolytus in the early third century. We know the work of these three last authors only through quotations in the Byzantine *Chronicon paschale*, PG 92, 80 B–81 C.[45] These authors question the date (fixed date or fixed day) and the meaning of the Christian Passover. These controversies are perhaps not totally foreign to our author's reading of Passover, particularly in his use of ⲣ̄ⲡⲁⲥⲭⲁ.

In our apocryphon, one may speak of quotation or at least of a literal and explicit borrowing; this verb is indeed associated with Jesus who is mentioned a little earlier and can only refer the reader/audience to the New Testament accounts of the Passion. This term is also used in the Coptic versions of Matt 26.38 and Heb 11.28, which themselves translate the Greek version ποιῶ τό πασχα.[46] These two verses refer to the Last Supper of Jesus, which coincides with the day of Passover according to the Synoptics (Matt 26.17–19, Mark 14.12–16 and Luke 22.7–15) or which is held the day before Passover,

---

42 Grosso, "Three Days", 454 and 466–467. He follows Nagel's proposal ("Evangelium des Judas" [2007], 238 n. 65): ϩⲁⲑⲏ should be interpreted as a starting point and reminds of Jn 12.1.

43 On Passover quarrel in Rome, with Victor Bishop of Rome, Victor condemning the Asian communities, and the intervention of Irenaeus, see Eusebius, *HE* V, 23–25. The Quartodeciman practice was condemned in the first Nicaea Council in 325.

44 This text is known through fragments. See P. Bobichon, "L'*Homélie sur la Pâque*, de Méliton de Sardes ou la véhémence d'un évêque chrétien à l'égard du judaïsme", in *Religions et Histoire* 6 (2006) 51–55 and R.C. White, *Melito of Sardis Sermon "On the Passover"* (Lexington: Lexington Theological Seminary Libr., 1976).

45 For Hippolytus, see 80 B–C; for Apollinaris, see 80 C–81 A; for Clement, see 81 A–C.

46 The critical edition p. 185 noted these two references.

according to John 19.14 (a chronology followed by Apollinaris of Hierapolis, Clement of Alexandria, Hippolytus and later authors) from the second half of second century, from which “la réflexion chrétienne s’exerce sur la comparaison des évangiles entre eux”.[47] Hence the generally accepted translation “make Passover” for ⲣ̄ⲡⲁⲥⲭⲁ.

However, the critical edition has raised the possibility that ⲣ̄ⲡⲁⲥⲭⲁ could translate πάσχειν,[48] a possibility further developed by Gesine Schenke Robinson. The latter indeed thinks that “make Passover” is meaningless in our apocryphon and that “suffer” is a better translation, while accepting that the author may have a docetic attitude: she adds the adverb “allegedly”, and she considers the author has a subversive design.[49] The translation “suffer” has been criticized, because of our apocryphon’s docetic character.[50] We agree that “suffer” is not the best translation. However, there could be an implicit reference to the suffering. Indeed, Melito’s homily, Apollinaris’ and Hippolytus’ writings and the Quartodecimans testify that in the second century one may interpret etymologically *pascha* by deriving it from the verb πάσχειν.[51] If one accepts our apocryphon to be a second century writing, the author could have known this etymological interpretation, and he could have ignored the first Christian proposition made by Clement of Alexandria,[52] from a Hebrew word meaning “passage”, διάβασις in Greek, that he found in Philo of Alexandria.[53] Concerning the latter, the new interpretation goes from Jewish authors to Christian writers, beginning with Origen in his treatise *On Passover*. It is possible that our author wanted to echo this interpretation and the idea that Jesus may have suffered,[54] in order to refute or at least to distance himself from this idea throughout his writing, especially in *GosJud* 56.19–20,

47 A. Jaubert, *La Date de la Cène. Calendrier biblique et liturgie chrétienne* (Paris: Gabalda, 1957), 99 and 105. A solution for this difference between the gospels could be that the Synoptics follow the ancient priestly calendar, while John would follow the official Jewish calendar; the Passion would rather place over three days, the gospels caring less on chronology of some events than on their doctrinal meaning (*ibid.*, 105–136).

48 Kasser et al., *Gospel of Judas*, 185 n. 5–6.

49 Schenke Robinson, “*Gospel of Judas*”, 77 n. 9: “In the Kasser et al. 2007, the translation of the verbal expression ⲉⲙⲡⲁⲧϥⲣ̄ⲡⲁⲥⲭⲁ (*Gos. Jud.* 33.5–6) as ‘before *he* celebrated Passover’ does not make any sense, since there would be no reason for Jesus to stop talking three days *before* he would have the Last Supper with his disciples. I believe the headline to read: *The secret word of judgment that Jesus communicated to Judas Iscariot on eight days, (ending) three days before he (allegedly) suffered.*”

50 See in particular Grosso, “Three Days”, 461.

51 For Melito, Homily 46, he is supporting his thesis that the Christian Passover coincides with the Jewish Passover, even though he has no words too hard against the Jews (Bobichon, “L’*Homélie sur la Pâque*”, 51–55). Apollinaris and Hippolytus say that because Passover is the figure of Christ’s sacrifice, it can not coincide with the Christian Easter, the day of the first Eucharist of the newly baptized (Apollinaris) and the Day of Resurrection (Hippolytus). See also O. Nautin/O. Guéraud, *Origène. Sur la Pâque* (Paris: Beauchesne, 1979), 96–97.

52 Clement of Alexandria, *Stromate* II, XI, 51, 1–2, for example.

53 Philo of Alexandria, *De congressu eruditionis gratia*, 106.

54 See especially Irenaeus, *AH* II 22, 3; Tertullian, *Adv. Marc.* IV 21, 6–8 quoted *infra*.

about "the man who carries me." Indeed, there the author seems to accept a Christology which distinguishes between the divine and human natures of Jesus; "the man who carries me", who will be sacrificed by Judas, replaces both the Jewish and the Christian paschal lamb, Jesus, according to a New Testament Christology which excludes the male parent but not two distinct natures[55]. This critical shift is also evident by the use made of the verb ⲣ̄ⲡⲁⲥⲭⲁ: the author uses it without the doctrinal meaning of the Synoptics and the New Testament tradition; he cites it in its literal meaning, removing the ideas of the Last Supper[56] and of the Eucharist's institution.

Therefore, our author may simply talk of celebrating Passover. But what Passover? The same question has rightly already arisen with the mention of the Eucharist in *GosJud* 34.1–2.[57] Moreover, we tried to show that the house mentioned in the vision of the disciples might refer both to a Christian Shrine and to the Temple Jerusalem.[58] It could also be the case with ⲣ̄ⲡⲁⲥⲭⲁ, whose meaning would refer not only to the Jewish Passover at the time of the reported facts, but also to the Christian Passover at the time of the author (be it celebrated on 14 Nisan as in "Quartodeciman" communities or the following Sunday).

It would be tempting to assume that the period of eight days would be a reference to the octave of Easter, but, as J.-D. Dubois points out, it would indicate a time closer to the fourth century than to the second half of second century.[59] If the second century author did not have this reference in mind, it does not prevent the late third century translator and the early fourth century readers to have it. In the second century at least, some Christian writers speak of Sunday, the day of the weekly celebration of the Christian Passover, as the eighth day and they associate the number eight to immortality and to the world to come.[60] The number eight may also have a "Gnostic" meaning, as an evocation of the Gnostic Ogdoad.[61] It would only be a vague evocation, since the ancient speculations mainly focused on the eighth day, as Grosso noted,[62] and not on a time period.

---

55 See Jenott, *Gospel of Judas*, 11–22, who thinks *GosJud* has a two-natures Christology rather than a docetic doctrine. About different christologies, see also M. Tardieu, "'Comme à travers un tuyau'. Quelques remarques sur le mythe valentinien de la chair céleste du Christ", in B. Barc (ed.), *Colloque international sur les textes de Nag Hammadi (Québec, 22–25 août 1978)* (Québec: Presses de l'Univ. Laval, 1981), 151–177, esp. 173–174.

56 There is no reason for this statement in a docetic writing.

57 Kasser/Meyer, *Gospel of Judas*, 21 n. 14; S.E. Porter/G.L. Health, *The Lost Gospel of Judas. Separating Fact from Fiction* (Grand Rapids: Eerdmans, 2007), 91.

58 A. Van den Kerchove, "La maison, l'autel et les sacrifices: quelques remarques sur la polémique dans l'*Évangile de Judas*", in Scopello, *Gospel of Judas in Context*, 311–329, esp. 318.

59 Dubois, "L'*Évangile de Judas*", 147.

60 *Epistle of Barnabas* 15.8–9; Clement of Alexandria, *Stromate* VI, 14, 16; *Ext. Theodotus* 63.1; Justin the Martyr, *Dialogue with Trypho*, 41.4.

61 F.G. Bazan, *El Evangelio de Judas* (Madrid: Trotta, 2006), 37 n. 3.

62 Grosso, "Three Days", 465.

Beyond the possible interpretations and borrowings, perhaps one should not try to historicize at any price the temporal indications of the *GosJud* or have them coincide with a New Testament period. They have a twofold function: one of authority – providing a chronology that is more accurate than that of the Gospels, with an *akribeia* which is closely akin to Basilidians' concerns[63] and which legitimates the message by giving it a certain historicity,[64] – the other of exegesis, presenting a new temporality of the "last events" of Jesus' terrestrial life, announcing a new interpretation of these events which is already suggested by the use of ⲡ̄ⲡⲁⲥⲭⲁ.

The Ministry of Jesus and His Disciples

The next two sections introduce the dialogue between Jesus and his disciples. They insert it into the broader context of Jesus' ministry and of his exchanges with his disciples. The author begins by summarizing the life of Jesus, with a selection of biographical and thematic elements (33.6–21). Then he sets up the first dialogue – which is the first day – with narrative elements and other dialogues (33.22–36.8). There are many ideas borrowed from the canonical gospels,[65] and they are subject to a "quotation's work" (*travail de la citation*) which is somewhat important. They take different forms:

– allusions to Jesus' birth, to miracles, to New Testament passages on the men who behave badly,[66] to the narratives of disciples' vocation (eg. Matt 4.18–22, Mark 1.16–20, Luke 10–11), to the content of Jesus' teaching (eg. Matt 13.11, Mark 4.11, Luke 8.10, Romans 6.25, Ephesians 3.5, Col 1.26), to the anger of the disciples (Matt. 26.08//Mk 14.4) or of the Jewish authorities (eg. Matt 21.15, Luke 4.28, 6.11, John 7.23, Acts 7.54).

– references to the mention of the twelve disciples (Matt 10.1–4, Mark 3.13–19, Luke 6–12.16), to the disciples' attendance to prayer, to Peter's confession (Matt 16.13–20, Mark 8.27–30, Luke 9.18–21), perhaps a quote from John 7.28 in *GosJud* 35.15–16, etc. We would like to study only two borrowed ideas which we think are symptomatic both of the author's work and of its doctrinal implications.

The first occurs in the introduction, just after the *incipit*, and it refers to the coming of Jesus, a "gap-allusion" to New Testament accounts of Jesus' birth. Our author expresses that coming with ⲟⲩⲱⲛϩ, which does not evoke a human

63 Dubois, "L'*Évangile de Judas*", 148.

64 Schenke Robinson, "*Gospel of Judas*", 77.

65 We refer to the index in both Scopello, *Gospel of Judas in Context*, and DeConick, *Codex Judas Papers*.

66 Eg. Mt 21.32, Tit 3.11. For a more complete list, see T. Petersen, "From Perplexity to Salvation: The *Gospel of Judas* Read in Light of Platonic Didactic Strategies", in DeConick, *Codex Judas Papers*, 413–435, 427.

birth,[67] rather the appearances of the risen Jesus. ⲟⲩⲱⲛϩ is indeed often used in New Testament Coptic versions evoking the appearances of risen Jesus to his disciples. This apocryphon passage might be, therefore, a new piece of evidence on the debate concerning Jesus' nature and birth.[68] One can also quote two passages from Tertullian's *Adv. Marc.*[69] The first is found in *Adv. Marc.* IV 19, 6–9:

We come now to the standing argument of all those who bring into controversy our Lord's nativity. He himself, they say, affirms that he has not been born when he says, *Who is my mother and who are my brethren?*[70] In this way heretics are always, by their theories, wrestling plain and simple expressions in any direction they please, or else, on supposition of simplicity, giving a general meaning to expression based on special conditions and particular reasons, as on the present occasion. We on the contrary affirm, first, that there could have been no report brought to him that his mother and his brethren stood without, desiring to see him,[71] if he had had no mother or brethren, and if he who brought the message had not known who they were, either by previous acquaintance or by having then and there been informed, either when they asked to see him or when they themselves sent the messenger. To this first submission of ours our adversaries' usual answer is, what then if the message was brought with the purpose of tempting him? But the scripture does not say so, though its custom is to indicate when anything is done for temptation's sake – *behold a doctor of the law stoop up, tempting him,*[72] and in that question about tribute-money, *And there came to him Pharisees, tempting him*[73] – and consequently, where it makes no mention of temptation, it does not admit of its being interpreted as temptation. For all that, though I have no need to, I demand the reasons for such temptation, in what respect they can have tempted him by the mention of his mother and his brethren. If because they wished to know whether he had been born, or not – had there ever been any doubt of this, which they could resolve by means of the temptation? Yet who could have any doubt of the birth of one who he saw was a man, whom he had heard declare himself the Son of man, who in consideration of all his human, attributes they hesitated to believe was God, or the Son of the God?[74] They found it easier to esteem him a prophet, some great one no doubt, but one in any case who had been born. Even if there had been reason to tempt him by investigating his nativity, any other means would

67 J.-P. Mahé, "Mise en scène et effets dramatiques dans l'*Évangile de Judas*", in Scopello, *Gospel of Judas in Context*, 27, already noted it.

68 It is, however, difficult to identify the doctrine the author may have adopted. The use of the verb ⲟⲩⲱⲛϩ̄, with the fact that "the man who carries me" may refer to the body (Jenott, *Gospel of Judas*, 17–18), seems to suggest that the birth is not (totally) human and that there is a divine intervention which is concomitant to the embryogenic process (thesis 3 and 4, in Tardieu, "'Comme à travers un tuyau'", in Barc, *Colloque international*, 174).

69 Translation in Tertullian, *Adversus Marcionem* (ed. and transl. E. Evans; Oxford: Clarendon Press, 1972).

70 Matt 12.48.

71 See Luke 8.20.

72 Luke 10.25.

73 Matt 19.3.

74 According to Biblindex (http://www.biblindex.mom.fr/), there is an allusion to Peter's confession.

have been more in keeping with such temptation than the mention of those relations whom, in spite of having been born, he might by that time have lost.

There, the question of Jesus' birth and nativity is linked to an exegesis of Peter's confession. In the second quotation, reported in *Adv. Marc.* IV 21, 6–8, Tertullian speaks no more of Jesus' nativity, rather about identification with the Christ mentioned by the scriptures. In this context, he mentions Peter's confession, in relation to the silence imposed on the disciples at the end of this confession and to the necessity of Jesus' suffering:

Peter, who had seen these doings and compared them with the ancient things, perceived that they were not only events of time past but were even then prophecies for the future: so that when our Lord asked who they thought he was, and Peter answered on behalf of them all, *Thou art the Christ*, he cannot have supposed him a novel Christ, but only the one he knew in the scriptures and was now observing in deeds. This <answer> he himself confirms – even until now he is content with it: he confirms it event when he enjoins silence. For if Peter was not in a position to affirm that he was any other than the Creator's, and Christ himself gave orders that they were to tell no man of this, evidently he was unwilling for Peter's supposition to be published abroad. Quite so, you say: because that supposition was incorrect, and he did not wish a lie to be spread abroad. But it was another reason he gave for silence: that the Son of man must suffer many things, and be rejected by the elders and scribes and priests, and be slain, and after three days rise again. And since theses things too were prophesied of the Creator's Christ, as I shall fully explain in their proper places, in this way too he proves himself to be that one of whom they were prophesied. Certainly even if they had not been prophesied, the reason he gave for commanding silence was not one which proved Peter mistaken: it was the call to undergo sufferings.

These passages from Tertullian can help understand the thematic continuity between the introduction and the first dialogue. The key issue is Jesus' nature; the reader is progressively coming to the rest of the apocryphon, with the description of the Jesus' coming to earth which is not reducible to a entirely human birth. This Jesus does not suffer, nor is he the crucified ("man who carries" him), and there is no room for Jesus' resurrection here (see below).

The second borrowing occurs in the passage related to the first day of revelation. Part of the dialogue is non literal but makes explicit reference to Peter's confession – at least, we think it was clear to readers/audience sharing the same "cultural connivance" with our author.

Following DeConick who studied this passage,[75] one can even speak of a "remarkable midrash". After the New Testament version (first launched by Mark 8.27–30 and then resumed with some changes by Matt 16.13–20 and Luke 9.18–21) and the Thomasine version of *GosTho* 13, *GosJud* offers a third version of the confession that "reverse the traditional history".[76] The confession

[75] DeConick, *Thirteenth Apostle*, 93–105.

[76] *Ibid.*, 95, who then speaks of a Gnostic parody.

which was originally attributed to Peter is here pronounced by all the disciples; it is lexically and semantically altered, especially if one compares the version of our author with the Matthean version. Matt 16.16 says: σὺ εἶ ὁ χριστὸς ὁ υἱὸς τοῦ θεοῦ τοῦ ζῶντος "You are the Christ, the son of the living God" (S: ⲛ̄ⲧⲟⲕ ⲡⲉ ⲡⲉⲭ̅ⲥ̅ ⲡϣⲏⲣⲉ ⲙ̄ⲡⲛⲟⲩⲧⲉ ⲉⲧⲟⲛϩ).[77] Our apocryphal text says: ⲛⲧⲟⲕ̀ [12]..[..]. ⲡⲉ ⲡϣⲏⲣⲉ ⲙ̄ⲡⲉⲛⲛⲟⲩ[13]ⲧⲉ, "the son of our God"; the possessive article and its negative connotation suggest a gap between two opposed conceptions of God. The amended confession becomes erroneous and is opposed to the true one, which is put into the mouth of Judas (35.15–20). This true confession is composed of three elements: 1. an allusion or even a modified quote of Jn 7.28, 2. a "Gnostic" pattern (the immortal aeon Barbelo) and 3. a common motif with *GosTho*.[78] Judas takes the place of the New Testament Peter and of the Thomasine Thomas. However, does Judas become a good disciple? DeConick does not think so.[79] Peter is rewarded with the keys and power, while Judas received a particular revelation, during which Jesus prophesies Judas will sacrifice him, "betray" him. The connotation of this sacrifice is still under debate. However, it shall not be forgotten that it is Judas who gives the right confession. We shall again speak upon this topic later on.

The interpretation of Peter's confession also reveals the disciples' ignorance. Their anger (*GosJud* 34.21) also testifies to their ignorance; it could be an allusion to the anger which New Testament gospels sometimes attributes to the disciples or the Jewish authorities to indicate their state of ignorance.[80] Therefore, our author has a negative view of the disciples (and of Peter). Such a vision is shared by other contemporary Christians, such as Marcion according to Tertullian. We have already seen that the heresiologist criticizes Marcion's exegesis of Peter's confession in *Adv. Marc.* IV 21, 6–8. Marcion interprets the silence imposed on the disciples after the confession (Matt 16.20, Mark 8.30, Luke 9.21) as a testimony of its falsity, to what Tertullian opposes another interpretation of the silence as being due to the need for Jesus to suffer. Tertullian speaks against the "heretical" interpretation of Peter's confession in *De praescriptione haereticorum* 22, 2–4, where he mentions critics of "heretics" who claim that the disciples did not know everything. Our apocryphon and its interpretation are to be set up in the context of this exegetical controversy. Like the "heretics" and the "Marcion" of Tertullian, our text claims that the disciples did not know everything and said false things.

Therefore, the beginning of the text offers a new interpretation for some New Testament characters; through the rewriting of a Gospel narrative with

---

77 Mark 8.29 has "You are the Christ" and Luke 9.20, "the Christ of God".

78 In the two apocrypha, there is a self-censorship. However, Thomas refuses to say anything, whereas Judas refuses "only" to mention the name of the God.

79 DeConick, *Thirteenth Apostle*, 96.

80 Wrath of the disciples, e.g. Matt 26.8//Mark 14.4; wrath of Jews or Pharisees in Matt 21.15, Luke 4.28, 6.11, John 7.23, Acts 7.54, 19.28. For ignorance, see also Jn 14.9.

borrowed ideas from New Testament traditions and through various treatments of these borrowed ideas, it creates a distance from New Testament tradition. The reader/listener is thus gradually prepared for the presentation of the "Gnostic" revelation that follows, where borrowed elements of the New Testament appear more sparse. They are again more important at the end of the apocryphon.

Last Act: The So-Called "Betrayal" of Judas

The end of the text, *GosJud* 58.9–26, is a sort of a response or an echo to the beginning. The author borrows a new idea from the Gospel accounts of Jesus' Last Supper and of events which follow:

ⲁⲩⲕⲣⲙ̄ⲣ̄ⲙ̄ [ⲇⲉ] ⲛ̄ϭⲓ ⲛ[ⲉⲩⲁ]ⲣⲭⲓⲉⲣⲉⲩⲥ ϫⲉ ⲛ̄ⲧⲁ[ϥ]ⲃⲱⲕ̣ [ⲉϩⲟ]ⲩⲛ ⲉⲧⲕⲁⲧⲁⲗⲩⲙⲁ ⲛ̄ⲧⲉϥⲡ[ⲣⲟ]ⲥⲉⲩⲭⲏ: ⲛⲉⲟⲩⲛ ϩⲟⲉⲓⲛⲉ ⲇ[ⲉ ⲙ̄]ⲙⲁⲩ ⲛ̄ⲛⲉⲅⲣⲁⲙⲙⲁⲧⲉⲩⲥ ⲉ[ⲩ]ⲡⲁⲣⲁⲧⲏⲣⲉⲓ ϫⲉ ⲉⲩⲉⲁⲙⲁϩⲧ[ⲉ] ⲙⲙⲟϥ ϩ̄ⲣ̄ⲁ̈ï ϩⲛ̄ ⲧⲉ>ⲡⲣⲟⲥⲉ[ⲩ]ⲭⲏ ⲛⲉⲩⲣ̄ϩ̄ⲟⲧⲉ ⲅⲁⲣ ϩⲏⲧϥ̄ ⲙⲡⲗⲁⲟⲥ ⲡⲉ ϫⲉ ⲛ̄ⲉϥⲛ̄ⲧⲟⲟⲧⲟⲩ ⲧⲏⲣⲟⲩ ϩ̄ⲱⲥ ⲡⲣⲟⲫⲏⲧ̣ⲏⲥ ⲁⲩⲱ ⲁⲩϯ ⲡⲉⲩⲟⲩⲟï ⲉïⲟⲩⲇⲁⲥ ⲡⲉϫⲁⲩ ⲛⲁϥ: ϫⲉ ⲉⲕⲣⲟⲩ ⲛ̄ⲧⲟⲕ ⲙ̄ⲡⲉⲉⲓⲙⲁ ⲛ̄ⲧⲟⲕ ⲡⲉ ⲡⲙⲁⲑⲏⲧⲏⲥ ⲛ̄ⲓ̄ⲥ̄ ⲛ̄ⲧⲟϥ ⲇⲉ ⲁϥⲟⲩⲱϣⲃ̄ ⲛⲁⲩ ⲕⲁⲧⲁ ⲡⲉⲩⲟⲩⲱϣⲉ ïⲟⲩⲇⲁⲥ ⲇⲉ ⲁϥϫⲓ ⲛ̄ϩⲛ̄ϩⲟⲙⲛⲧ ⲁϥⲡⲁⲣⲁⲇⲓⲇⲟⲩ ⲙ[ⲙⲟ]ϥ ⲛⲁⲩ

ⲡⲉⲩⲁⲅⲅⲉⲗⲓⲟⲛ ⲛ̄ïⲟⲩⲇⲁⲥ

[...] their chief priests murmured because he went into the guest room for his prayer. And there were some scribes plotting to seize him during the prayer; for they feared the people because he (was seen) by all of them as a prophet. So they approached Judas and said to him: "What are you doing here? You are the disciple of Jesus." And he responded the way they wanted. Judas took (some) money, and handed him over to them.

The Gospel of Judas

A Concise Description

Gesine Schenke Robinson thinks that this final scene "is so abbrievated because it no longer has any real function".[81] I do not entirely agree with this opinion. The last section refers implicitly to ⲣ̄ⲡⲁⲥⲭⲁ in *GosJud* 33.5–6 and closes, to some extent, the work of reinterpretation lead throughout the apocryphon by providing the final touch to the work of rewriting of the Gospel accounts relating to Jesus' last days. Indeed, the author again refers concisely to these narratives; his concision might be motivated not to "distraire le lecteur par des détails anecdotiques";[82] however, are the details so anecdotal in New Testament

---

81 Schenke Robinson, "*Gospel of Judas*", 87.

82 Mahé, "Mise en scène", 27.

gospels? Moreover, their absence is significant by itself, and they are replaced by other "details".

Of the New Testament's Last Supper sequence, arrest – trial – crucifixion – resurrection,[83] the author retains only the episode of the arrest, which corresponds to the realisation of Judas' act which Jesus prophesied in *GosJud.* 56.17–21. However, Judas' act refers to the man who carried Jesus, and the absence of Jesus' name in the final section (except in the words of the scribes) is to be noted. The personal pronoun designates the man rather than Jesus himself. The author's Christology (distinction between two natures)[84] also explains the absence of trial and crucifixion. They will take place,[85] but they do not interest our author because they concern Jesus' carnal body and Judas no longer intervenes. As for the resurrection, it may have no reason for it to occur, hence its absence. This selection of events modifies the interpretation, by focusing on the arrest itself, and whose description is as precise as those in New Testament gospels with information on location and actors.

The Arrest, Its Location

The arrest no longer takes place in the garden of Gethsemane, but in a room ⲕⲁⲧⲁⲗⲩⲙⲁ. This term has been variously translated: in German "Herberge" or "Gemach",[86] in English "house", "guest room",[87] in French "salle d'hôte", "salle commune".[88] It is the transliteration of the Greek καταλύμα used in Mark 14.14, Luke 22.11 to refer to the room where Jesus had his Last Supper and instituted the Eucharist, and it is likely that the Greek version of our text had καταλύμα. The author could have proceeded in the same way as for ⲡ̅ⲡⲁⲥⲭⲁ, establishing or strengthening an echo between the end and the beginning of the text: he would be quoting a keyword in the New Testament's Last Supper tradition,[89] while establishing a critical distance to it through two processes: 1. ⲕⲁⲧⲁⲗⲩⲙⲁ seems to be used in its first meaning "dwelling", and nothing evokes the last Supper or the Eucharist;[90] this distance is even greater in the

83 According to the New Testament gospels, these events take place in different places, and probably during several days. See A. Jaubert's proposition of a three-day period: id., *La Date de la Cène. Calendrier biblique et liturgie chrétienne* (Paris: Gabalda, 1957), 116–133, especially 126–128.

84 See *supra* n. 53.

85 Mahé, "Mise en scène", 30.

86 Respectively Brankaer/Bethge, *Codex Tchacos*, 285; Nagel, "Evangelium des Judas" (2007), 258.

87 Respectively Schenke Robinson, "Relationship", 97; Kasser et al., *Gospel of Judas*, 235.

88 Respectively Cherix 2007, online : http://blog.libnanews.com/frenchy/files/2010/08/%C3%A9vangile-de-Judas.pdf; Kasser et al., *Gospel of Judas*, 251.

89 Cf. Meyer/Wurst, *Gospel of Judas. Critical Edition*, 235; Bazan, *Evangelio de Judas*, 65 n. 78; Nagel, "Evangelium des Judas" (2007), 258 n. 140; Grosso, "Three Days", 461.467.

90 As noted by several scholars. E.g. Schenke Robinson, "*Gospel of Judas*", 87 n. 63.

Coptic translation, since the translator used the Coptic transliteration ⲕⲁⲧⲁⲗⲩⲙⲁ, while the Coptic translators of Mark 14.14 and Luke 22.11 used ϭⲟⲉⲓⲗⲉ (S) or ⲙⲁ ⲛⲉⲙⲧⲟⲛ (B).[91] 2. The author modifies the context: ⲕⲁⲧⲁⲗⲩⲙⲁ is no longer the place of the institution of the Eucharist, but the arrest of Jesus and the "betrayal" of Judas. Does this mean that this place acquires a negative connotation? It depends again on the interpretation of Judas and of his gesture.

The Actors of the Arrest: Judas, the Chief Priests and Scribes

The author qualifies the act of Judas in the same way that the New Testament narratives do, with the verb ⲡⲁⲣⲁⲇⲓⲇⲟⲩ, "hand over",[92] and he borrows the idea that this action was done for money.[93] However, he does not borrow the idea of kissing, which is found in the Synoptics. He replaces this signal by a short exchange between Judas and the Jewish authorities.

The authorities include here the high priests and the scribes. Both groups appear in the New Testament narratives, but our author could have borrowed them mainly from Mark 14.43 which speaks of high priests, scribes and elders.[94] However, because of the way the author describes their attitude, which explains the arrest, we think we have to read other New Testament passages than the accounts of the Passion. The high priests "whisper", ⲕⲣⲙⲣⲙ, a verb which is also used in New Testament Coptic versions to translate γογγύζω, in passages where the verb often has a negative meaning.[95] There is the same negative connotation in our apocryphon and the verb probably serves to summarize the plots of the high priests mentioned twice in the Synoptics (only once in Jn), the first time at the beginning of the stay of Jesus in Jerusalem,[96] the second time just before the Last Supper and the meeting with Judas.[97] ⲕⲣⲙⲣⲙ and more generally *GosJud* 58.12–18 could be a reference to both episodes. If we consider the second one, *GosJud* is closer to Luke 22.2 and Mark 14.1–2 which speaks of the same actors and of the fear of the crowd

---

91 As Nagel has already noticed it (id., "Evangelium des Judas" [2007], 258 n. 140).

92 It is the same verb as the one used in the Coptic versions, the Greek version having παραδίδωμι: Matt 26.15.16.21.23.25.45, Mark 14.10. 18.21.41.42.44, 15.10, Luke 22.4.6.21, Jn 13.2.11.21. See C. Dogniez, "Les trente pièces d'argent de Judas", in Scopello, *Gospel of Judas in Context*, 97–111, 100.

93 This detail is retained, without specifying the amount of money offered, 30 pieces; only Matt 26.15 mentions it. In this regard, see *ibid.*, 100–109.

94 Luke 22.52 speaks of high priests, captains of the temple and elders and Matt 26.47 of high priests and elders. Jn 18.3 meanwhile mentions the high priests and Pharisees.

95 E.g. Matt 20.11, Luke 5.30, Jn 6.41.43, 1 Cor 10.10.

96 Mark 1.18 (after the episode of sellers driven from the Temple), Matt 21.45–46 and Luke 20.19 (the next day after that same episode, after the parable of the tenants and the words concerning the cornerstone).

97 Matt 26.1–5, Mark 14.1–2, Luke 22.2, Jn 11.47–52.

(Luke 22.2) or of the desire to avoid the tumult of the crowd (Mark 14.1–2).[98] Considering the first one, it is more difficult to determine from which gospel he borrows the most; it deals with the same actors as in Mark 11.18 and Luke 20.19 (Matt replaces the scribes by the Pharisees), with the same willingness to take Jesus as in Matt 21.46 and Luke 20.19 (in Mark, they want to kill Jesus), with the same fear of the crowd as in the Synoptics and with an explanation of this fear similar to that given by Matthew, the only synoptic gospel to say that the crowd sees Jesus as a prophet (in Mark, the explanation is that the crowd was struck by the words of Jesus; in Luke, the authorities have realized that the parable of the workers in the vineyard targets to them). Finally, it is possible to bring together the fear of the crowd and its explanation to other New Testament passages, as Matt 14.5, 21.26, Mark 11.32, Luke 19.6; even if these passages are related to John the Baptist, the phraseology is identical. Therefore, it is really difficult to say which evangelical version our author follows, especially as he surely works from memory, as he does not necessarily have a text in front of him and he may have in mind different versions of those which have reached us. The intertextual frame is difficult to disentangle and to find the exact references. However, the goal of our author is not to be "faithful" to the evangelical versions, but to rewrite events and suggest an interpretation far removed from that of Tertullian or Irenaeus, for example.

In closing *GosJud* with the episode of the arrest, which is the accomplishment of Judas' mission and which simultaneously builds on and departs from the New Testament narrative, the author drops the curtain. The rest is no longer about Jesus, or even about Judas, about whom everything has already been said in the revelation.

Conclusion

The author often uses the New Testament, especially the Gospel accounts concerning Jesus' last days. The ideas borrowed from the New Testament are of various kinds: some allusions, not explicit, some references, more explicit, and some quotations or at least the recovery of specific terms. It is sometimes possible to put together our apocryphon with a more specific gospel; however, most of the time, it is difficult to know and it seems that the author is working on New Testament material with the help of his memory. Borrowed ideas primarily refer to the narrative frame of Jesus' last days which constitutes the introductory and concluding narrative of our apocryphon. The goal is likely to present it as a new Gospel, a competitor of the New Testament gospels. The

---

[98] Matt 26.2–5 mentions the elders instead of the scribes. Jn 11.47–52 mentions priests and Pharisees, but does not speak of the turmoil to be avoided. These parallels have already been raised by Bazan, *Evangelio de Judas*, 66 n. 80.

borrowings also refer to people, places, specific actions, episodes, notions or concepts. However, they are subject to a "work of the quotation": lexical and semantic changes, selection of events and episodes, combining elements from different contexts, silence on certain episodes, replacing characters. This rewriting creates an exegetical and doctrinal distance from the New Testament narratives, a distance which should be situated in the context of some controversy in the second half of second century. The author proposes another vision, another timeline, and another interpretation of the last moments of Jesus; he accompanied it with a reevaluation of certain characters, Judas in the first place, for which the author presents a challenge and shows its ambiguity because his action is in itself negative (treason), while positive in its consequences. With this interpretation, the author could participate, even remotely, in the debate concerning the Passover and the nature of Jesus, a debate that is just beginning in the second half of second century. It is not impossible that this has also ritual consequences, for example, the celebration of Easter.

Jacques-Noël Pérès

Das lebendige Wort

Zu einem Agraphon in der *Epistula apostolorum*

Bei der *Epistula apostolorum* handelt es sich um einen apokryphen Text, der, wie ich in mehreren Arbeiten zeigen konnte, mit großer Wahrscheinlichkeit aus Syrien stammt.[1] Heute ist sie uns vollständig jedoch nur in äthiopischer Übersetzung (ge'ez) erhalten. Der Text muss in die 170er Jahre datiert werden, ist also einige Zeit nach der Entstehung der jüngsten Texte des Neuen Testamentes und sicher ein knappes Jahrhundert nach der Abfassung der kanonischen Evangelien entstanden. Zur Zeit der Redaktion des Textes lag also noch kein neutestamentlicher Kanon vor; die Sammlung von Texten, die aufgenommen werden sollten, war erst auf dem Weg, sich herauszubilden. Unter diesen Voraussetzungen kann das Problem des Verhältnisses der *Epistula apostolorum* zum Neuen Testament nicht als Verhältnis eines frommen und sicher interessanten Textes einerseits zum Kanon andererseits bestimmt werden; auch kann man aus der Tatsache, dass der Text nicht in eine abgeschlossene Liste kanonischer Schriften aufgenommen war, auf eine Distanz zu den Texten des Neuen Testaments schließen. In der Zeit der Entstehung der *Epistula apostolorum* im letzten Viertel des 2. Jahrhunderts, also vor Abschluss des neutestamentlichen Kanons, gab es überhaupt keinen Grund, eine unversöhnliche Spannung zwischen der *Epistula apostolorum* und denjenigen christlichen Texten anzunehmen, die als kanonisch anerkannt werden sollten. Anders gesagt: Die *Epistula apostolorum* steht in gleichem Verhältnis zu den Ursprüngen des christlichen Glaubens wie die Texte des Neuen Testamentes – und dies gilt in gleicher Weise für Berichte von Worten und Taten. Trotzdem muss zumindest versucht werden, Ähnlichkeiten wie auch Unterschiede in den Berichten verschiedener Texte über bestimmte Ereignisse, Handlungen oder Worte Jesu herauszuarbeiten, wenn wir versuchen, deren Aussage und Bedeutung zu verstehen. Dabei ist es bedeutsam, Abweichungen und Übereinstimmungen herauszuarbeiten, um die jeweiligen theologischen Aussagen besser zu verstehen.

Nehmen wir als Beispiel für die Frage nach dem Bezug zwischen *Epistula Apostolorum* und den Texten des Neuen Testaments diejenigen drei Kapitel, in

[1] Vgl. zum Beispiel J.-N. Pérès, „Paul et la Syrie comme nouvelle Jérusalem dans l'*Épître des apôtres*", in: S.C. Mimouni/I. Ullern-Weité (ed.), Bibliothèque de l'École pratique des hautes études 128; Histoire et prosopographie de la section des sciences religieuses 2 (Turnhout, Brepols, 2006), 239–245.

denen die *Epistula* von der Auferstehung Christi spricht, die Kapitel 10–12, und konzentrieren uns dabei auf ein interessantes „Agraphon“. Dabei wird sich zeigen, dass ein solches Vorgehen nützlich sein kann, um das Verhältnis des Textes zu den Ursprüngen des Christentums genauer zu umschreiben. Wir werden ebenfalls einen Einblick in die Rezeption derjenigen Bücher erhalten, die zu einem Teil des Neuen Testaments werden sollten.

Das Agraphon vom körperlosen Geist

Erinnern wir uns zunächst daran, dass, abgesehen vom Prolog, bei dem es sich um eine Paränese handelt, die *Epistula apostolorum* dem Genre des Dialogs zuzuordnen ist.[2] Dieser Dialog findet in der Vorstellung des oder der Autoren kurz vor der Himmelfahrt Jesu statt. Jesus beantwortet die letzten Fragen, die ihm die Apostel stellen. Der apokryphe Text möchte so vergegenwärtigen, was Jesus die Jünger lehrte, bevor er sie verließ und vor ihnen in den Himmel aufstieg.

So erklären die Apostel, dass die drei Frauen Sara, Martha und Maria von Magdala sich zu einem Ort namens Qarānjo (= Κρανίου [Τόπος]) begaben, wo Jesus gekreuzigt und begraben worden war, um seinen Körper zu salben. Als sie sich dem Grab näherten, fanden sie den Stein vor dem Eingang weggerollt, und der Leichnam Jesu war verschwunden (Kapitel 9). Die drei folgenden Kapitel, mit denen wir uns nun beschäftigen wollen, berichten von den Begegnungen des Auferstandenen mit seinen Jüngern, den Frauen und den Aposteln. Es lohnt sich, sie zu zitieren:

Als sie jammerten und weinten, erschien ihnen der Herr und sprach zu ihnen: „Weint nicht, ich bin es, den ihr sucht. Es gehe nun eine von euch zu euren Brüdern und sage ihnen: ‚Kommt, unser Meister ist von den Toten auferstanden!‘“ Maria kam zu uns und erzählte es uns. Wir aber sagten zu ihr: „Was willst du von mir, Frau! Wer gestorben und begraben ist, kann der leben?“ Und wir glaubten ihr nicht, als sie behauptete, dass unser Erlöser von den Toten auferstanden sei. Darauf kehrte sie zu unserem Herrn zurück und sagte zu ihm: „Niemand von ihnen hat mir wegen deiner Auferstehung glauben wollen.“ Und er sagte zu ihr: „Lass eine andere von euch hingehen und es ihnen noch einmal sagen.“ Sara kam und erzählte uns das gleiche. Wir aber haben sie der Lüge beschuldigt. Sie kehrte zu unserem Herrn zurück und erzählte ihm wie Maria.

Der Herr sagte also zu Maria und ihren: „Gehen wir selbst zu ihnen!“ Und er kam und fand uns, so dass wir das Gesicht verhüllten. Und wir zweifelten und glaubten nicht. Er erschien uns wie ein Geist, und wir glaubten nicht, dass er es war. Er war es aber doch. Und er sagte zu uns: „Kommt und fürchtet euch nicht. Ich bin es, euer Meister, den du, Petrus, dreimal verleugnet hast, bevor der Hahn krähte, und auch jetzt verleugnest du wiederum?“ Wir traten zu ihm, nachdenkend und zweifelnd, ob er es sei. Er sagte zu uns: „Warum zweifelt ihr? Was sagt ihr? Erkennt ihr mich nicht, der ich euch angekündigt

---

2 Vgl. J.-N. Pérès, „Le prologue de l’*Épître des apôtres* comme exhortation parénétique“, in J.-D. Dubois/B. Roussel (ed.), *Entrer en matière. Les prologues* (Paris: Cerf, 1998), 103–109.

habe, was mit meinem Leib geschieht, mit meinem Tod und meiner Auferstehung? Damit ihr zugebt, dass ich es bin, so lege, Petrus, deine Hand in das Mal meiner Hände, und du, Thomas, in meine Seite, und auch du, Andreas, sieh, ob mein Fuß die Erde berührt und eine Fußspur hinterlässt. Denn es ist beim Propheten geschrieben worden: ‚Ein Geist, ein Dämon hinterlässt keine Fußspur auf der Erde.'"
Wir berührten ihn also, um zu erkennen, dass er wirklich im Fleisch auferstanden war. Dann fielen wir vor ihm auf unser Gesicht und baten ihn um Vergebung und flehten ihn an, weil wir ihm nicht geglaubt hatten. Darauf sagte unser Herr und Erlöser zu uns: „Steht auf, und ich werde euch enthüllen, was auf der Erde ist und hoch in den Himmeln, und eure Auferstehung, die ihren Platz im Himmelreich hat. Deswegen hat mein Vater mich gesandt, damit ich euch und die, die an mich glauben, heraufführe."[3]

Man erkennt in diesen Zeilen mehrere neutestamentliche Perikopen, hauptsächlich aus Mt und Joh, die so miteinander verknüpft werden, dass sie eine neue bilden. Der Text geht aus von der Begegnung Maria von Magdalas mit dem auferstandenen Christus (Joh 20,11-18) und nimmt zudem die Einladung an Thomas (Joh 20,27) auf, den Auferstandenen zu berühren und sich so der Realität der Auferstehung zu versichern. Diesem Gerüst verleiht die *Epistula apostolorum* eine dramatische Dimension, die Beteiligten bauen durch ihre Gegenwart, ihre Reaktionen und ihre Worte die Szene weiter aus. Handelt es sich um einen Kunstgriff der Komposition, der mit dem Ziel literarischer Bearbeitung der älteren Texte geschickt mehrere echte und vermutete Jesusworte nebeneinander stellt? Geht es um eine bewusste Veränderung von Jesusworten, die ansonsten in den Evangelien des Neuen Testaments erhalten sind, mit dem Ziel, ihnen noch mehr Überzeugungskraft zu verleihen? Wurde hier von einem Leser der Evangelien, der seiner Phantasie freien Lauf ließ, ein authentisches Jesuswort abgeändert? Oder findet sich im Kern dieses Textes ein „echtes" außerkanonisches Jesuswort? Immerhin führt der Jesus der *Epistula apostolorum* den Satz als Wort eines ansonsten unbekannten Propheten ein.

Ein christologisches und anthropologisches Prinzip

Zuerst wird man bemerken, dass der auferstandene Jesus wie bei Mt 28,9–10 den drei Frauen erscheint und nicht nur Maria Magdalena, wie im sekundären Markusschluss (Mk 16,9–11) und bei Johannes (Joh 20,14–17). Maria Magdalena wird, wie der apokryphe Text berichtet, zu den Aposteln gesandt, um ihnen die große Neuigkeit mitzuteilen. Diese jedoch glauben ihr nicht, so dass Jesus nach ihrer Rückkehr Sara sendet, damit die Apostel vielleicht ihr Glauben schenkten. Auch dies geschieht vergeblich! Interessant ist die Antwort der Apostel auf Maria von Magdala: Wie in Mk 16,11 weigern sie sich, ihrem

[3] „Épître des apôtres", 10–12, französische Übersetzung in F. Bovon/P. Geoltrain (ed.), *Écrits apocryphes chrétiens* I (Bibliothèque de la Pléiade; Paris: Gallimard, 1997), 369–371.

Bericht Glauben zu schenken,[4] und nehmen dabei in leichter Modifikation Jesu Wort an seine Mutter bei der Hochzeit zu Kana auf: „Was willst du von mir, Frau?“ (Joh 2,4). Dem fügen sie, kaum abgeändert, eine weitere Frage an, mit der im Buch Job die Unabwendbarkeit des Todes zum Ausdruck gebracht wird: „Wenn einer stirbt und begraben ist, kann der leben?“ (Job 14,14)

Angesichts eine solchen Unglaubens der Apostel lässt die *Epistula apostolorum* Jesus selbst handeln. Er entscheidet sich schließlich, die Frauen persönlich zu den Aposteln zu begleiten. Die Haltung der Apostel, die Jesus nun sehen, ist bezeichnend: Sie verhüllen das Gesicht und zeigen durch diese einfache Geste ihre Scham. Wir finden sie in einer Haltung, die der des Mose vor dem brennenden Dornbusch vergleichbar ist (Ex 3,6), oder der des Elija, der den Ewigen in einem süßen und leichten Säuseln erkennt (1 Kön 19,13). Zwei Manuskripte, d’Abbadie 51 und d’Abbadie 199, beide in der Bibliothèque nationale de France, bieten hier eine Variante, nach der die Apostel nicht das Gesicht verhüllen, sondern beim Fischen sind, was von Neuem auf das JohEv und zwar die Erscheinung des Auferstandenen am Ufer des Sees von Tiberias verweist (Joh 21,3–4). Anders als bei Joh 21,4, wo Jesus nicht von den Aposteln erkannt wird, ist im apokryphen Text jedoch davon die Rede, dass sie zweifeln.

Was aber soll das Verhüllen des Gesichts der Apostel bedeuten, wenn es sich um eine Reminiszenz an die Haltung des Mose oder des Elija handelt, die Gott in seiner Theophanie erkannten? Der apokryphe Text gibt zu, dass die Apostel sich darüber im Klaren sind, dass etwas Einzigartiges geschieht, genauer, dass ein Furcht erregendes Wesen gegenwärtig ist. Der Text stellt sie jedoch nicht wie Mose oder Elija dar, die sich der Theophanie bewusst sind, sie halten Jesus vielmehr für einen Geist.

Diese letzte, sicherlich nicht übermäßig originelle Passage – immerhin findet sich auch in Mk 6,49 und Mt 14,26 der Gedanke, der über das Wasser wandelnde Jesus sei ein Gespenst – wurde auf verschiedene Weisen interpretiert.[5] So sah Adolf von Harnack Bezüge zum Buch der Weisheit, wo von den Furcht einflößenden Träumen der Ägypter anlässlich des Todes ihrer Erstgeborenen die Rede ist. Louis Guerrier hat seinerseits eine Anspielung auf eine Episode aus dem griechischen Danielbuch erkannt, wo der Prophet, um Cyrus zu überzeugen, dass Bel ein Götzenbild sei, beweist, dass einem Geistwesen keine Körperlichkeit zukomme. Vor allem aber empfiehlt sich, die Frage, ob der Auferstandene ein Geist sei, in Bezug zu Aussagen des Lukasevangeliums zu setzen: Dabei ist vor allem an die Szene der Begegnung Jesu mit den beiden Jüngern in Emmaus zu denken. Der auferstandene Jesus bittet die Jünger hier ausdrücklich, seine Hände und seine Füße zu berühren, um sie zu überzeugen, dass er nicht ein Geist ohne Fleisch und Knochen sei (Lk 24,39). Beiden Texten

4 Vgl. Lk 24,11, wo die Apostel die Berichte der Frauen als Träume deuten.

5 Weiterführend J.-N. Pérès, *L'Épître des apôtres et le Testament de notre Seigneur et Sauveur Jésus-Christ* (Turnhout: Brepols, 1994), 55.

gemeinsam ist, dass sie die Leiblichkeit der Auferstehung Jesu unterstreichen wollen, und sie tun es, indem sie jede Möglichkeit einer nur symbolischen Deutung des Geschehens bzw. jeden Zweifel an ihrer physischen Realität abwehren. Ein Verneinen einer derartigen Realität der Auferstehung Christi laufe darauf hinaus, auch die Realität von Jesu Passion zu leugnen, das heißt zu bestreiten, dass Jesus durch sein Kreuz und seinen Tod das Werk der Rettung hätte tun können.

Auferstehung ist keine Illusion! Deswegen erscheint er in der gleichen Natur wie der unseren, wie auch Ignatius von Antiochien in seinem Brief an die Gemeinde von Smyrna (3,3) schreibt: „Nach seiner Auferstehung aß und trank Jesus [mit Petrus und anderen] wie ein fleischliches Wesen, spirituell mit seinem Vater vereint."[6] Indem er also unsere menschliche Natur annimmt, nimmt die Auferstehung uns an und ist sie auch uns von nun an nicht mehr fremd. Sie wird folglich zu einem theologischen Prinzip, das sich sowohl mit der Christologie, als auch der Anthropologie in Bezug setzen lässt. Sicherlich aus diesem Grund legt der gleiche Ignatius von Antiochien in seinem Brief an die Philadelphier (8,2) ausdrücklich dar, worin und wo das Wesentliche niedergelegt ist, worauf er seiner Glauben gründet. Ist das in einer Schrift? „Mir aber ist Urkunde Jesus Christus; mir sind die unversehrten Urkunden sein Kreuz, sein Tod, seine Auferstehung und der durch ihn begründete Glaube", schreibt Ignatius. Grundlage seines Glaubens ist nicht wirklich eine Schrift, sondern Jesus Christus selbst, der weiterhin handelnde und sprechende Jesus. Ein Wort.

Eine lebendige Tradition

Allerdings hat seit der christlichen Antike das Problem der Leiblichkeit des auferstandenen Jesus mit ihren Folgerungen, der Debatte um die Unkörperlichkeit Gottes, die Theologen umgetrieben. Wenn die Auferstehung das abschließende Werk des Heils und der Beweis ist, dass der von Maria geborene Jesus der präexistente, im jungfräulichen Schoß Fleisch gewordene Christus ist, wie kann der Auferstandene, der siegreiche Gott, der seinem Wesen nach körperlos ist, weiterhin an der Menschheit teilhaben, die er freigekauft hat? In anderen Worten: Was würde die Inkarnation bedeuten, wenn sie nur ein Ereignis der Vergangenheit wäre? Ist der Christus des Glaubens nicht mehr der Fleischgewordene? In der Frühzeit theologischer und pastoraler Reflexion der Kirche versicherte Ignatius von Antiochien nachdrücklich den Christen Smyrnas: „Was mich betrifft, ich weiß und glaube, dass er selbst nach der Auferstehung im

[6] Ignatius von Antiochien, *Smyrn.* III, 3 (SC 10 [ed. Camelot]; Paris: Cerf, 1969), 134–135. Vgl. W.R. Schoedel, *Ignatius of Antioch. A Commentary of the Letters of Ignatius of Antioch* (Philadelphia: Fortress Press, 1985), 225, der im Kommentar zu diesem Kapitel des Ignatius-Briefes schreibt: „For resurrection implies the reality of Christ's passion, and a denial of the latter eliminates the hope of the former."

Fleisch ist“ (3,1), und er fährt fort: Als er [Jesus Christus] zu Petrus und zu seinen Gefährten kam, sagte er ihnen: „Nehmt, fasst mich an, und seht, dass ich kein körperloser bin“ (3,2).[7] Eusebius von Caesarea, der diese Zeilen des Ignatius zitiert, schreibt, dass er nicht weiß, woher dieser diese Information nimmt.[8] Hieronymus macht die Unkenntnis des Eusebius komplett: Auch er zitiert das Agraphon vom körperlosen Geist in seiner Abhandlung *De viris illustribus* und in seinem Jesaja-Kommentar, merkt jedoch an, dass sich dieser Text im *Evangelium der Hebräer* finde.[9] Anders als Hieronymus hat Origenes dieses Herrenwort „in einem kleinen Buch, das den Titel ‚Lehre des Petrus' trägt“,[10] gelesen. Diese *Petri Doctrina* könnte, wenn Rufin das griechische κήρυγμα frei mit *Doctrina* übersetzt hat,[11] vielleicht das *Kerygma Petri* meinen. Bereits vor etwa 20 Jahren hat sich Yves-Marie Blanchard für den Ursprung dieses Zitates interessiert. Er kam jedoch mit William R. Schoedel zu der Feststellung, dass seit der Antike kein aussagekräftiges Ergebnis zu seiner Identifikation und Herleitung geliefert werden konnte. So entschließt er sich einerseits zu der Annahme, dass die antiken Autoren, die das Agraphon zitieren, sich zwar auf eine gemeinsame Quelle beziehen, dass diese jedoch nicht mehr näher zu bestimmen ist. Andererseits entwickelt er die These, dass diese Passage, weil sie von Ignatius zitiert und von Hieronymus dem *Hebräer-Evangelium* zugewiesen wird, „der mündlichen, in Antiochia verbreiteten Überlieferung angehöre, genauso wie die anderen Angaben in den Evangelienbüchern, die ihrerseits zum Teil im antiochenischen Milieu verwurzelt sind.“[12]

Ist dann nicht damit zu rechnen, dass die *Epistula apostolorum*, wenn sie dieses Agraphon zitiert, in eine ähnliche Beziehung zur mündlichen, in Antiochia lebendigen Tradition einzuordnen ist? Wir haben bereits daran erinnert, dass wir Syrien für den Ursprungsort der *Epistula* halten. Des Weiteren ist sie deutlich später als Ignatius zu datieren, auch wenn die Aussage des Eusebius, dass dieser im zehnten Regierungsjahr Trajans das Martyrium erlitten habe, fragwürdig ist. Wie auch immer: im Großen und Ganzen trennen etwa sechzig Jahre unseren apokryphen Text von dem Bischof von Antiochien. Zumindest denkbar wäre zudem, dass Ignatius mit dem Zitat des Agraphons eine ansonsten verlorene Variante von Lk 24,39, dessen Nähe schon seit langer Zeit gesehen

---

7 Ignatius von Antiochien, *Smyrn.* III, 1–2 (SC 10 [ed. Camelot]), 134–135.

8 Vgl. Eusebius von Caesarea, *Hist. eccl.* III, 36, 10.

9 Cf. Hieronymus, *in Is.* XVIII, *prol.*, in PL 24, col. 628 A–B. In seiner Abhandlung *vir. ill.* 16, in PL 23, col. 666 B, schreibt Hieronymus, das sich das Agraphon in dem Evangelium „quod nuper a me translatum est“, befindet, was eine Art und Weise ist, das Hebräer-Evangelium zu bezeichnen.

10 Origenes, *princ.* I, pref., (SC 252 [ed. Crouzel/Simonetti]; Paris: Cerf, 1978), 87.

11 Vgl. E. v. Dobschütz, *Das Kerygma Petri* (Texte und Untersuchungen XI/I; Leipzig: Hinrichs, 1893), 13 und 82–84, der empfiehlt, „die Möglichkeit der Identität der Doctrina mit dem K[erygma] P[etros)“ offen zu lassen.

12 Y.-M. Blanchard, *Aux sources du canon, le témoignage d'Irénée* (Cogitatio Fidei 175; Paris: Cerf, 1993), 24–26, bes. 25 Anm. 7. Vgl. auch Schoedel, *Ignatius of Antioch*, 225–227.

wurde, bezeugt.[13] Es ist jedenfalls nicht unwahrscheinlich, dass Ignatius und die *Epistula apostolorum*, bestätigt durch das gemeinsame Zitat des Agraphons, als Zeugen der gleichen mündlichen Tradition anzusehen sind. Dabei darf man nicht vergessen, was „Mündlichkeit" zu dieser Zeit bedeutet: Der Sprecher wie auch der Hörer jedes Wortes, dem Autorität zugeschrieben wird, weil es auf eine Autoritätsperson zurückgeht, äußern wie empfangen es, ohne sich Gedanken über seinen Überlieferungsweg von seiner Quelle her zu machen. Das heute gesprochene und gehörte Wort ist das gleiche, das gestern ausgesprochen und gehört wurde, und doch ist es durch den Filter verschiedener Zwischenetappen gegangen und hat eine Entwicklung durchgemacht.

Gehen wir jedoch noch weiter: Wenn die *Epistula apostolorum* sich auf die Schrift beruft, muss diese Schrift, auf die sie sich bezieht, noch nicht kanonisch sein. In der Zeit, in der die *Epistula* verfasst wurde, und in den Milieus, in denen sie zu zirkulieren begann, kam den ersten von christlichen Gemeinschaften verfassten Texten ein besonderer Status zu, so dass sie in ihnen bewahrt und im Verlauf des Gottesdienstes verlesen wurden. Es ist zu dieser Zeit oder kurz danach, dass Justin der Märtyrer darauf hinweist, dass an dem Tag, den man Herrentag nennt, die „Denkwürdigkeiten der Apostel" vorgelesen werden,[14] bevor der Vorsteher des Gottesdienstes in einer Ansprache zur Nachahmung der guten Lehren auffordert. Aber Justin benennt nicht die Apostel, deren „Denkschriften" man liest, weil es nicht auf den Autor des vorgelesenen Textes ankommt, noch *a fortiori* auf das Buch, in dem er das niedergeschrieben hat, dessen er Zeuge war oder wovon ihm berichtet wurde. Entscheidend ist vielmehr die lebendige Tradition, die bewirkt, dass das Wort von gestern heute ankommt. Nun aber ist das Wort in diesem Fall das Wort Jesu, an dem die ersten Jünger Christus erkannten, den Israel versprochenen Messias. Darüber hinaus ist, wenn von „Schrift" die Rede ist, die jüdische „Schrift" gemeint, wobei diese noch nicht als kanonisches Altes Testament gesehen wird, das einem kanonischen Neuen Testament vorausgeht. Da diese „Schrift" Christus ankündigte, fügte sie sich ein in die lebendige Tradition, vor deren Hintergrund sie wahrgenommen wurde.

Es ist in diesem Sinn bemerkenswert, dass das lange Glaubensbekenntnis in Kapitel 3 der *Epistula apostolorum* durchsetzt ist mit Bezügen auf Bücher, die eines Tages zwischen die Buchdeckel der christlichen Bibel gelangen sollten. Man findet Matthäus, Johannes und Paulus, aber auch die Genesis, Hiob und die Psalmen, die gemeinsam Zeugnis ablegen von „unserem Herrn und Retter Jesus Christus, Gott und Gottessohn, der uns von Gott gesandt worden ist."[15] Mehr noch: Das Glaubensbekenntnis wird weitergeführt und versichert, dass Christus „mit den Patriarchen und Propheten in Gleichnissen gesprochen hat",

---

13 Schoedel, *Ignatius of Antioch*, 226, bemerkt diese Möglichkeit, merkt aber an, dass die Verweise auf Lukas in den Ignatius-Briefen so selten sind, dass sie nicht berücksichtigt werden müssen.

14 Justin der Märtyrer, 1. *apol.* 67, in: PG 6, 429 B; *Oeuvres complètes* (Bibliothèque 1; Paris: Migne, 1994), 90.

15 *Epistula apostolorum* 3, in Bovon/Geoltrain, *Écrits apocryphes chrétiens* I, 366.

und dass er es ist, „den die Apostel in Wahrheit gepredigt haben und den die Jünger berührt haben." Man kommt so zu unserem Agraphon zurück. „Petrus, lege deine Hand in das Mal in meinen Händen, und du, Thomas, in meine Seite, und auch du, Andreas, siehe, dass mein Fuß die Erde betritt und dort einen Abdruck hinterlässt. Denn es ist im Propheten geschrieben: ‚Ein Gespenst, ein Dämon hinterlässt keinen Fußabdruck auf der Erde'". Das alte Wort ist in der Tat nicht ungültig, es ist das, welches die Patriarchen und die Propheten gesprochen haben, um Christus anzukündigen, der es erfüllt hat, so wie das Wort das ist, das die Apostel ihrerseits gepredigt haben, um die Jünger von der physischen Realität der Fleischwerdung des Menschensohnes zu überzeugen, der gewiss kein Geist ist, da sie ihn berühren können, ebenso real wie die Auferstehung eben dieses Christus.

Die *Epistula apostolorum* will dieses alte und neue Wort oder besser: das lebendige Wort vermitteln. Das Wort wird von den Aposteln und den Evangelisten weitergegeben, aber auch von Maria von Magdala und den anderen Frauen am Grab, ebenso von Ignatius und allen Vätern, und, wegen seiner permanenten Aktualität, von denen, für die es immer bestimmt war und in diesem Fall von den Lesern der *Epistula* selbst. Es geht noch nicht um Kanonizität, das heißt um die Norm der Schrift, und das ist gut für die *Epistula apostolorum*, die einerseits eine Vielzahl expliziter oder impliziter Bezüge herstellt, die die verschiedenen christlichen Kirchen als „Bibel" lesen, und die andererseits nicht zögert, Anleihen bei den Sammlungen von Logien zu machen, aus denen das Agraphon vom körperlosen Geist stammt. Dieser Aspekt der Frage kann auch aus anderer Perspektive betrachtet werden. Es wird deutlich, dass die *Epistula apostolorum*, auch wenn sie Anleihen bei den genannten Sammlungen von Logien macht, es nicht versäumt, auf Äußerungen und Ereignisse zu verweisen, die in den Texten niedergelegt sind, die bald als normativ betrachtet werden sollten, und die als verschiedenartige, sogar heterogene Schriften, zur „Schrift" wurden, zur γραφή. Jenseits aller Antagonismen zwischen Apokryphität und Kanonizität wird die *Epistula apostolorum* so zum Zeugnis der Rezeption der Schriften Israels zusammen mit neuen durch und in den Kirchen verfassten Texten. Dies zeigt, dass die zunehmende Eingrenzung[16] des Kanons des „Alten Testaments" – etwa gleichzeitig mit der des Neuen – einen zutiefst christlichen, ja kirchlichen Akt darstellt. Und dennoch wird dabei festgelegt, dass die Rezeption dieser Bücher dem „Wort" untergeordnet ist – gemeint ist damit das „Wort", Jesus, der Christus, der Fleisch geworden, gekreuzigt und auferstanden ist, die „Urkunde" des Ignatius von Antiochien, welche diese Bücher tragen, das Wort, dem sie Widerhall verleihen.

---

[16] Wir ziehen vor allem in Bezug auf das Alte Testament mit der deuterokanonischen Literatur diesen Begriff dem der „Festlegung" vor und klammern dabei die der äthiopischen Kirche eigenen Bücher aus. Auch im Fall des Neuen Testaments herrschte lange Zeit Uneinigkeit etwa über die Zugehörigkeit der Offenbarung des Johannes.

Alberto D'Anna

The New Testament and the *Third Epistle to the Corinthians*

Introduction

The so-called *Third Epistle to the Corinthians* (*3 Cor*)[1] is a pseudepigraphic work in the form of a correspondence between Paul and the Corinthian community.

It includes a first short letter (*3 Cor* 1), apparently sent to Paul by the presbyters from Corinth, in order to expound the doctrines taught by two newcomers, Simon and Cleobius, and to ask the apostle for an opinion about them.

These doctrines make a distinction between God and the Almighty, that is to say between a superior God and the OT Creator of man and of the world; they also refuse the authority of the OT ("the Prophets"); they state that the human nature of Lord is only apparent; they deny the resurrection of the flesh, ἀνάστασις σαρκός (*3 Cor* 1:10–15).

Paul's answer (*3 Cor* 2) is longer and more articulate than the plea. Paul, at first, expounds the gospel, from creation to salvation (*3 Cor* 2:4–18);[2] then, he deals specifically with the resurrection of the flesh (*3 Cor* 2:24–32).

The correspondence was composed in Greek, most likely in the first half of the 2nd century in western Syria, in the area around Antioch.[3] Some data suggest this location: the real-life adversaries seem to be the Saturnilians (there are many points of contact with Irenæus' description of them);[4] there are also remarkable ideological similarities with Ignatius;[5] the author of the *Didascalia Apostolorum* used the correspondence;[6] the couple Simon-Cleobius is a feature of the following Syrian heresiology.[7]

---

1 M. Geerard (ed.), *Clavis Apocryphorum Novi Testamenti* (Turnhout: Brepols, 1992), n. 211. iv.

2 The gospel at first is announced in a schematic way, in the form of kerygma composed by two articles: one about Christ (*3 Cor* 2:5–6), the other about the creation of man made by the Father himself and the consequences of this (*3 Cor* 2:6–7). Then, it is presented in a narrative way, according to a diachronic development which goes from creation to salvation, passing through Judaism, about which there is a fully positive idea (*3 Cor* 2:9–18).

3 Cf. A. D'Anna, *Terza lettera ai Corinzi. Pseudo-Giustino, La risurrezione*, (Letture cristiane del primo millennio 44; Milano: Paoline, 2009), 61–63.

4 Cf. W. Rordorf, "Hérésie et orthodoxie selon la correspondance apocryphe entre les Corithiens et l'Apôtre Paul", in: H.-D. Altendorf et al. (ed.), *Orthodoxie et hérésie dans l'Église ancienne. Perspectives nouvelles* (Cahiers de la Revue de Théologie et de Philosophie 17; Genève et al., 1993, 21–63 [published also in W. Rordorf, *Lex orandi – lex credendi. Gesammelte Aufsätze zum 60. Geburtstag* (Paradosis 36; Fribourg: Univ.-Verlag, 1993), 389–431], part. 41–42.

5 Cf. D'Anna, *Terza lettera ai Corinzi*, 44–45; 48–51; 54–55; 57; 179,51; 182–3,55; 185,58.

6 *Didascalia Apostolorum* 43 (6:7–10).

7 Cf. D'Anna, *Terza lettera ai Corinzi*, 59–60.

Besides this, the text had an initial diffusion, which seems to broaden in a concentric way starting from Syria. From the data we have, we know that it was translated very early into Latin, even before the end of the 2nd century.[8] It is quoted by Aphraates and by Ephræm and it is included among Paul's letters, after *2 Corinthians* and before *Galatians*, in the commentary written by Ephræm (or attributed to him);[9] this shows that *3 Cor* belonged to the Syrian NT, until the diffusion of the *Peshitta* version (end of 4th – 5th century).

The fortune of this work seems bound in a decisive way to its inclusion in the *Acts of Paul*. In fact, the Coptic version of this work, preserved in the Heidelberg Papyrus, includes the correspondence, set during the imprisonment of Paul in Philippi[10] (the Greek Hamburg Papyrus of the *Acts* has a gap in the text at the point of this episode). In the *Acts*, the two letters are preceded by an introduction (arrival of Simon and Cleobius in Corinth; their preaching; sending of the plea to Paul) and separated by an intermezzo (delivery of the letter to Paul and his sorrow; answer). Up to the publication of the Greek text of *3 Cor*, contained in the Papyrus Bodmer X (end of the 3rd century – beginning of the 4th),[11] it was supposed that the correspondence had been extracted from the *Acts of Paul*. But, in the Greek papyrus, the two letters come one after the other, without any introduction or intermezzo.[12] Then, after its discovery, the thesis of the independent composition of *3 Cor*, preceding that of *Acts*, has predominated; the author of the *Acts* would have included the correspondence in his work and created a narrative context for the epistolary exchange. This thesis, notwithstanding some difficulties,[13] seems to be the best supported, both for rea-

---

8 Cf. *ibid.*, 246–247; S. Johnston, "Les témoins latins de la correspondance apocryphe entre Paul et les Corinthiens conservés à la Bibliothèque nationale de France", in *Apocrypha* 18 (2007) 139–166.

9 Cf. J. Kerschensteiner, *Der altsyrische Paulustext* (Corpus Scriptorum Christianorum Orientalium 315, Subsidia 37; Louvain, 1970), 67; 139–140; S. Johnston/P.-H. Poirier, "Nouvelles citations chez Éphrem et Aphraate de la Correspondance entre Paul et les Corinthiens", in *Apocrypha* 16 (2005) 137–147; J.E. Walters, "Evidence for Citations of 3 Corinthians and Their Influence in the Demonstrations of Aphrahat", in *Vigiliae Christianae* 67 (2013) 248–262.

10 A recent edition, with a French translation in S. Johnston, "Nature de la relation entre les Actes de Paul et la Correspondance apocryphe entre Paul et les Corinthiens", in N. Bosson/A. Boud'hors (ed.) *Actes du Huitième Congrès international d'Études coptes. Paris, 28 juin–3 juillet 2004* (Orientalia Lovaniensia Analecta 163; I–II; Leuven: Peeters, 2007), II, 481–500, part. 493–498.

11 M. Testuz (ed.), *Papyrus Bodmer X–XII. Manuscrit du IIIe siècle* (Genève 1959), 7–45; cf. also T.W. Mackay, "Observations on P. Bodmer X", in J. Bingen/G. Nachtergael (ed.), *Actes du XVe congrès international de papyrologie. Troisième partie* (Papyrologica Bruxellensia 18; Bruxelles: Fondation Égyptologique Reine Élisabeth, 1979), 119–128, part. 119–122.

12 They are in the pages 50–57 of Bodmer Codex and they are entitled: "The Corinthians to Paul" and "Paul to the Corinthians, about flesh". On this interesting codex, K. Haines-Eitzen, *Guardians of Letters. Literacy, Power, and the Transmitters of Early Christian Literature* (Oxford: University Press, 2000), 96–104; T. Nicklas/T. Wasserman, *Theologische Linien im* Codex Bodmer Miscellani*?*, in: T.J. Kraus/T. Nicklas (ed.), *New Testament Manuscripts. Their Text and Their World* (Texts and Editions for New Testament Study 2; Leiden et al.: Brill, 2006), 161–188.

13 The worst difficulty is the presence of the narrative intermezzo, which links the two letters in the *Acts of Paul*, even in the first of the two Latin translations (but only in two manuscripts), in the text commented by Ephræm and in the larger part of the Armenian manuscripts. It implies that, if *3 Cor*

sons external to the text (the editorial form of its most ancient witness, the Bodmer Papyrus, which is also the only one in the original language) and for reasons concerning the comparison with the remaining part of the *Acts of Paul* (strong narrative, doctrinal and linguistic incoherence).[14]

In any case, the insertion within the *Acts* stopped very early the diffusion of *3 Cor* in the West, where the condemnation expressed by Tertullian, later reasserted by Jerome, and the broad use of the *Acts* by heretics had a negative influence. In the East, on the contrary, where the *Acts of Paul* had a larger fortune,[15] *3 Cor* was less conditioned in its diffusion by its presence in that work; it was considered authentic for a long time and it was inserted among the epistles of Paul not only in Syria but also in Armenia. There, it stood firmly in the NT canon up to the 7th century and it kept enjoying a high consideration even later.[16]

Attitude Towards the NT

3 Cor is a pseudepigraphic text attributed, in its second and larger part, to Paul. This choice witnesses that both the real author and the real receivers had a high opinion of him. Otherwise, the use of the Apostle's name would have lost *ab origine* a huge part of its effectiveness: the author's message would have not received a particular recognition of authoritativeness by means of the Pauline attribution and all the literary operation would have been pointless.[17]

The situation changes if we consider the author's attitude towards the whole NT. We have to observe some factors.

The recourse to pseudepigraphy reveals, on the one hand, a great authoritativeness of Paul's figure and teaching, on the other hand it shows that the real author, a representative of the proto-orthodoxy, felt free to use the apostle's name and to add an epistle to those he already knew as written by Paul. It is a

---

doesn't come originally from the *Acts of Paul*, these ones nonetheless influenced and very early contaminated the tradition of the independent text.

[14] Cf. V. Hovhanessian, *Third Corinthians. Reclaiming Paul for Christian Orthodoxy* (Studies in Biblical Literature 18; New York et al.: Lang, 2000), 47–56; Johnston, "Nature de la relation", part. 484–492. O. Zwierlein, "Der Briefwechsel der Korinther mit dem Apostel Paulus (3Kor) im Papyrus Bodmer X und die apokryphen Paulusakten", in *Zeitschrift für Papyrologie und Epigraphik* 175 (2010) 73–97, lately defended the earlier thesis of the extraction of *3 Corinthians* from the *Acts of Paul*, but he didn't adduce any decisive argument and the thesis of the independent composition remains the most solid.

[15] About the fortune of the *Acts of Paul*, in the West and in the East, Cf. L. Vouaux, *Les Actes de Paul et ses lettres apocryphes* (Paris: Letouzey et Ané, 1913), 24–64.

[16] Cf. V. Calzolari, "La transmission et la réception des apocryphes syriaques dans la tradition arménienne", in M. Debié et al., *Les apocryphes syriaques* (Études syriaques 2; Paris: Geuthner, 2005), 169–195, part. 175–179.

[17] Moreover, the choice of the Pauline pseudepigraphy is justified by the Gnostic identity of the author's adversaries. It is known, in fact, that Paul was highly estimated by the Gnostics (cf. it later).

literary operation which takes for granted the absence of a well-defined and firm corpus of Pauline epistles, which was furthermore endowed with the status of "Scripture".

In the second place, the author refers to traditions about Mary and about the conception of Jesus which have no correspondence in the canonized Gospels. Mary is said to come from the seed of David (*3 Cor* 2:5): about that, both *Matthew* and *Luke* are silent and consider Joseph as the means through which Jesus descends from David.[18] This descent, on the contrary, is handed down through Mary according to Ignatius.[19] Mary is also defined in the unusual way of "Galilean" (*3 Cor* 2:13). Besides this, the Holy Spirit comes down on her "by means of a fire" (διὰ πυρός) (*3 Cor* 2:13): it is a narrative element which is not found in the canonical Gospels.[20] The importance of all these data is stressed by their presence in a very short text, where the few evangelic elements stand out because of their imperfect conformity to the canonized traditions. They point both to a still fluent circulation of evangelic traditions and to the absence of a reference role for the texts which will be canonized, a role which can make the tales about Jesus uniform.

Thirdly, *3 Cor* offers an idea of resurrection as something reserved to believers and then rewarding in itself, not as an universal condition allowing eternal reward or punishment (*3 Cor* 2:24–25). This idea, found also in some Jewish texts[21] and confirmed by Ignatius,[22] is in open opposition with that attributed to Paul by Luke in *Acts* 24:15, where the Apostle announces "a resurrection both of the just and of the unjust". So, even for the *Acts of the Apostles* is valid what we said about *Matthew* and *Luke*: we don't know if the *3 Cor*'s author knew them, but surely, even if so, he didn't consider them as strictly prescriptive.

Use of NT Texts

1) Use of the Letters of Paul

The most evident datum, beyond the attribution of the correspondence to the Corinthians and to Paul, is the presence, in *3 Cor*, of implicit quotations or allusions to lemmas and syntagms of some Pauline letters. Some of these quotations or allusions just help the author to realize the pseudepigraphic fiction: they have, therefore, a narrative and linguistic-stylistic function. Other references to Paul's letters have a not only formal function, but also a doctrinal one;

18 *Mt* 1:16.20; *Lk* 1:27.

19 *Eph.* 18:2–19:1; *Trall.* 9:1–2.

20 *Mt* 1:18; *Lk* 1:35. It is possible, but not certain, that a Christology of the Spirit (*Geist-Christologie*) is implied.

21 *Psalms of Solomon* 3:11–12; *Mishnah, Sanhedrin* 11; *Babylonian Talmud, Sanhedrin* 90.

22 *Smyrn.* 2.

in fact, they refer to some important teachings of the Apostle, shared by the author.

Here follows a detailed description of quotations and allusions, classified according to the purpose they have been used for.

a) Narrative allusions:

3 Cor 1:1: Stephanas is the main sender of the first letter, almost as a *primus inter pares* among the Corinth presbyters; actually, he appears as a leading character of that community in *1 Cor* 1:16; 16:15.17;

3 Cor 1:1: Eubulus, one of the presbyters, is also the name of one of Paul's friends in Rome in *2 Tim* 4:21;

3 Cor 3:4–8: it refers to a previous teaching of Paul, an allusion which however doesn't exclude the two canonized letters;

3 Cor 1:6 ("you are still in the flesh"); 1:8 ("the Lord has delivered[23] you out of the hand of the lawless one"); 2:1 ("the prisoner of Christ Jesus"): it refers to a situation of an avoided mortal danger and of an imprisonment, which reminds the one referred to in *2 Tim* 1:17 (the imprisonment) and 4:16–17 (the overcome trial).

b) Quotations and allusions for a linguistic-stylistic purpose:

3 Cor 1:2: the effect of the arrival of Simon and Cleobius in Corinth is described in a similar way to the action of Hymenaeus and Philetus depicted in *2 Tim* 2:17–18 (it is noteworthy that they are wrong about the resurrection), with a quotation from *2 Tim* 1:18 ("*They are upsetting the faith of some*");

3 Cor 1:6 ("Since, therefore, the Lord had mercy on us, given that you are still in the flesh, so that we may hear from you again..."): a verse with noteworthy allusions to *Philippians* (2:27; 1:24; 4:9);

3 Cor 1:16 ("…that the church of the Corinthians may remain without offence and *the foolishness* of these men be made *manifest*"): the conclusion of the letter "of the Corinthians" gives another evident allusion to *2 Tim* 3:9; two lemmas (ἄνοια; ἔκδηλος) coincide;

3 Cor 2:1: in the *præscriptum* of the letter "of Paul", the name of the sender is accompanied by the epithet "*prisoner of Christ Jesus*", found also in the *præscriptum* of *Philemon* (1) and also in *Phm* 9, *Eph* 3:1; 4:1; *2 Tim* 1:8; besides this, the use of the term ἀστόχημα (mistake) reminds again the doctrinal error of Hymenaeus and Philetus, in *2 Tim* 2:18;

3 Cor 2:2: the *exordium* evidently reminds the one in *Galatians*, where, even if in a different semantic context, there are the same verb θαυμάζω and the same temporal note οὕτως ταχέως, put also there in an emphatic position;

3 Cor 2:4: the beginning of the first exposition "of Paul", concerning the gospel he handed down, opens with a tradition-formula ("*I delivered to you*

[23] Or "will deliver": cf. Zwierlein, "Der Briefwechsel", 91.

what I also received") with meaningful quotation from *1 Cor* 15:3[24], that's to say the beginning of the exposition of Paul's gospel in the fundamental chapter dedicated, in that letter, to the resurrection of believers. To this first quotation, the author adds immediately one more from *Gal* 1:17 ("from *those who were apostles before me*"), to define precisely the origin of the tradition;

3 Cor 2:11: the Devil defined as "Prince" (ἄρχων), a term not typically used by Paul, could recall *Eph* 2:2 ("the prince of the power of the air"). This reference is confirmed by

3 Cor 2:19: in the conclusion of the exposition of the gospel, the expression "*children of wrath*" seems to be a quotation from *Eph* 2:3, where the followers of the "the prince of the power of the air" are so called;

3 Cor 2:20: the charge against the adversaries of having "the accursed faith of the serpent" is probably a reference to *2 Cor* 11:3, where the activity of "super-apostles" is compared to that of the serpent towards Eve;

3 Cor 2:21 ("*Avoid* them and flee from their teaching"): the concluding exhortation of the exposition of the gospel contains the verb ἀποτρέπειν (to avoid); the same in the final exhortation of *3 Cor* 2:39. It recalls the only occurrence of the verb in the *corpus paulinum*: *2 Tim* 3:5, where there is an invitation to avoid false brothers "having the appearance of godliness";

3 Cor 2:34–36: the first three verses of the epilogue are a real compilation of quotations from Paul. The literary structure is supplied by two verses of the *Galatians* epilogue (6:16–17):

[34] But if you receive anything else, *do not cause me trouble*;	[*Gal* 6:17a] *From now on* *let no one cause me trouble*
[35] *for* I have these *chains* on my hands, *in order that I may gain Christ,* *and the marks on my body* *in order that* *I may* attain *the resurrection from the dead.*	[*Gal* 6:17b] *for* [*2 Tim* 2:9] *I am suffering, bound with chains* [*Phil* 3:8] *in order that I may gain Christ* [*Gal* 6:17b] *I bear on my body the marks of Jesus* [*Phil* 3:11] *in order that by any means possible* *I may arrive at the resurrection from the dead*
[36] And if anyone remains in the *rule* which he received through the blessed Prophets and the holy gospel, he *will obtain a reward.*	[*Gal* 6:16a] *Those who will follow this rule* [*1 Cor* 3:8.14] *will obtain a reward*

the use of the term κανῶν, which in the NT is only in Paul (four times) – and only in *Gal* 6:16 with the meaning of "rule" –, has to be noticed;

3 Cor 2:37: the definition of adversaries as ἄθεοι recalls the same passage of *Ephesians* (2:12) to which *3 Cor* 2:11.19 already alluded;

24 Cf. also *1 Cor* 11:23.

3 Cor 2:40 ("*and peace be with you*"): the final blessing constituted by the invocation of peace above the Corinthians is a new reference to the epilogue in *Galatians* (*Gal* 6:16), widely used shortly earlier.

c) Allusions for a doctrinal purpose:
The author of *3 Cor* uses some keywords of Paul's theology:

in *3 Cor* 2:6.18, he tells about the salvation carried out by Christ, by using the verb "to free" (ἐλευθερόω): cf. *Rm* 6:18.22; 8:2.21; *Gal* 5:1;

in *3 Cor* 2:8, the will of salvation of God for man is described with the terms of "to give life" (ζωοποιέω) and "adoption" (υἱοθεσία): cf. *Gal* 4:4–7; *Rm* 8:15; *1 Cor* 15:22; *Rm* 8:11.23;

in *3 Cor* 2:17.19 also the theme of righteousness (δικαιοσύνη) occurs.

A particular case is constituted by the first topic used in favour of the resurrection of the flesh (*3 Cor* 2:26–27). It is a repetition of the Pauline analogy between the resurrection of believers and the process of seeding and sprouting, introduced by Paul in *1 Cor* 15:36–38, in order to speak about the qualitative grow of the risen bodies. The use of the same analogy by the author of the correspondence is meaningful, because it represents a new cross-reference, after the one in *3 Cor* 2:4, to chapter 15 of the *First Epistle to the Corinthians*; for this reason it is an implicit signal of the importance of that reference, which will be worthy of a particular remark at a succeeding point. Furthermore, the way the Pauline analogy is employed is also important to understand how the Pauline source is taken on and elaborated in the correspondence; even this aspect will be treated in a more detailed way.

2) Some More Possible Sources

We have already seen that the few references to evangelical traditions about Mary and the conception of Jesus let us see a still fluid situation, where the texts which are going to be canonized do not have a standardizing influence yet. The rare presence in *3 Cor* of some expressions recurring even in the Synoptic Gospels does not suffice to hypothesize their use by the author.[25]

In a short passage of the first exposition, at the end of the description of the salvation work realized by God, the body of Christ is defined as a "temple of justice" (*3 Cor* 2:16–17[26]): the metaphor of the temple could be reminiscent of the Fourth Gospel (*Jn* 2:19–21), but it is also possible to read the passage in an ecclesiological way; in this case, not only "the temple" but also "the body" of

---

[25] See in *3 Cor* 2:31 the expression "you of little faith" (ὀλιγόπιστοι) (cf. *Mt* 8:26; 16:8; 17:20), associated to the interrogative formula "how much more", as in *Lk* 12:28 (cf. *Mt* 6:30); in *3 Cor* 2:38 the syntagm "brood of vipers", curse which can be found in *Mt* 3:7; 12:34; 23:33; *Lk* 3:7.

[26] Cf. the parallel passage *3 Cor* 2:6.

Christ should be metaphors to refer to the community of believers and it would be enough to suppose, behind these expressions, an influence from some texts of the *corpus paulinum*[27].

3) The Most Important Text

The most important text to understand the correspondence is probably the chapter 15 of the *First Epistle to the Corinthians*. It is expressly quoted at the beginning of the central part of the letter "of Paul" (*3 Cor* 2:4), when the exposition of the apostolic teaching starts. Besides this, we find a clear hint at the same chapter in the first topic in favour of the resurrection of believers in their flesh, the one of seeds (*3 Cor* 2:26–27).

First of all, *1 Cor* 15 makes us understand *3 Cor* from the point of view of the literary structure. The quotation of the tradition-formula of *1 Cor* 15:3, made in *3 Cor* 2:4, confirms implicitly that the author of the correspondence wanted to follow a precise pattern of argumentation. In *1 Cor* 15, it can be found in the sequence:

repetition of the apostolic teaching (*1 Cor* 15:1–11)	theme of the resurrection of believers (*1 Cor* 15:12–57; the repetition of the gospel was considered by Paul as a necessary premise of this discussion)

We can find the same structure (even if the proportion among its parts is not the same) in *3 Cor*: first the exposition of the gospel, in the particular perspective of the salvation of the flesh, going back up to its moulding by God (*3 Cor* 2:4–21); then the focusing on the specific theme of the resurrection of the flesh (*3 Cor* 2:24–32).

Secondly, *1 Cor* 15 lets us understand *3 Cor* from the point of view of the object. In fact, the literary structure we have just described (gospel plus resurrection of believers) shows that the real author wanted to express both a global vision of the content of Christian faith and a specific teaching about resurrection; this is certainly the most important of the doctrinal themes taken into consideration.

Thirdly, the evident reference to *1 Cor* 15, which is both structural and thematic, shows us the way to understand also the function the author of *3 Cor* wanted to attribute to the text he was composing.

It is necessary, of course, to keep in mind also other data, external to the text: the esteem Paul enjoyed among the real receivers of the correspondence; and the use that, of *1 Cor* 15, was made by the real adversaries of the author.

---

27 Cf. most of all *1 Cor* 3:16–17, *Eph* 2:19–22 (temple); *1 Cor* 12:12–27, *Eph* 2:11–18 (body).

As far as the first is concerned, as we have already said, it is implied in the recourse to the Pauline pseudepigraphy, which is meaningful only if the fictional author, Paul, was considered authoritative among the real receivers and, as a consequence, if a text attributed to him could have actually influence on the doctrinal education of those receivers.

As regards the use of *1 Cor* 15 on behalf of the adversaries, it belongs to the attitude the Gnostics had towards Paul. It has been said that the most likely hypothesis about the identification of the real adversaries is that of the Saturnilians. Nevertheless, even if we admit the identification with other Gnostics or with Marcionites, however Paul was an authority for them, even about the impossibility that flesh, the material body, could take part to resurrection.[28] Irenæus is extremely clear about that: "Among the other truths proclaimed by the Apostle, there is also this one, that *flesh and blood cannot inherit the Kingdom of God* [*1 Cor* 15:50]. This is the passage which is adduced by all the heretics to support of their folly; from this, they struggle to demonstrate that the handiwork of God is not saved."[29] Therefore, it is likely that also the real adversaries of the author of *3 Cor* could refer to *1 Cor* 15:50, interpreted in a strictly literal way, to refuse the resurrection of the flesh.

Keeping these data in mind, the reference of the author to *1 Cor* 15 becomes really meaningful to understand the function he wanted to give to the correspondence. In fact, the author makes Paul write to the Corinthians again, to define precisely and better the doctrine about flesh. This happens in two moments: in the exposition of the gospel "of Paul" is introduced the theme of creation and salvation of man, moulded fleshly by the one God and saved through a process which includes Judaism and culminates in Christ; in the exposition about resurrection, then, it is clearly stated that resurrection implies also the physical body of man, the one which had been buried and now rises "increased, straight, blessed" (*3 Cor* 2:27).

In this way, the author authoritatively affirms, thanks to the Pauline pseudepigraphy, the doctrine he reputed correct about flesh and its salvation, inserted in an ideological system which included the oneness of God creator and saviour, the goodness of Judaic religion and scripture, the real human nature assumed by Jesus Christ, his actual birth by Mary, his saving action realized through his physical body.

At the same time, he confutes through "Paul", by means of explicit and unequivocal statements, the spiritualistic doctrines of the adversaries, who denied the resurrection of the flesh, and all their dualistic and anti-Judaic ideological system, of which that negation was a part. Furthermore, the author makes this

---

28 The Valentinian Theodotus called Paul "the apostle of resurrection": Clemens of Alexandria, *Excerpta ex Theodoto* 23:2.

29 Irenæus, *Adversus hæreses* 5,9:1; Cf. also Tertullian, *De carnis resurrectione* 48:1. Cf. E. Pietrella, "Caro et sanguis regnum dei possidere non possunt (I *Cor.* XV, 50)", in *Aevum* 49 (1975) 36–76.

by means of a new fictional letter to that community to whom the real Paul had already written a text about resurrection, *1 Cor* 15, a text used by author's adversaries as a fundamental support to their own positions; in this way, he thwarts one of the most authoritative supports to which adversaries had recourse, since he implicitly spreads its authentic interpretation (given – thanks to the fiction – by Paul himself), which turns out to be incompatible with those given by Gnostics.

In conclusion, the reference to *1 Cor* 15, clearly suggested by the author, is fundamental to understand even both the epideictic-didactic function of the correspondence (redefinition of the doctrine about flesh and of its ideological context) and the polemical one (contradiction of the doctrines of the adversaries, thwarting of their recourse to Paul). In view of that chapter of *1 Cor*, the author decides to compose another epistle from Paul to the Corinthians; therefore, that is the text which offers the modern reader the more useful clue for the global comprehension of the pseudepigraphic correspondence.

As NT Traditions Act in *3 Cor*: Reworking and Exegesis

As we have seen, the literary proto-Christian tradition mainly present in *3 Cor* is constituted by a group of Pauline letters: certainly *1 Corinthians* (1 quotation, 3 allusions), *Galatians* (2 quotations, 4 allusions), *Ephesians* (1 quotation, 1 allusion), *Philippians* (1 quotation, 5 allusions), *2 Timothy* (1 quotation, 5 allusions) and maybe also *Romans* (3 possible allusions), *2 Corinthians* (1 possible allusion) and *Philemon* (1 possible allusion).[30] Before analysing how the author of *3 Cor* reworks this tradition, it is necessary to add three considerations to the elements formerly supplied: about the limitations of the pseudepigraphic operation due to the author's lack of skill, about the limitations deriving from the purpose of the work and about those related to the operation itself.

As far as the first subject is concerned, we must underline that, along with the more or less evident fabric of inter-textual references to letters of Paul, in *3 Cor* there are some discrepancies with those epistles, a certain clumsiness which reduces a lot (at least to the critical eyes of a modern reader) the possibility of success for the fiction. In particular, the *salutatio* in the beginning (*3 Cor* 2:1: "Paul, the prisoner of Christ Jesus, who is among many errors, to the brothers in Corinth, greeting") and the final blessing (*3 Cor* 2:40: "And the peace be with you") of the answer "from Paul" are extremely different from the *salutatio* ("grace to you and peace") and from the blessing ("the grace of our

---

[30] The allusions to *1 Timothy* and *Titus* indicated by B.J. White, "Reclaiming Paul? Reconfiguration as Reclamation in *3 Corinthians*", in *Journal of Early Christian Studies* 17 (2009) 497–523, part. 507–509, don't seem to me as certain as those to *2 Timothy*; scholar's assumption that "the Pastoral Epistles are undeniably homogeneous" (506,30) undoubtedly influences those presumed identifications.

Lord Jesus Christ be with you") which characterize all the letters written by the Apostle, or attributed to him, contained in NT. There are then some other words and syntagms which are not at all by Paul.[31] Also some elements in the content are meaningful: the "presbyters" in Corinth (*3 Cor* 1:1);[32] the relationship between Paul and the other apostles (*3 Cor* 2:4);[33] the resurrection as rewarding in itself (*3 Cor* 2:24–25);[34] the semantic field of the term "flesh", more restricted and positive in comparison with the authentic letters of the Apostle[35]. Therefore, it seems that Paul, although esteemed by the author of the correspondence, was not assimilated by him in a deep way.

As regards the limitations deriving from the purpose of the work, it is necessary to remember that the author wanted to define, through Paul's authoritativeness, some aspects of the content of Christian faith he reputed authentic; in particular, we have seen, the great value of the earthly and material dimension of men, linked to the highly favourable conception of the material world, of its Creator, of the humanity of Christ, of Judaism and of the Judaic scripture. The author had this purpose because of the diffusion of the early Gnostic doctrines, probably Saturnilian, whom he describes as doctrines by Simon and Cleobius in the fictional letter from the Corinthians. Then, the didactic aim of the author

---

31 *3 Cor* 2:3: ἔλευσις for "coming"; *3 Cor* 2:10: "house of Israel"; *3 Cor* 2:19: "providence".

32 The hierarchy of the true communities of Paul is very different: cf. *1 Cor* 12:28. Paul avoids using the term πρεσβύτερος even in the literal meaning of "aged"; cf. M. Simonetti, "Presbiteri e vescovi nella chiesa del I e II secolo", in *Vetera Christianorum* 33 (1996) 115–132, part. 117.

33 In *3 Cor* 2:4, the amplification of the tradition-formula taken from *1 Cor* 15:3 ("*I delivered to you what I also received*") through an expression taken from *Gal* 1:17 ("from *those who were apostles before me*") – introduced by the author probably to underline the doctrinal harmony between Paul and the other apostles and to soften the Pauline polemic towards some aspects of Judaism – turns out to collocate Paul in a position almost subordinate in comparison with other apostles and understates the proclamation of the divine origin of the "*revelation of Jesus Christ*" and the claim of the independence from "*those who were apostles before me*", made in *Gal* 1:12.17. Cf. D'Anna, *Terza lettera ai Corinzi*, 67–68; 169–169, n.27.

34 In *3 Cor* 2:24–25 it is clearly stated that those who deny the resurrection of flesh and who don't believe in Christ resurging in flesh won't be risen: in this way the author of *3 Cor* offers a strict interpretation of Paul who, in the authentic letters, tells only about the resurrection of "those of Christ" (1 Ts 4:16; 1 Cor 15:23), but doesn't explicitly deny that of the sinners.

35 As we know, in the authentic letters of Paul the word σάρξ does not have a unique meaning, but it is used with different meanings both in anthropological and ethic field: cf. F.Baumgärtel/ R. Meyer/E. Schweizer, σάρξ, σαρκικός, σάρκινος, in G. Kittel/G. Friedrich (ed.), *Theolgical Dictionary of the New Testament* (Engl. ed. by G.W. Bromiley), VII (Grand Rapids: Eerdmans Pub., 1971), 98–151, part. 125–138. In *3 Cor* the word refers both to the human being in his totality, according to the Judaic tradition, considered in his terrestrial condition of creature (*3 Cor* 2:6.16: syntagm "every flesh") and, still according to a Judaic acceptation, the terrestrial and material dimension of man (*3 Cor* 1:6: Paul is still "in flesh"; *3 Cor* 2:6: Christ frees men "by means of his own flesh"; *3 Cor* 2:6: believers rise "in flesh"; *3 Cor* 2:15: the flesh of Christ defeats the Evil). Besides this, the author of *3 Cor* uses sometimes "flesh" meaning only a part of the totality of the human being, that's to say the material body (as a synecdoche); in such cases, he follows, with a polemical purpose, the use of the word made by his adversaries (*3 Cor* 1:12.14; 2:24: Simon and Cleobius deny the resurrection "of the flesh" and the coming of Lord "in the flesh"; *3 Cor* 2:11: the "flesh of men" enchained by the Evil to pleasure; *3 Cor* 2:32: believers will rise "having the flesh sound"). Cf. D'Anna, *Terza lettera ai Corinzi*, 39–41.

cannot be distinguished from the intrinsic polemical aim towards real adversaries considered as a serious threat to the content of his own faith. In order to lead the real receivers of the text to mentally overlap the fictitious adversaries of Paul (that is to say Simon and Cleobius) with the real adversaries of his time and of his community, the author supplies a detailed description of the doctrines which will be confuted and reproved "by Paul". Therefore, he introduces the letter from the Corinthians, which is meant to create a "mirror" or a "bridge" between the fiction of the correspondence and the reality of the situation lived by the author and by his receivers.[36] However, by doing so he causes the second evident limitation to the credibility of the literary fiction, because the form of correspondence is present nowhere else in the *corpus* of Pauline letters. In the epistolary, particularly in the two letters to the Corinthians, we find references to other letters exchanged between Paul and his community (*1 Cor* 5: 9; 7: 1; *2 Cor* 2: 3.4.9; 7:8.12), about whom we have no direct evidence. Nonetheless, in the Pauline *corpus* there are only the missives of Paul or attributed to him. In *3 Cor*, on the contrary, the author decides to introduce an element of strong formal discontinuity in comparison with the remaining part of the *corpus*, in order to expose in details the doctrines of the adversaries, attributed in the fiction to Simon and Cleobius.

Finally, it is necessary to reflect also on the intrinsic limitations implied in the production of a pseudepigraphic letter attributed to Paul. This literary operation denounces, in an evident way, the absence, in the author's community, of solutions to the problem of definition of the authentic Christian doctrine and of its legitimation. Such solutions were elaborated, in the Great Church, during the second century. Particularly we have to think about the progressive affirmation of the mono-episcopacy, supported by the idea of the apostolic succession; about the identification of the authentic Christian tradition, resumed in the "rule of truth", as apostolic, universal, public, transmitted in the Episcopal seats through succession; about the distinction among the Christian works reputed as normative and raised to the rank of Scripture and other works not considered like this or even refused as false.[37] The correspondence does not reveal the existence of such solutions; on the contrary, in its own composition, it denounces a very different situation.

In fact, the fiction supplies the principle of the authority – which defines the doctrines and confirms their authenticity – within the text, in the person of the sender, Paul; that's to say the text doesn't refer to an authority as the one of a bishop nor supports it, as we see for example in the epistolary of Ignatius of Antioch. It is the text itself, because "by Paul", which defines some points of

36 Cf. R. Bauckham, "Pseudo-Apostolic Letters", in *Journal of Biblical Literature* 107 (1988) 469–494, part. 469–478 and 485–487.

37 About all this: Irenæus, *Adversus hæreses* 3, 1:1–4:3.

the authentic doctrine, for a situation fictitiously transposed in the community of Corinth of the half of the first century.[38]

Therefore, the correspondence constitutes its author's attempt to solve a doctrinal crisis by means of Paul's authoritativeness, in the absence of an ecclesiastic authority strong enough to face the question. This attempt couldn't however be without a certain rigidity and an effectiveness limited in time. In fact, the doctrinal exposition, fixed in a written text produced in specific circumstances, kept linked to these ones and couldn't adapt itself to the following evolution of the debate, as, on the contrary, could have done the activity of a bishop. Moreover, to the letter written under Paul's authority, the adversaries could have opposed other texts, presented as apostolic as well, where their doctrinal positions were supported: we know well that this often happened in the second century. Therefore, the evolution of the polemics and/or the production of new pseudo-apostolic texts asked for further countermeasures. These, however, from the Great Church could be more and more uneasily new texts of presumed apostolic origin, as long as an authoritative institutional reference was being affirmed (the mono-episcopacy) and the normative collection of Christian texts was being fixed. The way started with the composition of *3 Cor* was, actually, without any future and the correspondence is very near to the logical and chronological limit of the apostolic pseudepigraphy on the Great Church's side.[39]

Until now, we have remembered the different functions of the use of some Paul's letters; they are the sources which influenced the correspondence more than any other text of the future New Testament. We have even described the

---

[38] Therefore, the qualification of the chiefs of the Corinthian community as "presbyters" (*3 Cor* 1:1), far from being a clumsy archaism (as we have seen, it is one of the most evident formal differences between *3 Cor* and the authentic letters by Paul), agrees with this supposed situation of weak government of the author's community. We have to think that the author employed this qualification of the chiefs, notwithstanding its dissonance with the authentic letters, because he and his community considered it obvious.

Besides this, what we noticed about traditions about Jesus and the easiness in the composition itself of a pseudepigraphic epistle attributed to Paul shows that the author of *3 Cor*, even if he already knew some texts which would be part of the New Testament, he didn't know the New Testament in itself, that's to say as a well defined and normative collection, both as regards the number of the works, and as regards the content of the professed faith. This is a clue of a weak ecclesiastic authority as well.

[39] This is why I disagree with Benjamin L. White ("Reclaiming Paul?", part. 517–523), who compared *3 Corinthians* with Irenæus' *Adversus Hæreses* and affirmed that "the two works came out of the same polemical *milieu*" (520) and that "*3 Corinthians* shares the rhetorical strategies of the great heresiologist Irenæus" (522). I think, instead, that some points of contact between the two authors, especially in the construction of an anti-Gnostic Paul, cannot get over the essential differences which emerge from the two works, concerning the ideological framework and the historico-ecclesiastical background. For all we have just seen, *3 Corinthians* appears much more archaic, compared to Irenæus; it reveals the lack of the institutional and ideological tools (mono-episcopacy, concept of apostolic tradition and of orthodoxy, heresiology, canon of Scriptures) which the master of Lyons possessed and contributed himself to create. The correspondence comes from a very early phase of definition of the Christian doctrinal identity.

limits of this use. A last aspect we have already mentioned has still to be deepened: the re-elaboration of the Pauline source and its interpretation.

Once more, the main reference is to *1 Cor* 15. In fact, from there the author of *3 Cor* takes the subject of the seeds thrown into the ground and then blossomed (*1 Cor* 15:36–38.42–43)[40], the first of the three "proofs" of the resurrection of the flesh he ascribes to the fictitious Paul (*3 Cor* 2:26–27: analogy with the seeds; *3 Cor* 2:29–31: Jonah swallowed and thrown back by the whale; *3 Cor* 2:32: the dead risen by touching the tomb of Elisha[41]).

In *1 Cor* 15 the analogy with the blossom of the seeds constituted the first topic of the section about the features of believers' resurrection and, in particular, about the transformation of risen people (*1 Cor* 15:35–50). The author of *3 Cor* was interested in defining just this aspect. The adversaries he wants to contrast, in fact, asserted the resurrection from death as well, but they denied that even flesh, the earthly part of man, could take part to it. We know from Justin, Irenæus and Tertullian that Gnostics and Marcionites supported the incompatibility of flesh with resurrection just by using some Paul's statements about the transformation of risen people. The difference outlined by Paul in *1 Cor* 15:42–44, between what has been buried ("in corruption", "in dishonour", "in weakness", "a physical body") and what rises ("in incorruption", "in glory", "in power", "a spiritual body") was interpreted, according to the ideological dualistic pre-comprehension, as the separation of two parts ontologically distinguished, rather than as the transformation of a single subject.[42] This interpretation seemed to be authoritatively confirmed in the verse where the Apostle concluded his argumentation about the quality of risen people: "This is what I'm saying, brothers: flesh and blood cannot inherit the kingdom of God, nor does the corruption inherit the incorruption" (*1 Cor* 15:50). Irenæus, cited above, shows that this verse was largely used by "all the heretics";[43] but even earlier than him, Justin reacts to the interpretation of the passage according to a dualistic anthropological scheme.[44]

---

40 A different hypothesis was suggested by P. Vetter ("Eine rabbinische Quelle des apokryphen dritten Korintherbriefes", in *Theologische Quartalschrift* 77 [1895] 622–633) and then by Rordorf (*Hérésie et orthodoxie*, 53–56): the author of *3 Cor* would have Christianized a Judaic tradition on resurrection. In the rabbinic literature, in fact, (*Pirqe Rabbi Eliezer* 33 [17c]; *B. T.*, *Sanhedrin* 90b), there is a discussion on how the righteous persons will be risen, if naked or dressed, that is to say with or without a material body. The answer to this question is an *argumentum a fortiori ratione*: if a wheat seed, buried naked, blossoms with many clothes, more than this will happen to the righteous, who are buried dressed. It is true that *3 Cor* shares with those sources the passage of the seed from naked to dressed, but it offers more contacts with *1 Cor* 15:37–38.42–43, as we are going to say, both in single argumentations and in the argumentative procedure followed.

41 Cf. *Jon* 2; *2 Kings* 13:20–21.

42 Cf. Tertullian, *De carnis resurrectione* 53:1–10.

43 Irenæus, *Adversus hæreses* 5,9:1.

44 Fragment of Justin quoted by Methodius of Olympus in *De resurrectione* 2,18:9–11: "(9) Justin from Neapolis, a man not far from the apostles neither for time nor for virtues, says that what dies is inherited, while what lives inherits, and that flesh dies, while the kingdom of heavens lives. (10) 'When

If we now look at the two passages in synopsis, we notice that the author of *3 Cor* recalls the passage of *1 Cor* 15:36–38 by using the same argumentative procedure – the analogy – and the same comparison with resurrection – the sowing and the sprout[45] – , and also through references to specific elements of *1 Cor* 15: the bareness of the seed, the disjunction between the wheat and other seeds, the role of God's will who rules a process apparently spontaneous, the qualitative growth of the body of risen people.[46] The author even drops the term "flesh" (σάρξ), recalled soon earlier in the adversaries' position (*3 Cor* 2:24: "But those people tell you: 'There's no resurrection of the flesh'"), and resumes the genuinely Pauline "body" (σῶμα), probably in order to foster the immediate link with the passage from *1 Cor*.

3 Cor 2	*1 Cor* 15
[26] Certainly, men of Corinth, they don't know the sowing of wheat or of the other seeds,	[36] Fool! What you sow doesn't come to life unless it dies.
which are thrown naked into the earth and, completely dissolved below,	[37] And as for what you sow, you do not sow the body that is to be, but a naked seed, perhaps of corn or of some other kind.
rise by God's will, in the first body and clothed;	[38] But God gives it a body as he wants, and to each kind of seeds its own body. [...]
	[42] So also the resurrection of the dead: it is sown in corruption;
[27] so, it rises	it is raised in incorruption;
not only the body that is thrown, but also increased, straight, blessed.	[43] it is sown in dishonour, it is raised in glory; it is sown in weakness, it is raised in power.

On the other hand, the comparison of the passages lets us also understand the way the author interprets the statements of *1 Cor*. Paul had underlined the qualitative transformation, in a positive way, of the physical dimension of the risen believer, still keeping the continuity of the subject by means of an analogy with the corn; *1 Cor* 15:37 is particularly noteworthy: "you do not sow the body

Paul says that *flesh and blood cannot inherit the kingdom of God* [*1 Cor* 15:50], he doesn't want to despise' – [Justin] says – 'the re-birth of flesh, but he wants to teach that not the kingdom of God, which is eternal life, is inherited by the body, but the body by life. (11) If, in fact, the kingdom of God, which is life, were inherited by the body, it would happen that life would be absorbed by corruption; now, however, it is life which inherits what has died, so that *death* is absorbed *in victory* [*1 Cor* 15:54] by life and what is corruptible appears to be a possession of incorruptibility and of immortality, become completely released and free from death and sin, but an obedient servant of immortality, so that the body is possession of incorruptibility and not the incorruptibility of the body'."

[45] Both in *1 Cor* and in *3 Cor* we find a purely analogical procedure, with explanatory purpose (as the seed germinates clothed, as the body rises increased); on the other hand, in the rabbinic sources about the resurrection of the righteous persons (cf. n. 40) the procedure is strictly demonstrative, from smaller to greater (*qal wa-homer/argumentum a fortiori ratione*).

[46] In the rabbinic sources, the bareness of the seed means the absence of the body, in the Christian ones it refers to the body in its actual state.

that is to be" (τὸ σῶμα τὸ γενησόμενον). The author of *3 Cor* repeats both the continuity of the subject and the qualitative transformation of its corporeal dimension, but he is careful to specify that the improvement of the new condition of the risen people doesn't lose anything of the earthly body; in particular *3 Cor* 2:26 – "wheat or (…) the other seeds (…) rise (…) in the first body" (ἐν σῶμα) – and *3 Cor* 2:27 – "it rises not only the body that is thrown" (τὸ σῶμα τὸ βληθέν) – must be noticed. In this way, still keeping the Pauline term "body", the author of *3 Cor* neutralizes the potential ambiguity of the statements of *1 Cor*, which could be interpreted in a dualistic (Gnostic and Marcionite) way.

Therefore, the moderate but meaningful remake of *1 Cor* 15 is an important operation of exegesis. It is, of course, an implicit one. The fictitious Paul makes unmistakeable statements about the condition of risen believers, up to the climax of the exposition about resurrection: "in those days you will rise having the flesh sound" (*3 Cor* 2:32). In this way, among the several interpretations of Paul's message on the resurrection of believers, the author of *3 Cor* chooses a clear proto-orthodox reading of the most delicate points of *1 Cor*. By means of "Paul's" statements, not only does the author teach what is to be understood, but also what is to be rejected; in fact, the exegesis of the same delicate points of *1 Cor* given by Gnostics and Marcionites turns out to be disqualified, since, due to the correspondence, it is proved to be inconsistent with the authentic Pauline thought.

Peter W. Dunn

The New Testament in the *Acts of Paul*[1]

I. The Date of the *Acts of Paul*

The *Acts of Paul* (*AP*) emerged during a period in which the NT canon was still in the process of formation. An examination of the theology of the *AP* shows its closest theological cousins are the *Didache*, Ignatius, *2 Clement*, *Shepherd of Hermas*, Justin and Irenaeus.[2] Moreover, Paul resembles the traveling apostles and prophets of the *Didache* (ca. 100) more than the historical apostle. The *AP* affirms local leaders like Onesiphorus, Stephanas and Aquila but avoids the term ἐπίσκοπος. Traveling itinerants as portrayed in the characters of Paul, Titus, Thecla, and Jude the brother of Jesus, and negatively by Demas and Hermogenes, still exert an enormous influence. Thus, its ecclesiology seems more appropriate in the period of *Didache* and Ignatius than of Irenaeus. Furthermore, heresies in the *AP* resemble early forms of gnosticism and not the elaborate systems against which Irenaeus fights. Its orthodoxy countered early forms of heresy such as the Nicolaitans and Saturninus (*3 Cor*; *AP* X, 1),[3] as opposed to later forms like Valentinus and Basilides. Even a reaction to Marcion's heresy is not detectable in the *AP*.[4] Finally, the role of women prophets in the *AP* appears to predate the reaction against the Montanist prophetesses. Thus, the period which makes the most sense for *AP* is the first quarter of the second century.

In such an early period it would be difficult to determine if a writing reveals dependence upon a NT book or upon sources no longer extant. The study of the synoptic gospels would suggest great caution in assuming one text's dependence on another: Matthew and Luke show nearly perfect verbal similarity in certain pericopes, and yet many synoptic scholars argue that there is no direct relationship between these two gospels but rather that the two depend on Mark and another source dubbed "Q".

---

1 Numeration of the *AP* follows W. Rordorf, "Actes de Paul", in F. Bovon/P. Geoltrain (ed.), *Écrits apocryphes chrétiens* I (La Pléiade; Paris: Gallimard, 1997), 1170–1177.

2 For an in depth discussion of the theology of the *AP*, see P.W. Dunn, *The* Acts of Paul *and the Pauline Legacy in the Second Century* (PhD dissertation; University of Cambridge, 1996), 101–102 (available at actapauli.wordpress.com).

3 See Dunn, *Legacy*, 122–127.

4 Demas and Hermogenes (III, 1–2) display false beliefs and practices which are incompatible with Marcion (particularly their apparent lack of asceticism and avoidance of persecution). They represent pre-Marcionite Pauline heretics – hence the suggestion of the Nicolaitans. Dunn, *Legacy*, 127–132.

Now, the relation of the *AP* and the NT has been a subject of intense scholarly debate. This discussion will start with the clearest case of dependence.

II. The Pauline Beatitudes in *AP* III, 5–6: A Relatively Clear Case for Dependence

It may seem ironic, but the NT texts make their presence felt most strongly in the beatitudes (*AP* III, 5–6) which scholars have argued are completely unpauline[5] and a clear sign of encratism. The beatitudes, however, actually appear to be inspired by the Matthean beatitudes and Paul's teaching on sexual continence in 1 Cor 6–7, and so they are not "unpauline". Nor is this teaching encratite.[6] These beatitudes, which are hereafter numbered i–xiii (see Appendix A), find clear parallels in the mainstream apostolic and post-apostlic tradition. Encratism refers to a form of Christianity which forbade sexual relations and insisted upon various other forms of asceticism such as the abstinence from meat and wine. But the *AP* clearly avoids such extreme views by upholding a married couple with small children (Onesiphorus and Lectra) and by affirming the marriage of newly baptised believer, Artemilla. By contrast, *Acts of Thomas* 124, *Acts of Andrew* 5, and *Acts of John* 63 actually depict wives breaking off all sexual relations with their husbands. But in the *AP*, apart from Paul and the chaste lion, only the virgin Thecla embraces continence; the early Christians never found it aberrant for virgins (or lions!) to make and keep vows of continence.

Appendix A highlights the verbal similarities between 1 Cor 6–7 and the beatitudes Matt 5.3–12 with the *AP* III, 5–6. In form, the Pauline beatitudes are identical to those in Matthew, drawing particularly upon Matt 5.4, 5, 6, 7, 8, and 9. There are seven verbal parallels between the beatitudes i–xiii of *AP* III, 5–6 and 1 Cor 6–7. There are no significant verbal or even thematic ties between 1 Cor 6–7 and Matt 5.3–12, except Paul's affirmation regarding the widow who remains sexually continent (1 Cor 7.40): μακαριωτέρα δέ ἐστιν ἐὰν οὕτως μείνῃ. This verse may have been the initial spark for the composition of Pauline beatitudes on sexual continence.

In the *AP* III, it is possible to see a kind of narrative exegesis of 1 Cor 6–7.[7] Thecla's breaking off her engagement with Thamyris is an illustration of Paul's advice in 1 Cor 7.32–38 that remaining celibate is better than marriage. Paul says earlier that it is no sin for a widow to marry but if she does so, it should be

---

5 See discussion in Dunn, *Legacy*, 5.

6 See *ibid.*, 69–88.

7 On the subject of narrative exegesis in the AP, see *ibid.*, 190; R. Bauckham, "The *Acts of Paul* as a Sequel to Acts", in B.W. Winter/A.D. Clarke (ed.), *The Book of Acts in Its Ancient Literary Setting* (Grand Rapids: Eerdmans, 1993), 131–132.

in the Lord. Thamyris is yet a pagan; so Thecla seems to have further reason to remain aloof since the preference, even for virgins, would have been to marry another Christian. Later, Onesiphorus and Lectra spend six days fasting and praying with Paul in the open tomb (III, 23): κατέλιπεν γὰρ τὰ τοῦ κόσμου 'Ονησιφόρος καὶ ἠκολούθει Παύλῳ πανοικί. Thus, the narrative portrays this couple renouncing the world (iv; xi). They break their fast during the agape supper with Thecla, but then Paul returns them to their conjugal life in Iconium with their two sons (III, 26): Καὶ ἀπέπεμψεν Παῦλος τὸν 'Ονησιφόρον πανοικὶ εἰς 'Ικόνιον. Their encratite life was intended to be temporary (πρὸς καιρόν) for the purpose of prayer, in keeping with 1 Cor 7.5. Origen interpreted 1 Cor 7.5 to require temporary abstinence, suggesting that married couples must abstain from sex for a period of three days before they took the Eucharist.[8] Origen even cites the *AP* III, 5 (v)[9] to support the recommendation of temporary abstinence before communing. Thus, while most of the beatitudes of *AP* seem to be for young unmarried people like Thecla, beatitude v appears to be for the benefit of married couples like Onesiphorus and Lectra, who maintain temporary abstinence in keeping with 1 Cor 7.5 and with a tradition which viewed sexual abstinence as important for prayer.[10] After baptizing Artemilla and serving her first Eucharist, Paul dismisses her to her husband Jerome (IX, 21 ἀπέλυσεν πρὸς 'Ιερσνυμον τὸν ἄνδρα αὐτῆς); thus, Paul has no intention of breaking up marriages between pagans and Christians; this seems a tacit illustration of 1 Cor 7.12–16 where Paul reasons that the unbeliever may be saved by the believing spouse who remains in the marriage. Indeed, Jerome becomes a Christian by the end of Paul's time in Ephesus (IX, 27–28).[11]

In *AP* III, 5–6, there is a transformation of Jesus' beatitudes which set out the characteristics of the members of the eschatological kingdom. For Jesus, purity of heart is not related exclusively to sexual purity. R.T. France writes:

> *Pure in heart* should not be restricted to moral, still less sexual purity; it denotes one who loves God with all his heart (Dt. 6:5), with an undivided loyalty, and whose inward nature corresponds with his outward profession (cf. Is. 29:13). 'Such is the generation that of those who seek him' (Ps. 24:6), and they receive the promise that *they shall see God.*[12]

The eschatological perspective remains the same in Paul, Matthew and the *AP*, for the Christian seeks to embrace the qualities of the future kingdom. But the

---

8 *Comm. in I Cor.* 7.5, C. Jenkins, "Documents: Origen on I Corinthians. III", in *JTS* 9 (1907/8) 501–502 [§ XXXIV]. See Dunn, *Legacy*, 80, n. 21.

9 *Peri pascha* 36.33–34. See F. Bovon, "Une nouvelle citation des *Actes de Paul* chez Origène", in *Apocrypha* 5 (1994) 113–117.

10 E.g., *Test. Naphtali* 8.8: καιρὸς γὰρ συνουσίας γυναικὸς αὐτοῦ, καὶ καιρὸς ἐγκρατείας εἰς προσευχὴν αὐτοῦ. K. Penner/M.S. Heiser, *Old Testament Greek Pseudepigrapha with Morphology* (Bellingham: Logos Research Systems, 2008).

11 Cf. Nicephorus Callisti, *Ecclesiastical History* (II, 25; PG 145, col. 82.1) who says that Jerome was also baptised (trans. in James, *ANT*).

12 R.T. France, *Matthew* (TNTC; Grand Rapids: Eerdmans, 1985), 110.

AP III, 5–6 turns every citation of a Matthean beatitude into an agreement with Paul's teaching on sexual continence in 1 Cor 6–7, which prefers sexual continence to marriage, forbids illicit sexual relations, and instructs the Corinthians that their bodies are temples of the Holy Spirit (1 Cor 6.19; cf. ii). Thus, purity of heart is now a reference to sexual purity. So the Pauline beatitudes exalt the body of virgins (xiii) as pure vessels for the Holy Spirit, and their sexual continence makes it possible for them to see (i) and to hear God (iii) more clearly. They have already left the scheme of this world (iv, xi; cf. 1 Cor 7.31) and will judge the angels (xi; 1 Cor 6.3), and they will please God (iv; 1 Cor 7.32). While diverging from the beatitudes in Matthew, *AP* III, 5–6 apparently draws on Jesus' teaching on sexual continence: In Luke 20.34–36, he says that the sons of the resurrection are equal to angels, which may be the basis of beatitude vi, that the sexually continent will become angels. Jesus also says to his disciples that not all can make room (χωρέω) for the λόγος that it is better not to marry by making oneself a eunuch for the kingdom of heaven (Matt 19.10–12); this seems to have inspired beatitude x, Μακάριοι οἱ σύνεσιν Ἰησοῦ Χριστοῦ χωρήσαντες. Thus, *AP* III, 5–6 appears to combine Matthean beatitudes with the teaching of Jesus and Paul on sexual continence. The connection between sexual continence and resurrection is very strong in *AP* III, 5–6, but arguably no stronger than in Luke 20.34–36. Clearly, these beatitudes illustrate an early Christian perspective that the sexually continent Christian could embrace the angelic lifestyle of the future, thereby attaining to a higher, more blessed spiritual existence.

III. The Canonical Acts and the *Acts of Paul*

While early scholars of the *AP* maintained that the author of the *AP* depended on both Acts and the epistles of Paul, W. Schneemelcher says that though he knew the canonical Acts he did not use it but depended instead on other traditions, especially oral legends.[13] Later, D.R. Macdonald made a very sophisticated argument that the *AP* is a compilation of oral traditions told in ascetic communities of women which came into conflict with the author of the Pastoral Epistles (PE) who wrote to counter their tales and their communities.[14] MacDonald suggested that the author depended on oral tradition instead of Acts for the story of Patroclus,[15] but he later changed his mind.[16] Then, W. Rordorf an-

---

13 W. Schneemelcher, "Die Apostelgeschichte des Lukas und die Acta Pauli", in W. Eltester (ed.), *Apophoreta. Festschrift für Ernst Haenchen* (Berlin: Töpelmann, 1964), 236–250.

14 D.R. MacDonald, *The Legend and the Apostle: The Battle for Paul in Story and Canon* (Philadelphia, PA: Westminster, 1983).

15 *Ibid.*, 25–26.

16 Id., "Luke's Eutychus and Homer's Elpenor: Acts 20:7–12 and Odyssey 10–12", in *Journal of Higher Criticism* 1 (1994) 4–24; http://depts.drew.edu/jhc/mcdonald.html; and id., "Apocryphal and

nounced his belief that the *AP* didn't know Acts at all but depended on oral tradition which were common to the Acts.[17]

The lost start of the *AP* permitted R. Bauckham to argue in 1994 that the *AP* was intended to be a sequel to Acts.[18] Then, in the SBL Seminar in Intertextuality and Christian Apocrypha, J. Hills,[19] R. Pervo,[20] D. Marguerat,[21] and Bauckham[22] presented papers assuming the *AP*'s dependence on the canonical Acts, with only Rordorf dissenting.[23] Methodologically, these authors assume that the canonical Acts is already deeply entrenched in the church at the time of writing of the *AP*. But this point is far from established. First of all, they present nothing like real arguments for the late second-century date of the *AP* that they presuppose. Secondly, the actual status of the Lukan Acts in the second century is not certain. While E. Haenchen allows Justin's use of Acts as the earliest definitive citation,[24] I accept C. Mount's view that evidence of Justin's use of Acts is too sketchy; and it is not until later in the second century (ca. 180) that we have a certain citation of Acts (Irenaeus, Muratori Canon, *Martyrs of Lyons*).[25] The writing of the *AP* likely predates this eventual recognition of Acts by several decades. Given the lack of evidence of early canonical status for Acts and the large number of heretical groups which rejected it, R. Gounelle argues that the burden of proof should be on those who wish to maintain a dependent relationship between the apocryphal acts of the Apostles and the canonical Acts. He rightly criticizes these authors for making the assumption

---

Canonical Narratives About Paul", in W.S. Babcock (ed.), *Paul and the Legacies of Paul* (Dallas: Southern Methodist University Press, 1990), 62.

17 W. Rordorf, "In welchem Verhältnis stehen die apokryphen Paulusakten zur kanonischen Apostelgeschichte und zu den Pastoralbriefen?" in T. Baarda et al. (ed.), *Text and Testimony: Essays on New Testament and Apocryphal Literature in Honour of A.F.J. Klijn* (Kampen: Kok, 1988), 225–241 = W. Rordorf, *Lex orandi – Lex credendi: Gesammelte Aufsätze zum 60. Geburtstag* (Paradosis 36; Fribourg: Universitätsverlag, 1993), 449–465.

18 Bauckham, "Sequel".

19 J.V. Hills, "The *Acts of Paul* and the Legacy of the Lukan Acts," in *Semeia* 80 (1997) 145–158; "The Acts of the Apostles in the *Acts of Paul*", in *SBL 1994 Seminar Papers* (Atlanta: Scholars Press, 1994), 24–54.

20 R.I. Pervo, "A Hard Acts to Follow: *The Acts of Paul* and the Canonical Acts", in *Journal of Higher Criticism* 2 (1995) 3–32.

21 D. Marguerat, "The Acts of Paul and the Canonical Acts: A Phenomenon of Rereading", in *Semeia* 80 (1997) 169–183. First appeared as, "*Actes de Paul* et *Actes* canoniques: un phenomène de relecture", in *Apocrypha* 8 (1997) 207–224.

22 R. Bauckham, "The *Acts of Paul*: Replacement of Acts or Sequel to Acts?", in *Semeia* 80 (1997) 159–168.

23 W. Rordorf, "Response to the Seminar Papers of Richard I. Pervo and Julian V. Hills," trans. P.W. Dunn (1994); available at actapauli.wordpress.com.

24 E. Haenchen, *The Acts of the Apostles: A Commentary* (trans. B. Noble/G. Shinn/R. McL. Wilson; Philadelphia: Westminster Press, 1971), 8–9.

25 C. Mount, *Pauline Christianity: Luke-Acts and the Legacy of Paul* (NovTSup; Leiden: Brill, 2002), 24–25. Cf. C.K. Barrett, *A Critical and Exegetical Commentary on the Acts of the Apostles* (ICC; New York: T & T Clark International, 1994), 1.141–142.

that the authors of the *AP* and the other apocryphal acts must have known Acts.[26]

Julian V. Hills SBL 1994 Seminar Paper

J.V. Hills has provided a significant study and a nearly complete index of the potential citations of the NT in the *AP*. In addition, he has rated each potential citations on the following scale:

A Those passage about which there can be little reasonable doubt of dependence. ...
B Those passages the use of which reaches a high degree of probability;
C A lower degree of probability;
D Passages which may possibly be referred to, but for which the evidence is too uncertain to allow any reliance.

This grading of verbal parallels, however, can lead to begging the question.[27] Yet Hills' research has convinced some eminent scholars, and so it is necessary to examine them carefully.

Examples of references that Hills grades as D include single word or short phrases (τοῦ ἠγαπημένου in *AP* III, 1; cf. τῷ ἠγαπημένῳ Eph. 1:6); or *AP* III, 4 καρπὸν δικαιοσύνης; with Phil 1.11. Therefore, we will work under the assumption that the most convincing of parallels will be what Hills has graded either A or B. Yet this leaves much to be desired. Appendix B below considers several alleged uses of the Acts at the high end of the scale, A, B and one C.

Hills' grades would make sense if we knew that the author had the NT intact, much as we have it today. Then it would be safe to assume that the wording of a NT book had a possible effect, direct or indirect, on the wording of the *AP*. But this methodology is hazardous for the period of the writing of the *AP* for the following reasons: (1) There is no certainty regarding which books of the NT the author had available to him; (2) the *AP* was written in a period in which oral traditions still played a significant role; (3) the author of the *AP* may have had other written sources which are now unknown. For example, can we know for certain that the author had Matthew, or is it possible that he had "Q" or another Q-like document? Were the beatitudes of III, 5–6 created by the author of the *AP* or did they come from an earlier source? Was *3 Cor* a source or was it written by the author of *AP*?

In my view, most of the A and B readings of Hills need to be downgraded to a D. Only references to 1 Corinthians and to Matthew can, in my view, be

---

26 R. Gounelle, "Actes apocryphes des apôtres et *Actes des apôtres* canoniques: État de la recherche et perspectives nouvelles", in *RHPR* 84 (2004) 7–8, esp. n. 22.

27 As Hills "Acts", 28 (n. 10) argues: "Clearly the argument ... is cumulative. ... Not, of course that a series of D texts amount to an A, but that several convincing B or A texts provide mutually supporting evidence."

deemed at most a B. I would assign to some of the parallels with Galatians, Philippians and 2 Timothy a C+ (more likely than not).

Devotional Language

Many of phrases which Hills find impressive are banal: For example, "not many days from now" (*AP* XIV, 6; Acts 1.5) or "fall to the ground" (*AP* IV, 17; Acts 22.7), coincidentally appear in Acts and it the *AP*. But common sense dictates that languages have ways of saying such everyday things, and that we, who don't speak Greek but depend on lexicons to read it, often have no clue what is a rare word or expression. For the early Christians, the basis of our knowledge is very narrow, largely consisting of the NT, the Apostolic Fathers, the second-century apologists, the NT apocrypha, some brief excerpts from Eusebius and some non-literary papyri from Egypt. This is far too narrow a base to find coincidental phrases rare, especially when the word combinations themselves are by no means unusual.

Hills goes at great length to deny that the coincidence of phrases between Acts and the *AP* are due to devotional language. He assumes that if an expression is "rare" than Acts must have coined it and the *AP* imitated. His positions are greatly undermined by the flimsiness of the verbal resemblances and the likelihood that the early Christians shared a common language based upon the LXX, catechesis, liturgy and hymnology. It is absurd to eliminate the likelihood that expressions come out of a piety which was an oral source for both Acts and the *AP*.

Acts and the AP and Ockham's Razor

Historically, it would behoove a later document to acknowledge or betray its dependence on an earlier document. Bauckham, Pervo and Marguerat believe that it does. But they must create elaborate hypotheses to explain why the *AP* differs on most of the historical details. Bauckham theorizes that the *AP* is a sequel to Acts[28]; M. R. James made this suggestion[29] but then retracted it because of the *Acts of Titus*, a secondary witness to the *AP* that weaves episodes from Acts and *AP* with one another. James concluded that if the *AP* was a sequel to Acts, the *Acts of Titus* could hardly have done this.[30] Pervo and Marguerat suggest that the author of *AP* rewrites Acts because he did not consider it canonical and was dissatisfied with its account. Marguerat suggests several reasons for rewriting ("relecture") Acts: Acts is incomplete; the author desires

---

28 Bauckham, "Sequel".

29 M.R. James, "A Note on the *Acta Pauli*", in *JTS* 6 (1905) 244–246.

30 Id., "The Acts of Titus and the Acts of Paul", in *JTS* 6 (1905) 549–556. Cf. W. Rordorf, "Was wissen wir über Plan und Absicht der Paulusakten?", in D. Papandreou/W. Bienert/A. Schäferdiek (ed.), *Oecumenica* (Stuttgart et al.: Kohlhammer, 1989), 71–74, esp. n. 15; = id., *Lex orandi*, 485–496. See Dunn, *Legacy*, 14–15.36–37.

to portray a more hagiographic, contemporary and rarefied Paul; and he wishes to elevate Thecla.[31] Pervo proposes similarly:

> The evidence that the writer of *APl* [=*AP*] knew and made use of the canonical Acts is so strong that one may wonder why the question has been disputed. The heart of the problem lies in the free treatment of Acts by the author of the *APl.* My thesis is that *APl* did not regard the earlier work as either necessarily authoritative or unquestionably accurate, but (in our terms) as a tendentious and often dubious construction. Rather than compose a respectful sequel, *APl* seeks to correct, possibly to supplant, the canonical work, as well as at least two of the Pastoral Epistles.[32]

The position of Pervo, Hills and Marguerat becomes self-contradictory. First one must assume that Acts was universally available at the time of writing but that it was not sacrosanct with the result that a largely orthodox writer[33] could freely change practically every historical detail in systematic fashion.[34] If Acts were indeed universally available, it would have been so because of some kind of canonical status which would have prevented the author from treating it in the manner that Pervo and Marguerat suggest. But the final blow to these theories is that an author would not need to change trivial historical details to accomplish these goals; a better, stronger, faster Paul could emerge while retaining some basic historical information from the Book of Acts. The historical discrepancies do not seem to be motivated in the least out of a desire to contradict Acts but out of a complete ignorance of Acts.

These are no mild historical discrepancies: while the itinerary of the *AP* and Acts overlap, the events in towns like Damascus, Iconium, Antiochs of Syria and Pisidia, and Ephesus, portray the Paul of the *AP* doing different things with different people while preaching a different message. There are a few coincidences in the stories, such as trouble with smiths in Ephesus and the remarkable fall and recovery of Patroclus/Eutychus, but these similarities are more simply explained through oral tradition than literary dependence. Not even one historical event occurs the same way in the *AP* as it does in Acts. As will be shown below, certain characters are seriously transformed as well: Justus Barsabas, Timothy/Stratæas, and Barnabas. The solution that best conforms to Ockham's Razor is that the author of the *AP* did not know Acts. A common oral tradition better explains the minor resemblances that occasionally occur.

---

31 Marguerat, "Rereading", 178–181.

32 Pervo, "A Hard Acts", 3–4.

33 My conclusion is based on a detailed analysis of the theology of the *AP*, *Legacy*, ch. 6.

34 Cf. Bauckham, "Replacement or Sequel?", 161.

IV. The New Testament in the *Acts of Paul*: Episode by Episode

There may be certain theological motives in the *AP*, such as to promote chastity, exalt martyrdom and to refute gnosticism. But the overarching purpose of the *AP* is to narrate Paul's mission. As regarding Paul's biography, it seems much more likely that the author depends on the Pauline epistles than upon the Lukan Acts. Let's consider each episode in an attempt to determine whether the NT may have had an influence:

Damascus (*AP* I; XI, 6–7): This episode is only in a small fragment John Rylands Papyrus, if correctly identified. Paul's Damascus experience is however recounted in retrospect in *AP* IX, 6–9 and it has many similarities with Gal 1.1–11. Paul's conversion takes place in Damascus (cf. Gal 1.17) while he was persecuting the faith, he receives a revelation from the Father (cf. Gal 1.16). His journey to Jericho with Lemma and Ammia after his conversion seems to correspond well with his trip to Arabia in Gal 1.17.[35] In the John Rylands Fragment, Paul is outside Damascus and receives apparently divine instruction to enter the city. I propose that the *AP* begins at the moment when Paul was returning to Damascus after baptizing the lion, as told in the retrospective narrative of IX, 6–9. The canonical Acts appears to play no role. Paul's other name, Saul of Tarsus, is unattested in the *AP*. Paul is not blinded, his conversion does not take place on the road to Damascus, he does not preach in a synagogue but in an *ekklesia*, nor is he lowered in a basket from the city wall to escape the city. Jude the brother of Jesus who is called a blessed prophet (*AP* IX, 6–7) has a role similar to Ananias the prophet who comes to pray and heal Paul of his blindness (Acts 9.10f.). Bauckham suggests that the author of the *AP* has imaginatively replaced the unknown Judas (Acts 9.11), in whose house Paul stays after being blinded, with Jude brother of Jesus.[36] Barnabas, who acts as an intermediary between the Jerusalem apostles and Paul, does not appear at all in the *AP*, except as an aristocrat's son in *AP* II. It may be that the roles of three men in Acts, Judas, Barnabas and Ananias, have been compounded into a single person, Jude the brother of Jesus; but this is no proof of dependence. It would be rather a sign of confusion in the oral tradition and not of literary dependence.

Antioch of Syria (*AP* II): Antioch of Syria lies between Damascus and Iconium and is the most likely city for *AP* II. The *AP* recounts a story of Panchares, who

[35] Cf. W. Rordorf, "Paul's Conversion in the Canonical Acts and the *Acts of Paul*", in *Semeia* 80 (1997) 137–144; Bauckham, "Replacement or Sequel?", 165.

[36] R. Bauckham, *Jude and the Relatives of Jesus in the Early Church* (Edinburgh: T & T Clark, 1990), 68; and id., "Sequel", 164.

has a son named Barnabas.[37] This Barnabas is the son of a Greek, the chief citizen of the city, and not the Jewish Levite from Cyprus (Acts 4.38) who is Paul's erstwhile traveling companion. It is possible that this young man Barnabas is inspired by Galatians 2.13 but only if the author did not know Acts. Of course, none of the events in this episode corresponds to Acts, except that Paul is dragged out of the city and stoned (which happens in the Iconium in Acts 14.19). This could be based on oral tradition or on 2 Cor 11.25.

Iconium (*AP* III): Paul's arrival in this city with Demas and Hermogenes and his reception in the house of Onesiphorus, along with his being preceded by Titus puts a number of details of this episode in correspondence with the PE. Hermogenes, who turned away from Paul in Asia according to 2 Tim 1.15, is a coppersmith like the Alexander of 2 Tim 2.14. They claim a heresy akin to Hymenaeus and Philetus (*AP* III, 14; 2 Tim 2.18). Every character in the PE portrayed in a negative (Demas, Hermogenes, possibly Alexander) or positive light (Aquila and Priscilla, Onesiphorus, Titus, Luke, Timothy/Stratæas) is also thus portrayed in the *AP*. Demas abandoned Paul because of the love of this age according to 2 Tim 4.10; while Demas and Hermogenes all too easily accept money and eat an extravagant dinner from Thamyris (III, 11–14) – telltale signs of love of this age. By contrast this Iconian episode does not at all resemble Acts and it seems to be based upon oral traditions and historical information from the PE.

Antioch (*AP* IV): This is probably the Pisidian Antioch which is between Iconium and Myra. Apart from the character of Alexander which may have been based on 2 Tim 2.14 – though far too common a name to stake much on – there seems to be no particularly striking contact with this passage and historical information from the NT. The character of Queen Tryphaena is historical;[38] oral tradition may have attempted to connect the Queen and the obscure Tryphaena of Romans 16.12. In any case, the notion that Queen Tryphaena became a Christian is probably based on an oral legend which eventually was conflated with the Thecla tradition.[39]

Myra (*AP* V): The fragmentary Myra episode recounts a story otherwise unknown from Acts or the epistles. None of the characters figure in NT. That

---

[37] This name is preserved in the *Acts of Titus* 4. French trans. in W. Rordorf, "Actes de Tite", in P. Geoltrain/J.-D. Kaestli (ed.), *Écrits apocryphes chrétiens* II (La Pléiade; Paris: Gallimard, 2005), 609–615.

[38] A. v. Gutschmid, "Die Königsnamen in den apokryphen Apostelgeschichten. Ein Beitrag zur Kenntniß des geschichtlichen Romans", in *Rheinisches Museum für Philologie* 19 (1864) 161–183; W.M. Ramsay, *The Church in the Roman Empire Before A.D. 170* (London: Hodder and Stoughton, [10]1897), 382–395.

[39] MacDonald, *Legend*, 20–21, argues for this theory.

being said, reminiscence from pericopes of the gospels emerge from the text. It is the story of a rich man, Hemocrates, who is near death from a terminal disease (dropsy) and in great pain. While Paul is teaching, he proclaims that nothing is impossible for God, which recalls Jesus' statement that the rich can be saved (e.g., Mark 10.27). He offers money to Paul, who refuses, in accordance with Jesus' injunction to heal free of charge (Matt 10.8). He is healed and then asks for something to eat (*AP* V, 1), recalling Jesus ordering the little girl be given something to eat (e.g., Mark 5.43). Then Hermocrates son Hermippus becomes angry because he wished to inherit the estate and his younger brother, Dion, listens to Paul, recalling the two brothers in the parable of the Prodigal Son (Luke 15.11). Hermippus appears to poison Dion who dies. Later at night, Hermippus, armed with a sword, brings thugs with clubs to apprehend Paul who says (*AP* V, 4), "I am not a thief, ... I am not a murderer". This is strongly reminiscent of the scene in the garden of Gethsemane, when Judas leads those who arrest Jesus (e.g., Mark 10.43f.); the *AP* depicts Paul's tribulations in terms familiar to the passion of Christ. Later, we will see that Paul's own martyrdom is understood as Jesus being crucified anew. Now when Hermippus is struck blind and repents of his evil intention, it could recall Paul's own blindness on the Damascus road, but the author has shown no knowledge of Paul's temporary blindness at conversion. Thus, it could be reminiscent of John 9, where the blind man can see and the seeing are blind to their own sin and need of repentance (cf. 2 Kings 6). The story is a moral exhortation answering the question, "Who is the rich man who can be saved?" It is apparently shaped by the different gospel pericopes, but whether there is dependence on one or more of the written gospels or on oral tradition is uncertain.

Sidon (*AP* VI): The fragmentary nature of this chapter requires some hypothetical reconstruction. Paul travels with two married couples; outside of the city of Sidon, they eat under a tree. The the locals may have considered this tree sacred and it was perhaps a pagan altar,[40] though unbeknowst to the Christians eating under it; some others arrive, including a old pagan man, apparently to dispute the Christians eating under the tree. The issue of the "table of demons" comes up; this could be an invocation of 1 Cor 8–10. The theology of Paul, that the earth is the Lord's may have played a role in this episode (1 Cor 10.26), thus legitimizing the eating under a tree considered sacred by unbelievers. Later (four pages of text are missing), the Sidonians cast Paul and his two male companions into the Temple of Apollo in Sidon, and they refuse to eat idol meat that is there offered to them. Again, this may be a narrative exposition of Paul's prohibition of eating in a Temple at the table of demons (1 Cor. 8.10; 10.21).

---

40 C. Schmidt, *Acta Pauli aus der Heidelberger koptischen Papyrushandschrift* (Leipzig: Hinrich, 1904), 97.

Tyre (*AP* VII): No names, except Paul, are mentioned in these episodes that refer to characters from Acts or from the Pauline epistles.

Jerusalem, Cilicia (*AP* VIII): These episodes are hypothetical based upon fragmentary evidence and a likely trajectory of Paul movements in the *AP*. P. Cherix has assembled the many unassigned fragments of the Heidelberg Papyrus to this part of the *AP*.[41] One of these fragments is the only reference to Paul's doctrine of justification by faith, ϫⲉ ⲡⲣⲱⲙⲉ ⲛⲁⲧ[ⲙⲁⲓⲉⲟ] ⲉ [...] ⲟⲥⲧ̄ ⲁⲗⲗⲁ ϫⲉ ϥⲛⲁⲧⲙⲁⲓⲉⲟ [...] [ⲛ̄ⲉϩⲃ]ⲉⲩⲉ ⲛ̄ⲧ[ⲇⲓ]ⲕⲁⲓⲟⲥⲩⲛⲏ ⲛϥ̄ ... "... that man will become justified [...] but that he will be justified [...] works of righteousness and he ..."[42] Mention of Cilicia is made, and presumably an episode may have taken place at Tarsus. But there is no evidence in the extant *AP* that Paul was from Cilicia.

Smyrna (*AP* VIII): Thanks to the Coptic Bodmer Papyrus (IX, 1), it is clear that there is a missing episode in Smyrna: "Having said these things, Paul left Smyrna for Ephesus and went into the house of Aquila and Priscilla, rejoicing." Ps. Pionius, *Life of Polycarp*,[43] is likely a secondary witness to the Smyrnaean episode of the *AP*.[44] According to Ps. Pionius, while in Smyrna Paul discoursed on Passover and Pentecost, which corresponds with *AP* IX, 4. Also he says that Paul visited Stratæas, his hearer in Pamphylia, the son of Eunice and grandson of Lois. Ps.-Pionius cites 2 Tim 1.5 and concludes that Stratæas is Timothy's brother. I suggest that Stratæas (Στραταίας) is actually a nickname for Timothy, who is called upon to be a good soldier (στρατιώτης) of Christ (2 Tim 2.3), and this would be mark the appearance of a very important disciple of Paul who is otherwise inexplicably absent from the *AP*. His name appears, after all, seventeen times in the Pauline epistles. Acts mentions his point of origin as Lystra not Pamphylia, and which also point in favor of Ps. Pionius using the *AP* which has many other details historically irreconciable with Acts.

Ephesus (*AP* IX): In Ephesus, Paul stays with Aquila and Priscilla and is there during Pentecost. Information about this couple is not derived from Acts 18, which has them originating in Rome and meeting Paul in Corinth. Their pre-

---

41 In Rordorf, "Actes de Paul", 1149–1150.

42 Schmidt, *Acta Pauli*, 65, translated this fragment ambitiously: "daß der Mensch *nicht gerechtfertigt* werde *durch das Gesetz* (νόμος), sondern (ἀλλά) daß er gerechtfertigt werde *durch die* Werke der Gerechtigkeit (δικαιοσύνη) und er ..." He comments (190): "Die paulinische Glaubensgerechtigkeit hatte eben auf heidenchristlichem Boden jede Bedeutung verloren, da an die Stelle des Glaubens die Werke, an die Stelle der freien Gnade Gottes die Selbstleistung des Menschen getreten war." But this is only if you fill in the blanks the way he does. Furthermore, there is no way of knowing who the interlocutor is; we must not presuppose this comes from Paul's mouth.

43 J.B. Lightfoot, *The Apostolic Fathers* (London: MacMillan and Co., [2]1889) provides the text (2.3.433–434) and trans. (2.3.471–472).

44 Rordorf, "Was wissen wir?" ,73–74; Dunn, *Legacy*, 26–27.

sence in Asia however is confirmed from 1 Cor 16.19 and 2 Tim 4.19.[45] While the church meets in their home, they are confronted by an angel who speaks in tongues; Paul interprets for them, reminding us of 1 Cor 13.1 and 14.13–27. After Paul recounts his conversion and the baptism of the lion, the goldsmiths of Ephesus rise up against Paul because of success of his mission and the conversion of Procla. Condemned to the arena, Paul faces the baptised lion who speaks with a human voice, and a well-timed hail storm saves them both. This persecution is somewhat reminiscent of that of Demetrius and the silversmiths in Acts 19; yet none of the details match up, to the point where it is more likely that oral tradition and not Acts that has helped to shape this story. Inspiration for the story, however, may have come from 2 Cor 1.8f., where Paul vaguely refers to an affliction in Asia which brought him close to death; from 1 Cor 15.32, where Paul mentions fighting with wild beasts in Ephesus; and from 2 Tim 4.17, where Paul claims to have been rescued from the lion's mouth. The itinerary of the *AP* here follows 1 Cor 16.8, which says that Paul will stay in Corinth until Pentecost and travel through Macedonia to Corinth. It is reasonable to conclude with Bauckham that this convergence of parallels suggests that the author of the *AP* believed that 2 Tim, 1 and 2 Cor were referring to the same period in Paul's life.[46]

Philippi (*AP* X, XI): Rordorf has split the Philippian episode into two episodes: one part deals with the inclusion of *3 Cor* into the *AP* (X), and the second part deals with the fragment about the healing of Longinus' daughter Frontina (XI). The inclusion of a Pauline letter creates an interesting question. Should it actually be considered part of the Pauline corpus of the author of the *AP*? Also, who wrote it? Was it the author of *AP* himself or did it exist already? The internal and external evidence leads to the conclusion that *3 Cor*, X, 2 and 4, circulated independently, and that the author of the *AP* included this *3 Cor* into his writing, adding a preface (X, 1) and intermediate narrative (X, 3).[47] *3 Cor*, however, was not attested as part of the Pauline corpus except in Ephrem the Syrian's commentary (fourth cent.) and in the later Armenian canon. If the presbyter who allegedly wrote the *AP* came across *3 Cor*, perhaps he found it isolated from the collection of Paul's letter in his day, and few people who knew anything about it. In his compositions of the *AP*, he would provide *3 Cor* with a narrative foundation in Paul's life and thereby promote the correspondence and its anti-gnostic agenda. The author of the *AP* may have believed *3 Cor* to be

45 There are admittedly problems with the author's reading of the Pauline epistles, for one wonders how Timothy while in Ephesus could greet Onesiphorus in Iconium.

46 Bauckham, "Sequel", 119–120.

47 See discussion in W. Rordorf, "Héresie et orthodoxie selon la correspondance apocryphe entre les Corinthiens et l'Apôtre Paul", in *Héresie et Orthodoxie*, in *Orthodoxie et hérésie dans l'Eglise ancienne* (Cahiers de la Revue de Théologie et de Philosophie 17; 1993), 21–63; = id., *Lex orandi*, 389–431; *Dunn, Legacy*, ch. 6.

authentic. As for the usage of the NT in *3 Cor*, there is separate chapter in this present work by Alberto d'Anna.

Corinth (*AP* XII): Paul stays in the house of Stephanas[48] (cf. 1 Cor 1.16). Paul fasts with the Corinthian Christians, and there is a moment when three prophets, Cleobius,[49] Myra, and Paul, are filled with the Spirit and speak of Paul's coming ordeal in Rome. This liturgy follows the instructions of Paul in 1 Cor 14.29–33, that a maximum of three prophets speak. There would be in the *AP* XII a violation 1 Cor 14.34–35 which prohibits from speak and contextually this would apply especially to prophetic speech, since a woman, Myrta prophesies; but there is evidence that 1 Cor 14.34–35 is an interpolation, and I have suggested that it was not in the copy of 1 Cor available to the author of the *AP*.[50]

Voyage to Italy (*AP* XIII): Paul sails as a free man from Corinth to Rome. During the voyage he has a vision of Jesus, who tells Paul that he (Jesus) will be crucified again; this is a reference to Paul's upcoming martyrdom, and could recall a Pauline theme (Gal 2.20; Col 1.24). Once he arrives at the Roman port, he meets the brethren and settles in a church where he preaches.[51] C. Schmidt thought that the fragment of the Heidelberg Papyrus that attests this passage was from a heretofore unknown gospel. But W. Rordorf has since shown through the analysis of three Greek papyri of the *AP* that this "gospel" text was part of Paul's sermon.[52] In his sermon, Paul recounts a pericope in which Jesus discourses with Peter, Philip and the other disciples. Jesus mentions numerous miracles of making the lame to walk, cleansing of lepers, raising the sick, healing paralytics and demoniacs, walking on water, multiplying the bread, calming the storm; all such miracles are attested in the gospels of the NT and undoubtedly were also a part of the oral tradition. Then Jesus says (XIII, 9), "For truly [I say] to you that if you say [to this mountain] "Be removed from there and go [into the sea], and you don't doubt in [your] soul, it will take place for you."

48 On this reading in the place of Epiphanius, see Dunn, *Legacy*, 161.

49 Cleobius was the companion of Simon in *3 Cor*; but the reception of Paul's letter (*3 Cor* 4–6) is not preserved in the extant *AP*. This appearance of a prophesying Cleobius is probably an indication that this lost part of the *AP* depicted Cleobius' repentance from Simon's heresy.

50 P.W. Dunn "The Charismatic Gifts in the *Acts of Paul*", in *Pentecostal Mission, Issues Home and Abroad: Conference Papers for the 29th Annual Meeting of the Society for Pentecostal Studies* (2000), 4–5 (available at actapauli.wordpress.com), and id., *Legacy*, 186–188.

51 Rordorf has suggested to me that this preaching may be inspired by Rom 1.8–15, where Paul says he wishes to go to Rome to strengthen the Roman Christians. So Jesus commands Paul (XIII, 2): Παῦλε ὕπαγε εἴσελθε εἰς τὴν Ῥώμην καὶ παρακά[λεσο]ν τοὺς ἀδελφούς, ἵνα ἐμμείνωσι τῇ πρὸς τὸν πατέρα κλήσει. In Rom 1.12. Paul speaks of mutual encouragement: τοῦτο δέ ἐστιν συμπαρακληθῆναι ἐν ὑμῖν διὰ τῆς ἐν ἀλλήλοις πίστεως ὑμῶν καὶ ἐμοῦ.

52 W. Rordorf, "Les Actes de Paul sur papyrus: problèmes liés aux P. Michigan inv. 1317 et 3788", in *Proceedings of the XVIII International Congress of Papyrology* (Athens, 1988), 453–460.

This could be a citation of Matt 21.21 from memory, though it also resembles more Mark 11.23 in some respects. The pericope concludes, Jesus and his disciples Simon and Philip discuss a work that Jesus promises to do which will be greater than raising the dead; the healings and rasing of the dead that he does now are **ⲡⲣⲟⲥ ⲟⲩⲗⲉⲓϣ** (XIII, 10),[53] for a season, to bring people to believe. Likely, the greater work will be the final resurrection of the flesh, which will endure not merely for a moment but for eternity. The Sitz im Leben of such a pericope would be to answer the question, "Why is it that everyone whom Christ healed has now died?" It is very possible that it is an oral teaching which arose in the generation after all of those healed by Christ had passed away; the explanation circulated and then was written into the *AP* at a later time.

Rome (*AP* XIV): In the story of Paul's martyrdom we encounter Luke from Galatia and Titus from Dalmatia, while 2 Tim 4.10 says Titus has departed for Dalmatius and Crescens to Galatia; the relationship of Titus with Dalmatia remains constant, the direction however has changed. Luke however is with Paul and this agrees with 2 Tim 4.11. So there seems more agreement than disagreement. *AP* XIV recounts the conversion of Nero's servants Barsabas Justus the flatfooted, Orion the Cappadocian, Festus the Galatian, and Patroclus the cupbearer, while Phil 4.22 records a greeting from the brethren of Caesar's household. The narrative may exist to recount how members of Caesar's household became brothers. Justus Barsabas is a name that appears in Acts 1.23. But in this case, he is not a follower of Jesus from the Holy Land, but a servant in the household of Nero. This makes it again more likely that the author does not know Acts but knows this name only from the oral tradition.[54]

Patroclus falls from a window while listening to Paul teach and people's prayers bring him back to life. This story is like that of Eutychus who listens to Paul from a window and falls to his death. Despite the opinions of Pervo[55] and MacDonald,[56] the verbal similarities in the stories are insufficient to establish literary dependence: the Greek words Παῦλος, τις ὀνόματι, καθέζομαι, θυρίς, παῖς and ζάω; a young man/slave listens and while Paul speaks falls from a window to his death and is brought back to life. Such details are necessary to show we are dealing with a common story. Otherwise the use of common vocabulary is unremarkable and there is clearly no verbal dependence requiring literary dependence. Let us consider by way of analogy the Johannine account (John 6.1–14) of the feeding of the five thousand. The verbal coincidence that occurs between John's story and the synoptic versions is similar in scope to the

53 The Greek equivalent is probably πρὸς καιρόν as in 1 Cor 7.5 (Sahidic).

54 Papias refers to this name as a subject of the oral tradition told by the daughters of Philip (h.e. 3.39); see MacDonald, *Legend*, 24; Dunn, *Legacy*, 52.

55 Pervo, "A Hard Acts", 10–11.

56 MacDonald, "Luke's Eutychus."

Patroclus/Eutychus story. Yet eminent scholars like R. Brown[57] and E. Haenchen[58] do not consider John to be dependent on the synoptics but on oral tradition. If so, how much more unlikely is it that there is literary dependence between Acts and the *AP*?

V. Oral Tradition and the Composition and Genre of the *AP*

F. Bovon suggests that the genre of the apocryphal acts resembles more closely the gospels than Acts, while A.G. Brock concludes the same specifically about the *AP*.[59] If this is the case, then it is possible to explain some of the historiographical principles brought to bear in its composition. Papias, who was perhaps even a contemporary of the author of the *AP*, describes what may have been a common view of the gospels in his time (frag. 3.10, trans. Lightfoot-Harmer):

> Mark, having become the interpreter of Peter, wrote down accurately everything that he remembered, without however recording in order what was either said or done by Christ. For neither did he hear the Lord, nor did he follow Him; but afterwards, as I said, (attended) Peter, who adapted his instructions to the needs (of his hearers) but had no design of giving a connected account of the Lord's oracles. So then Mark made no mistake, while he thus wrote down some things as he remembered them; for he made it his one care not to omit anything that he heard, or to set down any false statement therein.

Papias supports the view that the gospels were a selection, an arrangement, and an adaptation of units of Jesus tradition which circulated orally, serving the catechesis of the primitive church. The tradition units appear within a basic chronology – Jesus' birth, baptism, mission, passion, resurrection – but the gospel writers had freedom to arrange them without strict regard to chronology, geography or other historical details. In the *AP*, a basic chronology follows a similar pattern: Paul's conversion (in retrospect, *AP* IX, 5–6), call to mission (*AP* I), his mission and voyages (II–XII), his martyrdom and post-mortem appearances (XIII–XIV). Apart from this basic chronology, the author of the *AP* appears to have selected, arranged and adapted Pauline traditions which were

---

57 R.E. Brown, *The Gospel According to John (I–XII)* (The Anchor Yale Bible; New Haven: Yale University Press, 1974), 236–244.

58 E. Haenchen, *John 1: A Commentary on the Gospel of John, Chapter 1–6* (trans. R.W. Funk; Hermeneia; Philadelphia: Fortress Press, 1984), 274: "... the solution to be preferred is this: the story of the miraculous feeding was already being told prior to Mark in various versions, among which no absolute priority can be assigned. John 6:1–13 is another version of the same story, and it is not dependent on the synoptic accounts."

59 F. Bovon, "La vie des apôtres: tradition bibliques et narrations apocryphes", in F. Bovon/M. van Esbroeck et al. (ed.), *Les Actes apocryphes des Apôtres. Christianisme et monde païen* (Publication de la Faculté de Théologie de l'Université de Genève 4; Geneva: Labor et Fides, 1981), 150; cf. A.G. Brock, "Genre of the *Acts of Paul*", in *Apocrypha* 5 (1994) 119–136.

available to him in oral and written form (e.g., *3 Cor*, certain Pauline epistles, perhaps *AP* III, 5–6).

The *AP* contains evidence of oral tradition in a doublet in the Thecla tradition (*AP* III, IV): in the two stories Thecla rejects a male suitor who consequently denounces her, and she is condemned by a governor but saved miraculously by divine intervention. The author possibly knew these two stories as oral traditions, one associated with the city of Iconium and the other with Antioch of Pisidia – local legends about Thecla and her bravery in the face of persecution for her Christian faith. He then recorded both in his narrative. This would be analogous to the doublet of the feeding of the 5000 (4000) in Mark 6.35–44 and 8.1–9; and reaching further back, the "triplet" of Abraham and Sarah/Isaac and Rebekah (Gen. 12.10–13; 20:1–18; 26:6–10).[60]

Based on this analogy, we can see different kinds of variation in an oral tradition unit, while the main story remains the same: (1) A change of geography: where the story takes place (*AP* III – Iconium; *AP* IV – Antioch). (2) A change of chronology: when the story happens in relation to other events (*AP* III – immediately following Thecla's conversion; *AP* IV – at the time of her baptism. (3) Changes in the related characters: (*AP* III – Thamyris, Theocleia); *AP* IV – Alexander, Tryphaena). (4) Changes in events and details (*AP* III – Thecla is burnt at the stake; *AP* IV – she is thrown to the beasts). In the story of Eutychus and Patroclus, there is a similar variation: (1) A change of geography (Acts – Troas; *AP* – Rome). (2) A change of chronology (Acts – during Paul's mission; *AP* – near his martyrdom). (3) Changes in related characters (Acts – Eutychus; *AP* – Patroclus). (4) Changes in events and details. (Acts – Eutychus falls asleep; *AP* – Patroclus falls by instigation of the devil). These are classic variations in tradition units caused by the fluidity of oral communication.

Otherwise independent tradition units may also be brought together. There are a number of persons besides Paul whose existence is known outside of the *AP*: e.g., Tryphaena and Justus Barsabas. Also, it was probably historically true that Paul died by beheading under Nero. Now, the interesting thing is that Thecla comes together with the Tryphaena tradition. The Eutychus/Patroclus tradition comes together with martyrdom of Paul, as well as with Justus Barsabas. This suggests a kind of conflation of oral tradition units which would have originally had independent existence.

---

60 A. Jensen, *Thekla die Apostelin. Ein apokrypher Text neu entdeckt* (Freiburg et al.: Herder, 1995) views the Antioch episode as historical and the Iconium episode as a novelistic expansion of the story by the Presbyter who submits the Thecla story to Paul.

Conclusions

The Extent of the NT in the AP

Gospels: The author of *AP* seems to have known Matthew; it is less certain whether other resemblances with the gospels come as a result of familiarity with the written Gospels or with oral tradition. At least one non-canonical tradition which explains the non-permanence of Jesus healing appears in *AP* XIII. The episode of Myra seems to be influenced by the story of the rich young ruler and numerous other pericopes.

Pauline Epistles: *AP* III, 5–6 betrays knowledge of 1 Cor with relative certainty. Some historical information appears to come from 1 Cor, Gal, Phil, 2 Tim and perhaps 2 Cor. These reminiscences could also have arisen from oral tradition, but it seems more likely than not, given the knowledge of 1 Cor, that a certain Pauline corpus was also known to the author.

Canonical Acts: The author of the *AP* appears at every step to be ignorant of Acts; reliance on common oral traditions seems the best explanation for the resemblances between Acts and *AP*.

Purpose

Thus, the purpose of the *AP* would become evident if Acts was unknown. The author wrote a narrative modeled after the gospel genre to recount Paul's conversion, call, mission, and passion. He did this because he did not know the canonical Acts, and he wished to gather available historical information, both written and oral, and thus to provide a coherent narrative for this material. Also, the *AP* reveals a desire to present interpretations of earlier tradition (gospels and Pauline epistles) in narrative form, expounding second century orthodox views regarding sexual continence, resurrection, charismatic gifts, wealth, and martyrdom.

Appendix A: A Comparison of *Acts of Paul* III, 5–6 with 1 Corinthians 6–7 and Matthew 5

This table is inspired a similar one by Jeremy W. Barrier, *The Acts of Paul and Thecla: A Critical Introduction and Commentary*, WUNT 2.270 (Tübingen: Mohr Siebeck, 2009) 54. I have added the comparison with 1 Corinthians 6–7.

1 Corinthian 6–7	Acts of Paul III, 5–6	Matthew 5
6.2 ἢ οὐκ οἴδατε ὅτι οἱ ἅγιοι τὸν κόσμον κρινοῦσιν; καὶ εἰ ἐν ὑμῖν κρίνεται ὁ κόσμος, ἀνάξιοί ἐστε κριτηρίων ἐλαχίστων; **3** οὐκ οἴδατε ὅτι ἀγγέλους κρινοῦμεν, μήτι γε βιωτικά; 6.18 Φεύγετε τὴν πορνείαν. πᾶν ἁμάρτημα ὃ ἐὰν ποιήσῃ ἄνθρωπος ἐκτὸς τοῦ σώματός ἐστιν· ὁ δὲ πορνεύων εἰς τὸ ἴδιον σῶμα ἁμαρτάνει. **19** ἢ οὐκ οἴδατε ὅτι τὸ σῶμα ὑμῶν ναὸς τοῦ ἐν ὑμῖν ἁγίου πνεύματός ἐστιν οὗ ἔχετε ἀπὸ θεοῦ, καὶ οὐκ ἐστὲ ἑαυτῶν; **20** ἠγοράσθητε γὰρ τιμῆς· δοξάσατε δὴ τὸν θεὸν ἐν τῷ σώματι ὑμῶν. **7.29** Τοῦτο δέ φημι, ἀδελφοί, ὁ καιρὸς συνεσταλμένος ἐστίν· τὸ λοιπόν, ἵνα καὶ οἱ ἔχοντες γυναῖκας ὡς μὴ ἔχοντες ὦσιν **30** καὶ οἱ κλαίοντες ὡς μὴ κλαίοντες καὶ οἱ χαίροντες ὡς μὴ χαίροντες καὶ οἱ ἀγοράζοντες ὡς μὴ κατέχοντες, **31** καὶ οἱ χρώμενοι τὸν κόσμον ὡς μὴ καταχρώμενοι· παράγει γὰρ τὸ σχῆμα τοῦ κόσμου τούτου. **32** Θέλω δὲ ὑμᾶς ἀμερίμνους εἶναι. ὁ ἄγαμος μεριμνᾷ τὰ τοῦ κυρίου, πῶς ἀρέσῃ τῷ κυρίῳ· **33** ὁ δὲ γαμήσας μεριμνᾷ τὰ τοῦ κόσμου, πῶς ἀρέσῃ τῇ γυναικί, **34** καὶ μεμέρισται. καὶ ἡ γυνὴ ἡ ἄγαμος καὶ ἡ παρθένος μεριμνᾷ τὰ τοῦ κυρίου, ἵνα ᾖ ἁγία καὶ τῷ σώματι καὶ τῷ πνεύματι· ἡ δὲ γαμήσασα μεριμνᾷ τὰ τοῦ κόσμου, πῶς ἀρέσῃ τῷ ἀνδρί	i. Μακάριοι οἱ καθαροὶ τῇ καρδίᾳ, ὅτι αὐτοὶ τὸν θεὸν ὄψονται. ii. Μακάριοι οἱ ἁγνὴν τὴν σάρκα τηρήσαντες, ὅτι αὐτοὶ ναοὶ θεοῦ γενήσονται. iii. Μακάριοι οἱ ἐγκρατεῖς, ὅτι αὐτοῖς λαλήσει ὁ θεός. iv. Μακάριοι οἱ ἀποταξάμενοι τῷ κόσμῳ τούτῳ, ὅτι αὐτοὶ εὐαρεστήσουσιν τῷ θεῷ. v. Μακάριοι οἱ ἔχοντες γυναῖκας ὡς μὴ ἔχοντες, ὅτι αὐτοὶ κληρονόμοι θεοῦ γενήσονται. vi. Μακάριοι οἱ φόβον θεοῦ ἔχοντες, ὅτι ἄγγελοι γενήσονται. vii. Μακάριοι οἱ τρέμοντες τὰ λόγια τοῦ θεοῦ, ὅτι αὐτοὶ παρακληθήσονται. viii. Μακάριοι οἱ σοφίαν λαβόντες Ιησοῦ Χριστοῦ, ὅτι υἱοὶ ὑψίστου κληθήσονται. ix. Μακάριοι οἱ τὸ βάπτισμα τηρήσαντες, ὅτι αὐτοὶ ἀναπαύσονται πρὸς τὸν πατέρα καὶ τὸν υἱὸν τὸν ἀγαπητόν. x. Μακάριοι οἱ σύνεσιν Χριστοῦ χωρήσαντες, ὅτι αὐτοὶ ἐν φωτὶ γενήσονται. xi. Μακάριοι οἱ δι᾽ ἀγάπην θεοῦ ἐξελθόντες τοῦ σχήματος τοῦ κοσμικοῦ, ὅτι αὐτοὶ ἀγγέλους κρινοῦσιν καὶ ἐν δεξιᾷ τοῦ πατρὸς σταθήσονται. xi. Μακάριοι οἱ ἐλεήμονες, ὅτι αὐτοὶ ἐλεηθήσονται καὶ οὐκ ὄψονται ἡμέραν κρίσεως πικράν. xiii. Μακάρια τὰ σώματα τῶν παρθένων, ὅτι αὐτὰ εὐαρεστήσουσιν τῷ θεῷ καὶ οὐκ ἀπολέσουσιν τὸν μισθὸν τῆς ἁγνείας αὐτῶν· ὅτι ὁ λόγος τοῦ πατρὸς ἔργον αὐτοῖς γενήσεται σωτηρίας εἰς ἡμέραν τοῦ υἱοῦ αὐτοῦ, καὶ ἀνάπαυσιν ἕξουσιν εἰς αἰῶνα αἰῶνος.	**3** Μακάριοι οἱ πτωχοὶ τῷ πνεύματι, ὅτι αὐτῶν ἐστιν ἡ βασιλεία τῶν οὐρανῶν. **4** μακάριοι οἱ πενθοῦντες, ὅτι αὐτοὶ παρακληθήσονται. **5** μακάριοι οἱ πραεῖς, ὅτι αὐτοὶ κληρονομήσουσιν τὴν γῆν. **6** μακάριοι οἱ πεινῶντες καὶ διψῶντες τὴν δικαιοσύνην, ὅτι αὐτοὶ χορτασθήσονται. **7** μακάριοι οἱ ἐλεήμονες, ὅτι αὐτοὶ ἐλεηθήσονται. **8** μακάριοι οἱ καθαροὶ τῇ καρδίᾳ, ὅτι αὐτοὶ τὸν θεὸν ὄψονται. **9** μακάριοι οἱ εἰρηνοποιοί, ὅτι αὐτοὶ υἱοὶ θεοῦ κληθήσονται. **10** μακάριοι οἱ δεδιωγμένοι ἕνεκεν δικαιοσύνης, ὅτι αὐτῶν ἐστιν ἡ βασιλεία τῶν οὐρανῶν. **11** μακάριοί ἐστε ὅταν ὀνειδίσωσιν ὑμᾶς καὶ διώξωσιν καὶ εἴπωσιν πᾶν πονηρὸν καθ᾽ ὑμῶν [ψευδόμενοι] ἕνεκεν ἐμοῦ. **12** χαίρετε καὶ ἀγαλλιᾶσθε, ὅτι ὁ μισθὸς ὑμῶν πολὺς ἐν τοῖς οὐρανοῖς· οὕτως γὰρ ἐδίωξαν τοὺς προφήτας τοὺς πρὸ ὑμῶν.

Appendix B: Acts and the *Acts of Paul*[1]

AP II, 3 ⲁⲩϩⲟⲩⲱⲛⲉ ⲁⲣⲁϥ ⲁⲩⲛⲁⲭϥ̄ ⲁⲃⲁⲗ ϩⲛ̄ⲧⲉⲩⲡⲟⲗⲓⲥ ⲁⲩⲱ ϩⲛ̄ⲧⲉⲩⲭⲱⲣⲁ
AP III, 21 καὶ τὸν Παῦλον φραγελλοώσας **ἔξω τῆς πόλεως ἐξέβαλεν**.
Acts 13.50 οἱ δὲ Ἰουδαῖοι παρώτρυναν τὰς σεβομένας γυναῖκας τὰς εὐσχήμονας καὶ τοὺς πρώτους τῆς πόλεως καὶ ἐπήγειραν διωγμὸν ἐπὶ τὸν Παῦλον καὶ Βαρναβᾶν καὶ **ἐξέβαλον** αὐτοὺς **ἀπὸ τῶν ὁρίων αὐτῶν**.
Acts 14.19 Ἐπῆλθαν δὲ ἀπὸ Ἀντιοχείας καὶ Ἰκονίου Ἰουδαῖοι καὶ πείσατες τοὺς ὄχλους καὶ **λιθάσαντες** τὸν Παῦλον ἔσυρον **ἔξω τῆς πόλεως** νομίζοντες αὐτὸν τεθνηκέναι.
Hills: B, B New: D, D[2]

AP III, 1: καὶ τὰ **μεγαλεῖα** τοῦ Χριστοῦ III, 18: ἤκουσεν **τὰ μεγαλεῖα τοῦ θεοῦ**
Acts 2.11: ἀκούομεν λαλούντων αὐτῶν ταῖς ἡμετέραις γλώσσαις **τὰ μεγαλεῖα τοῦ θεοῦ.**
Hills: C, B New: D, D[3]

AP III, 3 ποτὲ μὲν γὰρ ἐφαίνετο ὡς ἄνθρωπος, ποτὲ δὲ ἀγγέλου πρόσωπον εἶχεν.
Acts 6.15 εἶδον τὸ πρόσωπον αὐτοῦ ὡσεὶ **πρόσωπον ἀγγέλου.**
Hills: B New: D[4]

AP III, 8 **ἡμέρας τρεῖς** καὶ νύκτας τρεῖς Θέκλα ἀπὸ τῆς θυρίδος οὐκ ἐγηγέρται, οὔτε ἐπὶ τὸ φαγεῖν οὔτε ἐπὶ τὸ πιεῖν.
Acts 9.9 καὶ ἦν **ἡμέρας τρεῖς** μὴ βλέπων καὶ οὐκ ἔφαγεν οὐδὲ ἔπιεν.
Hills: C New: D[5]

---

[1] This appendix examines the "A" and "B" texts of Hills, "Acts", 51–54; I provide Hills' rating and my own new rating with an explanation in the footnotes.

[2] This persecution appears to take place in the same city, Antioch, though in all likelihood, the Antioch of the *AP* is in Syria not Pisidia. In both cases, Paul is expulsed from the city and goes to Iconium. According to Acts, Paul is stoned in Iconium and left for dead. But the similarities of the accounts end there. Such variances are best explained by oral recounting and not literary dependence. The verbal similarities are insufficient to indicate literary dependence.

[3] This is the language of the LXX and entirely unremarkable (cf. Psalm 70.19; Deut 11.2).

[4] This is not a sign of literary dependence but of a shared martyrology which views martyrs as angels or like angels. Paul in *AP* in arriving at Iconium from Antioch had just be stoned. Therefore he appears in Galatia bearing the στίγματα τοῦ Ἰησοῦ (*3 Cor* 6.46; Gal 6.17), having already had a martyrdom experience.

[5] The words "three days and three nights" can easily refer to the time that Jesus spent in the tomb while the disciples were mourning his death. But more importantly, Thecla's inability to eat or drink is related to her lovesickness, and it is a common motif in the ancient novels (cf. *Joseph and Aseneth* 6.1; and 10.2: καὶ ἄρτον οὐκ ἔφαγεν καὶ ὕδωρ οὐκ ἔπιεν). Finally, there is no mention of Paul's blindness in the conversion account of the *AP*.

AP III, 17 Ὁ δὲ ἀνθυπατος ἀκούσας ἐκέλευσεν δεθῆναι τὸν Παῦλον καὶ εἰς φυλακὴν ἀπαχθῆναι μέχρις ἂν εὐσχολήσας ἐπιμελέστερον ἀκουσῃ αὐτοῦ.
Acts 24.25 διαλεγομένου δὲ αὐτοῦ περὶ δικαιοσύνης καὶ ἐγκρατείας καὶ τοῦ κρίματος τοῦ μέλλοντος, ἔμφοβος γενόμενος ὁ Φῆλιξ ἀπεκρίθη, Τὸ νῦν ἔχον πορεύου, καιρὸν δὲ μεταλαβὼν μετακαλέσομαί σε ...
Hills : B New: D[6]

AP III, 24 Θεὲ **καρδιογνῶστα**, ὁ πατὴρ Ἰησοῦ Χριστοῦ
Acts 1.24 (cf. Acts 15.8): Σὺ κύριε **καρδιογνῶστα** πάντων
Hills: A New: D[7]

AP IV, 9 **ἐν τῷ ὀνόματι Ἰησοῦ Χριστοῦ** ὑστέρᾳ ἡμέρᾳ βαπτίζομαι.
Acts 2.38: καὶ βαπτισθήτω ἕκαστος ἡμῶν **ἐπὶ τῷ ὀνόματι Ἰησοῦ Χριστοῦ** εἰς ἄφεσιν τῶν ἁμαρτιῶν ὑμῶν καὶ λήμψεσθε τὴν δωρεὰν τοῦ ἁγίου πνεύματος.
Hills: A New: D[8]

AP IV, 17 καὶ **ἔπεσεν εἰς τὸ ἔδαφος** ὅπου Παῦλος καθεζόμενος ἐδίδασκεν.
Acts 22.7 **ἔπεσά** τε **εἰς τὸ ἔδαφος**
Hills: B New: D[9]

---

6 Anyone who has ever been put off by a governmental authority will find this coincidence unremarkable. It is rather the nature of government to delay action.

7 Hills, "Legacy", 150–151, stresses that this word does not figure in the LXX nor in any pre-Christian or Christian literature before Acts, and he essentially concludes that all later Christians would require a knowledge of Acts to use it. Yet Clement of Alexandria cites Thales, the father of Greek philosophy, as using the term in reference to God (*strom* 5.14.96), making it extremely unlikely that only post-Acts Christians would know it.

8 Undoubtedly the formulae for baptism were widespread. This is no more an indication of dependence than if the formula had been, "in the name of the Father, of the Son, and the Holy Spirit" would be an indication of dependence on Matthew 28.19. Paul's statement that those who were baptized into Christ Jesus indicates that they were baptized "in the name of Christ Jesus" (cf. 1 Cor 1.13 and 15). Hill's argues ("Legacy", 148) that this formula only exists in the NT in Acts (8.12, etc.) is without merit.

9 Hills, "Acts", 43 points out that εἰς τὸ ἔδαφος πίπτειν occurs in the Greek Bible only 4 Macc 6.7; the prepositional phrase, εἰς τὸ ἔδαφος appears in *Apoc. Esdr.* 4.21; Philo, *De somn.* 2.140.2; and several classical writers (e.g., Aesop, Aristotle and Euclid), and that only *History of Alexander*, has the full phrase εἰς τὸ ἔδαφος πίπτειν. He concludes, "... no author conceivably familiar with oral or written traditions of Luke-Acts has the phrase [εἰς τὸ ἔδαφος]. ... It therefore appears that the particular combination of the phrase εἰς τὸ ἔδαφος with the verb πίπτειν is all but unattested in writings possibly known or used by the author of the *APl*; the single exception is Acts 22:7. So two options lie before us: to suppose either that, by some happy coincidence, the author of the *APl* chose what is a singular phrase in Acts; or that he or she was in fact knowingly imitating a usage familiar from the canonical books of Acts." These comments expose the weakness of Hill's study. It is as if he has forgotten that the Greek language was living and breathing at the time, believing that the author of *AP* must have therefore relied on literary sources for the most trivial of phrases. To give an idea how trivial, I googled the exact phrase, "She fell to the ground" and returned 51,600 hits.

AP VI,5 ⲁⲉ ⲡⲛⲟⲩⲧⲉ ϭⲱϣⲧ̄ ⲁϩⲣⲏⲉⲓ ⲁϫⲛ̄ⲛⲟⲩⲁⲡⲉⲓⲗⲏ
Acts 4.29 καὶ τὰ νῦν, κύριε, ἔπιδε **ἐπὶ τὰς ἀπειλὰς αὐτῶν**
Hills: A New: D[10]

AP IX, 13 καθὰ **δεῖ σωθῆναι**
AP IX, 17 μόνος δὲ ὁ θεὸς μένει καὶ ὁ δι' αὐτοῦ **δεῖ σωθῆναι.**
Acts 4.12 καὶ οὐκ ἔστιν ἐν ἄλλῳ οὐδενὶ ἡ σωτηρία, οὐδὲ γὰρ ὄνομά ἐστιν ἕτερον ὑπὸ τὸν οὐρανὸν τὸ δεδομένον ἐν ἀνθρώπποις ἐν ᾧ **δεῖ σωθῆναι** ἡμᾶς.
Hills: C, A New: D, D[11]

AP XII, 2 ὁ Παῦλος **πλησθεὶς πνεύματος ἁγίου εἶπεν.**
(cf. *AP* XIV, 3, variant)
Acts 4.8 τότε Πέτρος **πλησθεὶς πνεύματος ἁγίου εἶπεν** πρὸς αὐτούς.
Hills B, A New: D, D[12]

AP XIII, 5: ἔτι ἔδωκεν αὐτοὺς **ἐκ καρποῦ τῆς ὀσφύος**
Acts 2.30: **ἐκ καρποῦ τῆς ὀσφύος** αὐτοῦ καθίσαι ἐπὶ τὸν θρόνον αὐτοῦ.
Hills: A New: D[13]

AP XIV, 1; Acts 1.16 the expression ἄνδρες ἀδελφοί is used
Hills: B New: D[14]

---

[10] While the Sahidic of Acts 4.29 has something similar (Horner), **ⲧⲉⲛⲟⲩ ϭⲉ ⲡϫⲟⲉⲓⲥ ϭⲱϣⲧ̄ ⲉϩⲣⲁⲓ ⲉϫⲛ̄ ⲛⲉϭⲱⲛⲧ̄** with the unremarkable difference of using a native Coptic word in the place of ἀπειλάς. Nevertheless, asking God to consider threats in time of persecution hardly seems remarkable.

[11] Hills argues that δεῖ with σωθῆναι is never used in pre-Christian texts, and the relative clause referring back to Jesus clinches the case that *AP* depends on Acts ("Legacy", 151). However, it makes more sense that this is a standard phrase in the proclamation of the gospel and not necessarily a sign of dependence.

[12] This language is formulaic and indicates only that Acts and the *AP* belonged to the same sort of prophetic communities. See Dunn, "Charismatic Gifts".

[13] Acts cites Psalm 131.11, but the LXX has κοιλία not the term ὀσφύς. Irenaeus comments on Psalm 131.11 that it must be the womb of woman, since Jesus was born not of a David's loins from the belly of the virgin Mary (*haer*. 3.21.5). Irenaeus here discusses Psalm 131.11 without regard to Acts, since he contradicts Luke on this point. If it is possible for Irenaeus to know the expression "fruit of the belly" and "fruit of loins" without reference to Acts, it is likewise possible for the author of the *AP*. Furthermore, it is not excluded that a copy of the LXX available to both Luke and the author *AP* contained this variant reading. H.B. Swete, *The Old Testament in Greek According to the Septuagint* (Cambridge: University Press, ^{2}1896), 2.394, lists οσφρυος [sic] as the reading at Psalm 131.11 in sixth century Codex Veronensis, based upon a collation from 1892 by H.A. Redpath (*An Introduction to the Old Testament in Greek According to the Septuagint* [rev. by R.R. Ottley; Cambridge: University Press, 1914], 141–142). H. Seesemann writes (s.v. ὀσφύς, *TDNT* 5.497): "From Ac. 2:30 ὀσφύος came into the LXX Codex R saec VI." Seesemann offers no proof for this assertion, and it seems unlikely that Acts would have influenced the transcription of Psalms.

[14] An expression that is common enough in addressing a crowd and arose likely from Judaism (4 Macc 8.19; *1 Clem* 14.1 etc.).

AP XIV, 1 cf. καὶ πολλαὶ **ψυχαὶ προσετίθεντο** τῷ κυρίῳ
Acts 2.41 (cf. 11.24) καὶ **προσετέθησαν** ἐν τῇ ἡμέρᾳ ἐνείνῃ **ψυχαὶ** ὡσεὶ τρισχίλιαι.
Acts 11.24 καὶ προσετέθη ὄχλος ἱκανὸς τῷ κυρίῳ.
Hills: B New: D[15]

AP XIV, 1 ἦσαν δὲ περιμένοντες τὸν Παῦλον ἐν τῇ ῾Ρώμῃ Λουκᾶς ἀπὸ Γαλλιῶν καὶ Τίτυς ἀπὸ Δαλματίας, **οὓς ἰδὼν ὁ Παῦλος ἐχάρη**,
Acts 28.15 κἀκεῖθεν οἱ ἀδελφοὶ ἀκούσαντες τὰ περὶ ἡμῶν ἦλθαν εἰς ἀπάντησιν ἡμῖν ἄχρι ᾿Αππίου Φόρου καὶ Τριῶν Ταβερνῶν, **οὓς ἰδὼν ὁ Παῦλος** εὐχαριστήσας τῷ θεῷ ἔλαβε θάρσος.
Hills: B New: D[16]

AP XIV, 1 ὥστε ἔξω ῾Ρώμης ὅριον **μιστώσασθαι**, ἐν ᾧ μετὰ τῶν ἀδελφῶν ἐδίδασκε τὸν λόγον τῆς ἀληθείας.
Acts 28.30–31 ἐνέμεινεν δὲ διετίαν ὅλην ἐν ἰδίῳ **μισθώματι** καὶ ἀπεδέχετο πάντας τοὺς εἰσπορευομένους πρὸς αὐτόν, κηρύσσων τὴν βασιλείαν τοῦ θεοῦ καὶ διδάσκων τὰ περὶ τοῦ κυρίου ᾿Ιησοῦ Χριστοῦ μετὰ πάσης παρρησίας ἀκωλύτως.
Hills: C New: D[17]

AP XIV, 6 Σοὶ δὲ πολλὰ ἔσται κακὰ, ἀνθ᾿ ὧν δίκαιον αἷμα ἐξέχεας, **οὐ μετὰ πολλὰς ἡμέρας ταύτας.**
Acts 1.5 ὑμεῖς δὲ ἐν πνεύματι βαπτισθήσεσθε ἁγίῳ **οὐ μετὰ πολλὰς ταύτας ἡμέρας**.
Hills: A New: D[18]

---

15 There has to be some way to say that a lot of people became Christians. I googled "many got saved" a colloquial means of referring to conversion amongst American Christians – 472 hits. But surely they are not all quoting some book somewhere but began talking that way through oral communication. This kind of language is entirely unremarkable.

16 This belongs in the trivial language section of Hills' argument as the words are so unremarkable, and there is no novelty in being happy to meet people.

17 If there is a coincidence here, then belief that Paul rented a dwelling in Rome more likely stems from oral tradition than dependence on Acts; it would a detail that survived the legendary accretions to the story.

18 It is just a coincidental phrase. It would the equivalent of, "Not many days from now". It has no theological or historical significance.

Lautaro Roig Lanzillotta

The *Acts of Andrew* and the New Testament

The Absence of Relevant References to the Canon in the Primitive Text

Ever since the beginnings of scholarly literature on the Apocryphal Acts of Apostles (*AAA*) there has been a general tendency to approach these texts from the perspective of the New Testament. At the time of the pioneering studies by J.A. Fabricius,[1] C. Tischendorf,[2] R.A. Lipsius,[3] and M. Bonnet,[4] this attitude was to a certain extent understandable. On the one hand, every Christian document not included in the Canon used to be considered as a deviation from it. On the other, the cultural background of scholars and a deficient knowledge regarding the origins and development of Early Christianity made the twenty-seven writings included in the New Testament the main (sometimes the only) referent for apocryphal texts.

Nowadays, however, this approach is unacceptable. To begin with, we are much better equipped to understand both the origins and the development of Early Christianity. Spectacular textual discoveries during the twentieth century have provided us with essential material that enables us to re-evaluate traditional views regarding its formation: the polarity orthodoxy-heresy, for example, is no longer a tenable framework to understand the various Christian groups and their beliefs in the first centuries CE. We know that there was no mainstream Christianity out of which a variety of alternative Christian customs and beliefs developed, but rather a rich pluriformity that slowly developed, not without lapses and relapses, towards that which later on would be called "orthodoxy".

The same applies to Early Christian literature: the rich and pluriform collection of Christian non-canonical texts of the first two centuries should not be seen as an attempt to compete with or to substitute for the Canon. Rather, these texts arise from the same cultural milieu, most of the time also at approximately the same period, in order to fulfil the same goal as the texts

1 J.A. Fabricius, *Codex Apocryphus Noui Testamenti* (Hamburg, 1703; 1719).

2 C. Tischendorf, *Acta Apostolorum apocrypha* (Leipzig: Hinrichs, 1851).

3 R.A. Lipsius, *Die apokryphen Apostelgeschichten und Apostellegenden. Ein Beitrag zur altchristlichen Literaturgeschichte*, 2 vols and *Ergänzungsheft*, (Braunschweig, 1883–90); *Acta apostolorum apocrypha*. I: *Acta Petri, Acta Pauli, Acta Petri et Pauli, Acta Pauli et Theclae, Acta Thaddaei* (Leipzig: Hinrichs, 1891).

4 M. Bonnet, *Acta apostolorum apocrypha*. II/1: *passio Andreae, Ex Actis Andreae, Martyria Andreae, Acta Andreae et Matthiae, Acta Petri et Andreae, Passio Bartholomaei, Acta Ioannis, Martyrium Matthaei* (Leipzig: Hinrichs, 1898).

included in the New Testament: to slake the thirst for information of the first generations of Christians regarding the origins, development and expansion of Christianity in the first decades after Jesus' crucifixion.

In point of fact, when most of the *AAA* (i.e. Apocryphal Acts of the Apostles) were written, the New Testament as such did not exist and its particular texts did not everywhere enjoy equal acceptance, let alone prescriptive validity. This situation explains why *AAA*, at least in their first redaction, do not particularly refer to the New Testament. I say "first redaction", because when dealing with these texts it is very important to distinguish between the first textual stratum, namely the most primitive textual form, and its later versions. Due to their time of composition, to their belonging to specific communities or even due to the peculiar thought and beliefs preserved in them, at a certain point *AAA* no longer fully met the needs of the rapidly changing and expanding Christian Church. In spite of this situation, however, these texts did include interesting information about the formation of Christianity that could not easily be disposed of due to the increasing demand for texts for the veneration of saints and for the calendar observances of their death.[5] As a result, the *AAA* were repeatedly expurgated, rewritten and adapted in order for them to suit different contexts and situations during the following centuries. Even if the primitive texts may not have included abundant references, quotations from or allusions to the NT gradually increase with textual transmission of the different *AAA*.

This is especially clear in the *Acts of Andrew* (*AA*): while the most primitive text does not include relevant references to the NT, the numerous later and reworked versions of it try to remedy this "deficiency" by frequently quoting Scripture.

1. The *Acts of Andrew*: Primitive Text and Textual Diversification

As I have shown elsewhere, it is possible to distinguish between the most primitive textual stage of *AA* represented by the fragment in codex Vaticanus graecus 808 (V) and the rest of the later testimonies preserved in Latin, Greek, Coptic and Armenian.[6] Ever since its *editio princeps*,[7] there has been wide consensus among scholars that *AA*'s fragment in V is the text closest to, or even

---

[5] On the issue see L. Roig Lanzillotta, *Acta Andreae Apocrypha: A New Perspective on the Nature, Intention and Significance of the Primitive Text* (Genève: Cramer, 2007), 97–98. See also J.N. Bremmer, "Perpetua and her Diary: Authenticity, Family and Visions", in W. Ameling (ed.), *Märtyrer und Märtyrerakten* (Stuttgart: Steiner, 2002), 77–120 at 80.

[6] See the analysis of *AA*'s textual transmission in Roig Lanzillotta, *Acta Andreae*, 53–10; see also "The Acts of Andrew. A New Perspective on the Primitive Text", *Cuadernos de Filología Clásica y Lingüística Indoeuropea* 20 (2010) 245–257.

[7] See M. Bonnet, "Ex actis Andreae", *AAA* II/1, 38–45.

a genuine fragment of, the primitive Acts.[8] In spite of its unique position among the "Wirrsal späterer katholischer Bearbeitungen" of *AA*,[9] however, the ultimate implications and conclusions resulting from a systematic comparison of it with the other extant documents had never (or only partially) been drawn.

On the basis of a thorough textual analysis of the testimonies I was able to determine, firstly, that the section of *AA* preserved in V is also transmitted in six other important textual witnesses (*Narratio*, S and H, *Laudatio, Vita, Conversante, Arm*) and, secondly, that V's version always preserves the most primitive account.[10] Further comparative inquiry also showed, thirdly, not only that these versions abridged their source, but that they also systematically eliminated exactly the same sections of the primitive account. All these elements put together seemed to imply, fourthly, that all six texts rely on the same revised version of the text and that we may, consequently, postulate two different branches in *AA*'s transmission: a non-transformative branch preserved in *AA*'s fragment in V only, and a transformative one, found in the rest of the textual testimonies.

But why did the transformative versions transform the primitive account? The simplest answer is that the numerous transforming versions of *AA* were responding to the diverse interests and scopes of their authors (and publics) due to the changing historical contexts in which they were composed. In fact, the striking similarity between the reworking procedures and aims of some of the textual witnesses allows one to distinguish up to three basic groups among the numerous secondary texts: some texts were conceived to commemorate a saint's martyrdom;[11] others intended to offer a collection of a saint's *admiranda miracula*, or wondrous deeds;[12] yet others, finally, were understood as a saint's

---

8 See Bonnet, *AAA* II/1, XIV; R. Liechtenhan, "Die pseudepigraphische Litteratur der Gnostiker", in *ZNW* 3 (1902) 222–237, 286–299 at 295; E. Hennecke, *Handbuch zu den neutestamentlichen Apokryphen* (Tübingen: Mohr, 1904), 544; *Neutestamentliche Apokryphen* (Tübingen: Mohr, ^{2}1924), 249; J. Flamion, *Les Actes Apocryphes de l'apôtre André. Les Actes d'André et de Matthias, de Pierre et d'André et les textes apparentés* (Leuven, 1911), 177; M.R. James, *The Apocryphal New Testament, being the Apocryphal Gospels Acts, Epistles, and Apocalypses with Other Narrations and Fragments Newly Translated* (Oxford: Clarendon Press, 1924), 337.350; M. Blumenthal, *Formen und Motive in den apokryphen Apostelgeschichten* (Leipzig: Hinrichs, 1933), 38; M. Hornschuh, "Andreasakten", in E. Hennecke/W. Schneemelcher (ed.), *NTA* II, 270–96 at 271; É. Junod/J.D. Kaestli, *L'histoire des Actes apocryphes du IIIe aux IX siècle: le cas des Actes de Jean* (Genève, 1982), 65; J.M. Prieur/W. Schneemelcher, "Andreasakten", in Schneemelcher, *NTA*, 93–137 at 97; J.M. Prieur, *Acta Andreae* (Turnhout: Brepols, 1989), 2–3.425.

9 Hennecke, *Neutestamentliche Apokryphen*^{2}, 249.

10 For a complete relation of *AA*'s textual witnesses as well as for abbreviations, see Roig Lanzillotta, *Acta Andreae*, 3–9.

11 These texts were read on the anniversary of the saint's death and therefore they only included his passion. Although these texts (*Conversante, Epistle*, C, *Malt* A and B, Plen, *Mpr*, H and S) diverge significantly from one another, they agree in presenting Andrew as an impassive, almost passive figure and in minimising his individual initiative in order to let him follow orders from above.

12 The second group is more interested in Andrew's miraculous activities than in his apostolic figure (*AAM, PCU* 1 and *Epitome*). The apostle's character loses personality and protagonism due to

biography that offers a comprehensive relation of his life and activity.[13] These three textual categories show that we are dealing with texts which, even if inspired by the ancient *Acts of Andrew* or even incorporating more or less primitive sections, did not actually intend to transmit the old text but rather to create new ones. When analysing NT references in *AA* I will therefore distinguish between V and the rest of the textual testimonies.

2. Scriptural References and the Absence of Relevant NT Quotations in the Primitive *AA*

AA's fragment in V does not include relevant NT references. As a matter of fact, the critical apparatus of Bonnet's edition only notes two NT parallels,[14] to wit Colossians 1:16 in V^r 94 and Matthew 8:20 (= Lk 9:58) in V^r 150[15]. A closer scrutiny of the passages, however, immediately shows that the alleged parallels simply consist of the use of the same words or expressions, which, however, are not exclusive to the NT.

AA 6 (V^r 94) includes a reference to ἀρχαί and ἐξουσίαι or "powers" and "authorities", the same terms we find in Col 1:16. However, does this coincidence actually imply a textual relationship between both passages? Let us take a look at both:

Ταῦτα οὖν ἅπαντα καταμαθὼν ἄνθρωπε ἐν ἑαυτῷ, ὅτι ἄυλος ὑπάρχεις, ὅτι ἅγιος, ὅτι φῶς, ὅτι συγγενὴς τοῦ ἀγεννήτου, ὅτι νοερός, ὅτι οὐράνιος, ὅτι διαυγής, ὅτι καθαρός, ὅτι ὑπὲρ σάρκα, ὅτι ὑπὲρ κόσμον, ὅτι ὑπὲρ ἀρχάς, ὅτι ὑπὲρ ἐξουσίας, ἐφ' ὧν ὄντως εἶ, συλλαβὼν ἑαυτὸν ἐν καταστάσει σου καὶ ἀπολαβὼν νόει ἐν ᾧ ὑπερέχεις·[16]

Having recognised all these in yourself, Anthropos, that you are immaterial, holy, light, that you are akin to the unbegotten, [that you are] intellectual, heavenly, radiant, [and] pure and that you are above flesh, above the world, above the powers, above the authorities, beyond which you really are; having recollected and recovered yourself in your [true] condition, think that in what you excel.[17]

At first sight, neither section seems to present any special relationship with the other. Differences concern not only the context; the meaning of the expression also seems to be rather diverse. As to the former, the passage from Colossians

---

the emphasis on his wonders. The abundant fantastic elements (more in *AAM* than in *Epitome*) and the descriptions of imaginary and hostile places were intended to highlight the apostle's immutable determination when dealing with obstacles to his activities as a representative of God.

13 The third group includes texts with a biographical undercurrent (*Narratio, Laudatio* and *Vita*) and seems to concentrate on describing an itinerary, in which the journey itself and the sequence of geographical destinations describe the fulfilment of Andrew's task as apostle.

14 See the critical apparatus in Bonnet, *AAA* II/1, 38–45, passim.

15 References follow our re-edition of the text in Roig Lanzillotta, *Acta Andreae*, 110–35 (V^r).

16 *AA* 6 (V^r 91–96).

17 Roig Lanzillotta, *Acta Andreae*, 121.

is praising the creative activity of God, while *AA* describes the highest achievements of the *nous* or "Intellect", once it recovers its pristine separated existence.[18] As to the latter, Colossians is simply enumerating, by means of polar expressions, different aspects of reality with a view to describing the totality of being created by God –incidentally, in this context the meaning of the expression εἴτε ἀρχαὶ εἴτε ἐξουσίαι remains somewhat obscure. On the other hand, in *AA* the expression, or better, the words – because they appear separated from each other – seem to refer to a specific level of being that the Intellect leaves behind, namely the lower material cosmos whose borders are under the control of these powers and authorities.

In point of fact, the use of the expression in *AA* 6 appears to be closer to that of Ephesians 6:11–17, even if the context in which they appear in both passages is rather different. Admittedly, we do not find in *AA* the bellicose or warlike vocabulary and metaphors of Eph, but the epistle includes the mention of the ἀρχαὶ and ἐξουσίαι in a list describing the sublunary and celestial regions that resembles our section of *AA* (Eph 6:12):

ὅτι οὐκ ἔστιν ἡμῖν ἡ πάλη πρὸς αἷμα καὶ σάρκα, ἀλλὰ πρὸς τὰς ἀρχάς, πρὸς τὰς ἐξουσίας, πρὸς τοὺς κοσμοκράτορας τοῦ σκότους τούτου, πρὸς τὰ πνευματικὰ τῆς πονηρίας ἐν τοῖς ἐπουρανίοις.

since our fight is not against flesh and blood, but against principalities, against powers, against the rulers of the darkness of this world, against the wicked spirits of the celestial region.

Here, too, as in *AA*, the "powers and authorities" seem to refer to rulers exerting a controlling task or governing over the lower material world. In point of fact, however, the expression is too common and widespread to be considered a parallel.[19]

Given the frequent appearance of the terms in the literature of Late Antiquity it seems unnecessary to postulate a relationship between *AA*'s section and the New Testament. Rather, both texts seem to echo the belief in powers and authorities that rule over the sublunary world that was quite widespread in the historical period, although the meaning in Colossians is not as clear as in *AA*.

The second parallel pointed out by Bonnet's edition concerns Andrew's question "does he have somewhere to recline his head on?" in *AA* 10 (V^r 150, ἔχει ποῦ κλῖναι τὴν κεφαλήν;). The expression seems to be too common to be seen as a literary echo and to postulate *AA*'s dependence on Matthew, especially taking into account that this isolated passage is the only alleged parallel with Matthew we find in our text. In addition, the use of the plastic

---

18 On the issue, see Roig Lanzillotta, *Acta Andreae*, 167–168.

19 *AJ* 98.7; *Test. Salomonis* 62.11; Hesychius, *Comm. brevis*, Psalm 112.8.3; *Acta Philippi* 132.6, 13, 18; Tertullian, *Against Marcion* III.23; *GosEgypt* (NHC III,2) 53.22–23; *LetPetPhil* (NHC VIII,2) 135.23–24; *Eugnostos* (NHC V,1) 2.10–11; *ApJoh* (NHC III,1) 16.8, 15, 18; *ParShem* (NHC VII,1) 31.34.

expression to denote "rest", or more precisely, "a place to rest", might already have been quite widespread in the second century.

Besides these alleged NT parallels noticed by Bonnet, however, we still need to discuss a couple of other passages in *AA* that might present some relationship with the NT. For example, *AA* 7 (V^r 103–06), a passage normally overlooked by scholars, presents intriguing similarities with 1Cor 15:22. In this passage Paul introduces his Adam/Christ typology (cf. also 1Cor 15,45–49) in order to argue that in the same way that all die in Adam, all will be brought to life through the second Adam, namely Christ:

ὥσπερ γὰρ ἐν τῷ 'Αδὰμ πάντες ἀποθνήσκουσιν, οὕτως καὶ ἐν τῷ Χριστῷ πάντες ζῳοποιηθήσονται.

For as in Adam all die, even so in Christ shall all be made alive.

AA 7 is an interesting section for the theme we are dealing with, since it includes the most evident Scriptural reference in the apocryphon, as it mentions Adam and Eve in an allusion to the events narrated in the first chapters of Genesis. Even more interesting, however, is the fact that this passage might be a remote echo of Paul's Adam/Christ typology. As Paul does in 1Cor, the author of *AA* has Andrew say that in the same way Adam died in Eve he now lives in Maximilla thanks to her determination to follow her real essence:

ὅνπερ τρόπον ὁ 'Αδὰμ ἐν τῇ Εὔᾳ ἀπέθανεν συνθέμενος τῇ ἐκείνης ὁμολογίᾳ, οὕτως καὶ ἐγὼ νῦν ἐν σοὶ ζῶ φυλασσούσῃ τὴν τοῦ κυρίου ἐντολὴν καὶ διαβιβαζούσῃ ἑαυτὴν πρὸς τὸ τῆς οὐσίας σου ἀξίωμα.[20]

Just as Adam died in Eve, having agreed on her concession, so I also now live in you, since you are observing the commandment of the Lord and are transporting yourself to that which is coherent with your essence.[21]

Admittedly the texts present important divergences, since not only the characters but also the actions appear to be different: to begin with, the motif of Jesus' vicarious death so important in Paul's conception has completely vanished from our passage. *AA*'s writer only preserves the idea that events that took place in mythical time now acquire full meaning in and are corrected by the actions of current protagonists.

Further differences between the texts concern the fact that Paul's conception is male-oriented: given the scope of his simile, the female character of the Paradise scene is wholly unnecessary and Paul focuses on the first and last men only. *AA*, on the other hand, significantly focuses on the couples Adam/Eve and Andrew/Maximilla, developing the motif so as to create a chiastic structure, according to which male and female ancestors appear as the opposite of

---

20 *AA* 7 (V^r 103–06).

21 Roig Lanzillotta, *Acta Andreae*, 121.

Andrew and Maximilla. Further, while according to Paul all men die in Adam, according to *AA*, Adam died in Eve; and while Paul affirms that all men will live in Christ, Andrew maintains in *AA* that he lives in Maximilla due to her decision to remain pure. Last but not least, Paul's use of the motif has universal application, while Andrew moves onto the sphere of the individual.

However, in spite of these important differences it seems undeniable that both texts present certain relationships. To begin with, despite the differences with regard to context and characters, *AA*'s vocabulary is rather close to that of Paul, since it retains the verb ἀποθνῄσκω "die" and the simplex ζῶ "live" instead of ζωοποιέω "make alive". Furthermore, both texts play on the theme of a death *in illo tempore* enacted by a mythical figure that is undone or corrected now in present time by the actions of another character who, in a way, is seen as the antipode of the mythical ancestor. *AA*'s author seems to build on the Pauline precedent, even if purging it from the conceptual implications of Paul's motif of Jesus' vicarious death. However, there is another interpretive possibility: we could interpret both passages, with M. Eliade, as expressions of ancient thought that saw current events as prefigured by actions taking place in mythical time.[22] As a matter of fact, the idea that present actions introduce a correction of errors committed in mythical time was rather common at the time and was particularly appealing to Gnostic thought as documented both by the *Gospel of Philip*[23] and another passage in *AA*.[24]

We might therefore conclude that even if at first sight these examples might be seen as echoes of the New Testament, in none of the three cases can *AA*'s dependence on the NT be affirmed. On the one hand, the textual relationship is too tenuous to be compelling; on the other, *AA*'s use of a given expression or motif might be simply due to the fact that the expression or conception was widespread or known in the historical period.

3. So-called New Testament References in the Primitive *AA*

In addition to those passages that might include some echo, weak though it may be, of the Canon, or rather, from texts that were going to be included in it, there are a couple of passages that have been, wrongly in my opinion, put into

22 M. Eliade, *The Myth of the Eternal Return: Cosmos and History* (transl. W.R. Trask; Princeton: University Press, 2005 [1954]).

23 In fact *GosPhil* 71:3–21 affirms that Mary united not with the serpent but with the father of everything, so that Christ "was born from a virgin to rectify the fall which occurred in the beginning" (71:3–21). On the issue, see next note.

24 *AA* (V^r 73–82). See A. Orbe, *Cristología Gnóstica. Introducción a la soteriología de los siglos II y III* (Madrid: Ed. Católica, 1976), 153–177 (*AA* at 161–162; *GosPhil* at 171) and C.L. Sturhahn, *Die Christologie der ältesten apokryphen Apostelakten. Ein Beitrag zur Frühgeschichte des altchristlichen Dogmas* (Heidelberg, 1951; Mikrokopie, Göttingen, 1952), 147.

relationship with the New Testament. I am referring to Mark 4:1–20 and parallels, including the seed-sower parable, in *AA* 12 (V^r 168–82) and Luke 19:40, with the *reductio ad absurdum* in Jesus words to the Pharisees, in *AA* 16 (V^r 224).

After Andrew's words to Stratocles in chapter 10, encouraging him to reinforce the rational part of his soul (V^r 145, τὸ διανοητικὸν μέρος), *AA* 11 includes Stratocles' reaction. Stratocles' continuous crying and clear signs of grief, apparently due to Andrew's imminent departure (= death), have worried the apostle, since they may reflect a revitalisation of the affective or irrational part of his soul resulting in immoderate affections.[25] In his answer, Stratocles intends to ease Andrew's doubts:

τὰ μὲν σπέρματα τῶν σωτηρίων λόγων δέδεγμαι σοῦ ὄντος τοῦ σπορέως· τὸ δὲ ἀναβλαστῆσαι ταῦτα καὶ ἐκφῦναι οὐχ ἑτέρου ἀλλὰ σοῦ δεῖται Ἀνδρέα μακαριώτατε. καὶ τί γὰρ ἔχω σοι εἰπεῖν ἀλλ' ἢ τοῦτο; πολλοῦ ἐλέου δέομαι καὶ βοηθείας τῆς παρὰ σοῦ, ὅπως δυναίμην ἄξιος γενέσθαι ὧν ἔχω σου σπερμάτων· ἃ οὐκ ἄλλως ἐπιδώσει ἄληκτα καὶ εἰς τὸ φανερὸν ἀνίσχοντα μὴ οὐχί σου βουληθέντος καὶ εὐξαμένου ὑπὲρ αὐτῶν καὶ ἐμοῦ ὅλου.[26]

I received the seeds of the words of salvation and you were the sower. But in order for them to shoot up and produce they need no-one else but you, blessed Andrew. And what can I tell you further than this? I need much compassion and help from you so that I might be worthy of the seeds I have from you. These will not otherwise grow unceasingly and come forth unless you want and pray for them and for all myself.[27]

Indeed, by means of this agricultural metaphor Stratocles successfully expresses his uneasiness without revealing an extreme dependence on the irrational or affectionate part of his soul: his crying is but a projection of the rational part of his soul, since he regrets the eventual frustration of the education of his ἦθος or "character". In spite of attempts to put Stratocles' words in relationship with the "seed-sower parable",[28] a comparison of our passage with Mark 4:1–20 reveals important divergences. Stratocles' main concern is to state that Andrew's care and support are essential to bring his educational process to a good end. Consequently, the focus is not on the seeds (= words) or on the quality of the ground (listener), but rather on the sower as the only craftsman who can let the plant grow properly and produce abundantly. It seems clear, therefore, that the passage should be interpreted ethically: Andrew's care and assistance are strictly necessary in order to complete the process that began with the preparation of the field (Stratocles' soul) and the sowing.

---

25 V^r 140–142.

26 *AA* 12 (V^r 175–182).

27 Roig Lanzillotta, *Acta Andreae*, 127.

28 Prieur, *Acta*, 404, 496, and note to *AAgr* 44.1.

As a matter of fact, the metaphor must be placed in a long tradition that saw a parallel between the process of learning and agriculture as already documented by Pindar, Hippocrates and Plato.[29] Under the influence of the Aristotelian application to ethics[30] the simile gradually specialised to express the process and result of ethical education. This is the stage we find in the second century, as Plutarch, Galen, *AA* and many other references testify.[31] The agricultural metaphor as it appears here, consequently, has nothing to do with the seed-sower parable in Mark, but is used in the traditional way to describe the learning process and the relationship between master (or teaching) and pupil.

Another example of a so-called NT echo is, as already advanced, Andrew's mention of the ἄλαλος φύσις in *AA* 16 (V[r] 224). Based on the apparent similarity between *AA* and Luke and relying on scriptural precedents such as Hab 2:11 and Jos 24:27[32], scholars have interpreted Andrew's words as a reference to the witness that, due to the magnitude of the signs, even mute nature would provide. This is in fact the background both to the scriptural precedents and to Luke 19:40 (ἐὰν οὗτοι σιωπήσουσιν, οἱ λίθοι κράξουσιν), in which Jesus rebukes the Pharisees by asserting that even if his disciples were silent, the stones would cry out. Let us take a look at *AA*'s passage:

στηρίχθητε μνημονεύοντες ὧν ὅσα τε γεγόνασιν συναναστρέφοντός μου πᾶσιν ὑμῖν. <ε>ἴδετε δι' ἐμοῦ ἔργα γεγονότα οἷς οὐκ ἔχετε ἀπιστῆσαι αὐτοῖς, γεγονότα σημεῖα τοιαῦτα ἃ καὶ τάχα ἡ ἄλαλος φύσις κεκράξεται[33]

Stay firm remembering all that has been achieved while I was living together with all of you. Works have you seen performed through me that you cannot disbelieve, [works] that have become such signs that even the irrational nature [in you] will acclaim them.[34]

In spite of the attempts to interpret ἄλαλος φύσις, in line with Luke 19:40, as "mute nature",[35] there are reasons to believe that the expression actually refers

---

29 In all of the examples there is a strict parallel between pupil, teaching and teacher, and preparing the field, the sowing, and the attention of the farmer. Cf. Pindar, *N* 8.40–42; Hippocrates, *Lex* 3; Plato, *R.* 491d–e.

30 Aristotle, *EN* 1179b 23–26. See also, J. Bollok, "Poimandres and the Acta Andreae", in J.N. Bremmer, *The Apocryphal Acts of Andrew* (Leuven: Peeters, 2000), 104–109, at 109, who already affirmed that the passage is closer to *Poimandres* 29 than to the "seed-sower parable". See also A.-J. Festugière, *La révélation d'Hermès Trismégiste* II (Paris, 1949), 529–531.

31 See Plutarch, *De lib. ed.* 4b–c; Galen, *De cogn. an. morb.* 7, 40, 1–8; For other references see P. Moraux, *Der Aristotelismus bei den Griechen* II: *Der Aristotelismus im I und II Jh. n. Chr.* (Berlin/New York: de Gruyter, 1984), 795 note 437.

32 Hab. 2:11 διότι λίθος ἐκ τοίχου βοήσεται, καὶ κάνθαρος ἐκ ξύλου φθέγξεται αὐτά. Josh. 24:27 καὶ εἶπεν Ἰησοῦς πρὸς τὸν λαόν ἰδοὺ ὁ λίθος οὗτος ἔσται ἐν ὑμῖν εἰς μαρτύριον, ὅτι αὐτὸς ἀκήκοεν πάντα τὰ λεχθέντα αὐτῷ ὑπὸ κυρίου, ὅ τι ἐλάλησεν πρὸς ἡμᾶς σήμερον καὶ ἔσται οὗτος ἐν ὑμῖν εἰς μαρτύριον ἐπ' ἐσχάτων τῶν ἡμερῶν, ἡνίκα ἐὰν ψεύσησθε κυρίῳ τῷ θεῷ μου.

33 *AA* 16 (V[r] 221–224).

34 Roig Lanzillotta, *Acta Andreae*, 131.

to the "irrational" or "ignorant nature" in man himself. To begin with, although a few testimonies document the combination of the adjective ἄλαλος (present in *AA*) with the substantive λίθος (present in Luke), none of them mentions the act of screaming.[36] More importantly, there is the character and content of Andrew's second speech to the brethren (205–271) in which this reference is included. Abundant references to sensorial perception[37] and to mental activities immediately related to or depending on the senses[38] point to the lower level of spiritual development of his addressees. Significantly, this speech is the only one mentioning Andrew's "wondrous deeds" (ἔργα), obviously intended for those followers who are not yet completely detached from their material condition. Andrew's aim is to make them receptive to the "proclaimed words" (κεκηρυγμένων λόγων) that will help them recover their real nature, i.e. the rational nature of their souls. Due to their attachment to sensorial perception, however, the apostle's "wondrous deeds" are a necessary preliminary step in their process of education, since they are directed at that part of the human being that pays no heed to the *logos*.[39]

The "irrational nature" of Andrew's words is the counterpart of the ἰδία or ἀληθὴς φύσις, the "real" or "true nature", namely man's rational nature frequently referred to in *AA*.[40] In this context the ἄλαλος φύσις must be an equivalent of the ἄλογος φύσις. The adjective ἄλαλος is either a corruption of ἄλογος, due to the phonetic and semantic proximity of the terms[41] or simply an

---

35 Cf. German "stumme Natur": Hennecke, *Neutestamentliche Apokryphen*, 254; Hornschuh, "Andreasakten", 290; Schneemelcher, *NTA*, 121; Engl. "dumb nature": James, *The Apocryphal NT*, 355, though he does not refer explicitly to Luke 19:40; or "mute nature": D.R. MacDonald, *The Acts of Andrew and the Acts of Andrew and Matthias in the City of Cannibals* (Atlanta: Scholars Press, 1990), 389; It. "natura muta": Moraldi, *Apocrifi del Nuovo Testamento* II (Turin: Casale Monferrato, 1986 [1971]), 1421; Fr. "nature muette": L. Leloir, *Écrits apocryphes sur les Apôtres* (Turnhout: Brepols, 1986), 233; Prieur, *Acta*, 500; Dutch "stomme natuur": Heeringa, in A.F.J. Klijn (ed.), *Apokriefen van het Nieuwe Testament* II (Kampen: Kok, 1985), 174.

36 See Clement of Alexandria, *Protr.* 4.50.1.4; *Orac. Sib.* 3.29–31; 4.6.7.

37 V[r] 211, 215, 215–16, 222, 224–25, 227.

38 As memory (V[r] 207, 221), representation (V[r] 209), error (V[r] 214), disturbance (V[r] 230).

39 V[r] 222–224. This is the only passage in *AA*'s fragment in V in which Andrew mentions his works. In contrast to the previous speeches that only refer to his words, in this speech Andrew's activity seems to consist of a combination of words and deeds. For those who are used to living an irrational life Andrew's deeds are essential, since the astonishment they provoke alters the habitual and mechanical causal chain that, by means of sensorial perception and representation, keeps them attached to materiality.

40 See, for example, *AA* 6 (V[r] 84), 9 (V[r] 134–35), 15 (V[r] 217), 18 (V[r] 271).

41 Cf. Georgius Monach., *Chronicon* 5.23.11: ἅμα δὲ τῷ λόγῳ ἐφιμώθη καὶ ἔμεινεν ἄλαλος; Origen, *Hom. in Luc.* 5.30–31, Ἔστι γὰρ κωφὸς νῦν ὁ λαὸς καὶ ἄλαλος· καὶ πῶς γὰρ οὐκ ἤμελλεν κωφὸς καὶ ἄλογος καὶ ἄλαλος εἶναι, ἐκβαλὼν τὸν λόγον ἀφ' ἑαυτοῦ καὶ μὴ δυνάμενος περὶ μηδενὸς λόγον ἀποδοῦναι νομικοῦ ἢ προφητικοῦ λόγου; Dionysius Halic., *De comp. verb.* 14.84–87, opposes θηριώδης καὶ ἄλαλος to λογικὴ φωνὴ (ἄχαρι δὲ καὶ ἀνδὲς τὸ σ, καὶ πλεονάσαν σφόδρα λυπεῖ· θηριώδους γὰρ καὶ ἀλάλου μᾶλλον ἢ λογικῆς ἐφάπτεσθαι δοκεῖ φωνῆς ὁ συριγμός).

equivalent thereof.[42] It is the ignorant or irrational nature which is responsible for the prolongation of man's stay in materiality, the target of Andrew's ἔργα or wondrous deeds.[43]

4. New Testament References in Other Later and Reworked Versions of the *Acts of Andrew*

When approaching later reworking texts based on the primitive *AA*, the situation changes considerably and New Testament quotations or allusions increase dramatically. Given that our main interest is the primitive text and not these later transforming versions, we shall limit ourselves to providing some examples of these texts' tendency to expand the original account with Scriptural references. This overview, consequently, does not intend to be exhaustive and the examples are organised according to the three textual groups distinguished above, namely martyrdom texts, collections of wondrous deeds and biographical texts based on the primitive *AA*.[44]

4.1 Martyrdom Texts

Among martyrdom texts, the *Martyrium prius* (*Mpr*)[45] occupies a special position with regard to NT quotations. *Mpr* is a new recreation of the primitive *AA*, which presents Andrew's martyrdom as the last episode of a coherent textual whole that gradually develops to its natural end. Its compact and economical structure focuses mainly on the essential motifs that will lead the apostle to the cross, presenting him as an ideal apostolic figure. In this remake, literal quotations[46] or allusions to NT passages are more frequent.[47]

The same tendency can be seen in the so-called *Epistle*,[48] a new re-elaboration of the last section of *AA* that survives in its Latin original form (*LatEp*) from the sixth century and in two Greek recensions.[49] The text consists

---

42 Cf. Hesychius, a 43, ἀβακίμων. ἄλαλος (ἀκακέω, "to be speechless", LSJ, *s.v.*, but also "ignore"). See also a 53, ἀβακήμων. ἄλαλος, ἀσύνετος (ἀσύνετος "void of understanding, witless" (LSJ, s.v.); a 44, explains the verb ἀβακέω as ἀγνοῆσαι ἁμαρτάνειν.

43 On the issue, Roig Lanzillotta, *Acta Andreae*, 174–79.

44 See an overview in L. Roig Lanzillotta, "The Acts of Andrew", in M.D. Coogan (ed.), *The Oxford Encyclopedia of the Books of the Bible* vol. 1 (Oxford, 2011) 34–39 at 34–35.

45 M. Bonnet, "Martyrium prius", *AAA* II/1, 46–57.

46 See the literal quotations of Acts 3:7 in *Mpr* 5 (49.3) and Matt 16:24 *Mpr* 8 (50.21).

47 See allusions to Matt 10:5–42 in *Mpr* 3 and to Matt 4:18–22 in *Mpr* 12; Stratocles attitude in *Mpr* 18 recalls the story of the rich young man in Matt 19:16–26.

48 M. Bonnet, "Passio sancti Andreae apostoli", *AAA* II/1, 1–37.

49 M. Bonnet, "La passion d'André en quelle langue a-t-elle été écrite?", in *ByzZ* 3 (1894) 458–469 at 459; Flamion, *L'Apôtre*, 40–42.

of two differentiated parts. The first nine chapters present a dialogue between Andrew and Aegeates, of which the only primitive elements are the names of the two interlocutors. From chapter 10 onwards, *Epistle* presents a short version of *AA*'s martyrdom. Most of the NT references noticed by Bonnet appear in the first part of the text.[50]

The testimony of the *Armenian Passion of St. Andrew* (*Arm*)[51] is more difficult to evaluate, since we have to rely on Leloir's French version of the text and some of the numerous NT parallels he reports do not hold up under closer scrutiny.[52] In fact, the only plausible parallels are the few sections printed in italics in his translation, which are literal quotations from NT texts. Thus, for example, the quotation of Luke 10:18 in *Arm* 4b, Gal 6:2 in *Arm* 8a, or Acts 8:20 in *Arm* 39a. In any case, *Arm* reveals the same propensity as other martyrdom texts regarding the interpolation of NT allusions or quotations.

4.2 Wondrous Texts

This tendency is even more pronounced in the collections of *admiranda miracula*. A good example is the *Acts of Andrew and Matthias among the Cannibals* (*AAM*),[53] which was very popular throughout the Middle Ages[54] and presents the longest and most developed version of the adventures of the apostle Andrew when rescuing his friend Matthias from prison. In spite of its length and diffusion, however, this text might not retain the most primitive account of the story. Together with the other four versions of the story in different texts related to *AA*'s textual transmission, *AAM* might proceed from the primitive Acts.[55] The original version of the story in a simpler and shorter form might very well have been one of *AA*'s numerous episodes. *AAM* includes NT quotations more frequently than its source. A quick look at Bonnet's critical apparatus immediately reveals the author's predilection for Matthew: almost

---

50 See Matt 16:22 in *LatEp* 3 (7.1–2); John 10:18 in *LatEp* 3 (7.4–5); John 13:21 and Matt 26:21 in *LatEp* 3 (7.6–7); John 13:26 in *LatEp* 3 (7.8); Matt 12:19 (cf. Jes. 42:2) in *LatEp* 7 (16.7); Matt 3:12 in *LatEp* 8 (20.7); Rom 8:18 in *LatEp* 11 (23.3); and 1 Tim 2:4 in *LatEp* 15 (36.2).

51 Leloir, *Écrits*, 232–57.

52 See for instance the apparatus fontium of the first two chapters of his translation *Martyre d'André apôtre, qu'il endura à Sparde*, Leloir, *Écrits*, 232–33.

53 Bonnet, *AAA* II/1, 65–116.

54 The story's popularity is obvious from the large number of translations, résumés and recasts of *AAM* in numerous Oriental and Occidental languages. For the different ancient versions in Latin, Coptic, Armenian, Ethiopic, Syriac and Arabic, see L. Roig Lanzillota, "Cannibals, Myrmidonians, Sinopeans or Jews? The Five Versions of *The Acts of Andrew and Matthias* and their Source(s)", in M. Labahn/B.J. Lietaert Peerbolte (ed.), *Wonders Never Cease. The Purpose of Narrating Miracle Stories in the New Testament and Its Religious Environment* (London/New York: T & T Clark, 2006), 223 with notes 12–17 and id., *Acta Andreae*, 3–5.

55 See Roig Lanzillotta, "Cannibals", 221–43.

50% of its Scriptural references proceed from the first gospel.[56] Even if these references are dispersed throughout the text, there are some sections, such as chapters 19–20, that present a peculiar concentration thereof.[57] Its *Armenian* version follows the same track, since L. Leloir's French translation reports up to 19 possible Scriptural echoes in the first chapter only, most of them proceeding from the NT.[58]

Another interesting example of this literary genre is the very damaged and lacunous Coptic fragment in *Papyrus Copt. Utrecht 1*, which includes an account of Andrew's confrontation with four soldiers, who seem to be pursuing his followers[59]. One of these soldiers, a very young man, is suddenly possessed by a demon that casts him to the ground. Andrew intervenes, converses with and finally expels the demon. Having been finally freed of it, the young man takes off his soldier's uniform and converts to Christianity. Even though short, and despite its fragmentary state, the Coptic fragment also includes an allusion (PCU 1.14) to a NT text, namely Matt 25:1–13 including the parable of the ten bridesmaids.

Gregory's *Epitome*[60] mainly preserves a collection of wondrous deeds by the apostle,[61] namely Andrew's miraculous activities in different stations in a journey that takes him first from Achaia to the city of cannibals, then to Amaseia, and after several other places to Byzantium, Thrace and finally to Patras, in Greece, where he is crucified by Aegeates. Even though, since Flamion, scholars have tended to assume that Gregory only eliminated *AA*'s "excessive verbosity", a comparison of *Epitome* with other versions of the events in Patras shows to what extent Gregory transformed *AA*. In this reworking, NT allusions are numerous and literal quotations frequent. A quick look at Bonnet's edition immediately reveals the ubiquitous presence of the NT in the background of this version. Almost every chapter includes one or more quotations or allusions.[62]

---

[56] According to Bonnet's apparatus, *AAM* includes a total of 33 Scriptural references, of which 14 proceed from the Gospel according to Matthew.

[57] Twelve references in two chapters, namely Matt 27:30; Matt 12:24; Rom 16:16; Matt 10:16; Gen 3:1, 23; *Liber Adae et Evae* 1:68; Gen 6:2, 4, 7, 8; Gen 9:11; see Bonnet *AAA* II/1, 89–92.

[58] See Leloir, *Écrits*, 204–205, who points out the following passages: *AAM(Arm)* 1a – Cf. Mark 16:19; Luke 24:51; Acts 1:9–11; *AAM(Arm)* 1b – Cf. Luke 24:49; John 7:37–39; 14:16–17.26; 15:26; 16:7–14; Acts 1:8; *AAM(Arm)* 1c – Acts 2:1–11; *AAM(Arm)* 1d – Mark 16:17–18; *AAM(Arm)* 1e – Matt 28:19–20; *AAM(Arm)* 1f – Ps 44:23; Isa 53:7; Jer 11:19; Zach 11:4–7; Acts 8:32; Rom 8:36.

[59] PCU 1 9.1–6.

[60] See M. Bonnet, *Georgii Folrentii Gregorii Episcopi Turonensis Liber de Miraculis Andreae Apostoli*, in B. Krusch (ed.), *Scriptores rerum merovingicarum* I/II (Hannover, 1885), 371–396.

[61] Hennecke, *Handbuch*, 545–546.

[62] Bonnet, *Epitome*, passim.

4.3 Biographical Texts

Narratio[63] is the oldest of the texts with biographical intentions allegedly including a comprehensive relation of Andrew's activities. As *Laudatio* and *Vita* also do, its anonymous author refers to the use of local traditions and other written sources.[64] As a matter of fact, however, the first three chapters completely rely on NT tradition.[65] From chapter 4 onwards, *Narratio* relates Andrew's travels, which begin in Bithynia and, after the episodes of Nicaea and Andrew's rescue of Matthias from the cannibals, take him to his last destination in Patras. Despite sporadic contacts with *Epitome*, *Laudatio* and *Vita*, *Narratio*'s account of Andrew's peregrinations differs from these texts and might depend on Pseudo-Epiphanius.[66] As could be expected, NT references and allusions are numerous, notably in its first three chapters. *Narratio* 1, for example, includes at least three NT allusions or quotations,[67] chapter 2 two references[68] and chapter 3 also two.[69]. However, NT references are also frequent in other parts of the text.[70] A special example is *Narratio* 12, which includes an interesting new text based on materials proceeding from chapters 15–18 of *AA*'s fragment in V and contains up to 6 quotations and allusions in nineteen lines of text.[71]

Laudatio,[72] as Lipsius already pointed out, intends to give an accurate relation of Andrew's works, mainly his miracles.[73] Its scope, however, differs from that of *Epitome*, since Andrew's works are now presented as an outline of his apostolic career with obvious biographical intentions. Its version of Andrew's travels, for which it allegedly uses local traditions and written sources,[74] also differs from *Epitome* and *Narratio*, and is only supported by *Vita*. From chapter 32, however, *Laudatio* mainly agrees with most witnesses: it refers to the events at Patras including a very abridged version of Andrew's

---

63 M. Bonnet, "Martyrium sancti apostoli Andreae", *AB* 13 (1894) 353–372.

64 *Narratio* 356.8 and 356.24–25; 357.1, respectively.

65 See Bonnet, *Narratio*, 354–356, *app. ad* Chapters 1–3.

66 F. Dvornik, *The Idea of Apostolicity in Byzantium and the Legend of the Apostle Andrew* (Cambridge, MA: Harvard University Press, 1958), 175. On the issue, Roig Lanzillotta, *Acta Andreae*, 63 and note 72.

67 Matt 11:11 in *Narratio* 1 (354.7–8); John 1:29 in *Narratio* 1 (354.13); John 1:38–40 in *Narratio* 1 (354.17–20).

68 John 1:42, 43 in *Narration* 2 (355.1–14).

69 Matt 28:16–19 in *Narratio* 3 (355.23–26) and Acts 1:28–30 in *Narratio* 3 (356.1–2).

70 See *Narratio* 25 (366.2–24) references to Matt 5:39, 40 or *Narratio* 30 (368.14–26) for John 14:23, Eph 6:14 and 1 Cor 2:9. See also *Narratio* 34 (370.19–371.11) for Rom 3:13.

71 See *Narratio* 12 (359.2–360.15): 2 Cor 3:3; 1 Cor 15:58; 1 John 4:6; Mark 9:43; Matt 8:12; Mark 9:48. On the issue, see Bonnet, *Narratio* app. ad loc.

72 M. Bonnet, "Acta Andreae apostoli cum laudatione context", in *AB* 13 (1894) 309–352.

73 Lipsius, *Apostelgeschichten* I, 571 note 1.

74 *Laudatio* 324.8; 341.30–342.2.

imprisonment and discourses while in prison.[75] NT references in this reworking of *AA* appear to be far more numerous than in the primitive account. The first two chapters include up to twelve Scriptural references, of which 10 come from the NT,[76] and the same tendency can be seen in the following chapters, although from chapter 16 onwards NT references become scarce.

In his *Vita Andreae*,[77] Epiphanius pretends to combine his personal investigation in places visited by Andrew with consultation of local traditions, different documents presenting portions of the apostle's activity, and indirect notices proceeding from several authorities.[78] Given that both *Narratio* and *Laudatio* include similar statements, such a claim seems to be a simple topos. The value of this testimony for *AA*'s primitive account is uneven. A comparison with *Laudatio* reveals its clear tendency to amplification and its defective record of the events after Andrew's arrival in Patras, since its version of *V* is different and clumsier than that of *Laudatio*.[79] *Vita*'s use of NT references presents similarities with all previous examples, even if they are not as numerous as in other texts such as *Laudatio*.[80] In any case, *Vita* shows the same tendency as the other texts: references are far more frequent in those sections due to the pen of Epiphanius than in those relying on the primitive *AA*.

Conclusions

In spite of attempts by the scholarly literature on *AA* of the last two centuries or so, the most primitive text does not seem to include any relevant NT references. An objective approach to the text reveals that the very few alleged echoes either are not such or could be simple vocabulary coincidences due to both the conceptual world they share and the similar environment in which the particular NT writings and Apocryphal Acts of Apostles arose. *AA*'s silence regarding the NT, however, should not be seen as a deliberate gesture towards an authoritative corpus and/or an established Church behind it. At the time of *AA*'s

---

75 *Laudatio* 344.22–345.13.

76 See Bonnet app. ad 1–2, *Laudatio* 312–313 *passim*: Eph 6:14–15 (312.15); Matt 2:6 (312.15); John 1:45 (312.16); Matt 13:46 (312.22); John 1:1, 14 (312.29); John 1:20, 27 (313.3); 1:29 (313.6); John 1:39, 40 (313.13); John 1:40 (31316); John 14:2, 3 (313.20); John 1:42 (313.29).

77 This text is still only available in the inferior edition by A. Dressel, "Epiphanii monachi et presbyteri de vita et actibus et morte sancti, et plane laudandi, et primi vocati inter alios apostolos Andreae", in *Epiphanii monachi et presbyteri edita et inedita* (Paris/Leipzig, 1843) [= PG 120, col. 216–60].

78 Clement of Rome, Evagrius of Sicily, and Epiphanius of Cyprus. However, Lipsius (*Apostelgeschichten* I, 575) already suggested that Epiphanius may only have intended to give the impression of erudition.

79 On which see Roig Lanzillotta, *Acta Andreae*, 64–65; on the relationship between *Laudatio* and *Vita* see 77–79.

80 So, for example, John 1:29; Matt 3:14; and John 1:32, 33 in *Vita* 223A; Gen 3:5 and 4:8 in 233A; Gen 4:9 in 235A and Deut 18:15; John 14:12; Matt 27:25; 28:6, 7; Mark 16:6–7 in 237A–B.

composition, the New Testament as such did not exist either, nor did its particu-particular writings enjoy the prescriptive validity that it later acquired in some areas.

Our previous analysis allows us to draw some conclusions:

1. The absence of clear NT references in the oldest preserved text related to *AA*, namely the fragment in Vaticanus graecus 808, points to the fact that this text was plausibly written at a time when the New Testament did not enjoy widespread acceptance or general prescriptive validity. We may, therefore, safely date the most primitive stage of the text's textual transmission to the second half of the second century. A later date of composition in the third century might create problems in explaining the absence of NT references.

2. The very few NT echoes or allusions in *AA*, namely Col 1:16, Matt 8:20, Eph 6:12 and 1 Cor 15:22, appear to be rather tenuous and might be explained either as linguistic or conceptual coincidences resulting from the similar conceptual world or the common environment in which Early Christian texts were composed. *AA*'s use of a given expression or motif might simply be due to the fact that this expression or view was widespread or known in the historical period.

3. Other alleged NT references, such as Mark 4:1–20 or Luke 19:40 in *AA* 11 and 16, respectively, result from the "over-interpretation" of *AA*'s text in the light of the NT. In point of fact, these passages allow a much more plausible interpretation when they are approached from the perspective of the philosophical cultural milieu of Late Antiquity. Both sections indeed reveal the ethical concerns of Early Christian writers and their use of contemporary conceptions and methods to reach a sound ethical doctrine.

4. The dramatic explosion of NT references in almost all other extant textual testimonies shows that these texts are secondary recreations of the primitive text. These reworked specimens clearly proceed from a later period, possibly the fourth, but more plausibly the fifth century, a time when the authoritative validity of the NT can be assumed to be almost universally accepted.

5. The absence of NT references in V, on the one hand, and the presence thereof in the other extant testimonies, on the other, supports our analysis of *AA*'s textual transmission that distinguished two branches, non-transformative and transformative, among the texts related to *AA*.

6. As far as the supposed writer of the text is concerned, this absence provides us with a new argument to dismiss the view that considers the text the product of a proto-orthodox pen.[81] Justin and Irenaeus, for example, clearly show that, even if not fixed or closed, the NT or the texts included in it were deemed authoritative in their milieus.

---

[81] Such as first argued by Flamion and many others. For other arguments, see L. Roig Lanzillotta, "One Human Being, Three Early Christian Anthropologies. An Assessment of AA's Tenor on the Basis of its Anthropological Views", in *VigChr* 61 (2007) 414–444.

Giovanni Battista Bazzana

I Have Come to Cast a Sword on Earth

Synoptic Gospels and the Gospel of Thomas in the Pseudo-Clementines

Introduction

The work of April DeConick has recently rekindled the scholarly interest in the study of the *Gospel of Thomas*, by proposing a new hypothesis concerning its redactional development and the socio-religious environment in which the text originated.[1] This noteworthy proposal places Thomas in the Syriac area and, in her treatment, DeConick collects a remarkable amount of parallels from various Syriac authors and texts. Among these, a relevant role is played, in DeConick's reconstruction, by the Pseudo-Clementines, which are used both as textual witnesses for sayings that Thomas shares with the canonical tradition and as a repository of interpretations that, according to DeConick, would frequently be similar to those offered by Thomas on the same sayings.[2] In assessing the Pseudo-Clementine witness to Jesus' sayings that occur both in the Synoptics and in Thomas, DeConick builds on some extensive studies of Gilles Quispel, who had addressed this issue more than half a century ago.[3] The Dutch scholar concluded that the Pseudo-Clementines witnessed to a number of variants that were detectable also in Thomas and thus could be derived from an otherwise lost Jewish-Christian evangelical tradition, which in turn exercised a profound influence also on other texts of Syriac origin.

The study of the Gospel quotations in the Pseudo-Clementines has been a source of major debates among scholars, particularly because it had been strictly linked by Waitz, at the beginning of the 20th century, to the attempt to reconstruct a redactional history of the novel and to individuate early Jewish-

1 A.D. DeConick, *Recovering the Original Gospel of Thomas. A History of the Gospel and Its Growth* (London: T & T Clark, 2005), and *The Original Gospel of Thomas in Translation. With a Commentary and New English Translation of the Complete Gospel* (London: T & T Clark, 2007).

2 This second use of the Pseudo-Clementine text is very important for DeConick's argument, but I will not examine it in this contribution, which will be mainly focused on textual issues. It will suffice to note that the reading of the Pseudo-Clementine interpretations offered by DeConick suffers from the same problems that will be described below. Passages taken from various sections and even different versions of the novel are compared without paying any attention to their respective places in the redactional history of the text (see, for instance, DeConick, *Recovering*, 124–131).

3 Quispel's studies on Thomas and the textual tradition of the canonical Gospels have been conveniently collected in the second volume of his *Gnostic Studies*, to which I will refer in the following pages: G. Quispel, *Gnostic Studies* II (Istanbul: Nederlands Historisch-Archaeologisch Instituut, 1975.

Christian sources behind the currently known versions of the text[4]. Years after Waitz's proposal, the entire edifice built by the German scholar was brought down by Strecker,[5] who formulated new and more precise criteria to be employed in identifying and evaluating Gospel quotations in the novel. It is worth noting, with Amsler,[6] that apparently Strecker did not think that Quispel's proposal, albeit founded on premises that he had to consider unreliable, deserved a thorough discussion and refutation.

Interestingly, decades after this discussion appeared to have been closed by Strecker's intervention, DeConick has returned to Quispel's conclusions without any significant discussion of Strecker's objections or of the more recent scholarly work conducted on the Pseudo-Clementines mainly by European researchers.[7] This is particularly unfortunate, since DeConick seems to follow Quispel also in his quite "free" use of the Pseudo-Clementine texts. As it is well known, the novel is preserved in two fourth century redactions, the so-called[8] *Homilies* and *Recognitions*, the latter extant only in a Latin and a fragmentary Syriac translations. Clearly, the two redactions depend on a common *Grundschrift* datable to the beginning of the third century, but scholars disagree on what materials can be assigned to it with a significant degree of assuredness. Recent scholarship has refrained from the bold assertions of the past and most researchers would conclude that only passages that appear in both versions should be traced back to the *Grundschrift*. Therefore, it is problematic to put on the same ground all Pseudo-Clementine passages, even though they appear only in one of the redactions or even in only one of the translations of the *Recognitions*, as if they stemmed from the most archaic redactional layer.

In the present contribution, I will examine all the Jesus' sayings that occur in the Pseudo-Clementines, on the one hand, and in both the Synoptics and in Thomas, on the other hand, in order to evaluate the reliability of Quispel's and DeConick's conclusions. I will not employ Amsler's more precise definition of

---

4 A history of research on this topic is briefly sketched by F. Amsler ("Les citations évangéliques dans le roman pseudo-clémentin: une tradition indépendante du Nouveau Testament?", in G. Aragione/E. Junod/E. Norelli [ed.], *Le canon du Nouveau Testament. Regards nouveaux sur l'histoire de sa formation* [Le monde de la Bible 54; Genève: Labor et Fides, 2005], 141–167), to whose article I refer for a more thorough discussion of the relationship between the New Testament sayings and their Pseudo-Clementine versions.

5 G. Strecker, "Eine Evangelienharmonie bei Justin und Pseudoklemens?", in *NTS* 24 (1978) 297–316.

6 Amsler, "Les citations", 146 n. 16.

7 The secondary literature produced in the last decades is now conveniently collected in F. Amsler et al. (ed.), *Nouvelles intrigues pseudo-clémentines – Plots in the Pseudo-Clementine Romance* (PIRSB; Prahins: Zèbre, 2008).

8 In the present contribution, I will use the traditional titles, but it is worth considering the observations of F.S. Jones, "Photius' Witness to the Pseudo-Clementines", in Amsler, *Nouvelles intrigues*, 92–103.

"quotation", even though that is definitely the most reliable way to proceed.[9] I think that the results will be more significant if the entire dossier is re-examined employing the fuzzier definition that informs both Quispel's and DeConick's analyses.

Synoptics-Thomas Parallels in the Pseudo-Clementines

Mt 10:26//Lk 12:2 with Mk 4:22//Lk 8:17 and EvTh 5 with 6

The Pseudo-Clementine version of this saying appears in *Recognitions* 3:13:8, a passage in which Peter denounces that Simon's lack of truthfulness is bound to come to the fore, as in the *sermo* according to which:

Nihil est occultum quod non agnoscatur, neque opertum quod non reveletur.[10]

This phrasing is almost identical, even though the two parallel halves are in reverse order, to the Q passage behind Lk 12:2//Mt 10:26:

Οὐδὲν γὰρ ἐστιν κεκαλυμμένον ὃ οὐκ ἀποκαλυφθήσεται καὶ κρυπτὸν ὃ οὐ γνωσθήσεται.

The Thomasine version (in logion 5) does not present big differences apart from the fact that its ending recalls that of Mk 4:22 and its Lukan parallel. The same can be said for logion 6 as well.

Mk 4:3–9 par and EvTh 9

The parable of the sower is briefly echoed in *Recognitions* 3:14:7, in a passage in which Peter states that, for the sake of announcing Christ's message to the audience who is witnessing his dialogue with Simon, he is ready to answer Simon's questions even though with no expectation of convincing his opponent:

Sed quoniam necesse est agricolam, qui vult bonam terram seminare, nunnulla semina perdere etiam in petrosis aut in his quae ab hominibus conculcanda sunt, vel in dumosis

[9] Amsler, "Les citations", 147, refers to the methodological discussion in C. Zamagni, "Citations patristiques et texte du Nouveau Testament. Un état de la question", in *Henoch* 25 (2003) 47–58.

[10] Unless otherwise noted all the Pseudo-Clementine quotations in this paper will be taken from *Die Pseudoklementinen* (vol. I–II; B. Rehm [ed.]; GCS 42–51; Berlin: Akademie 1953–1965), for the Greek and Latin texts, and from *Die syrischen Clementinen mit griechischem Paralleltext. Eine Vorarbeit zu dem literargeschichtlichen Problem der Sammlung* (W. Frankenberg [ed.]; TU 48/3, Leipzig: Hinrichs, 1937), for the Syriac texts. All translations are mine: "There is nothing hidden that shall not be known, nor anything covered that shall not be revealed."

ac repletis sentibus locis, sicut et magister noster exposuit, diversitates propositi uniuscuiusque animae per haec indicans, non morabor.[11]

Already Gilles Quispel had observed that the Syriac version of this passage has "on the road" (*ᶜl 'wrẖ'*), instead of the expected "by the road" (*'lyd* is indeed the preposition used in all the Old Syriac and *Peshitta* translations of the Synoptic passages).[12] According to Quispel (and DeConick) this could point to an underlying Greek text, which might have had ἐπὶ τὴν ὁδόν instead of παρὰ τὴν ὁδόν: some relics of this reading may be detected in some branches of the Diatessaronic tradition.[13] Logion 9 in the Gospel of Thomas shows the same phrasing "onto the road": Quispel concludes that the Pseudo-Clementines and the Gospel of Thomas "ont conservé, en tout ou en partie, une version de la Parabole du Semeur différente de celle des évangiles synoptiques et qui pourrait remonter à une tradition araméenne."

The cogency of this passage is, however, limited by the fact that the parable is only echoed in the Pseudo-Clementines and, moreover, the echo surfaces only in the *Recognitions*. If the latter are envisaged as originating in fourth-century Syria, as recently maintained with convincing arguments by Nicole Kelley,[14] the appearance of this variant may well be accounted for as a later influence of the Diatessaronic tradition on the compiler of the *Recognitions* without having to imagine a direct connection between the Gospel of Thomas and the novel.

Lk 12:49 and EvTh 10

The saying is explicitly quoted in *Recognitions* 6:4:3:

...ut, si qui forte resipiscerent et lumen veritatis aspicerent, deceptos se et in praecipitia erroris abstractos merito dolerent et iracundiae salutaris ignem adversum deceptricem sui conciperent ignorantiam. Ob hic itaque dicebat: Ignem veni mittere in terram, et quem volo ut accendatur.[15]

---

11 "But since it is necessary that the farmer, who wishes to sow good ground, should lose some seeds either in stony places, or in those that are to be trodden by humans, or in those filled with brambles and briers, I will not delay, as also our master put forth indicating by these words the diversities of the purpose of each soul."

12 See G. Quispel, "L'Évangile selon Thomas et les Clémentines", in *VChr* 12 (1958) 181–196 (here 183), now in id., *Gnostic*, 18–19.

13 A survey of the relevant witnesses in W.L. Petersen, *Tatian's Diatessaron. Its Creation, Dissemination, Significance, and History in Scholarship* (SupplVChr 25; Leiden: Brill, 1994), 272–273.

14 N. Kelley, *Knowledge and Religious Authority in the Pseudo-Clementines: Situating the Recognitions in Fourth-Century Syria* (WUNT 2/213; Tübingen: Mohr Siebeck, 2006).

15 "... so that those who would repent and look upon the light of truth might deservedly grieve that they had been deceived and drawn away into the precipices of error and might kindle the fire of saving anger against the ignorance that had deceived them. Therefore he said so: I came to send fire on earth and I wish it were kindled."

The parallel passage in the *Homilies* (11:19) demonstrates that this discourse was present in the Pseudo-Clementine *Grundschrift*, but unfortunately the Greek version of the novel has only a faint echo of Lk 12:49. The text simply states that the prophet of truth has cast, in those who have self-mastery, anger, similar to fire, directed against the one who ensnares them. It is well possible that the redactor of the *Recognitions* has inserted an explicit quotation from Luke, while he or she was revising the *Grundschrift*.

For the present purposes, however, the Pseudo-Clementine version of the saying appears clearly closer to Luke than to the Thomasine logion. Two elements invite to draw this conclusion. First, the Latin has *veni mittere* and not the simpler "I cast" of Thomas. Second, the Pseudo-Clementine version emphasizes Jesus' desire that the fire be kindled (as in Luke), while Thomas focuses on the fact that Jesus is guarding the fire (or the world) until it blazes.

Mt 10:34–36/Lk 12:51–53 and EvTh 16

This Q saying is quoted a number of times in the *Recognitions*. Here is the first instance, in 2:26:6 on the mouth of Simon Magus:

Aut si tu recte pacem ab auditoribus poscis, non recte magister tuus dixit: Quia non veni pacem mittere in terram, sed gladium.[16]

This would almost perfectly agree with Mt 10:34, but it is worth noting that the Syriac version has *qrb'* ("war") where Rufin has rendered with *gladium*. Here, the Syriac text could be preferred, because the change in the Latin might be motivated by the attempt, on Rufin's part, to harmonize the reading of the *Grundschrift* to the Matthean text to which he was familiar. Quispel duly notes that the Thomasine logion 16 has both "war" and "sword". The Dutch scholar suggested that such a variant reading resulted from two different translations of an Aramaic *hrb'*, which could mean both "sword" and "war."[17] However, it would be wise not to stake too much weight on such an hypothesis, because the origin of the variant reading in the Syriac *Recognitions* could be traced back to the influence of a Diatessaronic tradition[18] or to a mistake of a copyist.[19]

16 "Or, if you are right in asking peace from the audience, your master was wrong when he said: Because I did not come to send peace in the earth, but a sword."

17 G. Quispel, "Some Remarks on the Gospel of Thomas", in *NTS* 5 (1958/59) 276–190, here 279.

18 That the Diatessaron had the substitution of "war" for "sword" is hypothesized by Petersen (*Tatian*, 274) on the basis of the Persian Harmony and of an Arabic gospel translation: it should be noted, however, that Petersen wrongly asserts that the "ambiguous Syriac word" is present in the Old Syriac manuscripts, which, on the contrary, have *syp'* ("sword") and not *hrb'* as in the *Peshitta*.

19 As suggested by T. Baarda (in Petersen, *Tatian*, 274, n. 43).

A few lines after Simon's quotation, the saying is repeated on Peter's mouth and this time in its complete form (2:28:2). The same divergence between the Latin and the Syriac reappears here, but the second part of the saying sounds:

...et ex hoc videbitis separari patrem a filio, filium a patre, virum ab uxore et uxorem a viro, matrem a filia, filiam a matre, fratrem a fratre, socrum a nuru, amicum ab amico.[20]

This version is much more developed than the lists of pairs one can read either in the Synoptics or in Thomas (in particular, the pair of wife and husband and the mentions of brothers and friends at the end are absent from all the other witnesses). The most extended list is in Lk 12:53, but the Pseudo-Clementine version should probably be judged an independent development.

This conclusion is strengthened by the fact that Peter repeats the saying in 2:29:6 and this time the list is significantly different:

Quia ex hoc videbitis separari filium a patre, et virum ab uxore, et filiam a matri, et fratrum a fratre, et nurum a socru, et inimici hominis domestici eius.[21]

This version of the saying is less fully developed than the one mentioned above; moreover, at first sight it seems to adhere more closely to the text of Mt 10:35–36 than to that of Lk 12:53. However, the first couple may induce to imagine an influence of the Lukan υἱὸς ἐπὶ πατρὶ over against the Matthean ἄνθρωπος κατὰ τοῦ πατρός, but an influence of the Old Syriac version of the Synoptic saying on the *Recognitions* appears more likely in this context (both the Sinaiticus and the Curetonianus have *br'* in Mt 10:35 over against the expected *gbr'*, which is indeed introduced in the *Peshitta*).

Simon repeats the saying once more in *Recognitions* 2:32:3 in a slightly different form:

Et alibi iterum ais eum dixisse, quia ipse miserit gladium, ut separaret eos qui in domo sunt, ita ut dividatur filius a patre et filia a matre et frater a fratre, ut si fuerint in una domo quinque, dividantur tres adversum duos et duo adversum tres.[22]

Here again, a close comparison to the Syriac is needed, because the latter version presents remarkable divergences. First, the saying begins with "I am the sword that divides those who are in the household." Such a radical, and unparalleled, change appears secondary, but it is very difficult to explain how it

---

20 "... and therefore you will see father separated from son, son from father, husband from wife and wife from husband, mother from daughter, daughter from mother, brother from brother, mother-in-law from daughter-in-law, friend from friend."

21 "Because therefore you will see son separated from father, and husband from wife, and daughter from mother, and brother from brother, et daughter-in-law from mother-in-law, and enemies of a human being will be the members of his household."

22 "And you say again that elsewhere he said that he sent the sword in order to separate those who are in a household, so that son will be divided from father, and daughter from mother, and brother from brother, so that, if there be five in a single household, three will be divided against two and two against three."

might have been generated.[23] Second, the Syriac has the first three pairs as in the Latin, but they are inverted (instead of "son from father and daughter from mother," it reads "father from son and mother from daughter"). This may indicate an influence of the Matthean version of the saying on Rufin, while the Syriac has maintained the more original, because more unusual, version. Third, the Syriac has appended two additional items to the list (mother-in-law – daughter-in-law and friends). It is quite reasonable to judge this addition a result of the influence of the preceding paragraph 28 on the redactor or on one of the copyists. The conclusion is strengthened by the fact that the pair formed by mother-in-law and daughter-in-law reverses the generational order in comparison with the two first pairs. Fourth, the most striking divergence in the Syriac is the ending of the saying: "If there will be five in a household, three will separate themselves from the two, and, if there will be three, two will separate themselves against the one." The division among the five members of a household is expected and parallels both Lk 12:52 and EvTh 16:3. However, in the latter instances, the saying goes on to state that two will antagonize the three, while the Syriac *Recognitions* introduce a new group of three that is then divided again. Most probably, this variant is the result of a faulty reading of an original.[24]

The last reference to the saying in the *Recognitions* occurs later, at 6:4:6. It is worth quoting in their entirety paragraphs 4–6:

Est ergo pugna quaedam, quae gerenda nobis est in hac vita; sermo enim veritatis et scientiae necessario separat homines ab errore et ignorantia, sicut saepe vidimus putrefactas et emortuas corporis carnes a conexione viventium membrorum ferro secante separari. Tale ergo aliquid est quod agit veritatis agnitio; necesse est enim ut salutis causa filius, verbi gratia, qui sermone receperit veritatis, a parentibus separetur incredulis aut rursum pater separetur a filio aut filia a matre. Et hoc modo inter propinquos et consanguineous credentes atque incredulos scientiae et ignorantiae veritatisque et erroris pugna consurgit. Et ob hoc iterum dicebat qui nos misit: Non veni pacem mittere in terram, sed gladium.[25]

---

23 Interestingly, in this passage "sword" is the Syriac *syp'*, at variance from the preceding occurrences in the *Recognitions* and in agreement with the Old Syriac manuscripts.

24 It would be fascinating to see in this Syriac variant a proof of the influence of logion 16 in Thomas, which indeed ends with a reference to the fighting members of a household standing as "single": however, the Coptic has the notoriously problematic *monachos* here and there seems to be no textual relationship to the *Recognitions* (but see also A.F.J. Klijn, "The 'Single One' in the Gospel of Thomas", in *JBL* 81 [1962] 271–278, for a possible Syriac origin of the Thomasine concept, and F. Morard, "Encore quelques réflexions sur Monachos", in *VChr* 34 [1980] 395–401).

25 "There is therefore a certain battle that we have to fight in this life. For the word of truth and knowledge necessarily separates human beings from error and ignorance, as we often saw corrupted and dead flesh of the body separated from their connection to living parts by a cutting knife. The same is the result produced by the acknowledgment of the truth; for it is necessary that, for the sake of salvation, a son who, for example, has received the word of truth, be separated from his unbelieving parents, or again that a father be separated from his son, or a daughter from her mother. Thus the battle of knowledge and ignorance, of truth and error, arises between relatives and kinspersons believing and

This passage has an interesting parallel in *Homilies* 11:19:2–3 and thus it is fairly certain that it stood in the Pseudo-Clementine *Grundschrift*. However, it must be emphasized that the final paragraph (*Recognitions* 6:4:6), in which one reads the most explicit quotation of Mt 10:34, does not appear in the *Homilies*. On this grounds, it is safer to conclude that all the references to Mt 10:34//Lk 12:51 (and EvTh 16:1–2) are creations of the redactor who produced the *Recognitions*.

Incidentally, it is worth mentioning that in the passage quoted above the separation brought about by Jesus is identified by using the terms *pugna* and *gladium*. It should be remembered that the immediately preceding paragraph (6:4:3) had the quotation of a saying that has been discussed above and that had Jesus announcing that he had brought *ignis* in the world. This terminology was certainly employed in the *Grundschrift* too, since the *Homilies* have the corresponding three Greek words (πῦρ, μάχαιρα, πόλεμος). It is obviously very appealing to imagine that the Pseudo-Clementine author knew a form of the saying in which all these three terms appeared as in EvTh 16, but this has to remain a mere hypothesis in the absence of a clear quotation.

The passage from the *Recognitions* presupposes a list of pairs whose opposition is brought about by Jesus' revelation. The *Homilies* have a parallel list, which confirms that the Pseudo-Clementine *Grundschrift* was working with some form of Mt 10:35//Lk12:53. The Greek is definitely expanded with the addition (which we have already seen in the *Recognitions*) of the pairs formed by συγγενεῖς and φίλοι. Finally, it is worth noting that the *Homilies*, in those pairs that have no correspondent in Lk 12:53, present a remarkably different word choice (υἱὸς πάτρος, but then πατὴρ τέκνου, and θυγάτηρ μητρός, but immediately before it τεκοῦσα θυγατρός). This element could be interpreted as a sign of redactional activity.

Mk 12:31 par and EvTh 25

The saying on the second greatest commandment appears in *Homilies* 12:32:3–4:

Εἰς δὲ τὸ ἀγαπᾶν τὸν πλησίον ὡς ἑαυτὸν ἀποδεδωκὼς πενίαν οὐ πεφόβηται, ἀλλὰ τὰ ἑαυτοῦ μερίζων τοῖς οὐκ ἔχουσιν πένης γίνεται. Ἀλλ' οὐδὲ μὴν ἁμαρτάνοντας τιμωρεῖ. Ὁ γὰρ τὸν πλησίον ἀγαπῶν ὡς ἑαυτὸν ὡς αὐτὸς ἁμαρτήσας οἶδεν τιμωρηθῆναι μὴ θέλειν, οὕτως οὐδὲ τοὺς ἁμαρτάνοντας τιμωρεῖ. Καὶ ὡς θέλει κολακεύεσθαι καὶ

unbelieving. And for this reason, again, the one who sent us said: I did not come to send peace on earth, but a sword."

εὐλογεῖσθαι καὶ τιμᾶσθαι καὶ πάντα τὰ ἁμαρτήματα αὐτῷ συγχωρεῖσθαι, τοῦτο αὐτὸς τῷ πλησίον ποιεῖ, ὡς ἑαυτὸν ἐκεῖνον ἀγαπῶν.[26]

The passage does not appear in the Syriac version of the *Homilies* that is extant for books 10 to 14. The entire ending of book 12 is missing and it is worth noting that it contains thematic elements that are clearly at variance with the remnant of the novel (as, for example, the long development about φιλανθρωπία). This leads to conclude that the entire section is a redactional addition, which was inserted here later than the beginning of the fifth century, when presumably the *Homilies* were translated into Syriac.[27] Anyway, the form of the saying echoed in the present passage is closer to the Synoptic version than to the Thomasine (in particular, the object of love is indicated as "neighbor" and not "brother" and he or she has to be loved as "oneself" and not as "one's soul").

The saying is echoed in the *Recognitions* as well (2:29:2):

E contrario vero eos qui in divitiis et luxuria versabantur, lugebat, qui nihil pauperibus largiebantur, arguens eos rationem reddituros, quia proximos suos quos diligere sicut se ipsos debuerant, ne in egestatem quidem positos miserati sunt.[28]

The parallel passage in the Syriac *Recognitions* has the same text, which clearly depends on the Synoptic versions of the saying. However, one can note an interesting divergence: the Syriac lacks the indication that the "neighbor" has to be loved as the soul (*npsk*, which actually appears in all the variants of the Old Syriac and *Peshitta* Gospels). This element could have brought the *Recognitions* closer to EvTh 25. However, it is worth recalling that the passage has no parallel in the *Homilies*.

Mt 5:14 and EvTh 32

The saying is explicitly quoted in *Recognitions* 8:4:2:

Unde et bene a quodam dictum est ad veritatis praecones: Vos estis lux mundi, et non potest civitas abscondi supra montem posita, neque accendunt lucernam et ponunt eam sub modio, sed super candelabrum ut omnibus luceat qui in domo sunt.[29]

---

26 "Having devoted oneself to love one's neighbor as oneself, one does not fear poverty, but becomes poor by sharing one's own possessions with those who have nothing. But one does not punish those who sin either. For one who loves one's neighbor as oneself, since knows that, when one has sinned, one does not want to be punished, likewise one does not punish those who sin either. And, as one wants to be praised and blessed and honored and that all one's sins be forgiven, one does the same to the neighbor, because one loves him as oneself."

27 F.S. Jones, "The Pseudo-Clementines. A History of Research. Part II", in *The Second Century* 2 (1982) 63–96, here 69–75.

28 "On the contrary, he mourned over those who lived in wealth and luxury, who did not give anything to the poor, maintaining that they must render an account, because they did not pity their neighbors, whom they should have loved as themselves, not even when they were destitute."

This quotation is entirely consistent with a Pseudo-Clementine dependence on the Matthean verse. However, Quispel pointed at a passage in the *Homilies*, in which the saying is echoed in a slightly different form (3:67:1):[30]

Χρὴ οὖν τὴν ἐκκλησίαν ὡς πόλιν ἐν ὕψει ᾠκοδομημένην φιλόθεον ἔχειν τάξιν καὶ διοίκησιν καλήν.[31]

"On a height" is a variant that could be influenced by EvTh 32 (ἐπ' ἄκρον ὄρους ὑψηλοῦς in the Greek of POxy 1), while the appearance of the verb *οἰκοδομέω* could be explained also without considering a Thomasine influence. Indeed, both the Old Syriac and the *Peshitta* version of Mt 5:14 have "built" (*bny'*) in this verse and they could in turn be dependent on a Diatessaronic tradition.[32] *Homilies* 3:67 is almost certainly part of the fourth century redaction of the novel, since it shows an ecclesiological structure that is quite clearly different from that of the *Grundschrift*.[33] If the redactor who created the *Homilies* was operating in Syria, as many suppose, the appearance of such a variant would be a fruit of the environment in which he or she wrote.

Mt 5:15//Lk 11:33 and EvTh 33:2–3

The saying appears in the above quoted passage from *Recognitions* 8:4:2. The Pseudo-Clementine version is identical to Mt 5:15, while the Thomasine version shows a number of additions and variations that recall Lk 11:33 (the singular at the beginning, the addition of "a hidden place", and the fact that the light is for those who enter).

Mt 23:13//Lk 11:52 and EvTh 39:1–2

The saying is echoed in *Homilies* 3:18:3, immediately after Peter's explicit quotation of Mt 23:2, which contains a reference to "scribes and Pharisees":

Αὐτῶν δὲ εἶπεν ὡς τὴν κλεῖδα τῆς βασιλείας πεπιστευμένων, ἥτις ἐστὶν γνῶσις, ἣ μόνη τὴν πύλην τῆς ζωῆς ἀνοῖξαι δύναται, δι' ἧς μόνης εἰς τὴν αἰωνίαν ζωὴν εἰσελθεῖν

29 "Therefore one has well said to the heralds of the truth: You are the light of the world, and it is impossible to hide a city set on a mountain, and they do not light a lamp and put it under a bushel, but on a lampstand in order that it give light to all who are in the house."

30 Quispel, *Gnostic*, 22, and DeConick, *The Original*, 142.

31 "It is necessary therefore that the church, as a city built upon a height, have an order approved by God and a good government."

32 The reading appears in the Persian and Arabic harmonies (Petersen, *Tatian*, 253).

33 On the figure of the bishop in the Pseudo-Clementines, see B. Pouderon, "L'évêque chef du peuple dans le roman pseudo-clémentin", in M.A. Vannier/O. Wermelinger/G. Wurst (ed.), *Anthropos laïkos. Mélanges Alexandre Faivre à l'occasion de ses 30 ans d'enseignement* (Paradosis 44; Fribourg: Editions Universitaires, 2000), 237–250.

ἔστιν. Ἀλλὰ ναί (φησίν), κρατοῦσι μὲν τὴν κλεῖν, τοῖς δὲ βουλομένοις εἰσελθεῖν οὐ παρέχουσιν.[34]

The saying occurs once more in the *Homilies* at 18:6:1–2 and there it is echoed in the same form, but with a significant variant. Peter has referred to Mt 11:25//Lk 10:21 and then has to explain why God "hid" his revelation from the wise. The apology is based on the assumption that God acted in this way as a form of retaliation because the wise (here identified with the "scribes and Pharisees" of our saying) have in turn "hidden" the key of the kingdom from those who wanted to enter (ἐπειδὴ ἀπέκρυπτον τὴν γνῶσιν τῆς βασιλείας καὶ οὔτε αὐτοὶ εἰσῆλθαν οὔτε τοῖς βουλομένοις εἰσελθεῖν παρέσχον).

Neither passage has a direct parallel in the *Recognitions*, but the saying is echoed at 2:30:1:

Similiter quoque etiam erga scribas et Phariseos ultimo doctrinae suae tempore gerit, arguens eos super actibus non bonis et non recta doctrina, et quod clavem scientiae quam a Moyse traditam susceperant, occultarent, per quam posset ianua regni caelestis aperiri.[35]

The Syriac version of this passage has no mention of the "key of knowledge," but identifies the key as a "key of the house of the kingdom." The same mention of "knowledge" is missing in another occurrence of the saying in *Recognitions* 1:54:6–7, where the Syriac is instead in agreement with the Latin.

The fact that the saying appears in both versions of the novel, albeit in different places, might warrant the conclusion that a form of it occurred in the *Grundschrift* too. The Syriac version of the *Recognitions* may induce to think that the *Grundschrift* had no reference to "knowledge," which would render the Pseudo-Clementine form very similar to Mt 23:13. However, the most striking element in all the Pseudo-Clementine occurrences is the charge that the Jewish leaders have "hidden" the key to the kingdom. The singular follows the Lukan version, but the reference to "hiding" seems to be a specificity of EvTh 39. Moreover, at least the Coptic version of Thomas ends with the mention of "those who want to enter", which is presupposed also by the two occurrences of the saying in the *Homilies.*[36]

However, DeConick notes that both these two variants are already attested in the Diatessaronic tradition, in the Old Syriac, and, for "hiding", in most of the witnesses of the so-called "Western" text of the NT.[37] This may be considered a

34 "He was talking about them, as they had been entrusted the key of the kingdom, that is the knowledge, which alone can open the door of life, through which alone it is possible to enter to eternal life. But yes (he says), they have the key, but they do not allow to enter to those who wish to do so."

35 "Likewise during the latter period of his teaching he fights against the scribes and Pharisees, charging them with wicked actions and wrong teaching, and with hiding the key of knowledge, which they had been handed down by Moses and by which the door of the heavenly kingdom could be opened."

36 These observations have been put forth by Quispel, *Gnostic*, 24.

37 DeConick, *The Original*, 158–159.

strong evidence of the influence of Tatian on the Pseudo-Clementine *Grundschrift* (at least, again, for the case of "hiding"), but it does not warrant the hypothesis of a direct dependence of it on the Gospel of Thomas.

Mt 15:13 and EvTh 40

The saying is quoted explicitly in *Homilies* 3:52:1 (Πάσα φυτεία, ἣν οὐκ ἐφύτευσεν ὁ πατὴρ ὁ οὐράνιος, ἐκριζωθήσεται) and its wording is almost exactly the same of Mt 15:13. As noted by Quispel, the Pseudo-Clementine version lacks the possessive "my" that identifies the "father" in Matthew. The same "my" does not appear in EvTh 40 either, but it is missing also in the Old Syriac Sinaiticus and in Ephrem's commentary on the Diatessaron.[38] This leads to conclude that the variant came to the redactor of the *Homilies* by way of the Syriac tradition.

Mt 12:34//Lk 6:45 and EvTh 45

Again the saying appears only in the *Homilies* (19:7:1) and as an explicit quotation ('Εκ περισσεύματος καρδίας στόμα λαλεῖ). But for the lacking of the article (τὸ) before "mouth" the version is entirely identical to what one can read in Mt 12:34. It differs from EvTh 45 in the reference to the "mouth" that speaks.

Mt 17:20b//Lk 17:6 and EvTh 48

The saying is explicitly quoted only in *Recognitions* 5:2:4 and its wording is almost entirely identical to the version that appears in Matthew (*Amen dico vobis, si habueritis fidem sicut granum sinapis, dicetis monti huic: Transi hinc, et transibit*). The Pseudo-Clementine version does not show any sign of resemblance to the Thomasine.

Mt 5:3//Lk 6:20b and EvTh 54

The famous opening of the beatitudes appears in two passages in the Pseudo-Clementines. *Recognitions* 2:28:3 has received the most sustained scholarly attention:

---

38 Quispel, *Gnostic*, 23.

Initio preadicationis suae, utpote qui vellet omnes invitare et adducere ad salutem ac patientiam laboroum temptationumque habendam suaderet, pauperes beatificabat eosque pro penuriae tolerantia adepturos esse pollicebatur regna caelorum, ut sub tanta spe aequanimiter paupertatis pondus spreta cupiditate portarent.[39]

The Syriac version does not present any significant divergence from the Latin. Quispel[40] (and DeConick[41]) take this as a quotation from an otherwise lost Jewish-Christian Gospel, since we find here the Matthean phrase "kingdom of heaven," but without the very specific qualification that the "poor" have to be intended "in spirit."

The same beatitude is evoked again in *Recognitions* 1:61:1–2:

Tum Caiphas doctrinam Iesu culpare temptabat, dicens eum res vanas locutum: beatos enim pauperes dixit, et terrenas fore remunerationes promisit.[42]

This second passage is not used by Quispel and indeed it could be argued that this quotation is based on a different version of the saying, since it appears difficult to maintain that the author can construe "earthly recompenses" out of "kingdom of heaven," if the latter reading was in his or her text. However, this reasoning has to remain highly speculative and, in any event, Stanley Jones has demonstrated that the entire section of the first book of the *Recognitions*, in which this passage is included, goes back to an early source that has to be distinguished from the Pseudo-Clementine *Grundschrift.*[43]

The two above mentioned peculiarities ("kingdom of heaven", but without the qualification "in spirit") are indeed present in the Thomasine logion 54 and then could support Quispel's and DeConick's conclusion. However, one has to observe that again in this case the variant employed by Quispel and DeConick is attested only in the *Recognitions*, while the *Homilies* have an echo of the beatitude with a more pronounced spiritualization in 15:10:4 ('Ο διδάσκαλος ἡμῶν πιστοὺς πένητας ἐμακάρισεν). As for the instances examined above, it could be argued that the passages from the *Recognitiones* show the influence of a Syriac text of the canonical Gospels on the Pseudo-Clementines. Indeed, the manuscript Sinaiticus has "kingdom of heavens" instead of "kingdom of God" in Lk 6:20 and there are grounds to suppose that this is a variant that goes back to the Diatessaronic tradition.

39 "At the beginning of his preaching, as if wishing to invite and lead all to salvation and to persuade to bear patiently troubles and temptations, he called happy the poor and promised that they should obtain the kingdom of heavens for their endurance of destitution, so that, under the influence of such a hope, they would bear with equanimity the weight of poverty, despising covetousness."

40 Quispel, *Gnostic*, 25.

41 DeConick, *The Complete*, 188.

42 "Then Caiaphas attempted to impugn the teaching of Jesus, by saying that he had said empty things. For he said that the poor are happy and promised that the rewards will be earthly."

43 F.S. Jones, *An Ancient Jewish-Christian Source on the History of Christianity: Pseudo-Clementine Recognitions* 1.27–71 (Atlanta: Scholars, 1995).

Mk 4:11 par and EvTh 62

DeConick sees a similarity between the gist of logion 62 in Thomas and a recurring theme in the Pseudo-Clementines.[44] She points at a number of passages, but the only possible parallel is in *Homilies* 19:20:1–2:

Μεμνέμεθα τοῦ κυρίου ἡμῶν καὶ διδασκάλου ὡς ἐντελλόμενος εἶπεν ἡμῖν· Τὰ μυστήρια ἐμοὶ καὶ τοῖς υἱοῖς τοῦ οἴκου μου φυλάξετε. Διὸ καὶ τοῖς αὐτοῦ μαθηταῖς κατ' ἰδίαν ἐπέλυε τῆς τῶν οὐρανῶν βασιλείας τὰ μυστήρια.[45]

As usual, the saying appears only in the *Homilies* and then it is difficult to imagine that it was part of the *Grundschrift*. Moreover, apart from the mention of the "mysteries", the Pseudo-Clementine version of the saying has elements (the "sons of my house" and the command to "guard" the mysteries) that are neither in the Gospel of Thomas nor in the Synoptics.

The first part of the saying may have been developed out of either source, but it is worth noting that the most direct impulse surely came from a variant reading of the *Septuagint* of Is 24:16.[46] A very similar tradition is witnessed by Clement of Alexandria in the *Stromateis* (5:10:63:7):[47]

Οὐ γὰρ φθονῶν, φησί, παρήγγειλεν ὁ κύριος ἔν τινι εὐαγγελίῳ· μυστήριον ἐμὸν ἐμοὶ καὶ τοῖς υἱοῖς τοῦ οἴκου μου.[48]

The fact that only the Pseudo-Clementines and Clement share one of the above mentioned peculiarities (the reference to the "house") would lead to suppose that the saying may have been part of the *Grundschrift* and that it had been developed there with the addition of the second part, which is clearly dependent on Mt 13:11. However, there seems to be no significant trace of a connection to the tradition preserved in the Thomasine logion.

Lk 12:16–21 and EvTh 63

The parable of the rich fool is paraphrased in *Recognitions* 10:45:3–4:

Neque dives conversionem suam differat pro sollecitudine saeculari, dum cogitat quomodo dispenset abundantiam frugum, neque dicat intra semetipsum: Quid faciam, ubi

44 DeConick, *The Complete*, 205.

45 "We remember that our lord and teacher, while issuing a command, said to us: Guard the mysteries for me and for the sons of my household. Therefore, to his disciples as well he explained in private the mysteries of the kingdom of heavens."

46 On the *agraphon*, see M. Pesce, *Le parole dimenticate di Gesù* (Milano: Valla, 2004), 694.732–733.

47 See Clément d'Alexandrie, *Les Stromates V* (A. Le Boulluec [ed.]; II, Paris: Cerf 1981), 227–228.

48 "For the lord, he says, not being envious proclaimed in a gospel: My mystery for me and for the sons of my household."

recondam fructos meos? Neque dicat animae suae: Habes bona multa reposita in annos multos, epulare, laetare. Nam dicetur ei: Stulte, hac nocte auferetur abs te anima tua et quae praeparasti cuius erunt?[49]

This passage has no parallel in the *Homilies*. The introduction of the parable shows some significant differences between the Lukan and the Thomasine versions, but this section has not been preserved in the Pseudo-Clementines. However, the interior dialogue between the rich man and its soul and the concluding word of God are almost identical to Lk 12:19–20. Even the mention of the "soul" over against the "heart" encountered in Thomas (even though the latter may well be a Coptic idiomatic phrase[50]) brings the Pseudo-Clementine version closer to Luke. There is no sign of dependency from the Gospel of Thomas.

Mt 22:2–10//Lk 14:16–24 and EvTh 64

The parable of the great banquet is actually paraphrased in two parallel passages in the Pseudo-Clementines. Here is the version given in the *Homilies* (8:22:3–4):

..."Επειτα ὥσπερ ἐπὶ δεῖπνον ὑπὸ πατρὸς υἱῷ τελοῦντος γάμους κληθέντες οὐχ ὑπήκουσαν. 'Αντὶ δὲ τῶν ἀπειθησάντων διὰ τὴν πρόληψιν ὁ τοὺς γάμους τῷ υἱῷ τελῶν πατὴρ διὰ τοῦ προφήτου τῆς ἀληθείας ἐκέλευσεν ἡμῖν εἰς τὰς διεξόδους τῶν ὁδῶν ἐλθοῦσιν (ὅ ἐστιν πρὸς ἡμᾶς) καθαρὸν ἔνδυμα γάμου περιβαλεῖν (ὅπερ ἐστὶν βάπτισμα, ὃ εἰς ἄφεσιν γίνεται τῶν πεπραγμένων ὑμῖν κακῶν) καὶ τοὺς ἀγαθοὺς εἰς τὸ θεοῦ δεῖπνον εἰσάγειν ἐκ τῆς μεταμελείας, εἰ καὶ τὴν ἀρχὴν ἀπελείφθησαν τῆς εὐωχίας.[51]

The *Recognitions* have a parallel in 4:35:5–6, which is largely identical. Reconstructing the version of the parable that was known to the author of the *Grundschrift* is not an easy task, but one may feel free to state that the Pseudo-Clementine version appears closer to Matthew than to Luke. First of all, both

[49] "Nor let a rich delay his conversion for the sake of worldly cares, while he is thinking how he may gather the abundance of his crops, nor say within himself: What shall I do? Where shall I collect my crops? Nor say to his soul: You have many goods collected for many years, feast, rejoice. For it will be said to him: Fool, tonight your soul will be taken away from you and the goods you prepared to whom will go?"

[50] This is all the more remarkable, since the earliest Syriac tradition of Lk 12:19 substitutes "heart" in this passage quite consistently, as noted by Quispel (*Gnostic*, 64–65): this is probably due to the influence of the *Diatessaron* and it is detectable in its Arabic and Dutch versions, and later in Aphraates and Ephrem.

[51] "For they [the Jews] did not obey as persons invited to a banquet by a father organizing a marriage for his son. Instead of those who, because of other occupations, did not obey, the father, who organizes the marriage of his son, through the prophet of truth, ordered to us, who come to the partings of the ways (that is to you), to cloth you with the pure wedding dress (which is baptism that is administered for the forgiveness of the evils committed by you) and to lead the good to God's banquet from repentance, even though at first they had been left out of the festivities."

versions of the novel designate the banquet as a wedding feast (*quam praeparavit pater in nuptiis filii sui* in the *Recognitions*), while Lk 14:16 mentions only a δεῖπνον μέγα.[52] However, the most important feature in the Pseudo-Clementine paraphrase of the parable is the focus on its conclusion, which corresponds very closely to the long Matthean addition in 22:11–13. In both versions of the novel one finds a reference to the wedding dress (ἔνδυμα γάμου in the *Homilies* and *indumenta nuptialia* in the *Recognitions*), which is interpreted as a symbolic hint at the initiatory ritual of baptism. Significantly, only the *Recognitions* have preserved a trace of the threat of being thrown out of the wedding feast (*tamquam indignus et reprobus abiciatur*), which concludes the Matthean version of the parable. Notwithstanding this element, the Latin translation of the novel appears to be secondary because of its concluding emphasis on the fact that the pure dress must be kept unsoiled lest the guest could be thrown out of the wedding (*vestimentum mundum, cum quo ei ingrediendum est ad cenam regis, observare debet, ne peccato aliqua ex parte maculetur*): this is a development that does not fit into the Matthean parable, in which a guest is in fact thrown out because he is at the table, but without the dress. The perspective on the allegorical interpretation of the parable seems to be radically changed from an emphasis on getting people into the church through baptism to an interest in inviting people who are already initiated into the church to uphold a certain standard of moral behavior – a concern that might fit better a 4th century writer than a 2nd century context. Interestingly, the *Homilies* show a development of the theme, which is divergent, but equally different from the Matthean basis. Here, the prophet of truth sends his apostles to lead into the banquet of God only the "good" (over against Mt 22:10, in which πονηρούς τε καὶ ἀγαθούς are both mentioned). Clearly, the author of the *Homilies* thinks that the ritual purification of baptism will be offered only to those who are worthy of it.

In sum, the two Pseudo-Clementine paraphrases of the parable of the banquet show significant similarities with the Matthean version and these elements are not shared by the Thomasine logion 64. A relationship between the Pseudo-Clementines and the Gospel of Thomas is not identifiable in the present case.

Mt 5:10–11//Lk 6:22 and EvTh 68:1; 69:1

The blessing for those who are hated and persecuted is echoed twice in the *Homilies*; the first time in 11:20:2:

52 A conclusion on the designation of the organizer of the banquet as a king (as in Mt 22:2) must remain tentative, because only the *Recognitions* mention this element indirectly (*cenam regis caelestis*).

Ὅθεν οἱ ἀπειθεῖς ἐπακούειν αὐτῶν μὴ θέλοντες αὐτοὶ αὐτοὺς ἐπολέμουν χωρίζοντες, διώκοντες, μισοῦντες.[53]

This admittedly very tenuous parallel is quite certainly a redactional addition of the homilist, since it does not appear in *Recognitions* 6:5, a passage that is otherwise very similar to what one reads in the *Homilies*. The second occurrence is in 12:29:4:

Οἱ γὰρ ἐν ἀγαθοῖς ἰδίᾳ βουλῇ προκόψαντες ὑπὸ τῶν ἰδίᾳ βουλῇ ἐν κακίᾳ παραμεινάντων πειράζονται, διωκόμενοι, μισούμενοι, λοιδορούμενοι, ἐπιβουλευόμενοι, τυπτόμενοι, πλεονεκτούμενοι, διαβαλλόμενοι, ἀγγαρευόμενοι, ἐπηρεαζόμενοι, πάντα ἐκεῖνα πάσχοντες, δι' ὧν εὐλόγως δοκεῖ τὸ ὀργίζεσθαι γίνεσθαι καὶ πρὸς ἄμυναν ὁρμᾶν.[54]

The long list of actions that are directed against those who operate well by their own volition is indeed reminiscent of the so called "discourse of the mountain", since many of these verbs (some of them rather unusual) are employed in that context. However, even though this second parallel appears more convincing, the paragraph is unfortunately part of a longer section of text, at the end of the twelfth book of the *Homilies*, which is absent even from the Syriac translation of this version of the Pseudo-Clementines. Thus, for a majority of the scholars this has to be considered a strong proof of the fact that the entire ending of *Homilies* 12 has been added to the novel after the fifth century.

Whatever our judgment on the actual presence of a reference to Mt 5:10–11//Lk 6:22 in the Pseudo-Clementines, it is worth considering also the possibility of a relationship to logia 68 and 69 in the Gospel of Thomas. As in the two passages commented above, also the two logia have both "hating" and "persecuting", while only Matthew has διώκω and only Luke μισέω in this context. Can we conclude that the Pseudo-Clementines knew the Thomasine version of the saying? The fact that the alleged parallel appears only in the *Homilies* suggests that other solutions could be profitably explored. For instance, it is worth noting, as already done by Quispel, that the same combination of "hating" and "persecuting" is witnessed for the *Diatessaron* and for its Syriac reception.[55] It is plausible that this peculiar variant has reached the *Homilies* through the influence of the *Diatessaron* on the Syriac New Testament.

[53] "Therefore, the unbelievers, not wishing to listen to them [the followers of Jesus], wage war against them, banishing, persecuting, hating."

[54] "For those who, by their own will, strive for the good are tested by those who remain, by their own will, in evil; the first are persecuted, hated, slandered, plotted against, hit, robbed, accused, exploited, disgraced, while they bear all these things, for which it seems reasonable to be angered and to strive for revenge."

[55] Quispel, *Gnostic*, 67, who mentions a number of Diatessaronic witnesses, but there are traces of this textual variant in *Didache* and also in the Sinaitic manuscript of the Syriac Gospels.

Mt 5:6//Lk 6:21 and EvTh 69:2

The second half of logion 69 recalls a beatitude as well. A Pseudo-Clementine reference could be detected in *Recognitions* 2:28:5:

Sed et esurientes et sitientes aeternis bonis iustitiae saturandos esse promisit, ut egestatem tolerabiliter ferentes nihil pro hac iniusti operis molirentur.[56]

An additional, ironic reference to the same beatitude may be found in another passage of the *Recognitions* (1:61:2) on the mouth of Caiaphas, who is attacking Jesus' teaching:[57]

Cibisque ac potu eos qui iustitiam servaverint, promisit esse saturandos.[58]

The Pseudo-Clementine version looks very similar to Mt 5:6. Two elements deserve specific mention: first, the coupling of hunger and thirst, which is absent form both Lk 6:21 and Thomas 69. Second, it is worth noting that the Latin text of the Pseudo-Clementines has a reference to *iustitia* that recalls the emphasis on δικαιωσύνη in Matthew.[59]

Overall, nothing suggests an influence of Thomas on the Pseudo-Clementines.

Mt 13:45–46 and EvTh 76

The short parable of the merchant and the pearl is echoed in *Recognitions* 3:62:1–2:

Et quis est, qui adsiduus sit erga doctrinam et studiose singula quaeque perquirat, nisi qui animam suam diligit ad salutem et omnibus renuntiat huius mundi negotiis, ut soli verbo dei vacet, quem solum prudentem iudicat verus propheta, vendentem omnia quae sua sunt, et ementem unam veram margaritam et intellegentem quae sit differentia temporalibus ad aeterna, parvis ad magna, hominibus ad deum?[60]

---

56 "But he promised that those who are hungry and thirsty should be satisfied with the eternal goods of justice, in order that they might bear poverty patiently and that it might not lead them to undertake some unjust action."

57 Indeed, the above mentioned statement of Peter in *Recognitions* 2 seems to read like an answer to Caiaphas' accusation, but one must note that the passage in book 1 is part of a different source, as demonstrated by Stanley Jones.

58 "He [Jesus] promised that those who would respect justice should be satisfied with food and drink."

59 This second observation should be taken with some caution, since the Syriac version has only "eternal goods" (*tbt' dl'lm*), which appear to be the more original reading (Rufin could have supplemented "justice" in order to render the text more similar to the Matthean antecedent).

60 "And who is the one who is earnest toward teaching and studiously inquires into every particular, if not one who loves one's soul toward salvation and renounces all the affairs of this world, in order to be free only for the word of God? This is the human being whom alone the true prophet deems wise,

This is a particularly interesting instance, since the Syriac version of the *Recognitions* has a remarkably different text, in which almost all the references to the parable are absent. It is difficult to judge which version was in the original Greek *Recognitions*, but, since the Syriac too has some hints at "possessions" and other related themes, it is possible to argue that Rufin has preserved the text more accurately.[61]

However, the parable here at issue is attested both in Mt 13:45–46 and by logion 76 in the *Gospel of Thomas*. Interestingly, the *Recognitions* have preserved the qualification of the buyer of the pearl as "wise". This is a very relevant point because the Latin *prudentem* cannot come from Matthew and is not attested either in the Syriac or in the Diatessaronic traditions.[62]

This observation may be somehow balanced by a closer analysis of the qualification attached to the mention of the pearl as *unam veram*. Quispel suggests that it may be an additional echo of Thomas, but it is equally true that, while both Matthew and Thomas describe the pearl as single (albeit in different places within the short narrative), only Matthew adds that the pearl is πολύτιμον ("very valuable"). But can this be considered the origin for the Latin *veram*? This seems hardly possible and the Latin adjective can be explained by looking at the interpretive context in which the *Recognitions* have placed the reference to the parable. The prophet of truth praises the human being who "renounces all the activities of this world" in order to create space in himself or herself for the "word of God." The latter is the "true" pearl and the text drives the point home by appending, in typical Pseudo-Clementine fashion, a sequence of antitheses, in which, after the opposition between temporary and eternal, small and great, human and divine, the reader is almost naturally led to add false and true.

The evidence here is ambiguous, but surely the Pseudo-Clementine version of the parable presents an element of striking similarity to logion 76. However, it is difficult to assess at what stage of the Pseudo-Clementine tradition the main character of the parable became "wise". At best, one could say once more that only the *Recognitions* included this feature.

Mt 23:25–26//Lk 11:39–41 and EvTh 89

Homilies 11:29:2 is a passage in which a saying of Jesus is explicitly quoted in the Pseudo-Clementines:

---

the one who sells all one's possessions and buys the only true pearl and understands what is the difference between the temporal and eternal realities, the small and the great, human beings and God."

[61] However, it is still problematic to explain why the Syriac translator would have eliminated the clear references to the parable.

[62] The point is noted by Quispel (*Gnostic Studies*, 25) and repeated by DeConick (*The Original*, 235).

Πλὴν πρὸς τοὺς ὑποκριτὰς ἔλεγεν· Οὐαὶ ὑμῖν, γραμματεῖς καὶ Φαρισαῖοι ὑποκριταί, ὅτι καθαρίζετε τοῦ ποτερίου καὶ τῆς παροψίδος τὸ ἔξωθεν, ἔσωθεν δὲ γέμει ῥύπους. Φαρισαῖε τυφλέ, καθάρισον πρῶτον τοῦ ποτερίου καὶ τῆς παροψίδος τὸ ἔσωθεν, ἵνα γένηται καὶ τὰ ἔξω αὐτῶν καθαρά.[63]

The parallel in the Latin *Recognitions* can be found in 6:11:3, which is almost a perfect match to the Greek[64] and thus assures us that the saying was part of the Pseudo-Clementine *Grundschrift*. Moreover, the Pseudo-Clementine version of the saying omits entirely the material that one can read in Lk 11:40 and that forms the bulk of logion 89 in the *Gospel of Thomas*. This is a strong indication that the Pseudo-Clementine *Grundschrift* and Thomas did not share the same tradition.

It is worth noting that, while the Pseudo-Clementine version of the saying almost matches the Matthean phrasing word for word, there is a couple of significant divergences. First of all, there is the fact that the inside of the cup and of the platter is full of "filth", a choice that moves clearly away from the ἁρπαγῆς καὶ ἀκρασίας of Matthew (or from the ἁρπαγῆς καὶ πονερίας of Luke) and it is probably a redactional intervention of the Pseudo-Clementine author. Second, the *Homilies* have a full repetition of cup and plate in the parallel to Mt 23:26 and in this they follow the majority of the Gospel witnesses (great uncials and the *Peshitta*) over against codex Beza, the Old Latin witnesses, Ireneaus, and Clement of Alexandria.

In sum, the analysis seems to support the conclusion that the Pseudo-Clementine *Grundschrift* referred to a form of the saying akin to that preserved in Matthew.

Mt 11:28–30 and EvTh 90

This Matthean saying has a partial echo in *Recognitions* 10:51:6:

De quo cum certa fide conceperit, iugum iustitiae et pietatis absque ullo labore suscipet, tantamque in eo sentiet suavitatem, ut non solum nihil ei laboris inesse causetur, verum et amplius aliquid addi sibi desideret et inponi.[65]

---

63 "However, he said to the hypocrites: Woe to you, scribes and Pharisees hypocrites, because you clean the outside of the cup and of the platter, while the inside is full of filth. Blind Pharisee, clean first the inside of the cup and of the platter, so that also their outside may become clean!"

64 Two minor variants in the Latin are the omission of a second mention of the cup and the plate in the second half of the saying and the transformation of the latter part of the saying (which is a purpose clause in the *Homilies* and in Matthew) into a coordinate with a future tense verb (*et quod deforis est erit mundum* that recalls the phrasing of Lk 11:41).

65 "When one has entertained this about him [the prophet of truth] with sure faith, one will take up without any trouble the yoke of righteousness and piety, and one will perceive in it so much sweetness that not only will it not cause to find any trouble in itself, but one will desire that something more be added and imposed."

This passage has no parallel in the *Homilies* and, apart from a very generic resemblance to Mt 11:28–30 and EvTh 90, nothing enables us to draw any conclusion about issues of literary dependency. The development preserved in the *Recognitions* is too free and this feature can be clearly seen in the reference to *suavitas* as the fruit of taking upon oneself the yoke of the prophet of truth (as opposed to the ἀνάπαυσις that figures both in Matthew and Thomas) or in the desire of having something added to the yoke itself, an element that is unparalleled in the other sources.

However, DeConick gestures towards *Homilies* 3:52:3 as a possible parallel:[66]

Διὸ καὶ ἐβόα λέγων Δεῦτε πρὸς μὲ πάντες οἱ κοπιῶντες, τουτέστιν οἱ τὴν ἀλήθειαν ζετοῦντες καὶ μὴ εὑρίσκοντες αὐτήν.[67]

Again, this passage has no parallel in the *Recognitions* and, moreover, as far as DeConick's case goes, it is more clearly related to Matthew than to Thomas, which has no mention of those who suffer and are invited to take upon themselves Jesus' yoke.

Mt 7:6 and EvTh 93

The saying is echoed in the *Recognitions* twice: the first time (2:3:5) within Peter's comments to Clement on Simon's arguments.

Solliciti enim et valde solliciti esse debemus, ne margaritas nostras mittamus ante porcos.[68]

This instance has no parallel in the *Homilies* and seems to agree with the Matthean version of the saying in its unique specificities (the adjective possessive, which is absent from EvTh 93, and *ante* as an adequate translation for ἔμπροσθεν): however, one must observe that the Syriac version of *Recognitions* 2:3:5 lacks both these two distinctive redactional features. The same is true for the second passage of the *Recognitions* in which the Matthean verse is echoed (3:1:5): in this case again, only Rufin's translation has the *ante*, which is instead absent form the Syriac version.

It is interesting to observe that the first feature is shared by the *Gospel of Thomas* and by the Sahidic version of Matthew: an element that led Wolfgang Schrage to hypothesize that the Coptic text of *Thomas* may be dependent on the late Coptic translation of the New Testament. DeConick rejects Schrage's proposal by suggesting that the Coptic translator of *Thomas* might have harmo-

66 DeConick, *The Original*, 259.

67 "Therefore he also cried and said: Come to me all who labor, that means those who seek the truth and do not find it."

68 "For we must be careful, indeed very careful, lest we put our pearls in front of pigs."

nized his text to the more authoritative phrasing of the first canonical Gospel as it was known to Coptic readers.[69] I would suggest that a comparison to the Pseudo-Clementine version of the saying leads to a somewhat different conclusion. The Syriac *Recognitions* have probably preserved the original phrasing, since Rufin has almost surely harmonized his version to the Latin text he had at his disposal. The presence of this variant in the *Recognitions* indeed refutes Schrage's suggestion that Thomas is dependent on the Coptic version of Matthew. On the contrary, in this case the Pseudo-Clementine *Recognitions* seems to present a redactional feature that surfaces earlier only in Thomas.

It is worth adding that the absence of the second plural possessive in the Syriac *Recognitions* and in Thomas constitutes a less compelling case, since this variant is shared not only by all the witnesses discussed above, but also by strands of the Diatessaronic tradition and by a relevant number of patristic quotations.

Lk 6:34–35 and EvTh 95

The Pseudo-Clementine *Recognitions* 6:13:5 has a reference to the above mentioned Synoptic passage in a long list of ethical choices in which the followers of Jesus are arguably superior to the Gentiles:

Si illi mutuo dant his qui habent unde reddant, nos etiam his demus a quibus recipere non speramus.[70]

Quispel points to the possible parallel in Lk 6:34–35.[71] One must concede that logion 95 in the Gospel of Thomas offers an interesting divergence ("If you have money, do not lend out at interest, but give to him from whom you will not get it.") While Thomas (and the *Recognitions*) opposes in very explicit terms "lending" and "giving," Luke has a more attenuated version of the saying, in which the command consists only in "lending" also to those from whom one cannot expect a return.

Again, before moving to a conclusion, against Quispel's hypothesis that Thomas and the entire Pseudo-Clementines have preserved a very early tradition, one must observe that the *Recognitions* do not frame the saying as a quotation and that the parallel in the *Homilies* (11:32:1), as noted by the Dutch scholar himself, sounds quite different:

---

69 DeConick, *The Original*, 264–265.

70 "If they lend to those who have the means to repay, let us give also to those from whom we do not expect to receive."

71 Quispel, *Gnostic*, 19.

Ἐὰν ὁ ἐν πλάνῃ δανείζῃ τοῖς ἔχουσιν, ἡμεῖς καὶ τοῖς μὴ ἔχουσιν.[72]

This parallel, which figures within a list of action that closely recalls the sequence of antitheses in Mt 5, may lead to hypothesize that also the origin for the reading of the *Recognitions* should be identified more in a unique mixture of Lk 6:34–35 and Mt 5:42 than in a direct dependence from the Gospel of Thomas. Admittedly, Quispel as well limits himself to the observation that a relationship between the two witnesses must have existed, but it seems far-fetched to explain such a relationship by imagining a common "Jewish-Christian" reception of a biblical law on landing and borrowing.

Conclusions

A first conclusion that can be drawn from this survey is that, in half of the cases in which a Pseudo-Clementine saying appears both in the Synoptics and in Thomas, its formulation is closer to the first and quite distinct from the latter.[73] Among these instances, only two (15 and 19) can arguably come from the *Grundschrift*. This qualification attenuates in part the weight of the evidence against Quispel's and DeConick's argument, since one could argue that the two redactors of *Homilies* and *Recognitions*, writing in a time period in which the influence of the canonical New Testament text had become more solidified and then stronger, might have felt compelled to harmonize their quotations to the standard text to which they were familiar.

Half of the remaining 10 instances can be explained in the most economic way as results of the textual influence of the Old Syriac or Diatessaronic traditions. This is certainly the simplest explanation for those cases in which the Syriac *Recognitions* recall the Diatessaron (2) and the *Homilies* recall the Old Syriac Gospel text (9 and 16) or the Diatessaron (6). Interestingly, in only a single case (8) the Diatessaronic influence might have actually stood already in the *Grundschrift*. This is not at all surprising, since the Pseudo-Clementine basic writing is quite commonly considered a text of Syriac origin.[74]

We are left with a handful of passages in which Thomas and the Pseudo-Clementines show divergences from the Synoptics that are almost unique to these two witnesses. However, this final datum should be carefully qualified. First, 4 out of the 5 passages at issue appear only in the *Recognitions*. Second,

---

72 "If the one who is in error lends to those who do not have, we should lend also to those who do not have."

73 11 instances out of 22; numbers 3, 5, 7, 10, 11, 13, 14, 15, 17, 19, 20.

74 I do not think that this conclusion can have any bearing on the issue of the dependency of Thomas from the Diatessaron, which has been recently rehearsed by N. Perrin (*Thomas and Tatian. The Relationship between the Gospel of Thomas and the Diatessaron* [Leiden: Brill 2002], on which see the radical criticism of P.J. Williams, "Alleged Syriac Catchwords in the Gospel of Thomas", in VChr 53 [2009], 71–82.)

all these 4 (numbers 12, 18, 21, and 22) are echoes and not explicit quotations of sayings of the Lord. Third, in two of these instances (12 and 21) the divergences are actually omissions of words that appear in the canonical versions of the sayings. One does not need to emphasize, by recalling Amsler's compelling methodological advice, how the latter feature (akin to an *argumentum e silentio*) becomes all the more problematic for a passage that is not explicitly quoted, but only echoed.

Finally, there is a single instance (4) in which the *Grundschift* might have presented a variant that appears elsewhere only in the *Gospel of Thomas*. Albeit very interesting, this occurrence can hardly support the weight of Quispel's (and DeConick's) hypothesis, particularly because it as well presents some problems of reconstruction. However, 4 (and maybe 22, if the version of the saying in the *Recognitions* goes back to the *Grundschrift*, as it seems reasonable) underscores some interesting features of the Pseudo-Clementine tradition of Jesus' sayings. As noted by Amsler and by the present writer, the mixed character of the saying and the exclusive Pseudo-Clementine focus on Jesus as teacher (over against the little interest demonstrated for his death and resurrection) witness to the persistence, well within the second century, of a trajectory that can be traced back to Q.[75]

[75] Amsler, "Les citations", 159, and G.B. Bazzana, "La rappresentazione di Gesù nel romanzo pseudo-clementino", in E. Norelli/A. Guida (ed.), *Un altro Gesù? I Vangeli apocrifi, il Gesù storico e il cristianesimo delle origini* (Napoli: Il pozzo di Giacobbe, 2009), 102–130.

Geneviève Gobillot

Two Arabic Epitomes of the Pseudo-Clementines

Texts of Sinai (MS. no. 508) and British Museum (MS. XXVIII, add. 9965)*

The *Pseudo-Clementine Recognitions* or *Recognitions of Clement* and the *Pseudo-Clementine Homilies* constitute the corpus generically called *The Clementine Romance.* They represent two similar versions, each with significant variants. According to the unanimous opinion of contemporary scholarship, both texts originate in a basic Greek text composed between 222 and 325 C.E. which can be described as the first literary corpus from which the unknown authors of the *Homilies* and the *Recognitions* worked.[1] This work is attributed to Clement, the third successor of Peter at the end of the 1st century.[2] These two fictitious compositions depict him as a direct witness of the teaching of the Apostles, in particular that of Peter, authentic successor of Christ, as opposed to Paul, held to be 'the inimical man'. From the point of view of the history of ideas, the interest in these texts, as noted by Pierre Geoltrain,[3] rests in their having preserved and disseminated ancient traditions that afford a testimony to the reflection of Christian Jews upon their Judaism, their adhesion to faith in Jesus and their relationships with the heathen world.

The main story line of the *Clementine Romance* is the following: The young Clement of heathen origin belonging to Caesar's family shows a natural predisposition toward spiritual and religious life, chastity and meditation. He is bothered by questions about the immortality of the soul, which philosophers cannot answer. In Rome, he hears through Barnabas about Peter who was teaching the

* The editors wish to thank warmly Dr. F. Stanley Jones (California State University Long Beach) and Hereward Senior (MA student at Concordia University) for their invaluable help in editing this article. Dr. Jones notes that the British Museum epitome is usually considered to be dependent on the Metaphrastic Greek epitome.

1 "Introduction au Roman pseudo-clémentin," in P. Geoltrain/J.-D. Kaestli (ed.), *Écrits apocryphes chrétiens* II (Paris: Gallimard, 2005), 1183. The area of formation of these texts is identified as being Syria.

2 See Irenaeus of Lyons (*Against Heresies* 3,3,3) and Eusebius of Caesarea (*Ecclesiastical History* 3,4,9; 3,15,21; 5,6,2), who presents Clement's episcopate as having begun in 92 and coming to an end in 98.

3 "Introduction au Roman pseudo-clémentin," in Geoltrain/Kaestli, *Écrits apocryphes chrétiens* II, 1183. M. Dunlop Gibson clarifies, in her introduction to the edition of the Epitome, that the author was doubtless a Christian Jew, presenting a doctrine clearly Ebionite. See Introduction to *Apocrypha Sinaitica* (Studia Sinaitica V; London: Clay, 1896), XVI.

doctrine of the True Prophet (Jesus) in the Orient. He then travels to Caesarea to meet him. He receives the Word of Truth and later is baptized. He then reencounters his mother, his father and his two brothers, from whom he had been separated for many years, under terrible circumstances. They are all baptized around the same time. These "recognitions" illustrate to him the supremacy of divine providence over the predetermination of the astrologers. In the course of these events, controversies between Peter and his heathen or heretical opponents allow the authors to introduce numerous points of doctrine. At these meetings Peter performs miracles, comparable to those of Jesus, which involve the conversion of large crowds.

If the *Homilies*, which are known in their totality only through two Greek manuscripts, seem to have attained some success in the oriental Christian world,[4] the *Recognitions* were certainly much more widely known. They circulated in the Occident through Rufinus of Aquileia's Latin translation (early 5th century)[5], which stems from an original Greek text that no longer exists.[6] From this perspective, one of the main points of interest regarding the Sinai manuscript is that it is considered by specialists to be the only text (apart from the old Latin and Syriac translations) we have which is based on the Greek version considered to be the original.[7]

It seems that the difference in diffusion between the two versions was due to the fact that the *Recognitions* are almost totally free of specifically Judaeo-Christian topics. In particular it lacks the doctrine of the True Prophet who appeared in Adam and of whom Jesus was the final manifestation in the world, along with its repercussions. The most important of these is the theory of the false verses. According to this theory, these verses were slipped in during the composition of the Old Testament by the devil. The True Prophet, Christ, was sent to rectify them by distinguishing truth from forgery in the Holy Scriptures.[8] These subjects as well as those directly connected to them, if

---

4 A Syriac manuscript of the 4th century contains a translation of two sections (10,1–12,24 and 13,1–14,24), as well as *Recognitions* 1,1–4,1; cf. Geoltrain/Kaestli, *Écrits apocryphes chrétiens* II, 1186-1187.

5 We know of 115 Latin manuscripts, from Italy, France, England, Ireland and Germany. Many fragments, sometimes connected with fragments of the *Homilies*, exist also in Syriac, Armenian, Ethiopian, Georgian and Slavonic.

6 Rufinus mentions that he had in his hands two Greek editions of the *Romance*, which, according to current scholarship, had to correspond, respectively, to the *Homilies* and the *Recognitions*. See his foreword to the *Recognitions*, quoted by L. Cirillo and A. Schneider, "Introduction aux *Reconnaissances*," in Geoltrain/Kaestli, *Écrits apocryphes chrétiens* II, 1594.

7 According to M. Dunlop Gibson: This Arabic text is probably translated from an original Greek; in ead., *Apocrypha Sinaitica*, XIII. L. Cirillo and A. Schneider are much more affirmative when they declare that the Arabic Epitome of the Sinai brings the proof that the magic transformation of the appearance of the father of Clement was not in the Greek narrative of the *Recognitions* (in Geoltrain/Kaestli, *Écrits apocryphes chrétiens* II, 1621).

8 *Hom.* 2,1–9 and 3,29.

not totally absent from the *Recognitions*, are barely hinted at in them.[9] Without any doubt, this evident dogmatic neutrality motivated the choice of Rufinus for his Latin translation and it is surely what attracted a monk of the Sinai to this narrative and inspired him to copy the first Arabic Epitome which will be examined here.

Regarding quotations from and allusions to the New Testament which constitute the focal point of this study, we shall examine them in the order in which they appear in each text, situating them in the flow of the narrative. We shall also indicate systematically if they are represented either in the Latin text of the *Recognitions* or in the *Homilies*. This evaluation will allow us, on the one hand, to discern more easily the respective choices made by the authors of the two Epitomes and, on the other hand, to know if they themselves took the initiative to add references of this kind to their texts. Regarding the manuscript of Sinai, it will be difficult to discern if the variants on this point result from a difference between the Greek and Latin versions of the *Recognitions* or if they are due to some initiatives of the author of the Epitome himself. Indeed, except in the case of the absence of an essential topic such as Clement's father's metamorphosis into Simon the magician which can be considered a peculiarity of the original Greek *Homilies*,[10] it is necessary to take into account the possibility of additions or suppressions by authors having an active attitude toward the respective basic texts from which they preserved, in their summaries, only what really appeared to them to be of exceptional importance.

Finally, it will be informative to compare these two Epitomes on the basis of their respective quotations of the New Testament. This characteristic of the texts is clearly indicative of the preoccupations of Christian authors who paid particular attention to the *Recognitions of Clement* at two different periods of history.

Moreover, it is precisely for a comparative purpose that Margaret Dunlop Gibson edited, translated into English and published these two epitomes in volume V of Studia Sinaitica, *Apocrypha Sinaitica,* London, C. J. Clay and Sons, 1896. She published them with five other Arabic and Syriac apocryphal texts, belonging to various manuscripts: *Anaphora Pilati, Martyrdom of Clement, Preaching of Peter, Martyrdom of James the son of Alphaeus, Preaching of Simon son of Cleophas and Martyrdom of Simon.*

---

9 This teaching is connected to the theory of the action of the Devil in the world, absent from *Recognitions* (see *Hom.* 20,1–10). Some of these subjects were taken up, much later, by the Koran. See, for this question, G. Gobillot, "Der Begriff Buch im Koran im Licht der pseudoklementinischen Schriften (transl. W. Müller)," in M. Groß/K.-H. Ohlig (ed.), *Vom Koran zum Islam. Schriften zur frühen Islamgeschichte und zum Koran* (Inâra 4; Berlin: Hans Schiler, 2009), 397–482.

10 See supra note 7.

The Text of the Library of St. Catherine's Monastery on Mount Sinai

This text belongs to a group of Arabic and Syriac manuscripts, codex no. 508,[11] containing eleven other texts; among them, in particular, is a book attributed to Clement, akin to the one known as the *Book of Adam and Eve*. This Epitome is unmistakably much more ancient than the one in the British Museum but it has not been dated because its colophon was lost. On this subject Margaret Dunlop Gibson proposes the following hypothesis: "The hand-writing, as may be seen from the frontispiece is very like that of Plate XX. of the Palæographic Society's Facsimiles of Ancient MSS. Oriental Series Part II. the date of whose original is A.D. 885. I may therefore claim that this Sinai MS. is at least older than the four Paris MSS. 76, 77, 78 and 79, of which No. 76 is dated A.D. 1336-7, and copied from a MS. of A.D. 1176-7." She adds: "We have so little original Christian Arabic literature of the period before or shortly after the Mohammedan conquests, that we ought to welcome any light on the ideas, or scriptural and historical knowledge of these long-forgotten Arabs."[12]

The author who, according to her, seems to have been an "Arab Christian monk who was more fascinated by the interest of the narrative than anxious to edify his brethren by translating the discourses,"[13] placed at the beginning of his text a very brief summary of Clement's story, his life in Rome, his adherence to Christianity, and the instruction that Peter provided him:

"This is the tale of (how) Clement recognized his parents and his brothers by means of Peter the Apostle, chief of the Apostles, blessed in the faith; and this is the teaching of the above-mentioned Saint Peter, while he was at Tripolis."

There is a summary of Peter's teaching. The text continues as follows:

"I, Clement, had completed three months with him; he commanded me to fast for three days, and then we went to fountains of water on the sea-shore, and he baptized me there and (we travelled to) Tripolis with the man[14] who had entertained us. Then he appointed

---

[11] The codex consists of 156 leaves, all paper, with the exception of five, which are vellum, measuring 20 x 15 centimetres. The English translation occupies in *Apocrypha Sinaitica* the pages 16–26 for the manuscript of Sinai and 27–43 for the manuscript of the British Museum; and the edition of the Arabic text, pages 14–27 for the manuscript of Sinai and 30–57 for the manuscript of the British Museum.

[12] *Apocrypha Arabica* (Studia Sinaitica VIII; London: Clay, 1901), X. Parts of the text have been reprinted in 2007 by Kessinger publisher, N.Y., USA. In her introduction to *Anaphora Pilati*, M. Dunlop Gibson adds that she does not know which of the two texts is the earliest, no. 445, dating from 799 A.D. or no. 508 (*Apocrypha Sinaitica*, XIV).

[13] *Ibid*., XVI.

[14] Dunlop Gibson seems to have confused the name of the city, Tarâbulus (Tripoli) with (Maroones), a man who would have been, according to the text of the British Museum, baptized at the same time as Clement. But this sense is hardly acceptable, insofar as Peter would not have consecrated bishop a recently baptized disciple.

him bishop of Tripolis, and twelve presbyters, with deacons. Then he left the people of Tripolis, and went out to Antioch in Syria."[15]

Peter's Instruction and Its Connections with the New Testament

The summary of Peter's instruction consists of three subjects which, apparently, the author of the Epitome considered the main ones because he selected them from numerous others to be placed at the head of his text.

Page 1 (of the manuscript according to the pagination given by Margaret Dunlop Gibson): Three essential instructions of Peter: love of God has to be greater than love of parents and children; faith is essential while knowledge is not; only baptism by water can save from the fire of Hell.

(1) "'It is necessary for love of God to be greater than that of parents and children, for He is the cause of all.'"

In the Latin translation of the *Recognitions* by Rufinus of Aquileia, this assertion takes place within a discussion on a passage from a Gospel. The question concerned whether Jesus preached hardness and violence or not (*Rec.* 6,4). The central focus of this meditation is Matt 10:34–37: "(34) Do not suppose that I have come to bring peace to the earth. I did not come to bring peace, but a sword. (35) For I have come to turn a man against his father, a daughter against her mother, a daughter-in-law against her mother-in-law; (36) a man's enemies will be the members of his own household. (37) Anyone who loves his father or mother more than me is not worthy of me; anyone who loves his son or daughter more than me is not worthy of me."[16]

This passage should be read along with another one from the same Gospel, Matt 19:29: "Whoever has left, because of my name, his brothers or his sisters or his father or his mother or his wife or his children or his lands or his houses will receive increases a hundredfold it and will inherit eternal life." The topic suggested by this last verse is, among other things, a development of the Law of the King in Deut 17:16: "(16) Your king should not possess a large number of horses, nor send people to buy them in Egypt, because the Lord said to you that you should not return any more to this country. (17) He should not possess numerous wives, who would divert him from God, nor accumulate a lot of money and gold." The Gospel simply adds familial links with father, mother and children to these worldly attachments. It places them in the foreground

[15] The end of this summary does not correspond to the end of the narrative of the Epitome nor to the one of the Latin text of the *Recognitions*, both ending with the baptism of Clement's father at Antioch. It corresponds in fact to the end of the *Homilies*: Peter's departure for Antioch, *Hom.* 20,23,5.

[16] See also Luke 14:26–27: Large crowds were travelling with Jesus, and turning to them he said: "If anyone comes to me and does not hate his father and mother, his wife and children, his brothers and sisters – yes, even his own life – he cannot be my disciple". In the same sense, we can also quote Mark 8:34–37.

instead of the other reasons that might distract one from the love of God by dividing the human heart. The consequence of this is that one must acknowledge the possibility of separation from family for the sake of closer union with God.

The sense of this warning evolved in the *Recognitions* as well as in the *Homilies* toward quite a different meaning. Attachment to family can result in the adoption of serious religious errors which the person will refuse to reject because they are views held by close relatives, in particular the father, whom he does not dare contradict. We can cite, concerning this matter, *Rec.* 6,4,5: "It is necessary for salvation that a son, for example, who has received the Word of Truth, remove himself from his unbelieving parents or that, conversely, a father must leave a son, or a daughter (must leave) a mother." See also *Rec.* 5,30,1: "Others say: we commit an impiety if we do not observe the rituals which were passed on to us by our fathers and if we transgress the religion which the ancestors gave us." We find the equivalent of this idea in *Hom.* 11,12,5–13,4. This argument will be reprised and widely developed by Lactantius in his *Divine Institutions* and used later, in similar terms, by the Koran.[17]

The third meaning of this quotation lies in the assertion that God is our true father because He is the cause of everything and, consequently, of our life. This sense is manifest in *Rec.* 2,55,5: "The only origin of life is God" (cf. also *Rec.* 6.6.2). The author of the Epitome of Sinai selected this specific meaning: "it is necessary to love God more than our family because He is our true Father." He placed this argument at the beginning of his text because he doubtless understood how important it is to the subject suggested by the title of the *Recognitions*: Clement's reunion with all the members of his family. In addition to its denial of predetermination, one of the lessons of the text is that the perfect Christian family is one whose members get together only after all of them have been baptized. Their mutual affection is consecrated by this purification. They can then "recognize" each other because they have become "children of God". The ultimate lesson of the text is: "Love of God has to hold the first place and love of family will be given additionally."

(2) "'It is difficult for us to know what God is, but we are sure that He is God.'"

Alongside *Rec.* 6,6,5, a similar idea emanates from the correlation of two sections of *Rec.* 2,58,6–7: "When we shall have gone out of the body and we shall have abandoned this darkness about which you speak, then we shall know Him more easily and then the soul will understand better that its creator is the only

[17] See, e.g., *Divine Institutions* 5,19,3: If we ask them for the reason for this faith (in false gods), they cannot answer, but they appeal to the authority of the ancestors (*maiorum*), by saying that there were wise people whom they had approved; that they knew what is best; and they, they gave up their own ideas and the use of their reason to believe in the errors of the others. So, prisoners of a total ignorance, they do not know either themselves nor their gods. See also the Koran (5,104): When we say to them: Come to what God hath revealed, come to the Messenger, they answer: Enough for us are the ways we found our fathers following. What! Even though their fathers were void of knowledge and guidance?

God," and 3,37,6: "We will be judged not for not having learned how the world was made, but for this only reason: if we ignore its creator." All these developments aimed at bringing to light the absolute difference between philosophy, which tries vainly to know what God is, and prophecy, which proffers true wisdom that is crucial for salvation.

In the case of this teaching attributed to Peter, the author of the Epitome synthesized an original expression of these complementary subjects. The most remarkable point of his initiative is that the form which he uses presents in an obvious way the allusion that remained hidden in the *Recognitions* to Acts 17:22–25: "(22) Paul, then, stood up in the meeting of the Areopagus and said: Men of Athens! I see that in every way you are very religious. (23) For as I walked around and looked carefully at your objects of worship, I even found an altar with this inscription 'To an unknown God'. Now what you worship as something unknown I am going to proclaim to you. (24) The God who made the world and everything in it is the Lord of heaven and earth and does not live in temples built by hands. (25) And He is not served by human hands as if He needed anything, because He himself gives all men life and breath and everything else." In this way, the writer of the Epitome tried to "give back to Paul what belongs to Paul," an attitude that the author of the *Recognitions* would have doubtless had some difficulty adopting.

(3) "'Do not think that ye are believers, when ye are without baptism (*maᶜmûdiyya*), because by it the figure of grace is found in the water (*minhâ shakhs̲ min al-rah̲ma mawjûd fî al-mâ'*), recognizing those who are baptized in the name of the Blessed Trinity (*ᶜârif bi-l-maᶜmûdîn fî ism al-thâlûth al-muqaddas*), who saves from future punishment (*al-ᶜadhâb al-musta'naf*); and therefore hasten to the water, for it alone is able to quench that fire.'"

This evocation refers to a function of baptism specified by Jesus according to Matt 3:11–12, the salvation from the eternal fire: "(11) I [John] baptize you with water for repentance. But after me will come one who is more powerful than I, whose sandals I am not fit to carry. He will baptize you with the Holy Spirit[18] and with fire. (12) His winnowing fork is in his hand, and he will clear his threshing floor, gathering his wheat into the barn and burning up the chaff with unquenchable fire."

As we can see, the text of Matthew insists on the fact that Jesus will baptize not only in spirit but in fire. The baptism by spirit and by fire will act as a purification which will burn the straw. But in another way, the *Recognitions* refer to a very specific aspect of baptism: an affirmation of the efficiency of water itself. This aspect is particularly developed in *Rec.* 6,9,3: "Hurry because there is in the waters a certain 'power of mercy' which, from the beginning, glided over them: it recognizes those who are baptized under the invocation of the triple mystery and takes them away from the torments to come." The author of

[18] This declaration can be found also in Acts 1:5: "For John baptized with water, but in a few days you will be baptized with the Holy Spirit."

the Epitome used the expression "*shakhs min al-raḫma*", literally "a figure of mercy," which refers more directly to the Judaeo-Christian doctrine of the shape of God according to which man was created. This esoteric teaching excludes any anthropomorphism.[19] This may point to the probability that the Greek text of the *Recognitions* may have contained such an allusion which today can be found only in the *Homilies* (16,10,6–8 and 17,7,4–5). The *Recognitions* also quote John 3:5: "I say to you, if a man is not born again through water and the Spirit, he will not enter the celestial kingdom." Indeed, the sense evolves towards a demonstration of the necessity of baptism in water: "by means of waters which were created before everything, there is new birth." The essential idea in the *Recognitions* is that baptism of water prevents the believer from being entirely consumed with the straw.[20] Water saves the baptized, literally speaking, from the fire of Hell because it can quench it as it quenches fire in this terrestrial life.

This insistence on the necessity of baptism in water – the author uses a term which indicates clearly baptism in running water in springs near the seashore[21] or in a river[22] (*manâbi^c amiyâ' ^{c}alâ sâḫil al-baḫr*) – does not seem to have bothered the author of the Epitome. On the contrary, such an attitude can easily be understood in a region where Manichaeism, then Islam, had heavily criticized this form of baptism.[23]

For the question of the fast, see *Didache* 7,4 and *Apostolic Constitutions* 7,22,4–5, and *Rec.* 7,34–36 and *Hom.* 13,9–12. As regards the evocation of the three persons of the Trinity, we can refer to Matt 28:19 and to the apostolic tradition. One can fin this topic also in *Hom.* 3,72,5.

Page 2: Chastity, righteousness and meditation about life and death of the soul.

The young Clement describing his life before his meeting with Peter relates it in the following way:

---

19 See, concerning this subject, the "Introduction aux *Homélies*," in *Écrits apocryphes chrétiens* II, 1213.

20 This essential point is brought up at the end of the Latin text of the *Recognitions*: I lack for nothing, except that, by your spiritual scythe, you harvest me by freeing me from the straw and that, depositing me in the granary of the Lord, you let me share in the divine table (*Rec.* 10,72,3). See on this subject also *Rec.* 4,35,5–36,4 and *Hom.* 8,22,4–23.

21 In *Hom.* 8,1,5, Peter has ritual baths in the sea or in the marine pond (see also *Hom.* 5,30,2, 9,23,3). The editors of the text in Pléiade refers for this subject to Epiphanius, *Panarion* 30,15,3 and 16,1. About Ebionites, see *Roman pseudo-clémentin,* in *Écrits apocryphes chrétiens* II, 1375.

22 Dunking in the running water of a fount or a river was in accordance with the tradition of the Baptist groups. It applies to a baptismal rite of the Churches of Syria, in compliance with the *Apostolic Constitutions* (3,16,3) and *Didache* (7,1).

23 Indeed, the Koran, using the Syriac term *ṣibgha*, depicts baptism as an element of natural religion directly conferred by God at the moment of birth. See Koran 2,138.

"I had carried chastity (*al-ᶜiffa)*[24] and righteousness (*al-ṣalâḥ*) to a great length, as also the recollection of death (*dhikr al-mawt*), and meditation about the soul (*al-fikr fî al-nafs*), whether it is mortal or immortal (*ḥayya am mayta:* lit.: living or dead)."

Chastity is a characteristic topic in the pseudo-Clementine literature (see *Hom.* 1,1 and *Rec.* 1,1). The importance of chastity is evoked in *Rec.* 5,32,1: "The religion of God calls you to turn back to sobriety and modesty. It commands you to stay away from disorder and fury." In the *Recognitions*, chastity is a means of salvation and constitutes a characteristic of natural religion, but in this Epitome nothing refers precisely to this theme. The author of the Epitome, on the other hand, added "righteousness" (*ṣalâh*), which is presented as a condition for salvation in Rom 1:17: "The righteous will live by faith." His idea is in agreement with *Rec.* 3,35,1 that "only chaste behaviour is in accord with the knowledge of the truth." But, in his personal exposition of this topic, he established a new link between investigating immortality of the soul, which is a philosophic question, and meditation on New Testament instruction.

Page 3: The gifts of the Holy Spirit.

Peter and Barnabas instruct Clement:

"He (Peter) explained to me the coming of Christ and the resurrection to life."

It is then a question of the descent of the Spirit on Peter:

"Peter completed teaching us the science of the world (*maᶜrifat al-ᶜâlam*), according to what the Holy Spirit had bestowed on him (*kamithli mâ aᶜṯathu rûḥ al-quds*)."

The Latin version of Rufinus (*Rec.* 2,21,6) puts in evidence the presence of the Spirit in man but not the capacity which it confers on him. In the Epitome the allusion to the Pentecost as it is described in the New Testament with the gifts conferred by the Spirit is much more evident. Compare Acts 1:8: "But you will receive power when the Holy Spirit comes upon you; and you will be my witnesses in Jerusalem, and in all Judaea and Samaria, and to the ends of the earth." And Acts 2:1–4: "(1) When the day of Pentecost came, they were all together in one place. (2) Suddenly, a sound like the blowing of a violent wind came from heaven and filled the whole house where they were sitting. (3) They saw what seemed to be tongues of fire that separated and came to rest on each of them. (4) All of them were filled with the Holy Spirit and began to speak in other tongues as the Spirit enabled them."

Page 4: For his disciple, the master takes the place of father, mother and brother. He teaches him the real meaning of "service".

We find here simply the evocation of two evangelical notions. The first one is that the representative of Christ (Peter) holds the place of a real family for Clement:

---

[24] This term indicates the abstinence towards all that is illicit and the moderate usage of terrestrial delights.

"'Thou art to me instead of my father, my mother, and my brothers (*anta lî badal abî wa-ummî wa-akhawâtî*).'"

This passage is literally taken from *Rec.* 7,5,2. It echoes Luke 8:19–21: "(19) Now Jesus' mother and brothers came to see him, but they were not able to get near him because of the crowd. (20) Someone told him, 'Your mother and brothers are standing outside, wanting to see you.' (21) He replied, 'My mother and brothers are those who hear God's word and put it into practice'"; and to Matt 12:46–50: "(46) While Jesus was still talking to the crowd, his mother and brothers stood outside, wanting to speak to him. (47) Someone told him, 'Your mother and brothers are standing outside, wanting to speak to you.' (48) He replied to him, 'Who is my mother and who are my brothers?' (49) Pointing to his disciples, he said, 'Here are my mother and my brothers, (50) for whoever does the will of my Father in heaven is my brother and sister and mother'" (similarly, Mark 3:31–35).

The second passage concerns Clement's proposal to be of service to Peter.

"'Thou hast been the cause of my knowing the truth; and thou hast made me equal to great people (*ahl al-kibâr*). Wilt thou therefore put me in the place of service?' And Peter answered joking and said to me 'Dost thou think that you hast never been a servant (*kayfa taf^calnî fî mûdi^c al-khadim?*)?'"

This whole passage, as well as its extensions, appears in *Recognitions* 7,5,7. This proposition opens the way to an evocation of John 13:12–15; Matt 23:8–12; Luke 22:24–27.

Page 5: The master puts himself in the place of service toward his disciples, teaching them by example.

Peter, refusing Clement's offer to be his servant, suggests to him to reverse the situation by putting himself at Clement's service. In the course of this speech, he insists on the fact that it is important to be free from things of this world and to become attached to incorruptible goods:

"'My mind looks on the good things that are eternal (*al-khayriyyât al-dahriyya*), and does not turn to what is contemptible (*shay' mimmâ hawanâ*).'"

To abstain from the pleasures of this life in the hope of happiness in the world to come is also advice expressed by *Rec.* 7,6,5 and directly inspired by Luke 12:33–34: "(33) Sell your possessions and give to the poor. Provide purses for yourselves that will not wear out, a treasure in heaven that will not be exhausted, where no thief comes near and no moth destroys. (34) For where your treasure is, there your heart will be" (cf. also Matt 6:20–21).

Page 7: Peter exposes Clement to the model of Christ: a master putting himself in the place of service to his disciples.

"'Our Lord, who came for the salvation of the world (*inna rabbanâ al-qâdim likhalâs al-^câlam*), to whom alone be honour (*alladhî huwwa wahduhu alladhî lahu al-hasb*), bore service (*iḫtamala al-khidma*). He might persuade us not to be ashamed to serve our brethren. And He washed my feet and hands, saying: Thus do to thy brethren.' I said to him: 'I, Clement, thought that I bore you with my discourses. But I was mistaken and I thank God who has put thee in the place of parents.'"[25]

The beginning of this passage (ending with "brethren") is identical to *Rec.* 7,7,5 which refers to Luke 22:24–27: "(24) Also a dispute arose among them as to which of them was considered to be greatest. (25) Jesus said to them: 'The kings of the Gentiles lord it over them; and those who exercise authority over them call themselves Benefactors. (26) But you are not to be like that. Instead, the greatest among you should be like the youngest, and the one who rules like the one who serves, (27) for who is greater, the one who is at the table or the one who serves? Is it not the one who is at the table? But I am among you as one who serves'" (see also Matt 20:25–27 and Mk 10:42–45).

The episode of the washing of Clement's feet and hands appears only in the Epitome, the author of which refers clearly to John 13:5–15.

Page 11: Suffering and adversity atone for the believers' sins and lead them to salvation.

When Clement relates the events undergone by his father, a heathen brutally separated from his wife and sons, Peter declares in front of the believers who were present:

"'One gains experience by what this man's father hath suffered. It shows concerning believers who are not vain heathen (*al-umam al-baṯṯāla*), who suffer here without reward in the life to come[26] (*bilâ thawâb fî-l-âkhira*), that those of the believers who are tried here endure suffering for the forsaking of their sins by means of it.'"

This passage is taken in its entirety from *Rec.* 5,34,6[27]: "For those who do not have faith, their punishment consists in a judgment by which, beginning in this present life, they become progressively estranged from future happiness. When, on the other hand, punishment strikes those who love God because of the sins into which they fell accidentally, they pay the price for the sins they committed." And also from *Rec.* 7,11,2: "O unfortunate heathens, on the one hand they suffer for their mistakes, and, on the other, they are deprived of the hope of future life; however, when those who worship God bear such pains, the fact of bearing them with patience helps to their purify them from their sins."

This assertion recalls several passages of the New Testament, all of them coming, interestingly, from Paul's writings, like Rom 8:18: "I consider that our present sufferings are not worth comparing with the glory that will be revealed in us," and also 2 Tim 2:12: "If we endure, we will also reign with him." It is

[25] Dunlop Gibson translated this sentence as follows: And I Clement said to him: "I thought I should conquer thee in speech, and I was a fool, but I thank God who has put thee in the place of parents."

[26] Dunlop Gibson translated: "in the last day."

[27] Corresponding to *Hom.* 11,16,2–6.

possible to see here an allusion to the tale of the good thief and to the redeeming power of Jesus' suffering. See Col 1:24: "Now I rejoice in what was suffered for you, and I fill up in my flesh what is still lacking in regard to Christ's afflictions, for the sake of his body, which is the Church."

Page 12: It is necessary to multiply the gifts of God.

After Peter and Clement had found Clement's mother, reduced to the condition of a beggar, Peter says to her:

"'O woman, what is defective in thy limbs, that thou hast submitted to this humiliation of begging, and thou dost not increase what God has given thee by the work of thy hands (*wa-lâ tastakthar bimâ wahabahu Allâh laki min ᶜamal yadayki*), so that thou couldst even give bread to me from day to day?'"

In the Epitome, *tastakthar bimâ wahabahu Allâh laki* refers without ambiguity to the parable of talents (Matt 25:14–30 and Luke 19:12–27) as far as it concerns the multiplication of God's gifts. In *Rec.* 7,13,2 the same situation is differently formulated: "Tell me, woman, which member is missing in your body so that you have fallen into this injurious situation of begging, rather than getting your food by working with the hands which God gave you?"

This expression is not at all reminiscent of the Gospel. It is only used here to bring to light the importance of acquisition by work. This concept will be developed in Islam, especially by Karramiyya's theologians. The author of the Epitome thus changed the expression of this question to introduce a relation with the parable of talents.

Page 21–22: Peter cures a paralytic.

"'If I am an apostle of Christ (*In kuntu anâ rasûl al-masîḫ*), let these people believe that God is the only one (*al-waḫîd*), Creator of all (*khâliq kulla shay'*), and let the restoration of this woman be complete.' And when Peter said this, the woman rose whole, and prostrated herself before Peter (*sajadat li-Buṯrus*),[28] and asked him about these things."

This passage is identical with *Rec.* 7,24,6. The cure of a paralytic, related to faith in God, refers to Luke 5:17–26; Matt 9:1–8; Mark 2:1–12.

Pages 24–25: The conditions necessary to receive baptism.

Peter instructs Clement's mother:

"'I will instruct you, O woman, about our religion, and our faith in God; we believe in one God, Creator of all this visible world, and we keep His commands, and sanctify and honour (our parents); and we live a pure life (*ḫayât zakiyya*), and have no communion with the heathen in meat or in drink (*lâ nubâshir al-umam fî ṯaᶜâm wa lâ fî sharâb*), unless they are baptized in the name of the Father, and of the Son and of the Holy Ghost (*illâ an yuᶜtamadûna bism al-âb wa-l-ibn wa-rûḫ al-quds*). And if there is a father or mother or

[28] Dunlop Gibson translated: "did obeissance to Peter."

wife or son or brother unbaptized, we do not trust him (*lâ nuwâkiluhu*), and do not be grieved if thy son is bound by this unless thou becomest like him.'"

The central subject here is the question of a meal taken with the impure. The position expressed in the *Homilies*, as also in the *Recognitions*, is that the baptized must not eat or drink with the unbaptized. According to *Rec.* 2,71,2–6, to take a meal with an unbaptized person entails the risk of being seriously corrupted. As a matter of fact, the heathen who has consumed the victims of sacrifice to the gods can be possessed by impure spirits by the fact that they were the dinner guests of the devils. The same ban is evoked in *Rec.* 7,29,3–5. This attitude leads to an understanding radically opposed to the judgment of Paul (1 Cor 10:27–30): "(27) If some unbeliever invites you to a meal and you want to go, eat whatever is put before you without raising questions of conscience. (28) But if anyone says to you 'This has been offered in sacrifice,' then do not eat it, both for the sake of the man who told you and for conscience's sake, (29) the other man's conscience I mean, not yours. For why should my freedom be judged by another's conscience? (30) If I take part in the meal with thankfulness, why am I denounced because of something I thank God for?" See also Acts 11:1–9 regarding this subject.

Page 29: Chastity is the cause of salvation.

"We learnt that chastity is the cause of salvation to the nations (*al-ᶜiffa lil-umam sabab al-khalâs*)."

This assertion in *Rec.* 8,48,49 and 50 has a specific meaning, which is that the nations which practise chastity are free of diseases, pains and all kind of terrestrial plagues, because chastity corresponds to the natural law that reigned before the Deluge. The author of the Epitome has pulled this topic out of this context to make a more general declaration that is reminiscent of the teaching of Paul about this subject (1 Cor 6:14–20): "(14) By his power God raised the Lord from the dead, and he will raise us also. (15) Do you know that your bodies are members of Christ himself? Shall I then take the members of Christ and unite them with a prostitute? Never! (16) Do you know that he who unites himself with a prostitute is one with her in body? For it is said, 'The two will become one flesh.' (17) But he who unites himself with the Lord is one with him in spirit. (18) Flee from sexual immorality. All other sins a man commits are outside his body, but he who sins sexually sins against his own body. (19) Do you know that your body is a temple of the Holy Spirit, who is in you, whom you have received from God? You are not your own; (20) you were bought at a price. Therefore, honour God with your body."

Page 34: The ability to cast out devils.

"There was a daughter of the man (who had been) struck by a devil who had possessed her for twenty years, and on that account she was bound with chains, imprisoned in a house; the house was opened suddenly, and the chains were broken, and the devil came out from her, and the girl came and prostrated herself before Peter."[29]

The details of this cure (the confinement of the girl and the fact that she was bound with chains) are all present in *Rec.* 9,38. The general theme refers to Luke 9:37–42: "(37) The next day, when they came down from the mountain, a large crowd met him. (38) A man in the crowd called out 'Teacher, I beg you to look at my son, for he is my only child. (39) A spirit seizes him and he suddenly screams; it throws him into convulsions so that he foams at the mouth. It scarcely ever leaves him and is destroying him. (40) I begged your disciples to drive it out, but they could not.' (41) 'O unbelieving and perverse generation,' Jesus replied, 'how long shall I stay with you and put up with you? Bring your son here.' (42) Even while the boy was coming, the demon threw him to the ground in a convulsion. But Jesus rebuked the evil spirit, healed the boy and gave him back to his father (43) And they were amazed at the greatness of God" (see also Mark 9:20–29 and Matt 17:14–21).

Page 35: It is necessary to repent because the end is near for all of us.

"Peter commanded our father not to dwell for any time on what is not necessary to God in religion, but that he should repent (*yatûb*), for the end of life is near not only for the old, but also for the young (*liana ajal al-hayât qarîb laysa lilmashâyikh faqat illâ wa-lilshabab*)."

This is an almost word for word quotation taken from the Old Testament, a formulation which we find in the New Testament, brought to light clearly in the *Recognitions* (10,43,2–3 and 45,3–5): "Neither should the rich person postpone his conversion because of worldly concerns (preoccupations), wondering how to deal with the abundance of the harvest, and saying to himself: 'What should I do, where I am going to store my harvest?' And he must not say to his soul: 'You have good things laid up for many years; eat, make merry'; for it will be said to him: 'Fool, this night your soul will be taken from you, and to whom will belong the hoard which you have put aside?' (Luke 12:17.19–20) That is why, whatever your age, sex or condition, hurry to do penance, that you may obtain eternal life."[30] There is no possible doubt that this passage, situated towards the end of the text, is related to the Epitome.

The Text of the British Museum

The manuscript of the British Museum (XXVIII, add. 9965) bears the comparatively late date of A.D. 1659. The text of the Epitome is followed by an account of Clement's martyrdom. The codex containing them is a paper quarto of 235

---

[29] Dunlop Gibson translated: "did obeissance to Peter."

[30] *Rec.* 10,43,3–5.

leaves, the majority of which were written by Macarius, Patriarch of Antioch, and the rest by his disciple, Paul.[31] In this text, the references to the New Testament are essentially collected into two groupings (f. 188a and b; 189a and b).

Folio 188a

This version, like the *Homilies* and the *Recognitions*, in contrast to the Epitome of Sinai, evokes only Clement's chastity (*ḫafiẕtu al-buthûliyya*: literally: "I preserved my virginity"). The question concerning the immortality of the soul is put in these terms: "Do you think that the soul of the human being is immortal *(A tarâ anna nafs al-insân ghayr mâ'yita)*?"

Folio 188b

The author announces that he has here summarized Clement's letter to James, the brother of the Lord, written in Rome:[32]

"I heard that in the land of Judaea (see *Rec.* 1,7,2) there had appeared a great prophet, perfect in holiness, a chief of the Jews, that He was proclaiming about the kingdom of God (*yubasshshir bimalakût al-Lâh*), teaching the people their salvation (*yuᶜallim al-shaᶜb khalâṣahum*), and doing marvellous miracles: for He was giving sight to the blind, restoring the lame, raising the dead, and doing great wonders like these (Matt 11:5; Luke 7:22), preaching that all those who live virtuously in this present world shall go to the kingdom of the heavens."

This passage is taken verbatim from *Rec.* 1,6,4. Clement adds that recently a man [Barnabas] came from Jerusalem and preached in the marketplaces of Rome as follows:

"'O men, people of Rome, know that today the Son of God is found in the body in Jerusalem, and He promises to all who obey Him, and keep the commandments of God.'"

Concerning the Law, see Luke 16:16–17: "(16) The Law and the Prophets were proclaimed until John. Since that time, the good news of the kingdom of God is being preached, and everyone is forcing his way into it. (17) It is easier for heaven and earth to disappear than for the least stroke of a pen to drop out of the Law." See also for this subject Matt 5:17–19, Rom 3:31, and Rom 10:4.

"'(...) and walk virtuously despising present things, that they shall enjoy enduring things, and eternal life.'"

---

31 Cf. M. Dunlop Gibson, *Apocrypha Sinaitica*, XVII.

32 The author of this Epitome seems to have had access also to the *Homilies*, since only this text contains the *Letter of Clement to James*. Nevertheless, the contents do not correspond to this letter, but to a passage of the *Recognitions*.

All the subjects evoked in this paragraph as well as in the preceding one appear in *Rec.* 1,7,2–4.

"'They must know that the Trinity is one God. He commands all dwellers in the world that they do no wrong inwardly, and that they all repent of their sins, that they may not be cast into the fire that will not be quenched (…).'"

This passage refers to Matt 3:12: "His winnowing fork is in his hand, and he will clear his threshing floor, gathering his wheat into the barn and burning up the chaff with unquenchable fire."

"'(…) and remain in it altogether without intermission.' When I heard this sweet announcement, I rejoiced greatly and my soul exulted."

This last sentence refers merely by its literary expression to the announcement made to Mary, Luke 1,46–47: "(46) And Mary said: 'My soul glorifies the Lord (47) and my spirit rejoices in God my Saviour.'"

Folio 189

Clement went to Jerusalem to see Peter, who taught him the following:

"He showed me the secret of the Holy Trinity (*sirr al-thalûth al-muqaddasa*), of His creation of the world, and of the incarnation of Jesus the Christ (*tasajjud yasû^{c} al-masîh̲*), that He is the Son and the Word (*al-ibn wa-l-kalima*)."

This allusion to the Word, absent from the *Homilies* as well as from the *Recognitions*, refers to John 1:1.

"That the dead shall rise in the last day, and that there shall be a reward to the righteous and to sinners. He urged me to attain to holy baptism, that I might be planted with the Lord the Christ, so that I might rise and be glorified with Him in the heavenly and eternal kingdom (*aqûmu wa-atamajjad ma^{c}ahu fî al-malakût al-samâwiyya al-abadiyya*) that I might have no doubt about future blessedness. He said to me in the whole of these speeches of his, 'It is of necessity that the soul is immortal, since God is by His nature just and of transcendent integrity and that He repay the righteous of mankind when they rise.'"

This passage refers to Rom 1:16–17: "(16) I am not ashamed of the Gospel, because it is the power of God for the salvation of everyone who believes: first for the Jew, then for the Gentile. (17) For in the Gospel a righteousness from God is revealed, a righteousness that is by faith from first to last, just as it is written: 'The righteous will live by faith.'" See also Rom 8:18–27 and 1 Cor 15:54–58.

Folio 195a: Giving all of one's possessions to the poor.

Clement's father and mother return to Rome and act in the following way:

"At last they distributed the whole of their goods among the poor and fulfilled all good works, and completed their lives in what was pleasing to God. They forsook present things and they inherited heavenly things."

This call to be generous towards poor people is evoked in a more general way by *Rec.* 10,43,6. The text invites one "to perform acts of mercy towards poor people." But here the author of the Epitome goes farther by mentioning complete renunciation, like that which is asked of the rich young man (Luke 18:18–22; Matt 19:16–22 and Mark 10:17–22; Acts 4:34). See also Luke 12:33: "Sell your possessions and give to the poor."

The end of the text deals with the martyrdom of Peter which occurs after he had chosen Clement to succeed him.

Folio 195b: The command to love and forgive one another

Before dying Peter reminds all Christian believers of this recommendation:

"To love one another (*an yuhibba ahaduhum lilâkhar*)."

This sentence is an exact quotation of John 15:17: "This is my command: love one another" (John 13:34–35 and 1 John 3:23–24); it appears neither in the *Recognitions* nor in the *Homilies*.

"(…) and if one happens to be vexed or angry with another, let him make friends with him before the sun goes down."

We find in *Rec.* 5,13,2 a quotation of Luke 6:36 (corresponding to Matt 5:45): "Be good and merciful as your heavenly father is merciful." The expression chosen here corresponds more to Mark 11:25: "And when you stand praying, if you hold anything against anyone, forgive him, so that your Father in heaven may forgive you your sins." See also Matt 5:23–26 and Luke 12:58–59.

"Let them not judge anyone, but pardon them their sins."

See also Col 3:12–13: "(12) Therefore, as God's chosen people, holy and dearly loved, clothe yourselves with compassion, kindness, humility, gentleness and patience. (13) Bear with each other and forgive whatever grievances you may have against one another. Forgive as the Lord forgave you." See also Luke 17:4; 23:34 and Matt 18:21–22.

Conclusion

If the *Recognitions* were previously purged of numerous Judaeo-Christian references compared to the *Homilies*, the Epitomes have been to an even greater extent purged. The most recent is doubtless closer to orthodox Christian thought.

We see that the Epitome of Sinai kept a few passages that reference Judaeo-Christian doctrine. These are the allusions to the figure of mercy present in the water of baptism, the necessity of baptizing in running water, the importance of the interdiction for the baptized of sharing meals with the unbaptized. Finally, there is the praise for a Jew named Justa who bought the twins Aquila and Niceta, brothers of Clement, and educated them as her own sons so that they might accede to the true faith in God.[33] All this is hardly alluded to in the British Museum text.[34]

We can observe that each Epitome makes use of references to the New Testament in a specific way. The author of the Sinai text collected quotations and allusions to the New Testament contained in the *Recognitions* in an almost exhaustive way. The result of this is to confer on his text, which is less than a twentieth of the original, a particular density in this regard. He tried, while eliminating the long edifying philosophic-theological tracts of the *Recognitions*, to preserve at least a part of their meaning through the passages of the New Testament to which they refer or may refer in the original text. In several cases, he slightly modified the text in order to connect it more explicitly to passages of the New Testament. Finally, he constructed a new edifying text,[35] taking its doctrinal substance almost exclusively from the New Testament. He intentionally restored certain quotations to their legitimate place in the teaching of St. Paul.

The author of the second Epitome made slightly different choices. His quotations from the New Testament texts are less numerous, more literal and grouped together. They rarely take on the function of moral or spiritual edification. He made a certain number of personal additions, emphasizing on the one hand some points of Christian orthodoxy such as the question of the Word (*kalima*). Through his last three quotations of the Gospels, he stresses the command to practice charity, to give all our possessions to the poor, to love each other and forgive our brethren the wrong that they have done to us.

These few characteristics testify to an evolution towards certain aspects of the teaching of Jesus: charity, compassion, forgiveness and unconditional love of neighbour. This evolution of the mentality of the oriental Christian world is similar to the one which can be noticed in the Occident during the same period

---

33 Cf. M. Dunlop Gibson, *Apocrypha Sinaitica*, 27. This variant could have corresponded to the Greek original text, because it does not appear in *Rec.* 7,32,3–4.

34 He makes a very mild allusion to the ban on eating with unbaptized people (folio 193a), and indicates only that Justa instructed the twins in the domain of philosophy, as does the Latin text of the *Recognitions*.

35 This work on quotations from the New Testament thus allows us to temper the judgment of Margaret Dunlop Gibson about the question of edification in the Epitome of Sinai. In fact, its author substitutes totally the references to the New Testament for the doctrinal, philosophic and moral developments of the *Recognitions*.

(17th century).[36] In fact, it seems that in earlier times, even if these topics were certainly present and considered to be essential, they left more space for other preoccupations, for example, the relationship between the master and his disciples, the relations with unbaptized, proselytes, heathens and Jews, and even meditation on life after death or the time of the Last Judgement. The Epitome of Sinai constitutes a particularly significant testimony to this earlier cultural and religious context.

[36] For the 17th century in Occident, see, for example, the meditations of Spinoza in his *Theologico-Political Treatise* on true Christianity, which he calls Evangelical Christianity and which he defines as love, enjoyment, peace, continence and good faith towards all.

Alain Desreumaux

Das Neue Testament in der *Doctrina Addaï*

Bei dem apokryphen syrischen Werk mit dem Titel *Doctrina Addaï* handelt es sich um einen Bericht, der angeblich von dem offiziellen Archivar des Königs Abgar aufgeschrieben und im Archiv von Edessa abgelegt wurde. Es wird berichtet, dass in Folge eines Briefwechsels zwischen dem König und Jesus, dessen Wortlaut überliefert wird, Addaï, einer der 70 Jünger des Herrn, nach der Himmelfahrt Jesu von Thomas nach Edessa geschickt wurde, um den König zu heilen und den Hof und die Stadt zu bekehren.[1]

Die Legende ist alt und der Beginn des syrischen Werkes wird ausführlich von Eusebius zitiert, der jedoch weder den Inhalt der Predigt des Addaï, noch den abschließenden Bericht über die Organisation der Kirche von Edessa wie das Martyrium des Addaï überliefert. Es ist wahrscheinlich, dass der alte Kern der Schrift ein einfaches, zweifellos antiarianisches Credo beinhaltet, und es ist möglich, dass das uns vollständig in einer Handschrift des 5.–6. Jh. erhaltene Werk in einem miaphysitischen Milieu redigiert und überliefert wurde. Zwei sehr alte, nur fragmentarisch erhaltene Handschriften bieten jedenfalls theologische Varianten von hohem christologischen Interesse, die Datierung jedoch ist schwierig.

In der *Doctrina Addaï* wird die Bibel der vom Apostel gegründeten Kirche in einem liturgischen Kontext erwähnt. Als Gegenstand der Besinnung des Apostels und seiner neuen Gefährten ist sie mit dem priesterlichen Dienst verbunden (§ 68) und Teil des täglichen gemeinsamen Gottesdienstes der Gemeinschaft (§ 71 und 88). Die *Doctrina Addaï* unterscheidet explizit zwischen Altem und Neuem Testament (§ 68 und 71). Darüber hinaus bietet der Text in seiner Gesamtheit wie auch die in ihm enthaltenen Predigten bei der Entwicklung ihrer Soteriologie Anlehnungen an Vorstellungen und biblische Begriffe vor allem des Neuen Testaments.

Die heilige Schrift und ihr Kanon

Das, was wir Bibel nennen, erscheint in der Predigt des Addaï als Bezugspunkt seiner theologischen Rede unter dem Begriff *ktābē*, „heilige Schrift“ oder

---

[1] Einleitung und französische Übersetzung von A. Desreumaux, *Histoire du roi Abgar et de Jésus* (coll. Apocryphes 3; Turnhout: Brepols, 1993). Die mit § gekennzeichneten Abschnitte verweisen auf die Unterteilungen, die ich für diese Übersetzung vorgenommen habe.

„Schrift“ (§ 54, 84), *sefrē*, „Bücher“ (§ 41, 82) und *nbiyē* „Propheten“ (§ 38, 40, etc.); im Rahmen der Erzählung wirkt dies übrigens nicht sehr logisch, weil sich der Apostel doch an die Bewohner von Edessa wendet, bei denen er nicht davon ausgehen kann, dass sie die jüdischen Schriften und noch weniger die christlichen kennen. Dies zeigt jedoch, dass die *Doctrina Addaï* an der Schrift orientierte Theologie bietet, und zwar eine Theologie, die auf die Schriften verweist. Dabei stehen mit 18 Zitaten an erster Stelle prophetische Schriften.

Bücher oder heilige Schriften?

Der heutige Leser findet, wenn von der Bibel gesprochen wird, einen ähnlichen vieldeutigen Sprachgebrauch vor wie im syrischen Vokabular, das sich zwischen „die Schrift“ und „das Buch“ bewegt. Die syrische Vulgata, die *Peshitto*, kennt keine eindeutige Übersetzung der griechischen Begriffe, die „die Bibel“ bezeichnen.

Das syrische Wort *ktābā* bedeutet „die Schrift“, „das geschriebene Dokument“ oder „der Buchstabe“ und wird verwendet, um „die (heilige) Schrift“ zu bezeichnen. Im Neuen Testament[2] übersetzt das Wort *ktābā* die Wörter βίβλος, βιβλίον, γράμμα und γραφή. Zudem wird das syrische Wort *sefrā*, „Buch, Kapitel eines Buches, Schrift“ häufig in der gleichen Bedeutung verwendet, so dass βίβλος mit dem Wort *ktābā* („die Schrift des Moses“ in Mk 12,26; „das Buch der Reden des Propheten Jesaja“ in Lk 3,4; „das Buch der Psalmen von David“ in Lk 20,42) aber auch mit *sefrā* („das Buch der Psalmen“ in Apg 1,20) übersetzt werden kann. βιβλίον aber wird mit *sefrā* übersetzt, wenn es sich um ein Buch der Bibel handelt („das Buch des Propheten Jesaja“ in Lk 4,17) und mit *ktābā*, wenn ein Buch im allgemeinen Sinn bezeichnet wird („die Bücher, die man schreiben würde, wenn man alle Taten Jesu aufschriebe“ in Joh 21,25; „das, was er zu Beginn des Buches schreibt“ in Hebr 10,7). Zwei Möglichkeiten der Übersetzung gibt es auch für das Wort γράμμα, übersetzt mit *sefrā* in 2 Tim 3,15 („die heiligen Bücher“) und mit *ktābā* in Joh 5,47 („die Schriften des Moses“). Dagegen wird das Wort γραφή, das im Neuen Testament immer „die Schriften“ bezeichnet, einheitlich mit *ktābā* übersetzt. Auch wenn jedoch in Bezug auf die Übersetzung eine gewisse Unklarheit besteht, kann man annehmen, dass *ktābā* normalerweise eher „die Schrift“ bezeichnet, während *sefrā* zunächst und im eigentlichen Sinne „das Buch“ bedeutet. Wenn *ktābā* mit dem Wort „heilig“ attribuiert ist, ist der Sinn klar, und die Ausdrücke „die heilige Schrift“, „die heiligen Schriften“ können als „die heiligen Bücher“ übersetzt werden.

---

[2] Ich berücksichtige hier nicht das Buch der Apokalypse, weil diese erst nach der Revision zu Beginn des 6. Jh. in die Peshitto aufgenommen wurde.

Wenn die *Doctrina Addaï* von ihnen im normativen Sinne spricht, erscheint das Wort immer im Plural *ktābē* und deutet so an, dass bereits eine Sammlung oder eine Einheit vorausgesetzt ist: Das scheint die Entsprechung dessen zu sein, was man im Griechischen αἱ γραφαί nennen würde.

Die *Doctrina Addaï* verwendet auch das Wort *sefrā*. Im § 82 bezeichnet es ein einzelnes Corpus: „Alles, was wir in Bezug auf Christus sagen und lehren, ist im Buch (*sefrā*) der Propheten aufgeschrieben". Um die Gesamtheit der Schriften zu bezeichnen, die als Referenz dienen – das heißt „die heiligen Schriften" – spricht sie von *sefrē wanbiyē*, „die Bücher und die Propheten" (§ 41), und meint damit zweifellos „die Buchrollen und die Propheten", das heißt „das Gesetz und die Propheten", wobei die „Buchrollen" die fünf Bücher des Pentateuch bezeichnen, die Tora. Dieser Ausdruck stammt sicherlich aus dem Neuen Testament, ὁ νόμος καὶ οἱ προφῆται, „das Gesetz und die Propheten", in der *Peshitto* übersetzt mit *nāmūsā wanbiyē*. Die *Doctrina Addaï* verwendet diese wörtliche Übersetzung etwa in § 67 in Bezug auf die „Juden, die Verkäufer von Seidenstoffen", um zu betonen, dass ihre Bekehrung zum Christentum bereits aus der Logik der Schrift hervorgeht. In seiner Predigt argumentiert Addaï nämlich mit dem Prinzip der Prophetie, wenn es um die Wahrheit des Evangeliums und die Authentizität Christi geht.

Die Verweise auf das Alte Testament in der *Doctrina Addaï* als neutestamentliche Argumente

Obwohl das Alte Testament nur ein einziges Mal explizit bei einem Schriftargument erwähnt wird (§ 54), spielt die *Doctrina Addaï* zweimal auf das Alte Testament an, wenn sie an den Bau des Turmes zu Babel (§ 43) und an die Abraham in der Region, in welcher der Apostel predigt, ergangenen Versprechen, erinnert (§ 48). Wörtliche Zitate stammen vornehmlich aus den Propheten (Jesaja in § 40, Hosea und Daniel in § 84), den Psalmen (in § 20, 23, 54, 55) und aus dem Buch der Weisheit (in § 49). Die in der *Doctrina Addaï* begegnenden Anspielungen und Zitate finden sich nicht im Neuen Testament, die *Doctrina Addaï* jedoch verwendet sie für ihre Argumentation; dabei soll die Wahrheit der christlichen Verkündigung mit Hilfe eines hermeneutischen Schemas, wie es sich auch in den Evangelien findet, erwiesen werden: Die Ereignisse wie die Botschaft des Evangeliums wurden im Alten Testament angekündigt, und ihre Authentizität wird von ihm erwiesen.

Die Rolle der Bibel und der Status der Schriften des Neuen Testaments in der *Doctrina Addaï*

In seinem Werk der Organisation und Gestaltung der Kirche bildet Addaï „die Priester und die Diakone in der Lektüre der Heiligen Schrift (*ktābē*) aus“ (§ 77) und entwickelt dabei folgendes exegetisches Prinzip: „Hinterfragt nicht die Geheimnisse, die in der heiligen Schrift (*ktābē*) geschrieben sind, die ihr hütet“ (§ 84). In jedem Fall wird die heilige Schrift als sehr wichtig betrachtet, da die Praxis der neuen christlichen Gemeinschaft sich aus der Lektüre der biblischen Bücher ergibt, die bereits im folgenden Corpus zusammengestellt waren:

Diejenigen, die Addaï in seinem Dienst verband: „lesend das Alte Testament und das Neue, die Apostelgeschichte, die er jeden Tag meditierte“ (§ 68). – „Ein zahlreiches Volk versammelte sich Tag für Tag und kam zum Gebet des Gottesdiensts, des Alten Testaments und des Neuen, des *Diatessaron*“ (§ 71).

Der Text unterscheidet also deutlich zwischen dem Alten Testament und dem Neuen. Letzteres wird nicht explizit als Teil der Schriften betrachtet: Diese besteht für die *Doctrina Addaï* nämlich aus den Büchern des jüdischen Alten Testaments, von denen sie spricht, wenn sie die Begriff *sefrē* (§ 41, 82) oder *ktābē* (§ 54, 84) verwendet. Es wird jedoch in den beiden oben zitierten Passagen deutlich, dass „das“ Neue Testament bereits in die Liste der in Liturgie und Lehre verwendeten Texte aufgenommen ist.

Betrachtet man die drei Passagen, die sich auf Stellen aus dem Neuen Testament beziehen (§ 68, 71 und 88), so scheint dieses Neue Testament lediglich aus zwei Büchern und einem Corpus zu bestehen: dem *Diatessaron*, der Apostelgeschichte und den Paulusbriefen. Was lässt sich genauer darüber sagen?

Der explizite Kanon der Schrift nach der *Doctrina Addaï*

Da es darum geht, in Edessa eine Kirche zu gründen und dabei eine hierarchische Struktur und Kirchenorganisation aufzubauen, übergibt der Apostel Addaï vor dem Tod seine Anweisungen (§ 77–93). Neben institutionellen Richtlinien, moralischen Anweisungen und theologischen Überlegungen in Bezug auf Christologie und Soteriologie führt Addaï einen abgeschlossenen Kanon der Schriften ein und legt die Liste der kanonischen Bücher für die Liturgie vor: „Das Gesetz, die Propheten und das Evangelium (*ēwangalion*), das ihr jeden Tag dem Volk vorlest, die Briefe (*egartē*) des Paulus, die Simon Petrus uns aus der Stadt Rom gesandt hat, die Akten (*praksīs*) der zwölf Apostel, die Johannes, Sohn des Zebedäus, uns aus Ephesos geschickt hat, lest alle diese Schriften (*ktābē*) in den Kirchen Christi. Lest sonst nichts anderes, weil es nichts anderes gibt, wo die Wahrheit geschrieben ist, die ihr besitzt: es gibt nur diese Schriften, die in eurem Besitz sind, mit dem Glauben, für den ihr auserwählt worden seid“ (§ 88).

Dieser Kanon ist höchst bemerkenswert. Zunächst versteht er sich als ein Kanon aller christlichen Schriften, die er strikt begrenzt: Er ist abgeschlossen, und man darf ihm nichts mehr zufügen. Damit entsteht im Grunde eine Paradoxie: Die *Doctrina Addaï* begrenzt den Kanon „neutestamentlicher" Schriften so restriktiv, dass sie logischerweise das ausschließt, was sie selbst am Anfang ihrer Erzählung berichtet: die Worte Jesu selbst, und die apostolische Predigt, die die lokale Kirche begründete. Im Grunde ordnet sich die *Doctrina Addaï* dadurch selbst außerhalb des Kanons ein und bezeichnet sich implizit als Apokryphon. Zweitens ist der Kanon des Addaï auch aufgrund der Liste der in ihn aufgenommenen Bücher überaus beschränkt; vielleicht stellt er den kürzesten christlichen Bibelkanon überhaupt dar: für das Alte Testament umfasst er nur das Gesetz und die Propheten, zweifellos nach der Formulierung des Evangeliums, Texte, auf die in polemischen Kontexten mit dem Argument der Prophetie verwiesen werden kann (§ 41); für das Neue Testament sind es die Evangelien, die Apostelgeschichte und das Corpus Paulinum. Ganz unterwartet und verwirrend ist schließlich die Aussage über den Ursprung der Apostelgeschichte. Diese wird in der Tradition einhellig dem Lukas zugeschrieben, und ginge es hier alleine um die Zuschreibung, würde die *Doctrina Addaï* einfach nur eine marginale Position einnehmen. Nun ist dies aber nicht der Fall, und die Bemerkung der *Doctrina Addaï* erweist sich als höchst bedeutend für die Geschichte des syrischen Kanons. Untersucht man nämlich die Manuskripte der *Peshitto* des Neuen Testaments, stellt man dort die folgende Anordnung und Gliederung der Bücher fest: die vier Evangelien, die Apostelgeschichte, auf die systematisch Jak, 1 Petr und 1 Joh folgen, sowie schließlich die vierzehn Briefe des Corpus Paulinum. Einige Kolophone beschreiben das als „Neues Testament" benannte Werk als bestehend aus den vier Evangelien, der Apostelgeschichte und dem Corpus Paulinum und erwägen, dass die drei apostolischen, die so genannten „Katholischen" Briefe, die Schriften von dreien der zwölf Apostel sind,[3] deren Taten in der Apg berichtet werden und die sie hiermit vervollständigen[4], so dass das Werk mit dem letzten Vers von 1 Joh schließt. Das ist dadurch zu erklären, dass man meinte, der Block aus Apostelgeschichte und den drei Katholischen Briefen sei von Johannes aus Ephesos, wo dieser der Tradition nach gelebt haben soll, geschickt worden.

---

3 Jakobus wird zu den zwölf Aposteln gezählt.

4 Das Ms. London 14448 (Wright 64, t. I, p. 41), 699/700 n.Chr. datiert, stellt dafür ein sehr wichtiges Beispiel dar. Die Zahl der Abschnitte wird für jedes Evangelium angegeben, dann für das Gesamte aus Apostelgeschichte + Jak + 1 Petr + 1 Joh, dann für die Gesamtheit der Paulus-Briefe, die Gesamtzahl bildet das Neue Testament. Die Struktur ist in den späteren Manuskripten identisch, wie zum Beispiel in dem Ms. Paris, BnF syr. 32, 1218 nC datiert. In dem vielleicht ältesten, vollständig erhaltenen Manuskript der Peshitto, dem Ms. London Add. 14470, in das 5.–6. Jh. n.Chr. datiert (Wright 63), ist die Anordnung der Sammlung anders: die vier Evangelien, die 14 Paulusbriefe, die Apostelgeschichte, die drei Katholischen Briefe, aber das zeigt deutlich, dass die Apostelgeschichte und die drei Katholischen Briefe einen Block bildeten.

Die Bemerkung der *Doctrina Addaï* ist durch den traditionellen syrischen Kanon zu erklären, den sie bezeugt. Es gibt allen Grund, anzunehmen, dass der Kanon der *Doctrina Addaï* bereits der der *Peshitto* ist. Dieser umfasst gegenwärtig 22 Bücher, die vier Evangelien, die Apostelgeschichte, die drei Katholischen Briefe und die vierzehn Briefe des Paulus, eine Sammlung, die in der syrischen Tradition als bestehend aus den folgenden drei Sammlungen verstanden wurde: Evangelien, Apostelgeschichte und Paulus. Allerdings bezeugt die *Doctrina Addaï* für den ersten Teil keine Sammlung der vier Evangelien, sondern das *Diatessaron*: die *Doctrina Addaï* wäre somit Zeuge für ein unmittelbar der Entstehung der *Peshitto* vorausgehendes Stadium der syrischen Kanonbildung. Die Grundform des Kanons wäre also bereits gebildet, anstelle der vier „getrennten Evangelien“ jedoch ist in der *Doctrina Addaï* noch das *Diatessaron* vorausgesetzt.[5]

Leider verfügen wir nicht über Zeugnisse, die erlauben würden, diese Sachverhalte chronologisch zu ordnen. Es ist sehr wahrscheinlich, dass der Kanon der *Peshitto* unter Einschluss des *Diatessarons* auch der des Ephräm war; die Gesamtheit der Zitate und Anspielungen, die Ephräm in seinem Kommentar benutzt, spiegelt diesen Kanon wider.[6] Es ist möglich, dass die *Doctrina Addaï*, die das *Diatessaron* bezeugt, der *Peshitto* vorausgeht, die die vier „getrennten Evangelien“ umfasst; es ist aber auch denkbar, dass sie ein konservativer Zeuge ist, der sich der Einführung des Vierevangelienkanons widersetzt. Somit ist es notwendig, alle neutestamentlichen Zitate und Anspielungen in der *Doctrina* auf ihre Beziehungen zur *Vetus Syra*, zum *Diatessaron* und zur *Peshitto* zu untersuchen. Betrachten wir hier also einige interessante Beispiele:

Neutestamentliche Zitate in der *Doctrina Addaï*

Wie wir gesehen haben, schreiben die Weisungen Addaïs die Verwendung des Neuen Testaments vor, das als „Schrift“ angesehen wird; es ist also normal, dass Addaï in seiner Predigt in Form von Anspielungen und Zitaten darauf verweist. Präzise den Grenzen des Kanons entsprechend, stammen die zitierten bzw. angespielten Texte aus den Evangelien (Mt, Mk, Lk, Joh), der Sammlung aus Apostelgeschichte und den damit verbundenen drei Katholischen Briefen (Jak, 1 Petr und 1 Joh) sowie dem Corpus Paulinum (Röm, Gal, Phil, Kol, 1 Tim, Hebr).

---

5 Oder wie es zum Beispiel das Ms. Paris, BnF Syr. 31, f. 117r nennt: „Das heilige Tetraevangelium, das seine vier heiligen Evangelisten gepredigt und verkündigt haben“ (datiert 1203 n.Chr.).

6 Mit Ausnahme einer Anspielung womöglich auf Jud 8 (oder 2 Petr 2,10); allerdings könnte diese Anspielung aus einer jüdischen Tradition stammen.

Zwei explizite Zitate

Nur drei Zitate beziehen sich ausdrücklich auf das Neue Testament, zwei von ihnen werden Jesus selbst zugeschrieben.

Das erste wird Jesus in den Mund gelegt, wenn er gemäß der *Doctrina Addaï* dem Gesandten Abgars antwortet (§ 5), wobei er sich selbst darauf stützt, „was über ihn geschrieben steht“: „Die, die mich sehen, glauben nicht an mich, und die, die mich nicht sehen, werden an mich glauben“; hier kann die Quelle nur das Jesuswort sein, das bei Joh die Geschichte vom ungläubigen Thomas und seinem Bekenntnis schließt (Joh 20,29): „Weil du mich gesehen hast, glaubst du; selig sind sie, die nicht sehen und doch glauben“. Der Text der *Doctrina Addaï* ist abgründig: Die Erzählung zitiert Jesus, der sich selbst zitiert; als Antwort auf den Brief König Abgars an Jesus übermittelt Hannan dem König den Segen Jesu, der sich mit Hilfe des starke Terminus Technicus „es steht über mich geschrieben“ ausdrücklich auf eine Schrift bezieht, die er nicht bezeichnet, eine Passage aus dem Johannesevangelium, in dem Jesus selbst einen Segen ausspricht. Dabei wird man erkennen, dass Jesus nicht genau Joh 20,29 zitiert; der an Abgar gerichtete Segen ist ein Satz, der um den johanneischen Vers gebildet ist und an den Formulierungen aus Jes 6,9; 43,6 und 52,15 angefügt sind; 1 Petr 1,8, wo im Griechischen eine ähnliche Vorstellung zum Ausdruck gebracht wird („derjenige, an den ihr glaubt, ohne ihn zu sehen“), wird von der *Peshitto* allerdings nicht entsprechend übersetzt, um als Intertext in Frage zu kommen. Die *Doctrina Addaï* produziert hier also ein Jesuswort im Anschluss an das Neue Testament in Verbindung mit dem Alten Testament, das als messianische Prophezeiung gelesen wird.

Das zweite explizite Zitat aus dem Neuen Testament hat mit der apostolischen Predigt zu tun. Wenn der König in § 13 anordnet, Addaï Silber und Gold zu geben, verweigert Addaï dies, um den Anordnungen getreu zu bleiben, die Jesus seinen Jüngern gegeben hatte: „Wie können wir etwas erhalten, das uns nicht gehört, wenn wir das, was uns gehörte, aufgegeben haben? Folglich hat unser Herr uns befohlen, ohne Geldbörse und Umhängetasche zu sein. Und er hat uns befohlen, der gesamten Schöpfung das Evangelium zu predigen und dabei das Kreuz auf unseren Schultern zu tragen.“ Dieses Jesus zugeschriebene Gebot verbindet drei Passagen der Evangelien miteinander. Der erste Text findet sich in Mt 10,9–10, wo Jesus von seinen Jüngern verlangt, weder Gold noch Silber, noch eine Geldbörse oder eine Tasche mitzunehmen; das Vokabular entspricht dem der *Vetus Syra* (Gold, *dahbā*; Silber, *kesfā*, Börse, *kīsā*; Tasche, *tarmālā*). Die *Peshitto* verwendet für Silber ein Synonym, das Wort *sīmā*. An der zweiten Stelle, Mt 16,24,[7] verlangt Jesus von dem Jünger, der ihm folgen will, „sein Kreuz zu tragen“; die Formulierung ist offensichtlich den Evangelien entnommen, wenn das verwendete Verb auch ein Synonym ist (in den

[7] Dieser Satz ist identisch in den Parallelstellen Mk 8,34 und Lk 9,23.

Doctrina Addaï: ṭ'en anders als in den Evangelien: *šqal*). Beim dritten Bezug, Mk 16,15, nimmt die *Doctrina Addaï* unter Verwendung des gleichen Vokabulars das Gebot Jesu an die Apostel auf: „Verkündigt allen Geschöpfen die frohe Botschaft“. Die Verbindung von Mt 10,9–10, Mt 16,24 und Mk 16,15 stammt aller Wahrscheinlichkeit nach aus dem *Diatessaron*. Tatsächlich sind auch im Diatessaronkommentar Ephräms die beiden Passagen Mt 10,9–10 und Mk 16,15 miteinander verbunden.[8]

Im Mund Addaïs hat diese Bezugnahme wiederum die Funktion, Addaï in den Rang eines Apostels zu erheben, so als sei er einer von denen, die dieses Gebot erhalten hätten und ihm entsprechend handelten.

Auch als Bewahrer eines von Jesus gegebenen Gebots legt Addaï dar, worin seine Botschaft besteht: „Er hat uns befohlen zu taufen und die zu heilen, die an den Namen des Vaters, des Sohnes und des Heiligen Geistes glauben“ (§ 40). Die Anlehnung an Mt 28,19 ist offensichtlich, wo die *Doctrina Addaï* auch die gleiche Begrifflichkeit bietet. Die Einfügung des Gebots zur Lossprechung stammt aus Joh 20,23 (und vielleicht aus der in Mt 16,19 und 18,18 enthaltenen Vorstellung). Jedoch ist das von der *Doctrina Addaï* verwendete Verb nicht das in der *Peshitto* (*ḥasi*) begegnende (*šbaq*).

Ereignisse, die im Neuen Testament erzählt werden

Auch einige aus den Evangelien bekannte Ereignisse werden von der *Doctrina Addaï* erzählt; diese verwendet dafür Sätze und Ausdrücke, die sich auch Neuen Testament finden, ohne sie explizit dem Neuen Testament zuzuschreiben. Sie stellt aber ihren Bericht in Kontinuität mit der Geschichte Jesu und seiner Jünger.

– der Ruf Jesu

Die *Doctrina Addaï* beginnt ihren Bericht mit der Tatsache, dass sich der Ruf von den Wundern Jesu weit verbreitet hatte, was erklärt, warum der König Abgar von Edessa nach ihm schicken lässt, um geheilt zu werden. Die Erzählung berichtet, dass die Gesandten Abgars, die aus administrativen Gründen nach Palästina gekommen waren, den Andrang von Menschen bemerken, die gekommen sind, um Jesus zu sehen: „... sie begaben sich wieder auf den Weg nach Jerusalem. Sie begegneten vielen Menschen, die von weither gekommen waren, um Christus zu sehen, weil sich das Gerücht seiner wundersamen Taten in weit entfernten Ländern verbreitet hatte“ (§ 2). Die Erzählung verarbeitet hier neutestamentliche Passagen, die von einem solchen Andrang berichten – zunächst ist an Mt 4,24–25 zu denken: „Jesus verkündete das Evangelium vom Reich und heilte im Volk alle Krankheiten und Leiden. Sein Ruf verbreitete

[8] *Com. in Diat.* 8,1, ed. Leloir 1990, 112–113.

sich in ganz Syrien, und man brachte Kranke mit den verschiedensten Gebrechen und Leiden zu ihm, Besessene, Mondsüchtige und Gelähmte, und er heilte sie alle. Scharen von Menschen aus Galiläa, der Dekapolis und Judäa und aus dem Gebiet jenseits des Jordan folgten ihm". Ähnliches wird in Mk 3,7–8 und 6,55–56 berichtet. Es ist möglich, dass diese Vorstellung zur Entstehung der Legende führte oder zumindest als ihr Aufhänger diente, um die Evangelisierung Edessas und Mesopotamiens in Verbindung mit Christus selbst zu bringen. Dies ist ein bei der Entstehung von einer Reihe von Apokryphen zu beobachtender literarischer Prozess.[9]

Tatsächlich rechtfertigt der König in seinem Brief (§ 4) den Ruf nach Jesus mit den in den Evangelien berichteten Wundern: „Durch dein Wort öffnest du (die Augen) der Blinden, du machst die Lahmen gehen, du reinigst die Aussätzigen, du machst die Tauben hören. Die Besessenen, die Epileptiker und die Bedrängten werden durch dein Wort geheilt, und du weckst selbst die Toten auf." Diese Passage ist eng mit Mt 11,5 zu vergleichen, identisch mit Lk 7,22 ebenso in der *Peshitto* wie in der *Vetus Syra*, ein Vers, der auch als solcher in Ephräms Kommentar zum *Diatessaron* zitiert wird.[10] Der Text der *Doctrina Addaï* lehnt sich nicht wörtlich an; die Blinden (*smayā*) von Mt 11,5 werden – so in der *Peshitto* wie in der *Vetus Syra* – und im *Diatessaron* mit einem Synonym bezeichnet (*maʿūrē*). Das Wort stammt sicher aus der *Vetus Syra* von Mt 15,30 (Sinaiticus), in der es mit „die Lahmen" (*ḥgīrē*) und „die Tauben" (*ḥaršē*) verbunden wird. Was den etwas seltsamen Ausdruck (wörtlich „du öffnest die Blinden") betrifft, verwendet sie das Verb *ftaḥ*, ohne Zweifel eine Anspielung auf die Episode über den Taubstummen in Mk 7,34. Des weiteren verweist der König vor dem abschließenden Hinweis auf die Toten, die Jesus erweckt hat, auf die verschiedenen Heilungen von Besessenen, die von den Evangelien berichtet werden, besonders von Mt 4,24 („Epileptiker",[11] *bar egārā*, in der *Peshitto* wie in der *Vetus Syra*), Mt 17,5 (*bar egārā*), Mk 5,1 („unreiner Geist", *ruḥā ṭanftā*); Mk 9,17 („Geist", *rūḥā*).

– die Feindschaft der Juden gegenüber Jesus

In dem gleichen § 2 unterstreicht die Erzählung, dass dieser Ruf Jesu ihm die Feindschaft der Juden eingebracht habe: „Die Juden grämten sich, dass der größte Teil von ihnen an Jesus glaubte". Diese Vorstellung findet sich in Mk 11,18 und Joh 11,47–48 und ist verbunden mit dem Wunsch, Jesus zu töten, der mehrfach hauptsächlich anlässlich von Heilungen wiederholt wird (Mt 26,4; Mk 3,6; Mk 14,1; Lk 20,19). Joh 11,47–48 spiegeln die politische Besorgnis

---

[9] Wie zum Beispiel derjenige, welcher die *Apokalypse des Paulus* mit der Erwähnung der Entrückung des Apostels in den dritten Himmel in 2 Kor verbindet (vgl. den Beitrag von C. Touati im vorliegenden Band).

[10] *Comment. in Diat.* 9,3 (Leloir 1990, 128).

[11] Wörtlich „mondsüchtig"; da der Begriff heute in einem abgeschwächten Sinn verwendet wird, übersetze ich mit einem entsprechenden stärkeren und medizinischen Wort.

der jüdischen Führer wider, die wegen der Beliebtheit Jesu, die in ihren Augen die Vernichtung des Volkes durch die Römer auslösen könnte, beunruhigt sind. Es ist nicht unmöglich, dass diese Vorstellung das Thema für den Antijudaismus der *Doctrina Addaï* lieferte, in der Abgar, schockiert über die Feindschaft der Juden gegenüber Jesus, der ihre Kranken heilte und ihre Toten auferweckte, von den Römern verlangt, sie zu bestrafen, ohne es jedoch selbst zu wagen, seine eigene Armee in ihr Gebiet zu führen! Der Kontext ist offensichtlich der einer bereits christianisierten römischen Welt, in der man die Autoritäten nicht gegen sich aufbringen darf und sie deswegen von jeder Verantwortung für den Tod Jesu rein wäscht.

– die Ereignisse der Passion Christi
In § 20 wird im Bericht über die Auffindung des wahren Kreuzes erzählt, wie die Königin Protonike versucht, das Kreuz Christi von dem „der Räuber (*gīsē*), die mit ihm aufgehängt worden waren, zu seiner Rechten und zu seiner Linken," zu unterscheiden. Der Satz ist offensichtlich eine Bezugnahme auf Mt 27,38 (oder die identische Parallele Mk 15,27), in dem man die gleichen Worte zur Bezeichnung der Kreuzigung (das Verb *zqaf*) verwendet, die Rechte und die Linke; wobei die *Doctrina Addaï* an Stelle des Wortes *lestiyē* der *Peshitto*, das „die Räuber" bezeichnet, wie im Sinaiticus der *Vetus Syra* in Mk 15,27 das Synonym *gīsē* verwendet.

In ihrem Gebet verwendet die Königin, um Christus dazu zu bringen, auf ihr zweifaches Bittgesuch – ihre Tochter aufzuerwecken und das wahre Kreuz zu bezeichnen – einzugehen, das folgende Argument: Die Juden und Heiden mögen nicht über die Christen spotten sollen, „wie man sich über uns wegen deiner Kreuzigung lustig macht". Die Anspielung bezieht sich eindeutig auf die bei Mt 27,39–44 berichtete Episode, wo auch das gleiche Verb verwendet wird (*gdaf*). Man bemerkt dabei die etwas überraschende Formulierung, die auf „uns" den Spott überträgt, der sich im Evangelium gegen den gekreuzigten Christus richtet. Das Londoner Fragment hat übrigens korrigiert („wie man dich verspottet hat"), aber tatsächlich ist die *lectio difficilior* wahrscheinlich die ursprüngliche. Die Umstellung „über uns" dient dazu, eine Identifikation von Christus und den Christen herzustellen, die an ihn glauben und auf ihn vertrauen. Auf dem Spiel steht der Glaube an die Auferstehung, ein wesentlicher Fokus der Predigt des Addaï, vielleicht in antimanichäischer Perspektive.

In seiner Predigt unterstreicht Addaï, um den göttlichen Charakter Christi hervorzuheben, die kosmischen Ereignisse anlässlich seiner Kreuzigung: „Die Kreaturen, die bei seiner Ermordung zitterten und die bei seinem Leiden und seinem Tod durcheinander gebracht worden waren, sind Zeugen, dass er es war, der die Geschöpfe geschaffen hat. Nicht für einen Menschen hat die Erde gezittert, ... hat die Sonne sich über dem Kreuz verdunkelt .... sind die Gerechten und Rechtschaffenden auferstanden ... ist der Vorhang des Tempels der Juden von oben bis unten zerrissen ..." (§ 55). Die Quelle ist Mt 27,45–53 (Dunkelheit im ganzen Land, Riss des Tempelvorhangs, Erdbeben, auferstandene Heilige, die als zahlreiche Zeugen in Jerusalem erscheinen), eine Parallele zu Mk 15,33–38 (Dunkelheit im ganzen Land, Riss des Vorhangs des Heiligtums) und Lk 23,44 (Dunkelheit im ganzen Land, Sonnenfinsternis, Riss des Vorhangs des Heiligtums). Die Gesamtheit der kosmischen Ereignisse anlässlich der Passion, wie sie die *Doctrina Addaï* darstellt, lehnt sich im Wesentlichen an Mt an und fügt die Sonnenfinsternis nach Lk hinzu. Es ist sehr wahrscheinlich, dass diese Passage aus dem *Diatessaron* stammt. Darüber hinaus ist die Verdunklung der Sonne ein wiederkehrendes Thema in der *Doctrina Addaï* (§ 36, 42, 55 und 74). Ohne Zweifel schildert die *Doctrina Addaï* in Anlehnung an die letztgenannte Quelle die kosmischen Ereignisse, die anlässlich der Passion geschahen und die weithin, angeblich bis nach Edessa wahrgenommen wurden (§ 42) und zum Anlass universalen Schreckens wurden. Dies ist für den Apostel ein Beweis, dass die Passion ein historisches Ereignis zum Heil der Welt war.

– die Ereignisse der Auferstehung
In § 36 entspricht die Ankündigung der Auferstehung Christi dem Bericht des Matthäusevangeliums, der mit denen des Lk und Joh komplettiert wird; wie in Mt 27,53 ist die Auferstehung der Gerechten mit der Jesu verknüpft, wie in Mt 28,2–6 sehen die Wächter nichts von der Auferstehung, und wie in Lk 24,4–6 (oder Joh 20,12) verkünden Engel die Auferstehung Jesu. Das Motiv der Auferstehung der Gerechten, das in der Macht Jesu liegt, wenn die Gräber geöffnet werden, weil er derjenige ist, „der am Anfang die Macht des Todes gebilligt hat“, stammt nicht direkt aus dem Neuen Testament, scheint jedoch seine Wurzeln in apokryphen Schriften zum *Descensus ad inferos* zu finden.

Verwendung von neutestamentlichen Wendungen und Ausdrücken

In seiner Predigt benutzt Addaï Wendungen, die wir auch im Neuen Testament finden: „Was wir gesehen und gehört haben“ (§ 15) stammt aus 1 Joh 1,3; durch seine Verwendung bringt Addaï zum Ausdruck, dass er sich im Rang eines Apostels sieht. Er zögert auch nicht, den Paulus von Kol 1,28 nachzuahmen, wenn er, wenn auch mit anderen Worten, so doch in gleicher Haltung spricht: „... wir predigen ihn frei vor jedermann“ (§ 15). Die gleiche Anspielung erklärt vielleicht die Nachahmung von Aussagen der Evangelien: „Die Tür zum Leben ist eng (*tarʿā...qaṭīnā*) und der Weg der Wahrheit (*ʾurḥa... ʿalīṣā*) ist schmal“ (§ 15), ein Satz, der der *Peshitto* in Mt 7,14 widerspricht, die identische Worte, jedoch in umgekehrter Reihenfolge verwendet (*qaṭīn tarʿā und ʾalīṣā ʾurḥa*). In diesem Vers tauscht die *Vetus Syra* die Adjektive (*ʾalīṣ tarʿā uqaṭīnā ʾurḥā*).

Unter Verwendung der gleichen Technik, ihn in die Gruppe der Apostel zu integrieren, berichtet Addaï über Ereignisse, die die Gruppe erlebt hat: „Viele

Male warfen sie uns auch ins Gefängnis" (§ 18), Sachverhalte, von denen Apg 5,18; 8,3 und 12,4 erzählt.

Die *Doctrina Addaï* setzt sich also in narrative Kontinuität zu dem, was in den Evangelien oder der Apostelgeschichte erzählt wird.

Christologische Themen des Neuen Testaments

Christologische Aussagen nehmen eine bedeutende Rolle in der *Doctrina Addaï* ein. Mehrere neutestamentliche Themen werden ohne explizite Bezugnahme aufgegriffen, sind aber eindeutig dem Neuen Testament entnommen.

– Glauben, dass „Christus der Sohn des lebenden Gottes" ist

Am Ende der Episode der Kreuzauffindung preist die Königin Protonike Gott für die Auferweckung ihrer Tochter und drückt ihren Glauben mit dem Bekenntnis zu „Christus, dem Sohn des lebenden Gottes", aus (*mšabḥā hwāt lamšīḥā uhaimnat hwāt beh dbreh hū dʾalāhā ḥayā*). Dies entspricht der Formulierung, die Mt 16,16 bei seinem Bekenntnis in Caesarea in den Mund des Simon Petrus legt: „Du bist der Christus, der Sohn des lebendigen Gottes", *ʾant hu mšīḥā breh dʾalāhā ḥayā* nach der Peshitto; wobei in diesem Kontext – immerhin geht es um das Kreuz und die Anerkennung Jesu als Sohn Gottes – auch auf das Glaubensbekenntnis des Centurio und der Soldaten in Mt 27,54 angespielt ist: *hānā breh hū dʾalāhā*, „Dieser ist der Sohn Gottes"; der parallele Vers in Mk 15,39, der das Glaubensbekenntnis des Centurio überliefert: *hānā gabrā breh hwā dʾalāhā*, „Dieser Mann ist der Sohn Gottes" zeigt, dass die Formulierung der *Doctrina Addaï* Matthäus nahe steht. Auch in Bezug auf das Bekenntnis des Petrus in Caesarea wird die matthäische Version verwendet, da es bei Markus lediglich heißt: „Du bist der Christus".

– Heilsökonomie

Die Predigt des Addaï widmet sich der Rettung durch Christus, an den der König sich wendet, um geheilt zu werden. Addaï schlägt dem Hof und der Stadt vor, zum Glauben an Christus zu kommen, und erklärt, worin das von Christus gewirkte Heilswerk besteht. Seine Predigt entwickelt ihre Heilslehre aus dem Neuen Testament. Tatsächlich richten sich alle Reden des Addaï auf die Verkündigung „heiliger Versprechen zukünftiger Freuden, die denjenigen zuteil werden, die an Christus glauben und ihn und seinen Vater in der Höhe verherrlichen und ihn und den Geist seiner Gottheit bekennen" (§ 61). Die Perspektive ist eindeutig die einer trinitarischen Theologie und entspricht den Entwicklungen und Debatten des 4. Jahrhunderts. Sie ist jedoch auf neutestamentliche Konzepte gegründet.

In seiner Antwort auf die Anfrage Abgars (§ 5) verkündet Jesus: „Ich steige zu meinem Vater hinauf, der mich gesandt hat", *sālēqnā lī lwāt ʾābi dšadrani.*

Dieser Satz ist eine Zusammenstellung von drei Sätzen aus dem Johannes-Evangelium: *ʾāzēlnā lwāt men dšadrani* „Ich gehe fort zu dem, der mich gesandt hat" (Joh 7,33); *ʾāzēlnā lī lwāt ʾabā* „Ich gehe weg zum Vater" (Joh 16,28b); *ʾāzēlnā lwāt ʾabi* „Ich gehe weg zu meinem Vater" (Joh 16,17c). Die Vorgehensweise ist die des *Diatessarons*. Das Verb „ich steige auf" *sālēqnā*, verwendet von der *Doctrina Addaï*, begegnet allerdings weder in der *Peshitto* noch in der *Vetus Syra*, wo das Verb *ʾāzelnā* „ich gehe weg" verwendet wird. Die Benutzung des Verbes *slaq* geht vielleicht zurück auf Apg 1,9.11, wo es im Passiv verwendet wird (*ʾestalaq lašmayā*) oder wahrscheinlich eher auf die Formulierung des nicänischen Credos ἀνελθόντα εἰς οὐρανούς.

Dieses neutestamentliche Wort erlebte später noch eine theologische Entwicklung, und zwar im Zusammenhang mit der Zeugung Christi durch den Vater, zweifellos in der Linie des Glaubensbekenntnisses von Nizäa: γεννηθέντα .... Von Beginn seiner Predigt an verkündet Addaï eine christliche Heilslehre (§ 9): „Unser Herr vollbrachte den Willen dessen, der ihn gezeugt hat, er wurde zu seinem Vater erhoben und ließ sich bei ihm in der Herrlichkeit nieder, in der er von Ewigkeit an war". Dies nimmt den Gedanken von Joh 6,38 auf (ebenso wie Heb 10,9), wonach Jesus „den Willen Gottes tut, der ihn gesandt hat"; man erkennt, dass die *Doctrina Addaï* von „dem Willen dessen, der ihn gezeugt hat", spricht und damit das neutestamentliche Wort in die nizänische Formulierung von der Zeugung überträgt. Ebenfalls geht die Wortwahl von § 37: „Er, der von Anfang und von Ewigkeit her bei seinem Vater war", weiter als die paulinische Formulierung in Phil 2,6–8: „Er, der das Bild Gottes war ...". Das Ergebnis davon ist die Erhöhung Christi (*ʾetrym*: das Wort ist von der gleichen Wurzel wie in Phil 2,9), der nunmehr in Herrlichkeit thront. Das Bild Christi, der zur Rechten Gottes thront, ist verschiedenen Formulierungen in Röm 8,34; Eph 1,20; Heb 1,3; 2,9; 12,2 und Apg 7,56 und ohne Zweifel auch dem Glaubensbekenntnis vom Ende des 4. Jahrhunderts entnommen.

Die Heilstat wird durch die *Kenosis* Christi bewirkt: „Er ließ sich herab und erniedrigte seine erhabene Gottheit im Leib" (§ 12, 37 und 39) in einem Satz, der in der Verwendung des Verbs *makak* ein Echo auf Phil 2,7–8 darbietet. In der gleichen Linie fasst Addaï die von Jesus Christus geleistete Erlösung zusammen: „Retter des zukünftigen Lebens, Gottessohn, der vom Himmel herabgestiegen ist, der Fleisch angenommen hat und Mensch geworden ist, der sich selbst hingegeben hat und an Stelle aller Menschen gekreuzigt wurde". Die Formulierung *yahab nafšeh* ist die der sinaitischen *Vetus Syra* in Joh 10,11.

Theologische Themen des Neuen Testaments

Das Jüngste Gericht

Die Predigt des Addaï enthält eine knappe Ankündigung der Endzeit, die jedoch als Zusammenfassung neutestamentlicher Eschatologie gesehen werden kann: „Addaï erzählte ..., wie Jesus sie wissen ließ, welche am Ende der Zeit und Vollbringung der Schöpfung offenbart werden würde, und (er sprach) von der künftigen Auferstehung aller Menschen und der Trennung, die zwischen den Lämmern und den Böcken stattfinden werde, zwischen den Gläubigen und den Verdammten" (§ 14). Addaï schreibt diese Lehre ausdrücklich Jesus zu. Nun stimmt diese Darstellung nicht im Detail mit der der Evangelien überein. Sicher jedoch lehnt sie sich an das Bild des so genannten „Jüngsten Gerichtes" in Mt 25,31–46 an, das die Wiederkunft des Menschensohns beschreibt, der sich auf den Thron setzen wird, alle Völker zusammenruft und „sie voneinander scheiden wird, wie der Hirt die Lämmer von den Böcken scheidet" (Mt 25,31–32).

Addaï spricht vom „Ende der Zeit und der Vollendung der ganzen Schöpfung". Er bewahrt den Ausdruck des Mt, der dieses Urteil „am Ende der Welt", *šūlāmeh d'ālmā* (Mt 24,3) stattfinden lässt, und fügt die paulinische Formulierung von 1 Tim 4,1 hinzu, „in den letzten Zeiten", (*zabnē 'ḥrāyē*) und die von 1 Kor 10,11 „das Ende der Zeit" (*ḥarthūn d'ālmē*). Es scheint, dass die Formulierung des Addaï aus diesen drei neutestamentlichen Aussagen zusammengesetzt ist. Man muss bemerken, dass zur Bezeichnung „das Ende" der Zeit zwei Wörter benutzt werden: *ḥartā* (Mt 10,22; 24,13; Mk 13,7; Lk 21,9) in der *Vetus Syra* wie in der *Peshitto* und *šūlāmā* (Mt 13,39.40.49; 24,3.14; 28,20) in der *Peshitto* sowie in der *Vetus Syra* von Mt 24,3.

Obwohl Mt nicht ausdrücklich davon spricht, verkündigt Addaï dann die Auferstehung aller Menschen (Mt sagt nur, dass der Menschensohn alle Nationen zusammenruft) und verwendet dabei die zwei Synonyme *nūḥāmā* und *qyāmtā*. Diese Aussage beruht zweifellos auf Joh 11,24 „die Auferstehung am Letzten Tag" (*bnūḥāmā byaumā 'ḥrāyā*), wobei das verwendete Wort *nūḥāmā* der einzige Beleg in der Peshitto ist – das Wort findet sich nicht in der *Vetus Syra* – und in allen Textstellen des Evangeliums, die die Auferstehung der Toten mit dem Begriff *qyāmtā* bezeichnen, sowohl in der *Peshitto* als auch in der *Vetus Syra* (Mt 22,31; Lk 20,35–36; Joh 5,29; 11,24). Im Hintergrund steht vielleicht die Vorstellung von 1 Kor 15, wo Paulus „die Auferstehung der Toten" diskutiert und dies „beim letzten Posauenschall" (1 Kor 15, 51–53) geschehen lässt.

Schließlich fasst Addaï die Szene des Gerichtes als eine „Scheidung zwischen Lämmern und Böcken" (*bēt 'emrē lagdayā*) zusammen. Nach Mt 25,31–32 wird das Gericht in einer „Scheidung der Lämmer von den Böcken" bestehen (*'erbē men gdayā*), sowohl in der *Peshitto* als auch der *Vetus Syra*; wenn man die Verwendung der Wörter *'emrā* und *'erbā* in der *Peshitto* und der *Vetus Syra* vergleicht, stellt man fest, dass sie sich in den gleichen Textstellen befinden. Der Ausdruck der *Doctrina Addaï* stammt also nicht aus einem spezifischen Text oder einer Textform, sondern geht auf den Autor zurück.

Was die Urteilsbegründungen betrifft, sind sie in Mt aufgelistet und betreffen ethische Kriterien und menschliche Handlungen. Addaï dagegen fasst die

Urteilsbegründungen als „die Gläubigen und die Gottlosen" (*mhaimānē ukāfūrē*) zusammen. Das Wort *kāfūrā* findet sich nur einmal im Neuen Testament, im gleichen Vers der *Peshitto* und der *Vetus Syra*, in Lk 6,35; der Kontext ist ein anderer (in der Feindesliebe zeigen sich die Söhne des Allerhöchsten, was für die Gottlosen gut ist). Im Mund Addaïs findet eine Verschiebung der Kategorien beim Jüngsten Gericht statt: An die Stelle der neutestamentlichen Idee, dass das Urteil entsprechend der Taten des Menschen gefällt wird, steht nun die Differenzierung zwischen Glaubenden und Ungläubigen.

Die *Doctrina Addaï* als Zeugin der Geschichte des syrischen Neuen Testaments

Die *Doctrina Addaï* versteht sich zweifellos als Gründungsbericht der Organisation einer lokalen Kirche, die stolz auf etwas verweist, was besser ist als jede Reliquie: das Porträt Christi und den Briefwechsel des Königs der Stadt mit dem Heiland. Zugleich setzt sie die theologischen Themen in Szene, mit denen sie auf Debatten der Zeit antwortet. Dabei klingen arianische, markionitische und manichäische Theorien nach, die sich nicht immer Wort für Wort rekonstruieren lassen, zumal der Text christologische Fragen anspricht, welche die vor- und nachchalzedonischen Auseinandersetzungen ankündigen. Die apostolische Legitimität der Kirche von Edessa und die Behauptung ihrer Lehre konnten sich jedoch nicht nur durch prestigeträchtige historische, im Archiv aufbewahrte Dokumente vergewissern; sie benötigten die Argumentation mit der Schrift, und deswegen sind die Erzählung wie die apostolischen Reden absichtlich von Verweisen auf das Neue Testament durchzogen.

Die *Doctrina Addaï* macht deutlich, auf welche Schrift sich ihre „orthodoxe" Praxis und die theologische Lehre der Kirche von Edessa stützt, indem sie ihren Kanon der Schrift sehr präzise definiert. Dieser umfasst das einerseits das Alte Testament mit der Tora und den Propheten[12], und andererseits das Neue Testament mit dem *Diatessaron*, der Apostelgeschichte, den drei Katholischen Briefen und dem Corpus Paulinum.

Betrachtet man die neutestamentlichen Ausdrücke, Wendungen und Themen, auf die sich die *Doctrina Addaï* bezieht, so stellt man fest, dass einige von ihnen wie im *Diatessaron* organisiert sind, soweit wir dieses aus dem Kommentar des Ephräm kennen. Dieser Eindruck verstärkt sich bei der Überprüfung des Vokabulars dieser neutestamentlichen Zitate und Anspielungen, denn man stellt

---

[12] Mit dem „Gesetz" ist offensichtlich der Pentateuch gemeint. Es ist nicht bekannt, was die *Doctrina Addaï* mit den „Propheten" meint; man kann lediglich feststellen, dass die verwendeten Zitate aus den als die Großen und die Kleinen Propheten bezeichneten Texte stammen. Wir diskutieren diese Frage hier nicht. Die *Doctrina Addaï* interessiert sich dafür nicht; wie wir weiter oben gesehen haben, stammt die Wendung „das Gesetz und die Propheten" aus Passagen, in denen das Neuen Testament allgemein auf prophetische Argumentation verweist.

fest, dass diese sich im Wesentlichen auf den Text des Matthäus stützen, den Formulierungen aus anderen Texten von Markus, Lukas, Johannes und aus der Apostelgeschichte vervollständigen: Das regt dazu an, ein harmonisierendes Vorgehen wie beim *Diatessaron* zu erkennen, und vielleicht sollte man in Betracht ziehen, dass es sich bei diesen Sätzen um Zitate aus dem *Diatessaron* handeln könnte.

Eines wird dem Leser nicht entgehen: Die Wörter und Ausdrücke aus diesen Zitaten und Anspielungen finden sich im Wesentlichen in der *Peshitto*, obwohl immer wieder Synonyme begegnen, die sich durch die Textform *Vetus Syra* erklären – eine Tatsache, die das problematische Verhältnis zwischen dem *Diatessaron*, der *Vetus Syra* und der *Peshitto* offenbart. Die *Doctrina Addaï* ist in jedem Fall ein wichtiges Element in der Geschichte der Entstehung der *Peshitto*; sie bezeugt, wohl am Ende des 4. Jahrhunderts bzw. um das Jahr 400 unserer Zeitrechnung, die Existenz bzw. das Überleben eines neutestamentlichen Kanons, der dem der *Peshitto* vorangeht. Dieser Kanon hätte demnach schon die gleiche Struktur wie der der *Peshitto* und wäre dann eine Etappe auf dem Weg ihrer Entstehung: um ihre definitive Form zu erlangen, musste nur das *Diatessaron* durch das Tetraevangelium ersetzt werden.

Bibliographie

Quellen

Éphrem de Nisibe, Commentaire du Diatessaron:

L. Leloir, *Éphrem de Nisibe, Commentaire de l'Évangile concordant ou Diatessaron traduit du syriaque et de l'arménien. Introduction, traduction et notes* (Sources chrétiennes 121), Paris, Cerf, 1966.

–, *Saint Éphrem, Commentaire de l'Évangile Concordant. Texte syriaque (Manuscrit Chester Beatty 709) Folios additionnels édités et traduits* (Chester Beatty Monographs No. 8), Louvain-Paris, Peeters, 1990.

Studien

Sebastian Brock, *The Bible in the Syriac Tradition* (Gorgias Handbooks, vol. 7), Piscataway, Gorgias Press, ^{2}2006.

Alain Desreumaux, *Histoire du roi Abgar et de Jésus* (coll. Apocryphes 3), Turnhout, Brepols, 1993.

–, „Doctrine de l'apôtre Addaï", in F. Bovon/P. Geoltrain, *Écrits apocryphes chrétiens* (Bibliothèque de la Pléiade), Paris, NrF – Gallimard, p. 1485–1525.

Bruce M. Metzger, *The Early Versions of the New Testament. Their Origin, Transmission and Limitations*, Oxford, Clarendon Press, 1977.

Alicia J. Batten

Thematic Affinities between the Letter of James and the Acts of Peter and the Twelve Apostles

Introduction

The quest to find traces of the Letter of James within the Christian apocryphal texts is a daunting one. Explicit citations of James emerge late in the tradition,[1] and the first clear mention of James as scripture surfaces in Origen's *Commentary on Matthew* (19.61).[2] In the west, James does not appear in the Muratorian Canon. Rather, Hilary of Poitiers' *De Trinitate* (4.8.26) is the earliest text that we are aware of which refers indisputably to the letter although there is considerable debate as to whether James was known by the authors of *1 Clement* and the *Shepherd of Hermas*.[3] There is no consensus as to when James was written, where, and who the author was. Some claim that it was produced by James the brother of Jesus, thus assigning it a very early date and Palestinian context,[4] while others argue that it is pseudonymous, locating its composition in the early 2nd century[5] possibly from Rome.[6] Thus not only is James referred to relatively late in comparison to other New Testament texts, its own origins remain obscure.

Despite these unknowns, scholars in the past few decades have made considerable progress with regard to the understanding of this document. The letter of James is precisely that – a *letter* – albeit a literary letter,[7] and is generally no longer perceived as a loose jumble of sayings and teachings that are at best strung together through catchwords.[8] Although there is no consensus concerning its overall rhetorical structure, individual sections are deemed

---

1 See M. Dibelius, *James* (rev. H. Greeven; trans. M.A. Williams; Hermeneia; Philadelphia: Fortress, 1975), 51.

2 Origen refers to the Letter of James as "scripture" but not necessarily as "canonical" as R.W. Wall has indicated. See his chapter, "A Unifying Theology of the Catholic Epistles", in J. Schlosser (ed.), *The Catholic Epistles and the Tradition* (BETL 176; Leuven: Peeters, 2004), 52 n. 24.

3 For a list of these possible parallels, see J.B. Mayor, *The Epistle of St. James* (London: Macmillan and Co., 1892), li–lxi.

4 For example, L.T. Johnson, *The Letter of James* (AB 37A; New York: Doubleday, 1995).

5 Most recently, see D.R. Nienhuis, *Not By Paul Alone: The Formation of the Catholic Epistle Collection and the Christian Canon* (Waco, TX: Baylor University Press, 2007).

6 Among those who argue for a Roman provenance is Sophie Laws, *The Epistle of James* (Black's New Testament Commentaries; London: Adam and Charles Black, 1980), 24–25.

7 On James as a literary letter, see F.O. Francis, "The Form and Function of the Opening and Closing Paragraphs of James and 1 John", in *ZNW* 61 (1970), 110–126.

8 On James as *paraenesis* joined by catchwords, see Dibelius, *James*, 6–7.

rhetorically sophisticated,[9] and it has long been noted that James uses interesting, rare vocabulary, revealing "a certain linguistic cultivation."[10] Finally, some scholars have observed and analysed James' adroit facility with *aemulatio*, or the Greco-Roman practice of adapting pre-existing words of wisdom from a well-known sage to suit his own literary and ideological purposes. In the case of James, the tradition from which he draws is some teachings attributed to Jesus, which the letter writer alters and integrates throughout his text.[11] Thus James illustrates an ease with using pre-existent traditions and adapting them for his own purposes.

The *Acts of Peter and the Twelve Apostles* (*Acts Pet. 12 Apost.*), the sole manuscript of which is in Coptic, is a completely different sort of writing. It consists of a story of the disciples who, heeding the commands of Jesus, set sail and arrive at a city, called Habitation, on an island in the middle of the sea. There, Peter, the initial narrator, meets a stranger who is offering pearls throughout the city. The rich, some of whom are watching from their storerooms, refuse to listen to anything this "pearl merchant" has to say as he exhibits no evidence of possessing any pearls, while the poor flock to him, begging to simply see a pearl. The man asks them to come to his city so that he may not only show them a pearl, but give it to them for nothing and at this the poor eventually rejoice. Then narrator changes to someone other than Peter, but Peter asks the pearl merchant for his name and for information about the hardships and the renunciation required to journey to the salesman's city. The man describes various trials and explains that his name is Lithargoel. Peter returns to the others and they travel to the city (and the narrator shifts back to Peter). When they arrive at the city, they meet Lithargoel, but now he is transformed into a physician and reveals that he is the risen Christ. He gives the disciples a medicine pouch that his assistant is carrying, and commands them to return to Habitation to help the poor, to preach his name and to heal both bodies and souls. In addition, he tells them to avoid the houses of the rich; they should not dine with the wealthy, nor become friends with them, for partiality towards the rich has proven to cause people to fall into sin. The text closes with the disciples prostrating themselves upon the ground to worship Christ; he subsequently causes them to rise and departs in peace.

Thus with the *Acts Pet. 12 Apost.* we encounter a fascinating and complex text, containing adventure, mystery and allegory. Scholars continue to struggle

---

9 For example, see D.F. Watson, "James 2 in Light of Greco-Roman Schemes of Argumentation", in *NTS* 39 (1993), 94–129.

10 Dibelius, *James*, 35.

11 See J.S. Kloppenborg, "The Emulation of the Jesus Tradition in the Letter of James," in id./R.L. Webb (ed.), *Reading James with New Eyes. Methodological Reassessments of the Letter of James* (LNTS 342; London: T & T Clark, 2007), 121–150.

to identify its genre, for while it is comparable to the Acts literature,[12] it is also replete with symbolic narrative causing some to conclude that it should be understood primarily as an allegory,[13] or as a "parable narrative," at least in the form in which we have it.[14] An early article on the text by Martin Krause argued that the manuscript was a composite of two distinct texts: the *Acts of Peter* and the *Acts of the Twelve Apostles*,[15] and since then several other source theories have emerged.[16] The reasons why scholars question the original unity of the text are that there are several voice and perspective shifts throughout the text, such as from "we" (1.1) to "I, Peter" (1.30) to a different narrator in other sections of the story (eg. 5.1–14) as well as thematic and vocabulary shifts. Granted, the voice shifts may not represent a different source, as Stephen J. Patterson's analysis of the text has explained based upon Vernon Robbins' work on the canonical *Acts of the Apostles*,[17] but as Patterson also identifies, there are not only voice shifts, but also changes in perspective of the narrator; in the actual identity of the speaker.[18] Thus the text had a complex and somewhat opaque history of development.[19]

Comparable to James, the provenance, date and authorship of the *Acts Pet. 12 Apost.* remain debated. The manuscript only surfaced with the magnificent discovery at Nag Hammadi in 1945, in codex VI, which can be dated to the early to mid 4th century. This Coptic version is almost certainly a translation of an earlier Greek text,[20] but unfortunately no other copies have surfaced, and

---

12 See D.M. Parrott, "Introduction to the *Acts of Peter and the Twelve Apostles*", in J.M. Robinson (ed.), *The Nag Hammadi Library* (San Francisco: Harper, 1990), 289.

13 H.-J. Klauck, *The Apocryphal Acts of the Apostles. An Introduction* (trans. B. McNeil; Waco: Baylor University Press, 2008), 182.

14 M.J. Smith, "Understand Ye A Parable! *The Acts of Peter and the Twelve Apostles* as Parable Narrative", in: *Apocrypha* 13 (2002), 29–52.

15 M. Krause, "Die Petrusakten in Codex VI von Nag Hammadi", in id. (ed.), *Essays on the Nag Hammadi Texts in Honour of Alexander Böhlig* (NHS III; Leiden: Brill, 1972), 36–58.

16 For a survey of the various source theories as well as his own hypothesis about the composition of the *Acts of Peter and the Twelve Apostles*, see A.L. Molinari, *The Acts of Peter and the Twelve Apostles (NHC 6.1). Allegory, Ascent, and Ministry in the Wake of Decian Persecution* (SBLMS 174; Atlanta: SBL, 2000), 11–52.

17 S.J. Patterson, "Sources, Redaction and *Tendenz* in the *Acts of Peter and the Twelve Apostles* (NH VI, 1)", in *VC* 45 (1991) 5–6. Patterson is citing from V.K. Robbins, "By Land and Sea: The We-Passages and Ancient Sea Voyages", in C.H. Talbert (ed.), *Perspectives on Luke–Acts* (*PRSt* Special Series 5; Edinburgh: Clark, 1978), 215–242. Robbins does briefly address the *Acts of Peter and the Twelve Apostles* in his essay, suggesting that the shift in voice, as in the canonical *Acts*, can be explained as a literary phenomenon that is well documented among other ancient sources.

18 See Patterson, "Sources", 6.

19 For another overview of the narrative difficulties of the text, see V. Ghica, "Actes de Pierre et des douze apôtres: Notice", in J.-P. Mahé/P.-H. Poirier (ed.), *Écrits gnostiques. La bibliothèque de Nag Hammadi* (Bibliothèque de la Pléiade; Paris: Gallimard, 2007), 809–817.

20 As V. Ghica (*Les Actes de Pierre et des douze apôtres* [Thèse de doctorat; Québec: Université Laval; Paris: École Pratique des Hautes Études, 2006], 204) has summarized, "le grec y est visible, non seulement dans un vocabulaire gréco-copte émaillé de mots peu fréquents, mais aussi dans un certain nombre d'expressions et structures qui décalquent le grec néo-testamentaire".

neither is the document mentioned directly in any extant ancient Christian writings.[21] The title itself, which appears at the end, is a later addition because the number of apostles listed in the title contradicts the reference to eleven figures within the text itself (9.20–22).[22] Although the manuscript was discovered among other documents that have been classified as "Gnostic," it is unclear if the *Acts Pet. 12 Apost.* can be grouped in this category,[23] even if one accepts the term "Gnostic" as appropriate and/or useful for characterizing specific groups and texts in the ancient world. Moreover, there is nothing in the text that the developing orthodox church would have found to be offensive. Although no consensus about the composition and compilation of the text has emerged, several have argued for a 2nd or 3rd century Syrian provenance on the basis of particular themes in the narrative, such as its stress upon endurance and ascetic practice, typical of Syrian forms of Christianity, and its use of pearls as symbols of salvation.[24] Those who suggest a second century date do so primarily on the basis of affinities between the text and the *Shepherd of Hermas*, a text which is generally dated to the second century. Such scholars also grant, however, that this may be the date of only the earliest section of the text which is the story of the pearl merchant. This section is often viewed as an allegory, or least it reflects allegorical components such as the city, Habitation, which represents the community of the faithful who must endure.[25]

Andrea Molinari has developed a theory about the composition of the *Acts Pet 12 Apost.*, arguing that it originally consisted of two blocks of sources: the tale of the pearl merchant and the subsequent story of the physician, the latter which includes a revealer dialogue, that were brought together, edited and then further developed by a final redactor in 3rd century Alexandria immediately after the Decian Persecution of 249–251. He argues the latter for three reasons: 1) the connections between persecution and apostasy[26] (see *Acts Pet. 12 Apost.* 7.14); 2) the concerns about the influence of the rich upon the church; 3) the use of the physician and body/soul imagery.[27] However, Molinari also admits

---

21 See H.-M. Schenke, "The Acts of Peter and the Twelve Apostles", in W. Schneemelcher (ed.), *New Testament Apocrypha. Volume II* (trans. R. McL. Wilson; Louisville: Westminster John Knox Press, 2003), 413.

22 Parrott, "Introduction", 287.

23 See Patterson, "Sources", 1. Proponents of the term "Gnostic" as appropriate to describe the *Acts Pet. 12 Apos.* include P. Perkins who argued that it represents a "pro-Petrine Gnostic tradition" (*The Gnostic Dialogue. The Early Church and the Crisis of Gnosticism* [Theological Inquiries; New York: Paulist Press, 1980], 127) although she does grant that the allegory in the text does not have any "peculiarly Gnostic features" (*Peter. Apostle for the Whole Church* [Edinburgh: T & T Clark, 2000], 145).

24 A. Guillaumont, "De nouveaux Actes apocryphes : les Actes de Pierre et des Douze Apôtres", in *RHR* 196 (1979), 145–146.

25 See D.M. Parrott, "The Acts of Peter and the Twelve Apostles" in *AB* 5 (1992) 264–265.

26 There is considerable disagreement as to whether the Coptic word *jol*, can be translated as "apostasy," however, and thus this dimension of Molinari's social context (a major persecution) has been questioned. See, for example, H.W. Attridge's review of Molinari's book in *JR* 81 (2001) 638–640.

27 See Molinari, *The Acts of Peter*, 237–240.

that he cannot conclusively prove such a context for the final form of the text, and invites more research to be done on this relatively unstudied Nag Hammadi document. Another proposal has been put forward by István Czachesz, who thinks that the extant version of the document found its context in a Pachomian monastery. The text reflects the dangers of temptations to the monks, including the lure of rich patrons, as well as the Pachomian monastic practice of healing both the body and the soul. Since Pachomius died in the mid fourth century, the current form of the text would have had to have been produced after that date.[28]

Thus the *Acts Pet. 12 Apost.* remains as perplexing and debated as James regarding its origins and development. They are also obviously two very different texts, of dissimilar genres. James neither speaks of the disciples nor of Peter in particular; while the story of the *Acts of Pet. 12 Apost.* contains no reference to James, and highlights Peter as an important figure who receives instruction from Jesus. Despite its adaptations of some traditions associated with Jesus, the letter only refers to Jesus twice (1:1; 2:1) with the second reference being a possible interpolation,[29] while the polymorphic Jesus of the *Acts* is a significant character, operating under various disguises. The *Acts* does not refer to great figures from the Hebrew scriptures, while James highlights characters such as Abraham, a "friend of God" (Jas 2:23), Rahab (2:25), Job (5:11) and Elijah (5:17). Clearly these two texts are birds of a different feather.

But when one reads these two brief documents side by side, one notices that despite all of their obvious differences, they share significant affinities with one another by virtue of the particular themes and motifs that appear together, independently, in each text. Such affinities are worth exploring, for they raise the possibility that echoes of James may be apparent in the *Acts*; that the epistle resonated with the people who developed and used this later unusual text. In general, and comparable to other apocryphal Acts, the account of the *Acts Pet. 12 Apost.* does not contain explicit references to the New Testament.[30] However, scholars have traced a variety of New Testament influences upon the *Acts*, most notably from the Gospels of Matthew and John, and possibly the Book of Revelation.[31] Less has been done comparing the Apocryphon to James, but

---

28 I. Czachesz, *Commission Narratives: A Comparative Study of the Canonical and Apocryphal Acts* (Studies on Early Christian Apocrypha 8; Leuven: Peeters, 2007).

29 See D. Allison, "The Fiction of James and its *Sitz im Leben*", in *RB* 118 (2001), 543.

30 R. Gounelle, "Actes apocryphes des apôtres *Actes des Apôtres canoniques*. État de la recherche et perspectives nouvelle (I)", in *RHPR* 84 (2004), 7.

31 See Klauck, *The Apocryphal Acts*, 181–192. Smith ("Understand Ye", 30) thinks that the story of the pearl merchant in the *Acts Pet. 12 Apost.* could be understood "as a sort of midrashic expansion of the pearl merchant tradition" (see Matt 13:45, *GosTh* 76). M. Krause observes a possible 43 allusions to New Testament texts in the *Acts*; see id./P. Labib, *Gnostische und hermetische Schriften aus Codex II und Codex VI* (Abhandlungen des deutschen archäologischen Instituts Kairo, koptische Reihe 2; Glückstadt: Augustin, 1971), 107–119. J. Sell ("Jesus the 'Fellow Stranger': A Study of CG VI: 2.35 – 3. 11", in *NovT* 23 [1981] 180), has argued that the *Acts Pet. 12 Apost.* 2.35–3.11 reveals influences from such passages as John 15:14 and 20:17 which Sell thinks demonstrates an "almost synonymous usage of 'φίλοι' and 'ἀδελφοί' in these two Johannine passages which is, [he suggests], the basis for

some parallels have been noticed, as we will see. This essay therefore attempts to offer a further exploration to determine if there are points of contact, and if so, how might the letter of James have played a role in the development of the *Acts of Peter and the Twelve Apostles*?

Points of Comparison

Before proceeding, it is important to remember, as several scholars have concluded, that the Nag Hammadi text is a fusion and redaction of earlier texts, but exactly how it was put together remains subject to discussion. Some close studies of the text, however, argue that at the very minimum, what began as an allegorical tale of a pearl merchant eventually became a document stressing care for the poor and avoidance of the rich.[32]This essay will not enter into the complex questions of the source and composition history of the document but I do concur that the pearl merchant story is likely older, and has been joined with other literary traditions and shaped by a final redactor. This point will re-emerge at different points in this essay but generally, the discussion will focus on the text in the form in which we currently have it.

There are several themes and motifs that appear in each document. The most obvious and significant is the critique of the rich in both texts (see Jas 1:9–11; 2:1–7; 5:1–6; *Acts Pet. 12 Apost.* 3.14–31; 11.29–30) and the clear directive, found in each one, to not show *partiality* (which is a sin) to the rich (Jas 2:1–7; *Acts Pet. 12 Apost.* 11.26–12.13) but to care for the poor (Jas 2:1–7, 14–17; *Acts Pet. 12 Apost.* 10.8–34). Both writings stress testing and endurance (Jas 1:2–4, 12–15; 5:10–11; *Acts Pet. 12 Apost.* 5.19–8.11; 10.1–34), and the renunciation of the world (Jas 4:4; *Acts Pet. 12 Apost.* 10.14–17). In addition, James and the *Acts* advocate the healing of the body *and* the soul (Jas 5:13–20; *Acts Pet. 12 Apost.* 10.31–11. 26). The following will provide a survey comparison based of these apparent connections then offer some conclusions and hypotheses.

Rich and Poor

There is no question that James' criticism of the rich has been problematic for some within the Christian church. A comment on the dustjacket of Elsa Tamez's

interpreting the merchant's use of *'pason'* and *'pašbēr'* in this conversation with Peter!" He also thinks that the author or redactor of the *Acts Pet. 12 Apost.* 8.35–9.15 is familiar with Matt 16:13–19; see J. Sell, "Simon Peter's 'Confession' and *The Acts of Peter and the Twelve Apostles*", in *NovT* 21 (1979) 344–356. For another list of possible allusions, see C.A. Evans/R.L. Webb/R.A. Wiebe (ed.), *Nag Hammadi Texts and the Bible* (NTTS 18; Leiden et al: Brill, 1993), 263–267.

32 See Molinari, *The Acts*, 200; Patterson, "Sources, Redaction", 14–15.

book on James by José Miguez Bonino[33] states that when the letter was read out in a church attended by wealthy Chileans during Pinochet's rule, one half of the people left the church in anger. Other readers have refused to grant that James does not respect the rich. In commenting upon the scene in Jas 2 in which the audience is exhorted not to show partiality to the well clad, gold ringed man who enters the assembly nor to order the poor man to sit at their feet, John Calvin states that "it is one of the duties of courtesy, not to be neglected, to honour those who are elevated in the world" and that it is incorrect to display partiality only when the poor are being mistreated. He continues by saying, however, that the notion that a person "sins who respects the rich [is] absurd." [34] More examples of interpretive struggles with James exist,[35] but in spite of this discomfort or desire to understand James to suit a particular ideological interest, the letter's ideas about rich and poor are not always straightforward.

In James, the term πτωχός is not a code word for a pious or faithful person as has been argued by some,[36] but describes a person who is materially hard up, as is particularly evident in the description of such a man in tatters in Jas 2:2. Likewise ὁ πλούσιος conjures up a greedy individual who stores up treasures (5:1–6); someone who takes more than he or she needs. However, the use of rich and poor language has primarily rhetorical purposes.[37] In other words, these terms are not describing the concrete reality of James' audience, but are more likely employed for shaping the identity and behaviour that James aspires for his readers. It is hard to determine exactly what socio-economic level the author and his audience were from, but the letter reflects a degree of sophistication in Greek and likely emerges from an urban context with its reference to a finely dressed man sporting gold rings, to crowns, and to merchant activity. Even if such figures and objects are not real, they must have been familiar to the audience and author.

There are three main sections of James that concern the affluent. First, Jas 1:9–11 contrasts the fate of the lowly brother (ὁ ταπεινός) with that of the rich (ὁ πλούσιος). Here, scholars become embroiled in debates about whether or not the rich referred to are members of the audience.[38] However, it seems to me that

---

33 E. Tamez, *The Scandalous Message of James* (trans. M. Arias; New York: Crossroad, 1990).

34 J. Calvin, *Commentaries on the Catholic Epistles* (trans. J. Owen; Grand Rapids: Eerdmans, 1948), 300–301.

35 For more discussion of the reception of James' attitudes towards the rich, see A.J. Batten, "Ideological Strategies in James", in R.L. Webb/J.S. Kloppenborg (ed.), *Reading James with New Eyes. Methodological Reassessments of the Letter of James* (LNTS 342; London: T & T Clark, 2007), 6–7.

36 See the discussion of this in J.S. Kloppenborg, "Poverty and Piety in Matthew, James and the Didache", in H. van de Sandt/J.K. Zangenberg (ed.), *Matthew, James, and Didache. Three Related Documents in Their Jewish and Christian Settings* (Symposium 45; Atlanta: SBL, 2008), 201–232.

37 See Kloppenborg, "Poverty and Piety", 204.

38 Laws (*James*, 63) does not think that the rich are part of the audience while P.J. Hartin (*James* [Sacra Pagina 14; Collegeville: Liturgical Press, 2003], 69) argues that ἀδελφός should be understood as implicit in Jas 1:10.

the intent of the passage is primarily rhetorical insofar as James wants his audience to identify with the lowly in contrast to the rich who will "fade away" in the midst of their activities (Jas 1:11). James draws upon prophetic language from Isaiah 40:6–8 (LXX) which underlines the eschatological consequences of being rich or lowly. Although Jas 1:9–11 does not employ πτωχός for "poor" as it does in other parts of the letter (eg. Jas 2:2), ὁ ταπεινός can be understood as one who is materially poor as well as of low or humble social status. There are theological dimensions to these terms as well, but in James' mind, the theological aspects of these terms are inseparable from their social and economic manifestations, especially given that amongst the ancients, notions of "economics" were deeply embedded within the larger social, political and religious contexts.[39] What is striking in this passage is that the rich man will suffer humiliation and like a patch of scorched grass, will wither and disappear, with no opportunity for repentance or to redress his greediness through benefaction to others (Jas 1:10–11). The well-to-do man is not offered a second chance, but is condemned to perish while the lowly will be exalted (Jas 1:9).

Next, Jas 2:1–7 unambiguously directs the audience not to show partiality (μὴ ἐν προσωπολημψίαις) before the author paints a scenario in which a well dressed man waltzes into the assembly and is graciously or perhaps ingratiatingly offered a nice seat while a shabbily clad man enters and is ordered to stand somewhere or to sit on the floor. James subsequently explains that such preferential treatment of the wealthy effectively dishonours the poor man (Jas 2:6). The imagery is a caricature of the rich and poor, reminiscent of satirical literature such as Lucian's *Nigrinus*, as John Kloppenborg has demonstrated,[40] and the material or economic qualities are underscored by the descriptions of how each figure is dressed.[41] The letter continues on to make the point that by exhibiting such favouritism, the audience is dishonouring the poor man, which violates God's choice of the poor as those who are rich in faith and recipients of the kingdom (Jas 2:5). Moreover, James makes it crystal clear that showing such a preference for the affluent is a "sin" (Jas 2:9) and that if a person does this, he or she will be convicted by the law as a transgressor.

Of relevance here is the fact that one of the central means by which partiality was manifested in the ancient world was by offering the best seats to the richest people at dinner parties. As Plutarch observes, by offering the most comfortable chair to a specific person, one was engaging in silent flattery.[42] Although it is

---

[39] The notion that the ancient economy was not something distinct from other dimensions of life in antiquity, such as kinship, politics and religion, was famously developed by K. Polyani, in *The Great Transformation* (New York: Rinehart, 1944).

[40] J.S. Kloppenborg, "Patronage Avoidance in James", in *HvTst* 55 (1999) 755–794.

[41] A.J. Batten, "The Degraded Poor and the Greedy Rich: Exploring the Language of Poverty and Wealth in James," in D. Neufeld (ed.), *The Social Sciences and Biblical Translation* (Symposium 41; Atlanta: SBL, 2008), 73.

[42] Plutarch, *Adul. amic.* 58B–C.

not clear what sort of situation the author of James is envisioning in Jas 2:1–7, seating arrangements are clearly at stake, with the poor person potentially having to suffer the disgrace of sitting below a footrest or sitting on the floor (Jas 2:3) which "is even more humbling than being made to stand at a distance; it is a form of mockery."[43] Whatever kind of specific social setting James is presuming as a backdrop for Jas 2:1–7, it is clear that preferential seating should not be given to the rich. And as in chapter 1, James offers no glimpse of a potential second chance for the well heeled, but relentlessly presses their negative characteristics, reminding the audience that it is the rich who oppress and drag them into court, and who blaspheme the good name invoked over them (Jas 2:6–7).

Wealthy people in antiquity had the power to occupy the position of patron over multiple clients. This "system" of patronage consisted of a patron who would provide protection, land, money etc ... to one or more clients in exchange for services, including displays of honour.[44] As has been well documented, the system of patron-client relations in antiquity could often be exploitative, for the liaison was not one of equality and thus the patron could make more and more demands upon his or her clients, who were in weak and vulnerable positions. Patrons and clients would often mask their unequal relationship with the language of friendship, however, calling one another φίλος. Friendship had a long and noble history; it was prized by some as the highest sort of relationship that two humans could have, and was characterized by a variety of virtues including the willingness to die for one another, loyalty, frank speech, and the sharing of all goods in common.[45] Thus when patrons and clients used the vocabulary of friendship; when they pretended to be friends when in fact they were nothing of the sort, some writers became aghast at such a hijacking of the language of friendship, and took considerable offense.[46]

Themes and words associated with friendship, including φίλος, appear throughout James.[47] Abraham is deemed a friend of God (2:23) and friendship with the world is contrasted with enmity with God (4:4). As I have argued elsewhere, other virtues and characteristics of friendship emerge throughout the letter in part because James is aware that some people are associating with patrons, such as the rich man who enters the assembly in Jas 2:1–7, as if they

---

43 L.T. Johnson, *The Letter of James* (37A; New York: Doubleday, 1995), 223.

44 See E.C. Stewart, "Social Stratification and Patronage in Ancient Mediterranean Societies", in D. Neufeld/R.E. DeMaris (ed.), *Understanding the Social World of the New Testament* (London/New York: Routledge, 2010), 156–166.

45 See D. Konstan, *Friendship in the Classical World* (Cambridge: University Press, 1997).

46 See Plutarch, *Adul. amic.* For a discussion of Plutarch's essay and how true friendship represented a set of values opposed to those of patrons and clients, see T. Engberg-Pedersen, "Plutarch to Prince Philopappus on How to Tell a Flatterer from a Friend", in J.T. Fitzgerald (ed.), *Friendship, Flattery and Frankness of Speech* (NovTSup 82; Leiden et al: Brill, 1996), 61–79.

47 See A.J. Batten, *Friendship and Benefaction in James* (Emory Studies in Early Christianity 15; Blandford Forum, UK: Deo, 2010).

are friends.[48] James thus emphasizes friendship with God the benefactor, not the patron, because he wishes to distinguish this relationship as qualitatively different from that of the "friends" who in reality operate as patrons. This may be part of the reason why showing partiality to such people is a sin; it not only dishonours the pauper but violates true friendship with God. Moreover, the particular moral behaviours that James advocates for the community are consistent with friendship.[49] James prizes friendship as a noble type of relationship, provided that it is between *true* friends.

Jas 5 maintains a stereotypical and condemnatory characterization of the affluent. Here the rich are caricatured as luxury loving and greedy; they have overfed themselves (τρέφω) and killed the righteous one. They have cheated their workers (Jas 5:4) who have cried out to God. Their gold and silver has rusted and this rust will be evidence against their greediness and will eat away at their bodies, like fire (Jas 5:3). Again the rich are not offered a chance to repent and share their wealth; rather, they will be condemned. Although James does not particularly dwell upon their fate as other texts do (eg. *1 Enoch 97*, which also refers to the storing up of precious metals), the rich, who thought that they could ensure their futures by hoarding treasures, will face judgment.

Finally, James presumes that some in the audience will be able to assist the poor in material ways (eg. Jas 2:14–17). The letter insists that wishing peace and warmth for a person without actually providing them with food and clothing – the things necessary for life – is hypocritical and a demonstration of how faith without works is dead (Jas 2:17). As Ekkehard Stegemann and Wolfgang Stegemann have stated, it is likely that James' readers were neither super rich nor at the bottom of the socio-economic ladder, but probably somewhere in between, with a certain degree of variation among them.[50] "Rich" and "poor" emerge as two opposite poles in the letter. The audience is exhorted to assist the poor and possibly identify as the poor who will be "rich in faith" (Jas 2:5)[51] while the wealthy will be judged because of their abuse of the poor and lack of humility.[52]

Turning to the *Acts*, we find less emphasis upon the demise of the rich than in James, but nonetheless we observe a clear contrast between rich and poor. The wealthy first appear in 3.14 when they hear the voice of the pearl merchant (Jesus) calling out "Pearl! Pearl!" and they emerge from their "storerooms" (*tamion* in Coptic from the Greek ταμεῖον) or they peek out from the safety of

---

48 *Ibid.*, 122–144.

49 *Ibid.*, 145–177.

50 E.W. Stegemann/W. Stegemann, *The Jesus Movement. A Social History of Its First Century* (trans. O. C. Dean; Minneapolis: Fortress, 1995), 306; Batten, "The Degraded Poor", 77.

51 See Batten, "Ideological Strategies", 26.

52 See M. Kamell, "The Economics of Humility: The Rich and Humble in James", in B.W. Longenecker/K.D. Liebengood (ed.), *Engaging Economics. New Testament Scenarios and Early Christian Reception* (Grand Rapids: Eerdmans, 2009), 157–175.

the upper windows of their houses (3.20–21). However, since they do not see a bundle or a pouch that could hold pearls, they do not acknowledge the merchant but show disdain for him. He does not reveal who he is or invite them to his city and they return to their storerooms, thinking that he is mocking them. As in James, the rich are never described in detail, but remain somewhat of a stereotype; they are people who remain with their treasures, unwilling to seek the pearl, which is likely a symbol of salvation.

In contrast, when the poor hear the merchant, they approach him and request that he show the pearl to them. Although they do not have the means to buy it, they simply want to be able to tell their friends that they saw a pearl with their own eyes (3.32–4.10). The merchant tells them to come to his city and he will give the pearl to them for nothing. The poor respond by saying that they are beggars; that it is bread and money that are normally offered to beggars, and again ask that he simply let them look at the pearl. He again answers that they should come to his city, and he will not only show the pearl to them, but give it to them for nothing. At this the poor rejoice because the man will give something for nothing.

Thus as in James we have a marked contrast between the responses of the rich, who react negatively to the merchant and retreat to their secret storerooms where they presumably hoard their wealth, and the poor who come to him, asking only to see the pearl. Indeed, this story may be primarily allegorical and thus the rich may represent a "mythic identity," namely the "material" versus the "spiritual" (the disciples) or the "psychic" (the poor, who require assistance), but the decision to associate the rich with the material is significant. These are the people who are not interested in the kingdom;[53] who are quite hostile. They are not offered any possibility of repentance; the merchant does not attempt to preach to them, while he invites the poor to come to his city, which is generally understood as an allegorical symbol of the kingdom. Thus it is the poor who can receive the kingdom, comparable to Jas 2:5 while the fate of the rich remains, at least at this point in the narrative, unknown. Granted, in the *Acts* the poor must journey to the kingdom, they must *seek* it in some sense, but once there, they will receive the pearl freely, a free gift which Victor Ghica has associated with grace.[54]

The other major section of the *Acts* that addresses rich and poor appears in the portion of the manuscript that Molinari understands to be the product of a final author/redactor.[55] After Jesus has revealed his true identity to the disciples, he instructs them to continue in endurance, go to the city to teach, and to give to the poor what they need – what is necessary – to live (10.8–10). Here we see much more of a focus upon the social needs of the impoverished rather than a

53 Molinari, *The Acts*, 108.
54 Ghica, *Les Actes*, 356.
55 Molinari, *The Acts*, 131.

stress upon their eventual observation and receipt of a precious pearl. This recalls Jas 2:14–16 in which the author exhorts his audience to give the needy the things required to sustain the body. Moreover, this portion of the *Acts* may emerge from a later redactor who is more interested in social justice concerns than allegorical narrative,[56] and who maintains an emphasis upon caring for the weak when Jesus instructs the disciples to heal the sick who believe in him (10:33). It is this final redactor, argue some, who is attempting weave several sources together and place even more of an emphasis upon caring for the poor and resisting the rich.

Avoidance of the rich – especially avoiding favouritism of the rich – is the content of the exhortation near the close of the text. Jesus directs the disciples not to dine in the houses of the rich, nor be friends with them lest their partiality influence the disciples. His words continue to point out that many in the churches have shown partiality to the rich, because they are sinful and cause others to sin (12.4–8). Thus the *Acts* demonstrates clearly that showing partiality to the rich is sinful and leads other members of the churches into sinfulness. The author/redactor of this text commands the audience not to be "friends" (*šbēr*) (12.2) with the rich. Some observers have noticed the parallel with Jas 2 here,[57] although to be sure, the *Acts* does not provide the vivid scenario of two men – one rich, one poor – entering the assembly and being offered the best seat or simply ordered around. It does evoke the image of a meal setting, however, which is precisely the type of setting that James' scenario may envisage. Like the writer of James, the author/editor of the *Acts* thinks that the rich need to be avoided and "friendship" should not be pursued with them. Unlike the letter, the *Acts* does not condemn rich people, but they are never invited to change, share their wealth, and participate in the community.

It is worth noting, as well, that the *Acts* refer to "friends" six times throughout the narrative but it is only here where the explicit command not to be friends with a certain group (the rich) appears.[58] Otherwise, "friend" describes the relationship between Peter and the pearl merchant and the other disciples (3.3, 9) or among the disciples (7.21) or among the poor (4.9, 25). Friendship is thus important to the *Acts*, just as it is in James,[59] provided that it is not friendship with wealthy people to whom one is often obligated to offer favours!

Thus, when it comes questions of affluence, indigence, partiality and friendship, James and the *Acts Pet. 12 Apost.* are kindred spirits. Unlike other texts in the early church which criticize the rich but at the same time allow for prosperous people in the church provided that they repent and bestow benefactions

---

56 Ghica, *Les Actes,* 386; Molinari, *The Acts*, 131–142.

57 Ghica, *Les Actes*, 398; Klauck, *The Apocryphal Acts*, 190; Molinari, *The Acts*, 196–197.

58 See Molinari, *The Acts*, 194 n. 19.

59 See Batten, *Friendship and Benefaction*, 90–177.

upon the poor (Luke–Acts; *Shepherd of Hermas*),[60] James and the *Acts* have nothing positive nor encouraging to say about the rich. Although the *Acts* account fails to condemn the rich unlike James or texts such as 1 Enoch or Revelation, the latter two documents being even more caustic in their attacks than James, the *Acts* simply characterize the rich as either those who retreat to their storerooms, uninterested in anything that does not contribute to their wealth, or as people to be avoided because showing partiality to them can bring sinfulness to the church. It is striking that both James and the *Acts* identify partiality with the rich as a sin. For Molinari, the prohibition against the rich in the *Acts Pet. 12 Apost.* represents, comparable to James, an attitude that "is not typical of early Christian teaching."[61] In other words, the *Acts*, at least in the form in which we possess it, stands out as an unusual text from the ancient church because when other Christian documents from the 2–4th centuries speak critically of the affluent they tend to associate the rich with another negative characteristic such as heresy or extremism, or they at least offer salvation to the rich provided that they share their wealth.[62] In the *Acts Pet. 12 Apost.*, however, we observe that the "true apostolic commission is to serve the poor and the sick, and to avoid injustice wrought in the world by the rich."[63] The motto, "Faith without works is dead", (see Jas 2:17) would not likely be problematic for those who adhered to the teachings of this text.

Endurance, Testing, and Resistance to the World

Another intriguing parallel between these two documents is their shared emphasis upon endurance and facing various trials. After an initial greeting, the letter of James immediately stresses the importance of facing various trials (πειρασμόι) for such testing will produce endurance or steadfastness (ὑπομονή). This emphasis upon trials returns in Jas 1:12–15 when the author states that the man who withstands (ὑπομένει) a trial (πειρασμόν) (Jas 1:12) is blessed and will receive a crown of life which God has promised to those who love God. Then Jas 1:13–15 further develops themes of testing and desire, using the verb πειράζειν three times and the adjective ἀπείραστος once and states that when one is tempted, one should not blame God for God does not tempt; rather,

60 For a comparison of attitudes towards wealth in Luke–Acts, James, the *Shepherd of Hermas*, and Revelation, see S.J. Friesen, "Injustice or God's Will: Explanations of Poverty in Proto-Christian Communities", in R.A. Horsley (ed.), *A People's History of Christianity*. Vol.1. *Christian Origins* (Minneapolis: Fortress, 2005), 240–260.

61 Molinari, *The Acts*, 200. For an interesting study of how John Chrysostom seeks to accommodate Greco-Roman social hierarchies between rich and poor in order to complement the Christian community and affirm wealthy Christians, see S. Sitzler, "Identity: The Indigent and the Wealthy in the Homilies of John Chrysostom", in *VG* 63 (2009), 468–479.

62 Molinari, *The Acts*, 15.

63 Patterson, "Sources, Redaction", 15.

temptation emerges from a person's desire (ἐπιθυμία) which can give birth to sin which leads to death (Jas 1:15). James does not elaborate on the types of testing that he anticipates his audience must withstand, although throughout the letter the themes of controlling the tongue, caring for the poor, resisting partiality for the rich, avoiding fighting and quarrelling, and the confession of sins emerge as important issues to which he wishes his audience would apply itself. For James, people of faith must rely upon God's wisdom (Jas 4:13–18) which is a wisdom (σοφία) from above. In contrast, the earthly realm is the place from which corrupting characteristics, such as selfishness and jealousy, emerge (Jas 3:15–16). The world (κόσμος) is negative in James; to such an extent that he equates friendship with the world as enmity with God (Jas 4:4).

The narrative of the *Acts Pet. 12 Apost.* underscores the importance of renunciation (Coptic *apotasse* from the Greek ἀποτάσσω) throughout the story. After the pearl merchant assures the poor that if they come to his city they will not only see the pearl but receive it freely, Peter asks the merchant about his name and the hardships on the way to the city because he and the other disciples are the servants of God and want to spread the word of God in every city. The merchant tells him his name, Lithargoel, and informs him that no one can go on the road to the city unless he has forsaken (*apotasse*) everything and is willing to fast daily (5.21–25). This instruction is upheld by the disciples on page seven of the manuscript when Peter explains that in a bond of faith, he and his "friends" renounced everything (7.24) as they had been requested and experienced joy when they arrived at the gates of the city. The objects of this renunciation include bread, garments ("of the world" see 5.32), water, meat and green vegetables (5.25–6.8). Later, once Jesus (now transformed into a physician) reveals his identity to the disciples, Peter reminds him that they have renounced "the world" (κόσμος/*kosmos*) and everything in it and asks how they will be able to provide for the poor when they have nothing (10.16–22)? Thus in the *Acts* we see a wariness towards the world, just as was present in James, but also a special stress upon physical asceticism, which is not so explicit in James but was typical of a variety of other forms of ancient Christianity.[64]

In addition to this renunciation of all things worldly, the *Acts* place particular emphasis upon endurance (Coptic *hupomine* from the Greek ὑπομένω). This term is associated with the city, Habitation, a place which people inhabit because they "endure" (7.5). As Guillaumont has indicated, the name of the city is glossed "par 'demeurer avec persévérance,' ὑπομονή ou la forme verbale correspondante, terme qui est répété avec insistance (7.5, 9, 13 ; 10.4, 6) … [l]a ville ainsi nommée est donc le lieu des tentations, des épreuves, des souf-

[64] See Y. Haas, "L'exigence du renoncement au monde dans les *Actes de Pierre et des douze apôtres*, les *Apophtegmes des pères du désert et la Pistis Sophia*", in B. Barc (ed.), *Colloque international sur les textes de Nag Hammadi, Québec, 22–25 août* (BCNH Section "Études" 1; Québec et al.: Presses de l'Université Laval, Peeters, 1981), 295–303.

frances, mais quiconque les supporte avec foi sera sauvé.“[65] Thus the endurance of trials (πειρασμοί, Coptic is *pirasmos* in 7.9) is connected in the story of the pearl merchant to salvation, for it is in persevering through the trials that one enters the kingdom (7.7–14). Thus comparable to James, the ability to withstand trials and temptations, namely steadfastness or endurance, will lead to an eschatological end.[66]

As observed above, the *Acts* are much more focused upon a life of asceticism than is the letter of James and this theme has led some to posit Syrian or Egyptian monasticism (or some type of "Gnostic" group) as the provenance of the *Acts*, at least in some form. Given the links that both texts make between endurance, testing, and an eschatological reward, however, I think it quite possible that whoever wrote or edited the *Acts* found a special affinity with the ideas found in James, and saw that they could buttress some of the ascetical practices advocated by this later composition.

Healing the Sick and Caring for the Soul

Towards the end of both the Letter of James and the *Acts Pet. 12 Apost.*, we encounter the theme of healing the sick and caring for the soul. In James, the author exhorts those who are sick to call for the elders to pray over them and anoint them and he assures his audience that the prayer of faith will save the ill, and that the sick will be raised up by the Lord (Jas 5:13–15). If the sick person has committed sins, then he or she will be forgiven, and thus the writer exhorts his readers to confess their sins to one another, and pray for one another so that they may be healed (5:15–16).

Martin Albl has written one of the few recent studies of these particular verses in James. In his view, James does not separate physical healing from eschatological salvation. He writes,

> [i]n his description of the results of the healing ritual (5:15), James uses two eschatologically charged verbs: "to save" (σῴζω) and "to raise" (ἐγείρω). Σῴζω certainly can refer to physical healing, and a number of commentators hold that its meaning should be restricted to this sense. Yet the eschatological horizon of James, together with the fact that every other occurrence of σῴζω in James refers to ultimate salvation (1:21; 2:14; 4:12; 5:20), confirms that James sees an integral connection between present bodily healing and eschatological salvation: the two cannot be separated.[67]

Sin enters into this mix of physical healing and eschatological salvation because the confession of sins, prayer and healing are all interconnected in Jas

65 Guillaumont, "De nouveaux Actes", 145–146.

66 See also, Klauck, *The Apocryphal Acts*, 188.

67 M.C. Albl, "'Are Any Among You Sick?' The Health Care System in the Letter of James", in *JBL* 121 (2002), 138.

5:13–18. It is important to remember here that in antiquity, an individually diseased body was linked to fighting within the community and thus the cure of an individual was often connected to social healing.[68] In James, community problems were caused by sins, such as showing partiality (Jas 2:9). By fighting and quarrelling "sinners" are "double-minded" or "double-souled" (δίψυχοι) (4:1–10). Sin is also associated with death at the very end of the letter (5:20) and thus life seems to require not only physical healing but a healing of the soul (ψυχή) (5:20) because sick souls or "double-souled" people divide the community, leading to its demise and lack of reliance upon God (4:1–10). And for James, God is the final healer (5:15). [69]

Those portions of the *Acts* that deal with healing also appear in what Molinari considers to be the final author/redactor's section, from 9.30 – 12.19.[70] The physician Jesus commands the disciples to "heal the sick" who believe in his name and he provides them with a pouch of medicine. Peter is afraid to respond (for he had objected to an earlier demand that Jesus had made of them about caring for the poor) and urges John to talk this time. John thus inquires how they are supposed to cure people when they have not been taught the requisite skills (10.31–11.13). Jesus responds by stating that the physicians of the world heal what belongs to the world, but that the physicians of the soul (11.18) heal the heart. Yet he instructs them to heal the bodies first, "so that through the real powers of healing for their bodies, without medicine of the world, they may believe in you, that you have power to heal the illnesses of the heart also"[71] (11.19–26). Thus there is a dual emphasis upon the disciples to heal both bodies and souls; to be both physical and spiritual physicians.

The association between physical and spiritual or in some sense, mental, healing has a long history in antiquity. Philosophers were often compared to physicians, and philosophy to medicine.[72] A shift occurs in many texts of early Christianity, however. Gradually the focus of the healing no longer includes physical healing of bodies, as was the case in the gospels, but tends to emphasize the cure of the soul. Jesus becomes the physician of the soul *par excellence.*[73] It is in writings such as those of Philo in which an emphasis upon both physical and spiritual healing (both performed by God) remain.[74] The *Acts* reflects the Christian development to some extent in its portrayal of Jesus as a physician primarily of the soul. However, the *Acts* holds on to physical healing

---

68 Ibid., 131.

69 Ibid., 136.

70 Molinari, *The Acts*, 131.

71 Translation is by D.M. Parrott and R. McL. Wilson, "The Acts of Peter and the Twelves Apostles (VI, 1)", *The Nag Hammadi Library*, 293–294.

72 Lucretius, *De re. nat.* 4.1–24; Epictetus, *Dis.* 3.23.28. See Molinari, (*The Acts*, 214–229) for discussion and examples.

73 See Molinari (*The Acts*, 218–221) for a review of this literature.

74 Philo, *De sac.* 70; *De vit. cont.* 1.2. See Molinari, *The Acts*, 218.222.

in Jesus' concrete demand that the disciples tend to bodies first. This practical teaching may well emerge from the work of a final redactor who wanted to maintain a link between physical and spiritual healing, as James and writers such as Philo, amongst others, did.[75] Such a desire to retain the bodily dimension of healing may have sprung from the real needs of the redactor's community, such as the spread of disease or persecution and suffering. When we consider this "holistic" view of healing in the *Acts* and James in light of the other affinities that we have seen thus far, it is quite possible that the author or redactor of the *Acts* found in James yet another motif that would prove to be important and meaningful for whomever he was writing/editing this text.

Conclusions

This essay has offered some broad sketches comparing the Letter of James to the *Acts of Peter and the Twelve Apostles*. The most important similarities deal with the attitude towards the rich and poor, including the notion that showing partiality for the rich is sinful and that "friendship" with the affluent should be avoided but that friendship within the community or with the deity (James) or the risen Christ (*Acts Pet. 12 Apost.*) is important. Both documents indicate clearly that one should care for the poor. They also stress the importance of testing and endurance, and connect this steadfastness to an eschatological reward. Finally, healing is understood in each text as applicable to the body as well as the soul. These parallels are thematic despite the fact that some of the Greek words used in James also lie behind some of the Coptic of the *Acts*. And as the *Acts* never cites any part of the New Testament explicitly, we should not expect any word for word citations from James. Rather, the potential allusions to specific ideas in James are likely based upon aspects of the letter that resonated with the social context and theology of the author/redactor of the Apocryphon. The author/editor of the Apocryphon was at ease adapting pre-existent literary traditions to suit his own aims just as whoever wrote the letter of James drew upon a variety of sources, including some form of the Jesus tradition, and freely altered them for his own context.

In addition, the study has not attempted to provide a source or redaction critical analysis of the *Acts* but it is generally agreed that it is a composite document. There is no consensus as to *how* it was put together other than the notion that the earliest version of it consisted of the pearl merchant narrative that was largely allegorical. However, several scholars concur that at some point, one of the redactors, possibly the final one, oriented the text in a much more concrete direction by stressing material and physical concerns. For Ghica, this redactor placed a social emphasis upon the text with an accent upon service to the com-

75 Molinari, *The Acts*, 224–226. See also, Ghica, *Les Actes*, 396.

munity.[76] For Patterson, the person shifted the legitimacy for apostolic office away from mystical or visionary experiences to a focus upon serving the poor and sick and avoiding the rich.[77] Finally, Molinari argues that the final redactor wanted to emphasize the criticism of the rich, the care for bodies and souls and what he perceives to be a connection between persecution and apostasy because of the concrete social context of the immediate aftermath of the persecution by Decius.[78]

Although these scholars do not agree about the precise divisions of the text and purposes of the authors and editors, we see that all three note the very immediate and social concerns of the final author/redactor. I submit that one of the documents that quite possibly assisted the writer/author to make this shift was the short letter of James. In fact, the *Acts* is one of the few early Christian texts in which these specific themes of James continued to resonate. The particular combination of emphases, especially the exhortation to resist the rich, and not to show them sinful partiality, nor to be friends with them, coupled with the importance of caring for the poor, and friendship within the community, is quite striking. The maintenance of the importance of both physical and spiritual healing and the continued significance of endurance and withstanding tests all cohere well with the "practical" moral teachings found in James. We know that struggles regarding coercive rich patrons continued to fester among ancient Christian groups, perhaps increasingly so as the church grew and the pressure to succumb to the wealthy intensified throughout the Greco-Roman world. Whether the final form of the *Acts* came from a Pachomian monastery, a fledgling Syrian community, or a suffering church in Alexandria, each of these communities could have experienced the unpleasantness associated with resisting the affluent. Unlike James, and most likely due to its particular social context, the Apocryphon does not condemn or prophesy judgment upon the wealthy (perhaps this would have been too risky at this point?), but neither does it welcome repentant rich people into the community. Rather the author/redactor retained a tough attitude towards the rich and concomitant concern for the poor, and no doubt, like James, recognized that such an approach would require perseverance, friendship, and the continued care of both body and soul.

---

76 Ghica, *Les Actes,* 145.

77 Patterson, "Sources, Redaction", 15.

78 Molinari, *The Acts*, 239.

François Bovon

Facing the Scriptures: Mimesis and Intertextuality in the *Acts of Philip*

Introduction

The goal of this paper is to describe the relationship that the *Acts of Philip* establishes with other texts, particularly with respected and authoritative documents of the past (anterior to the *Acts of Philip*)[1]. I will examine of course the

---

1 On the relationship between the apocryphal Acts of the apostles and other texts see É. Junod/J.-D. Kaestli, *Acta Iohannis* (2 vols.; Corpus Christianorum, Series Apocryphorum 2; Turnhout: Brepols, 1983), 2, 694–700; D.R. MacDonald (ed.), *The Apocryphal Acts of Apostles* (Semeia 38; Decatur, GA: Scholars Press, 1986); R.I. Pervo, *Profit with Delight: The Literary Genre of the Acts of the Apostles* (Philadelphia: Fortress Press, 1987); C.R. Matthews, "Philip and Simon, Luke and Peter: A Lukan Sequel and Its Intertextual Success", in E.H. Lovering Jr. (ed.), *Society of Biblical Literature 1992 Seminar Papers* (Atlanta: Scholars Press, 1992), 133–146; D.R. MacDonald, "*The Acts of Paul* and *The Acts of Peter*: Which Came First?" in *ibid.*, 214–224; R.F. Stoops, "Peter, Paul, and Priority in the Apocryphal Acts," *ibid.*, 225–233; R. Valantasis, "Narrative Strategies and Synoptic Quandaries: A Response to Dennis MacDonald's Reading of *Acts of Paul* and *Acts of Peter*," in *ibid.*, 234–239; G. Cerro, "Los Hechos apócrifos de los Apóstoles su género literario", in *Estudios Bíblicos* 51 (1993) 207–232; J.K. Elliott, "The Apocryphal Acts", in *The Expository Times* 105 (1993) 71–77; F.S. Jones, "Principal Orientations on the Relations between the Apocryphal Acts (*Acts of Paul* and *Acts of John*; *Acts of Peter* and *Acts of John*)", in E.H. Lovering Jr. (ed.), *Society of Biblical Literature 1993 Seminar Papers* (Atlanta: Scholars Press, 1993), 485–505; D.R. MacDonald, *Christianizing Homer:* The Odyssey, *Plato, and* The Acts of Andrew (New York/Oxford: Oxford University Press, 1994); E. Norelli, "Avant le canonique et l'apocryphe: aux origines des récits de la naissance de Dieu", in *Revue de Théologie et de Philosophie* 126 (1994) 305–324; J.V. Hills, "The Acts of the Apostles in the *Acts of Paul*", in E.H. Lovering Jr. (ed.), *Society of Biblical Literature 1994 Seminar Papers* (Atlanta: Scholars Press, 1994), 24–54; R. Pervo, "The Ancient Novel Becomes Christian", in G. Schmeling (ed.), *The Novel in the Ancient World* (Leiden: Brill, 1996), 685–711; J.B. Bauer, "Schriftrezeption in den neutestamentlichen Apokryphen", in G. Schöllgen/C Scholten (ed.), *Stimuli: Exegese und ihre Hermeneutik in Antike und Christentum. Festschrift für Ernst Dassmann* (Jahrbuch für Antike und Christentum, Ergänzungsband 23; Münster i.W.: Aschendorff, 1996), 43–48; R.F. Stoops Jr. (ed.), *The Apocryphal Acts of the Apostles in Intertextual Perspectives* (Semeia 80; Decatur, GA: Scholars Press, 1997). Methodologically important is an article by G.A. Anderson, "Between Biblical Commentaries and Apocryphal Narratives: The Narrativization of Biblical Exegesis in the *Life of Adam and Eve*", in *Jewish Studies* 36 (1996) 31*–39*; and a review article of M. Van Uytfanghe's dissertation by Jacques Fontaine, "Bible et Hagiographie dans le royaume franc mérovingien (600–750): une soutenance remarquée à l'Université de Gand", in *Analecta Bollandiana* 97 (1979) 387–396. A general bibliography on the apocryphal Acts can be found in F. Bovon/A. Graham Brock/C.R. Matthews (ed.), *The Apocryphal Acts of the Apostles: Harvard Divinity School Studies* (Harvard University, Center for the Study of World Religions; Cambridge, MA: Harvard University Press, 1999) 355–363. Still important is E. Plümacher, "Apokryphe Apostelakten", in G. Wissowa et al. (ed.), *Paulys Realencyclopädie der classischen Altertumswissenschaft* (Munich: Druckenmüller, 1978), Supplementband 15, 11–70. A general bibliography on the *Acts of Philip* is available in F. Bovon, "Les Actes de Philippe," in W. Haase/H. Temporini (ed.), *Aufstieg und Niedergang der römischen Welt* (Berlin/New York: de Gruyter,

explicit biblical quotations, but I will also try to unveil the allusions and imitations, the recasting and reinterpretations of canonical and noncanonical material. Despite some polemics with pagan cults and confrontations with Jewish opponents the text does not integrate much literary material from these two worlds, which would have been foreign to author. I do not see in this very popular composition any influence of Homer, the Tragics or Plato, nor of any Jewish text independent of a Christian appropriation.

The pioneering scholar Constantin Tischendorf edited in 1851 and 1866 the *Martyrdom of Philip* (in two forms) and APh 2.[2] Then Maximilien Bonnet discovered the *Vaticanus graecus 824* which was then the only manuscript to transmit such long and new sections as APh 1 and 3–9. Bonnet's 1903 edition of vol. 2/2 of the *Acta apostolorum apocrypha* has remained the standard one for nearly a century.[3]

In the recent years the collation and critical edition of new manuscripts have given me with my colleagues Bertrand Bouvier and Frédéric Amsler access to a much longer and more complete text.[4] In these manuscripts the form of the text is less censured than in the *Vaticanus graecus 824* (V).[5] Most important the manuscript from Mount Athos, *Xenophontos 32* (A), offers several completely new acts (APh 11[the end], 12, 13, 14 and 15) and a less adulterated version of APh 1–7.[6] The codex *Atheniensis 346* (G) provides a original new text of APh 8, with the commissioning of the apostles and the decisive role played by Mariamne, probably Mary Magdalene, considered here as Philip's sister.[7]

For this paper I am using the Greek text of the *Acts of Philip* according to the new critical edition in the *Series apocryphorum* of the *Corpus Christianorum*.[8] I mention this technicality because it is relevant to our topic. The orthodox Church in the East and the catholic Church in the West both condemned the

---

1988) 2/25/6: 4523–4527; and in F. Amsler, *Acta Philippi: Commentarius* (Corpus Christianorum, Series Apocryphorum 12; Turnhout: Brepols, 1999), XVII–XXXVI.

2 C. Tischendorf, *Acta apostolorum apocrypha* (Leipzig: Averianus et Mendelssohn, 1851; reprinted Hildesheim: Olms, 1990), XXXI–XL, 75–104; id., *Apocalypses: Mosis, Esdrae, Pauli, Iohannes, item Mariae Dormitio, Additis Evangeliorum et Actuum Apocryphorum Supplementis* (Leipzig: Mendelssohn, 1866; reprinted Hildesheim: Olms, 1966), 141–156.

3 M. Bonnet, *Acta Philippi et Acta Thomae, Accedunt Acta Barnabae*, in R.A. Lipsius/ id. (ed.), *Acta Apostolorum Apocrypha* (2 vols. in 3; Leipzig: Mendelssohn, 1891–1903; reprinted Darmstadt: WBG, 1959), 2/2: VII–XV, XXXVI–XXXVII, 1–90; see also P. Batiffol, "Actus Sancti Philippi Apostoli. Nunc Primum Edidit", in *Analecta Bollandiana* 9 (1890) 204–249.

4 See Bovon, "Les Actes de Philippe", 4431–4527; B. Bouvier/F. Bovon, "Actes de Philippe, I, d'après un manuscrit inédit", in D. Papandreou/W.A. Bienert/K. Schäferdiek (ed.), *Oecumenica et Patristica: Festschrift für Wilhelm Schneemelcher* (Chambésy/Genève: Metropolie der Schweiz, 1989), 367–394.

5 On this manuscript see F. Bovon/B. Bouvier/F. Amsler, *Acta Philippi: Textus* (Corpus Christianorum, Series Apocryphorum 11; Turnhout: Brepols, 1999) XX–XXI.

6 On this manuscript see *Acta Philippi: Textus*, XIII–XX.

7 On this manuscript see *Acta Philippi: Textus*, XXVI–XXX.

8 Reference to this edition above, on footnote 5.

Acts of Philip as fraudulent and apocryphal.[9] The only chance for these apocryphal stories to survive was to be hidden in a decent and respected text or to endure a radical cure of orthodoxy, which would have included a rewriting along the lines of biblical phraseology.[10] The *Vaticanus graecus 824* is such a rewriting: it presents a new formulation of APh 3, the calming by Philip of the raging waters which is here influenced by the New Testament narratives (Mt 8:23–27 and parallels) more than is the same story present in the *Xenophontos 32*.[11] No manuscript, not the Nag Hammadi codices, nor even the Bodmer papyri, can pretend to represent a secured original text.

In my opinion the author of the *Acts of Philip*[12] belongs to an ascetic marginal movement of the fourth century CE and probably located in Asia Minor. He (the probability of the author being a woman is, alas, not great), so, he belongs to an encratite community which was under the criticism of the mainstream orthodox Church.[13] He fits well among those attacked by the Council of Gangra (middle fourth century CE) and by the Cappadocian Fathers, particularly Basil of Caesarea and Amphilochius of Iconium. What is important for our investigation is the way that the author deals with the Christian past. He writes from the biblical legacy, but does so in a unusual way, finding inspiration in the Bible only through an unorthodox reading of it, a reading enriched by other non-canonical authoritative texts. Just as it is unwise to read Paul's letter to the Galatians and omit the Jewish exegesis situated between the Hebrew Bible and the early Christian interpretation, similarly it is dangerous to read the *Acts of Philip*, compare them to the Old or New Testament and neglect earlier Christian apocryphal literature.

---

9 See Bovon, "Les Actes de Philippe", 4466–4467. More generally on the condemnation of the apocryphal Acts of the apostles, see É. Junod, "Actes apocryphes et hérésie: le jugement de Photius", in F. Bovon et al., *Les Actes apocryphes des apôtres: Christianisme et monde païen* (Publications de la Faculté de théologie de l'Université de Genève 4; Genève: Labor et Fides, 1981), 11–24; and F. Piontek, *Die katholische Kirche und die häretischen Apostelgeschichten bis zum Ausgang des 6. Jahrhunderts: Ein Beitrag zur Literaturgeschichte* (Breslau: Nischkowsky, 1907).

10 See F. Bovon, "Byzantine Witnesses for the Apocryphal Acts of the Apostles", in *The Apocryphal Acts of the Apostles: Harvard Divinity School Studies*, 87–98.

11 See F. Amsler, Acta Philippi: Commentarius, 133–138.

12 One study remains important: R.A. Lipsius, *Die apokryphen Apostelgeschichten und Apostellegenden: Ein Beitrag zur altchristlichen Literaturgeschichte* (2 vols. in 3 and supplement, Braunschweig: Schwetschke, 1893–1900; reprint Amsterdam: Philo, 1976), 2/2: 1–53, and supplement 64–73; by the same author see also "Zu den Acten des Philippus", in *Jahrbücher für protestantische Theologie* 17 (1891) 459–473.

13 See E. Peterson, "Die Häretiker der Philippus-Akten", in *Zeitschrift für die neutestamentliche Wissenschaft* 31 (1932) 172–179; id., "Zum Messalianismus der Philippus-Akten", *Oriens Christianus*, 3d ser., 7 (1932) 172–179; Bovon, "Les Actes de Philippe", 1521–1523; F. Amsler, "Introduction", in id./F. Bovon/B. Bouvier (ed.), *Actes de l'apôtre Philippe* (Apocryphes, 8; Turnhout: Brepols, 1996), 80–82; R.N. Slater, "An Inquiry into the Relationship between Community and Text: The Apocryphal *Acts of Philip* 1 and the Encratites of Asia Minor", in *The Apocryphal Acts of the Apostles: Harvard Divinity School Studies*, 281–306; F. Amsler, Acta Philippi: Commentarius, 469–520.

What this author has produced is a very long text, longer than the canonical Acts of the apostles. Put under scrutiny the work appears to be composite because its author was not shy to incorporate older material. The first part, APh 1–7, is probably a collection of independent tales by individual authors that have been combined into a patchwork with more or less success by the final author. The second part, APh 8 through the end, forms a literary unit, starting like the *Acts of Thomas* with the sending out of the apostle to his mission field.[14]

In this paper I will limit my investigation to the second part, from APh 8 forward, but it may be helpful nevertheless to mention some aspects of intertextuality in the first part. APh 1 is an imitation of the resurrection story of Luke 7,10–17 (son of the widow of Nain), itself a rewriting of stories concerning Elijah (1 Kings 17) and Elishah (2 Kings 4). New in the *Xenophontos 32* version compared to the *Vaticanus graecus 824* and the Bible, is a impressive tour of Hell undertaken by the young man during his stay in the underworld (APh 1.5–17).[15]

APh 2 is inspired by canonical Acts 17, APh 6 and probably APh Mart: Philip is in Athens and tries to convince the philosophers of the city. Significantly the apostle does not use philosophical arguments but relies on Jesus' sayings and biblical material. It is therefore logical that in this episode, diverging from canonical Acts 17, the Greek philosophers call to rescue the high priest from Jerusalem. Strangely the controversy between the Jewish leader and the Christian hero does not include, as it will be the case in APh 6, a polemic over precise Hebrew Bible prophecies but, instead, contains a general theological discussion on doctrinal issues. Writing the epilogue of this tale, the author, imitates a biblical narrative, the revolt of Korah, Dathan, and Abiram, Num 16, and mentions the split of the earth as punishment of the high priest.[16]

The influence of canonical Acts 8 is also visible in APh 3.1–3. As Philip's new converts in Acts 8:14–17 need the apostolic laying of hands by Peter and John, here Philip himself who asks for apostolic support in order for him, the evangelist or deacon, to carry on the task of a real apostle.[17]

---

14 On the history of composition of the *Acts of Philip*, see the reconstructions of Amsler, "Introduction", 25–27; id., in *Acta Philippi: Commentarius*, 429–434; as distinct from Bovon, "Les Actes de Philippe", 4443–4456.4521–4523.

15 On this first act, see Bouvier/Bovon, "Actes de Philippe, I, d'après un manuscrit inédit", R.N. Slater, "An Inquiry into the Relationship between Community and Text: The Apocryphal *Acts of Philip* 1 and the Encratites of Asia Minor;" and F. Amsler, *Acta Philippi: Commentarius*, 50–70.

16 See C.R. Matthews, "Trajectories through the Philip Tradition" (Th.D. diss., Harvard University, 1993), 248–255; and more recently C.R. Matthews, "Peter and Philip Upside Down: Perspectives on the Relation of the *Acts of Philip* to the *Acts of Peter*", in *Society of Biblical Literature 1996* (Atlanta: Scholars Press, 1996) 28–31.

17 On this act see the notes in *Acta Philippi: Textus*, 77–83; Amsler, "Introduction," in *Actes de l'apôtre Philippe*, 37–52; F. Amsler, Acta Philippi: Commentarius, 145–156.

In APh 5.22–23, during the long description of Ireos' conversion, Philip at one point is transfigured. But when he notices that the brightness of his new appearance becomes a threat to his admirers, he "remembers Jesus" and decides to return to his human condition (APh 5.23). The reference to the New Testament episode is explicit.

In the middle of that same story of Ireos and his family (APh 5–7), there is a controversy between the apostle and a Jewish scholar. The topic of the dispute is the relevance of the prophetic scriptures to the Christian faith (APh 6.13[77]). Following the pattern of a battle of quotations, as found in the canonical Gospels (Mt 4:1–11 and Mk 1:12–13; Lk 4:1–13, the dispute during the temptation between Jesus and the devil) and in the *Acts of Peter* 23–28[18] (the fight between the first apostle and Simon Magus), the two opponents in the Ireos context cast several biblical proofs on each side, and several points deserve attention here. First, the controversy deals explicitly with prophetic oracles of the Bible and doctrinal statements, therefore the commands of the mosaic law are absent from the discussion. Second, the author reaches an anti-Semitic paradox: almost all the Hebrew Bible quotations, taken from the Septuagint, and spoken by the rabbi are quoted with an ostensible lack of accuracy.[19] All are imprecise or truncated, and for the Christian author, this is an easy and wicked way to scorn his adversary. Third, the Jewish opponent finally admits his defeat and ironically accepts as legitimate and true the Christological, that means Christian interpretation of the Hebrew prophets! Fourth, neither the individual biblical quotations nor their sequence correspond to any book of *Testimonia* preserved from antiquity. This dissimilarity remains an enigma.

Apart from the controversy just mentioned (APh 6.13–15[77–80]), what I have been concerned with so far is not quotations from the Bible, but imitations of biblical episodes. The author has new stories to tell, developments of the Hebrew Bible and the New Testament. It is the author's conviction that God has not achieved the manifestation of a providential love toward humanity. But these new salvific events do not contradict the old wisdom, the old revelation. On the contrary, they are witnesses of the ongoing divine care for the created world. And these testimonies are embedded in a network of harmonious and coherent authoritative texts. This conception, present in the first part of the *Acts of Philip*, will be confirmed in the second.

---

18 See Matthews, "Peter and Philip Upside Down: Perspectives on the Relation of the *Acts of Philip* to the *Acts of Peter*", 28–31.

19 See *Actes de l'apôtre Philippe*, 163, n. 283; F. Amsler, Acta Philippi: Commentarius, 258–260.

Presence of the Hebrew Bible in APh 8 to APh Martyrdom.

The presence of the Bible is irregular and surprising in the second part of the *Acts of Philip* as it is in the first part. The Exodus tradition, the Sinai tradition, and the life of the Patriarchs, Judges or Kings are each virtually absent from the text. The God of the author is more the God of the Creation than the God of Law or Covenant.[20] Like a generous large river the divine Providence shares its love toward humanity at each generation. A theological proximity with the Creator of the Hebrew Bible is evident from the following prayer: "My Lord Jesus Christ, hope and strength of all, King of glory, who created the heavens, locked the depths and condemned the enemy to stay there; you who spread out the firmament and placed in it the lights in order to make blazing your works, who disposed the air for an enjoyable usage and for the breathing of all those who need it; you who gave your sweetness to the waters in order that your creatures could live; you who rebuked the sea and provided calm to the waves, you are the Lord of all higher knowledge; the release of those who are in servitude; the Savior of the aeons...." (APh 12.7 [A])

Evil, of course, has to be explained, and it will be done in the *Acts of Philip* with reference to the first chapters of Genesis. It is not Adam's responsibility for evil which is underlined, but more, at a mythological level, the fault of the snake. The devil, the dragon, the viper and the fifty snakes play a considerable role in the narrative. The parade of the apostolic trio, Philip, Mariamne, and Bartholomew, is tested; the trio is constantly confronted during its missionary journey by the hostile forces of the enemy. In APh 3 the apostle Philip, during a sailing trip, has to show his divine power in calming a storm, the symbol of negative forces, during a sailing trip. In APh 9 there is a initial confrontation and a victory over a dragon. A second episode occurs in APh 11. Then, in APh 13, the apostles have to overcome some guardian snakes at the gate of the city which carries the symbolic name of Ophiorymos (the city, literally the street or promenade, of the snakes). At one particular point the dragon explains to the apostolic group not only the origin of evil, but also its transmission from generation to generation. In paragraphs which are not always clear, in a prose which tries to be theologically sophisticated, the dragon suggests a direct influence on Eve and through their coalition the presence of sin in human history. After Eve, the poison of the snake, like a mortal seed, contaminated Cain and inflected his will to kill Abel. Now it will be Philip's responsibility to oppose the dragon and to overcome the snakes. It will be Mariamne's duty to reverse Eve's fallibility. In his commissioning speech the Savior speaks at some point to the sister of Philip saying: "Concerning you, Mariamne, change your cloth and your appearance: take away everything which, in your outward, reminds the woman, the summer dress that you wear. Do not let the fringe of your cloth hang on the

[20] F. Amsler, Acta Philippi: Commentarius, 368–370.

ground, do not drape it but cut this out; then go on your way in company of your brother Philip toward the city called Ophiorymos, which means the 'promenade of the snakes'; for the inhabitants of this city worship the mother of the snakes, the viper. As you will enter the city, it is necessary that the snakes of that city see you released from the appearance of Eve, that nothing in your outlook manifests the woman. Because the appearance of Eve is the woman and it is she who embodies the feminine form. Concerning Adam he embodies the form of the man, and you know that, from the origin, enmity arose between Eve and Adam. It was the beginning of the rebellion of the snake against this man and of its friendship toward his wife, Eve; consequently Adam has been deceived by his wife Eve; and the moulting of the snake is its venom; the snake put it on through her, and through this skin the original enemy found a place to stay in Cain, son of Eve, so that he could kill Abel, his brother. Therefore you, Mariamne, escape out of Eve's poverty in order to get rich in yourself." (APh 8.4 [G])

In APh 11.3, we find a confirmation of this theory on the lips of the dragon itself: "And the dragon who was among them answered: 'Here is the place from where I draw my origin: the plot stirred up in Paradise; it was there that the one who now wishes to kill me through you cursed me. For then, after I withdrew from the garden with thousand flowers, I found a place to hide away in Cain, because of Abel. Then after I put up the feminine beauty in the face of the angels, I hurled them down from heaven. Then having generated sons of high stature [+++]. Then after they had multiplied they started to devour the human beings like grasshoppers. Then after the flood had died them out they generated the race of the demons and snakes, when Moses' rod confounded the nature of the Egyptian wise and magicians. We are namely the fifty snakes that Moses' dragon gobbled down then. From now on it is you, Philip, who is victorious over us." (APh 11.3 [A])

An intriguing passage connects the Hebrew Bible and the New Testament. Actually this passage, APh 8.11–12, shows that the biblical traditions of both Testaments were envisaged by the author through the glasses of apocryphal traditions, not so different from the ones that can be found behind the *Second Epistle of Clement* (see particularly 2 Clem 4.5 and 5.2–4).[21] In APh 8.11–12 the major concern remains evil, its nature and reality, and the way of overcoming it. Among the negative forces responsible for the presence of evil on earth the author mentions several times the revolt of the fallen angels and their descent the so-called Egregores (see APh 8.11 and 11.3).[22] Noah is also mentioned as the agent chosen by God to preserve and save the human race and the

21 On these passages see the remarks of K. Wengst, *Didache (Apostellehre), Barnabasbrief, Zweiter Klemensbrief, Schrift an Diognet* (Schriften des Urchristentums 2; Darmstadt: WBG, 1984), 222–223.

22 See the note in *Acta Philippi: Textus*, 258–259, n. 25.

several species of animals from the Flood. Through their number, the seven pairs of pure animals express God's forgiveness. The two pairs of impure animals manifest that God is also a righteous judge who knows how to punish with equity.[23]

After that introduction – the Resurrected Savior is supposed to teach Philip at the moment of his commissioning – an explicit reference is given to a New Testament episode, but remembered through an apocryphal tradition: "Therefore your brother Peter remembered what Noah had done at the day of the punishment of the sinners, when he told me: 'Will you that I forgive my brother until seven times, in a manner similar to the one Noah forgave?' And I answered him: 'I will not you to be satisfied by following the example of Noah; but forgive seventy times seven!' Now, Philip, do not be tired of practicing the good toward those who do evil to you." (APh 8.12 [G]) For the author of the *Acts of Philip* the memory of the biblical story of Noah is preserved in the New Testament tradition and this New Testament tradition is preserved in an apocryphal development that establishes an explicit relation, in Peter's memory, between Jesus' words and Noah's attitude.[24]

Another episode within the *Acts of Philip*, is typical of the author's relation to biblical tradition. The reader of the Bible remembers the episode of Elijah (2 Kings 1.9–16), who destroyed in heavenly fire the messengers of the wicked king Ahaziah. The gospel of Luke makes a reference to this episode in a critical perspective: Jesus condemns the disciples who suggested the miraculous use of that heavenly fire as a weapon for retaliation against the unwilling Samaritans (Lk 9:54).[25] In the *Acts of Philip* the apocryphal apostle not only makes the same suggestion as the New Testament disciples, but like the biblical prophet Elijah he does in fact retaliate against his enemies with violence.[26] If his expressed wish is to follow Elijah's steps (APh Mart 21[127] A: "Let us say ourselves that fire from heaven comes down and consume them."), then his concrete retaliation recalls Moses' punishment of Korah, Dathan, and Abiram (Num 16). He orders the earth to split and gobble up his opponents (APh Mart 25[131]–28[134]).[27] But what was tolerable in the story of Moses and the rebellious Israelites is contrary, according to our author, to Jesus' teaching on non-retaliation

The whole ending of the Martyrdom story is related to this sin of the apostle and to Jesus' verbal rebuke and future punishment (APh Mart 26[132]–

23 See *ibid.*, n. 26.

24 I have not been able to locate that apocryphal tradition.

25 See F. Bovon, *Das Evangelium nach Lukas: 2. Teilband Lk 9,51–14,35* (Evangelisch-Katholischer Kommentar zum Neuen Testament 3:2; Zürich/Düsseldorf: Benzinger, Neukirchen-Vluyn: Neukirchener, 1996), 27–28.

26 See my article "The Child and the Beast: Fighting Violence in Ancient Christianity," in *Harvard Divinity Bulletin* 27 (1998) Nr. 4, 16–21.

27 Not only his opponents, but also the inhabitants of Ophioryme, worshipers of the Viper.

33[139],34[140],37[143]). Jesus' teaching not to combat evil with a second evil is the decisive criterion by which Philip's attitude and action are to be judged. Strangely enough there is no explicit quotation of the Sermon on the Mount in this context but only a general reference to what Jesus taught. We should remember that such a teaching in Antiquity was not the appanage of the Christians. The venerable Pythagorean tradition proclaimed the same message on nonviolence and pled the same refusal of violent retaliation.[28]

Similarity and difference also characterize also the Savior's protracted sermon at the beginning of Philip's and Mariamne's mission (APh 8.3–7,9–14), when one compares it with the New Testament sayings of Jesus. His sermon offers first the just quoted advice that Mariamne remain the strong woman. It explains second to Philip and his sister that their missionary duty fits into the framework of the divine Providence. Third it assures them of his ongoing care and spiritual presence at their sides, even during their confrontation with the enemy. Finally the Savior conveys, in dialogue with Philip, a short catechism on the art of nonretaliation and on the habit of forgiveness. If the literary form is similar to the biblical commissioning stories and farewell speeches, its content has only an occasional kinship with Jesus' New Testament teaching

New Testament and Apocryphal Traditions Alive in the Text

The first explicit quotation appears in the martyrdom story (APh Mart 34[140]). As we have seen, Philip apostle hanging on his cross succumbs to the temptation to curse his enemies. His Lord, appearing in a heavenly vision, corrects the apostle. Finally, ashamed of his vindictive desires, Philip repents and the reader assists at a collective delivery from the split earth (probably this part of the martyrdom story influenced the episode of APh 2, mentioned above). The apostle, deeply moved, then is heard to proclaim not curses for his brethren and sisters but praises. Addressing new baptized converts from the city of Ophiorymos, surrounding him on the cross, he explains to them that he has come to their city not to make any sort of trade, but to release them from the power of the devil. He goes on to say that he is now crucified up side down (a motif taken over from the

[28] According to Diogenes Laertius, *De clarorum philosophorum vitis*, 8.8, a book was attributed to Pythagoras, called *The Scopiades*, which had as a beginning an advice not to harm anybody. On the difficulty of Diogenes' text concerning this beginning of Pythagoras' book, see the critical apparatus of A. Delatte, *La vie de Pythagore de Diogène Laërce. Édition critique avec introduction et commentaire* (Académie royale de Belgique, Classe des Lettres et des Sciences morales et politiques, deuxième série, 17; Bruxelles: Lamertin, 1922), 109. Unfortunately, Delatte does not deal with this textual problem in his commentary, 165–166. The title *The Scopiades* is not well attested in the textual tradition; see the apparatus of the critical edition by H.S. Long, *Diogenis Laertii Vitae Philosophorum* (2 vols., Oxford: Clarendon, 1964), II: 396.

Acts of Peter 37)[29] to fulfill Jesus' command. He quotes then a saying of his Lord, not a canonical, but an apocryphal saying, one particular *agraphon* preserved by ancient Christian writers. Actually it is quoted by some Church Fathers and is present in the *Gospel of Thomas* 22 as well as in the *Acts of Peter* 38: "I repeat here the command of the Christ the Savior: 'If you do not make right the things which are left, if you do not consider as precious the things which are vile, you will not be able to enter into the kingdom of God." (APh Mart 34[140] A).[30] For the author as for many ancient Christian writers the authority of Jesus' words is more important than the canonicity of the books in which they are included. That one saying comes from the gospel of Matthew and another from an oral source, *Acts of Peter* or *Gospel of Thomas* does not matter.

Then the apostle communicates his last will to his survivors. To his fellow apostle Bartholomew in particular he commands an ascetic life and reminds him of their Lord's teaching: "Everyone, he says, who looks at a woman with lust in his heart has already committed adultery in his heart." (APh 36[142] A; Mt 5:28; is here cited[31]). Introduced by a formula ("For, teaching us, our Lord said"), this is one of the few explicit quotations of the New Testament. But interestingly the quotation is not a precise one and it is followed by a kind of narrative commentary: "Therefore our brother Peter fled every place where a woman could have been present."(APh 36[142]A)[32] The speech goes on to a reminder of the apocryphal episode preserved at the end of the *Papyrus Berolinensis 8502*, but belonging probably to the *Acts of Peter*, the miraculous and providential paralysis of Peter's daughter.[33]

---

29 On the relation of the *Acts of Peter* to other texts, see MacDonald, "*The Acts of Paul* and *The Acts of Peter*: Which Came First?" 214–224; C.M. Thomas, "Word and Deed: The *Acts of Peter* and Orality", in *Apocrypha* 3 (1992), 125–164; ead., "The 'Prehistory' of the *Acts of Peter*", in *The Apocryphal Acts of the Apostles: Harvard Divinity School Studies*, 39–62; and D.R. MacDonald, "Which Came First? Intertextual Relationships Among the Apocryphal Acts of the Apostles," in *The Apocryphal Acts of the Apostles in Intertextual Perspective*: *Semeia* 80 (Atlanta: Scholars Press, 1997), 11–41.

30 See J.Z. Smith, "Birth Upside Down or Right Side Up?" in id., *Map is not Territory: Studies in the History of Religions* (Studies in Judaism in Late Antiquity 23; Leiden: Brill, 1978), 147–171; and Matthews, "Peter and Philip Upside Down: Perspectives on the Relation of the *Acts of Philip* to the *Acts of Peter*", 31–34.

31 Actually only in the recensions Q (the manuscript A is one of the witnesses of this recension) and D of APh Mart; on the recensions of the *Acts of Philip*, see J. Flamion, "Les trois recensions grecques du Martyre de l'apôtre Philippe", in *Mélanges d'histoire offerts à Charles Moeller* (Université de Louvain, Recueil de travaux publiés par les membres des Conférences d'histoire et de philologie 40; Louvain: Bureaux du Recueil, Paris: Picard, 1914), 215–225; F. Amsler, Acta Philippi: Commentarius, 409–421.

32 On this passage, see A. Graham Brock, "What's in a Name: The Competition for Authority in Early Christian Texts", *Society of Biblical Literature Seminar Papers 1998* (Atlanta: Scholars Press, 1999), 1: 108 n. 7 (actually on p. 109). Graham Brock refers also to T.V. Smith, *Petrine Controversies in Early Christianity* (Wissenschaftliche Untersuchungen zum Neuen Testament 2:15; Tübingen: Mohr-Siebeck, 1985), 107–108.

33 This episode is analyzed by M. Tardieu, *Écrits gnostiques: Codex de Berlin* (Sources gnostiques et manichéennes 1; Paris: Cerf, 1984), 403–410; see also C.R. Matthews, "Peter and Philip Upside Down: Perspectives on the Relation of the *Acts of Philip* to the *Acts of Peter*," 28.

Another quotation offers a third type of reference. In APh 9 the apostolic group faces a horrible dragon. To strengthen his companions' spirit, Philip refers to words of the Savior promising protection. "Now we need assistance from the Savior. Remember the word of Christ who sent us by saying: 'Do not fear anything, neither persecution, nor the snakes of this country, nor the dark dragon!' Let us therefore remain firm like columns strongly established before God, and all the power of the enemy will be wiped out and his threat will fall down." (APh 9.2 [V]) The saying quoted is not, as one would first expect, a New Testament one, Lk 10:19 or Mk 16:18. It is neither an *agraphon* nor a saying of the Lord taken from another apocryphal text. It probably represents an intratextual free reference to a saying of the Savior pronounced in an earlier speech, in his commissioning speech, APh 8.7 (G) ("Now then, brothers, do not fear the bites of the snakes, nor their venom; because in front of you their mouth will be shut and their threat abolished. If they lift up their head, apply to them the sign of the monad; if the vipers come out and meet you, protect yourselves with the cross and at once they will bend down their heads.").[34] Because the Lord is a spiritual divine being his words can be preserved in the gospels, but also in the oral tradition (*agrapha*), in the stream of the apocryphal literature, or even in the text of the *Acts of Philip* itself.

The most interesting case is to be found on the Savior's lips , earlier in the martyrdom story, while the apostle is still disobedient sending his opponents and all the inhabitants of Ophiorymos alive into the abyss. At this moment, the Savior appears to his apostle, and speaks to him trying to bring him back to reason, to Christian reason: "At that moment, the Savior appeared and said to Philip: 'Who is the one that puts his hand to the plow, then looks back and makes his row straight? Or who is the one who gives his lamp to others, then himself remains sitting in the darkness? Or who is the one who lives on a pile of manure and leaves his habitation to foreigners? Or who is the one who undoes his clothes, and goes naked into the hard winter? Or which enemy rejoices in the joy of the one who hates him? Or which soldier goes into the war well-armed and does not put on the vestment of victory? Or which slave, having fulfilled the service of his master, will not be invited by the latter to the meal? Or which athlete runs with ardor in a stadium and does not receive the prize, O Philip? Here, the wedding chamber is ready, blessed is the guest of the spouse, for rich is the harvest of the fields and blessed is the worker who is able." (APh Mart 29[135] A). These words are among the last that the Savior tells to the apostle. After that the Lord will leave him assigning him a last punishment after death, that is, a waiting period of forty days before entering into Paradise.

---

[34] See the notes in *Acta Philippi: Textus*, 278 n. 6 and 253, and F. Amsler, *Acta Philippi: Commentarius* 325.

These sayings represent a strange case of intertextuality[35]. The Savior does not speak here in the usual style of the post-resurrection dialogues frequent in the Nag Hammadi codices, but as in a collection of sayings similar to the Source Q or the *Gospel of Thomas*. These words however are not to be found in the canonical gospels, nor in any apocryphal collection, nor in any known series of *agrapha*.[36] The closest parallel that can be found is in the *Acts of John* 67, part of the last speech of the apostle John before his death. It is my contention that these sayings of the *Acts of Philip* are not a composition of the author of the *Acts of Philip*, but a free quotation from an unknown gospel. They represent a curious occurrence of intertextuality (an implicit quotation[37] or adaptation); therefore they earn a special interest from the part of the historians of early Christianity.[38]

Because all these stories belong to the same salvific plot, to the same ongoing divine fight it is not out of order for the author to use old motives, past sermons, or ancient episodes to fill a present necessity. The process is understandable and has been followed in later centuries by hagiographers.

The quarrel between Philip and the Jew Aristarchos (APh 6.9–21) borrows without hesitation from the *Acts of Peter* 23–28 (conflict between Peter and Simon Magus).[39] It is also from the *Acts of Peter* that he draws the episode of Peter's daughter (APh Mart 36[142]).[40] The celebration of the Eucharist (APh 11.9) represents a rewriting of a hymn mentioned in the *Acts of John* 94–96,

---

35 The notion of intertextuality must be used carefully; see the advice of C.R. Matthews, "Peter and Philip Upside Down: Perspectives on the Relation of the *Acts of Philip* to the *Acts of Peter*", 23–26; and T.R. Hatina, "Intertextuality and Historical Criticism in New Testament Studies: Is there a Relationship?" *Biblical Interpretation: A Journal of Contemporary Approaches* 7 (1999) 28–43.

36 Although this series was known through the publications of C. Tischendorf, *Acta Apostolorum Apocrypha* (Leipzig: Mendelssohn, 1851), 87, and *Apocalypses Apocrypha...* (Leipzig: Mendelssohn, 1866; reprint Hildesheim: Olms, 1966), 147, A. Resch mentions only a small part of it, the beatitude about the crown and the bridegroom. Besides this reference, he cites the saying on the prohibition of retaliation (APh Mart 31[137], the saying on reversal of left and right (APh Mart 34[140], and the passage of the *Acts of Philip* quoted by Pseudo-Athanasius Sinaita, *De tribus quadragesimis* (PG 89.1396–1397); see A. Resch, *Agrapha: Aussercanonische Evangelienfragmente gesammelt und untersucht* (Texte und Untersuchungen 5:4; Leipzig: Hinrichs, 1889), 9–10.79.129.131.245.254.416–417.480; id., *Agrapha: Aussercanonische Schriftfragmente gesammelt und untersucht in zweiter völlig neu bearbeiteter durch alttestamentliche Agrapha vermehrter Auflage herausgegeben* (Texte und Untersuchungen n.s. 15:3–4, Leipzig: Hinrichs, 1906), 279–281. In his second edition Resch does not use M. Bonnet's edition, *Acta Philippi et Acta Thomae, accedunt Acta Barnabae*, published in 1903.

37 The resurrected Christ is quoting the historical Jesus, and that phenomenon occurs also in Luke 24:44–48 and in Acts 1:4–5.

38 On this important passage see my article "The Synoptic Gospels and the Non-canonical Acts of the Apostles", in *The Harvard Theological Review* 81 (1988) 30–31.

39 On this relationship, see Matthews, "Peter and Philip Upside Down: Perspectives on the Relation of the *Acts of Philip* to the *Acts of Peter*," 28–31.

40 This has been disputed in a still-unpublished study by A. Molinari, *'I never Knew the Man': The Independence of the Coptic* Act of Peter *(*Papyrus Berolinensis 8502.4*) from the Apocryphal Acts of Peter, Its Genre and Origins.*

109.[41] The commissioning of the apostle Philip (APh 8.1–2) resembles the beginning of the *Acts of Thomas*.[42] The newly discovered beatitudes, pronounced by Philip (APh 5.25), are similar in their form to the beatitudes of the canonical gospels (Mt 5:3–12 and Lk 6:20–23) or of the *Acts of Paul* 5–6.[43] The description of the dragons (APh 9.1[102] and 11.2–8) shares common traits with the *Shepherd of Hermas* 22.6–24.1 (Vis. IV 1.6–3.1), the *Acts of Thomas* 31, or the *Questions of Bartholomew* 4.13.[44] Several times (APh 2.9, 17;11.6; APh Mart 25 [129][recensions ΘΔ]) Philip, who is here so ready to anger, receives the nickname that the gospel of Mark attribute to the sons of Zebbedaios, namely "son of thunder" (Mark 3:17).[45]

This relation to former texts and scriptures can even explain the very composition of the global work by amalgam and appropriation. The final author did not hesitate to bring together several traditions and texts related to Philip, merging together in this huge river the memories of Philip the evangelist, one of the Seven, and Philip the apostle, one of the Twelve.

Conclusion

This author does not consider his reference books or his own composition to be sacred in the sense that only a literal quotation would be admissible and any imitation prohibited. His free use of the Bible, of both Testaments, is confirmed by a similar type of reference to the tales from apostolic times. For him there is an ongoing process of revelation and manifestation of divine love through the centuries. The time of Adam and Eve, the time of Cain and Abel, the time of Moses in the wilderness, the construction of the Temple under Solomon, spoken of by a defeated dragon, the time of Jesus understood as the crucified, the teacher and the commissioner, all these periods are marked by the presence of the negative forces, dragons, viper, and snakes, but at the same time by the powerful divine Providence and its successful agents, the prophets, the Savior, the apostles. The creative memory of these victories more precisely this group of salvific events, more than any canonical or noncanonical scriptures, today can still give direction to the readers and believers.

---

41 See Bovon, "Les Actes de Philippe", 4500–4503; and the notes in *Acta Philippi: Textus*, 296–299; F. Amsler, Acta Philippi: Commentarius, 348–354.

42 See J.-D. Kaestli, "Les scènes d'attribution des champs de mission et de départ de l'apôtre dans les Actes apocryphes", in *Les Actes apocryphes des apôtres*, 249–264.

43 See F. Bovon, "The Synoptic Gospels and the Non-canonical Acts of the Apostles," in *The Harvard Theological Review* 81 (1988) 31.

44 See E. Peterson, "Die Begegnung mit dem Ungeheuer: Hermas, Visio IV", in *Vigiliae Christianae* 8 (1954) 52–71; reprinted in id., *Frühkirche, Judentum und Gnosis: Studien und Untersuchungen* (Freiburg: Herder, 1959; reprinted Darmstadt: WBG, 1982), 285–309.

45 See the notes in *Acta Philippi: Textus*, 290 n. 29.

Salvific events were more important for our author than were the Holy Scriptures. According to him, holy period of times were not limited to the biblical history of redemption. In any generation God has to express his love, manifest his Providence and overcome the enemy's ferocity. Therefore not only biblical quotations but also apostolic memories and apocryphal traditions are welcome and used for shaping the stories of the neglected apostle Philip.

The author and his Christian ascetic community perhaps feel neglected and marginalized.[46] The main stream Church, the victorious Church of the Councils and bishops, can establish its identity on Peter, Paul or John. As an encratite group who prefers vegetable to meat, water to wine for the Eucharist, and accepts as ministers women[47] as well as men; they also like to preserve the memory of Philip. Of course this preservation has little in common with the task of a modern archivist; it is much more the construction of a sacred origin, of an initial time which can be actualized or reiterated when faith and obedience cooperate in a polemical struggle against all the possible dragons.

---

[46] On the social and religious location of the author of the *Acts of Philip* see the hypothesis of Amsler, "Introduction," in *Actes de l'apôtre Philippe*, 13–86; and id., "The Apostle Philip, the Viper, the Leopard and the Kid: The Masked Actors of a Religious Conflict in Hierapolis of Phrygia (*Acts of Philip* VIII and *Martyrdom*)", in *Society of Biblical Literature 1996 Seminar Papers* (Atlanta: Scholars Press, 1996), 432–437; F. Amsler, Acta Philippi: Commentarius, 521–545.

[47] See APh 1, 12; Bouvier/Bovon, "Actes de Philippe, I, d'après un manuscrit inédit", 393–94; *Acta Philippi: Textus*, 29.

Tony Burke

The New Testament and Other Early Christian Traditions in Serapion's *Life of John the Baptist*

Outside of the Holy Family, John the Baptist is possibly the most significant figure in first-century Christianity. His role as the "Forerunner" is theologically vital for Jesus' identity and his relationship to Jesus is historically vital for reconstructing the life and career of Jesus of Nazareth. The importance of John is reflected also in the sheer amount of references to the Baptist found in the Christian Apocrypha. In most cases John appears only in cameo or simply in a reprisal of his role from the canonical gospels. A few little-known texts, however, expand greatly on the portrayal of John we find in the New Testament. These texts were composed at a somewhat later time than the more popular non-canonical texts, and thus rarely have been examined in the decades since their initial publication. The most important of these texts is a *Life of John the Baptist* (*Life Bapt. Serap.*=CANT 183)[1] attributed to Serapion, an Egyptian bishop. *Life Bapt. Serap.* fills in details in John's life passed over in silence in the NT, including his youth, and expands greatly on the story of his death and subsequent burial. It is a text that draws heavily upon biblical traditions, as well as non-canonical texts and local traditions about the ultimate resting place(s) of John's remains.

1. *Life Bapt. Serap.*: Sources and Summary

Life Bapt. Serap. was published by Alphonse Mingana in 1927[2] based on two Garshuni Mss in his collection: Mingana *Syr. 22* and *Syr. 183*. He dated the text to ca. 385–395 based on the text's discussion of events that took place in the patriarchate of Theophilus of Alexandria (r. 385–412). *Life Bapt. Serap.* is attributed to a certain Serapion, who appears in the text as a bishop serving under Theophilus, but the precise identity of this Serapion is difficult to determine. Despite Mingana's reservations, he is usually identified as Serapion

1 CANT = M. Geerard, *Clauis apocryphorum Noui Testamenti* (Turnhout: Brepols, 1992).

2 A. Mingana, "A New Life of John the Baptist", in *Woodbrooke Studies: Christian Documents in Syriac, Arabic, and Garshuni*, vol. 1 (Cambridge: University Press, 1927), 138–145, 234–287.

Scholasticus, bishop of Thmuis.[3] Mingana believed the text to have been composed in Greek[4]; unfortunately, no Greek (or even Syriac) Mss have surfaced since Mingana's day, though two additional Garshuni Mss of the text can be found in his collection. All four Mss are summarized below:

Birmingham, Mingana Syr. 22, *247 x 167 mm., 237 fols., 1527: fol. 29ʳ–48ᵛ.*[5]
Mingana used *Syr. 22* as the base text of his edition, with variants from *Syr. 183* presented in the apparatus. The Ms is comprised entirely of Garshuni texts, two of which (*The Life of SS. Cosmas and Damian*, and the *Life of St. Behnām and his Sister Sarah*) are shared with *Syr. 367*, and all three appear in both Mss in the same order. The Ms lacks several pages, one of which occurs within *Life Bapt. Serap.* (between fol. 43–44), and the others between fol. 49–50, 50–51, and 71–72; in addition, the second half of fol. 227 has been cut off (but with no damage to the text), the final text of the Ms is incomplete at the end, and the final leaf is damaged. *Life Bapt. Serap.* is broken at one point by two pages of scribblings, diagrams, etc. but the text continues without any loss to the narrative.[6] The Ms is dated on fol. 72ᵛ by a scribe named Jacob. Mingana remarked, based on certain linguistic grounds (such as Greek vs. Syriac forms of names, the Coptic month *Baouna* vs. June), that *Syr. 22* was written for the use of Egyptian Christians, and *Syr. 183*, the other Ms used in his edition, for Syrian Christians.[7]

Birmingham, Mingana Syr. 367, *226 x 154 mm., 234 fols., ca. 1550: fol. 144ᵛ–177ʳ.*[8]
Mingana was not aware of this Ms when he published his edition. It is another collection of Garshuni texts, with *Life Bapt. Serap.* sandwiched between the two other texts mentioned above. The only damage in the Ms is the apparent lack of two leaves between fol. 82–83. The Ms is not dated, which makes the precise relationship between *Syr. 367* and *22* more difficult to determine (is one a copy of the other? are they both a copy of another Ms?) and will require a more thorough examination of both Mss.

---

3 See ibid., 255 n. 3. Mingana offers also Serapion, bishop of Tentyra as another possibility. But the careers of both seem to be too early to be identified by our author, who says he was ordained under Timothy (r. 380–385).

4 Ibid., 234–235

5 See A. Mingana, *Catalogue of the Mingana Collection of Manuscripts*, vol. 1 (Cambridge: W. Heffer & Sons, Ltd., 1933), 62–68.

6 Mingana, "A New Life of John the Baptist," 247 n. 3.

7 Ibid., 234.

8 Mingana, *Catalogue of the Mingana Collection*, 666–668.

Birmingham, Mingana Syr. 183, *160 x 105 mm., 181 fols., 1746: fol. 53^v^–72^v^.*[9]
Mingana describes this Ms, a mixture of Syriac and Garshuni texts, as "various treatises put together by a binder (or an owner) from different MSS."[10] *Life Bapt. Serap.* is among a group of texts written in a single hand and dated to 1746 (fol. 78^v^). Fol. 59–60 of the text are blank and have been partly filled in by a later hand with Garshuni psalms.

Birmingham, Mingana Syr. 369, *255 x 176 mm., 159 fols., 1481: fol. 142^r^–149^v^.*[11]
This Mss, the earliest we have of *Life Bapt. Serap.*, is a collection of Syriac and Garshuni texts originating from different Mss and in several different hands. *Life Bapt. Serap.* is in the same hand as the bulk of the Ms: Basil the doorkeeper writing in 1481. A number of the texts (but not *Life Bapt. Serap.*) are shared with Mingana *Syr. 71* (ca. 1600); likely *Syr. 71* is a copy of *Syr. 369* or both derive from a common Ms. Both Mss were used in my study (with Slavomír Čéplö of Comenius University, Slovakia) of the Syriac tradition of the *Legend of the Thirty Pieces of Silver.*[12] Other noteworthy texts in the Ms are portions of *Apoc. Pet.* (=*Book of the Rolls*) in Garshuni (fol. 30^r^–32^r^),[13] and the *Martyrdom of Pilate* (fol. 117^r^–130^r^).[14] *Life Bapt. Serap.* is missing one leaf at the end of the text containing the colophon and part of the collection of post-martyrdom miracles attributed to John. The Ms also lacks three folios at the beginning; four between fol. 5–6, two more between fol. 12–13, and one each between 13–14, 123–124, and 131–132.

Since Mingana's day, precious little work has been done on *Life Bapt. Serap.* The Ms evidence has not been re-examined, nor have any commentaries or studies appeared. The text also is rarely included in collections of Christian Apocrypha; when it is included, it is only in excerpt.[15]

---

9 Ibid., 402–405.

10 Ibid., 402.

11 Ibid., 669–680.

12 Presented at the 2009 International Meeting of the Society of Biblical Literature in Rome, Italy but as yet unpublished. *Syr. 22* (mentioned above) and two other Garshuni witnesses to the LTPS are discussed in the paper.

13 See A. Mingana, *Woodbrooke Studies: Christian Documents in Syriac, Arabic, and Garshuni*, vol. 3 (Cambridge: University Press, 1931), 93–450.

14 See id., *Woodbrooke Studies: Christian Documents in Syriac, Arabic, and Garshuni*, vol. 2 (Cambridge: Cambridge University Press, 1928), 241–332 but based on Mingana *Syr. 127* and *Syr. 355* (both in Garshuni) and a Paris Ms (*Arab. 152*).

15 O. Cullmann ("Infancy Gospels," in W. Schneemelcher (ed.), *New Testament Apocrypha*, vol. 1: *Gospels and Related Writings* [trans. R.McL. Wilson; rev. ed.; Louisville, Ky.: Westminster John Knox, 1991], 467–468) includes the section of the text in which Jesus appears as a child (from pp. 446–449 of Mingana's edition) and M. Erbetta (*Gli apocrifi del Nuovo Testamento*, vol. 1.2 [Italy: Marietti, 1975], 222–223) provides a brief summary. Much earlier, H.J. Schonfield (*The Lost Book of the Nativity of John: A Study in Messianic Folklore and Christian Origins with a New Solution to the*

The story is told through the voice of the bishop Serapion on the occasion of an unspecified feast day for John. It begins with the story of Zacharias'[16] interaction with the angel Gabriel (Luke 1:2–25), and runs through the annunciation to Mary (Luke 1:26–38), Mary's visit to Elizabeth (Luke 1:38–56), and the Baptist's birth (Luke 1:57–80). Then we read briefly of the visit of the Magi to Jesus (Matt. 2:1–12) and the flight to Egypt (Matt. 2:13). The text then departs from the canonical accounts to narrate the murder of Zacharias by the soldiers of Herod. To escape the soldiers, Zacharias instructs Elisabeth to flee to the wilderness of Ein Karim. Before they depart Zacharias takes John into the temple and blesses him, thus making him a priest; also at this time, the angel Gabriel gives Zacharias the raiment of Elijah and the girdle of Elisha to pass on to John. The narrator then breaks into the text to utter praises of Elizabeth and Zacharias. Included in the praise of Zacharias is an additional detail of the priest's murder; it is said that "his blood boiled on the earth for fifty years, until Titus son of Vespasian, the Emperor of the Romans, came and destroyed Jerusalem and killed the Jewish priests for the blood of Zacharias, as the Lord ordered him" (p. 242).[17] The narrative resumes with John and Elizabeth in the desert. After five years, when John is seven years and six months old, Elizabeth dies, portentously on the same day as Herod the Great.

Jesus, "who with his eyes sees heaven and earth" (p. 242), sees John grieving and spirits himself, Mary, and Salome to the desert on a cloud. There, with the help of the angels Michael and Gabriel, they bury Elizabeth; the spirits of Zacharias and Simeon (from Luke 2:25–35) watch over the burial and sing. Jesus and Mary remain with John for seven days, teaching him how to live in the desert. They return to Nazareth, leaving John under the protection of Gabriel and watched by the souls of his parents.

When Herod Antipas begins his reign over Judea and his affair with Philip's wife Herodias, Gabriel instructs John to proclaim, "O King, you have no right to live with the wife of your brother, while he is still alive" (cf. Mark 6:18/Matt 14:4). John's words can be heard in Jerusalem, and distract Herodias from her seduction of Herod. John escapes an attempt on his life and continues to criticize Herod until he is 30 years old, when Jesus comes to him to be baptized (Mark 1:9–11 par).

Herod then calumnies against Philip and obtains his land. Herodias writes to Herod, saying she wishes to be his wife; so Herod brings troops to take her and her daughter, Arcostiana, to Judea where he "lived daily with both of them in

---

Virgin-Birth Problem [Edinburgh: T & T Clark, 1929], 69–77) reproduced the material on John's birth and childhood (from pp. 235–242). For additional Arabic sources for traditions about John the Baptist, see G. Graf, *Geschichte der christlichen arabischen Literatur*, vol. 1 (Vatican City: Biblioteca Apostolica Vaticana, 1944), 506–507.

16 Though "Zechariah" is the usual English translation of the name of the Baptist's father, "Zacharias" is used in Mingana's translation.

17 This sentence is missing in *Syr. 22.* See Mingana, "A New Life of John the Baptist," 242.

adultery" (p. 248). John hears of this new development, and once again criticizes the king. Herod worries about this rebuke from a prophet. But Herodias calms him by suggesting that they kill John. She has him arrested and then contrives a plot with Herod in which she would appear to trick him into approving the execution of John so that Herod can avoid an uprising (Mark 6:19–21). Herod approves of the plot, and it plays out with Herodias' daughter, this time named Uxoriana, dancing for the king and requesting the head of the Baptist (Mark 6:22–27/Matt 14:6–9). John is beheaded, but not before predicting the death and resurrection of Jesus and calamities that will befall Herod and Israel.

Herodias wishes to defile the head of the Baptist, but to her surprise it flies up into the air and continues its indictment of Herod in the skies, first of Jerusalem and then throughout the world, for fifteen years. It lands in the town of Homs (Emesa), where it is buried by the townspeople and a church is built upon the spot. Herodias, her daughter, and Herod all meet grisly ends, thus allowing John's disciples to take his body (Mark 6:29/Matt 14:12) and bury it in Sebaste, near the body of the prophet Elisha. The bodies of the two prophets are threatened under the reign of Julian the apostate, but they are kept safe until the emperor's death, at which point they are carried off to Alexandria. There Athanasius buries them secretly. Under the reign of Theodosius, the new patriarch Theophilus is instructed to distribute the confiscated and hidden treasures from the pagan temples to the churches and to build a new church for John the Baptist. The bishop Serapion, the author of the text, helps in the search for the body of the Baptist. Once found, the church is built and consecrated by the patriarch. The text then finishes with some appended miracles made through John's intercession.

2. John the Baptist in Non-Canonical Sources

The Christian Apocrypha is rich with references to John the Baptist. The earliest of these – from the *Gospel of Thomas* (log. 46, similar to Matt 11:11/Luke 7:28) and the Jewish-Christian Gospels (Jerome, *Commentary on Isaiah* 4; Jerome, *Against the Pelagians* 3; Epiphanius, *Heresies* 30) – have been treated in detail and, for the most part, offer parallels to episodes from the canonical gospels. Later apocryphal texts contain far more material of interest about John and elucidate much of what is found in *Life Bapt. Serap.*

One of these later texts is the *Protevangelium of James*. Though still one of the earliest apocryphal texts we have (composed before 180) and quite derivative of the canonical gospels (particularly the nativity of John in Luke 1), the text does provide us with additional details of John's childhood. For one, it explains how John escaped the slaughter of the innocents by Herod the Great. Elizabeth took John into "the hill country" where they hid in a mountain that split open and let them in (*Prot. Jas.* 22:3). Unfortunately, providence is not so kind to John's father; he is murdered by Herod for failing to disclose the location of his son (*Prot. Jas.* 23–24). Zacharias' death, between Temple and altar, may be inspired by the death of another Zacharias mentioned in Matt 23:35 – such conflation of Zacharias characters is common in the apocryphal Baptist traditions. Several other little-known texts draw upon and expand Zacharias' death scene; four such Martyrdoms of Zacharias exist, three of which remain unpublished.[18] More legends associated with the death of Zacharias are recounted by Isho'dad of Merv, Bishop of Hadatha (ca. 850 CE).[19] Included in these legends is the story of Zacharias' blood, which bubbled and cried out for decades until it was quieted by Titus' slaughter being quieted by the Titus' slaughter of the priests (see *Life Bapt. Serap.*, p. 242), though here an explanation is given for why it is the priests who are slain rather than Herod's soldiers: because they (not Herod's soldiers) slew Zacharias out of suspicion that he had killed his own son in order to prevent John from liberating the people, as Zacharias' prophecy foretold (Luke 1:68–79) from being realized.[20] The same legend is recounted in Solomon of Basra's *Book of the Bee* 39 (comp. early 13th cent.), though without the priests' culpability for Zacharias' death.[21] Both writers, Solomon and Isho'dad, agree with *Life Bapt. Serap.* that Zacharias bestowed the priesthood upon John. One additional text provides details about John's birth, but this time with a Gnostic interpretation. The *Pistis Sophia* 1:7 describes Jesus' descent into the world in the form of Gabriel. The angel comes to Elizabeth and creates John in her womb from a combination of the power of the Little Iao and the soul of Elijah.[22]

The apocryphal Baptist texts, save for *Life Bapt. Serap.*, are relatively quiet about John's youth. But there are some artistic representations of this stage of John's life. Cartlidge and Elliott note a thirteenth-century painting in Parma of the young John in the desert, and another in the Vatican (inv. nr. 185) of the fourteenth-century.[23] Dunford mentions several others, including a fourteenth-

---

[18] See CANT 180 for details. For a discussion of other Zacharias-related literature (both OT and NT), see A. Berendts, *Studien über Zacharias-Apokryphen und Zacharias-Legenden* (Leipzig: Deichert, 1895). The *Stichometry of Nicephorus* lists a text entitled "Of Zacharias, the father of John," though this may be confused with an apocalypse attributed to the OT prophet. See the list in Schneemelcher, "General Introduction", in id. (ed.), *New Testament Apocrypha* I, 41–42.

[19] M. Dunlop Gibson, ed. and trans., *The Commentaries of Isho'dad of Merv, Bishop of Hadatha (c. 850 AD) in Syriac and English* (Horae Semiticae 5–7; Cambridge: University Press, 1911), 22–23.

[20] Origen and Jerome seemed to be of the same opinion. See the discussion in M.R. James, *The Lost Apocrypha of the Old Testament: Their Titles and Fragments* (New York: MacMillan, 1920), 75–76.

[21] E.A. Wallis Budge, *The Book of the Bee: The Syriac Text Edited from the Manuscripts in London, Oxford, Munich, with an English Translation* (Anecdota Oxoniensia, Semitic Series 1, 2; Oxford: Clarendon Press, 1886).

[22] Text and translation in C. Schmidt and V. MacDermot, *Pistis Sophia* (NHS 9; Leiden: Brill, 1978).

[23] D.R. Cartlidge and J.K. Elliott, *Art and the Christian Apocrypha* (London: Routledge, 2001), 97.

century image from Florence.[24] And three sources dating from the sixth to the ninth century offer images of the flight of Elizabeth and the death of Zacharias.[25]

More attention is paid in the Christian Apocrypha to recounting and developing John's adult career. A number of accounts exist of the Passion of John,[26] but only two of these have seen publication: the *Life and Martyrdom of John* attributed to Mark the Evangelist (CANT 181; BHG 834),[27] and the *Decapitation of John, the Forerunner* written by his disciple Euriptus (CANT 180.2; BHG 832).[28] The *Life and Martyrdom* adds little to what we know of John from the NT gospels, save for the detail of Gabriel appointing him on his mission, as well as some expansion of John's interactions with Herod and the taking of his body by his disciples. The *Decapitation* provides far more detail. It begins with a retelling of the death of Zacharias from *Prot. Jas.*, mentions the weaning and first walking of the infant John, and then moves directly to John's dealings with Herod. Elizabeth outlives John in this text and brings his body to Bethlehem where he is buried secretly with his father. The text concludes by detailing the gruesome deaths of Herod and Herodias' (here named Polia) daughter. Other extra-canonical traditions can be found in the medieval expansions of Slavonic Josephus. In the famous passage about John from *Antiquities* (18.116), Josephus reveals that Herod Antipas slew John out of fear that the "the great influence John had over the people might put it into his power and inclination to raise a rebellion, (for they seemed ready to do anything he should advise)."[29] Thus, he was imprisoned and put to death at Macherus. Nothing is said here of Herod's relationship with Herodias, nor the dance of Salome. But some of these ingredients of the legend of John's death do occur in Slavonic Josephus, which includes a number of expansions by a Christian scribe (or scribes) relating information about John and Jesus. Here we read of a heated exchange between

24 P.A. Dunford, "A *Suggestion* for the Dating of the *Baptistry Mosaics* at Florence", in *Burlington Magazine* 116 (1974) 96–98, see particularly 96 n. 5 for additional images. Dunford connects the origin of these images to two medieval sources: the anonymous *Vita di San Giovambatista* (translated into Italian in the 14th century from a Latin original) and the *Meditationes Vitae Christi* (see Pseudo-Bonaventure, *Meditations on the Life of Christ: An Illustrated Manuscript of the Fourteenth Century* [ed. and trans. I. Ragusa and R. Green; Princeton: University Press, 1961], 22.

25 Cartlidge and Elliott, *Art and the Christian Apocrypha*, 97.

26 The primary resource for the various Passions of John (BHG 831–834) is A. Berendts, *Die handschriftliche Überlieferung der Zacharias- und Johannes-Apokryphen* (TU, N.F. 11,3; Leipzig: Hinrich, 1904). Further details are provided in P. Peeters, *Acta Sanctorum Novembris,* vol. 3 (Brussels: Excudebant J. De Meester, 1931), 16–19.

27 See F. Nau, "Histoire de saint Jean Baptiste", in *PO* 4 (1908) 526–541. Mention should be made also of the Coptic fragment published by Forbes Robinson (*Coptic Apocryphal Gospels* [TS 4, 2; Cambridge: University Press, 1896], 162–164). The fragment recounts briefly the birth of John from Luke, but may be related to one of these biographies.

28 A. Vassiliev, *Anecdota graeco-byzantina*, I (Moscow: Universitatis Caesareae, 1893), 1–4.

29 Translation from W. Whiston, *The Works of Josephus, Complete and Unabridged New Updated Edition* (Peabody, MA: Hendrickson Publishers, Inc., 1987).

John and the court of Archelaus, an indictment delivered by John against Philip that led to Philip's death, and a curse against Herod Antipas for taking Herodias as his wife.[30]

Another set of texts discuss the Baptist sect that continued after John's death. The Pseudo-Clementines, which may contain traditions originating in the first century, report a discussion between Peter and Clement, Peter's successor as bishop of Rome. Describing a number of heretical groups that originated in the time of John the Baptist, Peter says, 'some even of the disciples of John, who seemed to be great ones, have separated themselves from the people, and proclaimed their own master as the Christ' (*Rec.* 1.54.8).[31] In another passage, Peter reports to Clement a conflict between the disciples of John and the disciples of Jesus over who was the true Messiah (*Rec.* 1.60.1–4). The *Homilies* tell us that John had thirty chief disciples among whom was Simon and Helena (*Hom.* 2.23). Followers of John also appear in a Syriac manuscript from Paris (Bibliothèque nationale *Syr. 178*, fol. 1 [dated 1785]); a note in the margin lists the disciples sent to Jesus by John. Two other Syriac manuscripts contain a "Prayer of John the Baptist," in a long and a short form:

> The prayer that St. John the Baptist taught to his disciples: Holy Father, guard your truth and show us your glory and make your son known to us and fill us, my Lord, with your spirit that I may be illuminated with your knowledge (Mingana, *Syr. 564*, fol. 151^{v}).[32]
> Now, the prayer that John taught to his disciples: "Father, show me your son. Son, show me your spirit. Holy Spirit grants me wisdom through your truth." And some say it is this: "Holy Father, consecrate me through your truth and make known the glory of your excellence and show me your son and fill me with your spirit, that I may be illuminated with your knowledge (British Library, *Add. 12,138* fol. 312^{r}).[33]

The Gnostic Mandaeans also preserve traditions about John and trace their practices to his teachings. The *Book of John* (known also as the *Book of Kings*) contains discourses of John. Another text, the *Ginza*, retells his birth story. And in the *Haran Gawaita,* John is named a Mandean prophet and an envoy of the king of light. John also appears here and there as an adversary of Jesus expelled

---

30 See H. Leeming/K. Leeming/L.V. Osinkina, *Josephus' Jewish War and its Slavonic Version* (Leiden/Boston: Brill, 2003).

31 English translation of the Ps.-Clementines by Thomas Smith in A. Roberts and J. Donaldson, eds., *The Ante-Nicene Fathers: Translations of The Writings of the Fathers down to A.D. 325,* vol. 8 (Grand Rapids, Mich.: Eerdmans, 1975). A more recent translation into French is offered by A. Le Boulluec (*Homélies*, 1193–1589), and L. Cirillo/A. Schneider (*Reconnaissances*, 1591–2003), in P. Geoltrain/J.-D. Kaestli (ed.), *Écrits apocryphes chrétiens*, vol. 2 (Paris: Gallimard, 2005).

32 The full text, in Syriac, is given in the Ms description in Mingana, *Catalogue of the Mingana Collection*, 1062–1068.

33 The full text, in Syriac, is presented in the Ms description in W. Wright, *Catalogue of the Syriac Manuscripts in the British Museum Acquired since the Year 1838, Part I* (London: British Museum, 1870), 101–108; an English translation is given in Mingana, "A New Life of John the Baptist," 140. Wright's catalogue lists two other Mss containing the prayer: *Add. 17,221* fol. 1^{v} (145–146), and *Add. 14,493* fol. 188^{r} (219–223).

from the group as a lying prophet and magician. Initial scholarship on the Mandaeans took for granted the group's claims to be descendants of John's first-century movement; but today, it is believed that the Christian elements in Mandeanism are more likely a secondary development perhaps traceable to as late as the seventh-century.[34]

A final set of texts continue John's career as the Forerunner into the afterlife. In the *Apocalypse of Paul* (composed ca. 350), Paul encounters the Baptist and Zacharias in heaven. John introduces himself to Paul as, "he whose head they took off in prison for the sake of a woman who danced at a feast," and Zacharias recalls the story of his murder from *Prot. Jas.* (*Apoc. Paul* 51).[35] John alone appears in Hades in the Descensus portion of the *Gospel of Nicodemus*.[36] Here the two sons of the prophet Simeon, newly returned from the dead, report what they saw during their time in Hades. They say John the Baptist appeared to the Israelite prophets, recounted his activities according to the canonical gospels, and then revealed his purpose: to be a forerunner of Christ to the dead, just as he was to the living (*Gos. Nic.* 8:2). The third heaven is the final repose of John in the *Encomium of John* (=CANT 184), a text attributed to John Chrysostom and found in a tenth-century Coptic manuscript (British Museum, *MS. Oriental No. 7024*) published by E. A. W. Budge in 1913.[37] The author reports the beheading of John (Mark 6:27–29/Matt 14:10–12) and then argues that Jesus' feeding of the multitude (Mark 6:30–44 par) was done in honour of John, as a distribution of alms on the behalf of his kinsman (p. 338). He expands also on the story of John's Questions to Jesus (Matt 11:2–6/Luke 7:18–23), by having Jesus state that it was he who came to John when still in Elizabeth's womb, and recounts how he came to the Jordan as an adult to be baptized (revealed here to be "at the tenth hour of the night on the eleventh day of the month Tôbe," p. 339). The text then reports Elizabeth's flight with John, adding a remark about some unique properties of the mountain that housed them: "And the door of [their] sleeping chamber (?) used to open by itself and to close by itself," so they remained cool in the summer and warm in the winter (p. 342). The wild animals also did not attack them (p. 342–343). But the most interesting part of the text comes with the disclosure that the author found an ancient manuscript

---

34 See the discussion in K.L. King, *What is Gnosticism?* (Cambridge: Harvard University Press, 2003), 138–141. Excerpts from some of the relevant Mandaean texts are readily accessible in Tatum, *John the Baptist*, 102–104.

35 H. Duensing/A. de Santos Otero, 'Apocalypse of Paul' in W. Schneemelcher (ed.), *New Testament Apocrypha*, Vol. 2: *Writings Relating to the Apostles; Apocalypses and Related Subjects* (trans. R.McL. Wilson; rev. ed.; Louisville, Ky.: Westminster John Knox, 1992), 712–748.

36 F. Scheidweiler, "The Gospel of Nicodemus, Acts of Pilate and Christ's Descent into Hell", in *New Testament Apocrypha*, vol. 1, 501–536.

37 E.A.W. Budge, *Coptic Apocrypha in the Dialect of Upper Egypt* (Oxford: Longman and Co., 1913), 335–351. Also re-examined and translated into French by A. Boud'hors, "Éloge de Jean-Baptiste", in F. Bovon/P. Geoltrain (ed.), *Écrits apocryphes chrétiens* I (Bibliothèque de la Pléiade 442: Paris: Gallimard, 1997), 1553–1578. See CANT 184 (p. 99–100) for other scholarship and additional Mss.

in Jerusalem ascribed to James, the brother of Jesus, containing a post-resurrection narrative of Jesus. In a supposed excerpt from this text, Jesus takes the apostles on a journey through the heavens. In the third heaven, they see John the Baptist with his parents, "arrayed in garments of great splendour, studded with jewels made of real *kikas*, and stones of various colours" (p. 345). Jesus promises these same rewards to "everyone who celebrate[s] on earth the festival of the Commemoration of John." Such celebrations were to include almsgiving (recalling, presumably, Jesus' motive behind the feeding of the multitude) but particularly honouring John in his shrine by giving offerings or lighting a lamp. There exists also a second *Encomium of John*, also extant in Coptic but this one attributed to Theodosius of Alexandria (CANT 185). The text recounts John's exploits from the canonical gospels but with considerable expansions, the most significant of which, for our purposes, is the episode of Herod Antipas' accusations against Philip and Philip's subsequent appeal to John for intercession—this material has parallels in *Life Bapt. Serap.* (p. 247–248), suggesting some interaction between the two texts.[38]

This overview of apocryphal traditions about John the Baptist concludes with some legends of the fates of John's enemies. According to Josephus, Herod Antipas and Herodias died in exile near Lyons after Herod's removal from power in 39 CE (*Ant.* 18.252–255; *BJ* 2.183). Herodias' daughter Salome went on to marry Philip, and later Aristobulus with whom she had three sons (*Ant.* 18.137). But the Christian Apocrypha reports other legends. According to some sources, including the *Letter of Herod to Pilate*[39] and the *Decapitation of John* (mentioned above), Herodias' daughter was playing on ice and fell through the ice up to her neck; as her mother (or bystanders as in *Decap. Bapt.*) attempted to save her, the girl's head is pulled from her shoulders. Herodias, for her part, became blind in one eye. The *Book of the Bee* describes their ends similarly, though Herodias' daughter's head was not torn off by her mother, but cut off by the guards with the same sword used for John; Herodias became blind and the hand she used to take up John's head dried up along with her tongue. Then finally "Satan entered her, and she was bound by fetters." Jacobus de Voragine, the compiler of the *Golden Legend*, was aware of the story as Josephus provided it, but reported also another tale in which Herodias was taunting John's head when it "breathed in her face and she expired." As for her daughter, "she was walking over an icy pond when the ice gave way under her and she was

---

38 Text and translation in K.H. Kuhn, *A Panegyric on John the Baptist attributed to Theodosius, Archbishop of Alexandria* (CSCO 268–269; Leuven: Secrétariat du CorpusSCO, 1966); idem, "Three Further Fragments of a Panegyric on John the Baptist attributed to Theodosius, Archbishop of Alexandria," *Le Muséon* 88 (1975): 103–112.

39 The letter can be found in M.R. James, *The Apocryphal New Testament* (1924; repr., Oxford: Clarendon Press, 1953), 155–156 and the relevant section reproduced in Mingana, "A New Life of John the Baptist," 252 n. 2.

drowned, though one chronicle says that the earth swallowed her alive."[40] The death of Herod Antipas receives less attention in the Christian Apocrypha. *Decap. Bapt.* reports that Herod died while sitting with the head of the daughter of Herodias in his lap, lamenting her untimely death; but Herod did not rest easy, because the earth spit up his body and it was eaten by the birds of heaven.

3. *Life Bapt. Serap.*'s Interaction with Other Early Christian Texts and Traditions

Life Bapt. Serap. interacts with three sets of texts or traditions: New Testament texts (specifically, the canonical gospels), some non-canonical texts, and traditions about the fate of John's body (and parts thereof).

Parallels with the canonical gospels comprise the infancy narratives of Luke and Matthew (Luke 1–2/Matt 1–2), the Preaching of John (Mark 1:1–8 par), the Baptism of Jesus (Mark 1:9–11 par), and the Imprisonment and Death of John (Mark 6:16–29/Matt 14:3–12; cf. Luke 3:19–20; 9:9). In *Life Bapt. Serap.*'s infancy narrative of John, we begin to see the text's tendency to increase the prestige of Zacharias and Elizabeth. Zacharias is called a "prophet," and he is not just a "priest" (Luke 1:5) but a "priest-Levite" who was "officiating constantly" in the temple (p. 235; cf. Luke 1:8–9); Elizabeth is said to be "from the daughters of Aaron, from the tribe of Levi" (p. 235). The author also endeavours to explain some aspects of Luke's infancy narrative that may leave the reader with questions. For example, Zacharias' astonishment at the possibility that he and Elizabeth, both old and childless, could have a son seems surprising given that he should be fully aware of other figures who have similarly been blessed by God (e.g., Abraham and Sarah). Thus, our narrator explains that Zacharias had simply forgotten the story (p. 236). Elizabeth's apparent lack of knowledge about why Zacharias is struck silent (Luke 1:22) is corrected in *Life Bapt. Serap.* by having Elizabeth informed of what happened, presumably by God or one of his agents (p. 236). It is made clear also that during Elizabeth's seclusion (Luke 1:24), there was no contact between Elizabeth and her husband (p. 237). But the reason given for the seclusion is different in *Life Bapt. Serap.*: in Luke (1:25) no specific explanation is offered but Elizabeth praises God for allowing her to conceive and thus taking away the "disgrace" of her childlessness, whereas in *Life Bapt. Serap.* she removes herself from the people because she is ashamed, "afraid to appear in her old age while pregnant and milk dripping from her breasts" (p. 236–237). Elizabeth's sterility is the focus also of a

[40] Jacobus de Voragine, *The Golden Legend*, vol. 2 (Princeton: Princeton University Press, 1993), 138–139. Voragine's source is Nicephorus Callistus Xanthopulus, *Hist. Eccl.* 10.20; the story is found also in the *Chronicon Paschale*. For the relevant excerpts from both of these texts, see Vassiliev, *Anecdota graeco-byzantina*, iv.

short prayer uttered by Mary after Gabriel reveals to her both Mary's and Elizabeth's pregnancies – Mary praises God for giving descendants to a "barren woman" (p. 237).

Mary's subsequent visit to Elizabeth contains several noteworthy changes to Luke's account. Elizaeth's Benedictus is cut short, so instead of Elizabeth declaring that her in utero son had "leaped for joy" (Luke 1:44), the narrator reveals that Jesus ("the Word") baptized John in the womb, thus inverting the relationship between the two figures. In addition, David appears between the two and says, "Mercy and truth have met together, and righteousness and peace have kissed each other" (p. 238). Then John moves in the womb (Luke 1:41), but this time it is "as if wishing to come out and greet his master" (p. 238). *Life Bapt. Serap.* skips Mary's Magnificat (Luke 1:46–55) entirely. We then read of the birth of John. The only change here is that Zacharias, his speech restored, "uttered prophecies concerning his son" (p. 238), but those prophecies (the Benedictus; Luke 1:68–79) are not disclosed. The episode concludes with a statement that John was nursed for two years (p. 238). *Life Bapt. Serap.* then reports the birth of Jesus, the slaughter of the innocents, and the flight to Egypt, though only in brief to bring the reader quickly to the events of John's own escape from Herod.

Life Bapt. Serap. returns twice more to Luke's infancy narrative. The first is with a mention of the prophet Simeon (from Luke 2:25–35) who, though not previously mentioned in the story, appears post mortem along with the ghost of Zacharias to sing over the body of Elizabeth (p. 243). The second is a brief note (p. 246) about the story of Jesus in the Temple (Luke 2:41–52). The writer interprets this event as the time when Jesus "began to rebuke the teachers and deceivers of the people." He mentions also that, before this event, Jesus "did not show any deeds of his divinity" (p. 246), suggesting that the author objects to the various infancy gospels in evidence at this time, though it's a mysterious claim given that the text portrays Jesus performing a number of miraculous deeds as a child during his time with John in the desert.

The NT parallels resume when John reaches adulthood. His asceticism is heightened, even to the point that the locusts of John's diet (Mark 1:6) are transformed to "grass" (p. 245, but cf. p. 242 where God prepares him locusts), thus making John a vegetarian, a transformation common in other early descriptions of John (e.g., *Gos. Ebion.* in Epiphanius, *Pan.* 30.13.4). The canonical gospels' description of John's preaching (Mark 1:7–8; Matt 3:7–12; Luke 3:7–18) is replaced with an early indication of John's rebuke of Herod Antipas (Mark 6:17/Matt 14:4 cf. Luke 3:19). The indictment, taught to John by Gabriel, has a mysterious, supernatural quality: the words can be heard throughout the land, even in Herodias' bedchamber (p. 245–246). To silence the voice, Herodias dispatches troops to the wilderness, but John is saved by God. At this point Jesus comes to John to be baptized. Like Matthew, *Life Bapt. Serap.* has John initially refuse Jesus' request, but this time because Jesus is identified as

God: "He who made the children of Israel walk in the Red Sea and drink water from a solid rock stands before His servant who is in need to be baptized with His Divine hands, and says 'Baptize me!'" (p. 247). The descent of the Holy Spirit, again echoing Matthew, is then described as a fully public event. The episode concludes with Jesus withdrawing to the desert (Mark 1:12 par), leaving John at the Jordan to continue his baptizing career and his campaign against Herod.

The next episode in John's life, the story of Herod Antipas' affair with Herodias, is greatly expanded in *Life Bapt. Serap.* Herodias is placed centre-stage in this event. It is her idea initially to silence John, and she starts Herod on his path to destroy Philip, thus allowing Herod to marry her openly (p. 246). The story of the affair resumes with Herod calumnying against Philip to Caesar and, through his machinations, he is able to take Philip's land (p. 247). Frustrated that Philip is poor, Herodias writes to Herod to now take her as a wife. Herod then removes both her and her daughter from Philip's house (p. 248). Herodias continually moves the events on by using her seduction, "perform[ing] for him obscene acts and immoral artifices" (p. 249). And it is Herodias too who instructs Herod to arrest John. She even attempts to reach a "détente" with the Baptist. When he refuses her offer, Herodias declares, "You will surely die at my hands, and I shall put the hair of your head in the pillow on which I lay my head with Herod, and I shall bury your head in the place where I wash after having enjoyed myself with the king" (p. 249). As in Mark (6:19), Herodias orchestrates the banquet that results in Herod ordering John's death, but unlike the canonical gospels, Herod is complicit (p. 250). Herodias' daughter, who is identified in the canonical gospels as 'his [i.e. Herod's] daughter Herodias' (Mark 6:22) or simply "the daughter of Herodias" (Matt 14:6) and in Josephus (*Ant.* 18.137) as "Salome," is here named "Arcostiana" (p. 248) or "Uxoriana" (perhaps deriving from the Latin *uxor* [= spouse], p. 250).[41] Herodias' daughter, like her mother, is portrayed lasciviously in the text; Herodias' letter appears to offer her to Herod (she writes, 'I have also a daughter the like of whom I have never seen in all the world for beauty and stature,' p. 248) and it is said that Herod "lived daily with both of them in adultery" (p. 248).[42] Also, the daughter's famous dance (Mark 6:22/Matt 14:6) is presented here as erotic: "she danced with a diabolical passion, and Satan filled the hearts of the guests with evil and passion through her iniquitous artfulness" (p. 250). The scene finishes with the beheading of the Baptist, but not before John is able to deliver a final prophecy to his disciples. In it he compares his death to the final hours of Christ and predicts Jesus' crucifixion. His last words are a final indictment of Herod:

[41] The *Book of the Bee* 41 gives her name as Bôzîyâ. The *Decapitation* calls her Herodias.

[42] The *Book of the Bee* 41 also states that both mother and daughter committed adultery with Antipas.

"woe to the king who ordered my head to be cut off; many calamities will befall him, and the people of Israel will be scattered before him" (p. 251).

Life Bapt. Serap.'s use of NT traditions is fairly typical of an apocryphal text. There is a certain fidelity to what is found in the canonical gospels – nothing is flagrantly overturned; indeed, a reader of this text would find it to be an expansion or elucidation of what they already know about the events of John's life. It is certainly "orthodox." The canonical gospels, with their gaps in chronology and undeveloped christologies, beg to be "filled in" by readers' imaginations. And *Life Bapt. Serap.* does precisely that, not only in detailing what occurred in John's youth, but by answering questions left for the reader: why is Zacharias, who must be well-versed in the scriptures, so amazed that he could have a child? How is Herod Antipas so easily tricked into killing John despite his apparent reluctance to do so? But *Life Bapt. Serap.* also assumes some knowledge on the part of its readers, or at least feels some canonical material need not be repeated: the prayers of Luke's infancy narrative are largely omitted, John's preaching of repentance takes a back seat to his criticism of Herod, and John's inquiries about the identity of Jesus (Matt 11:2–19/Luke 7:18–35) are entirely absent. Herod also leaves the narrative immediately after the Baptist's death (after suffering a stroke, p. 252), thus we do not read about his fears that Jesus is John raised from the dead (Mark 6:14–16), and we wonder if the writer has forgotten that the character must survive to preside over the trial of Jesus in Luke 23:6–16. And lastly, *Life Bapt. Serap.* operates, again like many other apocryphal texts, to elevate its characters above how they are presented in the New Testament: Jesus is declared to be God, Zacharias is called a prophet, and John shows more of his own prophetic abilities by predicting the death of Jesus and the fate of Israel. John's role as Forerunner is also further emphasized by Jesus' baptism in the womb and the presence of David at this event.

Life Bapt. Serap. further achieves these aims by drawing upon texts that have been declared non-canonical. *Prot. Jas.*, in particular, figures heavily in telling the story of John's infancy. It is *Prot. Jas.* that supplies the story of Zacharias' death at the hands of Herod's soldiers. This death scene is inspired perhaps by the notice in Matthew 23:35 of another Zacharias who is murdered near his altar. But *Life Bapt. Serap.* goes further in the conflation (confusion?) of the two characters by identifying John's father with the biblical prophet of the same name: his body (though missing in *Prot. Jas.* 24) is buried "in a hidden cemetery" (p. 242) near that of his father Berechiah (who is named Zacharias' father in Zech 1:1; but the name appears in other contexts in 1 Chr. 3:20; 6:39; 15:17; 2 Chr 28:12; Neh. 3:4, 30; 6:18). *Life Bapt. Serap.* also expands on Zacharias' death scene with some added dialogue and drama. Most significant, however, is the episode in which Zacharias blesses John and makes him a priest (p. 239, cf. p. 240), and then gives to him "the raiment of Elijah" and the "girdle of Elisha" passed on to him by the angel Gabriel (p. 239). So, not only is John dressed *like* the prophets of old (Mark 1:6/Matt 3:4), he is wearing their very clothes. *Prot.*

Jas. is used again for the story of Elisabeth's and John's escape into the wilderness. But the mountain that opens to protect them is identified in *Life Bapt. Serap.* as being in the region of Ain Karim, the traditional location of several sacred sites associated with John and his family[43] and explicitly established here by Elizabeth as the future site of a monastery: "I went out and put on my son a raiment of camel's hair and a leathern girdle in order that the mountain of the holy wilderness may (in future) be inhabited, and in order that monasteries and congregations of monks may increase in it and that sacrifice may be offered in the name of the Lord Jesus Christ" (p. 241). Several of these expansions of *Prot. Jas.* appear in other texts – e.g., John is ordained a priest also in the *Book of the Bee* and in Isho'dad of Merv's *Commentaries* – but *Life Bapt. Serap.* is likely our earliest witness to the development of these traditions, making it an important text for the history of portrayals of John.[44]

There is much in *Life Bapt. Serap.*, that either derives from texts and traditions now lost to us or is entirely the creation of the text's author. This material is contained in two sections: one on John's upbringing in the wilderness, which is interesting also for its depiction of a young Jesus, and the second detailing the resting place(s) of John's remains. The material on John's youth has been described in sufficient detail above, and given its lack of parallels with other literature, is rather uncomplicated to assess. One noteworthy element in the section, however, is its mention of Salome, who is here identified not as the midwife from *Prot. Jas.* 18–20 as one might expect, but as the "daughter of Mary" (p. 243). Though numerous references to a Salome appear in canonical and non-canonical texts, only Epiphanius (*Pan.* 78.8; *Ancor.* 60) agrees that the name also belonged to a sister of Jesus. As for John's body, *Life Bapt. Serap.* tells us that his head came to rest in the town of Homs (Emesa), in northern Syria. It is said that a church was built there "which is still standing in our time" and the head also "remained there down to our days" (p. 253). There are numerous legends about the final fate of the Baptist's head, and plenty of skulls that sources claim to be that cherished relic. According to Jacobus de Voragine,[45] the head of John was taken from Macherus to Jerusalem by Herodias and buried there; at the time of the Emperor Marcian (ca. 453), two monks had a revelation and found John's head in Herod's palace. The head was then taken to

43 For a recent and accessible discussion of the association of Ain Karim with John the Baptist see S. Gibson, *The Cave of John the Baptist: The Stunning Archeological Discovery That Has Redefined Christian History* (New York et al: Doubleday, 2004), particularly 25–43. Tradition says that Ain Karim is the birthplace of John and located there are the House of Zacharias (the present day Church of St. John) and the site of both Mary's visitation to Elizabeth and the cave of refuge (now the Church of the Visitation). The earliest datable representation of Ain Karim as the location of the cave of refuge is a ceramic medallion of the $6^{th}/7^{th}$ century (ibid., 85), though *Life Bapt. Serap.*, if truly written in the fifth century, would be an earlier witness to this location.

44 It must be said, however, that some of the legends in *Life Bapt. Serap.* may have been added to the text at a later stage in its transmission. See, for example, note 17 above.

45 *The Golden Legend*, vol. 2, 137–138.

Emesa in the fifth century. There it was venerated in a cave until, at a later date, St Marcellus found it and brought it to Bishop Julia, who displayed it in the Church of St. John in Emesa.[46] Likely the head was destroyed or moved from Emesa when the church was transformed into the Friday Mosque in the seventh century. There exists also a tradition that John's head resided in Sebaste, where it was buried by Herodias. John of Phocas mentions this tradition in his account of his pilgrimage in 1185 CE, at which time he saw the church that housed the relic.[47] He says also that he saw there the two coffins of Elizabeth and Zacharias, the dust of the body of John, and the body of Elisha. This church has been excavated and contains 12th-century paintings related to John's decapitation.[48] Other traditions place the head in Constantinople by the twelfth century,[49] and another claims the head made its way to Damascus where it continues to reside today.[50] Other heads have been seen in various times and locales.[51] What is important to us, however, is that *Life Bapt. Serap.* supports the tradition that the head of John resided in Emesa and the texts appears to have been written at a time when the head was still there (ca. 5th/6th cent.).

As for the rest of John's body, *Life Bapt. Serap.* follows the tradition from the canonical gospels that John's disciples took his body and buried it (Mark 6:29/Matt 14:12). But the gospels do not reveal the location of the tomb. Josephus (and Jacobus de Voragine) reports that John was killed at Macherus; yet, Theodosius (518) places the beheading of John in Sebaste.[52] The same location is give for John's burial in *Life Bapt. Serap.* (p. 253) and this receives the support of Theodoret (393–457), Egeria (ca. 384), and Jerome (404).[53] In Sebaste too is found a tomb of John over which was built a cathedral[54] and the separate Church of the Invention of the Head of John mentioned above. *Life Bapt. Serap.* mentions an attempt by Julian to burn the bodies of John and Elisha that dwelled there (p. 254) but the fire instead claimed the lives of the pagans who set it. Upon Julian's death, the text says, the two coffins were transferred to Alexandria. But other texts report the incident differently. According to Theodoret (*Hist. eccl.* I.3, c.vii) and Philostorgius (*Hist. eccl.* 7.4, p. 80), the bones

---

46 The *Life and Martyrdom of John* has the disciples of John bring the head directly to Emesa where it is hidden in a cave.

47 Excerpted in Gibson, *The Cave of John the Baptist*, 260. The complete text is found in J. Wilkinson/J. Hill/W.F. Ryan, *Jerusalem Pilgrimage 1099–1185* (London: The Hakluyt Society, 1988), 315–336.

48 See Gibson, *The Cave of John the Baptist*, 260–265. Gibson supposes that a tomb was found in the church prior to its restoration in the 11th century, and the skull was only then declared to be John's.

49 See ibid., 307 for sources. Jacobus de Voragine (*The Golden Legend* vol. 2, 138) also says the head was moved from Emesa to Constantinople, though his chronology is problematic, for he says this took place under the Emperor Valens (r. 364–378).

50 Gibson, *The Cave of John the Baptist*, 309.

51 Ibid., 309–312.

52 Ibid., 265.

53 See the discussion in ibid., 272.

54 Ibid., 271.

of John were taken out of their resting place at Julian's command in 363, but they were burnt and scattered in the fields.[55] However, Rufinus of Aquileia (*Hist. eccl.* II.28, col. 1034) says a portion of John's body was regained and taken to Alexandria; there Athaniasius took care of the remains and some were returned to a new church on the Mount of Olives in 370.[56] *Life Bapt. Serap.* supports some of this tradition with its depiction of the location of John's body passed along by the bishops of Alexandria until the reign of Theophilus (385–412) when the body was emtombed in a church of John the Baptist in the city.[57]

This interest in the final resting place of John is one of the guiding themes of *Life Bapt. Serap.* Though the text certainly contains apocryphal (and canonical) traditions, its primary purpose is to provide back story for the location of the relics of John and the churches built upon them in both Emesa and Alexandria. There is no historical certainty that these relics were genuine – indeed, the need for revelation to determine where John's body lay before it was placed in the church in Alexandria (p. 256) and the creative way John's head comes to Emesa, suggests they are not. Even the tradition of John's resting place in Sebaste is suspect, since the city is in Samaritan lands outside of Herod Antipas' jurisdiction.[58] But accurate history is not the author's concern, though he does seek to *historicize* the Baptist traditions. Mingana calls the text a homily or panegyric to John pronounced on one of his feast days (note the writer says at one point, "As to the body of the holy John the Baptist, the saint whose feast we are celebrating today," p. 253).[59] Other special days associated with events in John's life are presented in the text, including the slaughter of the innocents on September 7 (p. 240), the deaths of Herod the Great (when Jesus and John are seven!) and Elizabeth on February 15 (p. 244), and John's execution on September 2 (p. 250–251). These dates do not coincide with any of the established feast dates for John the Baptist in either eastern or western traditions.[60] The only date that finds any agreement with actual praxis is the finding of the bones of John in Alexandria, which is celebrated on May 27 just as the text claims (p. 257). *Life Bapt. Serap.* also shows little concern for presenting accurate history about the deaths of John's antagonists. Contrary to what we read in Josephus but consistent with some of the legends, *Life Bapt. Serap.* tells us that, upon John's death, Herodias' eyes are put out and she is pulled down to hell, her daughter becomes mad and (as mentioned above) her dance on the icy pond

---

55 Ibid., 299.

56 Ibid., 300. Jacobus de Voragine (*The Golden Legend*, vol. 2, 135) reports also that "some monks from Jerusalem" sent the bones of John to Alexandria.

57 See Mingana, "A New Life of John the Baptist," 257 n. 1 for a discussion of this church as reported by Theodoret (*Eccles. Histor.* I.ii.3) and Rufinus (*Eccles. Histor.* xi.28).

58 Gibson, *The Cave of John the Baptist*, 261.

59 Mingana, "A New Life of John the Baptist," 253 n. 3. Similar motives lie behind the composition of the *Eulogy for John* (see above).

60 See the notes by Mingana on the pages listed. Some discussion of the traditional feast days for John are provided also in Gibson, *The Cave of John the Baptist*, 323.

leads to her own decapitation by the same sword that killed John, and Herod suffers a stroke (p. 252).

4. Conclusions

Life Bapt. Serap. interacts with a variety of texts and traditions – some of these are now considered canonical scripture, some are not; some are established traditions that have survived to today, some are not. But regardless of whether or not these texts and traditions subsequently became accepted by churches of the East and West, the author of this text felt unrestrained in combining them to form his panegyric. Indeed, he seems to make no distinction between how to treat sanctioned and unsanctioned material, and apparently feels no restraint in creating entirely new developments in the tales.

In its use of canonical texts, *Life Bapt. Serap.* draws liberally upon the gospel records. Luke's and Matthew's infancy narratives form the backbone of John's own nativity, with few omissions or additions. All three Synoptic gospels are employed for telling the story of John's adult career; the Gospel of John, however, never makes an appearance. The greatest amount of augmentation of the canonical accounts comes in the arrest, imprisonment, and execution of John; though even here, the additions are thoroughly orthodox – nothing is said that expressly contradicts the stories as the canonical gospels report them, nor the portrayals of John or Jesus found therein. At all times the author simply seeks to fill in details perceived to be missing in the tales and to increase the honour and renown of the characters. *Life Bapt. Serap.*'s principal non-canonical source is *Prot. Jas.*, which is used for its accounts of the death of Zacharias and the flight of Elizabeth. Despite its questionable status, *Prot. Jas.* is treated with the same respect as the canonical gospels, showing that, for this author and for many others throughout antiquity and the medieval period, the line between canonical and non-canonical texts was a blurry one. The presence of apocryphal Baptist traditions in the art, iconography, and hagiography of these time periods also testifies to a lack of interest in such distinctions. In addition, the author felt little hesitation in incorporating other, perhaps unwritten, traditions into his text, such as Ain Karim as the location of John's desert home and the still-in-flux dating of feasts for the veneration of the Baptist. Likely some ingredients of *Life Bapt. Serap.* were the author's own inventions, including the otherwise unattested episodes of John in the desert as a child, which, in some places – such as the timing of Elizabeth's death and the location of her resting place – runs contrary to other traditions about John's family.

Life Bapt. Serap. has not had much impact on the establishment of John's biography. This is apparent from its meager manuscript distribution (four late Mss in Garshuni, illustrating only limited regional interest) and lack of influence on later literature – aside from a few parallels in Isho'dad, which could come from the use of common sources rather than direct dependence. The text has failed also to capture the interest of scholars. This is unfortunate, because it contains some very curious and bizarre features, and it illustrates well the complexities of the interplay between canonical and non-canonical texts and traditions in late antique Christianity.

Charlotte Touati

Das Schweigen sprechen lassen: Von 2 Kor 12,2–4 zu den apokryphen Apokalypsen

„Ich will jetzt von Erscheinungen und Offenbarungen des Herrn sprechen. Ich kenne jemand, einen Diener Christi, der vor vierzehn Jahren bis in den dritten Himmel entrückt wurde; ich weiß allerdings nicht, ob es mit dem Leib oder ohne den Leib geschah, nur Gott weiß es. Und ich weiß, dass dieser Mensch in das Paradies entrückt wurde; ob es mit dem Leib oder ohne den Leib geschah, weiß ich nicht, nur Gott weiß es. Er hörte unsagbare Worte, die ein Mensch nicht aussprechen kann. Diesen Mann will ich rühmen, was mich selbst angeht, will ich mich nicht rühmen, höchstens meiner Schwachheit." (2 Kor 12,1–5)

Meine Einführung in das Thema ist vielleicht überraschend, es ist jedoch Paulus selbst, der überrascht, und zwar sowohl im Hinblick auf das Thema als auch auf die Art und Weise, in der er davon spricht. Dieser kurze Text wirft zahlreiche Fragen auf und provoziert vielleicht noch mehr Antworten. Die Situation ist paradox, weil das Thema unmöglich in Worte zu fassen ist.

Drei von Paulus verwendete Begriffe halte ich für entscheidend: (1) „ein Mensch", 2) „der Himmel", 3) „unsagbare Worte".

1) Ein Mensch

Spricht Paulus von sich selbst in der dritten Person? Ist die in 2 Kor 12 beschriebene Erfahrung die gleiche wie die auf dem Weg nach Damaskus, dem Vorspiel zu seiner Lebenswende?[1] Beide Fragen werden normalerweise mit

---

[1] In Bezug auf den Stand der Forschung ist mit Nutzen die Bibliographie von P.R. Gooder, *Only the Third Heaven? 2 Corinthians 12.1–10 and Heavenly Ascent* (Library of New Testament Studies 313; London/New York: Clark, 2006) heranzuziehen, die außerdem in einer kurzen Zusammenfassung (2–8) auf die ekstatischen Erfahrungen des Paulus im gesamten NT eingeht; zu ihr gehört eine synoptische Tabelle, die das Verständnis der Problematik erleichtert; L. Carlsson, *Round Trips to Heaven: Otherworldy Travelers in Early Judaism and Christianity* (Lund Studies in History of Religions 19; Lund: Almquiest & Wiksell, 2004), 161–191; V.K. Robbins, „The Legacy of 2 Corinthians 12:2–4 in the Apocalypse of Paul", in T.J. Burke/J.K. Elliott (ed.), *Paul and the Corinthians: Studies on a Community in Conflict (Festschrift M. Thrall)* (NT.S 109; Leiden: Brill, 2003), 327–339; E. Dassmann, „Paulus in der ‚Visio Sancti Pauli'", in *Jenseitsvorstellungen in Antike und Christentum. Gedenkschrift für Albert Stuiber* (JbAC.E 9; Münster: Aschendorf, 1982), 118–128; R.N. Longenecker, *Galatians* (Word Biblical Commentary 41; Dallas/Texas: Word Books, 1990), 25–35; S. Kim, *The Origin of Paul's Gospel* (Wissenschaftliche Untersuchungen zum Neuen Testament II.4; Tübingen: Mohr Sie-

„nein" beantwortet. Die ekstatische Erfahrung des Paulus bei Damaskus wird nur in der Apostelgeschichte ausführlich erzählt,[2] dort also nicht direkt von ihm berichtet. In seinen eigenen Schriften erinnert er selbst mehrfach an seine Lebenswende,[3] dann aber meist nur in Andeutungen. Er spielt darauf an, um sich – etwa im Galaterbrief – gegen Gegner zu verteidigen und seinen Status als Apostel Christi zu legitimieren. So beteuert er mit Vehemenz den göttlichen Ursprung seiner Lehre, ohne genau den Inhalt noch die Art und Weise der ihm zuteil gewordenen Offenbarung zu beschreiben.

Der Autor der Apostelgeschichte versucht eine solche Beschreibung, während Paulus darauf verzichtet und eine bildhafte Formulierung bevorzugt, um das Unerhörte näher zu bestimmen und das Unsagbare zu sagen – er spricht von „unsagbaren Worten", ἄρρητα ῥήματα.

Wie dem auch immer sei: Die Entrückung in den dritten Himmel, die ekstatische Erfahrung auf dem Weg nach Damaskus und die Lebenswende des Paulus in Folge einer Offenbarung werden sehr früh in Zusammenhang miteinander gesehen, obwohl man nicht weiß, ob es um das gleiche oder verschiedene Ereignisse geht. Die Vielzahl der Hinweise im Neuen Testament lässt die Fakten nicht klarer werden – und macht einen Samen fruchtbar, aus dem weitere Entwicklungen hervorgehen.

2) Der Himmel

Dieser Ausdruck ankert unmittelbar in der Erfahrung, die in der Tradition von Himmelsreisen beschrieben wird. In der Literatur des Zweiten Tempels haben sich Erzählungen von Reisen zum Himmel zu einem eigenen literarischen Genre entwickelt. Dafür ist etwa das Corpus henochischer Literatur ein gutes Beispiel, auch wenn sich diese Art von Texten nur sehr schwer datieren lässt.[4] Es ist heute also schwierig festzustellen, welche „Himmelsreisen" in welcher Form älter als die Paulusbriefe sind. Und dies gilt umso mehr, als viele Texte bei ihrer Überlieferung in christlichen Kreisen durch christliche Schreiber und Redaktoren überarbeitet wurden. Letztlich jedoch beruhen sie alle auf einer Kosmologie, unterscheidet sich jüdische Astronomie doch nicht von den benachbarten hellenistischen oder mittelorientalischen Wissenschaften. In Bezug auf Paulus wirft dies ein neues Problem auf: Die antiken Astralsysteme denken an mehrere übereinander liegende oder ineinander gefügte Himmel, niemand

---

beck, 1981); H.D. Betz, *Galatians. A Commentary on Paul's Letter to the Churches in Galatia* (Hermeneia; Philadelphia: Fortress Press, 1979), 64–66.

2 Apg 9,1–18; 22,5–13; 26,12–19. Vgl. Gooder, *Only the Third Heaven?*, 2–8.

3 Gal 1,11–24; Phil 3,4–11; 1 Kor 9,1; 2 Kor 3,4–4,6.

4 Vgl. Carlsson, *Round Trips to Heaven*; R. Bauckham, *The Fate of the Dead: Studies on Jewish and Christian Apocalypses* (Supplements to Novum Testamentum 93; Leiden: Brill, 1998); M. Himmelfarb, *Ascent to Heaven in Jewish and Christian Apocalypses* (New York: Oxford University Press, 1992).

jedoch zählt nur drei Himmel. Die geläufigsten Systeme sprechen von sieben Himmeln, was der Zahl der damals bekannten Planeten entspricht. Diese Zahl kann noch wachsen, wenn ein Autor noch himmlische Wasser, das Firmament oder eine feststehende Sphäre in seine Beschreibungen einbezieht. Die bei Paulus begegnende Zahl „drei" lässt sich auf verschiedene Weisen erklären, es weist jedoch nichts darauf hin, dass Paulus hier vom höchsten Himmel spricht. Es mag enttäuschen, dass Paulus auf halbem Weg anzuhalten scheint, würde man doch erwarten, dass im obersten der Himmel eine Offenbarung stattgefunden hat. Der Gedanke jedoch bereitet wohl das nächste Motiv vor, die Idee der „Unsagbarkeit". Was im dritten Himmel geschieht und was oben „ist", entzieht sich dem Verständnis. Paulus' Mensch Sein bzw. die üblichen Bedingungen irdischen Lebens scheinen Probleme zu bereiten, was Paulus durch seine Frage unterstreicht: Fand die Entrückung mit oder ohne den Körper statt? Wenn es unmöglich ist, die Realitäten des Himmels zu begreifen, ist es geradezu undenkbar, ein Zeugnis über eine solche Entrückung angemessen in menschliche Sprache zu übertragen.

3) Unaussprechliche Worte

Der griechische Ausdruck ἄρρητα ῥήματα gehört in die Sprache der Mysterien. Die Gestalt des Wortes mit einem Negations-Alpha kann ein Tabu, ein echtes Verbot, aber auch die Transzendenz andeuten.[5] Die apophatische Theologie ist das extremste Beispiel für solches Sprechen – Paulus stellt sich hier in diese Tradition. Die Offenbarung wendet sich an seinen Geist, und obwohl Paulus auch ein auditives Register gewählt hat, kann bezweifelt werden, dass die Nachricht durch sensorische Kanäle übermittelt wurde.

Die Rezeption in Apokryphen

Die Vielfalt christlicher Apokryphen ist zu groß, um die Motivation für ihre Entstehung allzu schnell festzulegen – für viele apokryphe Schriften jedoch gilt, dass sie, um ihrer Glaubwürdigkeit willen, versuchen, sich an kanonisch gewordenen Texten zu verankern. An vielen Stellen, an denen kanonische Texte Lücken lassen bzw. offen bleiben, stellt die menschliche Neugierde die Frage, wie diese zu füllen sind. Man will das Schweigen sprechen lassen, auf von den kanonischen Schriften offen gelassene, zum Teil im Verlauf der Geschichte neu entstehende, zum Teil auch theologisch brennende Fragen zu antworten. So antworten etwa Texte über Christi *Descensus ad inferos* auf die

5 Vgl. J.D. Tabor, *Things Unutterable: Paul's Ascent to Paradise in its Greco-Roman, Judaic, and Early Christian Contexts* (Lanham: University Press of America, 1986).

Frage, was zwischen dem Tod und der Auferstehung Jesu Christi geschah. Ähnliches geschah im Fall von 2 Kor 12 – man begnügte sich nicht mit „unaussprechlichen Worten“. Beiden Beispielen ist gemeinsam, dass sie, indem sie Leerstellen füllen, tiefer in das Mysterium eindringen wollen. Im besonderen Fall der Rezeption des Paulus zeigen sich der Haltungen: a) Respekt vor dem Schweigen des Paulus, b) der Bericht über das Geschehene trotz der paulinischen Aussagen, c) der Ausweg auf ein anderes Medium.

a) Der Respekt vor dem Schweigen

Das ist die Position vieler Autoren der werdenden Großkirche – man sagt nicht mehr als das, was in 2 Kor 12 angeführt ist, ja verurteilt auch die, die zu viel zu sagen scheinen, und brandmarkt ihre Schriften als „apokryph“. Der erste bekannte Autor, der den Umlauf von pseudo-paulinischer Offenbarungen bei den Gnostikern anprangert, ist Irenäus von Lyon (etwa 135 – 202).[6] Der Bischof von Lyon verweist auf Widersprüche zwischen dem valentinianischen System und den eigenen Worten des Paulus.[7] Außerdem reizt ihn das elitäre Bewusstsein der Gnostiker, die sich damit brüsten, „geheimnisvolles Wissen“ zu besitzen – ähnlich argumentiert Tertullian (etwa 150 – nach 220).[8]

Origenes (185 – 254) zitiert nicht selbst die unaussprechlichen Worte, behauptet jedoch, dass paulinische Geheimlehren existierten, die dieser mündlich an Titus und Lukas weitergegeben habe.[9]

Kommen wir kurz auf die gnostischen Auslegungen und Zusätze zurück. Nach Irenäus (wie auch Hippolyt) zeigt sich in ihrer Kosmologie ein deutlicher Einschnitt zwischen dem siebten und dem achten Himmel (ähnlich auch Hippolyt). Die Gnostiker erwähnten zudem ein Himmelstor, welches vor dem Zugang zum Mysterium überwunden werden müsse.[10]

Epiphanius, der spätere Bischof von Salamis, zu Beginn des 4. Jahrhunderts in der Nähe von Gaza geboren und in Alexandria ausgebildet, besaß eine direkte Kenntnis „häretischer“ Gruppen, die er beschreibt und einordnet.[11] So notiert er zur Gruppe der „Kainiten“:

> Andere noch fälschen einen anderen Text im Namen des Apostels Paulus, voll von Geheimnissen (ἀρρητουργίας ἔμπλεον), von denen die, die man „Gnostiker“ nennt, auch Gebrauch machen. Sie nennen ihn „Himmelfahrt des Paulus“ und nehmen als Vorwand

---

6 Irenäus von Lyon, *haer.* 2, 30, 7–8.

7 Vgl. M. Kaler/L. Painchaud/M.-P. Bussière, „The Coptic Apocalypse of Paul, Irenaeus' Adversus Haereses 2.30.7, and the Second Century Battle for Paul's Legacy“, in *Journal of Early Christian Studies* 12 (2004) 173–193.

8 Tertullian, *praescr.* 24–25.

9 Vgl. Origenes, *hom. in Jos.* 23,4. Ebenfalls zur geheimen und sicher mündlichen Überlieferung, die mit der schriftlichen existiert: *comm. in Cant.* 1,5,6; *Jo.* 13,30; 34; 316; *Cels.* 6,6; *philoc.* 15,19; *princ.* 2,7,4.

10 Hippolyt von Rom, *Syntagma contra haereses* 5,8,25.

11 Vgl. F. Williams, *The Panarion of Epiphanius of Salamis. Book I (Sects 1–46)* (Nag Hammadi and Manichean Studies 63; Leiden/Boston: Brill, [2]2009), xiii.

den Bericht, wo der Apostel bis zum dritten Himmel gelangte und unaussprechliche Worte (ἄρρητα ῥήματα) hörte, die kein Mensch wiederholen kann. Und man sagt, dass in diesem Text unaussprechliche Worte (ἄρρητα ῥήματα) sind. (*Pan.* 38,2,5)

In seinem *In Iohannis evangelium tractatus* 98,8, datiert in das Jahr 416[12] oder 418,[13] weist Augustinus kategorisch jede Weiterentwicklung von 2 Kor 12,2–4 zurück, die Notiz des Epiphanius dient dem Bischof von Hippo als direkte Quelle:[14]

Übrigens finden sich unter den geistigen Menschen die einen fähiger und besser als die andern, so dass einer von ihnen bis zu dem gelangt ist, „was einem Menschen zu sagen nicht gestattet ist". Unter diesem Vorwand haben einige lügnerische Menschen die mit gewissen Fabeln angefüllte *Apokalypse des Paulus*, welche die auf ihre Reinheit bedachte Kirche nicht annimmt, in törichter Anmaßung erdichtet, indem sie sagten, diese sei es, wovon er gesagt habe, er sei in den dritten Himmel entrückt worden und habe dort unaussprechliche Worte gehört, „die einem Menschen zu reden nicht gestattet ist". Ihre Verwegenheit wäre noch einigermaßen erträglich, wenn er gesagt hätte, er habe gehört: die einem Menschen zu sagen noch nicht gestattet ist; da er aber gesagt hat: „Was einem Menschen zu sagen nicht gestattet ist", wer sind sie, die das in schamloser und unheilsamer Weise zu sagen sich unterfangen? (*Io. ev. tr.* 124)[15]

b) Berichte trotz der Aussagen des Paulus

Die bekanntere und weiter verbreitete der uns heute vollständig vorliegenden, voneinander unabhängigen Paulus-Apokalypsen[16] trägt den Titel *Visio Sancti Pauli*. Sie wurde wohl in griechischer Sprache verfasst, diese Version des Textes ist jedoch verloren. Da sie außerordentlich beliebt war, hat sie sich in verschiedenen antiken und jüngeren Versionen erhalten, was es erlaubt, den Text besonders aufgrund der lateinischen Version zu rekonstruieren. Die lange lateinische Version beginnt mit dem Zitat aus 2 Kor 12, das gefolgt ist von einer Einleitung, die die Umstände der Entdeckung des Textes erzählt und damit die späte Verbreitung eines angeblichen Paulus-Textes im 4. und 5. Jh. rechtfertigt. Sozomenos kennt diesen Prolog, weil er die gleiche Geschichte zur Auffindung des Manuskripts erzählt:

„Dieser Text, der jetzt als *Apokalypse des Paulus* gilt, den keiner der Alten kennt, wird viel von den Mönchen gelobt. Einige behaupten, dass diese Schrift unter dieser gleichen

---

12 M. Le Landais, „Deux années de prédication de S. Augustin", in *EA* 28 (1953) 5–95.

13 S.M. Zarb, *Chronologia Tractatum S. Augustini in Evangelium primamque Epistulam Iohannis Apostoli* (Rom 1933); G. Madec (ed.), *Augustin prédicateur (395–411). Actes du Colloque International de Chantilly*, 5–7 septembre 1996 (EAA 159; Paris: Brepols, 1998); F. Dolbeau, *Augustin et la prédication en Afrique* (EAA 179; Paris: Brepols, 2005).

14 Vgl. C. Touati, „Origène, Athanase et Augustin: vrai et faux témoins de l'*Apocalypse de Paul*", in *Apocrypha* 18 (2007) 167–203 (176–179).

15 Deutsche Übersetzung nach BKV².

16 Vgl. J.R. Harrison, „In Quest of the Third Heaven: Paul and his Apocalyptic Imitators", in *Vigiliae Christianae* 58 (2004) 24–55. Der Autor vergleicht die beiden Apokalypsen mit der Theologie der paulinischen Briefe.

Herrschaft entdeckt worden ist. In der Tat sagen sie, dass man auf göttliche Offenbarung hin im Haus des Paulus in Tarsus in Kilikien einen Marmorkasten gefunden hat, in dem sich der Text befand. Ein kilikischer Priester der Kirche von Tarsus, den ich selbst genau zu diesem Thema befragt habe, sagte mir, dass es sich um eine Lüge handele. Seine weißen Haare zeigten, dass er ein alter Mann war. Er sagte, dass er in keinem Fall von etwas Ähnlichem wisse, das bei ihnen angekommen sei, und dass er sich frage, ob das nicht von Häretikern stamme" (*h.e.* 7,19).[17]

Der eben genannte Auszug aus der Kirchengeschichte des Sozomenos, die das Werk des Eusebius fortsetzen möchte, stammt wohl aus dem Jahr 443.[18] Da der Prolog der *Visio Sancti Pauli* das Konsulpaar von 388 erwähnt, muss die uns heute vorliegende lange Version des Textes zwischen 388 und 443 datiert werden.

Die *Visio Sancti Pauli* erlebte eine ebenso weite wie schnelle Verbreitung, vielleicht weil sie sich, wie auch Sozomenos erwähnt, bei Mönchen großer Beliebtheit erfreute. Die koptische Version erweist sich, Zufall oder nicht, als besonders zuverlässiger Zeuge. Man sollte sie jedoch nicht mit einer anderen paulinischen Apokalypse verwechseln, die nur auf Koptisch existiert und in Nag Hammadi überliefert wurde (NHC V,2). Um den Unterschied zu bezeichnen, wird sie manchmal als „*gnostische*" oder „*koptische Apokalypse des Paulus*" bezeichnet.

Die beiden Texte sind sehr unterschiedlich. Obwohl die *Visio Sancti Pauli* sich explizit auf 2 Kor 12 bezieht, löst sich die Erzählung schnell von der biblischen Quelle. Der Abschnitt über den Aufstieg des Paulus ist ziemlich knapp und mündet in ein Bild, das weitgehend aus der *Offenbarung des Petrus* übernommen ist. Übrigens hütet sich die *Visio Sancti Pauli* davor, das eigentliche Geheimnis zu verraten – hierauf zielt die folgende Passage:

Der Engel nahm das Gespräch wieder auf und sagte: „Das was ich dir jetzt zeige und was du gehört hast, sollst du niemandem auf der Erde offenbaren." Er führte mich und zeigte es mir. Ich hörte dort Worte, die kein Mensch auf der Erde aussprechen darf. Der Engel sagte mir von neuem: „Nun folge mir, ich werde dir Dinge zeigen, die du bekannt machen darfst und die du erzählen musst."

Die „gnostische" *Paulus-Apokalypse* aus Nag Hammadi dagegen kann als reine „Himmelreise" begriffen werden. Paulus überquert den Luftraum, was dem Autor die Gelegenheit gibt zu beschreiben, was sich dort befindet. Es ist dort tatsächlich von zehn und nicht nur drei Himmeln die Rede, welche mit himmlischen Wesen bevölkert sind. Jeder Himmel ist von einem Wächter verriegelt, dem ein Passwort geliefert werden muss, im siebten Himmel jedoch versperrt ein alter Mann den Weg – wahrscheinlich ist hier der Demiurg gemeint. Jen-

---

[17] GCS NF 4 (Bidez/Hansen), 331–332.

[18] Vgl. T. Silverstein, „The Date of the ‚Apocalypse of Paul'", in *Medieval Studies* 24 (1962) 335–348, hier 343.

seits davon dehnen sich der achte und der neunte Himmel aus und schließlich folgt der himmlische Thron.

Die „gnostische“ *Paulus-Apokalypse* thematisiert das „Geheimnis“ nicht sehr, sie versteht sich jedoch wohl als esoterische Schrift, deren Inhalt selbst das Geheimnis ist, das nicht in alle Hände gelangen oder von allen Ohren gehört werden soll.

Die Verurteilungen durch Irenäus und später Epiphanius scheinen sich auf diesen Text oder zumindest einen sehr ähnliche Schrift zu beziehen, weil hier eine Himmelsreise beschrieben ist (ἀναβατικόν) und weil die Gnostiker sich damit rühmen, die ἄρρητα ῥήματα zu lehren.

Während diese beiden Schriften heute gut bekannt und untersucht sind, werden parallele Entwicklungen bei den Manichäern häufig vernachlässigt. Der *Kölner Mani-Codex* enthält den Bericht über das Leben des Mani, der wahrscheinlich in der Mitte oder gegen Ende des 3. Jhs. von Baraies, seinen getreuen Schüler, verfasst wurde. Er berichtet, dass sein Meister in den Himmel entrückt wurde und ein illustriertes Buch erhielt, um seine Mission zu erfüllen.[19] Baraies verflicht Zitate aus 2 Kor 12 und dem Galater-Brief (1,11) miteinander.[20] Er identifiziert die ἄρρητα ῥήματα mit dem ohne die Vermittlung eines Menschen direkt von Jesus Christus erhaltenen Evangelium. Der Autor bezweifelt nicht, dass Paulus der in den dritten Himmel entrückte Mensch ist. Im Übrigen harmonisiert er die in 2 Kor 12 erwähnte Offenbarung mit dem Damaskuserlebnis: Die Offenbarung löst die Bekehrung des Paulus aus und macht aus ihm einen Apostel. Die charismatische Autorität des Paulus ist genau das, was den Biographen Manis, der Vorgänger seines Meisters sucht, interessiert.

Die verbotene Lehre

Wenn Epiphanius die Weitergabe unaussprechlichen Wörtern verurteilt, zeigt sich seine eigene Argumentation als nicht ganz stringent … Paulus verbirgt die Wahrheit unter der Formulierung ἄρρητα ῥήματα. Epiphanius verurteilt diejenigen, die die ἄρρητα ῥήματα offenbaren, aber er verurteilt sie auch wegen ihrer

---

19 Vgl. H.-J. Klimkeit, *Manichean Art and Calligraphy* (Iconography of Religions 20; Leiden: Brill, 1982), 18–19. Der Autor zieht eine Parallele zwischen der Gestalt der Himmel nach Mani und seiner Art zu lehren und deren Umsetzung bei den Gnostikern. Mani sah in der Entrückung des Paulus in den dritten Himmel die Vorstufe zu seiner eigenen Erfahrung, s. R. Roukema, „Paul’s Rapture to Paradise in Early Christian Literature“, in A. Hillhorst/G.H. van Kooten (ed.), *The Wisdom of Egypt. Jewish, Early Christian, and Gnostic Essays in Honour of Gerard P. Luttikhuizen* (Arbeiten zur Geschichte des antiken Judentums und des Urchristentums 59; Leiden/Boston: Brill, 2005), 267–283, hier: 277–279. Die Naassener scheinen ähnliche ekstatische Praktiken durchgeführt zu haben, die ebenfalls mit Bezug auf Paulus gepflegt wurden, s. *ibid.*, 271f.

20 Kölner Main-Codex, 60–61, Faksimile und Umschrift in L. Koenen/C. Römer (ed.), *Der Kölner Mani-Codex. Abbildungen und diplomatischer Text* (Papyrologische Texte und Abhandlungen 35; Bonn: Rudolf Habelt Verlag, 1985), 118–121.

angeblichen Praktiken. Für ihn ist die ihm bekannte Paulus-Apokalypse schlecht, weil sie über Paulus' Denken hinausgeht, aber auch weil er ihre Lehre an sich verurteilt. Sie impliziere eine „doketische" Darstellung der Welt, postuliere also, dass die Welt eine Illusion sei und die Wahrheit sich hinter dem Anschein verberge. Daraus wiederum lassen sich zwei radikale Haltungen ableiten, entweder die Askese aufgrund von Zurückweisung der Welt oder aber ein Libertinismus, der sich durch absoluten Relativismus rechtfertigt. So folgert schon Clemens von Alexandrien, der in seiner Auseinandersetzung mit den Karpokratianern anhand ihrer Beziehung zur Welt, die sie grundsätzlich für schlecht halten, gnostische Gruppen als entweder (1) unanständig oder (2) als aus schlechten Gründen enthaltsam beschreibt.[21]

Die materielle Welt ist der Raum des Demiurgen, der aus den sieben unteren Himmeln besteht und der durch Aufstieg verlassen werden muss. Obwohl dies nur ein Bild ist, polemisiert Irenäus gegen die Gnostiker, die über soziale Konventionen, sogar über die Frage des Guten und des Schlechten, spotteten – Gott sei stattdessen nur einer, und gehe allen ethischen Konzepten voraus, die bereits zur Ordnung des Vielfältigen gehörten. Er schreibt:

> Sie sagen, dass sie die Gewalt haben, die Archonten und Schöpfer dieser Welt zu beherrschen und obendrein alle Geschöpfe in ihr (*haer.* 25,3)[22] [...] Und sie haben in ihrem Wahnwitz dermaßen alle Hemmungen abgelegt, dass sie behaupten, es stehe ihnen frei, jede Gottlosigkeit und jeden Frevel zu begehen, weil, was man tut, nur in der Meinung der Menschen schlecht oder gut ist. Die Seelen müssen im Zuge ihrer Wanderungen in Leiber jedes Leben und jedes Tun durchmachen – es sei denn, einer ist dem zuvorgekommen und hat bei einem einzigen Aufenthalt alles gleich auf einmal getan, was wir nur nicht aussprechen und anhören, sondern nicht einmal denken dürfen, noch glauben, dass bei Menschen, die hierzulande in unseren Städten leben, so etwas praktiziert wird – so dass nach Aussage ihrer Schriften ihren Seelen beim Auszug (aus dem Leib) absolut nichts mehr fehlt, nachdem sie das Leben in jeder Hinsicht durchgemacht haben. Es muss darauf hingearbeitet werden, dass sie nicht etwa deshalb, weil zu ihrer Freiheit noch irgendein Erlebnis fehlt, gezwungen sind, noch einmal in einen Leib geschickt zu werden. Deswegen hat ihrer Meinung nach Jesus folgendes Gleichnis erzählt: „Wenn du mit deinem Gegner auf dem Weg (zum Richter) bist, gib dir Mühe, von ihm freizukommen, damit er dich nicht am Ende dem Richter übergibt und der Richter dem Gerichtsdiener, der dich dann ins Gefängnis wirft. Amen ich sage dir, du kommst da nicht heraus, bis du den letzten Pfennig bezahlt hast" (Lk 12,58–59; Mt 5,25–26). Unter dem Gegner verstehen sie einen von den Engeln, die in der Welt sind; Diabolos nennen sie ihn und sagen, er sei dazu erschaffen, die verlorenen Seelen von der Welt zum Archon zu bringen. Der ist nach ihrer Lehre der erste von den Weltschöpfern. Und er übergibt solche Seele einem anderen Engel, jenem, der ihm dient, damit er sie in andere Leiber einschließt. Der Leib ist nach ihnen nämlich das Gefängnis (aus dem Gleichnis). Und die Aussage Jesu: „Du kommst da nicht heraus, bist du den letzten Pfennig bezahlt hast" legen sie so aus, dass man nicht von der Gewalt der Engel loskommt, die die Welt geschaffen haben, sondern ständig in Leiber

21 Vgl. *strom.* III,5.

22 Deutsche Übersetzung: N. Brox (Fontes Christiani 8,1), 309.

eingeschlossen wird, bis man einfach alles und jedes durchgemacht hat, was es in der Welt gibt. Und wenn einem diesbezüglich nichts mehr fehlt, dann ist die Seele befreit und gelangt frei zu dem Gott, der hoch über den weltschöpferischen Engeln ist. So werden alle Seelen gerettet, sei es, dass sie einen Vorsprung haben und sich bei einem einzigen Aufenthalt auf alles Tun einlassen, sei es, dass sie befreit werden, indem sie von Leib zu Leib wandern beziehungsweise geschickt sind und in jeder Art von Leben ihre Schulden erfüllen und zurückzahlen, so dass sie in keinem Leib mehr sein müssen. (*haer.* 25,4)[23] [...] Sie sagen dazu, dass Jesus seinen Jüngern und Aposteln im Mysterium, abgesondert, gesprochen hat, und ihnen die Auflage machte, das den Würdigeren und Aufnahmewilligen abgesondert weiterzugeben. (*haer.* 25,5)[24] [...]

Es scheint, dass sich hinter der Idee einer vollständigen Erprobung eher die des Fortschreitens verbirgt. Das Ziel ist Gleichmut oder *apatheia*, Abwesenheit von „Leidenschaften". Das Wort bezeichnet die Leiden ebenso wie die Begierde und kann ein Synonym für „Dämonen" sein. Deswegen ist der Aufstieg eine „Psychomachie".[25] Die Ruhe ist erreicht, nachdem die Dämonen wie auch der Demiurg überwältigt worden sind. Dies geschieht beim Eintritt in den achten Himmel.

Irenäus ist sich dessen bewusst:

Es blieb ihm nach ihrer Lehre ja noch der vierte Himmel, um dem Demiurgen nahe zu kommen und die ihm unterworfene Hebdomas zu schauen. (*haer.* 30,7)[26]

Dieses Zitat erinnert daran, dass die beiden paulinischen Apokalypsen, die aus 2 Kor 12 hervorgegangen sind, ihren Erzähler beschreiben und sich umwenden, um die Welt von oben zu betrachten.[27] Eigentlich handelt es sich um eine wesentliche Lektion gnostischer Lehre. Die Kosmologie stützt die Soteriologie mit Hilfe von Allegorie.

c) Rückgriff auf ein anderes Medium

Lehre und Praktiken der Karpokratianer ähneln, soweit Irenäus über sie unterrichtet, denen der Valentinianer. Übereinstimmung herrscht in der Verachtung einer Welt, die es zu überwinden gilt. In beiden Fällen geht es um „Dinge, die man nicht sagen kann". Während Irenäus in Bezug auf die Karpokratianer schweigt, geben die Valentinianer angeblich selbst an, im Besitz unaussprechlicher Wörter zu sein.

---

23 *Ibid.* 311.313.

24 *Ibid.*

25 Vgl. H.-J. Klauck, *Die apokryphe Bibel. Ein anderer Zugang zum frühen Christentum* (TrC 4; Tübingen: Mohr Siebeck, 2008), 57–59.

26 Deutsche Übersetzung: N. Brox (Fontes Christiani 8,1).

27 Vgl. *Visio sancti Pauli* 13; *Apocalypse gnostique de Paul* 23. Außerdem: *Pistis Sophia* I, 7–8; 39; II, 68–69; 71; 84; *exc. Thdt.* 33, 3; *Zostrianos* 43.

Auch Epiphanius kennt die Karpokratianer[28] und verbindet sie mit den Valentinianern. Seine Informationen stimmen mit denen des Irenäus überein, vielleicht übernimmt er sie direkt von ihm, aber dort, wo Irenäus von himmlischen Sphären spricht, erinnert Epiphanius an Karusselle oder Reitschulen. Auch Irenäus erwähnt übrigens, dass die Karpokratianer von Bildern Gebrauch machen.[29] Infolgedessen kann man annehmen, dass sie so etwas wie ein „ophitisches Diagramm",[30] eine Darstellung des Kosmos und der zu durchquerenden Sphären, kannten, ein Ausdruck, der jedoch erst bei Origenes erwähnt wird.[31]

Ich habe die Namen mehrerer gnostischer Gruppen erwähnt, deren Lehren vergleichbar sind. Ich habe auch auf die Verbindungen zwischen diesen Gruppen verwiesen. Dennoch möchte ich ihr Verhältnis zueinander nicht weiter verfolgen, das bliebe letztlich ein Spiel mit Etiketten.[32] Viel sinnvoller erscheint es mir, über diese hinauszugehen.

Ausgehend von den Zeugnissen altkirchlicher Häresiologen wie der Schriften von Nag Hammadi nimmt Tuomas Rasimus eine Wiederherstellung des sethianischen Mythos vor, die es erlaubt, die Aufsplitterung der gnostischen Bewegung zu reduzieren. Das ophitische Diagramm und mehr noch die Lehre, die mit ihm verbunden ist, gehören seiner Meinung nach grundsätzlich zu dem, was er als „klassische Gnosis" bezeichnet.

Das Diagramm ist tatsächlich eine Himmelskarte nach einem geozentrischen Modell mit ineinandergefügten Scheiben, die Sphären oder planetarische Umlaufbahnen darstellen. Ausgehend von der Erde, schneidet der Aufstieg senkrecht die Sphären. Diese stellen sich infolgedessen als übereinander gelegte Himmel dar. Diese Darstellung entspricht dem, was Irenäus erwähnt und impli-

---

28 Vgl. Epiphanius, *Pan.* 27,2,11.

29 Vgl. Irenäus, *haer.* 25, 6.

30 Vgl. N. Denzey, „Stalking those Elusive Ophites: The Ophite Diagrams Reconsidered", in W. Kappeler (ed.), *Essays in Honour of Frederik Wisse: Scholar, Churchman, Mentor* (ARC 33; Montreal: Mac Gill University Press, 2005), 89–122; B. Witte, *Das Ophitendiagramm nach Origenes Contra Celsum VI 22–38* (Arbeiten zum spätantiken und koptischen Ägypten 6; Altenberge: Oros-Verlag, 1993); A. Welburn, „Reconstructing the Ophite Diagram", in *Novum Testamentum* 23 (1981) 261–287; T. Hopfner, „Das Diagram der Ophiten", in *Charisteria. Alois Rzach zum achtzigsten Geburtstag dargebracht* (Reichenberg: Stiepel, 1930), 86–98; C. Bonner, „An Amulet of the Ophite Gnostics", in *Commemorative Studies in Honor of Theodore Leslie Shear* (Hesperia Supplement 8; Princeton: American School of Classical Studies at Athens, 1949), 43–46 und Taf. 8.

31 Vgl. Origenes, Cels. VI,22,41; T. Rasimus, Paradise Reconsidered in Gnostic Mythmaking. Rethinking Sethianism in Light of the Ophite Evidence (Nag Hammadi and Manichean Studies 68; Leiden/Boston: Brill, 2009), 65–101. Origenes borgt von den Ophiten die Nutzung von Diagrammen als Lehrmittel aus. Der Alexandriner liefert eine lange Beschreibung von ihnen und unterstreicht persönliche Entwicklungen und parallele Entwicklungen zu seiner eigenen Exegese.

32 Der Namen Sethianer stammt von ihren Kritikern, vgl. Clemens von Alexandrien, *strom.* VII,108,1–2; F. Wisse, „Stalking those Elusive Sethians", in B. Layton (ed.), *The Rediscovery of Gnosticism. Proceedings of the International Conference on Gnosticism at Yale, March 28–31, 1978* (Supplements to Numen 41; Leiden: Brill, 1981), vol. II, 563–576.

ziert, sich außerhalb des Systems oder an der Grenze zu befinden.[33] Das Ophiten-Diagramm ist eine visuelle Allegorie der Abtrennung.[34]

Einige Wissenschaftler haben Rekonstruktionen versucht. Einige von diesen Versuchen gehen der Entdeckung und Publikation der Schriften von Nag Hammadi voraus. Heute kann gnostische Theologie nicht nur durch den Filter altkirchlicher Polemik verstanden werden. Die Verinnerlichung spielt in ihr eine entscheidende Rolle und man kann verstehen, dass die Orte und die Dämonen des ophitischen Diagramms bildliche Darstellungen innerer Realitäten sind. Dies legt sich auch nahe, wenn der Aufstieg als eine „Psychomachie" interpretiert wird.

Um die Quintessenz ihrer Lehre auszudrücken, haben es die Gnostiker vorgezogen, auf Worte zu verzichten und für das Symbolische optiert. Die Unaussprechlichkeit des Mysteriums war ihnen bewusst, und sie haben es zweifellos thematisiert, da diese Frage wiederholt in ihren Äußerungen auftaucht.

Von den drei Schlüsselbegriffen in 2 Kor 12 möchte ich noch auf „der Mensch" zu sprechen kommen. „Ich kenne einen Menschen", bekundet Paulus. Das Spiel zwischen Bekenntnis und Distanzierung ist symptomatisch. Und Paulus insistiert: War es mit dem Leib oder ohne den Leib? Die Alternative zwischen Verinnerlichung und Veräußerlichung ist eigentlich die Konfrontation zwischen Allegorie und Mythos. Beschreibt man einen Mann, der zum Höhenflug ansetzt und das Jenseits aufmerksam betrachtet, oder eine Seele auf ihrem inneren Werdegang?

Die gleiche Frage stellt sich vor Mandalas, besonders im buddhistischen Tantra. Für eine große Zahl von Betrachtern sind dies Karten des Jenseits, mit Paradies und einer von Dämonen bevölkerten Hölle, sie lassen sich jedoch auch als Darstellungen innerer Realitäten wie als ein Aufruf zum Fortschreiten deuten.

Diese Annäherung tritt nicht zufällig ein. Vor wenigen Jahren wurde ein umfangreiches Manuskript des berühmten Psychanalytikers Carl Gustav Jung, vollständig redigiert und mit Zeichnungen versehen, in einem Bankschließfach entdeckt. Es trägt den Titel *Liber Novus*. Lange Zeit unpubliziert, ist es derzeit im Museum Rietberg in Zürich ausgestellt. Jung stellt dort seine persönliche Suche dar und muss dafür Text und Zeichnung ineinander verschränken, denn,

33 Vgl. E. Thomassen, „Notes pour la délimitation d'un corpus valentinien à Nag Hammadi", in L. Painchaud/A. Pasquier (ed.), *Les Textes de Nag Hammadi et le problème de leur classification* (BCNH.E 3; Québec et al.: Les Presses de l'Université Laval, 1995), 243–259, hier: 238–240; J.P. Mahé, „Mental Faculties and Cosmic Levels in the Eighth and the Ninth (NH VI, 6) and Related Hermetic Writings", in S. Giversen/T. Petersen/J.-P. Sørensen (ed.), *The Nag Hammadi Texts in the History of Religions* (Kopenhagen, 2002), 73–83, und die Anmerkung von F. Sagnard in Clément d'Alexandrie, *Extraits de Théodote* (SC 23; Paris: Les Éditions du Cerf, [2]1970), 133 Anm. 2.

34 Vgl. J.É. Ménard, „Le repos, salut du gnostique", in *Revue des Sciences Religieuses* 51 (1977) 71–78; P. Létourneau, Einleitung zum „Dialogue du Sauveur", in J.-P. Magé/P.-H. Poirier (ed.), *Écrits gnostiques. La bibliothèque de Nag Hammadi* (Bibliothèque de la Pléiade 538; Paris: Éditions Gallimard, 2007), 673.

wie er schreibt: „Es gibt keine große Anzahl von Wahrheiten, nur einige. Ihre Bedeutung ist zu tief, als dass man sie anders als in der Form von Symbolen fassen könnte."

Er malt dann Diagramme, konzentrische Karten, die sich zugleich als mythische Illustrationen und als psychologische Projektionen ausgeben. Das Museum Rietberg, das sich außereuropäischer Kunst und Kultur widmet, unterstreicht die Nähe zwischen den Zeichnungen Jungs und den buddhistischen Mandalas. Dies geschieht mit vollem Recht, da Jung solche besaß und sie als Quelle nutzte. Aber die Ähnlichkeit mit dem Ophiten-Diagramm ist ebenso deutlich. Die Biographie Jungs verrät, dass er mehr als zehn Jahre,[35] von 1916 bis 1926, die zu seiner Zeit verfügbaren gnostischen Quellen untersuchte und eine gewaltige Dokumentation zusammenstellte, zu der auch alte Bücher gehörten, die sich heute noch in Küssnacht befinden.

Ich betrachte den *Liber Novus* als eine Quelle und nicht als eine Erklärung. Meine Absicht ist nicht, die paulinische Erfahrung im Licht der modernen Psychologie zu erklären, das ist erst vor kurzem versucht worden.[36] Die Geschichte hört nicht im 20. oder 21. Jahrhundert auf. Es handelt sich ganz einfach darum, die Rezeption eines Motivs über einen langen Zeitraum zu verfolgen und festzustellen, das in einem Abstand von fast 2000 Jahren die Gleichung „ein Mensch – Himmel – das Unaussprechliche" immer noch funktioniert und Fragen aufwirft.

---

[35] Vgl. C.G. Jung, *Memories, Dreams, Reflections*, hg. von A. Jaffé, übersetzt von C. und R. Winston (New York: Random House, 1963), 199; A. Jaffé, *From the Life and Work of C.G. Jung*, (Einsiedeln: Daimon Verlag, 1989), 48.

[36] Das wurde unternommen von C. Schantz, *Paul in Ecstasy. The Neurobiology of the Apostle's Life and Thought* (New York: Cambridge University Press, 2009), besonders das Kapitel „A neurological Rereading of 2 Co:1–4", *ibid.* 93-108.

Flavio G. Nuvolone

Der Prophet Esra und die Kinder von Bethlehem

Zuerst muss präzisiert werden, worum es geht: Der historische Esra (5. Jh. v.Chr.) hat sich niemals mit möglichen Sachverhalten des Lebens oder gar der Geburt Jesu um das Jahr 6 v.Chr. befassen können, wie sie von Matthäus erzählt werden. Aus der Sicht der tatsächlichen bzw. der vermeintlichen historischen Ereignisse will der Titel des Beitrags eine kleine Provokation darstellen.

Am Anfang jedoch bleibt alles relativ. Unser Blick bestimmt auch die Perspektive.

So wählte man im zweiten Jahrhundert unserer Zeitrechnung die Gestalt Esras aus, um über die göttliche Gerechtigkeit zu diskutieren. Anders gesagt: ein „sicherer" Wert, war gesucht, um in Anschluss an 4 Esra die ernste Frage nach der Vorstellung von der göttlichen Gerechtigkeit zu stellen. Dies ist durch mehrere Schriften bezeugt, die unter dem Namen Esras überliefert sind und die vor wenigen Jahren in einem Sammelband der „Écrits apocryphes chrétiens" in der Reihe „Pléiade" vorgestellt wurden.[1] Diese Texte wenden sich einer Fragestellung zu, die nach der Zerstörung Jerusalems und seines Tempels dringend geworden war: Ist Gott gerecht und ist seine Allmacht wirklich barmherzig?

Ein Ensemble griechisch-lateinischer Esra-Texte

Die Reihe der Schriften, die sich mit den genannten, tief in unserem literarischen Erbe verankerten Fragen auseinandersetzt, beginnt mit griechischen Texten und endet in anderen Sprachen, u.a. dem Lateinischen. Folgende Texte sind zu nennen:

[1] F. Bovon/P. Geoltrain (ed.), *Écrits apocryphes chrétiens* I (Bibliothèque de la Pléiade; Paris: Gallimard, 1997). Wir verweisen auf folgende Studien: F.G. Nuvolone, „Apocalypse d'Esdras grecque et latine, rapports et rhétorique", in *Apocrypha* 7 (1996) 81–108; „Valeur ajoutée pour investissements bibliographiques ‚apocryphes' (*Visio Esdrae B*, § 95–96)", in D. Knoepfler (ed.), *Nomen Latinum. Mélanges de langue, de littérature et de civilisation latines offerts au* professeur A. Schneider *à l'occasion de son départ à la retraite* (Neuchâtel/Genève: Univ. de Neuchâtel, Fac. des Lettres, 1997), 181–190; „Vision d'Esdras", in Bovon/Geoltrain, *Écrits apocryphes chrétiens* I, 593–632; „L'initiation prophétique dans l'Apocalypse grecque d'Esdras. Essai d'analyse et de reconstruction", in *Freiburger Zeitschrift für Philosophie und Theologie* 44 (1997) 408–444; „Apocalittica cristiana extra-canonica: il profeta Esdra querela Dio", in *Gli apocrifi del Nuovo Testamento e le origini cristiane: possibilità, difficoltà, chiarificazioni* (Lugano: Associazione biblica della Svizzera italiana, 2009), 65–87; „Révélation et voyage dans l'au-delà", in *Religion et Histoire* 30 (2010) 46–49. Wir greifen hier auf das Wesentliche dieser letzten Beiträge zurück, ferner auf einige Überlegungen aus vorausgehenden Publikationen.

1. Griechische Esra-Apokalypse, zu unterscheiden von 4 Esra (CANT 340, *ApkEs*)
2. Griechische Sedrach-Apokalypse (CANT 341, *ApkSedr*)
3. Visio Esdrae (CANT 342, *VisEs*), lateinisch, in verschiedenen Rezensionen. In der Regel „Visio" genannt (*Visio B* = lange Fassung, *Visio L* = mittlere Länge, *Visio Cet* = kurze Fassung, *Visio V* = sehr kurze Fassung, nach der technischen Bezeichnung der vier Rezensionen, ausgehend von den Sigeln des kritischen Apparates[2]

All diesen Texten liegt mehr oder weniger die gleiche Erzählung zugrunde: Der Prophet Esra unternimmt eine Reise in den Tartarus und wird in den Himmel eingeladen; er erfleht dort Barmherzigkeit für die Sünder, diskutiert mit Gott und verhandelt seinen Tod, alles nur mit relativen Erfolg, der sich im Verlauf der Zeit und durch Korrekturen immer mehr abschwächt. In der *ApkEs* bedeutet die Szene der Initiation des Propheten, mit der der Text beginnt, ein wichtiges und erhellendes Element, sie wird eher nachlässig behandelt, verkürzt und wie auch der übrige Teil des Textes abgeändert.

1. Redaktion als „heilige Rhetorik"?

1.1 Ein Text aus Fragmenten

Bei erster Lektüre macht die griechische *Esra-Apokalypse* einen etwas verwirrenden Eindruck. Wie Danielle Ellul-Durand bemerkte, kann man keinen logischen Plan des Textes entdecken, sondern eher „eine Abfolge von Fragmenten, deren Themen sich überschneiden und vermischen, was auf eine der wichtigs-

---

[2] S. die neueren Editionen: O. Wahl, *Apocalypsis Esdrae, Apocalypsis Sedrach, Visio Esdrae* (Pseudepigrapha Veteris Testamenti graece 4; Leiden: Brill, 1977), bes. 25–33, *ApEsd* 37–46, *ApSed* 49–61, *Visio Esdrae*. Von diesem letzten Text hat Wahl zwei Rezensionen ediert, eine mittlere und eine kurze. Die dritte Rezension *breuissima* in G. Mercati, *Note di Letteratura Biblica e Cristiana Antica* (Studi e Testi 5; Roma: Tipografia Vaticana, 1901), 70–73, und eine vierte lange Fassung bei P.-M. Bogaert, „Une version longue inédite de la 'Visio Beati Esdrae' dans le Légendier de Teano (Barberini Lat. 2318)", in *Revue Bénédictine* 94 (1984) 59–64. Nur ihr Text wird aufgenommen von A.-M. Denis, *Concordance latine des Pseudépigraphes d'Ancien Testament, Concordance, Corpus des textes, Indices* (Turnhout: Brepols, 1993), 617–619. S. auch die Übersetzungen und Analysen von S. Agourides, „Apocalypse of Sedrach", in J.H. Charlesworth (ed.), *The Old Testament Pseudepigrapha* I (Garden City, N.Y.: Doubleday, 1983), 605–613; J.R. Mueller/G.A. Robbins, Vision of Ezra, *ibid.*, 581–590, und M.E. Stone, „Greek Apocalypse of Ezra, Questions of Ezra", *ibid.*, 561–579.591–599; id., „A New Edition and Translation of the Questions of Ezra", in Z. Zevit/S. Gitin/M. Sokoloff (ed.), *Solving Riddles and Untying Knots: Biblical, Epigraphic, and Semitic Studies in Honor of* J.C. Greenfield (Winona Lake, Ind.: Eisenbrauns, 1995), 293–316; D. Ellul, „Apocalypse d'Esdras, Apocalypse de Sedrach", in Bovon/Geoltrain, *Écrits apocryphes chrétiens* I, 547–591.

ten Eigenschaften dieses Textes hinweist, die Fragmentierung“[3]. Eine topographische, thematische und narrative Fragmentierung der griechischen Apokalypse ist wirklich erkennbar; man denke nur daran, dass die beiden Himmelsreisen Esras (I,7 und V,7) und sein Besuch im Tartarus durch einen Dialog mit Gott unterbrochen werden (IV,25–43).

1.2 Der Wechsel zwischen der ersten und der dritten Person des Esra

Zudem zeigt sich: der im griechischen Text häufige Wechsel zwischen der ersten und der dritten Person in Bezug auf Esra entspricht einer Zweiteilung im lateinischen Text; in den §§ 1b bis 69[4] erzählt der Text aus Sicht des Esra in der ersten Person und geht dann vom § 70 bis zum Schluss (§ 117) in die dritte Person über.

Der Vergleich dieser beiden Abschnitte des langen lateinischen Textes mit der griechischen Apokalypse erlaubt eine zweite interessante Beobachtung. Abgesehen von den recht zahlreichen Passagen, an denen der lateinische bzw. der griechische Text keine Entsprechung in der je anderen Sprache hat, stellt man in der Mehrzahl der Parallelen eine schöne Übereinstimmung zwischen dem thematischen Gehalt, der Lokalisierung der Ereignisse und der Verwendung der ersten und dritten Person fest. Die wenigen Ausnahmen von dieser Regel lassen sich leicht mit redaktionellen Eingriffen in einen der beiden Texte erklären.

Gestützt auf diesen Befund, kann der heute vorliegende Text der griechischen Apokalypse als das Ergebnis einer Übung „sakraler Rhetorik“ betrachtet werden. Der Redaktor dieses Textes wollte aus älteren Elementen ein neues Werk schaffen. Diese älteren Elemente hat er auf ganz besondere Weise dekonstruiert: Dass er seine Quellen dabei – vielleicht aufgrund ihres religiösen, autoritativen Charakters – manchmal bewahrte, erleichtert unsere Analyse. Hätte er, wie dies bei den meisten Redaktionsprozessen geschieht, die gesamte Komposition sorgfältig vereinheitlicht, wären wir zu gewagten Hypothesen gezwungen. Man stelle sich zum Beispiel vor, welche Theorie man hätte entwerfen müssen, um die Genese eines der Texte des von André Hurst publizierten Papyrus Bodmer XXIX, zu erklären, wäre das Stück ohne seine Überschrift

---

3 D. Ellul, *L'Apocalypse grecque d'Esdras, Thèse préparée sous la direction de Francis Schmidt* (École Pratique des Hautes Études, Ve section; Paris, 1977, 202; vgl. ead., „Apocalypse d'Esdras“, 551–553.

4 Unterstreichen wir jedoch, dass der Übergang nicht vollständig klar ist. Den § 69 kennen wir nur in einer langen lateinischen Rezension. Die vorausgehenden und die folgenden Abschnitte sind lückenhaft; außerdem ist der Schluss der kurzen Rezensionen abgeändert, und schließlich übernimmt die mittlere Rezension, vertreten durch das Linzer Manuskript, leider nicht immer mit Genauigkeit die Rede in der ersten Person. Somit vereinfacht die kurze Rezension, die sich von der mittleren herleitet, das Problem dadurch, dass sie überall die dritte Person einfügt.

„Was Kain nach dem Mord an Abel hätte sagen können“, die es als rhetorische Übung kennzeichnet, kopiert und verbreitet worden.[5] Um heute der Genese antiker Texte jenseits aller äußeren Hinweise auf die Spur zu kommen, stehen uns nur die Mittel innerer und vergleichender Analyse zur Verfügung. Für diese Analyse müssen alle Indizien beachtet werden.

1.3 Eine Kombination von Quellen

Natürlich behaupten wir nicht, dass die griechische Version direkt von der lateinischen abgeleitet sei oder dass der überlieferte lateinische Text vollständig älter als die griechischen Apokalypse sein könnte. Unsere Beobachtung im Hinblick auf den „künstlichen“ Charakter des griechischen Textes führt uns jedoch dazu, zumindest *a priori* die lateinische Version zu bevorzugen, und hilft uns, die Passagen zu identifizieren, wo die Letztere deutlich besser als die griechische ist. Besonders deutlich zeigt sich dies an folgendem Beispiel:

Der griechische und die Langform des lateinischen Texts bieten zwei Beschreibungen des Antichristen. Schon C. Tischendorf hat bereits 1866 darauf hingewiesen, dass die Beschreibung der griechischen *Esra-Apokalypse* derjenigen der *Ersten* (apokryphen) *Apokalypse des Johannes*[6] nahe steht.

Eine Synopse, publiziert als Tafel 1 eines früheren Artikels,[7] erlaubt, drei Texte zu vergleichen: die *Apk Johannis I* nach der Edition von C. Tischendorf (1866), die auf etwa zehn Zeugen beruht (einige Lesarten sind umstritten, ohne dass wir hier auf ihren Wert eingehen können); die *ApkEs* nach der Edition von O. Wahl; die *Visio Esdrae*, d.h. von P.-M. Bogaert herausgegebene Langfassung des lateinischen Texts.

Die Art und Weise, wie sich die Beschreibung des Antichristen in die *ApkEs* einfügt, bezeugt eine komplexe redaktionelle Arbeit. Diese Beschreibung findet im Kontext der Beschreibung einer Reise des Esra in die unteren Abschnitte des Tartarus statt (IV,4–6), eine Reise, die selbst mit Hilfe von Materialien zusammengesetzt ist, die denen der *Visio* ziemlich nahe stehen. Nach einer gemein-

---

5 A. Hurst/O. Reverdin (ed.), *Vision de Dorothéos* (Papyrus Bodmer 29; Cologny/Genève: Fondation Martin Bodmer, 1984). Vor einigen Jahren haben wir selbst die Genese eines Textes rekonstruiert, der zwar später entstanden ist und einen völlig anderen Charakter hat, aber zunächst als ein authentisches und altes Werk publiziert worden war. Aufgrund einer Analyse von Manuskripten und Archivdokumenten erwies er sich als eine späte Kompilierung, von der es sogar möglich war, die Quellen zu identifizieren und sogar eine Zwischenstufe festzustellen, wo die Zusammenstellung angegeben und signiert worden war, s. F.G. Nuvolone, „Il Compendiolum Jonae, il Sermo de Charitate Dei ac proximi, il viaggio di Colombano a Roma e l'aggiogamento dell'orso“, in *Archivum Bobiense* 4 (1982) 91–165.

6 S. *Apocalypses Apocryphae Mosis, Esdrae, Pauli, Iohannis, item Mariae dormitio, additis Evangeliorum et actuum Apocryphorum supplementis* (Leipzig: Mendel, 1866; Nachdruck Hildesheim: Olms, 1966), 29. Dieser bedeutende Wissenschaftler hat den Text der ersten apokryphen Apokalypse des Johannes in diesem Band auf den S. 70–94 ediert.

7 Nuvolone, „Apocalypse d'Esdras grecque et latine“, 91, Taf. I.

samen Episode[8] präsentiert die *ApkEs* eine ihr eigene Szene: Esra wird „in den Norden" geführt und sieht dort einen Mann, der von Eisenstangen eingeschlossen ist. In dieser Episode spricht Esra wie auch in der vorausgehenden Passage der *Visio* in der ersten Person. Die Beschreibung der Situation, in der sich die Gestalt befindet, scheint bereits von der apokryphen *Ersten Johannesapokalypse*[9] abhängig zu sein, zugleich jedoch passt sie aufgrund ihres präeschatologischen Charakters zur Perspektive der *Visio*.

Nachdem der Text zunächst in naher Verwandtschaft zur *Visio* den Anspruch der Person, der „Sohn Gottes" (IV,27) zu sein, erklärt, bringt er Esra plötzlich in der dritten Person zum Einsatz: „Und der Prophet sagt" (IV,28), eine weitere Parallele zwischen *ApkEs* und der *Visio*, aber nun zu deren zweitem Teil, d.h. dem Dialog des Propheten mit Gott (*Visio B*, § 75). Die folgende Beschreibung wiederum ist aus der *1 ApkJoh* entnommen, von der her auch die Perspektive der ersten Person übernommen ist: „Er sagt mir" (IV,29–32).

Wie man sieht, erklärt die These, dass der Text der *ApkEs* hier zum Teil aus der *Ersten Apokalypse des Johannes* entlehnt ist, zum Teil sich aber auch einer Vorlage der *Visio B* verdankt, warum Esra abwechselnd in der ersten und in der dritten Person erwähnt wird. Dagegen bietet die Beschreibung des lateinischen Texts recht ursprüngliche Züge – und zwar möglicherweise sowohl, was den Inhalt, als auch was die Stellung in der Gesamtkomposition angeht.

Anleihen von der *Ersten Apokalypse des Johannes* finden sich auch in anderen Passagen. Einerseits ist die *ApkEs* die einzige, die die „zwölf Plagen" erwähnt, die sich alleine in einem Manuskript der *Ersten Apokalypse des Johannes* finden.[10] Andererseits berichtet sie in I,19 von dem Versprechen Gottes an Esra, die Jungfrau, „die den unverletzlichen Schatz unverdorben wiedergibt, den Reichtum der Jungfräulichkeit, den Schutzwall der Menschheit" zu bewahren „wie Paulus und Johannes". Diese letzte Passage, die seit Langem als ein redaktioneller „christlicher" Zusatz[11] identifiziert wurde, zeigt, wie der Autor apokalyptische Texte neu gedeutet hat. Das fragliche Bild fehlt in der lateinischen Langfassung, die das Esra gegebene Versprechen folgendermaßen formuliert (§ 88): „Aber du wirst mit meinen Propheten auserwählt werden!" und damit eine eindeutig prophetische Perspektive zum Ausdruck bringt.

Ein Vergleich der griechischen *ApkEs* mit der *Apokalypse des Paulus* zeigt die Möglichkeit analoger Anleihen. Dabei denken wir vor allem an die an *Apk*-

---

8 *ApkEs* IV,22–24 und *Visio B* 19–22.

9 In diesem Sinn s. auch den Gehalt dieser Passage in der armenischen Version (nach der Übersetzung von J.-M. Rosenstiehl bei dem Kolloquium über die apokryphe christliche Literatur im März 1995 in Lausanne/Genève): „Écoute, juste Jean! Après tout cela apparaîtra l'**Homme** de l'Iniquité, le Fils de la Perdition, le Négateur, l'Infidèle **emprisonné** dans les ténèbres, qui est appelé Antichrist."

10 Vgl. *ApEsd* IV,21 und Tischendorf, *Apocalypses*, 94.

11 Vgl. P. Riessler, *Altjüdisches Schrifttum außerhalb der Bibel* (Augsburg: Filser, 1928, Nachdruck Heidelberg, 1966), 1273; U.B. Müller, „Die griechische Esra-Apocalypse", in *Apokalypsen* (Jüdische Schriften aus hellenistisch-römischer Zeit 5; Gütersloh: Gütersloher Verlagshaus, 1976), 88.

Paul 44 erinnernde Bemerkung der Verdammten, dass ihnen nur wegen der Gegenwart des Gerechten Erleichterung zuteil wurde.[12] Interessanterweise ist dies das einzige Element, welches in der griechischen *Esra-Apokalypse* zum Thema punktueller „Erleichterung der Pein“ erhalten ist, obwohl der Text wiederholt den Willen Esras hervorhebt, mit Gott zu rechten und die Geburt des Menschen zu beklagen.[13] Dieses eine Element jedoch hat wohl nicht zufällig die systematische, „orthodoxe“ Interessen spiegelnde Korrektur überlebt, die alle Zeugen außer dem langen lateinischen Text beeinflusst hat. Die Vorstellung eines göttlichen Dekrets über eine zeitweise Aufhebung bzw. Erleichterung der Strafen wurde als störend empfunden und daher getilgt.

Kommen wir dazu zurück, dass die vorliegende Beschreibung des Antichristen durch ein „vornehmeres“, der apokalyptischen Tradition entnommenes Beispiel, „ersetzt“ wurde: Für einen Christen ist eine durch die Autorität des Johannes garantierte Beschreibung mehr wert als ein Bericht des Esra! Diese Entlehnung aus der apokryphen *Ersten Apokalypse des Johannes* muss uns auf die Tatsache hinweisen, dass die *ApkEs* einerseits durch Einschübe *ex novo* angereichert oder andererseits durch den Ersatz von Elementen aufgrund von Entlehnungen oder Zusammenfassungen aus anderen Texten verändert wurde.

2. Strukturelle und inhaltliche Korrekturen

Die Untersuchung der Beziehungen zwischen dem griechischen und dem lateinischen Text hat abwechselnde Vorgehensweisen erkennen lassen.

Das ist auch der Fall bei der nun behandelten Passage der Fall: Die verschiedenen von Esra studierten Szenen wurden in vier Teile aufgeteilt und im griechischen Text mit einer kosmologischen Korrektur versehen.

Visio	*ApEsr*	Sequenz *Visio*	Sequenz *ApEsr*	Thema
3–11	–	1	–	Türen des Tartaros
12–18	–	2		Ehebrecher
19–22	IV,22–24	3	6	Blutschänder
23–33	IV,13–14	4	2 (Zusammenfassung)	Riesiger Kessel

---

12 Vgl. *ApEsd* V,10 und *Ap. Pauli* 44.

13 Die Gegenwart einer rhetorischen, repetitiven Strukturierung ist gewiss keine Neuheit in unserem Text und könnte daher ursprünglich sein, aber sie kann auch das Ergebnis einer neuen Redaktion sein. Es sei uns erlaubt, auf einen Fall zu verweisen, den wir bereits untersucht haben: Es handelt sich um die Wiederaufnahme eines späten patristischen Textes, der anlässlich einer Fälschung umgewandelt worden ist, s. F.G. Nuvolone, „Il *Sermo pastoralis* Pseudoambrosiano e il *Sermo Girberti philosophi papae urbis Romae qui cognominatus est Sivester de informatione Episcoporum*“, in M. Tosi (ed.), *Gerberto. Scienza, storia e mito, Atti del Gerberti Symposium* (Bobbio: Editrice degli A.S.B., 1985), 379–565, bes. 438–439.

	IV,17–18		3	Lauschen an den Türen
34–36	IV,19–20	5	4	Zu den Feuerbecken
36 a–e	IV,21	6	5 (ersetzt)	Veränderliche Brücke
	IV,25–43		7	Antichrist und Diskussion
37–39	**IV,7–21**	7	**1**	**Herodes**
40–42		8	–	Fremde Wege
43–44		9	–	Jungfrauen
45–47		10	–	Verderber des Gesetzes
48–49		11	–	Ofen für Könige
50–50a		12	–	Ofen für Gewalttäter gegen Verwandte
51–53	V,4–6	13	9	Ofen für Mütter, die ihre Kinder ermordeten
53a–55	V,1–3	14	8	Mütter, die sich weigern zu stillen
56–57		15	10	Kursänderung
	V,4–6		11	Erleichterung
57a–c	V,24–25	16	13	Sünder, die Grenzsteine versetzt haben
58–59e	V,21–22	17	12	Paradies
59f–g	V,26–27	18	14	Wucherer
60	V,27	19	15	Ende des Strafgerichts
				Himmelfahrt

Wie sich zeigt, rückt die *ApEsr* den Fall des Herodes an den Anfang der Gerichtsszenen. Diese Perspektive ist typisch für einen christlichen Hintergrund, der Prioritäten in der Bewertung der Schwere von Sünden wie in den apokalyptischen Szenen und ihrer Entwicklung einführt, in denen gewisse Figuren nun „unentschuldbar“ erscheinen. Auch Szene um die Figur des Antichristen und die darauf folgenden Diskussionen wird unter den Szenen in der Hölle platziert. Zugleich verwendet der apostolischen Autoritäten verpflichtete Redaktor die Beschreibung des Antichristen aus der *1 ApkJoh*, fügt sie anstelle derer seiner Vorlage ein und hinterlässt dabei deutliche Spuren seines Vorgehens,[14] eines redaktionellen Verfahrens, das bereits ausführlich angesprochen wurde und sich durch den Wechsel von „er“ und „ich“[15] und die dauernde Vermischung narrativen Materials deutlich zeigt. So erklärt sich auch die Einrichtung eines neuen kosmischen Orts des Paradieses, in der *Visio* noch in den inneren Teilen der Erde in der Nähe der Totenwelt gelegen, das nun im Himmel wieder begegnet,

14 Vgl. Nuvolone, „Apocalypse d’Esdras grecque et latine“, 89–93.
15 Ibid., 88–89.

jedoch verbunden mit Leidensszenen, die beim redaktionellen Prozess mitgenommen wurden.

Diese Beobachtungen beschreiben große Linien und können, wissend, dass bestimmte Voraussetzungen die jeweilige redaktionelle Wahl bestimmen und in einem Text zu Korrekturen anregen, der systematisch bearbeitet wurde, nicht alle Details erklären.

3. Die Herodes-Szene

Nahezu jede Szene ist durch eine Bewegung des Visionärs und seiner Begleiter-Interpreten eingeleitet. Im lateinischen Text ist die Episode Teil der Reise in die Tiefen der Erde und werden einige Details (3-36e) der erlittenen Plagen gegeben. Im Griechischen steht sie, wie angegeben, am Beginn der Reise. Esra wird von Michael, Gabriel und von 34 Engeln begleitet, was dem Besuch und dem Zusammensein besondere Feierlichkeit verleiht. Im Lateinischen sind es in § 2 – und auch zu Beginn des Besuches – sieben Engel aus den Tiefen der Erde, die Esra transportieren. Man könnte sagen, dass der griechische Text die sieben Engel, entsprechend seiner beiden Berichte vom Abstieg, in drei und vier aufgeteilt hat. Was Michael und Gabriel betrifft, erscheinen sie Esra bei dem Abschnitt, den wir als „Kursänderung" bezeichnet haben, um ihn zur Feier des Osterfestes einzuladen (§ 56), und sie kommen zu viert wieder, um ihn in den Himmel zu führen (§ 60). Die Siebenzahl, die Fülle andeutet, entspricht in den Parallelen in *ApEsr* 1,7 und IV,7 „einem großen Engelheer". Auch im griechischen Text lesen wir von zwei Besuchen Esras am Ort der Qualen; in VI,2 sind dann die sieben Engel, die Michael und Gabriel begleiten, „beauftragt mit dem Vollzug", sie sind wohl, wenn auch mit Schwierigkeiten, als für den Tartarus Verantwortliche zu verstehen. Dabei ist anzumerken, dass bei Nergals Abstieg in das „Land ohne Wiederkehr", zu Königin Ereshkigal, die er beleidigt und verurteilt hatte, sein Vater, der Gott Ea, ihm „sieben und sieben Wächter" mit dämonischen Namen gibt, die ihm helfen sollen, die Wächter der sieben Doppeltore der Hölle auszuschalten.[16]

Die Engel der *Visio* werden in B *Tartaruci* genannt, in L und Cet *Tartarei*, d.h. Engel, die mit den Strafen des Tartarus, den sie auch bewachen, beauftragt sind (vgl. *ApPaul* 16.18.34.40). Diese vage Bezeichnung zwischen einem die Funktion bezeichnenden Substantiv und einem Eigennamen zeigt hier, wie in 19 und 40, den darunter liegenden griechischen Begriff.

Herodes wird als Autorität und Richter inmitten seines Gerichtshofs gezeichnet. Er wird als „Mann, dem Autorität verliehen ist" (L), bzw. vereinfacht als „ein Mann" (B und Cet) bezeichnet; die Bezeichnung *vir bonus* in L erinnert

---

[16] Vgl. R. Labat, *Les religions du Proche-Orient asiatique* (Paris: Fayard/Denöel, 1970), 98–100, Version aus Tell el-Amarna.

an den Schöffen eines mittelalterlichen Gerichts, entspricht hier aber dem Sinn „Ehrenmann“, „Mann aus guter Familie“, „Aristokrat“, in Griechisch ἀνὴρ καλὸς κἀγαθος. Der lateinische Leser musste hier eine mögliche Zweideutigkeit erkennen und sie daher tilgen. Der griechische Bearbeiter, der ihn einen „Greis“ nennt, folgt der gleichen Tendenz.

„Engel Satans, die das Feuer für ihn beaufsichtigten“ (B), „Feuer, die für ihn beaufsichtigt wurden“ (L, Cet); B stellt die Folterknechte allein dar, mit dem gleichen Ausdruck, der auch in § 27 begegnet (man beachte die Tendenz, diesen Typ von Engeln zu „satanisieren“, auch in § 19; vgl. auch den isolierten Hinweis in § 114). Ursprünglich kann man hier leicht „Engel des Tartarus“ als Qualifikation der an diesem Ort Beauftragten annehmen, wie in § 2. Das Griechische vereinfacht auch in diesem Fall die Szene beträchtlich.

In Herodes’ Umgebung werden „Berater“ erwähnt (B), „beisitzende Richter“ (L, Cet); L und Cet sind wahrscheinlich vorzuziehen; die *consiliarii* weisen auf beisitzende Richter hin, die herbeigerufen wurden, um mit dem verantwortlichen Richter zu beraten; einfache „Berater“ oder „Ratgeber“ sind an dieser Stelle weniger wahrscheinlich. Herodes erscheint hier als Magistrat/ Richter, und die Szene ist die eines Strafgerichtes, wie es im Griechischen beteuert (*ApEsr* IV,11) und in der antiken Ikonographie des „Kindermordes“ dargestellt wird.

Die Erklärung der Identität der Person und des Grundes für ihre Strafe stellt einige Elemente klar. B scheint den Text im Vergleich zu L, Cet und dem griechischen Text etwas vereinfacht zu haben. So verschwindet der Hinweis auf die Dauer der Regierungszeit, die das Lateinische aufgrund seines Missverstehens des griechischen πρὸς καιρόν, das für eine volle Herrschaft von etwa 40 Jahren steht (vgl. die Regierungszeiten von David, Salomo und Joas), in „viele Jahre“ umgewandelt hat, das Lateinische versteht davon nur noch die außergewöhnliche Dauer. Man kann dabei nicht ausschließen, dass der Text damit in messianischer Perspektive[17] eine negative Dauer, eine Zwischenzeit zum Ausdruck bringen wollte.

Die Formulierung „wegen des Namens des Herren“ ist wohl vorzuziehen;[18] Cet scheint sich einer liturgischen Formulierung zu nähern, die in B deutlich aufscheint.[19] Weit davon entfernt, ausführlich einen Massenmord zu schildern, wie er Apologeten und späteren Hagiographen lieb und teuer war, verweist unser Text zu Beginn nur knapp auf die Beseitigung der „kleinen Kinder“. Obwohl sie bereits seit dem Ende des 2. Jahrhunderts als Märtyrer verehrt wurden, befinden sie sich hier nicht im Mittelpunkt der Szene; vielmehr dominiert

---

17 Vgl. *Schrift des Damas* IV,8–10; B, II,15; *Comm Ps*. XXXVII,II,7–9.

18 Vgl. in § 24 die neutestamentliche Verwendung und *Ap. Pauli* L1 26: „propter nomen Christi“.

19 Vgl. *Brév. Romain,* In festo SS. Innoc., ad Laudes: „occidit *multos pueros* Herodes *propter Dominum*“.

hier das Urteil über den ungerechten und mörderischen Monarchen, der seine Macht missbraucht.[20]

Das Urteil über Herodes wird im griechischen Text „erbarmungslos" genannt und dies gilt in zweifacher Hinsicht: Da er kein Mitleid gehabt hat, wird auch ihm kein Mitleid mehr zuteil und er durch die Handlung bestraft, die er ausübt und durch das Instrument, das er benutzt. Wenn der unmenschliche Urteilsspruch als direkt vor seinem Thron ausgeführt dargestellt ist, stehen wir hier der Logik einer grausamen Strafe gegenüber, die den Souverän-Magistrat und seinen Rat dort überrascht, wo sie gesündigt haben. Die Verbindung des Talionsprinzips und des *contrapassum* ist auch in anderen Passagen der *Visio* greifbar.

Die abschließende Bemerkung Esras ist in unserem Text isoliert. Auch die *ApkEsr* enthält eine, vermeidet aber nicht analoge Aussagen für die anderen Sünder (vgl. I,9.24; II,19–21…). Außerdem unterscheidet sich das Lateinische radikal vom Griechischen („Unheil seiner Seele!") und nähert sich deutlich an Ps 118,137, im Licht von Apk 16,5–7 gelesen, an: die Proklamation göttlicher Gerechtigkeit, die sich in der Vergeltung des vergossenen Blutes „der Heiligen und der Propheten" verifiziert. Dies lässt sich vergleichen mit *Ap. Petr. gr.* 25 (= aeth. 7), aeth.13, und *Ap. Pauli* 14,8 (Manuskript Zürich!) sowie 16,4: Während es in der Letzteren um die Reaktionen auf die göttlichen Urteile über die Seelen des Gerechten und des Sünders handelt, findet sich diese in der *Ap.Petr.* zunächst im Mund der Opfer, die der Bestrafung ihrer Mörder (!) beiwohnen, und dann, am Abschluss des Abschnittes, in dem der Verdammten.

Herodes, nicht ohne Verschmelzung von Herodes dem Großen und Antipas, wird in der apokryphen Literatur beschrieben als auf der Erde gezüchtigt durch Würmer und Tod *(Geschichte Josefs des Zimmermanns* 8,2–9,1; *Martyrium* des Pilatus 25–26), verdammt (*Didaskalie unseres Herrn Jesus Christus* XVII), zusammen mit Judas und Kain verlassen in der Unterwelt (*Koptische Bartholomäustexte: Buch der Auferstehung Jesu Christi* 7,4) oder im höllischen Brunnen mit Judas, Hananias und Kaiaphas befindlich (*Navigatio S. Brendani, Visio Alberici* IX). Die radikalsten Verurteilungen sind mit der Passion verbunden; der Mord an den unschuldigen Kindern, der im ersten Text erwähnt wird, mit Ausnahme der Kindheits-Evangelien, erscheint auch anderswo, aber mit einer Akzentverschiebung auf die Seligkeit der Opfer (vgl. *Ap. Pauli* 26, latein. und syr.; *Martyrium des Matthäus* 3). Das ist hier nicht der Fall.

In der *ApkEsr* wird diese Szene in einer Weise präzisiert, die sie wieder an den Text des NT anbindet: „er hat befohlen, alle kleinen Kinder bis zum Alter von zwei Jahren und darunter zu töten" (Mt 2,16), und dies verbindet sich mit der ausgewählten Platzierung im Kontext. Die Szene leitet den Besuch in den unteren Teilen des Tartarus ein. In einem betont christlichen Milieu dominieren die Schicksale Einzelner über das kollektive Urteil, und ein Verbrechen, das

20 Vgl. § 48–49.

mit dem Leben Christi verbunden ist (von Judas keine Spur!), macht aus dem Herrscher „den Ersten der Verdammten“.

Fazit

1. Es ging uns darum, das wissenschaftliche Interesse an diesem wenig bekannten Text mit seinen merkwürdigen Aspekten und seiner komplexen Tradition zu wecken.

2. Die obigen Analysen zeigen, dass wir es mit einer Texttradition zu tun haben, die Quellen fragmentiert, zusammenfasst und wieder neu kombiniert.

3. Die Herodes-Episode befindet sich in einer Reihe von aufeinander folgenden Szenen in der Unterwelt: Der Prophet Esra, der, mit Ausnahme dieses Falles, die göttliche Gerechtigkeit in Frage stellt, besucht die verschiedenen Verurteilten und erfleht die göttliche Gerechtigkeit.

4. Der Fall des Herodes – die Ausnahme, an der Gott sich gerecht zeigt – wird im griechischen und lateinischen Text auf differierende Weise behandelt, mit Unterschieden in der kontextuellen Platzierung wie in den Details des Inhalts.

5. In der *ApkEsr* ist er, einer christlichen Perspektive folgend, als der erste der Verdammten an den Beginn der Reihe der Strafen gestellt.

6. Der Text ist als Indikation ihrer christlichen Verwurzelung auch stärker an Mt 2,16 angenähert.

7. Die Reaktion Esras in der *Visio* deutet auf eine Zustimmung, die sich mit dem Bild des durch den Herrscher verfolgten Gerechten identifiziert (Kinder und göttliches Kind).

8. In der *ApkEsr* ist die Reaktion Esras gegenüber anderen Sündern der Reaktion auf das Schicksal des Herodes angeglichen, ein Zeichen einer Schwächung der Rolle Esras und gleichzeitig der Zustimmung zur üblichen göttlichen Gerechtigkeit.

Tobias Nicklas

Rezeption und Nicht-Rezeption der Offenbarung des Johannes durch antike christliche Apokalypsen

1. Einleitende Gedanken

Wenn wir heute von „der" Apokalypse sprechen, meinen wir als Theologen üblicherweise das letzte Buch der christlichen Bibel, die Offenbarung des Johannes. Dass das antike (und vielleicht noch mehr das mittelalterliche) Christentum eine Vielzahl weiterer Texte kannte, die sich entweder selbst als „Apokalypsen" bezeichnen oder sich zumindest in einem weiteren Sinne als „Offenbarungsliteratur" einordnen lassen,[1] ist zwar bekannt, viele dieser Texte aber gehören bis heute zu den am meisten vernachlässigten Schriften des antiken Christentums. Während die Frage, ob man trotz der vielen Unterschiede, die sich schon bei oberflächlicher Lektüre der Texte zeigen, in strengem Sinne von einem gemeinsamen Genre „Apokalypsen" sprechen kann, im Grunde bis heute kontrovers diskutiert wird,[2] ist dem Problem gegenseitiger

[1] Alleine die Übersicht über antike „Jenseitsreisen" bei R. Bauckham, *The Fate of the Dead. Studies on the Jewish and Christian Apocalypses* (NT.S 93; Leiden et al.: Brill, 1998), xiii–xvi, umfasst mehr als 35 Schriften. Vgl. zudem auch A.Y. Collins, „The Early Christian Apocalypses", in *Sem.* 14 (1979) 61–121, sowie ead., „Early Christian Apocalyptic Literature", in *ANRW* II.25.6 (1988) 4665–4711, sowie (für die nachantike Zeit) B. McGinn, *The Encyclopedia of Apocalypticism 2. Apocalypticism in Western History and Culture* (New York et al.: Continuum, 2000).

[2] Zur Problematik vgl. z.B. die „klassischen" Aussagen bei K. Koch, *Ratlos vor der Apokalyptik* (Gütersloh: Gütersloher Verlagshaus, 1970), 20, sowie id., „Vom profetischen zum apokalyptischen Visionsbericht", in D. Hellholm (ed.), *Apocalypticism in the Mediterranean World and the Near East. Proceedings of the International Colloquium on Apocalypticism, Uppsala August 12–17, 1979* (Tübingen: Mohr Siebeck, ²1989), 413–446, hier 413, der betont, dass es eine formgeschichtliche Untersuchung der Apokalyptik nicht gebe und sich eine Gattung „Apokalypse" nur als Arbeitshypothese voraussetzen lasse. – Seitdem hat sich sicherlich einiges bewegt; von einem allgemein akzeptierten *common sense* aber ist die Forschung sicherlich immer noch weit entfernt. Weiterführend vgl. z.B. J.J. Collins, „Towards the Morphology of a Genre", in *Sem.* 14 (1979) 1–20 [mit einem inzwischen als „klassisch" zu bezeichnenden Definitionsversuch des Terminus „Apokalypse"]; die Studien bei J.J. Collins/J.H. Charlesworth (ed.), *Mysteries and Revelations. Apocalyptic Studies since the Uppsala Colloquium* (JSP.S 9; Sheffield: JSOT-Press, 1991); A. Bedenbender, *Der Gott der Welt tritt auf den Sinai. Entstehung, Entwicklung und Funktionsweise der frühjüdischen Apokalyptik* (ANTZ 8; Berlin: Inst. Kirche und Judentum, 2000), bes. 32–87; J.J. Collins (ed.), *The Encyclopedia of Apocalypticism 1. The Origins of Apocalypticism in Judaism and Christianity* (London et al.: Continuum, 2000); oder J. Beyerle, *Die Gottesvorstellung in der antik-jüdischen Apokalyptik* (JSJ.S 103; Leiden et al.: Brill, 2005). – Zum Verhältnis zwischen jüdischer und christlicher Apokalyptik vgl. v.a. die Beiträge bei J.C.

literarischer Abhängigkeit verschiedener antiker „apokalyptischer" Texte kaum einmal nachgegangen worden:[3] Während wir heute Modelle der Entwicklung der Gattung „Evangelium" *auch* aufgrund gegenseitiger literarischer Beeinflussung entwickeln können,[4] liegt Vergleichbares im Zusammenhang mit apokalyptischen Texten nur in verstreuten, sich Detailproblemen widmenden Einzelstudien vor. Der folgende kurze Beitrag kann dieses Desiderat nicht völlig ausfüllen, möchte aber einen Schritt in die angedeutete Richtung gehen und fragen, welche Spuren einer Rezeption der Offenbarung des Johannes sich in anderen, späteren Apokalypsen des frühen Christentums finden. Dabei soll das Ziel der Studie nicht darin bestehen, eine mehr oder minder vollständige Liste möglicher Textstellen, die sich als von der Offenbarung des Johannes literarisch abhängig erweisen lassen, vorzulegen. Viel eher kommt es mir darauf an, Muster des gegenseitigen Zueinanders und Techniken der Rezeption aufzuweisen und von daher mögliche Rückfragen auf Spezifika „apokalyptischer" Texte zu stellen. Die kaum zu überblickende Zahl dabei in Frage kommender Texte lässt zudem einen Fokus auf Schriften sinnvoll erscheinen, die sich mit einiger Wahrscheinlichkeit auf das 2. oder 3. Jahrhundert unserer Zeitrechnung datieren lassen. Als Kandidaten können in diesem Zusammenhang das „apokalyptische Schlusskapitel der Didache" *Did.* 16, die *Ascensio Isaiae*, der *Hirt des Hermas*, das 5. und das 6. Buch Esra sowie die christlichen Teile der *Sibyllinischen Orakel* genannt werden.[5] Obwohl ebenfalls in den genannten Zeitraum einzuordnen, sollen Texte wie die griechische (bzw. äthiopische) *Offenbarung des Petrus* und die *Offenbarung des Paulus* (lateinisch: *Visio Pauli*), aber auch die *Petrusapokalypse* (NHC VII,3) und die *Paulusapokalypse* (NHC V,2) aus dem Corpus der Schriften von Nag Hammadi, die lateinische *Vision des Esra* oder die griechische *Esra-Apokalypse*, Texte, in deren Zentrum – anders als in der Offenbarung des Johannes – eine Vision jenseitiger Orte oder eine Himmels-

---

VanderKam/W. Adler (ed.), *Jewish Apocalyptic Heritage in Early Christianity* (CRINT III/4; Assen: Van Gorcum, 1996).

[3] Eine Übersicht darüber zu geben, scheint hier nicht sinnvoll – vgl. aber die im Folgenden zu den jeweiligen Einzeltexten zitierte Sekundärliteratur.

[4] Hierzu vgl. z.B. die Gedanken über verschiedene „Generationen" von Evangelien in der kleinen Studie von J. Hartenstein, „Das Petrusevangelium als Evangelium", in. T.J. Kraus/T. Nicklas (ed.), *Das Evangelium nach Petrus. Text, Kontexte, Intertexte* (TU 158; Berlin et al.: de Gruyter, 2007), 159–181. – Allgemein vgl. v.a. den (sicherlich nicht unumstrittenen) Gesamtentwurf von H. Koester, *Ancient Christian Gospels. Their History and Development* (Harrisburg, Penn.: Trinity International Press, 1990), aber auch die Gedanken bei C.M. Tuckett, *Forty Other Gospels*, in. M. Bockmuehl/D.A. Hagner (ed.), *The Written Gospel* (Cambridge, UK: University Press, 2005), 238–253.

[5] Über das literarische Verhältnis eines deutlich späteren Textes, der lateinischen *Thomasapokalypse*, zur Offenbarung des Johannes habe ich anderen Ortes geschrieben. Vgl. T. Nicklas, „Die apokryphe Thomasapokalypse und ihre Rezeption der Offenbarung des Johannes", in. J. Frey/J. Kelhoffer/F. Tóth (ed.), *Die Johannesapokalypse. Kontexte – Konzepte – Rezeption* (WUNT 287; Tübingen: Mohr Siebeck, 2012), 683–708.

oder Höllenreise steht, zumindest hier ausgeklammert werden[6] und die Konzentration Schriften gelten, in denen Ereignisse der Endzeit im Mittelpunkt stehen.

2. Textanalysen

2.1 Das „apokalyptische Schlusskapitel" der Didache (*Did.* 16)

Die Antwort auf die Frage, ob womöglich bereits *Did.* 16 eine Kenntnis der Offenbarung des Johannes zeigt, hängt zunächst einmal mit der heute wieder umstrittenen Datierung der *Didache* zusammen, die zwar sicherlich mit Recht in ein dem Matthäusevangelium vergleichbares Milieu eingeordnet wird,[7] bei deren Datierung man aber zwischen den Extremen der ersten Hälfte des 1. Jahrhunderts und der Mitte des 2. Jahrhunderts schwankt.[8] Nur im letzteren Falle – also dem Fall, dass zumindest der vorliegende Text ins frühe 2. Jahrhundert eingeordnet wird[9] – kann überhaupt sinnvoll die Frage nach der Rezeption der Apokalypse angegangen werden. Wie auch immer aber die *Didache* datiert wird, bereits in diesem kurzen Text ergibt sich ein Problem, das uns durch die gesamte Studie begleiten wird. Die „apokalyptischen" Texte des frühen Christentums zeigen gerade bei ihrer Beschreibung der Endzeit eine Vielzahl von Ähnlichkeiten, ja z.T. Parallelen: Die Frage, ob sich diese einfach einem gemeinsamen Motivinventar verdanken oder auf literarische Abhängig-

---

[6] Natürlich interessiert sich auch die Offenbarung des Johannes für jenseitige Orte, ja könnte auch die Entrückung des Sehers in den himmlischen Thronsaal im weiten Sinne als Jenseitsreise bezeichnet werden, anders aber als die genannten Texte bietet die Johannesoffenbarung keine ausführlichen Beschreibungen jenseitiger Straforte. Zur Entwicklung antiker „Jenseitsreisen" vgl. M. Himmelfarb, *Tours of Hell. An Apocalyptic Form in Jewish and Ancient Christian Literature* (Philadelphia: Fortress Press, 1983).

[7] Vgl. hierzu z.B. die (im Detail kontroversen) Beiträge in dem wichtigen Sammelband H. Van der Sandt (ed.), *Matthew and the Didache. Two Documents from the Same Jewish-Christian Milieu?* (Assen/Minneapolis: Van Gorcum et al., 2005).

[8] Die Datierung des Textes hängt natürlich an der derzeit kontrovers diskutierten Frage nach seiner Abhängigkeit vom Matthäusevangelium. Sehr früh datieren z.B. A. Milavec, *The Didache. Faith, Hope and Life of the Earliest Christian Communities, 50–70 C.E.* (New York/Mahwah, N.J.: Newman Press, 2003); und A.J.P. Garrow, *The Gospel of Matthew's Dependence on the Didache* (London et al.: T & T Clark, 2004); für einen aktuellen Forschungsüberblick vgl. z.B. J. Draper, „The Didache", in P. Foster (ed.), *The Writings of the Apostolic Fathers* (London et al.: T & T Clark, 2007), 13–20, hier 13–15, sowie id., „Die Didache", in W. Pratscher (ed.), *Die Apostolischen Väter* (UTB; Göttingen: Vandenhoeck & Ruprecht, 2009), 17–38, hier 19–21, der ebenfalls den Text zumindest im Kern früh datiert.

[9] Ich halte dies weiterhin für die etwas wahrscheinlichere Möglichkeit. Damit ist keineswegs ausgeschlossen, dass manche der dem Text zugrunde liegenden Quellen (z.B. in der Zwei-Wege-Lehre) deutlich älter sind. Zu einer ähnlichen Einordnung des Textes vgl. K. Niederwimmer. *Die Didache* (KAV 1; Göttingen: Vandenhoeck & Ruprecht, ²1993), 78–79 (Datierung des Endtextes auf 110–120 n.Chr.).

keit schließen lassen, ist nicht immer leicht zu beantworten. Besonders in späteren Texten, also in einer Zeit, in der die Offenbarung des Johannes als kanonischer Text bereits eine gewisse Rezeptionsgeschichte erfahren hat, mag zudem die Möglichkeit zu bedenken sein, dass der Text der Offenbarung nicht *unmittelbar* den literarischen Hintergrund eines späteren Textes bildet, die in ihr vermittelten Bilder und Vorstellungen vom Ende der Zeiten aber das „kulturelle Gedächtnis“[10] christlicher Gruppen und Gesellschaften schon so weit geprägt haben mögen, dass spätere apokalyptische Texte Vorstellungen einer Endzeit produzieren, die in einen von der Johannesapokalypse gesetzten Rahmen fallen, ohne dass diese dabei als schriftliche Vorlage gedient haben mag. Dies ist sicherlich in einem Text wie der *Didache* noch nicht (und in Apokalypsen bis ins spätere 2. Jahrhundert kaum) denkbar. Immerhin begegnen in *Did.* 16,4 zumindest Motive, die wir auch in der Offenbarung des Johannes finden können:[11]

Did. 16,4:

... καὶ τότε φανήσεται ὁ κοσμοπλανὴς ὡς υἱὸς τοῦ θεοῦ καὶ ποιήσει σημεῖα καὶ τέρατα καὶ ἡ γῆ παραδοθήσεται εἰς χεῖρας αὐτοῦ, καὶ ποιήσει ἀθέμιτα, ἃ οὐδέποτε γέγονεν ἐξ αἰῶνος.

... und dann wird der Weltverführer als Sohn Gottes erscheinen und Zeichen und Wunder tun, und die Erde wird in seine Hände ausgeliefert werden, und er wird Freveltaten tun, die seit Urzeit nie geschehen sind.

Werden hier mehrere Gestalten der Apokalypse, der satanische Drache, der laut Offb 12,9 die ganze bewohnte Welt *verführt* (ὁ <u>πλανῶν</u> τὴν οἰκουμένην ὅλην), das Tier aus dem Meer, dem Macht über die Welt gegeben wird (Offb 13,7) und Gott lästert (Offb 13,4–5),[12] sowie das aus der Erde aufsteigende Tier (Offb 13,11), das große *Zeichen tut* (Offb 13,13: <u>ποιεῖ σημεῖα</u> μεγάλα) und so die Bewohner *der Erde verführt* (Offb 13,14: καὶ <u>πλανᾷ</u> τοὺς κατοικοῦντας <u>ἐπὶ τῆς γῆς</u>), zu einer einzigen Gestalt des Weltverführers, der hier Züge des „Antichristus“ (vgl. *Did.* 16,4 ὡς υἱὸς τοῦ θεοῦ) trägt,[13] verbunden? Dafür sprächen immerhin die markierten wörtlichen Übereinstimmungen mit den

---

[10] Zum Begriff des „kulturellen Gedächtnisses“ vgl. v.a. J. Assmann, *Das kulturelle Gedächtnis. Schrift, Erinnerung und politische Identität in frühen Hochkulturen* (München: Beck, 1992).

[11] Text nach A. Lindemann/H. Paulsen, *Die Apostolischen Väter. Griechisch-deutsche Parallelausgabe* (Tübingen: Mohr Siebeck, 1992), 18 und 20.

[12] Der inhaltliche Bezug zwischen *Did.* 16,4b (v.a. dem „Tun der Freveltaten“) und Offb 13,1–10 sowe 2 Thess 2,1–12 wurde immer wieder gesehen. Vgl. z.B. B.J. Lietaert Peerbolte, *The Antecedents of Antichrist. A Traditio-Historical Study of the Earliest Christian Views on Eschatological Opponents* (JSJ.S 49; Leiden et al.: Brill, 1996), 182, sowie A. Lindemann, „Die Endzeitrede in Didache 16 und die Jesus-Apokalypse in Matthäus 24–25“, in W.L. Petersen (ed.), *Sayings of Jesus. Canonical and Non-Canonical. Essays in Honour of Tijtze Baarda* (NT.S 97; Leiden et al.: Brill, 1997), 155–174, hier 163 n. 38.

[13] Die Rede vom κοσμοπλανής ist m.W. in der antiken christlichen Literatur einzigartig. Am nächsten kommt noch der κοσμοπλάνος der *Apostolischen Konstitutionen*.

genannten Passagen der Johannesoffenbarung, dagegen sicherlich die Tatsache, dass die Vorstellung eines endzeitlichen „Verführers“, „Endtyrannen“ bzw. des „Antichristen“, verbunden mit der Idee, dass der Gegenspieler Gottes endzeitlich in Verwandlung auftritt, um die Menschheit zu verführen, im frühen Judentum, in dem das jüdische Christentum sowohl der Offenbarung des Johannes, als auch das der *Didache* wurzelt, eine lange Vorgeschichte hat und weit verbreitet ist.[14] Darüber hinaus ist die Idee bekanntlich auch im Christentum des späten ersten Jahrhunderts auch an weiteren Stellen, etwa in 2 Thess und 1–2 Joh, belegt, ohne dass deswegen schon auf literarische Abhängigkeiten geschlossen werden muss. *Did.* 16 und Offb 13 beschreiben Endzeitszenarien, für die im frühjüdischen bzw. frühchristlichen Kontexten ein bestimmtes Motivinventar (vgl. etwa auch die Rede von der Öffnung des Himmels[15], vom Ertönen der Posaune und der endzeitlichen Auferstehung *Did.* 16,6) vorgesehen ist, dessen gemeinsame Verwendung nur bei sehr spezifischem Gebrauch auf literarische Abhängigkeiten schließen lässt. Beide Texte scheinen zudem mit der Verwendung des Motivs des endzeitlichen Verführers mit dem gleichen Problem fertig werden zu wollen: dem Problem der Isolation in einer als feindlich erfahrenen Welt, die den eigenen religiösen Anspruch nicht anerkennt, ja zurückweist, und wohl auch dem Problem, dass selbst innerhalb der eigenen Gruppe Konflikte zu bewältigen sind, die als endzeitlich relevant interpretiert werden. So halte ich eine Abhängigkeit des 16. Kapitels der *Didache* von der Offenbarung des Johannes bei allen oberflächlichen Gemeinsamkeiten für äußerst unwahrscheinlich.[16] Grundsätzlich jedoch ist festzuhalten: Reine Parallelen auf der Ebene auch sonst verbreiteter Motive können normalerweise literarische Abhängigkeiten nicht begründen; sie schließen diese aber natürlich auch nicht aus – so entsteht eine Grauzone von Texten, deren gegenseitiges Zueinander kaum sicher zu erfassen ist.

---

[14] Zur Idee des sich verwandelnden Teufels vgl. z.B. *Vita Adams und Evas* 9; *Testament des Ijob* 6,4 oder *Elijaapokalypse* 34,3–5. Zur frühjüdischen Vorgeschichte der Idee der Vorstellung vom Antichristen vgl. Lietaert Peerbolte, *Antecedents*; G.W. Lorein, *The Antichrist Theme in the Intertestamental Period* (JSP.S 44; London et al.: T & T Clark, 2003) sowie natürlich die klassische Studie von W. Bousset, *Der Antichrist* (Göttingen: Vandenhoeck & Ruprecht, 1895); allgemeiner zu jüdischen Hintergründen von *Did.* 16 vgl. M. Del Verme, *Didache and Judaism. Jewish Roots of an Ancient Christian-Jewish Work* (London et al.: T & T Clark, 2004), 221–262.

[15] Wörtlich allerdings ist hier von der „Ausspannung am Himmel“ (*Did.* 16,6) die Rede. Weiterführend hierzu Niederwimmer, *Didache*, 265.

[16] Viel auffälliger sind die Parallelen von *Did.* 16 zu den Endzeitreden der synoptischen Evangelien. Hierzu hilfreich die Gedanken bei Lindemann, *Endzeitrede*, sowie die Übersichten bei Niederwimmer, *Didache*, 249–254, und C.M. Tuckett, „The Didache and the Writings that later Formed the New Testament“, in id./A. Gregory (ed.), *The Reception of the New Testament in the Apostolic Fathers* (Oxford et al.: University Press, 2005), 83–127, hier 110–119. Vgl. auch J. Verheyden, „Eschatology in the Didache and the Gospel of Matthew“, in H. Van de Sandt (ed.), *Matthew and the Didache. Two Documents from the Same Jewish-Christian Milieu?* (Assen/Philadelphia: Van Gorcum, 2005), 193–215, hier 204–205, der auch auf die Parallelität zum letzten Angebot des Teufels in der matthäischen Versuchungsgeschichte (vgl. Mt 4,8–9) verweist.

2.2 Die *Ascensio Isaiae*

Zu den ältesten christlichen Apokalypsen gehört sicherlich die *Ascensio Isaiae*. Von der früher vertretenen Meinung, bei dem Text handele es sich nur um die christliche Überarbeitung eines als Quelle heute noch greifbaren, frühjüdischen *Martyriums des Jesaja*, ist man in den vergangenen Jahren vor allem aufgrund der Arbeiten von Mauro Pesce und Enrico Norelli abgegangen und schätzt den Text üblicherweise als rein christlich ein.[17] Auch wenn dieser Text etwas mehr für unsere Frage relevantes Material als die *Didache* bereithält, ist auch er sicherlich in die genannte „Grauzone" einzuordnen. So hält Charles Hill die *Ascensio Isaiae* für einen der Texte, die die Offenbarung des Johannes kennen,[18] während sich etwa Jonathan Knight in dieser Frage sehr zurückhaltend äußert.[19] Eine Antwort auf die Frage wird durch das Problem der im Griechischen nur fragmentarischen Textüberlieferung der *Ascensio Isaiae* sowie durch die verschiedenen literarkritischen Hypothesen zu diesem Text zusätzlich erschwert. Hier ist wohl am ehesten Enrico Norelli Recht zu geben, der wegen des deutlichen Neuansatzes in Kapitel 6 davon ausgeht, dass sich die *Ascensio Isaiae* aus zwei Teilen zusammensetzt. Die Kapitel 6–11 hätten ursprünglich selbstständig existiert (und gingen bereits auf das Ende des 1. Jahrhunderts zurück) und seien erst später, wohl im beginnenden 2. Jahrhundert durch Kapitel 1–5 ergänzt worden.[20]

Die Zahl der Stellen, die von der Offenbarung des Johannes beeinflusst sein könnten, ist recht überschaubar:

2.2.1 So ist die in *AscIsa* 6,6 wie in Offb 4,1 (vgl. auch Offb 19,11) gemeinsam zu findende Rede von der Öffnung des Himmels bzw. einer himmlischen Tür sicherlich als gemeinsames Motivgut zu beurteilen, das (in verschiedenen Variationen) auch in anderen Texten bei der Einleitung einer

---

[17] Dies heißt natürlich nicht, dass der Text nicht frühjüdisches Traditionsmaterial aufgenommen hätte. – Bahnbrechend vgl. v.a. M. Pesce/A. Acerbi (ed.), *Isaia, il Diletto e la Chiesa. Visioni ed esegesi profetica cristiano-primitiva nell'Ascensione di Isaia. Atti del Convegno di Roma, 9–10 aprile 1981* (Testi e Ricerche di Scienze Religiose 20; Brescia: Paideia, 1983), sowie E. Norelli, *L'Ascensione di Isaia. Studi su un apocrifo al crocevia die cristianesimi* (Origini NS 1; Bologna: EDB, 1994). Auf Norelli geht auch die aktuelle Textedition mit ausführlichem Kommentar als heute entscheidendes Hilfsmittel zur Arbeit am Text zurück. Vgl. id., *Ascensio Isaiae. Textus*, und *Ascensio Isaiae. Commentarius* (CChr. Series Apocryphorum 7–8; Turnhout: Brepols, 1995).

[18] Vgl. C.E. Hill, *The Johannine Corpus in the Early Church* (Oxford et al.: University Press, 2004), 451.

[19] Vgl. J. Knight, *Disciples of the Beloved One. The Christology, Social Setting and Theological Context of the Ascension of Isaiah* (JSP.S 18; Sheffield: Acad. Press, 1996), 295–296.

[20] Vgl. Norelli, *Ascensio Isaiae. Commentarius*, 36–52 & 65–66, sowie knapper id., „Ascension d'Isaïe", in F. Bovon/P. Geoltrain (ed.), *Écrits apocryphes chrétiens* I (Bibliothèque de la Pléiade; Paris: Gallimard, 1997), 501–545, hier 501–505, sowie id., „Profetismo e profeti cristiani nella ‚Ascensione di Isaia'", in *RSLR* 35 (1999) 362–376, hier 363–364. – Für die Einheitlichkeit des Textes spricht sich etwa R. Bauckham. *The Ascension of Isaiah. Genre, Unity and Date*, in id., *The Fate of the Dead. Studies on Jewish and Christian Apocalypses* (NT.S 93; Leiden et al.: Brill, 1998), 363–390, aus.

Vision begegnet (vgl. auch Ez 1,1; 3 Makk 6,18; Apg 7,56; 10,11; Joh 1,51).[21] Die jeweiligen Formulierungen sind zu wenig spezifisch, um Folgerungen auf literarische Abhängigkeit zu erlauben.

2.2.2 Interessanter im Hinblick auf die vorliegende Frage ist sicherlich der mögliche Bezug zwischen *AscIsa* 7,21 und Offb 19,10 bzw. 22,8–9, wo der menschliche Empfänger der Offenbarung – Jesaja hier, Johannes dort – jeweils daran gehindert wird, eine bestimmte Engelsgestalt anzubeten.

AscIsa 7,21:

> Und ich [Jesaja] fiel auf mein Angesicht, um ihn [d.h. eine Gestalt, die im zweiten Himmel thront; vgl. *AscIsa* 7,19] anzubeten; und der Engel, der mich führte, gestattete es mir nicht, sondern sprach zu mir: „Bete nicht an weder Engel noch Thron, die zu den sechs Himmeln gehören, weshalb ich gesandt bin, dich zu führen, bis ich es dir sagen werde im siebenten Himmel."[22]

Alle drei Texte schildern eine Proskynese des Offenbarungsempfängers, die mit dem Versuch, eine nicht-göttliche Gestalt anzubeten, verbunden ist. Die konkreten Details der Engelreden unterscheiden sich aber durchaus voneinander: Die Szene der *AscIsa* ist im zweiten Himmel angesiedelt und Jesaja ist in der Gefahr, die dortige Herrlichkeit mit derjenigen Gottes zu verwechseln. Deswegen warnt der ihn begleitende *angelus interpres* ihn davor, Engel und Throne bis zum sechsten Himmel anzubeten; in der Offenbarung dagegen geht es um den *angelus interpres* selbst, dem keine Anbetung zukommt, ja der sich als gegenüber dem Seher als „Knecht" bezeichnet und damit letztlich – im Gegenüber zu Gott bzw. Christus – eine Rolle einnimmt, die auch vom Seher und seinen Brüdern, die das Zeugnis Jesu festhalten, ausgesagt werden kann (vgl. auch deren Bezeichnung als „Knechte" schon in Offb 1,1). Er verweist zudem explizit darauf, dass alleine Gott anzubeten sei. So würde ich auch hier in erster Linie von motivischer *Verwandtschaft* sprechen. Dabei scheint die Funktion des Motivs in den beiden Texten zumindest nicht ganz die gleiche zu sein: Während die *AscIsa* offensichtlich tatsächlich vor der Anbetung von Engelsgestalten anstelle Gottes zu warnen scheint, geht es m.E. in der Offenbarung des Johannes vor allem darum, am Engel vorbei auf Gott als den Ursprung des soeben Offenbarten zu verweisen.[23]

---

21 Eine Vielzahl weiterer Parallelen findet sich bei Norelli, *Ascensio Isaiae. Commentarius*, 329–331.

22 Übersetzung nach C.D.G. Müller, „Die Himmelfahrt des Jesaja", in W. Schneemelcher (ed.), *Neutestamentliche Apokryphen II. Apostolisches, Apokalypsen und Verwandtes* (Tübingen: Mohr Siebeck, ^{6}1999), 547–562, hier 556.

23 Vgl. hierzu auch Norelli, *Ascensio Isaiae. Commentarius*, 401, sowie id., *Ascension d'Isaïe* (Turnhout: Brepols, 1993), 127 n. 94 (mit zusätzlichem Verweis auf die *Sophoniasapokalypse* 6,13–15).

Beide bisher genannten Parallelen finden sich im – will man der Theorie Norellis folgen – älteren zweiten Teil der *AscIsa*. Darüber hinaus ist aber auch an eine Stelle in den ersten fünf Kapiteln des Textes zu denken.

2.2.3 Es bleibt als möglicher Bezugspunkt vor allem die Darstellung des Antichristen in *AscIsa* 4, die in mancherlei Hinsicht an Aussagen vor allem aus Offb 13 anklingt:[24] Die Rede von der unbegrenzten Machtfülle des kommenden Königs, die so weit geht, dass ihm gar Sonne und Mond gehorchen (*AscIsa* 4,4f.) erinnert sicherlich einerseits an die Rede von der „Macht", die dem Tier aus dem Meer „über alle Stämme, Völker, Sprachen und Nationen" gegeben wird, vor allem aber an die in Offb 13,13–14 erwähnten Zeichen des zweiten Tieres, das nach 13,12 ja die „ganze Macht des ersten Tieres" ausübt (vgl. auch Offb 16,13–14). Dass der endzeitlich auftretende Gottesfeind aber mit großer Macht bis hin zur Möglichkeit, Wundertaten zu vollbringen, um die Menschheit zu verführen, ausgestattet ist, gehört zum klassischen Motivinventar derartiger Darstellungen und ist ansatzweise selbst in alttestamentlichen Texten wie 2 Makk 9,8–10 zu erkennen. Die konkret vom Antichristen der *AscIsa* erwähnten Zeichen wiederum entsprechen deutlicher denen, die in der wohl ursprünglich frühjüdischen, in ihrer heutigen Form sicherlich christlich übermalten *Elijaapokalypse* 3,5–6 wie auch in *OrSib* 3,64–65 zu finden sind.[25] *AscIsa* 4,6 wiederum vergleicht den kommenden König mit Christus – „er wird tun und reden in der Weise des Geliebten"[26] –, ein Bezug, den natürlich auch die Apokalypse herstellt, wenn auch in der subtileren Form des angedeuteten Vergleichs mit dem „Lamm" (Offb 13,11; vgl. aber 13,11b – das Tier „redete *wie ein Drache*"). Dass der Antichrist sich an die Stelle Gottes setzt (*AscIsa* 4,6.8), wiederum erinnert eher an 2 Thess 2,4.

Ähnlich lassen sich auch die anderen Parallelen eher in ein breites Motivfeld einordnen, das sich in vielen Texten findet, die sich mit dem endzeitlichen Gottesfeind auseinander setzen, ohne dass dies bereits auf literarische Abhängigkeiten schließen ließe: Die Rede davon, dass alle Menschen dem auf die Erde gekommenen Beliar glauben, könnte auf Offb 13,3b–4.7–12 zurückgehen, findet ihre Parallele aber etwa auch in dem eben erwähnten Abschnitt aus der *Didache* (*Did.* 16,4f.); die Passage über die Errichtung des „Standbilds" in *AscIsa* 4,11 erinnert natürlich an Offb 13,14–15, könnte sich aber auch aus der beiden Texten gemeinsamen Auseinandersetzung mit dem römischen Kaiserkult erklären. Beide Texte dürften zudem auf eine wie auch immer vorgestellte Gestalt eines *Nero Rediturus* (oder *Nero Redivivus*) Bezug nehmen, dies geschieht aber auf solch unterschiedliche Art und Weise, dass auch hier nicht von literarischer Abhängigkeit gesprochen werden sollte: *AscIsa*

---

24 Zum Folgenden vgl. auch Norelli, *Ascension*, 114–115.

25 Vgl. weiterführend Norelli, *Ascensio Isaiae. Commentarius*, 249, der auch auf Laktanz, *div.inst.* 7,15,7 verweist.

26 Übersetzung Müller, *Himmelfahrt*, 552.

4,2 arbeitet mit dem Motiv des „Muttermörders", in der Offb ist an die tödliche Verwundung des Tieres (Offb 13,3; vgl. auch 17,8) und womöglich an die in Offb 13,18 verwandte Zahlensymbolik zu denken.

Das Fazit fällt deswegen nicht ganz leicht – eine literarische Abhängigkeit zwischen beiden Texten ist nicht völlig auszuschließen, erscheint aber nicht als wahrscheinlich. Mehr aber lässt sich m.E. nicht sagen, sich nicht einmal eine mögliche Richtung der Abhängigkeiten eindeutig festlegen, was sicherlich zum Teil auch an der problematischen Textüberlieferung der *AscIsa* liegen mag.

2.3 Der Hirt des Hermas

Nur in einem weiten Sinne kann der *Hirt des Hermas*, dessen Einordnung ins Rom des 2. Jahrhunderts durch die bekannte Notiz im *Fragmentum Muratori* gesichert zu sein scheint,[27] als Apokalypse bezeichnet werden.[28] Aufgrund des den Text doch sehr weitgehend bestimmenden Offenbarungscharakters soll aber auch er hier Erwähnung finden. Die Frage nach der Rezeption neutestamentlicher Texte im *Hirten* ist bis heute sehr umstritten: So kommt etwa Joseph Verheyden in einem ausführlichen Beitrag des Jahres 2005 zu einem zurückhaltenden, für nahezu das gesamte Neue Testament negativen Urteil.[29] Der in seinen Urteilen zu literarischen Abhängigkeiten sehr weit gehende Charles E. Hill dagegen sieht den *Hirten* als sicheren Zeugen für eine Verarbeitung des Johannesevangeliums und setzt bei der Apokalypse immerhin ein Fragezeichen.[30] Schließlich geht auch C.H. Wilson geht von einer möglichen Kenntnis der Apokalypse durch den Autor des *Hirten* aus und begründet dies mit der gemeinsamen apokalyptischen Form beider Texte sowie

---

[27] Das *Fragmentum Muratori* erkennt die Offenbarung des Johannes und – mit Einschränkung – die *Offenbarung des Petrus* als kanonisch an; der *Hirt des Hermas* dagegen wird als kanonisch abgelehnt, weil er erst in nachapostolischer Zeit in Rom entstanden sei. – Zur Datierung (um 140 n.Chr.) vgl. (mit einigem Zögern) N. Brox, *Der Hirt des Hermas* (KAV 7; Göttingen: Vandenhoeck & Ruprecht, 1991), 25.

[28] Zur Einordnung vgl. P. Vielhauer/G. Strecker, „Der Hirt des Hermas", in Schneemelcher, *Neutestamentliche Apokryphen II*, 537–547, hier 538. „Das Buch ist in Form und Stil eine Apokalypse, inhaltlich aber nicht, da es keine Enthüllungen der eschatologischen Zukunft oder der jenseitigen Welt enthält." Ausführlich auch Brox, *Hirt des Hermas*, 33–43.

[29] Vgl. J. Verheyden, „The Shepherd of Hermas and the Writings that later Formed the New Testament", in A. Gregory/C.M. Tuckett (ed.), *The Reception of the New Testament in the Apostolic Fathers* (Oxford et al.: University Press, 2005), 293–329, hier 322–329, wo er vage Parallelen v.a. zu Mt und der Korintherkorrespondenz des Paulus erkennt, aber keine zur Offenbarung des Johannes; ähnlich auch der knappe zusammenfassende Überblick bei D. Hellholm, „Der Hirt des Hermas", in W. Pratscher (ed.), *Die Apostolischen Väter* (UTB; Göttingen: Vandenhoeck & Ruprecht, 2009), 226–253, hier 241–242.

[30] Vgl. Hill, *Johannine Corpus*, 374–380 und 450. Auf 379 spricht er gar von „certain signs of the author's acquaintance with … Revelation".

der Tatsache, dass der Text das römische Imperium als „Tier" bezeichnet.[31] Auf die methodische Problematik des Schlusses von der gemeinsamen (bzw. hier nur sehr „weitschichtig" verwandten) Form zweier Texte auf gegenseitige literarische Abhängigkeit braucht sicherlich nicht weiter eingegangen zu werden, die Verwendung vergleichbarer Bilder im *Hirten* und der Offenbarung ist wohl ernster zu nehmen. Doch worin bestehen diese Bilder konkret?

Zu nennen ist zunächst das bei *Herm.* Vis. II 4,1 erklärte Bild der Kirche als einer Greisin, das mit dem Bild der „Sonnenfrau" aus Offb 12,1 in Verbindung gebracht wurde:[32]

Während ich [Hermas] aber schlief, ihr Brüder, erhielt ich eine Offenbarung durch einen schönen Jüngling, der zu mir sprach: „Wer meinst du dass die Greisin sei, von der du den Brief empfingst?" „Die Sibylle", sagte ich, „Du irrst", antwortete er, „sie ist es nicht." Ich fragte: „Wer ist es denn?" „Die Kirche", sagte er. Ich fragte ihn: „Warum ist es denn eine Greisin?" „Weil sie von allen Dingen zuerst geschaffen worden ist", sprach er, „darum ist sie eine Greisin, und um ihretwillen wurde die Welt geschaffen."

Die Probleme liegen auf der Hand: Gemeinsam scheint beiden Bildern nur, dass hier eine kosmische Größe mit dem Bild einer Frau verbunden ist. Während die in *Herm.* begegnende Greisin mit Attributen der „Sibylle" versehen ist, mit der Hermas die Frau auch verwechselt,[33] zeichnet der Seher der Offenbarung die Himmelsfrau in Offb 12 in einer Weise, die sie einerseits in Verbindung mit dem Zwölf-Stämme-Volk Israel setzt und andererseits auf ihre „Geburtswehen" – eschatologische „Wehen", die zur Geburt ihres königlich-messianischen Sohnes (Offb 12,5) führen – verweist.[34] So macht der unterschiedliche traditionsgeschichtliche Hintergrund der beiden nur oberflächlich ähnlichen Bilder eine literarische Abhängigkeit zwischen beiden Texten zumindest an dieser Stelle äußerst unwahrscheinlich.

Etwas weniger vage erscheint mir die in *Herm.* Vis. IV 1–2 zu erkennende Kombination der Bedrohung des Hermas durch ein schreckliches Ungetüm einerseits und seiner Begegnung mit der Kirche in Gestalt einer Jungfrau. Dies

---

31 C.H. Wilson, *Toward a Reassessment of the Shepherd of Hermas. Its Date and Pneumatology* (Lewiston, NY: Mellen Biblical Press, 1993), 58. Vgl. zu einer möglichen literarischen Abhängigkeit des *Hirten* von der Offb zudem schon B.F. Westcott, *A General Survey of the History of the Canon of the New Testament* (Cambridge et al.: MacMillan, ^{5}1881), 201–202.

32 Übersetzung: Lindemann/Paulsen, *Die Apostolischen Väter*, 343.

33 Hierzu schreibt etwa Brox, *Hirt des Hermas*, 104–105. „Dieser Anhalt ist in einigen Merkmalen der Greisin, wie sie als Offenbarungsvermittlerin auftrat, gegeben, vor allem in ihrem hohen Alter, dem Sitzen auf dem Sessel, auch im Buch, d.h. der schriftlichen Übermittlung ihrer himmlischen Botschaft. Das sind typische oder passende Attitüden der Sibylle, von der H als Verfasser offenbar bewußt die Attribute der Greisin seines Visionenbuches entlehnt hat. ... Von anderen (etwa jüdischen) Vorbildern her findet sich keine Erklärung für diesen Text ..."

34 Zur Deutung der Himmelsfrau weiterführend T. Nicklas, „Frau, Lamm und Drache in der Offenbarung des Johannes", in *Sacra Scripta* (2006) 43–66. Zur komplexen Auslegungsgeschichte dieser Gestalt, die ab der späten Antike auch mit Maria, der Mutter Jesu, in Verbindung gebracht werden konnte, vgl. zudem P. Prigent, *Apocalypse 12. Histoire de l'exégèse* (Beiträge zur Geschichte der Biblischen Exegese 2; Tübingen: Mohr Siebeck, 1959).

erinnert einerseits zumindest von ferne an die auch in der Offenbarung des Johannes bezeugte Idee von der Jungfräulichkeit der Auserwählten (Offb 14,4–5), die gleichzeitig als „Braut" des Lammes (vgl. Offb 19,7; 21,2; 22,17) bezeichnet werden können,[35] andererseits an den auch in der Offb bezeugten Kampf mit dem teuflischen Drachen und den mit ihm in Verbindung stehenden „Tieren" (Offb 12–13). Anders als der δράκων der Offenbarung des Johannes ist das wilde Tier im *Hirten des Hermas* aber als κῆτος bezeichnet, was an den Fisch der alttestamentlichen Jonaerzählung (vgl. Jona 2,1–2.11 LXX) und das bei Ijob begegnende Meerungeheuer Rahab (Ijob 9,13; 26,12) erinnert.[36] Mit dem Rückbezug auf im Alten Testament begegnende, den Menschen bedrohende, gleichzeitig Gott aber unendlich weit untergeordnete Ungeheuer aber zeigen die verwendeten Bilder hier wenigstens in Teilen traditionsgeschichtliche Verwandtschaft: Alleine auf dieser Ebene aber dürften beide Texte miteinander verwandt sein und so sich auch die ähnliche Funktion beider „Wesen", die in Bezug zu den den Gemeinden bevorstehenden Bedrängnissen gesetzt sind, erklären.[37] Gegen eine literarische Abhängigkeit sprechen dagegen schon die vollkommen verschiedenen Ausgestaltungen der Bilder – erinnert sei etwa an die bei *Herm.* im Zusammenhang mit dem Tier verwendete und anschließend auf die bevorstehende Not hin gedeutete Farbensymbolik, die Beschreibung des Tierkopfes als ὡσεὶ κεράμου[38] oder die Idee der Überwindung des Tieres durch den von Gott gesandten Engel Thegri.[39]

Auf der Ebene der Tradition zu erklären erscheinen mir auch die wenigen Gemeinsamkeiten in der Beschreibung der Jungfrau – ihr weißes Gewand und die Tatsache, dass sie mit einer Braut verglichen werden kann (vgl. Offb 21,2).[40] Von weißen Schuhen, Schleier, der den Kopf bedeckenden Mitra und dem weißen Haar der Jungfrau wiederum ist nur bei *Hermas* Vis. IV 2 die Rede, nicht in der Offenbarung des Johannes. So kann ich die Aussage J.

---

35 Zur dabei in der Offb verwendeten Metaphorik vgl. weiterführend jüngst L.R. Huber, *Like a Bride Adorned. Reading Metaphor in John's Apocalypse* (Emory Studies in Early Christianity; New York et al.: T & T Clark, 2007).

36 So z.B. Brox, *Hirt des Hermas*, 167–168.

37 Ich würde hier allerdings gleichzeitig schon eine Differenz darin sehen, dass im *Hirten des Hermas* diese Bedrängnisse nicht ausdrücklich als *endzeitliche*, bereits auf das bevorstehende Ende hinweisende Notsituation beschrieben sind. Zum Gedanken der θλῖψις an dieser Stelle vgl. weiterführend Brox, *Hirt des Hermas*, 175–176, hier besonders 176. „Die übliche Zurückhaltung, die θλῖψις auf das Weltende zu beziehen, ist sehr angebracht. Es geht H nicht um die Fixierung seiner Kirche auf das Eschaton, sondern um ihre Orientierung an verbindlichen Daten, die vor dem Ende liegen."

38 Zur Diskussion dieses problematischen Bildes vgl. z.B. C. Osiek, *The Shepherd of Hermas* (Hermeneia; Minneapolis: Fortress Press, 1999), 92–93.

39 Zur problematischen Deutung dieser Engelsgestalt vgl. z.B. Brox, *Hirt des Hermas*, 173–174. Etwas weit hergeholt erscheint mir die von J.R. Krueger, „A Possible Turco-Mongolian Source for Θεγρί in Hermas' The Pastor", in *AJP* 84 (1963) 295–299, vertretene (sicherlich originelle) Deutung, Thegri leite sich aus dem Namen der turko-mongolischen Naturgottheit *Tengri* ab.

40 Eigenartig allerdings die Idee, dass die Braut bei *Hermas* Vis. IV 2,1 so beschrieben ist, als *käme* sie eben aus einem Brautgemach.

Verheydens, der *Hirt des Hermas* biete nichts, woraus sich auf eine literarische Abhängigkeit von der Offenbarung des Johannes schließen lässt, nur bestätigen.[41]

2.4 Das *5. Buch Esra*

Vor allem seit einer Untersuchung von Graham Stanton wird das *5. Buch Esra*, das meist als Kapitel 1–2 von *4 Esra* in lateinischen Bibeln überliefert ist,[42] immer wieder in ein judenchristliches Milieu der Mitte des 2. Jahrhunderts eingeordnet.[43] Auch wo man dieser Frühdatierung eher skeptisch gegenüber steht, plädiert man normalerweise für eine Einordnung des Textes ins 2. Jahrhundert.[44] In seiner Untersuchung zur Rolle des Corpus johanneischer Schriften in der frühen Kirche hat Charles E. Hill hat auch diesen in der Forschung bisher wenig beachteten Text in die Reihe der Texte des 2. Jahrhunderts eingeordnet, in denen die Offenbarung des Johannes eindeutig rezipiert sei:[45]

Interessant ist schon die in *5 Esra* 2,12 wie auch in Offb 2,7 (vgl. aber auch Offb 22,2.14.19) begegnende Vorstellung vom „Baum des Lebens" als einer eschatologischen Gabe für die Auserwählten:[46] Dieser Gedanke begegnet zwar auch in einigen frühjüdischen Texten wie *1 Hen* 24,4–25,5; *TestLevi* 18,11; *4 Esra* 8,52 oder der *Apokalypse des Mose* 28:[47] Was *5 Esra* 2,12 und die Offenbarung des Johannes aber zusätzlich miteinander verbindet, ist die in beiden Texten recht deutlich werdende Vorstellung, dass dieser Baum des Lebens offensichtlich im endzeitlichen Jerusalem (*5 Esra* 2,10; Offb

---

41 Vgl. auch die Hinweise bei Verheyden, „Shepherd", 298 n. 25, in Auseinandersetzung mit Westcott, *General Survey*. – Hill, *Johannine Corpus*, 380, schreibt zudem, das in *Hermas* Vis. III 2 zu findende Bild „[of] being inscribed in the books of life" „echoes a major image of the Johannine apocalypse". Von „Büchern des Lebens" ist dort aber, soweit ich sehe, nicht die Rede.

42 Konkreter zur Überlieferungslage vgl. P. Geoltrain, „Cinquième Livre d'Esdras", in id./Bovon, *Écrits apocryphes chrétiens* I, 635–651, hier 637–638.

43 Vgl. G. Stanton, „5 Ezra and Matthean Christianity in the Second Century", in *JThS NS* 28 (1977) 67–83. Zur Einordnung des Textes in ein Judenchristentum des 2. Jahrhunderts vgl. auch J. Daniélou, „Le Ve Esdras et le judéo-christianise au second siècle", in *Ex Orbe Religionum. Studia Geo Widengren I* (Leiden: Brill, 1972), 162–171.

44 Vgl. z.B. H. Duensing/A. De Santos Otero, „Das fünfte und sechste Buch Esra", in Schneemelcher, *Neutestamentliche Apokryphen II*, 581–590, hier 581: „Man mag bei ungefähr 200 stehenbleiben."; *Authoritative Scriptures in Ancient Judaism* (JSJ.S 141; Leiden et al.: Brill, 2010), 309–326.

45 Vgl. Hill, *Johannine Corpus*, 451, sowie ausführlicher id., *Regnum Caelorum. Patterns of Future Hope in Early Christianity* (Oxford: Clarendon Press, 1992), 98–100. Auch Duensing/De Santos Otero, „5 und 6 Esra", geben eine Reihe von Parallelen zur Offb an.

46 Duensing/De Santos Otero, „5 und 6 Esra", 584 n. 6.

47 Vgl. hierzu auch A. Satake, *Die Offenbarung des Johannes* (KeK 16; Göttingen: Vandenhoeck & Ruprecht, 2008), 157 n. 31.

22,2.14.19) angesiedelt ist.[48] So könnte die Tatsache, dass beide Texte ein (v.a. im frühen Christentum) eher selten bezeugtes Motiv in zudem sehr spezifischer Weise verwenden, vielleicht bereits als Indiz literarischer Abhängigkeit verwendet werden. Gleichzeitig fällt dabei aber auch das durchaus eigenständige Profil von *5 Esra* auf, nach dem der „Baum des Lebens" nun *nicht mehr* Israel, sondern einem neuen Gottesvolk vorbehalten ist (*5 Esra* 2,10),[49] während die Offenbarung des Johannes – trotz aller, sicherlich noch innerjüdisch zu verstehender Polemik (vgl. z.B. Offb 2,9; 3,9) – im Zusammenhang mit seiner Rede vom Volk Gottes weiterhin einer am Zwölfstämmevolk Israel orientierten Metaphorik festhält.[50]

Noch ernster zu nehmen ist das zu erkennende Netz von Bezügen zwischen *5 Esra* 2,38–48, dem Schlussabschnitt des Buches, und Offb 7,9–17 sowie Offb 14,1–7:[51]

38 Surgite et state et videte numerum signatorum in convivio, 39 qui se de umbra saeculi tulerunt et splendidas tunicas a Domino acceperunt. 40 Accipe, Syon Mons, numerum tuum. Conclude candidatos tuos servientes tibi in obtemperantia, quoniam legem Domini suppleverunt. 41 Quia olim optabas filios tuos vernire, imple numerum eorum. Roga imperium Domini ut sanctificetur populus quoniam vocatus est ab initio.

42 Ego Esdra vidi in monte Syon turbam magnam quam numerare non potui (Sp.: nemo poterat); omnes canticis conlaudabant Dominum. 43 Et in medio eorum erat iuvenis statura excelsus, omnibus illis eminens. Et in capite illorum coronas singulas ponebat, et magis exaltabantur.

Ergo autem mirari coepi. 44 Et interrogavi angelum et dixi, Qui sunt hii? 45 Et respondens dixit mihi, Isti sunt qui mortalem tunicam deposuerunt et immortalem sumpserunt, et confessi sunt nomen Dei. Modo coronantur et accipiunt palmas. 46 Et dixi ad angelum, Quis est iste iuvenis qui eis coronas dat et palmas? 47 Et ille respondit mihi et dixit: Ipse est filius Dei quem confessi sunt in saeculo mortali. Ego vero laudare et magnificare coepi Dominum.

48 Et dixit mihi angelus, Vade et nuntia populo ipsius quanta mirabilia a Domino Deo vidisti.

---

48 Am ehesten kann in diesem Zusammenhang noch an *4 Esra* 8,52 erinnert werden, wo im Kontext zumindest von einer Stadt die Rede ist.

49 Zum Israelbild des *5 Esra* vgl. z.B. Stanton, *5 Ezra*, 70–71.73.

50 Hierzu weiterführend P. Hirschberg, *Das eschatologische Israel. Untersuchungen zum Gottesvolkverständnis der Johannesoffenbarung* (WMANT 84; Neukirchen-Vluyn: Neukirchener Verlag, 1999).

51 Vgl. Hill, *Regnum Caelorum*, 99–100; ähnlich auch R.J. Coggins/M.A. Knibb, *The First and Second Books of Esdras* (The Cambridge Bible Commentary on the New English Bible; Cambridge et al.: University Press, 1979), 98. – Der lateinische Text des *5 Esra* stammt der eklektischen Ausgabe von T.A. Bergren, *Fifth Ezra. The Text, Origin and Early History* (SBL Septuagint and Cognate Studies 25; Atlanta: Scholars Press, 1990). Die Übersetzung stammt von mir, wurde aber mit der von Duensing/De Santos Otero, *5 und 6 Esra*, abgeglichen.

38 Erhebt euch und steht und seht die Zahl der Besiegelten beim Gastmahl, 39 diejenigen, welche sich vom Schatten der Welt abgewandt haben und glänzende Kleider vom Herrn empfangen haben. 40 Empfange, Zionsberg, deine Zahl; umschließe deine Weißgekleideten, die dir in Gehorsam dienen, weil sie ja das Gesetz des Herrn erfüllt haben. 41 Weil du doch einst wünschtest, dass deine Söhne kämen, mach ihre Zahl voll! Erbitte das Reich des Herrn, damit sein Volk geheiligt werde, weil es ja von Anfang an berufen ist.

42 Ich, Esra, sah auf dem Berg Zion eine große Schar, die ich nicht zählen konnte (span. Rez.: die niemand zählen konnte); alle lobten den Herrn mit Gesängen. 43 Und in ihrer Mitte war ein Jüngling erhaben von Gestalt, der all jene überragte, und er setzte jedem von ihnen auf das Haupt eine Krone und sie wuchsen noch mehr. Ich aber begann mich zu wundern.

44 Und ich fragte den Engel und sagte: Wer sind diese? 45 Er antwortete mir und sagte: Das sind die, welche das sterbliche Kleid abgelegt und ein unsterbliches empfangen und den Namen Gottes bekannt haben. Jetzt werden sie gekrönt und erhalten Palmen. 46 Und ich sagte zu dem Engel: Wer ist dieser Jüngling, der ihnen Kronen gibt und Palmen? 47 Und jener antwortete mir und sagte: Er selbst ist der Sohn Gottes, den sie in der sterblichen Welt bekannt haben. Ich aber bekannt, den Herrn zu loben und zu preisen.

48 Da sagte der Engel zu mir: Geh und verkünde seinem Volk, wie viele Wunder du vom Herrn gesehen hast.

Die Parallelen sind klar und gehen so weit, dass eine literarische Beziehung zwischen beiden Texten vorausgesetzt werden muss:

1. Wie *5 Esra* 2,38 interessiert sich Offb 7,4 für die Zahl derer, die gerettet werden, und bezeichnet sie *gleichzeitig* als „mit dem Siegel Bezeichnete" (ἐσφραγισμένοι). Was der Seher Johannes hier aber „hört", ist in *5 Esra* 2,38 nur zu sehen. Sehr nahe an Offb 7,9 ist zudem die Rede davon, dass Esra die große Schar (Offb 7,9: ὄχλος πόλυς; *5 Esra* 2,42: *turba magna*), die er „sieht", nicht „zählen kann" (*5 Esra* 2,42): Dabei ist das *numerare nemo poterat* der spanischen Rezension des *5 Esra* so nahe an Offb 7,9 (ἀριθμῆσαι αὐτὸν οὐδεὶς ἐδύνατο), dass hier wohl an eine sekundäre Angleichung im Verlauf des Überlieferungsprozesses zu denken ist. Die damit zusammenhängende Rede von der Vollzahl der Kinder Zions (*5 Esra* 2,41) ist natürlich traditionell und begegnet in einer Reihe von Texten (vgl. z.B. Röm 11,25 im Zusammenhang mit dem πλήρωμα τῶν ἐθνῶν), könnte aber durchaus an Offb 6,11 angelehnt sein, wo den unter dem himmlischen Opferaltar befindlichen „Seelen" ein weißes Gewand gegeben wird, ihnen aber auch gesagt wird, sie sollten noch warten, bis „die volle Zahl erreicht sei".

2. Mehrfach spricht die Offenbarung des Johannes davon, dass den Geretteten (sicherlich von Gott) „weiße Kleider" gegeben werden (Offb 6,11; vgl. 7,9.13–14; 14,4; eventuell auch Offb 19,14), *5 Esra* 2,39–40 bietet dies in leichter Variation, spricht zunächst von „glänzenden Gewändern" (2,39), dann aber auch von den „Weißgekleideten" (2,40). Für sich alleine betrachtet mag

dieses Bild, das auch von *Herm. Sim.* VIII 2,3–4 entwickelt wird, seinen Hintergrund in beiden Texten gemeinsamen Traditionen finden; es erhält sein Gewicht sicherlich erst im Zusammenhang mit den weiteren Beobachtungen.

3. Wie Offb 14,1 verbindet *5 Esra* 2,40.42 die Vision der Geretteten, die als Gottes Volk angesehen werden, mit dem Zionsberg (ὄρος Σιών; *mons Syon*).

4. Auch die Rede davon, dass „alle den Herrn mit Gesängen lobten" (*5 Esra* 2,42), erinnert an das Zueinander von Offb 14,3 und 15,3. Das hier entwickelte Bild ist aber gegenüber dem der Offb, die zunächst von einem „neuen Lied" spricht, das niemand außer den Auserwählten lernen kann (Offb 14,3), und die das (offensichtlich gleiche) Lied wenig später als „Lied des Mose", das „zu Ehren des Lammes" gesungen wird, bezeichnet (Offb 15,3), deutlich weniger spezifisch entwickelt.

5. Die Gemeinsamkeit der Frage „Wer sind diese?" (*Qui sunt hii?* / οὗτοι οἱ ...) zwischen *5 Esra* 2,44 und Offb 7,13, dort allerdings nicht vom Seher an einen Engel, sondern von einem der Ältesten an den Seher gerichtet, mag sich der Form der Vision, die durch einen *angelus interpres* (oder eine Gestalt in vergleichbarer Funktion) gedeutet werden muss, verdanken. Die Nähe im Wortlaut noch dazu im gleichen Kontext lässt sich aber erneut als Indiz literarischer Abhängigkeit deuten.

6. Auch in der Offenbarung des Johannes ist davon die Rede, dass die Geretteten mit Siegeskränzen gekrönt werden (z.B. Offb 2,10; vgl. aber auch den Kranz, den die das Volk Gottes repräsentierende Himmelsfrau Offb 12,1 trägt). Dieses Motiv aber ist im frühen Christentum in verschiedenen Variationen zu breit bezeugt (vgl. z.B. 1 Kor 9,25; 2 Tim 4,8; Jak 1,12; 1 Petr 5,4), um es als Indiz der Abhängigkeit zu deuten. Interessanter aber ist die Rede davon, dass diejenigen, die nun mit unsterblichen Kleidern bekleidet sind, nun auch Palmzweige erhalten (*5 Esra* 2,45–46), ein Motiv, dessen Sinn im Kontext von *5 Esra* nicht erklärt wird, das aber parallel in Offb 7,9 begegnet und in beiden Texten wohl als Zeichen endzeitlichen Friedens zu deuten ist.[52]

So lässt die Summe der Beobachtungen im Grunde nur den Schluss zu, dass dem Autor von *5 Esra* die Offenbarung des Johannes bekannt gewesen sein dürfte und er sie zumindest hier explizit verarbeitete. Der Umgang des *5 Esra* mit der Offenbarung ist dabei ein überaus kritischer. Gegenüber der Offenbarung des Johannes tritt bei *5 Esra* alles zurück, was das endzeitliche Gottesvolk in irgendeiner Weise mit Israel verbinden könnte. Während die Offb durch die Nennung der Zahl 144.000 (vgl. Offb 7,4; 14,1) einerseits und die Rede von der unzählbaren Menge andererseits (Offb 7,9) sich geradezu selbst zu widersprechen scheint,[53] legt *5 Esra* alleine Wert auf die Unzählbarkeit der

[52] Hierzu vgl. z.B. H. Giesen, *Die Offenbarung des Johannes* (RNT; Regensburg: Pustet, 1997), 198.

[53] Das Zueinander hat Kommentatoren bis heute immer wieder irritiert, meist aber werden beide Gruppen als zueinander identisch gesehen und der Unterschied mit der unterschiedlichen Perspektivik,

Menge, die er zudem an keiner Stelle in Verbindung mit den für die Offb wichtigen zwölf Stämmen Israels (vgl. Offb 7,4–8) bringt. Warum dies so ist, zeigt ein Blick in den Kontext: Mit der Aufforderung aus *5 Esra* 2,38 angesprochen sind explizit die Heiden, weil Israel Gottes Gebot nicht angenommen, und dieser Israel verstoßen und sich nun den Heiden zugewandt hat (vgl. 2,33–37; vgl. auch 2,11 u.a.). In den Mittelpunkt der Vision des *5 Esra* rückt daneben der in seiner Darstellung an entsprechende Aussagen im *Petrusevangelium* oder im *Buch des Elchasai* erinnernde riesenhafte Gottessohn,[54] dessen Identität von Esra erst erfragt werden muss und der kaum an das in Offb· 7,9 erwähnte Lamm erinnert. *5 Esra* rezipiert also ganz offensichtlich die Offenbarung des Johannes, gerade im Vergleich aber zeigt sich, wie sehr *5 Esra*, durchaus gegen die Offb gerichtet, *eine eigene Vision* entwickeln will, die in Grundzügen Gedanken der Vorlage übernimmt, diese aber für die eigenen Idee des Gottesvolks adaptiert.

2.5 Das *6. Buch Esra*

Vielleicht noch mehr als *5 Esra* führt das über weite Strecken sehr düstere Buch *6 Esra* ein Schattendasein in der Forschung.[55] Ist ersteres in vielen Vulgata-Handschriften *4 Esra* vorgeschaltet, so bildet das historisch schwer einzuordnende *sechste Buch Esra* dessen Abschluss, d.h. die Kapitel 15 und 16:[56] Der ursprünglich griechische Text, der wohl auch eine (nicht mehr sicher bestimmbare) Verfolgungssituation zu reagieren scheint und in seinen Sprüchen gegen Ägypten, Babylon, Syrien und die Könige der Erde prophetische Literatur des Alten Testaments imitiert, wird meist mit einiger Vorsicht in die Zeit zwischen dem Ende des 2. und dem 3. Jahrhundert eingeordnet.[57] *6 Esra* scheint mir mit großer Wahrscheinlichkeit literarisch von der Offenbarung des Johannes abhängig; erneut aber sind die im Text erkennbaren Parallelen von unterschiedlicher Signifikanz:

1. So zeigt sich bereits in der Ankündigung von „Schwert, Hunger, Tod und Vernichtung" (*gladium et famem et mortem et interitum*) in *6 Esra* 15,5 aufgrund der Reihenfolge „Schwert, Hunger und Tod" (Offb 6,8) vielleicht schon mehr als rein motivische Verwandtschaft: Zwar spricht auch Jer 27,8.13

---

aus denen beide Sätze her schreiben, erklärt. Zur neueren Forschungsgeschichte vgl. z.B. Giesen, *Offenbarung*, 197.

[54] Vielleicht ist in diesem Zusammenhang auch auf den riesigen Engel in Offb 10,1 zu erinnern, der seit Victorinus von Pettau immer wieder mit Christus identifiziert wurde.

[55] Vgl. schon die Einleitung zu T.A. Bergren, *Sixth Ezra. The Text and Origin* (New York et al.: Oxford University Press, 1998), vii. „6 Ezra has never been critically edited or studies in depth." – Alle lateinischen Zitate des *6 Esra* im Folgenden aus dieser Ausgabe.

[56] Zur Textüberlieferung vgl. P. Geoltrain, *Sixième Livre d'Esdras*, in id./Bovon, *Écrits apocryphes chrétiens* I, 655–670, hier 657, sowie ausführlich Bergren, *Sixth Ezra*, 28–42.

[57] Ähnlich vorsichtig Geoltrain, *Sixième Livre*, 655–656.

jeweils von „Schwert, Hunger und Pest", die griechische Entsprechung Jer 34,6 LXX wiederum bietet „Schwert und Hunger"[58]; Ez 14,21 spricht im hebräischen Text von „Schwert, Hunger, wilden Tieren und Pest", die LXX-Variante bietet „Schwert und Hunger, böse Tiere und Tod"; am nächsten kommt also sicherlich der Text der Offb. Da das Motiv aber doch eine gewisse Verbreitung zeigt und gleichzeitig auch *6 Esra* und Offb nicht vollkommen übereinstimmen, ist hier sicherlich noch zur Zurückhaltung zu raten.

2. Für die Nähe des Textes zur Offenbarung des Johannes spricht allerdings, dass bereits wenige Verse später, in *6 Esra* 15,8b–10, eine Motivkette begegnet, die ihre Parallele in Offb 6,9–10, also in unmittelbarer Nachbarschaft zur eben genannten Passage, findet:

6 Esra 15,8b–10a:

... Ecce sanguis innoxius et iustus clamat ad me et animae iustorum clamant perseveranter. 9 Vindicans vindicabo illos dicit Dominus et accipiam omnem sanguinem innocuum ex illis ad me. 10 Ecce populus meus quasi grex ad occisionem ducitur. ...

... Siehe, unschuldiges und gerechtes Blut schreit zu mir, dauernd schreien die Seelen der Gerechten. 9 Ganz sicher will ich Rache an jenen nehmen, spricht der Herr, und alles unschuldige Blut von jenen bei mir annehmen. 10 Siehe, mein Volk wird wie eine Herde zur Schlachtung geführt ...

Offb 6,9–10

Als das Lamm das fünfte Siegel öffnete, sah ich unter dem Altar die Seelen aller, die hingeschlachtet worden waren wegen des Wortes Gottes und wegen des Zeugnisses, das sie ablegt hatten. 10 Sie riefen mit lauter Stimme: Wie lange zögerst du noch, Herr, du Heiliger und Wahrhaftiger, Gericht zu halten und unser Blut an den Bewohnern der Erde zu rächen?

Man könnte hier eventuell so weit gehen, dass *6 Esra* in einen Gottesspruch verpackt, was in der Offb als Vision des Sehers beschrieben ist. In beiden Texten ist von den Seelen bzw. vom Blut der Gerechten bzw. der Zeugen für das Wort Gottes die Rede, die zu Gott um Rache an den Bewohnern der Erde schreien (Offb) bzw. denen gegenüber Gott von Rache „an ihnen" spricht. Dass auch *6 Esra* die „Bewohner der Erde" meinen dürfte, geht aus 15,6 hervor, wo von der Ungerechtigkeit der „ganze[n] Erde" die Rede ist. Anders als die Offb allerdings scheint *6 Esra* explizit Israel als Gottes Volk zu verstehen, dem die fremden Völker gegenüber gestellt werden; das für die Vision der Apokalypse so entscheidende „Lamm", d.h. „Christus", fehlt völlig.

3. Dieser Hintergrund macht es auch wahrscheinlich, dass die Prophetie vom gewaltigen Unwetter *6 Esra* 15,34–45 zumindest an der Stelle, wo vom Anschwellen des Bluts „bis an den Bauch eines Pferdes" (*6 Esra* 15,35: *usque*

[58] Übersetzung von LXX-Texten jeweils nach M. Karrer/W. Kraus (ed.), *Septuaginta Deutsch. Das griechische Alte Testament in deutscher Übersetzung* (Stuttgart: Deutsche Bibelgesellschaft, 2009).

ad ventrem equi) die Rede ist, Offb 14,20 im Hintergrund steht, wo mit einem ähnlichen Bild gearbeitet wird: dem Ansteigen des Blutes aus der Kelter „bis an die Zügel der Pferde" (ἄχρι τῶν χαλινῶν τῶν ἵππων).

4. Recht eindeutig scheint mir schließlich ein Bezug zwischen der Prophezeiung gegen Asia (*6 Esra* 15,46–63) und einer ganzen Reihe von Motiven der Offenbarung des Johannes zu sein. So ist die in *6 Esra* 15,47–48 und 15,54–55 zum Ausdruck kommende Verbindung zwischen „Babylon" und „Hurerei" einerseits und die Vorstellung vom Fall Babylons andererseits natürlich eines der großen Themen der Offenbarung des Johannes, das bereits in Offb 14,8 anklingt, dann aber in der Doppelvision von Offb 17–18 in besonderem Maße ausgemalt wird: Der Text der Offenbarung dient hier sicherlich nicht als Vorlage, die in allen inhaltlichen oder strukturellen Details übernommen wird und im synoptischen Vergleich neben *6 Esra* gehalten werden kann. Anders als Offb 18 aber geht es *6 Esra* allerdings nicht um den Fall der „Hure Babylon"; diese wird auch (vgl. dagegen z.B. Offb 17,9) nicht mit Rom in Verbindung gesetzt: Der Text prophezeit vielmehr, dass es Asia (vgl. 15,46; 16,1) ergehen werde wie Babylon – dabei wird natürlich aus der fiktiven Sicht Esras auf das *im Alten Testament erwähnte* Babylon zurückgeschaut, dies aber mit Attributen der Offenbarung des Johannes versehen, wo – in Offb 18 – der Fall Babylon-Roms in düstersten Farben gezeichnet wird.

6 Esra scheint die Offb also nicht nur zu kennen, sondern sie neben vielen anderen, v.a. prophetischen Texten des Alten Testaments wie eine Art von „Steinbruch" zu verwenden, dem Motive entnommen werden, die sich gut in die eigenen Prophezeiungen über zukünftige Drangsale einbauen lassen, die sich gegen die Völker richten und in denen die Auserwählten wie in einer Feuerprobe (*6 Esra* 16,74) bestehen müssen. Auch *6 Esra* lässt sich also von Bildern der Offenbarung des Johannes beeinflussen, entwickelt dabei aber durchaus ein ganz eigenes Profil.

2.6 Christliche Passagen in den *Sibyllinischen Orakeln*

Auch die *Sibyllinischen Orakel* sind natürlich nicht im klassischen Sinne als „Apokalypsen" zu bezeichnen[59] – sie wollen sich als in den Mund der heidnischen Seherin, der Sibylle, gelegte düstere Zukunftsprophezeiungen lesen lassen. Die Datierung der teilweise jüdischen, z.T. zumindest christlich überarbeiteten Texte ist im Detail überaus schwierig; zumindest an manchen Stellen aber erlauben verschlüsselte Hinweise auf historische Ereignisse die

[59] Vgl. aber die Einordnung der Texte unter die Überschrift „apokalyptische Prophetie der frühen Kirche" bei Schneemelcher, *Neutestamentliche Apokryphen* II.

Einordnung der Texte, deren christliche Passagen grob ins 2. bzw. 3. Jahrhundert einzuordnen sein dürften.[60]

In seiner Gesamtdarstellung der Rezeption des *Corpus Johanneum* wertet C.E. Hill sowohl *SibOr* 1,324–400 als auch 8,217–500 als sichere Zeugen einer Rezeption der Apokalypse im 2. Jahrhundert.[61] Dies scheint mit für *SibOr* 1 nur schwer nachvollziehbar, bietet für den hauptsächlich in Frage kommenden, sicherlich christlichen Abschnitt, VV. 324–400, doch weder Hill irgendwelche konkreten Argumente, noch finden sich bei J.-D. Gauger oder U. Treu irgendwelche Angaben.[62]

Auch für *SibOr* 8 bleibt die Ausbeute eher mager. Das zentrale Argument Hills besteht darin, dass der christliche Autor von *SibOr* 8,217–500 die christologische Verwendung von Ps 2,9 in Offb 2,27; 12,5 und 19,15 kenne.[63] Dabei spielt er auf *SibOr* 8,248 an, wo tatsächlich Ps 2,9 auf die Herrschaft Christi angewandt wird. Mit dieser Interpretation von Ps 2,9 aber stehen die Offb und *SibOr* 8 aber weder im antiken Christentum noch im Judentum allein. Sie begegnet – in Form einer Parodie „großkirchlicher" messianischer Hoffnungen – auch in der Vision des fünften Himmels der koptischen *Paulusapokalypse* aus Nag Hammadi (NHC V,2 p 22,4)[64] und ist im frühen Judentum in den *Psalmen Salomos* 17,21–24 belegt.[65] So muss hier keineswegs auf literarische Abhängigkeit beider Texte geschlossen werden: Viel eher ist daran zu erinnern, wie sehr der Autor der christlichen Passagen von *SibOr* 8 noch lebendige Tradition christologischer Auslegung der Schrift voraussetzt und diese offenbar selbst immer wieder kreativ anwendet.[66] Da auch der Kontext in *SibOr* 8,248 kaum Berührungen zu denjenigen der entsprechenden Stellen der Offb zeigt, legt sich der Schluss auf literarische Abhängigkeit des Textes von der Offenbarung des Johannes m.E. erst dann nahe, wenn sich weitere Beobachtungen am Text anschließen lassen. Auch diese aber lassen eher ein zurückhaltend-vorsichtiges Urteil angeraten erscheinen:[67]

---

60 Vgl. z.B. U. Treu, „Christliche Sibyllinen", in Schneemelcher, *Neutestamentliche Apokryphen* II, 591–619, hier 592 (Datierung bis ins 3. Jahrhundert n.Chr.).

61 Vgl. Hill, *Johannine Corpus*, 451

62 Vgl. *ibid.*, 91 und 95; J.-D. Gauger, *Sibyllinische Weissagungen* (Tusculum; Zürich et al.: Artemis & Winkler, ²2002), 479–484, sowie Treu, „Christliche Sibyllinen", 594–595.

63 Vgl. Hill, *Johannine Corpus*, 92. Nicht eingegangen werden kann in diesem Zusammenhang auf Hills Behauptung (ibid., 91), selbst der jüdische Autor von *OrSib* 8,194–216 kenne die Offenbarung des Johannes.

64 Vgl. hierzu weiterführend M. Kaler, *Flora Tells a Story. The Apocalypse of Paul and Its Contexts* (Waterloo, Ont.: Wilfrid Laurier University Press, 2008), 10 n. 28.

65 Vgl. hierzu z.B. S. Holm-Nielsen, *Die Psalmen Salomos* (JSHRZ IV/2; Gütersloh: Gütersloher Verlagshaus, 1977), 101–102.

66 Vgl. hierzu etwa die Beispiele in meinem Beitrag „Apokryphe Passionstraditionen im Vergleich. Petrusevangelium und Sibyllinische Orakel (Buch VIII)", in T.J. Kraus/T. Nicklas (ed.), *Das Evangelium nach Petrus. Text, Kontexte, Intertexte* (TU 158; Berlin et al.: de Gruyter, 2007), 263–279.

67 Texte nach Gauger, *Sibyllinische Weissagungen*, 523–529. Dieser Ausgabe werden auch Text und Übersetzungen der *SibOr* entnommen. Nicht weiter diskutiert werden im Folgenden die vagen

1. *SibOr* 8,232–233 (par. Offb 6,12–14):

Ἐκλείψει σέλας ἠλίου ἄστρων τε χορεῖσαι.
Οὐρανὸν εἱλίξει· μήνης δὲ τε φέγγος ὀλεῖται.

Tanzende Sterne und leuchtende Sonne werden erlöschen;
Er wälzt um den Himmel; des Mondes Glanz wird verschwinden.

Dieser Text bietet eine eher oberflächliche Parallele zur Vision von der Öffnung des sechsten Siegels Offb 6,12b–14, wo ebenfalls von einer Verfinsterung der Sonne sowie kosmischen Katastrophen in Zusammenhang mit Mond und Sternen, schließlich auch dem Verschwinden des Himmels, die Rede ist. Wenn man aber nicht schon das Zueinander von Sonne, Mond, Sternen und Himmel als Indiz literarischer Abhängigkeit setzen will, fallen doch im Detail vor allem die Unterschiede auf, die sich hier nicht einfach nur mit den Zwängen der metrischen Form, in der die *SibOr* verfasst sind, erklären lassen. Die Sonne der Apokalypse trägt ein Trauergewand, der Mond verfärbt sich wie Blut, die Sterne erlöschen nicht, sondern fallen auf die Erde, der Himmel wird eingerollt. Zudem fehlen gerade die in der Apokalypse auffallenden Motive wie der Vergleich mit dem Feigenbaum (Offb 6,13) oder die Rede von den Inseln, die weggerückt werden (Offb 6,14). So könnte sich die doch sehr vage Parallele auch damit erklären lassen, dass frühjüdische bzw. frühchristliche Endzeitszenarien eben (z.B. aufgrund von Jes 34,4; 50,3 LXX; Ez 32,8, Joel 2,10 und anderen, die z.T. auch den Hintergrund von Offb 6,12–14 bilden), ohne deswegen literarisch voneinander abhängig zu sein, kosmische Katastrophen beschreiben, in denen dann natürlich Sonne, Mond und Sterne eine Rolle spielen. So finden sich entsprechende Passagen z.B. auch in Mt 24,29,[68] einem Text, der m.E. deutlich näher an *SibOr* 8,232f. als Offb 6,12–14 ist, aber auch in den Endzeitszenarien der *Offenbarung des Petrus* und der lateinischen *Apokalypse des Thomas*, ohne dass deswegen von literarischen Abhängigkeiten zwischen den Texten zu sprechen wäre.

2. Nur vage scheint mir auch die Verbindung *SibOr* 8,237–238,[69] wo eine große Dürre prophezeit wird, bei der alle Quellen, Flüsse und Ströme der Erde

Bezüge zwischen der Rede vom „Siegel des lebendigen Gottes" (Offb 7,2 σφράγις θεοῦ) und *SibOr* 8,244, zwischen *SibOr* 8,341 und Offb 6,13 (Verschwinden der Sterne) sowie zwischen *SibOr* 8,350 – „Sämtliche Seelen der Menschen knirschen vor Angst mit den Zähnen" – und Offb 1,7 (vgl. aber auch Mk 8,12; 13,42; Lk 13,28; Mt 24,30); auch zwischen der Idee vom „Einrollen des Himmels wie ein Buch" (Offb 6,14) und den in *OrSib* 8,413 zum Ausdruck kommenden Gedanken sehe ich keinen eindeutigen Bezug.

[68] So auch J.-M. Roessli, „Oracles sibyllins", in P. Geoltrain/J.-D. Kaestli (ed.), *Écrits apocryphes chrétiens* II (Bibliothèque de la Pléiade; Paris: Gallimard, 2005), 1047–1083, hier 1072, der zudem auf ähnliche, von Offb 6,12–14 allerdings m.E. noch weiter entfernte Passagen in den *SibOr* verweist: 4,57; 8,190 und 8,339–340.

[69] Angedeutet als Parallele z.B. bei Roessli, *Oracles sibyllins*, 1072, der daneben noch auf *OrSib* 5,447–448 verweist, wo von der Austrocknung des Meeres, aber unter Verwendung von Bildern, die in keiner Weise an die Apokalypse erinnern, die Rede ist.

versiegen, mit Offb 8,7–9, den Visionen von der ersten und zweiten Posaune, wo zunächst von einer Hagel- und Feuerkatastrophe, dann davon die Rede ist, dass ein Drittel des Meeres zu Blut wird, ein Drittel der Meeresgeschöpfe umkommt und schließlich ein Drittel der Schiffe vernichtet wird. Die Gemeinsamkeit besteht letztlich alleine in einer auf das Wasser – in der Offb auf das Meer, in *SibOr* eher das Süßwasser – gerichteten Katastrophe, die im konkreten Detail aber sehr unterschiedlich beschrieben ist.

3. *SibOr* 8,243 wiederum spricht von einem Fluss von Feuer und Schwefel, der vom Himmel strömt: Die Verbindung von „Feuer und Schwefel" begegnet auch in Offb 9,17–18 und 14,10, zudem spricht Offb 20,9 von „Feuer, das vom Himmel fällt", woraufhin der Teufel in den See von brennendem Schwefel geworfen wird (Offb 20,10). So steht hier viel wahrscheinlicher als die wenig spezifischen Bilder der Offenbarung das in Gen 19,23–24 begegnende Bild vom Feuerregen auf Sodom und Gomorra, das im Neuen Testament in Lk 17,29 und Jud 7 (vgl. auch 2 Petr 2,6) aufgenommen ist, im Hintergrund des Textes.

4. *SibOr* 8,353:

καὶ καλέσουσι καλὸν τὸ θανεῖν καὶ φεύξετ' ἀπ' αὐτῶν

und sie rufen: „Wie schön wär' der Tod!", doch der meidet sie alle.

Ernster zu nehmen ist womöglich die Parallele zwischen *SibOr* 8,353 und Offb 9,6, spricht doch auch Offb 9,6 davon, dass die laut Apokalypse mit den Stichen von Skorpionen Gequälten den Tod suchen, ihn aber nicht finden. Zumindest im Ansatz findet sich gar eine wörtliche Parallele zum Satzteil <u>καὶ φεύγει</u> ὁ θάνατος <u>ἀπ' αὐτῶν</u>. Da die Kontexte, in denen sich beide Motive finden, einerseits die sehr spezifische Heuschreckenplage der Apokalypse, andererseits die recht allgemeine Rede von Durst, Hunger, Seuchen und Morden in *SibOr* 8,352, sich doch sehr deutlich voneinander unterscheiden und das Motiv vom Suchen des Todes, der gleichwohl nicht gefunden werden kann, durchaus nicht einzigartig ist (vgl. z.B. Ijob 3,21; Jer 8,3; *Elija-Apokalypse* 2,4.24), wäre ich auch hier vorsichtig.

So würde ich nach der Durchsicht von *SibOr* 8 auf Bezüge zur Offenbarung des Johannes ein Fragezeichen stehen lassen.

Vor diesem Hintergrund sei wenigstens noch ein knapper Blick auf andere christliche Passagen der heute überlieferten Sammlung *Sibyllinischer Orakel* geworfen.

Zu erwähnen ist *SibOr* 2, für das J.L. Lightfoot auf zwei Parallelen zur Offenbarung des Johannes, die sie als Zeichen literarischer Abhängigkeit wertet, verweisen kann.[70] Die engsten Bezüge erkennt sie an den folgenden Passagen:

---

[70] Vgl. J.L. Lightfoot, *The Sibylline Oracles. With Introduction, Translation, and Commentary on the First and Second Books* (Oxford et al.: University Press, 2007), 139–140. 252. Kaum signifikant scheint darüber hinaus die Prophezeiung der Zerstörung Roms als Stadt mit sieben Hügeln (*SibOr* 2,18;

1. *SibOr* 2,233–234 (par Offb 20,13):

ἠδ' ὁπόσας θῆρες καὶ ἑρπετὰ καὶ πετεηνά
θοινήσαντο, ὅλας ταύτας ἐπὶ βῆμα στήσειεν ἀγείρας

… und wen die Tiere und Schlangen und die gefiederten Vögel
haben zerrissen, all die wird er rufen zum Richterstuhl.

2. *SibOr* 2,307 (par. Offb 9,6):

καὶ καλέσουσι καλὸν τὸ θανεῖν καὶ φεύξετ' ἀπ' αὐτῶν

Auch hier sind die Verbindungen nicht einfach von der Hand zu weisen. Trotzdem wäre ich in beiden Fällen zurückhaltend. Im ersten Falle würde ich vor allem auf den Unterschied zwischen beiden Texten Wert legen, spricht die Offb doch explizit davon, dass das Meer seine Toten herausgibt, ein Gedanke, der in *SibOr* 2 direkt vor den zitierten Versen, dort aber in Zusammenhang mit der Sintflut und einem Tod durch Schiffbruch, erwähnt wird, der gleichzeitig aber nicht nur in den von Lightfoot erwähnten späteren (und meist wirklich von der Apokalypse abhängigen) Texten begegnet,[71] sondern auch in frühjüdischer apokalyptischer Literatur durchaus verbreitet ist (vgl. *1 Hen* 51,1–3; *4 Esra* 7,32–33; *syrBar* 50,2–4).[72] Noch sicherer ist sich die Autorin im zweiten Falle, *SibOr* 2,307 bilde eine enge Paraphrase von Offb 9,6,[73] diese aber scheint mir bei genauem Hinsehen nicht näher als oben *SibOr* 8,353.

Spezifischer scheint mir das in *SibOr* 6,21 begegnende Motiv der Bezeichnung des Orts der Kreuzigung als „Sodom“, was wiederum an Offb 11,8 erinnert, wo Jerusalem mit „Sodom“ und „Ägypten“ gleichgesetzt wird:[74] Gerade aber das Fehlen der Verbindung mit Ägypten, in der die Offb ohne bekannte Parallele ist, öffnet den Blick auch auf mögliche prophetisch-alttestamentliche Traditionen, die im Hintergrund der Szene liegen könnten (vgl. Jes 1,10; 3,9; Jer 23,14; Ez 16,46–48).

So muss trotz der doch recht großen Zahl möglicher Parallelen hinter den christlichen Sibyllinen doch ein Fragezeichen stehen bleiben: An keiner Stelle finden sich ähnlich wie in *5* oder *6 Esra* geradezu Motivcluster, die zur Annahme literarischer Abhängigkeiten zwingen. Die vergleichbaren Einzelmotive wiederum sind zumindest in einzelnen Fällen so spezifisch, dass sie den Gedanken literarischer Abhängigkeit nahe legen, sie zwingen aber – auch aufgrund des teilweise von der Offenbarung des Johannes deutlich unterschiedlichen Kontextes – an keiner Stelle zu diesem Schluss und sind zudem weit über das umfangreiche Textcorpus verstreut.

---

vgl. Offb 17,9); die Erwartung der Wiederkunft Elijas (*SibOr* 2,188) wiederum dürfte hier kaum mit Offb 11,5–6 zu verbinden sein.

[71] Vgl. hierzu Lightfoot, *Sibylline Oracles*, 497.

[72] Vgl. hierzu z.B. Satake, *Offenbarung*, 396.

[73] Lightfoot, *Sibylline Oracles*, 252.

[74] Vgl. auch den Hinweis bei Roessli, *Oracles*, 1019.

3. Fazit

Zumindest in den genannten christlichen apokalyptischen Schriften des zweiten und z.T. dritten Jahrhunderts – man könnte hier zusätzlich die *Offenbarung des Petrus* nennen, für die ebenfalls eine Fehlanzeige zu verbuchen ist – lassen sich nur wenig deutliche Spuren einer Verwendung der Offenbarung des Johannes erkennen.[75] Dies mag unterschiedliche Gründe haben: Einige der genannten Texte wie z.B. das Schlusskapitel der *Didache* oder zumindest die ältesten Abschnitte der *Ascensio Isaiae* mögen einfach zu alt sein, um die Offenbarung des Johannes zu kennen. Trotzdem sind sie für die vorliegende Untersuchung interessant, weil sie zeigen, wie weit verbreitet verschiedene mit Szenarien der Endzeit verbundene Motive nicht nur im frühen Judentum, sondern auch im ältesten Christentum waren, ohne dass deswegen bereits literarische Abhängigkeiten zwischen unterschiedlichen Texten zu postulieren wären.

Klar ist auch, dass „Apokalypsen" als Texte, die zumindest vorgeben, auf einer direkt von Gott bzw. über einen Engel Gottes empfangene Offenbarung jenseitiger Mysterien zu beruhen, einander nicht leicht gegenseitig – gar unter der Verwendung einführender Formeln – zitieren können. Ein solches Zitat würde ja den eigenen Anspruch des Textes, direkt von Gott, Christus (oder wenigstens über einen seiner Gesandten) empfangene Offenbarung zu sein, zumindest in Frage stellen.[76] Im Zusammenhang mit der Offenbarung des Johannes ergeben sich zudem weitere Schwierigkeiten: Mit ihrem ungeheueren Autoritätsanspruch, der sich bereits im Präskript, besonders aber auch in der Textsicherungsformel Offb 22,18–19 erweist,[77] sucht die Offenbarung des Johannes geradezu andere, spätere Offenbarungstexte, die über das Ende der Zeiten sprechen, zu verdrängen, will – wenn der Ausdruck erlaubt ist – so etwas wie ein „Siegel frühchristlicher Prophetie" darstellen. Dies ermöglicht späteren Apokalypsen nur, sich entweder mit Themen auseinanderzusetzen, die in der Offb nicht explizit behandelt sind (wie z.B. die konkrete Beschreibung jenseitiger Straforte) oder den Versuch zu starten, die Offenbarung des

---

[75] Auch wenn G. Kretschmar, *Die Offenbarung des Johannes. Die Geschichte ihrer Auslegung im 1. Jahrtausend* (CTM 9; Stuttgart: Calwer Verlag, 1985), 69–70, nicht direkt davon spricht, dass die von ihm genannten christlichen Apokalypsen die Offenbarung des Johannes rezipieren, so könnte doch bereits aufgrund seines Grundthemas dieser fälschliche Eindruck entstehen – der Blick ins Detail jedenfalls spricht dagegen.

[76] In einer sicherlich extremen, dabei durchaus aber auch Licht auf andere Texte werfenden Form kommt dies z.B. bei Mani zum Ausdruck, wenn er schreibt. „Die Wahrheit und die Geheimnisse, über die ich rede, … habe ich nicht von Menschen empfangen oder von fleischlichen Geschöpfen, aber auch nicht durch die Lektüre der Schriften." Vgl. CMC 64,8–15. – Text. A. Henrichs/L. Koenen (ed.), „Der Kölner Mani-Codex [CMC] (P.Colon. Inv. Nr. 4780). Edition der Seiten 1–72", in *ZPE* 19 (1975) 1–85.

[77] Hierzu vgl. T. Nicklas, „The Words of the Prophecy of This Book. Playing with Scriptural Authority in the Book of Revelation", in M. Popovic (ed.), *The Authoritativeness of Scriptures in Ancient Judaism. The Contribution of the Dead Sea Scrolls and Related Literature* (JSJ.S; Leiden et al.: Brill, 2010) [im Druck].

Johannes zu verdrängen bzw. sie zu kritisieren. Die Offenbarung des Johannes lässt also den Kommentar zu, kaum aber die *Relecture* bzw. Fortschreibung in anderen apokalyptischen Texten. Immerhin aber scheint die Tatsache, dass die Offenbarung des Johannes anders als nahezu alle Apokalypsen des frühen Judentums und die meisten des antiken Christentums nicht den Anspruch stellt, von einem Seher aus mehr oder weniger „grauer" Vorzeit geschaut zu sein,[78] einen Ausweg zu ermöglichen: Pseudo-Esra als Autor des *5* oder *6 Esra* kann dann zwar kaum offen auf die Offenbarung des Johannes von Patmos verweisen, er kann aber, weil fiktiv älter als die Offenbarung des Johannes, Visionen entwickeln, die sich an diese anlehnen, sie aber kritisieren. Andere Texte beschreiben Visionen, die deutlich weniger Bezüge zur Johannesoffenbarung aufweisen, immer wieder aber Motivverbindungen zu ihr zeigen; Texte wie die *Sibyllinischen Orakel*, aber auch spätere Schriften wie die lateinische *Thomasapokalypse*[79] lassen vielleicht an einzelnen Stellen eine mögliche Kenntnis der Johannesoffenbarung aufscheinen, bei den Lesern dieser apokryphen Texte wird aber an keiner Stelle eine Kenntnis des heute letzten Buches der christlichen Bibel vorausgesetzt: Für den eigenen Anspruch der apokryphen Texte könnte dies sogar hinderlich sein.

---

[78] Letztlich verwenden auch Texte wie die *Offenbarung des Petrus* oder die *Paulusapokalypse* dieselbe Technik, blicken sie doch auch bereits mit großem Abstand auf die Ereignisse der apostolischen Zeit zurück.

[79] Zur Technik der Rezeption der Apokalypse in diesem Text vgl. meinen Beitrag Nicklas, *Thomasapokalypse*.

The Editors

Jean-Michel Roessli, Conjoint Ph.D. in Theology and Religious Studies (University of Fribourg, Switzerland, and EPHE, Sorbonne, Paris), is Associate Professor of Historical Theology in the Department of Theological Studies at Concordia University, Montreal (Quebec, Canada).

Tobias Nicklas (born 1967), Dr. theol. (University of Regensburg), is Professor of New Testament at the University of Regensburg. He is, among others, co-editor of the *Novum Testamentum Patristicum* and the *Kommentare zur apokryphen Literatur* series.

The Authors

André Gagné is an Associate Professor in the Department of Theological Studies at Concordia University (Montréal, Québec, Canada). His teaching and research is in the field of early Christianity, more specifically the history and interpretation of the New Testament and the Coptic texts from Nag Hammadi. He is also working on Cognitive Science of Religion as a way to understand religious experience, beliefs and practices (ancient and modern).

Andrew Gregory is Chaplain and a Fellow of University College, Oxford, and a member of the Faculty of Theology and Religion of the University of Oxford. His research focusses on the canonical gospels, early Christian Apocrypha (especially Jewish-Christian gospel traditions), and the Apostolic Fathers. His books include *The Reception of Luke and Acts in the Period before Irenaeus* (Tübingen, 2003) and (as editor) *The Reception of the New Testament in the Apostolic Fathers* (Oxford, 2005).

Thomas R. Karmann (born 1973), Dr. theol. (University of Regensburg), is Assistant Professor of Early Christianity and Patristic Literature in the Department of Biblical and Historical Theology at the University of Innsbruck, Austria. His research focuses on the reception of the New Testament in the early church, apocryphal literature and the Trinitarian debates in Early Christianity.

Anna Van den Kerchove (École pratique des hautes études [EPHE] – Institut européen en sciences des religions [IESR], Laboratoire d'études sur les monothéismes [LEM]) is a scholar of the History of Religion. She works on Gnostic, Hermetic and Manichaean texts. She published *La Voie d'Hermès* (Leiden, 2012) and co-edited *Noms Babares I* (Turnhout, 2013). Recently appointed to the position of Professor of Patristics and Early Christianity at the Protestant Institute of Theology in Paris, she will be lecturing in autumn 2014.

Jacques-Noël Pérès, a Lutheran pastor, doctor of theology, graduate in Syriac and Ethiopian, is professor of Patristics at the Protestant Institute of Theology of Paris. He teaches classical Ethiopian at the *École des langues et civilisations de l'Orient ancien* of the Catholic University of Paris, where he is also director of the *Institut supérieur d'études œcuméniques*. He is the vice-president of the *Association pour l'étude de la littérature apocryphe chrétienne* (AELAC). He has published numerous studies in Patristics and the Apocryphaltexts in ge'ez, focusing on the *Epistula Apostolorum*.

Alberto D'Anna is a Researcher at the *Dipartimento di Studi Umanistici* of the "Rome Tre" University, where he teaches Early Christian Literature. He specializes in the history and literature of early Christianity, heresiology, Christian apocrypha and the literary traditions of Peter and Paul. He published a critical edition of the Pseudo-Justin's *De resurrectione* with a commentary (Brescia, 2001) and a volume on the most ancient Christian texts pertaining to the faith in the "resurrection of the flesh" (Milano, 2009). He is preparing the critical edition of the *Passio apostolorum Petri e Pauli* for the *Corpus Christianorum. Series Apocryphorum*.

Peter W. Dunn is an independent scholar. He is preparing a commentary on the *Acts of Paul* in the *Corpus Christianorum, Series Apocryphorum*. He lives in Concord, Ontario, Canada.

Lautaro Roig Lanzillotta, PhD litt. (1997), PhD Theol. (2004), is Associate professor of Early Christian Studies. He specializes in Greek literature and Philosophy, apocryphal literature and Nag Hammadi, with a special focus on the intersection between philosophy and religion. He was lecturer in Classics at the University of Córdoba. Besides articles and book chapters, he published *La envidia en el pensamiento griego* (1997), *Acta Andreae Apocrypha* (2007), *Quién es Quién en el Nuevo Testamento* (2009) and *Diccionario de nombres propios de persona del Nuevo Testamento* (2011), co-author of *De Handelingen van Andreas. Vertaald, ingeleid en van aantekeningen voorzien* (2008) and co-editor of *Plutarch in the Religious and Philosophical Discourse of Late Antiquity* (2012) and *Greeks, Jews, and Christians: Historical, Religious and Philological Studies in Honor of Jesús Peláez del Rosal* (2013).

Giovanni Bazzana is associate professor of New Testament at Harvard Divinity School. His work is mainly focused on the Gospels and apocalyptic literature. His specific interest is in apocryphal literature and how it can be understood as the means through which traditional historical categorizations (canonical/non-canonical or Jewish/Christian) can be challenged and the original diversity of early Christianity can be rediscovered and valorized.

Geneviève Gobillot is professor of Arabic language and civilization at the Université Jean Moulin Lyon 3. She is an expert in early Muslim mysticism, particularly the theory of sainthood of al-Ḥakīm al-Tirmiḏī. She has also been working on the intertextual and intercultural readings of the Koran.

Alain Jacques Desreumaux (born 1944) has been a researcher at the *Centre national de la recherche scientifique* (CNRS) in France since 1984. He is currently Director Emeritus of Research at the *Unité mixte de recherche du CNRS "Orient & Méditerranée."* He is co-director of the collection *Apocryphes* published by the *Association pour l'étude de la littérature apocryphe chrétienne* (AELAC) and supervises the *Recueil d'épigraphie syriaque* series (RIS) published by the *Académie des Inscriptions et Belles-Lettres* in Paris. He is currently president of the *Société d'études syriaques* and one of the editors of the three collections published by that society.

Alicia J. Batten is Associate Professor of Religious Studies and Theology at Conrad Grebel University College at the University of Waterloo, Canada, and Research Fellow with the University of South Africa. Her publications include *Friendship and Benefaction in James* (ESEC 15; Deo, 2010), *Dressing Judeans and Christians in Antiquity* (Ashgate, forthcoming 2014), and *James, 1st and 2nd Peter and Early Jesus Traditions* (Bloomsbury, forthcoming 2014).

François Bovon (1938–2013) began his Academic career as a professor of New Testament in the Faculty of Theology of the University of Geneva (1967–1993) before being appointed Frothingham professor of history of religion at Harvard University from 1993 to his retirement in 2010. An expert on the Gospel of Luke, François Bovon is also well known for promoting the study of Apocryphal literature and his numerous contributions in this field, mostly on the *Apocryphal Acts of the Apostles*.

Tony Burke is Associate Professor of Early Christianity at York University in Toronto, Ontario. He is the author of *De infantia Iesu euangelium Thomae graece* (Turnhout, 2011), *Secret Scriptures Revealed: A New Introduction to the Christian Apocrypha* (London / Grand Rapids, Mich., 2013), editor of *Ancient Gospel or Modern Forgery? The Secret Gospel of Mark in Debate* (Eugene, Or., 2013), and co-editor of the forthcoming collection *New Testament Apocrypha: More Noncanonical Scriptures*.

Charlotte Touati: With a Joint PhD (2013) from the Universities of Neuchâtel (CH) and Strasbourg (F), Charlotte Touati currently holds a post-doctoral fellowship from the Swiss National Fund and works at the Hiob Ludolf Zentrum für Äthiopistik at the University of Hamburg. As a specialist of Geez and Coptic manuscripts, engaged in the Digital Humanities, she is presently editing the writings of the Falashas (Jews of Ethiopia). She is also the author of several articles on apocryphal literature and critical editions of ancient texts.

Flavio Nuvolone (born 1947), Dr. theol. (University of Fribourg), is secretary of the Schweizerische Patristische Arbeitsgemeinschaft (GSEP) at the University of Fribourg and a member of the Scientific Advisory Board of the Archivum Bobiense. He is the author of numerous monographs and articles and a member of various learned Societies, such as the Société des Antiquaires de France (Louvre).